CHELIANG LINGJIAN
RECHULI YU XIUFU JISHU

车辆零件热处理与修复技术

孔春花　李志强　曹淑芬　编著

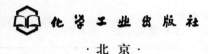
·北京·

内 容 简 介

本书主要介绍了车辆零件热处理基础，轴类、曲轴、凸轮轴及其他车辆零件的热处理生产实例，车辆零件热处理缺陷分析和车辆零件热处理电源、机床及工装夹具。本书既注重原理阐述，更着眼于应用技术案例介绍，在《车辆零件热处理技术及应用实例》的基础上进行了合理的归类。同时增加了近年来的工艺研究的案例，并配有丰富的图表实例，实用性、针对性强，可用来指导工艺编制、生产调整等。

本书可供从事金属材料及感应热处理工艺、装备设计、电气设计的技术人员及其他有相关操作的人员阅读，也可供大专院校金属热处理专业的师生参考。

图书在版编目（CIP）数据

车辆零件热处理与修复技术/孔春花，李志强，曹淑芬编著．—北京：化学工业出版社，2020.8
ISBN 978-7-122-36730-3

Ⅰ.①车… Ⅱ.①孔…②李…③曹… Ⅲ.①汽车-零部件-热处理 Ⅳ.①U463.03②TG15

中国版本图书馆 CIP 数据核字（2020）第 079556 号

责任编辑：邢　涛　　　　　　　　　　文字编辑：吴开亮
责任校对：杜杏然　　　　　　　　　　装帧设计：韩　飞

出版发行：化学工业出版社（北京市东城区青年湖南街13号　邮政编码100011）
印　　装：三河市延风印装有限公司
787mm×1092mm　1/16　印张 37½　字数 984 千字　2021 年 1 月北京第 1 版第 1 次印刷

购书咨询：010-64518888　　　　　　　售后服务：010-64518899
网　　址：http://www.cip.com.cn

凡购买本书，如有缺损质量问题，本社销售中心负责调换。

定　　价：258.00 元　　　　　　　　　　　　　　　　　　　　　版权所有　违者必究

　　该书是由原中国一拖集团有限公司（一拖集团）工艺材料研究所及洛阳法拉地感应设备有限公司的数位科技人员经过1年多时间精心编撰而成的，是一部极佳的专业参考书，对工作在一线的热处理工程技术人员具有很好的指导作用。其中第一作者孔春花，系原中国一拖集团有限公司工艺材料研究所特种工艺室主任、现洛阳法拉地感应设备有限公司副总经理、教授级高级工程师。其从事感应热处理工艺研究长达30余年，具有广博的知识和深厚的研发理论基础，在感应热处理技术领域有着较深厚的造诣并熟练掌握其研发技术及熟悉本专业的技术发展方向；具有主持重大科技项目、开发关键技术、提出科研建议及指导本专业技术人员实施科技研发的能力。孔春花先后在《金属热处理》《国外金属热处理》《热处理》《金属加工》及其他学术期刊发表论文58篇，所撰写的"感应热处理技术"已在陈再良、阎承沛编著的《先进热处理制造技术》技术专著第4章节出版发行，获专利授权19项、正在受理申请专利7项。

　　本书的最大特点是实用性和求新性。它积累了我国拖拉机生产中（主要是一拖）热处理方面的40多年的经验，并加以总结和提高，使其具有系统性和理论性。该书内容对于国内同行将有新的启发，对正在追赶国际先进水平的国内感应热处理界能起到桥梁和导引作用。

　　本书观点、热处理方法反映了国际水平的感应热处理的新技术，将为国内感应热处理技术研究提供最新借鉴。

　　诚然，作为在车辆零件方面发行的一本专著，肯定会有不完善之处，但作者在感应热处理领域精耕细作的可贵研究精神值得学习。如果该书的出版能引来更多的技术专著问世，那将是感应热处理工艺技术系统的一大幸事。

上海震昭感应设备有限公司
副总经理　梁朋涛
2020.4

前言

迄今为止，在汽车、拖拉机和工程机械等行业，轴类零件的感应热处理工艺占到了相当大的比例。轴类零件采用表面感应淬火以提高其耐磨性和弯曲疲劳强度。但有些轴类零件因几何形状复杂，且沿零件表面轮廓均有硬度和淬硬层深度要求，采用一般的感应淬火法难以满足要求，往往会出现淬火软带、裂纹等缺陷，甚至根本无法对零件实现感应淬火。

感应热处理工艺是感应加热技术水平的主要体现，是技术发展的基础。先进的感应热处理工艺技术可以有效地发挥感应加热的特点，实现高效、节能的局部热处理。国内外感应热处理新工艺主要有：

（1）纵向感应加热淬火 半轴纵向感应加热淬火已用于汽车、拖拉机工业。半轴纵向感应加热是一次淬火。在德国、美国有半轴一次淬火专用机床，将加热、校正和淬火在一台机床上完成，提高了生产效率。一次淬火与连续淬火相同产量的设备占地面积各为 $40m^2$ 与 $115m^2$。

（2）曲轴颈圆角淬火 曲轴颈圆角淬火后，疲劳强度比正火的提高一倍，我国生产的康明斯与 NH 发动机曲轴均已采用此种工艺。

（3）低淬透性钢齿轮淬火 早在 20 世纪 70 年代，我国就进行了 55DT、60DT、70DT 钢研究并取得初步成果，但因钢的淬透性不稳定等原因，低淬钢未继续用于生产。1992 年俄罗斯低淬钢创始人，К. ЩЕПЕЛЯКОВСКЦЦ 博士来中国讲学，并到某一钢厂调查冶炼低淬钢的条件，认为该厂完全具备生产低淬钢的条件。YB 2009—1981《低淬透性含钛优质碳素结构钢》中对合金元素的控制与俄罗斯不同，（俄）1054—74 中 58（55пп）钢的元素含量对 Mn、Cr、Ni、Cu 四元素之和规定要求 < 0.5%（质量分数），而 YB 2009—1981 中 55Ti 钢对 Cr、Ni、Cu 三元素之和规定 < 0.5%（质量分数），这可能是关键所在。

俄罗斯低淬钢及控制淬透性钢已大量应用于汽车、拖拉机后桥齿轮、挖掘机齿轮、传动十字轴、火车车厢用滚动轴承、汽车板簧和铁路螺旋弹簧等方面，取得了极大的经济效益。

（4）感应电阻淬火 众所周知，转向齿条的齿部采用感应电阻法淬火，国内已有三台以上的进口机床在生产。英国一工厂将此工艺用于齿轮生产，发现淬火后齿轮基本不变形并可随后进入装配工序。

（5）曲轴轴颈固定加热淬火 新设备称为 Grankpro TM，用两个半环形固定加热感应器取代 8 字半环形旋转加热感应带。此套设备能对曲轴轴颈进行淬火与回火，与老工艺相比，具有节能、占地面积小、工件变形小和感应器寿命长等优点。

近来，我国在感应热处理的技术发展方面已经取得了长足的进步。例如天津高频设备厂与日本电气兴业公司合作，生产了最新的 IGBT 和 SIT 全固态高频电源，以及具有能量控制器的淬火设备；国内多家公司能生产性能优良的晶闸管（可控硅整流器）中频电源；一汽集团和其他兄弟厂家研制出一大批高效能的专用淬火机床。尽管如此，就感应热处理技术的总体而言，我国与国际先进水平相比仍有较大差距，例如：在材料方面的低淬钢、非调质钢和可控淬透性钢的应用；在淬火设备方面的数控技术、计算机管理及精密机械传动技术的应用；在变频电源方面的高质量、高可靠性的电气元件的开发；新型水溶性淬火介质的开发和应用；精密感应器的制造技术等。为缩短这些差距，仍需国内同行付出巨大努力。

《车辆零件热处理技术及应用实例》是2009年编写的，当时我国感应热处理工艺与装备的水平还处于创新的中期，书中内容主要取材于我国拖拉机生产中（主要是中国一拖集团有限公司）热处理方面的40多年的经验，并加以总结和提高，使其具有系统性和理论性。10余年来，随着国内外感应加热装备制造业的迅猛发展，以及新产品新工艺的不断涌现，该书的观点及热处理方法发现有不完善之处。为了能对正在追赶国际先进水平的国内感应热处理界，起到桥梁、导引、推介感应热处理国际水平新技术的作用，笔者决定编写本书以飨广大读者，以期相关的内容对于国内同行有新的启发和对国内感应热处理技术研究提供最新借鉴。

多年来，笔者在感应热处理领域精耕细作，通过借鉴国外资料，提炼并整理出一套自己的感应淬火工艺理论，用来指导工艺编制；利用实验和推导的方法，整理出发电机中频淬火设备的调谐理论，用它来指导生产调整；还整理出各种感应淬火质量问题的解决方法以及各种设备故障的分析和检修方法等。这些理论和方法经生产实践证明，是行之有效的。这些内容对于参与实际工作的同志和初涉感应淬火专业的新同志来说，肯定是有帮助的，这是它的实用性。本书还用较多篇幅介绍国内外本专业的新技术，例如曲轴旋转淬火技术、半轴纵向整体加热淬火技术、明显提高零件强度的转向节半圈感应淬火技术、淬火层完全仿形分布的球头销淬火技术等。这些内容对于国内同行将有新的启发，对正在追赶国际先进水平的国内感应热处理界，能起到桥梁和导引作用，这是它的求新性。

本书在编写过程中，受到了洛阳法拉地感应设备有限公司李志强总经理的大力支持，并撰写了新增的第7章部分。

那些被引用文献的作者，如刘志儒、沈庆通、林信智等老前辈、老专家，他们为本书的编写也做出了宝贵的贡献。中国一拖集团有限公司工艺材料研究所蔡安克所长为本书编写提供了很大帮助。笔者在此向对审校书稿付出艰苦劳动的诸位同志、向为本书提供帮助的诸位同志、向为本书做出贡献的各位参考文献的作者致以诚挚的谢意。

由于笔者水平有限，书中不妥之处，请读者批评、鉴谅、指正，深深祝愿感应热处理专业技术人员及相关人员多出精品，为我国的感应热处理事业创造辉煌的明天 也十分期待感应热处理学术界和产业界的盛世春天早点到来！

孔春花

2020.8

目录

第1章 车辆零件热处理基础   1

1.1 热处理一般常识 …… 1
- 1.1.1 热处理常用术语 …… 1
- 1.1.2 金属热处理的工艺 …… 7
- 1.1.3 钢的分类 …… 14
- 1.1.4 金属材料的力学性能 …… 15
- 1.1.5 热处理变形的预防 …… 16

1.2 感应热处理一般常识 …… 16
- 1.2.1 感应热处理原理 …… 17
- 1.2.2 高、中、超音频电流 …… 17
- 1.2.3 感应淬火最常用的钢号 …… 17
- 1.2.4 感应淬火对用钢的要求 …… 18
- 1.2.5 感应淬火的工艺控制 …… 18
- 1.2.6 感应淬火有效热的形成与测算 …… 21
- 1.2.7 影响感应淬火零件力学性能的因素 …… 24

第2章 轴类零件热处理实例   28

2.1 驱动轴类零件 …… 33
- 2.1.1 零件号为5127290的动力输出从动轴 …… 33
- 2.1.2 卡特皮勒公司零件号为147-3310的驱动轴 …… 35

2.2 花键轴类零件（机油泵传动轴零件） …… 42

2.3 十字轴类零件 …… 44
- 2.3.1 长叉轴、短叉轴所用材料及工艺 …… 44
- 2.3.2 频率的选择 …… 44
- 2.3.3 工艺方案的确定 …… 45
- 2.3.4 结论 …… 45

2.4 空心轴类零件 …… 45
- 2.4.1 简介 …… 46
- 2.4.2 LF80-90主离合器轴所用材料及工艺 …… 46
- 2.4.3 结论 …… 49

2.5 细长轴类零件 49
2.5.1 所用材料及工艺 50
2.5.2 采用的淬火工艺 50
2.6 多台阶大变径轴类零件 53
2.6.1 动力输出从动轴 55
2.6.2 前驱动轴 66
2.7 内摇臂轴类零件 70
2.7.1 概述 70
2.7.2 淬火工艺改进 71
2.7.3 工艺试验结果分析 72
2.7.4 金相检验结果 72
2.8 半轴类零件 72
2.8.1 叉车桥半轴的热处理工艺 74
2.8.2 汽车、拖拉机半轴的热处理 77
2.9 机油泵主动轴零件 79
2.9.1 所用材料及技术要求 79
2.9.2 高频淬火工艺 79
2.10 空心摇臂轴零件 80
2.10.1 所用材料及技术要求 80
2.10.2 高频淬火工艺 81
2.11 小四轮拖拉机前桥销轴零件 81
2.11.1 20Cr 前桥销轴热处理工艺 81
2.11.2 前桥销轴材料及热处理工艺改进 82
2.12 长杆轴零件 83
2.12.1 所用材料及技术要求 83
2.12.2 中频淬火工艺 84
2.13 台车轮轴零件 85
2.13.1 台车轮轴技术要求 85
2.13.2 台车轮轴淬火工艺改进 85
2.14 差速锁板叉轴零件 87
2.14.1 差速锁板叉轴零件技术要求 87
2.14.2 差速锁板叉轴零件高频淬火工艺 88
2.14.3 淬火结果检验 88
2.15 大轮拖驱动轮轴零件 88
2.15.1 国内外技术现状及存在的问题 90
2.15.2 项目性能指标要求及技术难点 92
2.15.3 驱动轮轴三种材料选择及理化检验 93
2.15.4 七种结构驱动轮轴零件的感应淬火工艺研究 98
2.15.5 一种结构三种材料驱动轮轴的感应淬火工艺研究 110
2.15.6 工艺轴的静扭试验及淬火工艺 113
2.15.7 1604 驱动轮轴 CAE(计算机辅助工程)分析 123
2.15.8 驱动轮轴零件装车试验研究 131

  2.15.9 驱动轮轴锁紧螺纹孔承载能力试验研究 …………………………………… 132
  2.15.10 成果的先进性和应用效果 ……………………………………………… 135
 2.16 动力输出轴头零件 …………………………………………………………………… 138
  2.16.1 动力输出轴头零件技术要求 ……………………………………………… 138
  2.16.2 动力输出轴头零件感应淬火工艺 ………………………………………… 138
 2.17 支架销零件 …………………………………………………………………………… 139
  2.17.1 支架销零件技术要求 ……………………………………………………… 139
  2.17.2 支架销零件热处理工艺 …………………………………………………… 140
 2.18 提升轴零件 …………………………………………………………………………… 142
  2.18.1 提升轴零件所用材料及其工艺 …………………………………………… 142
  2.18.2 工艺试验结果分析 ………………………………………………………… 143
  2.18.3 结论 ………………………………………………………………………… 144
 2.19 40Cr 拐轴零件 ……………………………………………………………………… 144
  2.19.1 前言 ………………………………………………………………………… 144
  2.19.2 工艺试验 …………………………………………………………………… 145
  2.19.3 结论 ………………………………………………………………………… 146
 2.20 销轴零件 ……………………………………………………………………………… 146
  2.20.1 前言 ………………………………………………………………………… 146
  2.20.2 材料及工艺 ………………………………………………………………… 147
  2.20.3 金相检验 …………………………………………………………………… 148
 2.21 拖拉机半轴零件 ……………………………………………………………………… 149
  2.21.1 工艺调试及测试结果 ……………………………………………………… 149
  2.21.2 测试结果分析 ……………………………………………………………… 151
  2.21.3 结论 ………………………………………………………………………… 153
 2.22 惰轮轴零件 …………………………………………………………………………… 153
  2.22.1 惰轮轴零件技术要求 ……………………………………………………… 153
  2.22.2 惰轮轴零件感应淬火工艺 ………………………………………………… 154
 2.23 曲轴前后半轴零件 …………………………………………………………………… 154
  2.23.1 曲轴前后半轴零件技术要求 ……………………………………………… 154
  2.23.2 曲轴前后半轴零件感应淬火工艺 ………………………………………… 155
 2.24 型号为 1854.37.104 的主动轴零件 ………………………………………………… 156
  2.24.1 型号为 1854.37.104 的主动轴零件技术要求 …………………………… 156
  2.24.2 型号为 1854.37.104 主动轴零件感应淬火工艺 ………………………… 157
 2.25 转子轴零件 …………………………………………………………………………… 158
  2.25.1 转子轴零件技术要求 ……………………………………………………… 158
  2.25.2 转子轴零件感应淬火工艺 ………………………………………………… 159
 2.26 E300.39.118 驱动轴零件 …………………………………………………………… 160
  2.26.1 E300.39.118 驱动轴零件技术要求 ……………………………………… 160
  2.26.2 E300.39.118 驱动轴零件感应淬火工艺 ………………………………… 160
 2.27 花键轴套(BⅡ4-051-1-75)零件 …………………………………………………… 161
  2.27.1 花键轴套(BⅡ4-051-1-75)零件技术要求 ……………………………… 161
  2.27.2 花键轴套(BⅡ4-051-1-75)零件感应淬火工艺 ………………………… 162

- 2.28 Fiat长短叉轴(885142040)零件 …………………………… 163
  - 2.28.1 Fiat长短叉轴(885142040)零件技术要求 …………… 163
  - 2.28.2 Fiat长短叉轴(885142040)零件感应淬火工艺 ……… 164
- 2.29 后桥轴(54.38.610)零件 ……………………………………… 165
  - 2.29.1 后桥轴(54.38.610)零件技术要求 ……………………… 165
  - 2.29.2 后桥轴(802T.38.101)零件感应淬火工艺 …………… 166
- 2.30 转向节主销(15.31.114)零件 ……………………………… 166
  - 2.30.1 转向节主销(15.31.114)零件技术要求 ……………… 166
  - 2.30.2 转向节主销(15.31.114)零件感应淬火工艺 ………… 167

第3章 曲轴零件热处理实例　　169

- 3.1 曲轴的表面强化处理 ……………………………………… 169
- 3.2 曲轴用钢及钢质曲轴的热处理 …………………………… 170
  - 3.2.1 曲轴用钢 ………………………………………………… 170
  - 3.2.2 钢质曲轴的热处理 ……………………………………… 170
- 3.3 球墨铸铁曲轴的热处理 …………………………………… 172
  - 3.3.1 球墨铸铁曲轴的热处理 ………………………………… 172
  - 3.3.2 球墨铸铁曲轴的熔炼 …………………………………… 172
  - 3.3.3 等温淬火球墨铸铁(ADI)在曲轴上的应用 …………… 173
- 3.4 不同表面强化方法对曲轴疲劳强度的影响 ……………… 174
- 3.5 锻钢曲轴的制造技术 ……………………………………… 174
- 3.6 几种型号曲轴的热处理工艺 ……………………………… 175
  - 3.6.1 曲轴预冷工艺 …………………………………………… 175
  - 3.6.2 61500020012R曲轴正火 ……………………………… 177
  - 3.6.3 曲轴感应淬火工艺 ……………………………………… 180
  - 3.6.4 一种合金钢曲轴的热处理工艺 ………………………… 187
  - 3.6.5 曲轴圆角强化工艺 ……………………………………… 190
- 3.7 曲轴常用几种感应器的结构设计案例 …………………… 199
  - 3.7.1 圆环感应器 ……………………………………………… 200
  - 3.7.2 鞍形感应器 ……………………………………………… 200
  - 3.7.3 静止式曲轴感应器(SHarP-C) ………………………… 201

第4章 凸轮轴零件热处理实例　　202

- 4.1 三缸凸轮轴 ………………………………………………… 204
- 4.2 四缸凸轮轴 ………………………………………………… 208
- 4.3 六缸凸轮轴 ………………………………………………… 209
- 4.4 油泵PM凸轮轴渗碳过程控制 …………………………… 210
  - 4.4.1 渗碳工艺研究 …………………………………………… 210
  - 4.4.2 工艺调试及实验结果 …………………………………… 211

4.4.3 结论 ……………………………………………………………… 212
4.5 三种凸轮轴感应器的结构设计案例 ……………………………………… 212
　4.5.1 单圈感应器 ……………………………………………………… 212
　4.5.2 双圈感应器 ……………………………………………………… 212
　4.5.3 八圈感应器 ……………………………………………………… 213

第 5 章　其他车辆零件热处理实例　　215

5.1 齿轮类零件 …………………………………………………………… 215
　5.1.1 齿轮材料 ………………………………………………………… 215
　5.1.2 齿轮的热处理 …………………………………………………… 216
　5.1.3 热处理工艺对齿轮磨削裂纹的影响 …………………………… 238
　5.1.4 大轮拖内花键孔零件缩孔原因分析及复原 …………………… 240
　5.1.5 从动螺旋锥齿轮零件淬火 ……………………………………… 241
　5.1.6 齿轮零件渗碳淬火 ……………………………………………… 244
　5.1.7 齿轮等温正火工艺的探讨 ……………………………………… 246
　5.1.8 重型汽车后桥从动锥齿轮淬火工艺 …………………………… 248
5.2 齿圈螺母零件 ………………………………………………………… 252
　5.2.1 齿圈螺母的技术要求 …………………………………………… 253
　5.2.2 齿圈螺母淬火感应器的设计 …………………………………… 253
　5.2.3 齿圈螺母淬火夹具的设计 ……………………………………… 253
　5.2.4 齿圈螺母淬火工艺 ……………………………………………… 254
　5.2.5 齿圈螺母淬火工艺数控编程 …………………………………… 255
5.3 齿圈类零件 …………………………………………………………… 255
　5.3.1 内齿圈类零件 …………………………………………………… 256
　5.3.2 外齿圈类零件 …………………………………………………… 263
　5.3.3 支承圈零件 ……………………………………………………… 265
5.4 铲刀连接座类零件 …………………………………………………… 267
　5.4.1 铲刀连接座凹球面高频淬火成套关键技术的创新研究 ……… 267
　5.4.2 铲刀连接座凹球面中频感应淬火实验内容 …………………… 303
5.5 分离轴承座类零件 …………………………………………………… 305
　5.5.1 最初高频淬火工艺 ……………………………………………… 306
　5.5.2 改进后高频淬火工艺 …………………………………………… 306
　5.5.3 结果分析 ………………………………………………………… 307
　5.5.4 结论 ……………………………………………………………… 307
5.6 内孔类零件 …………………………………………………………… 307
　5.6.1 套筒类零件 ……………………………………………………… 308
　5.6.2 套筒形内孔零件的高频感应加热表面淬火 …………………… 310
　5.6.3 薄壁套形零件 …………………………………………………… 315
　5.6.4 旋压薄壁筒形类焊接零件的热处理 …………………………… 321
　5.6.5 薄片带孔零件的热处理 ………………………………………… 324

5.6.6 长内孔零件的感应淬火 ………………………………………… 325
5.6.7 主离合器分离套筒零件 ………………………………………… 326
5.7 拨叉、拨块类零件 …………………………………………………… 327
　　5.7.1 换挡拨块 ……………………………………………………… 327
　　5.7.2 中倒挡拨叉 …………………………………………………… 328
　　5.7.3 Ⅲ-Ⅳ挡拨叉 …………………………………………………… 330
　　5.7.4 665-1702103 Ⅱ-Ⅲ挡拨叉 …………………………………… 330
　　5.7.5 大轮拖LF80-90变速拨叉 …………………………………… 333
　　5.7.6 解决淬火裂纹的措施 ………………………………………… 335
　　5.7.7 调速叉(696-YB452)零件 …………………………………… 338
　　5.7.8 引出装置操纵限位叉零件 …………………………………… 339
5.8 推土机刀片类零件 …………………………………………………… 340
　　5.8.1 4125机型上的左主刀片 ……………………………………… 340
　　5.8.2 4125机型上的右主刀片 ……………………………………… 342
　　5.8.3 4125机型上的副刀片 ………………………………………… 343
5.9 推杆类零件 …………………………………………………………… 343
　　5.9.1 球头推力杆零件 ……………………………………………… 344
　　5.9.2 Fiat80-90拖拉机1.89.5138997推杆零件 …………………… 348
　　5.9.3 分离杆零件 …………………………………………………… 349
5.10 杠杆类零件 ………………………………………………………… 350
　　5.10.1 1.82/5129396杠杆 …………………………………………… 350
　　5.10.2 1.89/5123965力调节长立杆 ………………………………… 351
　　5.10.3 SZ804下拉杆热处理 ………………………………………… 352
　　5.10.4 槽口类零件感应加热淬火 …………………………………… 354
5.11 螺杆零件的感应淬火工艺 ………………………………………… 355
　　5.11.1 工艺试验及结果分析 ………………………………………… 356
　　5.11.2 结论 …………………………………………………………… 360
5.12 东方红-150拖拉机的转向机蜗杆零件 …………………………… 360
　　5.12.1 蜗杆材料选用及技术要求 …………………………………… 361
　　5.12.2 蜗杆的渗碳工艺 ……………………………………………… 361
　　5.12.3 蜗杆渗碳后的热处理 ………………………………………… 363
5.13 小型拖拉机前桥转向节主销热处理工艺 ………………………… 363
　　5.13.1 前桥转向节主销原调质工艺 ………………………………… 364
　　5.13.2 前桥转向节主销调质工艺改进 ……………………………… 364
5.14 转向节主销中频淬火工艺改进 …………………………………… 366
　　5.14.1 概述 …………………………………………………………… 366
　　5.14.2 技术要求 ……………………………………………………… 366
　　5.14.3 淬火工艺 ……………………………………………………… 367
　　5.14.4 经济效益 ……………………………………………………… 369
　　5.14.5 结论 …………………………………………………………… 369
5.15 等速万向节类零件 ………………………………………………… 370
　　5.15.1 等速万向节钟形壳感应淬火 ………………………………… 370

- 5.15.2 球头销感应淬火 … 372
- 5.16 活塞销渗碳淬火工艺改进 … 374
  - 5.16.1 技术要求 … 374
  - 5.16.2 热处理工艺及存在问题 … 374
  - 5.16.3 工艺改进 … 375
  - 5.16.4 结论 … 376
- 5.17 动力输出换挡拨销零件 … 376
  - 5.17.1 动力输出换挡拨销零件技术要求 … 376
  - 5.17.2 动力输出换挡拨销零件感应淬火工艺 … 376
- 5.18 牵引拉杆支座销零件 … 377
  - 5.18.1 牵引拉杆支座销零件技术要求 … 377
  - 5.18.2 牵引拉杆支座销零件感应淬火工艺 … 378
- 5.19 油缸销(5142030)零件 … 379
  - 5.19.1 油缸销(5142030)零件技术要求 … 379
  - 5.19.2 油缸销(5142030)零件感应淬火工艺 … 379
- 5.20 气门摇臂零件 … 380
  - 5.20.1 气门摇臂零件技术要求 … 380
  - 5.20.2 气门摇臂零件高频淬火工艺 … 381
  - 5.20.3 淬火结果检验 … 381
- 5.21 犁头零件淬火 … 381
  - 5.21.1 简介 … 381
  - 5.21.2 工艺试验 … 382
  - 5.21.3 结论 … 383
- 5.22 A31-25、A31-26弹簧零件淬火 … 383
  - 5.22.1 简介 … 383
  - 5.22.2 试验方法 … 383
  - 5.22.3 理论分析 … 385
  - 5.22.4 结论 … 385
- 5.23 球头螺栓零件 … 386
  - 5.23.1 球头螺栓零件技术要求 … 386
  - 5.23.2 球头螺栓零件感应淬火工艺 … 386
- 5.24 专用六角螺栓零件 … 387
  - 5.24.1 专用六角螺栓零件技术要求 … 387
  - 5.24.2 专用六角螺栓零件感应淬火工艺 … 388
- 5.25 曲柄零件 … 389
  - 5.25.1 曲柄零件技术要求 … 389
  - 5.25.2 曲柄零件感应淬火工艺 … 389
- 5.26 纵向旋转加热整体淬火法 … 390
- 5.27 PC钢筋热处理 … 392
- 5.28 拖拉机减磨板零件的淬火夹具的改进 … 394
  - 5.28.1 概述 … 394
  - 5.28.2 工艺试验 … 395

5.28.3 工艺试验数据结果分析 396
5.28.4 结论 396
5.29 导磁体在环缺面零件高频加热淬火中的应用 396
5.29.1 感应加热简介 396
5.29.2 导磁体的定义及作用 397
5.29.3 导磁体在环缺面零件上高频淬火应用 397
5.29.4 结论 398
5.30 一种导轨的超音频淬火工艺 398
5.30.1 概述 398
5.30.2 机床铸铁导轨的技术要求 399
5.30.3 淬火方式 399
5.30.4 结论 401
5.31 拖拉机制动器压盘表面强化技术 401
5.31.1 概述 401
5.31.2 项目工艺技术路线及大中轮制动器压盘现状 402
5.31.3 研究思路和技术方案 411
5.31.4 工装设计 413
5.31.5 工艺试验 413
5.31.6 项目所达到的目标 426
5.31.7 经济效益及其他效益分析 427
5.31.8 结果分析 427

第6章 车辆零件热处理缺陷分析实例 429

6.1 发动机连杆失效分析案例 429
6.1.1 简介 429
6.1.2 连杆用材和生产过程 431
6.1.3 脱碳、热处理缺陷对连杆失效的影响 431
6.1.4 材料、加工缺陷对连杆失效的影响 434
6.1.5 维护及使用不当对连杆失效的影响 453
6.1.6 连杆瓦磨损抱轴的影响 457
6.1.7 连杆螺栓与连杆瓦干涉的影响 458
6.1.8 连杆油孔裂纹造成的疲劳失效 459
6.1.9 相关件损坏（如拉缸）引起的影响 460
6.2 齿轮零件失效分析案例 460
6.3 发动机曲轴断裂分析 470
6.3.1 曲轴的受力 470
6.3.2 曲轴的失效形式案例 470
6.4 轴类零件失效分析案例 490
6.5 拨叉类零件失效分析案例 494

第7章 车辆零件热处理电源、机床及工装夹具 498

7.1 感应加热电路的调节及负载匹配 498
7.1.1 感应加热电路的调节 498
7.1.2 变压器和阻抗匹配 502
7.1.3 特殊电源的负载匹配与调节 504

7.2 感应加热电源 508
7.2.1 频率和功率的选择方法 509
7.2.2 感应加热电源的几种类型 511
7.2.3 中频感应加热电源的常见故障 523

7.3 感应加热的辅助设备 527
7.3.1 设备的冷却系统 527
7.3.2 计时器 531

7.4 感应线圈的设计与制作 532
7.4.1 感应线圈设计的基本原理 532
7.4.2 基本线圈的设计 533
7.4.3 常用线圈的变形设计 536
7.4.4 专用线圈 544
7.4.5 线圈制作 559
7.4.6 输出电源线 564

7.5 磁通集流器、屏蔽器和磁化器 567
7.5.1 磁通集流器 567
7.5.2 屏蔽器 570
7.5.3 磁化器 573

7.6 感应加热用机床案例 574
7.6.1 淬火机床的主要组成部分 574
7.6.2 GCK 系列通用立式淬火机床 576
7.6.3 数控曲轴旋转感应淬火成套设备 576

7.7 感应加热的费用计算与分析 577
7.7.1 感应加热的费用组成部分 577
7.7.2 与其他热处理费用的比较 579

附录 1 中频淬火机床感应加热淬火时有效热的形成与测算 581

附录 2 高频淬火有效热的形成及测算 583

参考文献 585

第1章 车辆零件热处理基础

1.1 热处理一般常识

在机械加工中，热处理是将不同材料所制成的零件放在一定的介质内加热、保温、冷却，通过改变材料的表面或内部的金相组织来控制其力学性能的一种金属热加工工艺。比如，根据工件的用途，要提高零件的表面硬度，就要通过热处理手段实现。

热处理的工艺比较多，淬火、正火、回火、渗碳、碳氮共渗（也称氰化）以及对圆钢材进行的调质处理等，都属于热处理的范畴。具体的操作根据不同的热处理方式有不同的步骤，以提高工件硬度的淬火热处理为例：加热—保温—快速冷却（用水或油作为冷却介质）—回火—检验。

在以上步骤中，每一步对工件的最后质量都有影响，如果对工件的内部组织有具体要求，如最后零件的内部组织为回火马氏体，就要有比较严格的工艺控制手段。

金属热处理是将金属工件放在一定的介质中加热到适宜的温度，并在此温度中保持一定时间后，又以不同速度冷却的工艺方法。它是借助于一定的热作用（有时兼之以机械作用、化学作用或其他作用）来人为地改变金属合金内部的组织和结构，从而获得所需要的性能的工艺操作。

金属热处理是机械制造中的重要工艺之一，与其他加工工艺相比，热处理一般不改变工件的形状和整体的化学成分，而是通过改变工件内部的显微组织，或改变工件表面的化学成分，赋予或改善工件的使用性能。其特点是改善工件的内在质量，而这一般是肉眼所不能看到的。

为使金属工件具有所需要的力学性能、物理性能和化学性能，除合理选用材料和各种成型工艺外，热处理工艺往往是必不可少的。钢铁是机械工业中应用最广的材料，钢铁显微组织复杂，可以通过热处理予以控制，所以钢铁的热处理是金属热处理的主要内容。另外，铝、铜、镁、钛等金属及其合金也都可以通过热处理改变其力学、物理和化学性能，以获得不同的使用性能。

1.1.1 热处理常用术语

（1）金属 具有不透明、金属光泽、良好的导热和导电等性能，并且其导电能力随温度的增高而减小，富有延性和展性等特性的物质。金属是内部原子具有规律性排列的固体（即晶体）。

(2) 合金　由两种或两种以上金属或金属与非金属组成，具有金属特性的物质。

(3) 相　合金中成分、结构、性能相同的组成部分。

(4) 固溶体　一个（或几个）组元的原子（化合物）溶入另一个组元的晶格中，而仍保持另一组元的晶格类型的固态金属晶体。固溶体分间隙固溶体和置换固溶体两种。

(5) 固溶强化　由于溶质原子进入溶剂晶格的间隙或结点，使晶格发生畸变，使固溶体硬度和强度升高，这种现象叫固溶强化现象。

(6) 化合物　合金组元间发生化合作用，生成一种具有金属性能的新的晶体固态结构。

(7) 机械混合物　由两种合金的基本相按照固定比例构成的组织称为机械混合物。虽然是两种晶体，却是一种组成成分，具有独立的力学性能。

(8) 铁素体　碳在 α-Fe（体心立方结构的铁）中形成的间隙固溶体。

(9) 奥氏体　碳在 γ-Fe（面心立方结构的铁）中形成的间隙固溶体。

(10) 渗碳体　铁碳合金按亚稳定平衡系统凝固和冷却转变时析出的 Fe_3C 型碳化物。

(11) 珠光体　奥氏体发生共析转变所形成的铁素体与渗碳体的共析体（$F+Fe_3C$ 含碳 0.8%）。

(12) 莱氏体　渗碳体和奥氏体组成的机械混合物（含碳 4.3%）。当温度高于 727℃时，莱氏体由奥氏体和渗碳体组成，用符号 LD 表示；当温度低于 727℃时，莱氏体是由珠光体和渗碳体组成，用符号 LD′表示，称为变态莱氏体。

(13) 正火　将钢材或钢件加热到临界点 A_{C_3} 或 A_{Cm} 以上 40~60℃或更高的温度，保温一定时间达到完全奥氏体化后，在静止的空气中冷却的热处理的工艺。正火的目的：主要是提高低碳钢的力学性能、改善切削加工性、细化晶粒、消除组织缺陷，为后道热处理做好组织准备以及得到珠光体类组织。

(14) 退火　将亚共析钢工件加热至 A_{C_3} 以上 20~40℃，保温一段时间后，随炉缓慢冷却（或埋在砂中或石灰中）至 500℃以下，在空气中冷却的热处理工艺。常见的退火工艺有再结晶退火、去应力退火、球化退火及完全退火等。

① 不完全退火　亚共析钢在 $A_{C_1}\sim A_{C_3}$，过共析钢在 $A_{C_1}\sim A_{Cm}$ 之间加热，保温足够时间然后缓冷，这种热处理工艺称为不完全退火。

② 球化退火　不完全退火的一种形式，是使钢获得球（粒）状珠光体的热处理工艺。

③ 多相化退火　通过合适的热处理工艺，使复相合金中获得不同大小和分布的第二相，以得到所需的性能，这就是所谓多相化退火。

(15) 固溶热处理　将合金加热至高温单相区恒温保持，使过剩相充分溶解到固溶体中，然后快速冷却，以得到过饱和固溶体的热处理工艺。

(16) 时效　合金经固溶热处理或冷塑性形变后，在室温放置或稍高于室温保持时，其性能随时间而变化的现象。时效硬化是指过饱和固溶体的析出（即过饱和固溶体分解并形成和析出偏聚区、过渡相或平衡相），从而引起合金强化的过程。时效处理是指在强化相析出的温度加热并保温，使强化相沉淀析出，得以硬化，提高强度。

(17) 回火脆性　在许多钢中，回火温度升高时，钢的韧性并非连续提高，而是在某些温度范围回火后，韧性反而下降，这种现象称为回火脆性。

(18) 回归再时效处理　对人工时效状态的铝合金可进行回归处理，随后再重复原来的人工时效，这种工艺称回归再时效处理。

(19) 淬火　指将钢件加热到 A_{C_3} 或 A_{C_1}（钢的下临界点温度）以上某一温度，将钢奥氏体化后以适当的冷却速度冷却，使工件在横截面内全部或一定的范围内发生马氏体（M）等不稳定组织结构转变，以获得马氏体（或贝氏体）组织的热处理工艺。常见的淬火工艺有盐浴淬火、马氏体分级淬火、贝氏体等温淬火、表面淬火和局部淬火等。淬火的目的：使钢件获得所需的马氏体组织，提高工件的硬度、强度和耐磨性，为后道热处理做好组织准备等。

（20）回火　将经过淬火的工件加热到临界点 A_{C1} 以下的适当温度保持一定时间，随后用符合要求的方法冷却到室温，以获得所需要的组织和性能的热处理工艺。常见的回火工艺有低温回火、中温回火、高温回火和多次回火等。回火的目的：主要是消除钢件在淬火时所产生的应力，使钢件具有高的硬度和耐磨性，并具有所需要的塑性和韧性等。

（21）钢的碳氮共渗　碳氮共渗是指向钢的表层同时渗入碳和氮的过程。习惯上碳氮共渗又称为氰化，目前以中温气体碳氮共渗和低温气体碳氮共渗（即气体软氮化）应用较为广泛。中温气体碳氮共渗的主要目的是提高钢的硬度、耐磨性和疲劳强度。低温气体碳氮共渗以渗氮为主，其主要目的是提高钢的耐磨性和抗咬合性。

（22）调质处理　指将钢材或钢件进行淬火及高温回火的复合热处理工艺。调质处理广泛应用于各种重要的结构零件，特别是那些在交变负荷下工作的连杆、螺栓、齿轮及轴类等。调质处理后得到回火索氏体组织，它的力学性能均比相同硬度的正火索氏体组织优越。它的硬度取决于高温回火温度并与钢的回火稳定性和工件截面尺寸有关，一般在 200～350HB 之间。使用调质处理的钢称调质钢，它一般是指中碳结构钢和中碳合金结构钢。

（23）钎焊　用钎料将两种工件黏合在一起的热处理工艺。

（24）渗碳　渗碳是指使碳原子渗入到钢表面层的过程。渗碳后低碳钢的工件具有高碳钢的表面层，再经过淬火和低温回火，使工件的表面层具有高硬度和耐磨性，而工件的中心部分仍然保持着低碳钢的韧性和塑性。

（25）化学热处理　将热作用和化学作用有机地结合起来的一种热处理。

（26）形变热处理　是一种将塑性变形的形变强化和热处理时的相变强化结合，使成型工艺与获得最终性能统一起来的综合工艺。

（27）临界浓度　凡组元浓度大于 k 的合金，在该种铸造的冷却条件下均会出现非平衡过剩相。k 浓度称为临界浓度。

（28）聚集与球化　所谓聚集就是过剩相质点粗化过程，其特征是小尺寸质点溶解而大尺寸质点长大。球化是聚集的一种特殊形式，即非等轴的过剩相质点转变为接近于等轴的形状。

（29）淬火效应　金属工件加热到一定温度后，浸入冷却剂（油、水等）中，经过冷却处理，工件的性能更好，更稳定。

（30）冷变形储能　冷变形后金属的自由能增量，它是冷变形金属发生组织变化的驱动力。

（31）回复　回复过程的本质是点缺陷运动和位错运动重新组合。

（32）原位再结晶　随着退火温度升高或退火时间延长，多边化和胞状亚组织形成的亚晶会通过亚晶界迁移和亚晶粒合并的方式逐渐粗化。在一定条件下，亚晶可长到很大尺寸，这种情况称为原位再结晶。

（33）低温退火的硬化效应　某些金属及合金在回复退火温度下，硬度、强度特别是屈服极限和弹性极限不仅不降低，反而升高，这种现象称为低温退火的硬化效应。

（34）再结晶　从某一退火温度开始，冷变形金属显微组织发生明显变化，在放大倍数不太大的光学显微镜下也能观察到新生的晶粒，这种现象称为再结晶。

(35) 再结晶温度　开始发生再结晶的温度定义为再结晶温度。

(36) 厚度效应　由薄片厚度控制晶粒尺寸的现象称为厚度效应。

(37) 织构制动　再结晶完成时所产生的织构可能使再结晶晶粒长大速率减小，这种现象称为织构制动。

(38) 临界变形程度　由某一变形程度开始发生再结晶并且得到极粗大的晶粒，这一变形程度称为临界变形程度。

(39) 二次再结晶　当具备了一定条件时，在晶粒较为均匀的再结晶基体中，某些个别晶粒可能急剧生长并吞食周围再结晶基体，最后使整个材料都由粗大晶粒所组成，这种现象称为二次再结晶。

(40) 退火织构　经退火后，由于形核与长大均具有某种位向关系，一般也会出现择优取向，即退火织构。

(41) 相变综合动力学曲线（TTT 图）　将不同温度的相变动力学曲线数据综合在温度-时间图中，就得到相变综合动力学曲线（温度-时间-转变曲线），称为 C 曲线或 TTT 图（图 1-1）。

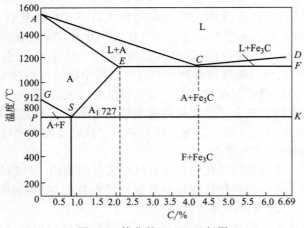

图 1-1　简化的 $Fe-Fe_3C$ 相图

(42) 惯习面　许多合金系固态相变时，新相往往在母相中的特定晶面形成，母相的这一晶面称为惯习面。

(43) 奥氏体起始晶粒度　奥氏体起始晶粒度是指某一加热温度下奥氏体刚好完全形成时的晶粒大小。

(44) 奥氏体实际晶粒度　钢在具体的热处理或热加工条件下获得的奥氏体晶粒大小称为奥氏体实际晶粒度。

(45) 过热　若奥氏体晶粒比规定的大，这种现象称为过热。

(46) 过烧　若奥氏体温度太高，以致发生了晶界局部熔化，这称为过烧。

(47) 马氏体相变　若奥氏体过冷至 M_s 点以下的温度，它就会发生一种与在 A_1 至 M_s 温度范围发生的转变性质完全不同的相变，即马氏体相变。

(48) 临界冷却速度　在连续冷却时，使过冷奥氏体不析出先共析相或不转变成珠光体、贝氏体的最小冷却速度，分别称为抑制先共析相、珠光体、贝氏体的临界冷却速度。

(49) 临界淬火速度　是指奥氏体在连续冷却过程中直接转变成马氏体而不发生其他转变的最小冷却速度。

(50) 脱溶序列　时效时第二相的脱溶符合固态相变的阶次规则，即通常发现在平衡脱溶相出现之前会出现一种或两种亚稳定结构。

(51) 阶次规则　固态相变过程中，常先出现形核功小的亚稳相，并且可能出现一系列亚稳相，逐渐演变成稳定相。

(52) 奥斯特华德熟化过程　脱溶相形核后，溶质原子继续向晶核聚集使脱溶相不断长大。当脱溶相的量十分接近相图上用杠杆定律确定的体积分数时，长大并不会停止，而是大质点进一步长大，小质点不断消失，在脱溶相总体积分数基本不变的情况下，使系统自由能不断降低。这就是脱溶相粗化（聚集）过程。

(53) G.P 区　合金中能用 X 射线衍射法测定出的原子偏聚区。

(54) 回归　若将经过低温时效的合金放在比较高的温度（但低于固溶化温度）下短期加热并迅速冷却，那么它的硬度将立即下降到和刚淬火时差不多，其他性质的变化亦常常相似，这个现象叫回归。

(55) 调幅组织　共格脱溶相周期性分布的组织称为调幅组织。

(56) 普遍脱溶　即在整个固溶体中普遍地发生脱溶并析出均匀分布的脱溶相。

(57) 局部脱溶　即在普遍脱溶前，较早从晶界、滑移带、夹杂物分界面以及其他晶格缺陷处优先形核，使该区域较早地出现脱溶相质点。

(58) 无沉淀带　晶界处的局部脱溶往往在紧靠晶界附近形成一条无沉淀带（无脱溶相区），显微组织中表现为一亮带。

(59) 残余奥氏体　淬火钢中尚未转变的奥氏体被称为残余奥氏体。

(60) 钢的淬透性　是指钢接受淬火（奥氏体转变成马氏体）的能力。

(61) 淬透层深度（淬硬层深度）　淬火钢件表面至内部马氏体组织占 50% 处的距离。

(62) 淬硬性　钢在正常淬火条件下所能达到的最高硬度，而不是淬硬层的深度。

(63) 淬透性指数　距淬火端面不同距离处的硬度值。

(64) 临界淬透直径　在某种介质中淬火，圆棒状钢件横截面中心为半马氏体组织（或中心具有半马氏体硬度）时的最大直径。

(65) 二次淬火　若残余奥氏体在回火温度下十分稳定，则在回火保温时残余奥氏体不发生转变，而是在随后冷却时会转变成马氏体，这就是"二次淬火"。

(66) 二次硬化　一些合金钢，虽然不高的温度范围回火时也与碳钢一样，由于马氏体分解和渗碳体粒子的粗化而发生软化，但经 450℃ 以上的一定温度回火，其屈服强度、硬度又重新增大，这种现象称为二次硬化。

(67) 表面淬火　淬火时只使钢件表层转变成马氏体，而心部仍保持淬火前的原始组织。

(68) 动态回复与动态再结晶　由于存在热的作用，在加工硬化的同时会发生回复与再结晶软化等软化过程。这种回复与再结晶过程是在变形状态下而不是在变形停止后产生的，因此称为动态回复与动态再结晶。

(69) 应力诱发马氏体　一些铁基合金在 M_f 点至 M_s 点以上的某一称为 M_d 点之间的温度范围内，施加一定的外应力可以促使马氏体形成，这时形成的马氏体称为应力诱发马氏体。

(70) 奥氏体的热稳定化　奥氏体在冷却过程中因等温停留而使其继续转变成马氏体时呈现迟滞现象。

(71) 变温马氏体　冷至 M_s 点以下的一定温度时只能形成一定数量的马氏体，在该温度等温停留，并不能增加马氏体的量，要增加马氏体的量，必须进一步降低温度。按照这种动力学特点形成的马氏体称为变温马氏体。

(72) 恒温马氏体　马氏体可以在等温条件下形成，这类合金在 M_s 点以下的一定温度，即可形成马氏体，在该温度停留，马氏体数量逐渐增加。具有这种动力学特点的马氏体称为恒温马氏体。

（73）应力腐蚀　腐蚀性介质和张应力共同作用下产生的一种腐蚀，严重时造成应力腐蚀断裂。

（74）自然时效　在室温进行的时效。

（75）人工时效　将工件加热到固溶温度以下，比较长时间保持，使部分固溶体发生分解，趋于稳定化，消除或减小淬火后工件内的微观应力、机械加工残余应力，以防止工件变形及开裂的工艺方法。

（76）热传递　物体相互间或同一物体内部热能的传递。温度是热传递的必要条件。物体间存在着温度差，必然产生热量的传递。

（77）集肤效应　感应加热电流在工件截面的分布很不均匀，表面电流密度大，中间密度小，交变电流的频率越高，表面电流越大的这种现象称为"集肤效应"。

（78）同素异构转变　金属在固态下，随着温度的变化由一种晶格转变为另一种晶格的现象称为同素异构转变。

（79）单晶体　所有晶胞都按相同方向排列的晶体称为单晶体。

（80）多晶体　由许多结晶方位不同的小晶体集合而成的晶体称为多晶体。

（81）晶格　用于描述原子在晶体中排列方式的空间格架称为晶格。

（82）晶胞　能完整反映晶格特征的最小几何单元称为晶胞。

（83）晶粒　外形不规则而内部晶格排列方向一致的小晶体称为晶粒。

（84）晶界　晶粒与晶粒之间的分界面称为晶界。

（85）回火脆性　有一些钢种在一定温度范围内回火后，冲击韧性反比在较低温回火时显著下降的现象。回火脆性分为两类：低温回火脆性和高温回火脆性。

（86）水韧处理　将高锰钢在1050～1100℃温度下加热，经过一段时间保温，使碳化物全部溶解，奥氏体均匀化后，迅速水淬，不使碳化物沿奥氏体晶界析出，在室温下保持单一奥氏体组织，使材料具有良好的强度、韧性及耐冲击性能。

（87）淬火过热组织　在淬火过程中由于淬火温度过高或保温时间过长或预备热处理不当，原始组织没有细化而形成的粗大的板条马氏体。

（88）第一类回火脆性　第一类回火脆性又称为低温回火脆性。即钢在250～350℃温度范围内进行回火时生成的薄片状碳化物，这种淬而硬的薄片状碳化物降低了马氏体的断裂强度，导致钢的脆性增大。这种回火脆性具有不可逆性。

（89）疲劳强度　在无数次交变载荷作用下而不致断裂的最大应力。

（90）抗拉强度　在静载荷作用下材料拉断前所能承受的最大应力。

（91）热应力　一定温度的钢在热处理冷却过程中，因温度快速下降引起热胀冷缩现象，使工件体积急剧收缩产生的应力为热应力。

（92）组织应力　由于基体组织中快速生成了比容大的组织，导致工件内应力的增加，称为组织应力。在实际淬火零件中，组织应力导致零件内应力的增加比热应力大得多。

（93）软氮化　软氮化属低温氮化，通常在520～580℃进行。工件经软氮化后，可获得坚硬渗层，具有很高的耐磨性。因在较低温度进行，工件不易弯曲变形。与一般氮化相比，渗氮层脆性低，裂纹敏感性小，并可大大缩短操作时间，但只适用于轻负荷工件。

（94）导磁体的槽口效应　一根矩形截面的铜导体，将其放在导磁体的槽口之中，当高频电流通过导体时，电流只在导磁体开口处的导体表面层流过，这一现象被称为导磁体的槽口效应。

(95) 纵向加热整体淬火法　纵向加热整体淬火法是利用两根或多根沿轴线布置的有效导体，产生沿零件表面纵向（轴向）流动的感应电流对零件进行加热，零件必须旋转，待整体被淬火的表面达到淬火温度以后，对其进行喷射冷却淬火或浸液冷却淬火。

(96) 感应器间隙　感应器间隙是指有效圈内表面至零件侧表面之间的距离。感应器间隙越小，感应器的加热效率越高。但间隙也不能太小，其原因有：间隙太小可能造成零件与感应器之间打火放电；增加了有效圈的磨损；零件容易出现点状裂纹。

(97) 电流的热效应　电流通过电阻时，电阻就会发热，将电能变成热能，这种现象叫电流的热效应。

(98) 低温形变淬火　将钢加热至奥氏体状态，保温适当时间急速冷却到临界点以下而高于 M_s 点进行形变，然后淬火得到马氏体组织的复合处理工艺，又称亚稳奥氏体形变淬火。低温形变淬火使钢材在塑性不降低的情况下，大幅度提高抗拉强度及屈服点，还可提高钢材的疲劳极限，显著降低延迟断裂倾向性。

(99) 高温形变淬火　将钢加热到稳定的奥氏体状态，在此状态下进行塑性变形，随即进行淬火、回火的综合热处理工艺，叫高温形变热处理，或叫高温形变淬火。与普通热处理比较，某些钢材经高温形变淬火，能提高抗拉强度 10%～30%，提高塑性 40%～50%。一般非合金钢、低合金钢均可采用这种热处理。

(100) 工艺守则　工艺守则是工艺规程的细化，对一些重要件及关键工序，工艺规程仅作了主要参数的规定，而许多确保产品质量的细则无法在规程中表达，只有通过守则形式加以细化，如设备操作守则、捞渣脱氧操作守则等。而有些通用守则，生产中往往用工艺守则代替工艺规程使用。

(101) 金属化合物　金属化合物是合金组元间发生相互作用而形成的一种新相，在二元相图上所处的位置总在两个固溶体之间，又称中间相。其晶格类型和性能不同于组成它的任一组元，其中或多或少都有金属键参与作用，因而具有一定的金属性质，故称为金属化合物。

1.1.2　金属热处理的工艺

热处理工艺一般包括加热、保温、冷却三个过程，有时只有加热和冷却两个过程。这些过程互相衔接，不可间断。

加热是热处理的重要步骤之一。金属热处理的加热方法很多，最早是采用木炭和煤作为热源，进而应用液体和气体燃料。电的应用使加热易于控制，且无环境污染。利用这些热源可以直接加热，也可以通过熔融的盐或金属，以及浮动粒子进行间接加热。

金属加热时，工件暴露在空气中，常常发生氧化、脱碳（即钢铁零件表面碳含量降低），这对于热处理后零件的表面性能有很不利的影响。为防止氧化、脱碳，金属通常应在可控气体或保护气体中、熔融盐中和真空中加热，也可用涂料或包装方法进行保护加热。

加热温度是热处理工艺的重要工艺参数之一，选择和控制加热温度，是保证热处理质量的关键。加热温度随被处理的金属材料和热处理的目的不同而异，但一般都是加热到相变温度以上，以获得需要的组织。另外，转变需要一定的时间，因此当金属工件表面达到要求的加热温度时，还需在此温度保持一定时间，使内外温度一致，使显微组织转变完全，这段时间称为保温时间。采用高能密度加热和表面热处理时，加热速度极快，一般就没有保温时间或保温时间很短，而化学热处理的保温时间往往较长。

冷却也是热处理工艺过程中不可缺少的步骤，冷却方法因工艺不同而不同，主要是控制冷却速度。一般退火的冷却速度最慢，正火的冷却速度较快，淬火的冷却速度更快。但还因钢种不同而有不同的要求，例如空硬钢就可以用正火一样的冷却速度进行淬硬。

金属热处理工艺大体可分为整体热处理、表面热处理、局部热处理和化学热处理等。根据加热介质、加热温度和冷却方法的不同，每一大类又可区分为若干不同的热处理工艺。同一种金属采用不同的热处理工艺，可获得不同的组织，从而具有不同的性能。钢铁是工业上应用最广的金属，而且钢铁显微组织也最为复杂，因此钢铁热处理工艺种类繁多。

整体热处理是对工件整体加热，然后以适当的速度冷却，以改变其整体力学性能的金属热处理工艺。钢铁整体热处理大致有退火、正火、淬火和回火四种基本工艺。

1.1.2.1 退火

（1）退火定义 将工件加热到适当温度，根据材料和工件尺寸采用不同的保温时间，然后进行缓慢冷却（冷却速度最慢），目的是使金属内部组织达到或接近平衡状态，获得良好的工艺性能和使用性能，或者为进一步淬火作组织准备（退火一般是在炉内缓冷，正火一般是空冷）。

退火工艺特点：加热到临界点温度以上 30~40℃ 的温度（亚共析钢在 A_{C3} 以上），然后在低于 A_{r1} 不超过 40℃ 范围内令其发生珠光体转变。

即奥氏体化温度：A_{C3}（或 A_{C1}）+（30~40℃）；

珠光体化温度：A_{r1}-（30~40℃）。

（2）退火的种类

① 完全退火 完全退火又称重结晶退火，一般简称为退火，这种退火主要用于亚共析成分的各种碳钢和合金钢的铸锻件及热轧型材，有时也用于焊接结构。一般常作为一些不重要工件的最终热处理，或作为某些工件的预先热处理（表1-1）。

② 球化退火 球化退火主要用于过共析的碳钢及合金工具钢（如制造刃具、量具、模具所用的钢种）。其主要目的在于降低硬度，改善切削加工性，并为以后淬火作好准备（表1-1）。

③ 去应力退火 去应力退火又称低温退火（或高温回火），这种退火主要用来消除铸件、锻件、焊接件、热轧件、冷拉件等的残余应力。如果这些应力不予消除，将会引起钢件在一定时间以后，或在随后的切削加工过程中产生变形或裂纹。

④ 低温退火 见表1-1。

⑤ 再结晶退火 见表1-1。

⑥ 扩散退火 见表1-1。

⑦ 等温退火 见表1-1。

⑧ 去氢退火 见表1-1。

表1-1 常用退火工艺方法

名称	工艺曲线	工艺特点	组织性能的变化	适用范围
低温退火	550~650℃，空冷，A_1	加热温度：<A_1 碳钢及低合金钢：550~650℃ 高合金工具钢：600~750℃ 加热速度：100~150℃/h 保温时间：3~5min/mm 冷却速度：50~100℃/h	消除铸、锻、焊及切削加工过程中的内应力，使其达到稳定状态	铸、锻、焊、机械加工等各类金属材料制品

续表

名称	工艺曲线	工艺特点	组织性能的变化	适用范围
再结晶退火		加热温度：$>T_R$ $T_R+(150\sim250℃)$ $T_R=0.4T_M$ T_M：熔点 保温时间：$0.5\sim1h$ 冷却：空冷	发生恢复再结晶过程，使变形晶粒为细小等轴晶粒，消除冷作硬化效应及内应力	经冷加工成型的各类制品
扩散退火		加热温度：$>A_{C3}$或A_{Cm}线，在固相线以下高温加热 碳钢：$1100\sim1200℃$ 保温时间：十几个小时到几十个小时 冷却速度：$<300℃$空冷 为细化晶粒往往还需补充退火（$<300℃$出炉空冷）	均匀化学成分，消除改善显微组织的偏析	铸锭或铸件
等温退火		加热温度：$A_{C3}+(30\sim50℃)$（视组织要求而定，$A_{C3}\sim A_{C1}$） 等温温度：由钢材成分及退火后硬度要求而定 冷却速度：等温后冷却，可空冷到室温，大件需要缓冷到$<500℃$再空冷	细化晶粒、降低硬度、提高塑性、去除内应力，可按工艺要求获得片状或粒状珠光体	亚共析钢铸锻件（C：$0.3\%\sim0.8\%$）；过共析钢球化退火（C：$0.8\%\sim1.2\%$）
完全退火		加热温度：$A_{C3}+(30\sim50℃)$ 加热速度：碳钢$200℃/h$，低合金钢$100℃/h$，高合金钢$50℃/h$ 保温时间（碳钢）：$1.5\sim2min/mm$ 冷却速度：$<300℃$空冷（冷速的控制按硬度要求加以控制）	细化晶粒、降低硬度、提高塑性、去除内应力	亚共析钢铸锻件（C：$0.3\%\sim0.8\%$）
球化退火		加热温度：$<A_{Cm}$ ①加热到略高于A_{C1}长时间保温后缓冷到$<500℃$空冷 ②加热到$A_{C1}+(20\sim30℃)$透烧后快冷到A_{r1}保温反复循环数次后缓冷到$<500℃$空冷 ③等温球化退火，加热到$A_{C1}+(20\sim30℃)$再快冷到A_{r1}以下保温后可空冷	使碳化物球化，可改善共析、过共析钢的切削加工性，降低硬度	共析、过共析钢锻轧件
去氢退火		锻件在锻后冷却到氢溶解度小而扩散系数大的温度（一般选择在C曲线鼻尖附近温度）长时间保温 ①碳钢、低合金钢：$620\sim660℃$ ②中合金钢：$580\sim660℃$ ③高合金钢：$580\sim660℃$	消除钢中的白点（发裂）	大型碳钢、低合金钢、高合金钢锻件

(3) 退火的目的　主要是降低金属材料的硬度，提高塑性，以利切削加工或压力加工，减少残余应力，提高组织和成分的均匀化，或为后道热处理作好组织准备等。

1.1.2.2　正火

正火是将工件加热到适宜的温度后在空气中冷却。正火的效果同退火相似，只是得到的组织更细，常用于改善材料的切削性能，有时也对一些要求不高的零件作为最终热处理（正火是空气冷却）。

1.1.2.3　淬火

淬火是将工件加热保温后，在水、油、无机盐、有机水溶液等淬冷介质中快速冷却的工艺。淬火后钢件变硬，但同时变脆。

淬火时将钢加热到 A_{C3} 或 A_{C1} 以上，保温一定时间使其奥氏体化，再以大于临界冷却速度的速度快速冷却，从而发生马氏体转变。淬火钢得到的组织主要是马氏体（或下贝氏体），此外，还有少量残余奥氏体及未溶的第二相。淬火的目的是提高钢的硬度和耐磨性。

为了提高硬度主要采取的方法是加热、保温、速冷。用盐水淬火的工件，容易得到高的硬度和光洁的表面，不容易产生淬不硬的软点，但却易使工件变形严重，甚至发生开裂。而用油作淬火介质只适用于过冷奥氏体的稳定性比较大的一些合金钢或小尺寸的碳钢工件的淬火。

(1) 淬火加热温度　碳钢的淬火加热温度可利用 Fe-Fe$_3$C 相图来选择。

对于亚共析碳钢，适宜的淬火温度为 A_{C3}+(30～50℃)；使碳钢完全奥氏体化，淬火后获得均匀细小的马氏体组织。对于过共析碳钢，适宜的淬火温度为 A_{C1}+(30～50℃)；淬火前先进行球化退火，使之得到粒状珠光体组织，淬火加热时组织为细小奥氏体晶粒和未溶的细粒状渗碳体，淬火后得到隐晶马氏体和均匀分布在马氏体基体上的细小粒状渗碳体组织。对于低合金钢，淬火加热温度也根据临界点 A_{C1} 或 A_{C3} 来确定，一般为 A_{C1} 或 A_{C3} 以上 50～100℃。高合金工具钢中含有较多的强碳化物形成元素，奥氏体晶粒粗化温度高，故淬火温度亦高。

(2) 淬火加热时间　为了使工件各部分完成组织转变，需要在淬火加热时保温一定的时间，通常将工件升温和保温所需的时间计算在一起，统称为加热时间。

影响淬火加热时间的因素较多，如钢的成分、原始组织、工件形状和尺寸、加热介质、炉温、装炉方式及装炉量等。钢在淬火加热过程中，如果操作不当，会产生过热、过烧、表面氧化、脱碳等缺陷。

过热是指工件在淬火加热时，由于温度过高或时间过长，造成奥氏体晶粒粗大的现象。过热不仅使淬火后得到的马氏体组织粗大，使工件的强度和韧性降低，易于产生脆断，而且容易引起淬火裂纹。对于过热工件，进行一次细化晶粒的退火或正火，然后再按工艺规程进行淬火，便可以纠正过热组织。

过烧是指工件在淬火加热时，温度过高，使奥氏体晶界发生氧化或出现局部熔化的现象。过烧的工件无法补救，只得报废。

(3) 钢的表面淬火　表面淬火是对工件表层进行淬火的工艺。它将工件表面进行快速加热，使其奥氏体化并快速冷却获得马氏体组织，而心部仍保持原来塑性、韧性较好的退火、正火或调质状态的组织。表面淬火后需进行低温回火，以减少淬火应力和降低脆性。表面淬火可有效提高工件表面层的硬度和耐磨性，达到外硬内韧的效果，并造成表面层压应力状态，提高疲劳强度，延长工件的使用寿命。

① 感应加热表面淬火　感应加热表面淬火法的原理如图 1-2(a) 所示。把工件放入由空

心铜管绕成的感应线圈中，当感应线圈通以交流电时，便会在工件内部感应产生频率相同、方向相反的感应电流。感应电流在工件内自成回路，故称为"涡流"。涡流在工件截面上的分布是不均匀的，如图 1-2(b) 所示，表面电流密度最大，心部电流密度几乎为零，这种现象称为集肤效应。由于钢本身具有电阻，因而集中于工件表面的涡流，几秒钟便可使工件表面温度升至 800~1000℃，而心部温度仍接近室温，随即喷水（合金钢浸油）快速冷却后，就达到了表面淬火的目的。

(a) 交变磁场在工件表面产生的涡流

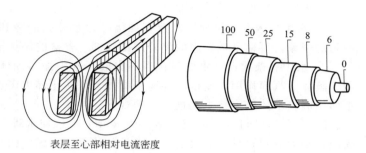
(b) 集肤效应原理

图 1-2 感应加热表面淬火原理

感应加热时，工件截面上感应电流密度的分布与通入感应线圈中的电流频率有关。电流频率愈高，感应电流集中的表面层愈薄，淬硬层深度愈小。因此可通过调节通入感应线圈中的电流频率来获得工件不同的淬硬层深度，一般零件淬硬层深度为半径的 1/10 左右。对于小直径（ϕ10~20mm）的零件，适宜用较深的淬硬层深度，可达半径的 1/5，对于大截面零件可取较浅的淬硬层深度，即小于半径 1/10 以下。

② 火焰加热表面淬火　火焰加热表面淬火法是用乙炔-氧火焰（最高温度 3200℃）或煤气-氧火焰（最高温度 2000℃），对工件表面进行快速加热，并随即喷水冷却。淬硬层深度一般为 2~6mm。适用于单件小批量生产以及大型零件（如大型轴类、模数齿轮等）的表面淬火。火焰加热表面淬火的优点是设备简单，成本低，灵活性大。缺点是加热温度不易控制，工件表面易过热，淬火质量不够稳定。

(4) 激光加热表面淬火　激光加热表面淬火是以高能量激光束扫描工件表面，使工件表面快速加热到钢的临界点以上，利用工件基体的热传导自冷淬火，实现表面相变硬化。

激光加热表面淬火加热速度极快（10^5~10^6℃/s），因此过热度大，相变驱动力大，奥氏体形核数目剧增，扩散均匀化来不及进行，奥氏体内碳及合金浓度不均匀性增大，奥氏体中碳含量相似的微观区域变小，随后的快冷（10^4℃/s）中不同微观区域内马氏体形成温度有很大差异，产生细小马氏体组织。由于快速加热，珠光体组织无扩散转化为奥氏体组织；由于快速冷却，奥氏体组织无扩散转化为马氏体组织，同时残余奥氏体量增加，碳来不及扩散，使过冷奥氏体碳含量增加，马氏体中碳含量增加，硬度提高。

激光加热表面淬火后，工件表层获得极细小的板条马氏体和孪晶马氏体的混合组织，且位错密度极高，表层硬度比淬火+低温回火提高 20%，即使是低碳钢也能提高一定的硬度。

激光淬火硬化层深度一般为 0.3~1mm，硬化层硬度值一致。随零件正常相对接触摩擦运动，表面虽然被磨去，但新的相对运动接触面的硬度值并未下降，耐磨性仍然很好，因而不会发生常规表面淬火层由于接触磨损，磨损随之加剧的现象，耐磨性提高了 50%，工件使用寿命提高了几倍甚至十几倍。

激光加热表面淬火最佳的原始组织是调质组织，淬火后零件变形极小，表面质量很高，特别适用于拐角、沟槽、盲孔底部及深孔内壁的热处理，而这些部位是其他表面淬火方法极难处理到的。

(5) 淬火处理的常见问题　M_s 点随碳含量的增加而降低。淬火时，过冷奥氏体开始转变为马氏体的温度称之为 M_s 点，转变完成时的温度称之为 M_f 点。碳含量愈高，M_s 点温度愈低。0.4%碳含量的碳钢的 M_s 温度为 350℃ 左右，而 0.8% 碳含量的碳钢就降低至 200℃ 左右。

淬火液可添加适当的添加剂：

① 水中加入食盐可使冷却速率加倍　盐水淬火的冷却速率快，且不会有淬裂及淬火不均匀的现象，可称是最理想的淬硬用冷却剂。食盐的添加比例以质量 10% 为宜。

② 水中有杂质比纯水更适合当淬火液　水中加入固体微粒，有助于工件表面的洗净作用、破坏蒸汽膜作用，使得冷却速率增加，可防止淬火斑点的发生。因此，淬火处理不用纯水而用混合水的淬火技术是很重要的观念。

③ 聚合物可与水调配成水溶性淬火液　可依加水程度调配出由水到油的冷却速率的淬火液，甚为方便，且又无火灾、污染及其他公害之虑，颇具前瞻性。

④ 干冰加乙醇可用于深冷处理溶液　将干冰加入乙醇中可产生 -76℃ 的均匀温度，是很实用的低温冷却液。

(6) 钢淬火冷却介质　淬火冷却时，既要快速冷却以保证淬火工件获得马氏体组织，又要减少变形，防止裂纹产生。因此，冷却是关系到淬火质量高低的关键操作。

(7) 预备热处理影响感应淬火质量　对于感应加热，由于加热时间短，基体组织越均匀，产生完全奥氏体的可能性越大，冷却时产生完全马氏体的概率也大，直接影响表面硬度和感应淬火深度。主要影响有：调质产品感应淬火效果最好，可以得到良好的表面硬度、淬硬层深度和金相组织；正火产品次之，正火产品感应加热时间相对调质产品要长，也可以得到良好的表面硬度和金相组织；锻后直接感应淬火的产品最差，加热不足金相组织中出现大量的网状屈氏体组织，加热时间长得到感应过热组织。从有效硬化层的分布上来看，调质状态的硬化层分布较正火状态的明显，正火状态较调质的过渡区大，用硝酸酒精腐蚀后观察比较模糊。同样的工件，相同的机械加工，正火状态中频淬火后表面粗糙度大于调质状态；对于轴类零件，正火状态中频淬火后变形量大于调质状态后的中频淬火变形量；在某些中频淬火较为敏感的区域（如轴的花键），正火状态较调质状态易出现淬火微裂纹（对于只有少数的花键上出现的微裂纹，从台架试验得出的结果满足该工件的使用要求，因此我们还是作了超差接收的处理，从使用上来看，还未发现有任何异常）；从金相组织上来看，正火后进行中频淬火得到的组织不均匀，马氏体较调质的粗大（可能是我们的工艺有点区别，正火状态中频淬火使用的加热温度稍高于调质状态）。某些零件要求不是很苛刻，可以用正火来代替调质作为中频淬火的预备热处理（但是前提是要满足设计要求），这样可以极大地降低热处理成本。关于高频淬火有效淬硬层深度能否达到中频的效果，要看具体情况。

感应加热电流透入深度随加热电源频率的升高而减小，文献资料介绍高频加热的透入深度一般为 1～3mm，实际上在感应加热时，其加热行为不可能是单一加热方式，其中不可避免地掺杂有传导加热效应。利用这一特点，在特定条件（一发法淬火）下，可通过特殊方法（比如采用脉冲加热）实现用高频加热电源进行深层加热淬火的效果。公司做过专门的试验，对一个模数为 4.5mm 的 40Cr 盘形齿轮（齿顶圆直径约 340mm）进行脉冲加热，淬硬层深度达齿根以下 7mm，如果增加脉冲次数，则淬硬层深度还可以增加。当然，如果对轴类产品采用连续扫描式加热淬火时，很难突破一定的加热和淬硬深度。有资料介绍，同样的材料，同样的预处理状态，若分别采用高频和中频加热淬火（不考虑淬硬层深度），高频淬火的产品表面硬度高于中频。淬硬性及淬火后的硬度主要与钢件的含碳量有关是毋庸置疑的，但确切地讲，钢件淬火后的硬度应该是与溶入奥氏体中的碳含量有关。所以，钢件的最终淬火硬度与奥氏体化程度和奥氏体均匀化程度有关，而感应加热是一种快速加热方式，奥氏体化程度和均匀化程度不仅与原始组织有关，而且与加热速度有关，原始组织越均匀，加热速度越缓慢，完成奥氏体化并均匀化所需的时间就短，反之则相反。

从理论上讲，虽然是同种材料（含碳量相同），但因原始组织不同，加热速度不同，当其奥氏体化程度不同时，必然会造成最终淬火硬度的差异。同种材料分别采用正火和调质两种预处理状态，但采用同一设备（加热频率相同）的同一参数淬火后，硬度肯定有差异；同一材料，进行完全相同的预处理，然后采用不同的加热设备，最终的淬火硬度也是不同的。在同样的材料、同样的预处理状态、同样的淬硬层深度要求的情况下，分别采用高频、中频和超音频设备加热淬火，其淬火后的硬度高低的顺序是高频淬火的最高，超音频的其次，中频的最低。同样的预处理状态、同样的硬度、同样的材料要求的情况下，分别采用高频、中频和超音频设备加热淬火，则高频的硬化层深度最浅，超音频的硬化层深度其次，中频的硬化层深度最深。这是感应淬火的特征，如果使用超音频感应设备，且加上导磁体，有的材料也可以达到高频的性能（淬硬深度和硬度）。

1.1.2.4 回火

回火是为了降低钢件的脆性。将淬火后的钢件在高于室温而低于 710℃ 的某一适当温度进行一定时间的保温，再进行冷却，这种工艺称为回火。

退火、正火、淬火、回火是整体热处理中的"四把火"，其中的淬火与回火关系密切，常常配合使用。

"四把火"随着加热温度和冷却方式的不同，又演变出不同的热处理工艺。为了获得一定的强度和韧性，把淬火和高温回火结合起来的工艺，称为调质。某些合金淬火形成过饱和固溶体后，将其置于室温或稍高的适当温度下保持较长时间，以提高合金的硬度、强度、电性、磁性等，这样的热处理工艺称为时效处理。把压力加工形变与热处理有效而紧密地结合起来进行，使工件获得很好的强度、韧性配合的方法称为形变热处理。在负压气氛或真空中进行的热处理称为真空热处理，它不仅能使工件不氧化、不脱碳、保持处理后工件表面光洁、提高工件的性能，还可以通入渗剂进行化学热处理。

表面热处理是只加热工件表层，以改变其表层力学性能的金属热处理工艺。为了只加热工件表层而不使过多的热量传入工件内部，使用的热源须具有高的能量密度，即在单位面积的工件上给予较大的热能，使工件表层或局部能短时或瞬时达到高温。表面热处理的主要方法有激光热处理、火焰淬火和感应加热热处理，常用的热源有氧-乙炔或氧-丙烷等火焰、感应电流、激光和电子束等。

化学热处理是改变工件表层化学成分、组织和性能的金属热处理工艺。化学热处理与表面热处理不同之处是后者改变了工件表层的化学成分。化学热处理是将工件放在含碳、氮或其他合金元素的介质（气体、液体、固体）中加热，保温较长时间，从而使工件表层渗入碳、氮、硼和铬等元素，渗入元素后，有时还要进行其他热处理工艺如淬火及回火。化学热处理的主要方法有渗碳、渗氮、碳氮共渗、渗金属、复合渗等。

热处理是机械零件和工模具制造过程中的重要工序之一。大体来说，它可以保证和提高工件的各种性能，如耐磨、耐腐蚀等，还可以改善毛坯的组织和应力状态，以利于进行各种冷、热加工。

例如白口铸铁经过长时间退火处理可以获得可锻铸铁，提高塑性；齿轮采用正确的热处理工艺，使用寿命可以比不经热处理的齿轮成倍或几十倍地提高；另外，价廉的碳钢通过渗入某些合金元素就具有某些价格昂贵的合金钢的性能，可以代替某些耐热钢、不锈钢；工模具则几乎全部需要经过热处理方可使用。

根据工件性能要求的不同，按其回火温度的不同，可将回火分为以下几种：

① 低温回火（150～250℃）　低温回火所得组织为回火马氏体。其目的是在保持淬火钢的高硬度和高耐磨性的前提下，降低其淬火内应力和脆性，以免使用时崩裂或过早损坏。它主要用于各种高碳的切削刃具、量具、冷冲模具、滚动轴承以及渗碳件等，回火后硬度一般为 58～64HRC。

② 中温回火（350～500℃）　中温回火所得组织为回火屈氏体。其目的是获得高的屈服强度、弹性极限和较高的韧性。因此，它主要用于各种弹簧和热作模具的处理，回火后硬度一般为 35～50HRC。

③ 高温回火（500～650℃）　高温回火所得组织为回火索氏体。习惯上将淬火加高温回火相结合的热处理称为调质处理，其目的是获得强度、硬度、塑性、韧性都较好的综合力学性能。因此，广泛用于汽车、拖拉机、机床等的重要结构零件，如连杆、螺栓、齿轮及轴类。回火后硬度一般为 200～330HB。

高温回火的目的主要是消除钢件在淬火时所产生的应力，使钢件具有高的硬度和耐磨性外，还具有所需要的塑性和韧性等。

1.1.3　钢的分类

钢是以铁、碳为主要成分的合金，它的含碳量一般小于 2.11%。钢是经济建设中极为重要的金属材料。钢按化学成分分为碳素钢（简称碳钢）与合金钢两大类。碳钢是由生铁冶炼获得的合金，除铁、碳为其主要成分外，还含有少量的锰、硅、硫、磷等杂质。碳钢具有一定的力学性能，又有良好的工艺性能，且价格低廉。因此，碳钢获得了广泛的应用。但随着现代工业与科学技术的迅速发展，碳钢的性能已不能完全满足需要，于是人们研制了各种合金钢。合金钢是在碳钢基础上，有目的地加入某些元素（称为合金元素）而得到的多元合金。与碳钢比，合金钢的性能有显著的提高，故应用日益广泛。

由于钢材品种繁多，为了便于生产、保管、选用与研究，必须对钢材加以分类。按钢材的用途、化学成分、质量的不同，可将其分为许多类。

1.1.3.1　按用途分类

按钢材的用途可分为结构钢、工具钢、特殊性能钢三大类。

（1）结构钢

① 用作各种机器零件的钢。它包括渗碳钢、调质钢、弹簧钢及滚动轴承钢。

② 用作工程结构的钢。它包括碳素钢中的甲、乙、特类钢及普通低合金钢。

（2）工具钢　用来制造各种工具的钢。根据工具用途不同可分为刃具钢、模具钢与量具钢。

（3）特殊性能钢　是具有特殊物理化学性能的钢。可分为不锈钢、耐热钢、耐磨钢、磁钢等。

1.1.3.2　按化学成分分类

按钢材的化学成分可分为碳素钢和合金钢两大类。

碳素钢：按含碳量又可分为低碳钢（含碳量≤0.25%）、中碳钢（0.25%＜含碳量

≤0.6%）、高碳钢（含碳量≥0.6%）。

合金钢：按合金元素含量又可分为低合金钢（合金元素总含量≤5%）、中合金钢（合金元素总含量5%～10%）、高合金钢（合金元素总含量≥10%）。此外，根据钢中所含主要合金元素种类不同，也可分为锰钢、铬钢、铬镍钢、铬锰钛钢等。

1.1.3.3 按质量分类

按钢材中有害杂质磷、硫的含量不同可分为普通钢（含磷量≤0.045%、含硫量≤0.055%；磷、硫含量均≤0.050%）；优质钢（磷、硫含量≤0.030%）。

此外，还有按冶炼炉的种类，将钢分为平炉钢（酸性平炉、碱性平炉钢）、空气转炉钢（酸性转炉、碱性转炉、氧气顶吹转炉钢）与电炉钢。按冶炼时脱氧程度，将钢分为沸腾钢（脱氧不完全）、镇静钢（脱氧比较完全）及半镇静钢。

钢厂在给钢产品命名时，往往将用途、成分、质量这三种分类方法结合起来。如将钢称为普通碳素结构钢、优质碳素结构钢、碳素工具钢、高级优质碳素工具钢、合金结构钢、合金工具钢等。

1.1.4 金属材料的力学性能

金属材料的性能一般分为工艺性能和使用性能两类。所谓工艺性能是指机械零件在加工制造过程中，金属材料在所定的冷、热加工条件下表现出来的性能。金属材料工艺性能的好坏，决定了它在制造过程中加工成型的适应能力。由于加工条件不同，要求的工艺性能也就不同，如铸造性能、可焊性、可锻性、热处理性能、切削加工性等。所谓使用性能是指机械零件在使用条件下，金属材料表现出来的性能，它包括力学性能、物理性能、化学性能等。金属材料使用性能的好坏，决定了它的使用范围与使用寿命。

在机械制造业中，一般机械零件都是在常温、常压和非强烈腐蚀性介质中使用的，且在使用过程中各机械零件都将承受不同载荷的作用。金属材料在载荷作用下抵抗破坏的性能，称为力学性能。金属材料的力学性能是零件的设计和选材时的主要依据。外加载荷性质不同（例如拉伸、压缩、扭转、冲击、循环载荷等），对金属材料力学性能的要求也将不同。常用的力学性能包括：强度、塑性、硬度、疲劳强度和冲击韧性等。下面将分别讨论各种力学性能。

1.1.4.1 强度

强度是指金属材料在静载荷作用下抵抗破坏（过量塑性变形或断裂）的性能。由于载荷的作用有拉伸、压缩、弯曲、剪切等形式，所以强度也分为抗拉强度、抗压强度、抗弯强度、抗剪强度等。各种强度间常有一定的联系，使用中一般较多以抗拉强度作为最基本的强度指标。

1.1.4.2 塑性

塑性是指金属材料在载荷作用下，产生塑性变形（永久变形）而不破坏的能力。

1.1.4.3 硬度

硬度是衡量金属材料软硬程度的指标。目前生产中测定硬度的方法最常用的是压入硬度法，它是用一定几何形状的压头在一定载荷下压入被测试的金属材料表面，根据被压入程度来测定其硬度值。常用的方法有布氏硬度（HB）、洛氏硬度（HRA、HRB、HRC）和维氏硬度（HV）等。

1.1.4.4 疲劳强度

前面所讨论的强度、塑性、硬度都是金属在静载荷作用下的力学性能指标。实际上，许多机器零件都是在循环载荷下工作的，在这种条件下零件会产生疲劳。

1.1.4.5 冲击韧性

以很大速度作用于工件的载荷称为冲击载荷，金属在冲击载荷作用下抵抗破坏的能力叫做冲击韧性。

1.1.5 热处理变形的预防

精密复杂模具的变形原因往往是复杂的，但是我们只要掌握其变形规律，分析其产生的原因，采用不同的方法预防模具的变形减小是能够实现的。一般来说，对精密复杂模具的热处理变形可采取以下方法预防。

① 合理选材。对精密复杂模具应选择材质好的微变形模具钢（如空淬钢），对碳化物偏析严重的模具钢应进行合理锻造并进行调质热处理，对较大和无法锻造的模具钢可进行固溶双细化热处理。

② 模具结构设计要合理，厚薄不要太悬殊，形状要对称。对于变形较大模具要掌握变形规律，预留加工余量，对于大型、精密复杂模具可采用组合结构。

③ 精密复杂模具要进行预先热处理，消除机械加工过程中产生的残余应力。

④ 合理选择加热温度，控制加热速度，对于精密复杂模具可采取缓慢加热、预热和其他均衡加热的方法来减小模具热处理变形。

⑤ 在保证模具硬度的前提下，尽量采用预冷、分级冷却淬火或等温淬火工艺。

⑥ 对精密复杂模具，在条件许可的情况下，尽量采用真空加热淬火和淬火后的深冷处理。

⑦ 对一些精密复杂的模具可采用预先热处理、时效热处理、调质氮化热处理来控制模具的精度。

⑧ 在修补模具砂眼、气孔、磨损等缺陷时，选用冷焊机等热影响小的修复设备以避免修补过程中变形的产生。

另外，正确的热处理工艺操作（如堵孔、绑孔、机械固定、适宜的加热方法、正确选择模具的冷却方向和在冷却介质中的运动方向等）和合理的回火热处理工艺也是减小精密复杂模具变形的有效措施。

① 作用　热处理的作用就是调整金属材料的性能，以调整力学性能（强度、硬度、塑性、韧性、疲劳强度）为主。按它在整个机械工艺中的顺序可分为预备热处理和最终热处理，其中预备热处理主要是为了改善材料的切削加工性能，如以正火提高低碳钢的硬度，以球化退火降低高碳钢的硬度（由于过软和过硬都不利于切削加工）；最终热处理的作用是让零件达到它所需要的力学性能，如制作刀具时进行淬火和低温回火，制作弹性零件时进行淬火和中温回火。

② 步骤　热处理的主要步骤：加热、保温和冷却三步。

③ 怎么热处理　得视具体工件的要求，选择合理的加热温度、保温时间及冷却介质（如水、油、空气等）。影响这些工艺的因素挺多，如材料的牌号（本身的化学成分）、工件的截面尺寸、加热炉的类型及效率、冷却池的介质等。另外，表面化学热处理还得考虑活性化学原子的分解温度，如渗碳、渗氮、软氮化、渗金属等。

1.2 感应热处理一般常识

感应热处理由于高效、节能、便于自动化、良好的劳动环境和适于在线生产等诸多优点，在汽车、拖拉机和工程机械等行业发展尤为迅速，其标志是感应热处理件占热处理件的比重逐年增加。而感应热处理工艺的研究开发，对其装备提出了经济性、可靠性等要求，只有装备发展了，才能使工艺用于生产，因此工艺与装备的关系是互相依存、共同发展的。

迄今为止，轴类零件已广泛采用表面感应淬火，以提高耐磨性和弯曲疲劳强度。但有些轴件因几何形状复杂，且沿零件表面轮廓均有硬度和淬硬层深度要求，采用一般的感应淬火法难以满足要求，往往会出现淬火软带、裂纹等缺陷，甚至根本无法对零件实现感应淬火。

我国感应热处理技术的真正应用，开始于1965年，当年第一汽车制造厂投产时，从苏联引进了近20套中高频淬火设备，主要用于曲轴、凸轮轴、各种销子等30多种零件的淬火，其目的是提高零件的耐磨性。到1987年一汽中型载重车换型，在新型的CA1092（CA141）汽车上，感应淬火零件增加到100多种（含CA1092的变型车），淬火零件中除含有较多的以提高耐磨性为目的的零件之外，还包括像半轴、转向节和扭杆这些以提高扭转疲劳强度和弯曲疲劳强度为目的的零件；感应淬火的零件质量已经达到293.1kg，占全部热处理零件质量的52%。据张柏松同志介绍（《金属热处理》，1996.1），在东风牌汽车上感应热处理零件已占全部热处理零件质量的62%以上。此数据表明，在我国的汽车制造业中，感应热处理的应用，已进入世界先进水平的行列。

更为可喜的是在我国拖拉机行业中，感应热处理技术的扩大应用和技术水平的提高，基本上是依靠自己的技术力量完成的（其中只有很少数设备进口）。一拖集团和北汽福田汽车股份有限公司都有自己的感应热处理技术开发队伍，均有1000m^2左右的试验基地。一拖集团高频试验室近十年来自行开发了以内齿圈类零件、空心轴类零件、大变径轴类零件及铲刀连接座类零件感应技术为代表的几十项技术，研制成功10余台专用淬火机床。这些技术在一拖集团所属工厂及多家兄弟工厂应用，创造了可观的经济效益。这些科研成果在淬火质量、生产效率和自动化程度等方面的指标，已达到国际先进水平，受到国内外专家的好评。这些技术的成功开发，对我国民族拖拉机工业的发展而言，是一个有力的支持。

1.2.1 感应热处理原理

(1) 感应淬火（induction hardening） 感应加热就是利用电磁感应在工件内产生涡流而将工件进行加热。金属能够在感应器内加热，主要依靠电磁感应现象。电磁感应现象能够将电能经由真空、空气或其他介质所形成的空间传送到所需加热的金属上去。

(2) 电磁感应的实质 交变的磁场能够引起交变的电场，反过来说，交变的电场能引起交变的磁场。当工件放在有足够功率输出的感应线圈中，在高频交变磁场作用下，工件表面形成了强大的感应电流，工件表面迅速升温使表面淬火的工艺方法称为感应加热淬火法。

1.2.2 高、中、超音频电流

高频电流通常泛指的是比常用频率（50～60Hz）高的一切电流频率。近年来，由于中频、超音频电流名词的出现，其频率的划分具体如下。

(1) 高频电流 主要指100000～5000000Hz的电流频率，即10万～500万赫兹，常用为20万～30万赫兹。

(2) 中频电流 一般指500～10000Hz的电流频率，常用的有2.5kHz、8kHz、10kHz三种频率。

(3) 超音频电流 一般指大于20kHz（2万赫兹），小于100kHz（10万赫兹）的电流频率；即2万赫兹<f<10万赫兹。

1.2.3 感应淬火最常用的钢号

感应淬火最常用的钢号是含碳（C）0.4%～0.5%的优质碳素结构钢。近年来，由于工艺的改进，钢号范围在不断扩大，按含碳量划分可分成以下五个组别。

(1) 0.15%～0.30%C 组　主要用于冷冲压和焊接承载系统的零件，例如，汽车后桥壳、车架纵梁等。

(2) 0.40%～0.50%C 组　主要用于在大的疲劳载荷下进行工作或受重载荷的轴和其他零件，如曲轴、凸轮轴、驱动轴等，由于含碳量适中，能得到高的硬度，又不易淬裂，因此45钢得到最广泛的应用。

(3) 0.55%～0.65%C 组　主要用于在疲劳载荷和接触载荷且磨损条件下工作、承受重载荷的零件，如齿轮、花键轴、十字轴等。

(4) 0.95%～1.05%C 组　主要用于需感应穿透淬火或表面淬火的滚动轴承零件。

(5) 1.10%～1.20%C 组　主要用于对耐磨性要求特别高的零件等。

1.2.4　感应淬火对用钢的要求

感应淬火对用钢一般有以下要求。

① 钢的含碳量由零件的工作条件确定，碳含量为 0.15%～1.2%，这是最基本的要求。

② 钢应尽可能有使奥氏体晶粒不易长大的倾向。

③ 钢应尽可能具有细的、分散的原始组织。

④ 精选碳量，可减少由于碳量波动而产生裂纹或层深变化。

⑤ 冷拔钢的脱碳层深度要求。冷拔钢用于感应淬火时，对表面总脱碳层深度有要求，一般规定每边的总脱碳层深度应小于 1% 棒料直径或钢板厚度。贫碳层淬火后硬度很低，因此冷拔钢必须磨去贫碳层后再检验淬火硬度。

1.2.5　感应淬火的工艺控制

表面淬火后工件的变形比整体加热淬火的要小，但不可能没有变形，图纸上规定了变形允许的公差范围，可以在后序的加工中校正，应不影响使用、装配的精度。表面淬火后变形要求举例见表 1-2。

表 1-2　表面淬火后变形要求举例　　　　　　　　　　　　　单位：mm

零件或淬火部位	变形情况及要求	备 注
轴类	摆差<(0.20～0.25)	允许用压力机校正后达到此要求
齿轮花键孔	孔径<ϕ50 时,留磨量<0.25 孔径>ϕ50 时,留磨量<0.35	采取工艺措施可使内孔变形尽量<0.05
机床齿轮齿面	单面留磨量 0.2	留磨量太大,显著降低表面耐磨性

为了实现零件图上规定的技术要求，制订高、中频热处理工艺时必须控制以下环节。

(1) 根据零件尺寸及硬化层深度要求，合理选择设备　正确选择设备的频率范围和设备的功率，对保证产品质量有重要意义。硬化层要求薄的，设备要选频率范围高的。零件尺寸越大，要求设备的功率也就越大。硬化层深度与适应的频率范围参照表 1-3。

表 1-3　根据硬化层深度选择设备频率

频率	硬化层深/mm						
	1.0	1.5	2.0	3.0	4.0	6.0	10.0
最高频率/Hz	250000	100000	60000	30000	15000	8000	2500
最低频率/Hz	15000	7000	4000	1500	1000	500	150

续表

频率	硬化层深/mm						
	1.0	1.5	2.0	3.0	4.0	6.0	10.0
最佳频率/Hz	60000	25000	15000	7000	4000	1500	500
20世纪50～90年代推荐使用设备	电子管式	电子替式或机式（8000Hz）		机式（8000Hz）	机式（2500Hz）		机式（500～1000Hz）

在一定频率下，因感应器的效率与零件直径大小有关。在选择频率时还要适当考虑零件的直径大小。零件直径越大，感应器的效率越高。因此，大直径零件允许采用低的频率，对小直径零件，可采用偏高的频率。表1-4表示零件直径与允许使用最低频率的关系。

表1-4　零件直径与允许使用的最低频率

零件直径/mm	10	15	20	30	40	60	100
感应器效率 $\eta=0.8$ 时允许使用最低频率/Hz	250000	150000	60000	30000	15000	7000	250
感应器效率 $\eta=0.7$ 时允许使用最低频率/Hz	30000	20000	7000	3000	2000	800	300

上述的数据仅供选择设备时参考。它仅仅在订购高、中频设备时，或是在车间内同时有几种类型的设备时，才有现实意义。但由于高中频设备费用投资较高，生产效率又高，对中小型工厂来说，要求一机多用，而且目前生产的设备频率并不能调整，因此，当工件的硬化层要求与设备频率范围不适当时，可以通过采取下列工艺措施来解决。

① 工件在高频加热前预热（炉中或感应加热），使硬化层加厚。

② 采用小的比功率，延长加热时间。但比功率太小，延长加热时间也不能使硬化层加深（加热是以纯表面式进行的）。

③ 提高感应器的效率。减小感应器与工件的间隙，提高比功率，可使硬化层减薄；适当降低比功率，增大间隙，延长时间，在工件表面不过热条件下可使硬化层加厚。

④ 模数齿轮沿齿廓仿形硬化有困难，可采用低淬透性钢（如55DTi，60DTi等）。

如果工件尺寸较大，而设备功率不足时，应当考虑连续顺序加热淬火，使感应器内表面积尽量减小以提高比功率，并同时采取预热的措施。

目前，国内有些单位对原有高频设备进行了改造，采用了超音频加热，即将设备输出频率改为30～36kHz，实验结果表明，对模数3～6mm的齿轮可以得到沿齿廓的淬硬层，对凸轮轴、花键轴及直径60～70mm的曲轴都可以得到满意的淬火质量。

（2）根据工件尺寸和硬化层深度要求，合理选择比功率（ΔP）　比功率（ΔP）是指单位面积上供给的电功率（kW/cm^2），它对工件的加热过程有重要影响。当工件尺寸一定时，比功率越大，加热速度越快，能够达到的温度也越高；在一定的加热温度下，加热时间越短，加热层就越薄（如延长加热时间，将使表层过热）。因此，比功率主要决定了加热速度和可能达到的加热温度。比功率太低，将导致加热不足，加热层厚度增加，过渡区增大。

比功率的大小主要取决于设备的频率范围和硬化层深度，表1-5推荐了比功率与轴类工件硬化层深的关系。表1-6是8000Hz中频机采用同时加热法的匝比数据。

表 1-5 比功率与轴类零件硬化层深度的关系

频率/kHz	硬化层深度/mm	设备比功率/(kW/mm²)		
		低	中	高
500	0.4~1.1	0.011	0.016	0.019
	1.1~2.3	0.005	0.008	0.012
10	1.5~2.3	0.012	0.016	0.025
	2.3~3.0	0.008	0.016	0.023
	3.0~4.0	0.008	0.016	0.022
3	2.3~3.0	0.016	0.023	0.026
	3.0~4.0	0.008	0.022	0.025
	4.0~5.0	0.008	0.016	0.022
1	5.0~7.0	0.008	0.016	0.019
	7.0~9.0	0.008	0.016	0.019

表 1-6 8000Hz 中频机采用同时加热法的匝比数据

感应器高度/mm	感应器内径/mm					
	φ20~30	φ40~50	φ60~70	φ90~100	φ110~120	φ140~150
15	15	11	10	9	8	6
30	16	12	11	10	9	7
45	17	13	12	11	10	8
60	19	15	14	13	12	10
75	20	16	15	14	13	11
90	21	17	16	15	14	12
105	22	18	17	16	15	13
120	23	19	18	17	16	14
130	24	20	19	18	17	15

为了调整设备的输出功率,可以通过改变发电机的激磁电压、输出变压器的匝比、附加电容量来实现。

电容的选配应保证 $\cos\varphi$ 值在 $-0.95 \sim +0.9$ 之间,即滞后 0.95 到超前 0.9 之间变化。

设备如果不需要达到最大输出时,匝比可以不必严格选择,输出功率达到要求数值即可,如果要达到最大的设备输出功率,可参阅表 1-7 选择匝比数据。

表 1-7 2500~8000Hz 中频机采用连续加热法时匝比和电容数据

感应器内径(高度 15~20mm)/mm	匝比		电容/μF	
	8000Hz	2500Hz	8000Hz	2500Hz
φ40	11	18	45	—
φ60	10	17	40	108
φ80	9	16	37	100
φ100	8	15	34	99
φ120	7	14	38	105
φ140	6	13	42	110
φ170		12	49	117

注:淬火变压器型号 DSZ-1,初级电压 375V,如用 750V 时,表中数字除 4。

(3) 加热方式的选择和加热温度的控制

① 淬火加热方式的选择　感应加热的基本方法，可分为同时加热法和连续加热法两种。同时加热法在通电后，零件所有淬火表面同时置于感应器内被加热；连续加热法在加热过程中，感应器与零件做相对运动，零件表面逐次得到加热。加热方法的选择，除与零件的形状、尺寸和技术条件有关外，还与设备功率及生产方式有密切的关系。

在大批量生产中，为了提高生产效率，在设备功率足够大的条件下，应当尽量采用同时加热法（设备功率＞工件硬化表面积×设备比功率）。如果设备功率不够，或者即使设备功率有余，为了使硬化层分布均匀，可以采用连续加热法。在单件小批生产时为了使感应器通用性大，制作方便，也采用连续加热法。

在单件、小批量生产中，轴类和杆类及尺寸较大的平面进行加热时，即使设备功率有盈余，考虑到感应器制造方便和通用性，也往往采用连续加热法。具体冷却方案的确定，取决于零件的特性、技术要求和生产条件等因素，它往往是与感应器的设计同时考虑的。

② 淬火冷却方案选择　淬火表面同时加热，加热后人工将零件提出感应器，置于冷却槽中进行淬火冷却。为了冷却良好，淬火介质应处于搅动状态，同时应摇动零件，它适用于小批量生产。

对于同时加热淬火表面，达到温度后停止加热（停电），随即由感应器喷出淬火剂，对零件进行喷射冷却，或零件淬火表面进行同时加热后，落入装有使淬火介质搅动的喷冷圈或搅动器的槽子中进行淬火冷却。

对零件上几个形状相同的淬火表面应逐个应用连续加热法进行加热，采用边加热边冷却的淬火方法，即一个表面加热后将感应器对准下一个待加热的表面，在感应器与零件相对运动中，同时由感应器喷射淬火剂，对已加热部分进行连续淬火冷却。

③ 加热温度的控制　当材料和原始组织一定时，相变温度随加热速度增大而提高，为得到合格的淬火组织，相应的淬火温度也应随之提高。通常加热速度越大，淬火温度的上下限越高，允许的淬火温度范围越大。

前已指出，加热速度由零件获得的实际比功率所决定。实际选取的淬火温度，往往由淬火层的深度要求而确定。较长的加热时间和较高的加热温度，相应获得较深的加热深度，反之，加热深度较浅。

在材料和加热速度一定时，原始组织越粗大，其相变温度越高。随着加热速度的增大，粗大原始组织的材料相变温度上升的幅度也较大。

对一定的原始组织而言，随加热速度增大，淬火温度应显著提高；在一定的加热速度下，原始组织越粗大，淬火温度应越高（调质、正火、退火的原始组织，淬火温度顺次上升）。其中的"加热速度"是 A_{C_1} 以上的加热速度，即材料失去磁性以后的加热速度；另一表示指标是用 A_{C_1} 以上达到淬火温度所用的时间，达到淬火温度的时间越短，表示加热速度越快。

1.2.6　感应淬火有效热的形成与测算

由于各地对感应加热淬火有效热的形成与测量方法不同，因此所测得的设备热效率无法比较。根据能量守恒法则，本节对感应加热淬火时有效热的形成及测算方法进行了评述，并通过对中频淬火机床、高频淬火机床在表面淬火时热平衡的实际测试及计算，说明了新建议的适用性及合理性，以求在热平衡测试中得到应用和推广。

感应加热（包括工频、中频、超音频、高频等）设备已是工业上通用的重要加热设备之一。由于感应加热是依靠被加热工件自身感生电流及磁滞损失自行加热的，它不需要其他介质传递热量，因此这种方法加热速度快（100～200℃/s）、加热能力大［1000～18000kcal/（cm³·s），（1cal≈4.18J，下同）］、热损失小，是一种高效率的加热设备。

感应加热多用于冶炼、穿透加热式表面淬火加热，其有效热的形成及测算，目前尚无统一的定义及计算方法。近年来，随着节能工作的开展，各单位提出了感应电炉在淬火加热时有效热的形成及计算方法，但多是参考性的、近似的。这可能是由于行业不同、工艺条件不尽相同所造成的。目前对于感应加热淬火有效热计算方法有下述几种：

（1）按焦耳楞次定律确定有效热

$$Q=0.24I^2Rt \tag{1-1}$$

式中　Q——工件感应加热的热量，cal；
　　　I——工件加热层环流电流的有效值，A；
　　　R——工件加热层的电阻，Ω；
　　　t——感应加热时间，s。

工件在加热的同时，还要向空间放出辐射热（$Q_{辐}$），向周围介质放出传导热（$Q_{传}$）。此时工件感应加热的有效热 $Q_{效}$ 为：

$$Q_{效}=Q-(Q_{辐}+Q_{传})$$

$$Q_{辐}=\sigma T^4FL \tag{1-2}$$

式中　σ——工件的辐射系数，kcal/(m²·h·K)；
　　　F——工件辐射面积，m²；
　　　T——工件的辐射温度，K；
　　　L——辐射时间，通常工件加热到600℃开始计算，h。

$$Q_{传}=\lambda\Delta t/\Delta xFL \tag{1-3}$$

式中　λ——工件的热导率，kcal/(h·m·℃)；
　　　Δt——在 Δx 距离内温差，℃；
　　　Δx——热传导的路程长度（加热端至常温端距离），m；
　　　L——热传导时间（从加热开始到加热结束），h。

式(1-1)～式(1-3)中一些参数的测算是比较困难的，有些参数在加热时是不断变化的。同时按这种方法定义有效热，未考虑工件磁滞损失吸收的热量。因此，按式(1-1)计算有效热，实际测算很困难。

（2）按工件工艺需要计算有效热　如感应透热，即按整个工件达到工艺温度时所需要的热量为有效热；感应表面加热淬火，即按淬硬层达到淬火温度所需要的热量为有效热。

$$Q_{效}=G(t_2C_2-t_1C_1) \tag{1-4}$$

式中　G——工件加热层的质量，kg；
　　　t_1——加热层的开始温度，℃；
　　　t_2——加热层的终了温度，℃；
　　　C_1——工件在 t_1 温度下的比热容，kcal/(kg·℃)；
　　　C_2——工件在 t_2 温度下的比热容，kcal/(kg·℃)。

G 值在表面感应加热时测试是比较困难的，因加热层深及加热终了温度的测试都有一定的误差，同时这种测试方法未考虑过渡区（加热层与未加热层之间区域）所吸收的热量。所以用这种方法测算有效热是比较粗糙的。

（3）按感应器传给零件的功率计算有效热

$$Q_{效}=\frac{hu^2\sqrt{PM}}{32\pi^2\sqrt{f^3a^2in}}Lf\times60 \tag{1-5}$$

式中 h——感应器的高度，mm；
  u——感应器上的电压，V；
  P——工件加热处电阻率，Ω·m；
  M——工件的磁导率，H/m；
  a——工件加热表面与感应器间距，mm；
  i——感应器导线长度，mm；
  n——感应器匝数；
  f——电流频率，Hz；
  L——加热时间，s。

式（1-5）中是按圆柱形工件计算的，并假设工件不向空间辐射热量，因 M、P 等在加热时会产生变化，一般在加热过程中应取平均值，它和式（1-1）有同样缺陷。

（4）按感应加热设备在负载时整个设备耗能增加量计算有效热 将感应加热设备在空载及负载时的电表读数之差作为有效热，即：

$$Q_{效}=864(N_2-N_1) \tag{1-6}$$

式中 N_2——负载时电表读数，kW·h；
  N_1——空载时电表读数，kW·h。

用这种方法计算有效热，包括了设备负载时工件吸热、设备负载时耗能的增加以及其他一些热量损失，虽然测算比较简单，但反映有效利用热不够确切，与工件工艺需要热相差较大，因此式（1-6）的计算也是粗略的。

怎样才能既简单又准确地测算感应加热淬火时的有效热呢？大多数文献认为，在完成感应加热淬火时，工件本身热量的增加作为有效热比较合适。它包括工件淬火部分工艺需要的热，不包括工件非淬火部分（过渡区）在工艺过程吸收的热量，即：

$$Q_{效}=G_1(t_2C_2-t_1C_1)+G_2(t_2'C_2'-t_1'C_1') \tag{1-7}$$

式中 G_1——感应加热淬火部分工件的质量，kg；
  G_2——感应加热工件过渡区的质量，kg；
  t_1——工件加热淬火处的起始温度，℃；
  t_1'——工件加热时过渡区的起始温度，℃。
  t_2——工件加热淬火处的终了温度，℃；
  t_2'——工件加热终了过渡区的温度，℃；

通常 $t_1=t_1'$，C_1、C_2、C_1'、C_2' 分别为 t_1、t_2、t_1'、t_2' 温度下工件的比热容，kcal/(kg·℃)。

当感应透热时，式（1-7）中 $G_2=0$，此时式（1-7）与式（1-4）相同。式（1-7）中，t_2、t_2' 是近似按表面温度测定的，特别是 t_2' 大多小于 600℃，尚无妥善的测算办法，因此 C_2、C_2' 的选取也是不精确的。G_1 可由工件断口硬化层的深度计算求得，G_2 的测算则比较困难，因为该部分加热时未产生相变，在工件淬火的断口上不能确切测出过渡区的厚度，因此按式（1-7）测算有效热，理论上是正确的，但实际上很困难。

根据式（1-7）有效热形成的原理，利用系统内部能量守恒的法则，通过淬火介质的温升及淬火后工件残留的热量（此时工件各部温度已趋于均匀），来计算工件的热量——有效热。只要测算出淬火介质吸收的热量及淬火后工件残留的热量，二者之和即为有效热。

利用这种方法来计算有效热时应注意下列几点：

① 存淬火介质的容器，在淬火时吸收的热量，以及该容器表面在淬火冷却时散发在空间的热量，都应该列入有效热。因为它们都是来自淬火工件冷却时发出的热量。

② 工件在淬火冷却时，往往不被冷透就从淬火介质中取出，此时，工件淬火加热部分的温度、未淬火加热部分的温度、淬火介质的温度都是不同的，可用测温计等仪表分别进行测量。加热区和未加热区的划分，可以近似的以加热区的颜色（深蓝色）划分，虽然比较粗略，但因工件淬火后温度已经很低，两者温差已经较小，由于工件质量引起这两部分的数值变化已不明显。如果工艺允许，尽量延长淬火冷却时间，使工件、冷却介质的温度趋于均匀，这样测算有效热就简单准确了，中频淬火机床感应加热淬火时有效热的测算就是按此方法进行的（见附录1）。

③ 在感应加热前，工件可能进行预热，如果预热是在感应淬火机床上进行，这部分热量应包括在有效热里，上述测算方法不变，若预热是在其他热源上进行的，在计算有效热时应减去这部分热量，高频淬火机床感应加热淬火时有效热的测算就是采用这种方法（见附录2）。

④ 采取下述措施以提高测试准确度。

a. 工件在加热完毕后尽快进入冷却介质；

b. 淬火时应不断搅拌淬火介质，保证各处温度均匀；

c. 淬火介质的容器表面温度应采取多点测温，并求其平均值；

d. 选取一批相同零件，连续完成感应加热淬火的整个工艺过程作为一个测试周期，这样便于提高测试精度。

综上所述，在热平衡测试中，设备的有效热在不同行业、不同工艺过程，其含意不尽相同。对设备有效热及热损失，有时容易区分，有时必须通过分析加以确定；有时可以直接测算出来，有时则要按物体能量守恒间接测出。随着节能工作的开展，渴望在不久的将来，对大耗能通用设备有效热的测算会按行业、按工艺确定统一的测算方法，甚至纳入企业、部颁或国家标准，唯有如此，才能得出相互可比的指标，找出差距，指明节能的方向。

1.2.7　影响感应淬火零件力学性能的因素

感应淬火技术通常包括高频、中频和超音频淬火三种。所谓感应淬火指的是对钢件截面经电感应加热奥氏体化后所进行的淬火。因淬火后材料的化学成分不变，故用其处理的钢的含碳量常大于0.4%。

目前感应淬火在机械工业中已广泛地用于大量、成批生产中。用它处理的零件可得硬而耐磨的表面和比较软的心部，因而有良好的力学性能。感应淬火影响力学性能的因素和原因，国内外学者对此已做了许多研究。

下面是对从事感应淬火工艺工作的前辈们在工作中积累的一些试验数据进行的整理总结，并提出一些粗浅看法。

1.2.7.1　感应淬火时影响钢耐磨性的因素

在机械工程中，磨损是导致零件更换的主要原因之一。磨损失效是一种复杂的现象，它既包括工件本身的内在因素也包括工件服役条件和环境的影响。总之，磨损失效是一个整体概念。

这里仅就工件本身内在因素对耐磨性的影响略加讨论。多数情况下，感应淬火的工件以磨料磨损和疲劳磨损为主要失效形式。因此人们习惯上认为工件耐磨性是随硬度的增加而提高的。但这仅在磨损时表面没有严重氧化、冲击和其他导致表面剥落的复杂因素时才是正确的。此时，硬度和耐磨性之间呈线性关系。但中国农机院近期的试验工作表明，材料热处理后的耐磨性与其硬度并不成线性关系。

在感应淬火中，即使工件表面硬度相同，但含碳量不同，其耐磨性也有差异。即含碳量对耐磨性是有影响的。也就是说，含碳0.6%左右的钢感应淬火后的耐磨性最好，而普通加热淬火的钢件其抗磨损能力是随含碳量的增加而提高。一般来说，在相同含碳量条件下，采用感应淬火的零件要比用普通淬火工艺的零件磨损量低 5%～10%。但 T10 钢和 Cr12 钢感应淬火后其磨损量要比普通淬火的钢减少 40%～60%。

综上所述，工件感应淬火后的耐磨性与硬度有关。淬火硬度的高低又取决于钢中的含碳量，与合金化程度关系不大。钢中含碳量高的，淬火硬度也高，但并非含碳量越高耐磨性就越好。总之，钢在纯摩擦的磨损条件下，与普通淬火相比较，感应淬火的硬度较前者要高 2～3HRC，故感应淬火的耐磨性好。

1.2.7.2 感应淬火后的残余内应力

感应淬火时，常用喷射冷却方式，冷却的激烈程度非常大，因此淬火时产生的内应力是相当大的。它使工件一定深度的显微体积中产生了不均匀的弹塑性变形，结果形成了很大的区域应力。实践证明，感应淬火时所产生的残余压应力要比普通淬火大得多。

感应淬火后残余内应力的大小和分布与淬火层的硬度和深度、淬火工艺以及材料的质量等许多因素有关。许多研究资料都指出工件经表面淬火后表面残余压应力的大小与含碳量、硬化层深度有密切关系。一般情况下，随淬硬层深度的增加，表面压应力下降，拉应力的峰值移向心部。

但也有资料报道，认为淬火层深度增大时，表面压应力及心部拉应力都随之增加。

除淬硬层深度的影响外，残余应力还与硬度沿层深的分布有关，即与马氏体层的深度、过渡区的宽窄以及原始组织的深度之间的比例有关。淬火过渡区太陡时，拉应力的峰值处在淬硬层附近，过于接近表面。因此零件服役时易在淬硬层下面的拉应力峰值处首先萌生裂纹从而导致零件早期损坏。过渡区太宽时，危险的拉应力比较小，而且远离表层，但压应力也相对的比较小。

一般认为，要得到较为理想分布的残余应力，工艺上需严格控制使淬火零件的过渡区宽度约为淬硬层的 1/3。

工件感应淬火前的预先热处理对残余应力的大小和分布也有一定影响。如淬火前进行预热可使拉应力减小，峰值移向工件心部。预先调质使原始组织为回火索氏体的工件，因其弹性极限高于预先正火的，故感应淬火后，淬硬层过渡区的拉应力增大，其幅度随心部硬度增加而增加。

在生产中尤其需要注意的是当有工件淬火区不连续而且间距较小，或淬火区相互衔接等现象时将出现十分不利的残余应力分布。因此，感应淬火的曲轴轴颈，如曲柄圆角未能淬火时，则应注意不使淬火区域过于接近曲柄圆角处，以免淬火形成的拉应力与截面变化处的应力峰值叠加而降低曲轴的使用寿命。

1.2.7.3 淬火温度和加热速度对力学性能的影响

感应淬火中正确选择淬火温度和加热速度对工件的力学性能有很大的影响。淬火温度是加热速度的函数。加热速度增加，淬火温度也应随之升高。因为加热速度对钢原始组织的临界点位置有很大影响，快速加热将使自由铁素体的相变移到更高的温度区间。

当原始组织是细小弥散的珠光体时，快速加热对 A_{C3} 点提高不多，故淬火温度不宜选得太高。粗大的原始组织，在相变时扩散的路程较远，相应延长了相变过程，故工艺上必须选用较高的淬火温度。

若淬火钢中含碳量较低，钢中自由铁素体较多，此时加热速度对 A_{C3} 的影响较大。因此在低碳钢感应淬火时，淬火温度提高的幅度要大一些。

通常，感应淬火时在奥氏体状态下停留的时间极短，奥氏体晶粒来不及长大，所以感应淬火温度比一般加热的淬火温度高100～150℃时也不会发生过热现象。例如45钢制作的工件一般加热淬火温度为820～840℃，而感应淬火时用900～915℃，淬火后仍能得到细针状马氏体。

在快速感应加热的条件下，A_{C_3}点是升高的，但它只能提供一个大概的方向。关于加热速度对临界点影响使之偏移的幅度，目前还不能精确测出。

加热速度改变，淬火温度也随之改变。不同的加热速度对淬火层的力学性能也有影响。一般认为，加热速度在150～200℃/s对性能最为有利。当加热速度较低时，淬火后过渡区宽度较大，将影响疲劳性能。为提高感应淬火件的疲劳强度，要求降低过渡区域的宽度，但这只有在增大加热速度下才有可能实现。

当加热速度不够大时，由于材料传热的结果，有可能使过渡区域的温度高于预先调质时的回火温度，从而使过渡区域的硬度下降，强度被削弱，故该处即使在轻负荷下也容易萌生疲劳裂纹。

对淬火温度和加热速度的控制，目前还没有一种可靠的方法。不过，在进行试验研究或拟定生产工艺时，温度的测量可利用被镶嵌在加热表面的热电偶或用光电高温计进行。而加热速度是通过示波仪得到加热曲线再计算得到的。

测控温度时必须注意零件表面应清洁无污。因为水汽、油烟及工件加热表面的灰度都会影响光电高温计的指示值。为此，近年来国内外开始对双波段光纤滤波光电高温计进行了许多研究并初步用于生产中。

1.2.7.4 淬硬层深度对力学性能的影响

实验表明，感应淬火后的力学性能与淬硬层深度有很大关系。一般而言，随着淬硬层深度的增加，拉力、弯曲及扭转强度也都随之提高，但冲击韧性（A_K）却随深度的增加而下降。

疲劳强度也有相同规律。一般认为，随淬硬层深度的增加，疲劳强度极限也增加，到一定层深后，强度增长较为缓慢。但也有学者认为，影响疲劳强度的淬硬层深度存在最佳层深。

我们认为，这可能是在试样淬火时所用的单位表面功率不同，因而影响淬硬层和过渡区的应力分布及大小所致。因为在设备功率和频率不合适时，继续增大淬硬层深度，容易引起金相组织的粗化甚至出现过热现象，从而导致疲劳极限下降。淬硬层很深时，表面有利的压应力减小。

总之，在感应淬火中，不同的淬硬层深度对残余应力（大小和分布）、强度及塑韧性都有很大的影响。上已提及，一般规律是淬硬层深度增加，强度指标也随之增大，但超过一定数值后，强度提高的趋势转缓了。与普通淬火一样，伴随强度的增大，塑韧性总是下降的。不同的是感应淬火的下降幅度要小。

鉴于淬硬层深度对工件力学性能影响较大及目前国内一般工厂生产设备条件，我们建议重要的轴类零件，感应淬火时，淬硬层深度的选择按下列原则考虑为宜。

① 对直径为10～30mm的较小尺寸工件，淬硬层取其直径的13％～15％。
② 对直径为30～80mm的中等尺寸工件，淬硬层取其直径的8％～12％。
③ 对直径大于80mm的较大尺寸工件，淬硬层取其直径的5％～8％。

1.2.7.5 工件感应淬火性能提高原因探讨

感应淬火最为突出的工艺特点是快速加热和急剧冷却。快速加热使工件在到达淬火温度的瞬间仅生成大量细小的奥氏体，随后在喷射淬火的剧冷下，转变为隐晶马氏体。这种马氏体的结构特征，在一般的光学显微镜下看不到。这种隐晶马氏体不仅具有高的硬度和强度，同时具有较大的韧性。这是因为快速加热使得奥氏体在碳浓度不均匀的状态下淬火得到，故马氏体不再是普通加热淬火得到的针状马氏体了。有资料记载，感应淬火得到的马氏体是一种针尖带圆角的马氏体。

在感应淬火组织中，孪晶马氏体减少，位错马氏体增多。其实，感应淬火的急剧冷却对马氏体形态的影响更大。

在感应淬火组织的亚结构中有马氏体、贝氏体和铁素体。这种混合组织在喷射淬火下因剧冷使得镶嵌块更加碎化，马氏体畸变度也加大。它使整体硬度而且也使微观塑性得以提高，故感应淬火的工件硬度通常较一般淬火的要高2~3HRC且缺口敏感性低。

此外，在淬火表层中存在着比一般淬火的要大得多的残余压应力。在镶嵌块之间有着软韧的铁素体可使裂纹尖角处应力集中峰值减小，因而能阻碍裂纹向前推进。显然，这些都是提高工件疲劳强度的重要因素。

同一钢件，采用急热剧冷的感应淬火较之普通加热淬火的金相组织中的板条状马氏体要多。我们知道，在常规力学性能相近的情况下，位错马氏体（板条状马氏体）较孪晶马氏体有更高的断裂韧性和微观塑性。工程中，断裂韧性（K_{Ic}）一般可用来衡量一次加载时裂纹扩展的抗力。虽然裂纹在一次加载时的扩展与疲劳载荷下裂纹的扩展存在本质差别，但在高的过载下，断裂韧性K_{Ic}对裂纹的扩展抗力就显示出重大影响。因为K_{Ic}大的材料，其微观塑性也大。感应淬火的工件由于K_{Ic}较大，故它即使在表面存在着微裂纹的情况下，在使用中也不至于产生突然的脆断现象。因为感应淬火工件服役时裂纹附近的应力会重新分配，疲劳裂纹尖端的应力峰值下降，从而可使裂纹扩展速率da/dn减缓。

感应淬火中的快速加热能使奥氏体向马氏体相变发生在一个较宽的温度范围内。这样，在冷却中，就使最初生成的马氏体发生部分分解，形成了细小弥散的铁素体和渗碳体，所以马氏体未完全充满整个淬火体积。微观体积中存在着铁素体和渗碳体是感应淬火较普通加热淬火的工件有较高冲击韧性的另一原因。

但加热速度并非是越快越好。一般相变点以上的加热速度在150~200℃/s范围内对性能最为有利。因珠光体向奥氏体转变的速度，取决于单位体积和单位时间内向金属内传导热量的速度。每克珠光体转变成奥氏体约需25cal的热量。当用一般方法加热时，因不能及时供给转变所需要的足够热量（能量）以保证奥氏体的充分发展，故转变很迟缓。在这种情况下，转变速度被加热介质对被加热金属传热速度以及金属本身的热导率和热容所限制。而采用感应加热时，因热源来自金属本身，故转变速度不再迟缓。这时，加热速度越大，则转变速度也越快。

然而，只有当加热速度与相变时的耗热速度相等之前，才可以在增大加热速度的情况下使转变速度加快。在加热和耗热速度相等之后，继续增大加热速度将无意义。这说明了为什么加热速度大于200℃/s后，加热速度对转变速度影响不大，因而对力学性能的影响也就不大了。

此外，感应淬火时，表层存在逆硬化现象。感应淬火表层的软带区域的存在，增加了接触面积，故对提高工件表面接触疲劳强度是有利的。

综上所述，感应淬火能提高工件力学强度和使用寿命的主要原因是感应淬火时的快速加热与急剧冷却的工艺特点，使得工件淬火层中的微观结构和马氏体形态不同于普通淬火。为此，在生产实践中，充分发挥急热和剧冷这两个特点是挖掘材料潜力、提高产品质量的途径之一。

第 2 章

轴类零件热处理实例

感应加热是一种快速、稳定、非接触式的表面加热方法，它具有加热温度高、加热效率高、温度容易控制、可以局部加热、容易实现自动控制、作业环境好、能加热形状复杂的工件以及工件容易加热均匀、产品质量好、高效、节能、便于自动化、良好的劳动环境和适于在线生产等一系列优点，在汽车、拖拉机和工程机械等行业发展尤为迅速并获得了广泛的应用。其标志是感应热处理件占热处理件的比重逐年增加，仅在汽车制造中就有 200 多种，近 50% 质量的零件采用感应加热淬火，例如曲轴、半轴、凸轮轴、刹车凸轮、转向节、变速导块槽口、气门调整螺栓、进排气阀端头、球头销等。目前，感应加热可用于金属熔炼、透热、热处理和焊接等过程，已成为冶金、国防、机械等部门及铸、锻和船舶、飞机、汽车等制造业不可缺少的能源。此外，感应加热也已经不断地进入到人们的家庭生活中，例如微波炉、电磁炉都是用感应加热为能源。

迄今为止，在汽车、拖拉机和工程机械等行业，轴类零件的感应热处理占到了全部热处理零件质量的 68.1%。轴类零件采用表面感应淬火以提高其耐磨性和弯曲疲劳强度。其中东风汽车公司半轴的横向磁场加热淬火是最具代表性的先进技术。利用横向磁场的矩形感应器实现了半轴表面和圆角的一次加热淬火，使生产效率提高数倍，半轴的抗弯扭疲劳强度提高了 10 倍。有些轴类零件因几何形状复杂，且沿零件表面轮廓均有硬度和淬硬层深度要求，采用一般的感应淬火法难于满足要求，往往会出现淬火软带、裂纹等缺陷，甚至根本无法对零件实现感应淬火。

而感应热处理工艺的研究开发，依存于现有的装置与设备，其装备应具有经济性与可靠性。只有装备发展了，才能使工艺用于生产，因此工艺与装备的关系是互相依存共同发展的。采用纵向一次加热淬火法对特殊的大变径多台阶轴类零件实施感应淬火，若要达到理想效果，其电源设备的功率必须很大（300~500kW），否则难以实现其技术要求。我们利用现有设备（8000Hz，160kW），通过感应淬火关键技术的创新研究解决了生产中难度最大的大变径轴类零件淬硬层连续的淬火问题，解决了特殊零件工艺调试中设定参数的一致性问题。保证了产品加工的自动化、优质化和高效率。

在机械制造中，有很大部分轴类零件常采用高频或中频表面淬火来提高其使用寿命。

按轴的工作状态，可分为两类：一类是不传递动力而只起支撑作用的心轴，如各种滑轮轴、火车车厢轮轴、各类销轴等；另一类则是通过旋转运动来传递力矩的传动轴，如各种变速箱主轴和机床主轴等。前一类心轴一般只承受弯曲或弯曲疲劳负荷，有些还可能承受冲击或磨损，而后一类传动轴，还要比前者多承受扭转负荷。此外，尚有受力更为复杂的轴类，如船舶的推进轴、飞机的螺旋桨轴，它们同时要承受弯曲、扭转和拉压等综合负荷。

统计表明，大多数的轴均因疲劳断裂和磨损而失效，少部分轴则因塑性变形或脆断而失效。目前大多数的轴为了避免发生脆性断裂，在满足强度与韧性的条件下，常采用调质工艺。但这类轴往往因疲劳与耐磨性能欠佳，而没有得到应有的使用寿命。实践表明，在调质的基础上再施加表面淬火，可使服役寿命成倍地延长。因此，这是提高使用寿命的一种重要工艺方法。

采用整体淬火强化的轴件，为使服役条件下不致发生脆断，回火后的硬度必须限制，不能过高，故表面的耐磨性和强度水平就相应地受到限制，致使材料的强度水平得不到充分发挥。对于感应表面淬火来说，由于心部的高韧性和塑性，故可允许感应表面淬火硬化层有较高的硬度，因而可以保持高的耐磨性、强度水平和残余压应力水平。这对于充分发挥材料的潜力是十分有利的。由于这个缘故，在生产实践中常使用普通碳钢或低合金钢经感应表面淬火后取代昂贵的合金钢制造轴件。

对于轴类零件来说，一般要求硬化层较深。而渗碳等化学热处理常因硬化层太浅而较少采用，火焰表面淬火的质量又远不及感应表面淬火的易于控制，故轴类零件很适宜采用感应表面淬火硬化处理。

轴类零件经过感应加热表面淬火后，便在表层上获得高的硬度、强度和耐磨性，而且还具有一定的残余压应力，但心部则保持高的塑性和韧性。所有这些性能对轴类零件在疲劳和磨损以及冲击条件下使用来说，不仅是必要的，而且是十分有利的。因此，目前在汽车、拖拉机及机床等制造行业中所使用的各种轴，都广泛地采用感应加热表面淬火工艺。

为使感应加热表面淬火后的轴类零件能获得较高的疲劳性能，必须对硬化层深度、硬化层合理分布、合理确定硬度以及感应加热淬火工艺等问题进行科学分析，才能取得预期的效果。

对于在弯曲或扭转条件下工作的轴来说，必须有足够厚的硬化层才能可靠地长期运转。这是因为在高、中频或工频加热表面淬火时，淬硬层到心部之间有一热影响区，特别对淬火前是调质处理的轴，存在一个低硬度和低强度区，而且这一过渡区还存在拉应力。由此可见，这是感应加热表面淬火后不可避免要出现的薄弱区域。在硬化层及硬化区中及附近区域存在有较复杂的内应力特别是感应淬火过渡区处的残余拉应力严重降低零件的疲劳性能。而经过感应加热表面淬火后的轴，其疲劳裂纹源往往不在表面而在过渡区，因此，硬化层必须有足够大的深度且要求阶梯轴处淬硬层连续。

轴类零件由于结构上的原因，常采用局部表面淬火工艺，如果工艺设计不当，不仅起不到强化作用，反而起到相反作用。一般来说，先要了解局部表面淬火区残余应力分布规律后，才能做出比较正确的局部表面淬火的工艺设计。感应淬火后的残余应力分布一般规律为：淬硬区为压应力，而过渡区将由残余压应力转为拉应力，其数值约为 150～200MPa，在自回火或回火后，可降低 50%～67%。

由此可见，在局部表面淬火时，绝不可使硬化层终止在轴的危险断面或有应力集中的地方。例如轴颈圆角处是应力集中的地方，如果硬化层在此处终止，则过渡区的拉应力与应力集中叠加，容易造成零件的早期疲劳损坏。图 2-1(a) 是这种不合理的分布，可改为图 2-1(b) 的分布形式，轴肩的危险断面不仅因表面硬化而得到强化，还因残余压应力而降低了应力集中系数，因而可使疲劳强度得到大幅度提高。

对于分级淬火或两段淬火区重叠的轴，由于表面存在过渡区，致使拉应力在该处出现，将降低其疲劳强度，在可能条件下最好是一次全长连续淬完。当两段淬硬区过分接近时，易

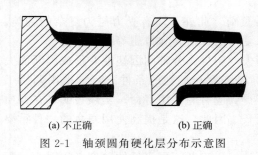

(a) 不正确　　(b) 正确

图 2-1　轴颈圆角硬化层分布示意图

使其间的拉应力急剧增加。

为了提高轴的疲劳强度,在设计与加工工艺上应注意以下几点:

① 带凸缘的轴或轴颈,硬化区最好从凸缘根部圆角处开始,以保证获得最好的疲劳寿命。如根部不需要淬硬,硬化区距圆角处距离应当不小于 5～8mm,以避免过渡区的拉应力出现在应力集中部位。

② 花键轴施行花键全长淬火时,硬化区应超过花键全长的 10～15mm,即硬化区超过其应力集中部位。

③ 阶梯轴的阶梯小于 3mm 时,允许采用同一感应器连续淬火,但不同直径过渡时,零件在感应器内的移动速度应有所不同。

④ 当阶梯轴的阶梯大于 3mm 时,轴上的硬化区应分段处理。对疲劳强度要求较高的轴,其大小轴颈圆角过渡处可采用滚压或喷丸处理来改善和提高该处的疲劳强度。

⑤ 一根轴上有两个相邻的硬化区时,如其重叠或过分接近,易使拉应力过大,而引起淬火裂纹,或降低疲劳强度。因此,两硬化区应保持一定距离。采用频率为 200～300kHz 高频时,两硬化区的最小距离为 10mm;采用 8kHz 的中频时,两硬化区的最小距离为 20mm;采用 2.5kHz 的中频时,两硬化区的最小距离则为 30mm。

⑥ 如果轴端不需要淬火时,可保留 2～8mm 的不淬硬区,以避免轴端产生淬火裂纹。

⑦ 当轴因结构上的需要而带有沟槽时,硬化层的深度应超过沟槽的深度,否则将使疲劳强度降低。只需感应加热表面淬火的深度远超过沟槽的深度,即可消除沟槽所造成的应力集中带来的危害,使在疲劳条件下工作的轴对表面缺陷变得不敏感。

先进的感应加热工艺技术可以有效地发挥感应加热的特点,实现高效、节能的局部热处理。国内外感应加热新工艺主要有以下几种。

(1) 纵向感应加热淬火　半轴纵向感应加热淬火已应用于汽车、拖拉机工业。半轴纵向感应加热是一次淬火。在德国、美国有半轴一次淬火专用机床,将加热、校正和淬火在一台机床上完成,提高了生产效率,一次淬火与连续淬火相同产量的设备占地面积各为 $40m^2$ 与 $115m^2$。

对于一般多台阶轴类零件,感应加热通常采用纵向旋转加热整体淬火法(single shot)。其原理是:因为有效圈平行于轴向(纵向),故零件上的感应电流沿轴向(纵向)流动,这样流经台阶大小不同直径处的是同一感应电流,即电流的强度是相同的,同时有效加热面积也较一般圆环类感应器大若干倍,零件工作时自身旋转,但不做相对移动,有效圈有足够长度以使所需淬火区进行一次加热,淬火区内每一质点在整个加热过程中均受到感应电流的作用,达到淬火温度后由附加的喷水圈做喷射淬火,也可取下工件做浸液淬火。

纵向一次加热淬火工艺有如下优点:

① 感应电流在零件表面沿轴向(纵向)流动。

② 可以不受限制地设计长条状有效圈与复杂零件各段需淬火表面的间隙(仿形),根据加热情况随时调整长条状有效圈上的导磁体数量,在简单设备条件下基本实现了复杂的跟踪加热(仿形加热),控制了零件各段的加热温度。

③ 长条状有效圈对零件来说因不封闭而取放自如,有利于实现自动化卸料。

④ 控制喷射或浸液淬火的时间可以获得一定的自回火温度,这一点对消除残余应力,

避免淬火裂纹是至关重要的，同时可取消淬火后的回火工艺。

⑤ 由于获得了沿复杂零件表面轮廓均匀的淬硬层，以及一次加热冷却消除了连续淬火时所产生的轴向应力，提高了零件的抗弯扭疲劳强度。

⑥ 一次加热面积增大，可充分利用设备的有效功率，从而提高设备负荷率，达到省电节能的目的。

轴类零件表面感应加热淬火时存在的一般问题及其改进措施：

① 淬火变形的防止　轴类零件一般都属于细长零件，为了避免变形后冷校直对疲劳强度带来的损害，在淬火工艺过程中应尽量避免产生弯曲变形。产生弯曲变形的原因有以下几个方面。

当轴在感应加热表面淬火时，由于感应器制造不良及安装不到位，轴与感应器中心不对正，轴又不旋转，造成加热不均，淬火后因硬化层厚度不同而导致产生弯曲变形。淬火层深的一面由于马氏体的体积效应大于薄的一面而伸长，使之产生弯曲变形。除此之外，对不旋转的轴来说，由于喷水冷却的强度不同，热应力也会产生弯曲变形。

克服弯曲变形的最好办法是使轴旋转，并实行连续感应加热表面淬火，同时要求淬火机床转动平稳，感应器制造精确，轴与感应器应保持良好的同心度。

② 淬火软带的消除　较长的轴采用连续顺序淬火法时（轴一面旋转，一面下降），除弯曲变形外，常见的淬火缺陷是产生螺旋软带。从淬火后轴的表面上可以看到一条颜色发蓝或发黑的螺旋带，它的硬度比正常低 4～6HRC 或更多。这显然有损于轴的抗疲劳与耐磨损性能，是一种淬火缺陷。产生螺旋软带的原因有：

a.感应器高度太低，以致冷却不足或已淬硬区自回火。

b.感应导体与汇流条相连开口处之间的距离太宽，面对零件处加热不足。

c.零件边旋转边移动时两者的速度不协调，如旋转慢而下降快时，则易形成这种缺陷。

d.喷水孔角度不一致，特别是向加热区有返水情况。

e.感应器安装在一个不同的水平面上偏斜较大，旋转移动时移动速度变化太快或出现停顿现象等，都会出现这种现象。

消除方法：充分保证感应器的制造质量；把感应器的位置安装准确；保证淬火机床旋转和下降平稳，同时协调旋转与下降速度；为了消除或减轻返水现象，可将喷水孔改为环缝，用低压流量的冷却水对旋转的轴件进行淬火冷却；在保证淬硬的条件下冷却水的流量和压力越低越好；零件移动速度突变时，应适时调整喷水量，以控制冷却强度。

在处理阶梯轴时，在阶梯过渡处常因冷却不良而产生回火软带，可采用辅助喷水圈来消除。

③ 轴端、孔、键等裂纹的防止　在处理轴类零件时，如工艺措施不当，在轴的端面、孔、键等处容易产生淬火裂纹。例如轴的端面在感应器中加热时间过长，由于边缘效应，尽管有倒角，棱边还会严重过热而产生淬火裂纹。这类裂纹都是零件淬火的连续性被破坏时，涡流分布不均，局部地方严重过热所引起的，并且这种现象不可能通过改变感应器的形状解决。

对轴的末端来说，为了防止轴端面产生淬火裂纹，可允许距端面约 2～8mm 不淬硬（即过渡区）。如必须全部淬硬时，可控制通电时间的起始或截止来解决，即轴的起端进入感应器高度的一半时通电加热；末端进入感应器的一半时截断电源。

轴类零件上的油孔或定位孔，常在感应加热中，由于局部过热而产生淬火裂纹，其原因是感应涡流在孔附近产生畸变，在淬火时往往形成 C 形裂纹。消除油孔裂纹的措施：打入铜塞或低碳钢塞进行屏蔽；将感应器中对准油孔部分的喷水孔堵孔（如曲轴颈），把喷水变为流水冷却（对5mm以下的油孔，采用这种方法有良好效果）；油孔倒角能避免油孔边缘过热和急冷，并能减少应力集中；采用较小的比功率，适当降低加热速度，采取较高的自回火温度。

对于键槽来说，由于涡流与其垂直的键槽边缘很容易过热（高频更为严重），一般可采取镶入纯铜键的办法来避免边缘过热，或为减少键槽边缘淬裂倾向，也可增加缓冷时间，以保证淬火质量。

（2）曲轴轴颈圆角淬火　曲轴轴颈圆角淬火后，疲劳强度比正火的提高一倍，我国生产的康明斯与NH发动机曲轴均已采用此种工艺。

（3）低淬透性钢齿轮淬火　早在20世纪70年代我国曾进行55DT、60DT、70DT钢的研究并取得初步成果，后来因钢的淬透性不稳定等原因，低淬钢未继续用于生产。1992年俄罗斯低淬钢创始人，К. ЭЩЕПЕ ЛЯКОВСКЦЦ博士来中国讲学，并到某钢厂调查冶炼低淬钢的条件，认为该厂完全具备生产低淬钢的条件。YB 2009—1981《低淬透性含钛优质碳素结构钢》中对合金元素的控制与俄罗斯不同，（俄）1054—74、58（55ПП）钢的元素含量对Mn、Cr、Ni、Cu四元素之和规定要求＜0.5%（质量分数），而YB 2009—1981中55Ti钢对Cr、Ni、Cu三元素之和规定＜0.5%（质量分数），这可能是关键所在。

俄罗斯低淬钢及控制淬透性钢已大量应用于汽车、拖拉机后桥齿轮、挖掘机齿轮、传动十字轴、火车车厢用滚动轴承、汽车板簧和铁路螺旋弹簧等方面，取得了极大的经济效益。

（4）感应电阻淬火　众所周知，转向齿条的齿部采用感应电阻法淬火，国内已有三台以上的进口机床在生产。英国一工厂将此工艺用于齿轮生产，发现淬火后齿轮基本不变形，并可随后进入装配工序。

（5）曲轴轴颈固定加热淬火　新设备称为Grankpro TM，用两个半环形固定加热感应器取代8字半环形旋转加热感应带。此套设备能对曲轴轴颈进行淬火与回火，与老工艺相比，具有节能、占地面积小、工件变形小和感应器寿命长等优点。

在农业装备、工程机械、动力机械、汽车和零部件的生产中，均需大量应用热处理技术，在一拖公司众多产品中，大功率轮式拖拉机、履带拖拉机、非道路用中缸径柴油机、农村工程机械、压路机、中小功率轮式拖拉机等产品中，就有千余种零件需要进行热处理。从需要热处理的零件尺寸、形状、性能看，可谓琳琅满目、花样繁多。而热处理技术涵盖面也多，同一零件采用热处理的不同工艺，其结果也各不相同。本章从零件所用工艺、设备、工装及夹具等方面简要介绍几种零件的热处理技术及诀窍，以供热处理工作者作为参考。

轴类零件是机器中经常遇到的典型零件之一。它主要用来支承传动零部件，传递扭矩和承受载荷。轴类零件是旋转体零件，其长度大于直径，一般由同心轴的外圆柱面、圆锥面、内孔和螺纹及相应的端面所组成。根据结构形状的不同，轴类零件可分为光轴、阶梯轴、空心轴和曲轴等。

轴的长径比小于5的称为短轴，大于20的称为细长轴，大多数轴介于两者之间。

轴用轴承支承，与轴承配合的轴段称为轴颈。轴颈是轴的装配基准，它们的精度和表面质量一般要求较高，其技术要求一般根据轴的主要功用和工作条件制定。

轴类零件的毛坯可根据使用要求、生产类型、设备条件及结构，选用棒料、锻件等毛坯形式。对于外圆直径相差不大的轴，一般以棒料为主；而对于外圆直径相差大的阶梯轴或重要的轴，常选用锻件，这样既节约材料又减少机械加工的工作量，还可改善力学性能。

根据生产规模的不同,毛坯的锻造方式有自由锻和模锻两种。中小批生产多采用自由锻,大批大量生产时采用模锻。

轴类零件应根据不同的工作条件和使用要求选用不同的材料并采用不同的热处理规范(如调质、正火、淬火等),以获得一定的强度、韧性和耐磨性。

45钢是轴类零件的常用材料,它价格便宜,经过调质(或正火)后,可得到较好的切削性能,而且能获得较高的强度和韧性等综合力学性能,淬火后表面硬度可达45~52HRC。

40Cr等合金结构钢适用于中等精度且转速较高的轴类零件,这类钢经调质和淬火后,具有较好的综合力学性能。

轴承钢GCr15和弹簧钢65Mn,经调质和表面高频淬火后,表面硬度可达50~58HRC,并具有较高的耐疲劳性能和较好的耐磨性能,可制造较高精度的轴。

精密机床的主轴(例如磨床砂轮轴、镗床坐标主轴)可选用38CrMoAlA氮化钢。这种钢经调质和表面氮化后,不仅能获得很高的表面硬度,而且能保持较软的芯部,因此耐冲击韧性好。与渗碳淬火钢比较,它有热处理变形很小,硬度更高的特性。

45钢广泛用于机械制造,这种钢的力学性能很好。但是这是一种中碳钢,淬火性能并不好,45钢可以淬硬至42~46HRC。所以如果需要表面硬度,又希望发挥45钢优越的力学性能,常将45钢表面渗碳淬火,这样就能得到需要的表面硬度。

下面介绍几种轴类零件的热处理工艺。

2.1 驱动轴类零件

驱动轴是装载机工作装置的一种,是一种可以推进装载机光滑度,使得驱动轮可按照不同的角速度转动的装置。

驱动轴位于车辆的左、右驱动轮之间并为左、右驱动轮提供动力,驱动轴一般由电动机、左、右转矩联轴器组成。电动机产生的转矩经转矩联轴器传送到与驱动轮相连的驱动轴。每个转矩联轴器包括磁粉离合器和行星齿轮组,它们通过流经离合器电磁体中的电流来控制联轴器传送转矩。由于磁粉离合器可以打滑,使得驱动轮可按照不同的角速度转动。

发动机动力经离合器或液力变矩器后,直接传递到变速器,对于前轮驱动车辆,发动机动力从变速器输出后直接进入主减速器和差速器,连接差速器和车轮的轴通常叫"半轴"(drive axle)。对于后轮驱动车辆,从变速器输出的动力经过传动轴传递给主减速器和差速器,然后经半轴传递给车轮。下面介绍2种动力输出从动轴的热处理。

2.1.1 零件号为5127290的动力输出从动轴

(1) 所用材料及其工艺 动力输出从动轴所用材料为42CrMo,毛坯硬度为262~302HB,图2-2中阴影部分为要求的感应淬火区。要求的淬硬层深为3~7mm,硬度为52~57HRC。

由于该轴属大台阶轴(台阶厚度较大),感应淬火存在较大难度,加上受所用的设备(老的机式发电机设备)、电源等条件限制,在实际生产当中无法一次性实施感应淬火工艺。

该动力输出从动轴感应淬火所用感应器见图2-3。在实验室现有设备条件下,采用纵向连续加热淬火法,先使工件上升,感应器紧贴法兰盘(其间隙约为4mm)。经过多次反复试验，最终优化出的工艺参数见表 2-1。

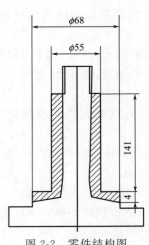

图 2-2 零件结构图

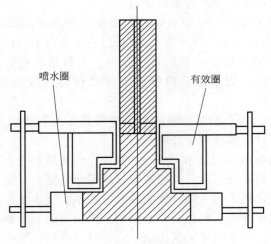

图 2-3 感应淬火所用感应器

表 2-1 工艺参数

淬火部位	电压 U/V	功率 P/kW	功率因数 $\cos\varphi$	淬火介质	零件移动速度
花键	700	45	+0.95	0.2%PVA	100mm/(25s)
大台阶轴	500	30	+0.97	0.2%PVA	静止 20s

注：1. 大台阶轴静止加热 20s 后，向下移动 15mm 后喷液冷却且变功率。
2. PVA——聚乙烯醇。

（2）金相检验结果　见表 2-2。

表 2-2 金相检验结果

淬火部位	硬度（HRC）	马氏体组织级别	淬硬层深/mm
花键	54～57	6 级	4.32
大台阶轴	53～55	5 级	4.00

（3）淬火轮廓　见图 2-4 所示。

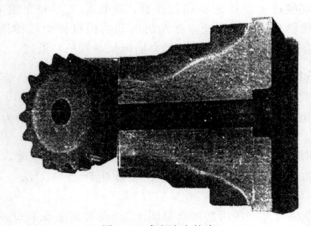

图 2-4 感应淬火轮廓

2.1.2 卡特皮勒公司零件号为 147-3310 的驱动轴

（1）所用材料及其工艺　147-3310 驱动轴所用材料为 IE1671，相当于我国的 30CrMnMoB，其化学成分分析见表 2-3。其取样部位、不同位置、不同深度部位处硬度测量及金相组织分别见图 2-5～图 2-20 所示。

表 2-3　147-3310 驱动轴化学成分

检验项目	化学成分(质量分数)/%							
	C	S	P	Si	Mn	Cr	Mo	B
检验结果	0.300	0.022	0.010	0.260	1.100	0.550	0.150	0.002

技术要求为：
① DB4.0；
② H_1、H_2、H_3 处硬度≥47HRC；
③ 淬硬层深度/mm：H_1 段 7～16；H_2 段 7～12；H_3 段 3；位置 A 处≥7。

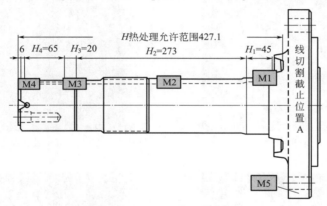

图 2-5　147-3310 驱动轴零件图

图 2-6　147-3310 驱动轴零件感应淬火区域示意图

 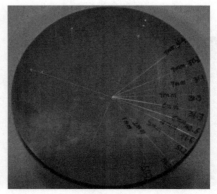

图 2-7　M1 不同深度部位处硬度测量　　　　图 2-8　M2 不同深度部位处硬度测量

图 2-9　M3 不同深度部位处硬度测量

图 2-10　M4 不同深度部位处硬度测量

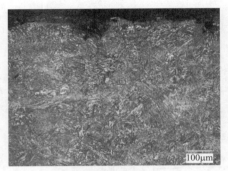

图 2-11　M1 处标准金相组织（×100 倍）

图 2-12　M1 的 7mm 处标准金相组织（×100 倍）

图 2-13　M2 处标准金相组织（×100 倍）

图 2-14　M2 的 7mm 处标准金相组织（×100 倍）

图 2-15　M3 处标准金相组织（×100 倍）

图 2-16　M3 的 7mm 处标准金相组织（×100 倍）

图 2-17 M4 处标准金相组织（×100 倍）

图 2-18 M4 的 7mm 处标准金相组织（×100 倍）

图 2-19 M5 处标准金相组织（×100 倍）

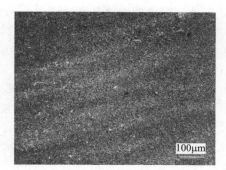
图 2-20 M5 的 7mm 处标准金相组织（×100 倍）

（2）工艺方案的确定 所用感应器为圆环感应器，其感应器结构详情如图 2-21 所示。感应器内径尺寸为 178mm，感应器下端附一喷水圈。

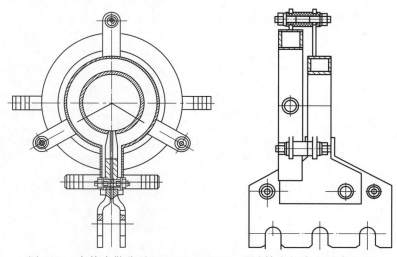
图 2-21 卡特皮勒公司 147-3310 IE1671 驱动轴中频淬火用感应器

① 零件的淬硬层深度 与所采用的电源频率的大小、零件的移动速度、加热功率、感应器间隙的大小以及是否预热等有关。

卡特皮勒公司 147-3310 IE1671 驱动轴中频淬火所采用中频电源设备为 8000Hz、160kW。采用中频淬火工件淬硬层深度一般在 2～4mm，故采用中频淬火该驱动轴，要想达到 7～16mm 的淬硬层深度，用传统淬火工艺存在很大难度。为此，只能从淬火工艺方面加以考虑来解决设备和零件本身所不能解决的问题。

② 零件的移动速度　零件移动速度在其他条件不变的情况下，与其淬硬层深度成反比，即零件的移动速度越快，其淬硬层深度越浅；零件的移动速度越慢，其淬硬层深度越深。针对该零件，若采用中频淬火应减慢零件的移动速度，但零件的移动速度太慢的话，会导致零件淬火温度过高、零件淬火组织粗大、花键易淬裂等问题出现，故应通过试验，调试出一合适的零件移动速度，以满足其 7～16mm 的淬硬层深度技术要求。

③ 加热功率　在其他条件不变的情况下，零件的加热功率越大，其淬硬层深度越深；反之，零件的加热功率越小（在零件能达到淬火温度的前提下），其淬硬层深度越浅。

④ 感应器间隙的大小　感应器间隙越大，加热速度就越慢，零件达到相变温度的时间越长，因而其淬硬层深度越深；反之，其淬硬层深度越浅。

⑤ 其他　零件的加热是由表面向心部传热淬火时得到了淬硬层深度，而中频淬火是由次表层向外表面传热淬火时得到了一定的淬硬层深度。如果先预热一遍再实施连续加热淬火，这样能使零件透烧时间延长，淬硬层就会深一些，且表面温度也不会过高。

（3）电参数的确定

① 变压比　根据感应器结构及实践试验，经工艺优化试验后取 20∶1。

② 电参数　经工艺优化试验后，电源电压：$U=500\sim 600\text{V}$；电流：$I=100\sim 120\text{A}$；电容 C 设置在设备的 1、3、6 挡（左起）；功率因数：$\cos\varphi=1$；功率大小：$P_{花键}$ 取 60kW，$P_{光轴}$ 取 65kW；功率表指数：9∶40；水压：仪表读数为 10 格；基准（零位）：-534（80kW）。

③ 淬火方式　选用连续加热淬火，喷液冷却的淬火方式。淬火液选用的是 1% 聚乙烯醇。

④ 驱动轴优化后工艺编程如下　本试验编程号为 602，具体如下。

```
N10    S7                       N220   G4   F1
N20    G0   X-86                N230   G1   X-472   F185
N30    S2                       N240   S5
N40    G4   F3.2                N250   G1   X-337   F185
N50    G1   X-152   F300        N260   G4   F0.5
N60    G1   X-196   F400        N270   G1   X-293   F185
N70    G1   X-293   F300        N280   G4   F1.5
N80    G1   X-485   F400        N290   G1   X-152   F185
N90    G4   F0.7                N300   G4   F2
N100   G1   X-534   F500        N310   G1   X-128   F270
N110   S2                       N320   G1   X-86    F250
N120   G4   F19                 N330   G4   F1.2
N130   S4                       N340   S4
N140   G4   F16                 N350   G1   X-50    F500
N150   S2                       N360   G4   F13
N160   G4   F19                 N370   G1   X-80    F500
N170   S4                       N380   G4   F28
N180   G4   F16                 N390   S6
N190   S2                       N400   S8
N200   G4   F24                 N410   G0   X0
N210   G1   X-479   F400        N420   M2
```

⑤ 淬火后检测　淬火后的零件经磁粉探伤，未发现任何缺陷。

淬火后的零件的淬硬层深度检测见表 2-4 及图 2-22～图 2-25。

淬火后的零件的硬度值，见表 2-5。

淬火后的零件的金相组织，见表 2-6、图 2-26～图 2-35。

表 2-4　驱动轴淬硬层深　　　　　　　　　　　　　　单位：mm

检测方法	测量结果（括号内值为技术要求）
测至 42.0HRC 处	M1：　10.6　（7.0～16.0） M2：　8.8　（7.0～12.0） M3：　8.0　（7.0～12.0） M4：　3.7　（≥3.0）

图 2-22　M1

图 2-23　M2

图 2-24　M3

图 2-25　M4

表 2-5　驱动轴硬度值（HRC）

	测量结果（括号内值为技术要求）
M1：	47.5～48.0（≥47）
M2：	49.0～49.5（≥47）

测量结果（括号内值为技术要求）	
M3：	48.5～48.5(≥47)
M4：	47.5～48.0(≥47)
M5：	4.28～4.30mm（≥4mm）

表 2-6 驱动轴淬火后的零件的金相组织

组织	部位	结果
脱碳层	1	0mm
脱碳层	2	0mm
脱碳层	3	0mm
脱碳层	4	0mm
脱碳层	5	0mm
铁素体	1	0%
铁素体	2	0%
铁素体	3	0%
铁素体	4	0%
铁素体	5	0%
马氏体	1	98%～99%
马氏体	2	98%～99%
马氏体	3	98%～99%
马氏体	4	98%～99%
马氏体	5	0%
贝氏体	1	0%
贝氏体	2	0%
贝氏体	3	0%
贝氏体	4	0%
贝氏体	5	98%～99%
珠光体	1	0%
珠光体	2	0%
珠光体	3	0%
珠光体	4	0%
珠光体	5	0%

图 2-26 M1 处实际金相组织

图 2-27 M1 的 7mm 处实际金相组织

图 2-28　M2 处实际金相组织

图 2-29　M2 的 7mm 处实际金相组织

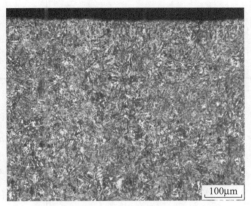

图 2-30　M3 处实际金相组织

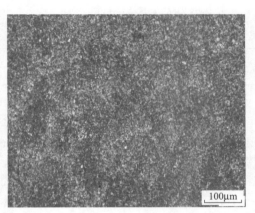

图 2-31　M3 的 7mm 处实际金相组织

图 2-32　M4 处实际金相组织

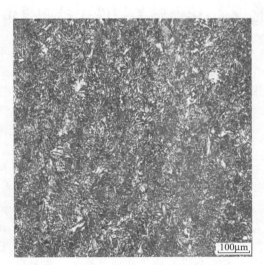

图 2-33　M4 的 7mm 处实际金相组织

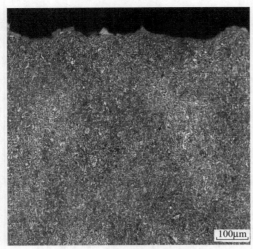

图 2-34 M5 处实际金相组织

图 2-35 M5 的 7mm 处实际金相组织

表 2-7 为淬火区域分布。

表 2-7 淬火区域分布

淬硬区域/mm	$L=402.0$	$H_1=59$	$H_2=270$	$H_3=20$	$H_4=53.0$
淬硬区域要求/mm	397.5～419.4	57.5～67	270	20	50～62.4

结果分析：

整体硬度在 47.5～49.5HRC 之间，合格；H_1 中 R 圆角处层深 8.5mm，技术要求淬硬层深≥7mm，合格；H_1 淬硬层深 12.5mm，技术要求淬硬层深 7～16mm，合格；H_2 中层深 7.3mm，技术要求淬硬层深 7～12mm，合格；H_3 淬硬层深为 4.5mm，技术要求淬硬层深≥3mm，合格；H_4 淬硬层深为 4.8mm，技术要求淬硬层深 3～5mm，合格；晶粒度为 5～10 级，厂内默认≥5 级，合格；马氏体级别为 3～5 级，厂标要求 3～8 级，合格；马氏体含量为 98%～99%，技术要求≥90%，合格。检结果符合卡特公司技术要求。

2.2 花键轴类零件（机油泵传动轴零件）

花键轴，在轴的外表有纵向的键槽，可保持跟轴同步旋转。在旋转的同时，有的还可以在轴上做纵向滑动，如变速箱换挡齿轮等；也有的要保持可靠锁死，在制动、转向机构常常用到。还有一种是可伸缩的轴，由内外管组成，外管有内齿，内管有外齿，套在一起。使用时在传递转矩的同时，在长度方向可以伸缩。传动轴是最典型的花键轴之一。

花键轴有两种类型，即矩形花键轴和渐开线花键轴。

矩形花键轴应用广泛，如飞机、汽车、机床制造、农业机械及一般机械传动装置等。其主要特点为：多齿工作，承载能力高，对中性好，导向性好，齿根较浅，应力集中小，轴与毂强度削弱小，加工方便，能用磨削方法获得较高的精度。

渐开线花键轴用于载荷较大，定心精度要求高，以及尺寸较大的连接。其特点为：齿廓为渐开线，受载时齿上有径向力，能起自动定心作用，使各齿受力均匀，强度高，寿命长，加工工艺与齿轮相同，易获得较高精度和互换性。

下面介绍一种传动轴（机油泵传动轴零件结构如图 2-36 所示）的热处理。

机油泵传动轴所用材料为 40 钢，预先热处理为正火。$\phi 28mm$ 的花键在长度

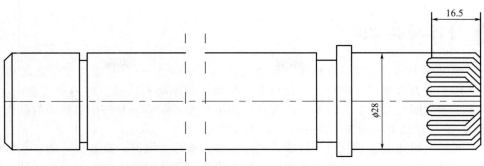

图 2-36 机油泵传动轴零件结构

$16.5_{0}^{+1.0}$ mm 表面高频淬火，硬度≥45HRC；表面淬火层深度 3～4.75mm（从齿顶起测至 50%M，M 为马氏体）。

该机油泵传动轴感应淬火用传统的圆环感应器，其感应器结构详情见图 2-37。在实验室现有设备条件下，采用高频同时加热淬火法，将机油泵传动轴 φ28mm 花键置于感应器中间，感应器内径尺寸为 φ32mm。经过多次反复试验，最终优化出的工艺参数见表 2-8。

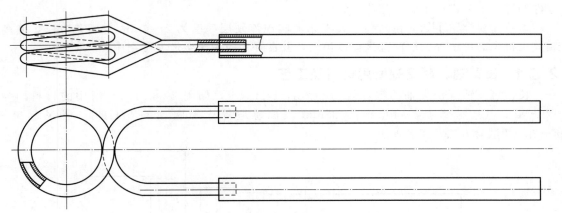

图 2-37 机油泵传动轴感应器结构

表 2-8 机油泵传动轴淬火工艺参数

零件名称		机油泵传动轴
处理部位及区域		花键
零件放置方法		垂直
感应器名称		机油泵传动轴感应器
阳极空载电压/kV		10.5～12.0
阳极负载电压/kV		10.5～11.0
阳极电流/A		1.8～2.2
栅极电流/A		0.20～0.48
加热方式		同时
冷却介质		水
时间/s	加热	3.5
	间隙	0
	冷却	3.0

2.3 十字轴类零件

十字轴又称十字节,即万向接头,英文名称 universal joint,它是实现变角度动力传递的零件,用于需要改变传动轴线方向的位置,它是汽车驱动系统的万向传动装置的"关节"部件。十字轴式刚性万向节为汽车上广泛使用的不等速万向节,允许相邻两轴的最大交角为 15°~20°。十字轴是十字轴式刚性万向节的关键件之一。

因中频淬火机床电源系统发生故障,经过抢修人员尽力维修,设备仍不能正常工作。为了高产月不影响前桥紧张的生产进度要求,迫不得已只能将需要中频淬火的长叉轴、短叉轴和摆销进行外委热处理加工。外委热处理加工费用很高,且在生产的周期上无法得到保证。

在这种情况下,我们对长叉轴、短叉轴和摆销的热处理技术要求进行了认真研究,认为长叉轴、短叉轴在高频感应淬火机床上淬火,有较大成功的可能性。用一次连续加热淬火的方法来试制,硬度达到了技术要求,但淬硬层深度不够;如果继续放慢加热速度,易造成零件表面加热温度过高,加之两种零件的材料都是 42CrMo 合金钢,淬火时容易在零件表面产生淬火裂纹,易导致成批报废,后果严重。为此,我们采用先预热后加热的淬火法,对该类零件的淬火工艺进行了研究与改进。

本节简要介绍了如何在高频淬火机床上实现淬硬层深度为 2~4mm 的工艺方法,使高频淬火机床的传统淬火层深范围得以扩大,并良好地应用于生产实际当中。

2.3.1 长叉轴、短叉轴所用材料及工艺

长、短叉轴(长叉轴的零件号为 20/8A5142040-1,如图 2-38 所示)所用的材料均为 42CrMo,其技术要求:$\phi40$mm、$\phi35$mm 表面感应淬火硬度 52~57HRC;层深为 2~4mm。其试验方法及工艺如下。

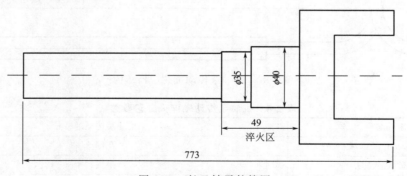

图 2-38 长叉轴零件简图

2.3.2 频率的选择

为实现规定深度高质量的感应加热,首先必须正确选择设备的频率。设备频率选择的经验公式:

$$\frac{1}{4}\Delta_{热} \leqslant \delta \leqslant \frac{1}{2}\Delta_{热}$$
$$2\delta \leqslant \Delta_{热} \leqslant 4\delta$$
$$4\delta^2 < \Delta_{热}^2 < 16\delta^2 \tag{2-1}$$

式中 $\Delta_{热}$——电流的透热深度,mm;
δ——规定的淬硬层深度,mm。

对于一般碳钢：

$$\Delta_{热} = \frac{500}{\sqrt{f}} \tag{2-2}$$

由式（2-1）和式（2-2）有：

$$\frac{25 \times 10^4}{16\delta^2} \leqslant f \leqslant \frac{25 \times 10^4}{4\delta^2} \tag{2-3}$$

式中　f——设备的频率，Hz。

故当 $\delta = 2 \sim 4\text{mm}$ 时，$1000\text{Hz} < f < 4000\text{Hz}$。

由此可见，工件淬硬层深度在 2~4mm 时，设备最佳频率范围为 1000~4000Hz，即采用中频淬火机床比较合适。故采用高频淬火机床（频率为 10 万~30 万赫兹）对长叉轴进行高频淬火要想达到 2~4mm 淬硬层难度很大。为此，只能从淬火工艺方面加以考虑来解决设备和零件本身所不能解决的问题。

2.3.3　工艺方案的确定

高频淬火设备的有效淬硬层深为 1mm，其加热是由表面向心部传热淬火得到淬硬层深度，而中频淬火是由次表层向外表面传热淬火时得到了一定的淬硬层深度。如果先预热一遍再实施连续加热淬火，能使零件透烧时间延长，淬硬层就会深一些，且表面温度也不会过高。经过反复认真的调试，最后，硬度和淬硬层深都达到了技术要求，且经批量探伤，两种零件的表面均无裂纹产生。该零件的高频淬火工艺试验数据对比见表 2-9、表 2-10。

表 2-9　不预热工艺参数

阳压 /kV	栅流 /A	阳流 /A	移动速度 F						淬硬层深/mm			
			φ42mm			φ35mm			φ42mm		φ35mm	
9.5	0.6	6	200	150	100	200	150	100	1.5	1.8	2.1	1.1	1.3	1.7

注：实际位移值为系统显示值的 5/6，即零件实际移动速度为 F×(5/6)÷60，单位为 mm/s。

表 2-10　预热工艺参数

阳压 /kV	栅流 /A	阳流 /A	移动速度 F				淬硬层深/mm		
			预热	φ42mm	φ35mm		φ42mm	φ35mm	
9.5	0.6	6	600℃	250	200	200	170	2.5	3.5	2.3	3.2

注：实际位移值为系统显示值的 5/6，即零件实际移动速度为 F×(5/6)÷60，单位为 mm/s。

2.3.4　结论

① 本试验解决淬硬层问题的关键在于加热方式上的改进，即在加热前，对零件先预热后再进行淬火处理，其技术含量高，在我车间属独创。

② 通过本次的零件生产调试研究，证明了高频感应加热对于结构较为简单的轴类零件能实现淬火层深大于 2mm，使高频淬火机床的传统淬火层深范围得以扩大，并应用于生产实际。

2.4　空心轴类零件

空心轴一般是指在轴体的中心制有一通孔，并在通孔内开有内键槽，轴体的外表面加工有阶梯形圆柱，并开有外键槽的轴，该轴的中心通孔与榨膛的主轴套接，输入动力通过轴体外表面上的圆柱上安装的传动齿轮带动该轴从而直接传递给榨膛主轴。

空心轴占用的空间体积比较大，但可以减轻质量。根据材料力学分析，在转轴传递转矩时，从径向截面看，越外的地方传递有效力矩的作用越大。在转轴需要传递较大力矩时，就需要较粗的轴径。而由于在轴心部位传递力矩的作用较小，所以一般采用空心，以减少转轴的自重。

下面介绍我公司东方红LF80-90拖拉机上的主离合器轴（又称空心轴）的热处理。

2.4.1 简介

东方红LF80-90拖拉机上的主离合器轴零件（5125350，又称空心轴，如图2-39所示）为空心轴，壁较薄，在感应加热淬火时易出现淬透，使变形超差。为此，笔者采用往内壁通循环水冷却的淬火法，对该零件的淬火工艺进行了研究与改进。

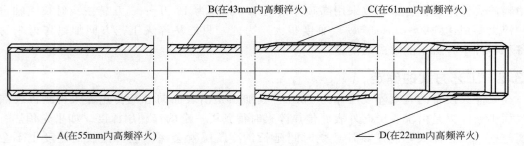

图2-39 主离合器轴零件

东方红拖拉机上的主离合器轴采用的中频感应淬火设备为8000Hz、160kW。

原淬火工艺为：两花键（A、D）中频淬火后由中温回火［中温回火温度为（320±10）℃；90min］，回火后空冷，硬度要求为42～48HRC，然后再使中部两光轴（B、C）处中频淬火，淬火后再回火［回火温度为（160±10）℃；120min；52～57HRC］。特别应该指出的是，该零件在进行淬火之前，还需先在花键D端打入堵头，防止出现淬火变形。该工艺既烦琐又耗能耗时，且用此工艺使A端花键完全淬透，M（量棒间距）值差别很大，最大值与最小值之差有时多达0.10～0.15mm，严重影响产品质量。

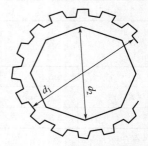

图2-40 A端面纵向剖视图

其A端面纵向剖视图如图2-40所示，壁厚$H=(d_1-d_2)/2$（mm）。其中，$d_1=33.3_{-0.48}^{0}$mm，$d_2=26.0_{0}^{+0.5}$mm，则壁厚$H=3.16～3.65$mm。由于壁较薄，在实际生产当中100%淬透，且淬透后易出现花键端头膨胀、内孔缩小等现象，为以后的校直加工增加了难度，难以满足其工艺及装车要求。

2.4.2 LF80-90主离合器轴所用材料及工艺

主离合器轴所用材料为35CrMo，图纸技术要求如下：毛坯调质262～302HB，图2-39中A、B、C、D区为感应淬火区，层深1～2mm，硬度为52～57HRC。

2.4.2.1 试验方法及工艺

（1）频率的选择 为实现规定深度高质量的感应加热，首先必须正确选择设备的频率。按设备频率选择的经验公式：

$$\frac{150}{\delta^2}<f<\frac{2500}{\delta^2} \tag{2-4}$$

式中 δ——规定的淬硬层深度，mm；

f——设备的频率，Hz。

故当 $\delta=1\sim2$ mm 时，$3750\text{Hz}<f<250000\text{Hz}$。

对于截面形状复杂的零件，其设备频率的选择，除考虑淬硬层的深度要求外，还要注意加热温度分布的均匀性。

例如齿轮表面淬火时，加热频率主要依据模数进行选择。而对于模数在 $8\sim24$ mm 的齿轮，其推荐使用的设备频率为 8000Hz。

故主离合器轴的中频淬火试验，所采用的淬火设备仍然为 8000Hz、160kW 中频电源机床，其采用的感应器见图 2-41。

（2）工艺方案的确定　虽然高频淬火设备的有效淬硬层深为 1mm，但它针对的是光轴类零件。对于齿轮类零件，当电流频率过高时，齿顶温度偏高，而齿根温度偏低，很难获得沿齿廓分布的硬化层。而选用 8000Hz 的中频淬火机床对主离合器轴进行中频淬火在理论上是可行的，也能满足层深 $1\sim2$ mm 的技术要求。但主离合器轴零件属空心薄壁且两端带有花键的零件，在加热过程中很容易透热而被淬透。进行感应淬火时，零件表面呈高温分布状态，其热量的传递不仅靠四周的冷却介质，也靠向不加热的内层及心部传导，因此，冷速更快。同时该零件薄端壁厚约为 3.16mm，在热传导作用下，极易透热而被淬透。由于此零件是空心且壁薄，仅靠采用 8000Hz 的中频淬火机床对其进行中频淬火，很难达到淬硬层深为 $1\sim2$ mm 的技术要求。为此，只能从工艺方面加以考虑来解决设备和零件本身所不能解决的问题。

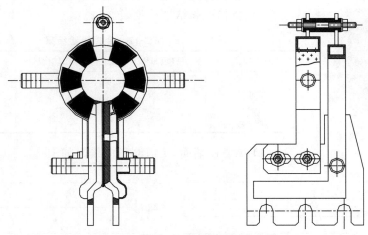

图 2-41　主离合器轴试验用感应器

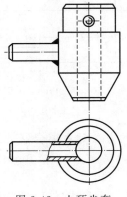

图 2-42　上顶尖套

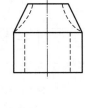

图 2-43　下顶尖套

另外,由于水的比热容[4.19kJ/(kg·℃)]比钢的比热容[0.46kJ/(kg·℃)]大很多,在零件加热过程中,与零件表面接触的水不断吸收工件表面热量而汽化沸腾,大量地将工件的热量带走,从而导致零件在该处的表面温度难以升高到相变温度,从而淬火时得不到马氏体组织。水具有价廉物美且不污染环境的优点,为此,在零件加热过程中我们采用往零件内通循环冷却水的方法(设计了与上、下顶尖配套的夹具,如图2-42和图2-43所示),以便在零件外表面被加热的同时,空心零件的内部也得以水冷,而不被淬透,因而也就从根本上解决了淬透的问题。

2.4.2.2 工艺试验结果分析

(1) 工艺参数 见表2-11。

表2-11 工艺参数

淬火部位	电压 U/V	功率 P/kW	功率因数 $\cos\varphi$	淬火介质
A	770	65	+0.99	0.2%PVA
B	650	60	1	0.2%PVA
C	630	50	+0.98	0.2%PVA
D	650	59	+0.99	0.2%PVA

图2-44 淬火轮廓

(2) 淬火轮廓 见图2-44所示。
(3) 金相检验结果 见表2-12。

表2-12 金相检验结果

淬火部位	硬度(HRC)	马氏体组织级别	淬硬层深/mm
花键 A	55、55.5	6级	1.1~1.3
光轴 B	53~55	4级	1.8~2.0
光轴 C	52~55	4级	1.7~2.0
花键 D	55.5、55.5	6级	1.2~1.3

(4) A、D端面 M 值测量曲线 如图2-45和图2-46所示。

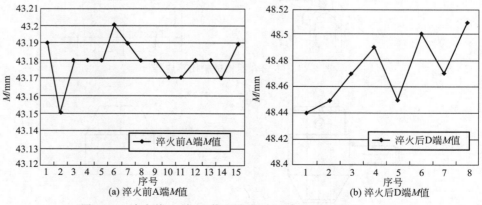

图2-45 淬火前A端 M 值和淬火后D端 M 值(单位:mm)

由表2-12可以看出,采用零件内通循环冷却水的方法对主离合器轴进行中频淬火,其检验结果:硬度52~55.5HRC(要求52~57HRC),层深1.1~2.0mm(要求1~2mm),以及金相组织均满足图纸技术要求。

另外,由图2-45、图2-46所示曲线发现,淬火前A、D端的 M 值均在最大、最小范围

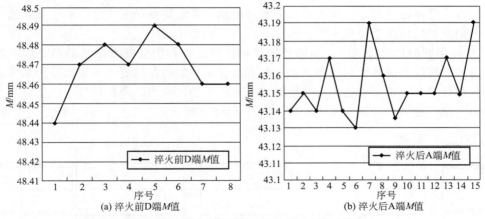

图 2-46 淬火前 D 端 M 值和淬火后 A 端 M 值（单位：mm）

内（A 端的 $M_{max}=43.20$mm，$M_{min}=43.15$mm；D 端的 $M_{max}=48.49$mm，$M_{min}=48.44$mm），而淬火后 D 端的 M 值满足技术要求（M 值技术要求为 $\leqslant 0.10$mm）；其 A 端的 M 值略有超差，有待今后试验中进一步完善。

2.4.3 结论

① 为防变形，原工艺花键 D 端淬火前先打堵头。而采用循环水冷却后可不用堵头，既节约了工艺辅助材料的费用，又节省了工作时间。

② 淬火后 A、D 端的 M 值满足技术要求，且锥度基本消除。

③ 本试验解决淬透问题的关键在于冷却方式上的改进，即在加热的同时对薄壁零件内部进行水冷处理，其技术含量高，在我公司乃至同行业均属独创。

2.5 细长轴类零件

长径比大于 20 的轴称为细长轴，由于刚性很差，在加工中产生的切削力、切削热、振动等因素将直接影响工件加工的尺寸精度和形位精度，加工难度大。当长径比大于 100 时，则加工难度更高。

细长轴类零件的结构特点是细长，性能特点是刚性差，在加工过程中易弯曲变形，造成较大的加工误差，降低加工精度，包括尺寸精度、形状精度、位置精度和表面粗糙度。所以在实际生产中要制定出合理科学的加工工艺路线，并且采取一系列的措施，优化工艺过程，减小加工误差，保证加工质量。

轴类零件精度的高低直接影响机械设备的使用寿命。细长轴由于其刚性差、线膨胀大，难以获得较高的加工精度和较小的表面粗糙度。本节分析了影响细长轴加工精度的因素，介绍了提高细长轴加工精度的方法。

由于细长轴类零件的热扩散差，轴向线性尺寸长，在切削热的作用下，会产生很大的线膨胀，当工件两端顶紧时受热变形影响易产生弯曲变形。所以车削细长轴类零件对刀具、机床精度、辅助工具的精度、切削用量的选择，以及工艺安排、具体操作技能，都有较高的要求。细长轴类零件的加工是一项工艺性较强的综合技术。细长轴类零件的加工工艺过程分析如下。

① 准备毛坯　细长轴类零件由于刚性差，在运输和存放时易弯曲变形，加工中会造成

加工余量不足，所以在准备毛坯的工序中须对工件进行矫正校直，采用热校直法校直棒料，不宜冷校直，忌锤击。对于直接以棒料为毛坯的轴，需要增加切断工序。对于细长轴类零件需要在车削外圆之前加工好顶尖孔。

② 安排足够的热处理工序　在细长轴类零件加工过程中应安排足够的热处理工序，保证零件的加工精度要求和使用性能要求，并且改善工件的切削性能。一般在切削加工之前先安排一次热处理——正火或退火，消除制造毛坯产生的内应力，降低硬度。

下面介绍一种前传动轴（见图 2-47 所示）的热处理。

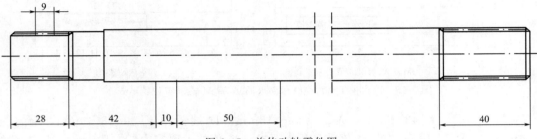

图 2-47　前传动轴零件图

2.5.1　所用材料及工艺

前传动轴所用材料为 40Cr，尺寸为 $\phi 30.3mm \times 1009mm$；预先热处理为正火。其技术要求如下：

① 淬火硬度　47～53HRC。
② 淬硬层深度　$(0.8 \pm 0.16)mm$。
③ 淬火区域如下

a. 一端（短花键端）：花键 28mm 淬火—9mm 不淬火—42mm 淬火—10mm 不淬火—50mm 淬火；

b. 另一端（$\phi 28mm$ 长花键端）：40mm 淬火。

2.5.2　采用的淬火工艺

根据其技术要求，可以确定该前传动轴可采用高频和中频两种方式进行感应加热，两种方式下的感应加热均采用连续加热淬火法，下面分别加以介绍。

2.5.2.1　高频感应加热法

所用感应器为三匝圆环感应器，其感应器结构如图 2-37 所示。感应器内径尺寸 34mm，感应器上缠绕耐高温的玻璃丝带，感应器下端附一喷水圈。经过多次反复试验，最终优化出的工艺参数见表 2-13。

表 2-13　前传动轴高频淬火工艺参数

项　目	参　数
零件名称	前传动轴
处理部位及区域	花键及光轴(图 2-47)
零件放置方法	垂直
感应器名称	三匝圆环感应器
阳极空载电压/kV	11.0～12.0

续表

项　目	参　数
阳极负载电压/kV	11.0～12.0
阳极电流/A	2.2～2.4
栅极电流/A	0.30～0.58
加热方式	同时
冷却介质	水

注：1. 零件移动速度 12.5mm/s。
    2. 加热程序：①端头至 28mm 连续加热—断加热 9mm—至 42mm 连续加热—断加热至 10mm—至 50mm 连续加热；②调头淬另一端，端头至 40mm 连续加热—断加热。

2.5.2.2 中频感应加热法

所用感应器为圆环感应器，其感应器结构如图 2-48 所示。感应器内径尺寸 35mm，感应器下端附一喷水圈。

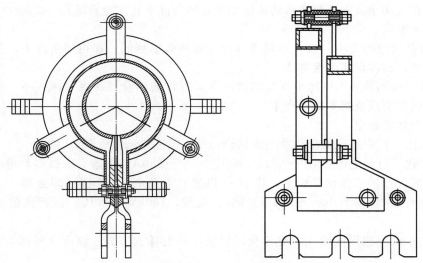

图 2-48　前传动轴中频淬火用感应器

（1）工艺方案的确定　零件的淬硬层深度与所采用的电源频率的大小、零件的移动速度、加热功率、感应器间隙的大小以及是否预热等有关。

电流频率的大小，主要是选择频率带，非选择某一个频率的数值。应该说，8000Hz 和 10000Hz 基本上是相同的；2500Hz 与 3000Hz 也可通用；但 8000Hz 与 30000Hz，30000Hz 与 250000Hz 就不能通用了，因为他们不在一个频率带，有一个数量级的差别。

高、中频电源设备的频率，各国均有额定频率，GB 1980—2005 对电热装置额定频率规定为 50Hz、150Hz、400Hz、1000Hz、2500Hz、4000Hz、8000Hz、10000Hz。因此，根据不同零件的直径与淬硬层深度按表 2-14 和表 2-15 选取合适的频率。

表 2-14　标准频率值的淬硬层深度

频率/kHz		250	70	35	8	2.5	1.0	0.5
淬硬层深度/mm	最小	0.3	0.5	0.7	1.3	2.4	3.6	5.5
	最大	1.0	1.9	2.6	5.5	10	15	22
	最佳	0.5	1	1.3	2.7	5	8	11

表 2-15　圆柱零件表面淬火时频率的选取

频率/kHz	允许最小直径/mm	推荐直径/mm	频率/kHz	允许最小直径/mm	推荐直径/mm
1.0	55	160	35.0	9	26
2.5	35	100	70.0	6	18
8.0	19	55	250.0	3.5	10

采用中频淬火工件淬硬层深度一般在 2～4mm，故该细长轴（前传动轴）采用中频淬火要想达到（0.8±0.16）mm 淬硬层难度很大。为此，只能从淬火工艺方面加以考虑来解决设备和零件本身所不能解决的问题。

① 零件的移动速度　零件移动速度是指零件通过感应器的距离与通过该距离使零件达到淬火温度所用的时间之比。针对该零件，若采用中频淬火应提高零件的移动速度，但零件的移动速度太快的话，会导致零件淬不上火，故应通过试验，调试出一合适的零件的移动速度，以满足其（0.8±0.16）mm 淬硬层深度技术要求。

② 加热功率　在相同条件下，零件的加热功率大小，决定了其淬硬层深度。针对中频淬火，只有在大功率及零件快速移动速度相配合的条件下，才能满足其（0.8±0.16）mm 淬硬层深度技术要求。

③ 感应器间隙的大小　感应器间隙越大，加热效率越低，在相同条件下，其淬硬层深度越深，反之，其淬硬层深度越浅。

④ 其他　增加预热工序比不预热的情况下，零件的淬硬层深度会深一些，且表面不易过热从而导致淬裂或烧熔等缺陷产生。

(2) 电参数的确定

① 变压比　根据感应器结构及实践试验，经工艺优化试验后取 20∶1。

② 电参数　电源电压：550～650V。电流：150～200A。电容：依据实验情况中功率因数值酌情增减。经工艺优化试验后，电容 C 设置在设备的 1～6 挡（即全部）。功率因数：最佳为 $\cos\varphi=1$。功率大小：光轴，120kW；花键，100kW。水压：仪表读数为 4 格。基准：-80。

③ 淬火方式　选用连续式加热淬火，喷液冷却的淬火方式。淬火介质选取 1% 的聚乙烯醇。

④ 淬火工艺编程　短花键端程序为 A；长花键端程序为 B；G0 F3000。

A 程序如下。

```
N10    S7                        N130   S2
N20    G0    X-176               N140   G4    F1.55
N30    S2                        N150   G1    X-78    F2200
N40    G4    F0.7                N160   G4    F0.6
N50    G1    U30    F300         N170   S4
N60    S5                        N180   G1    X-40    F2500
N70    G1    X-114    F1800      N190   G4    F4
N80    G4    F0.6                N200   S6
N90    S4                        N210   S8
N100   G1    X-74    F2200       N220   G0    X0
N110   G4    F4                  N230   M2
N120   G1    X-91    F2200
```

B程序如下。

```
N10   S7
N20   G0   X-200
N30   S2
N40   G4   F0.7
N50   S5
N60   G0   X-150
N70   G4   F0.2
N80   S4
N90   G0   X-88
N100  G4   F3
N110  G0   X-113
N120  S2
N130  G4   F1.3
N140  G1   U10   F2000
N150  G1   X-78  F2200
N160  G4   F0.6
N170  S4
N180  G1   X-40  F2400
N190  G4   F4
N200  S6
N210  S8
N220  G0   X0
N230  M2
```

⑤ 淬火后检测 淬火后的零件经磁粉探伤,未发现任何缺陷。淬火后表面硬度及硬化层深度检测见表2-16。

表2-16 淬火后表面硬度及硬化层深度检测

测量项目	花键	光轴	技术要求
硬化层深度/mm	0.92	0.86	0.8±0.16
淬火表面硬度(HRC)	48～52	50～52	47～53

2.6 多台阶大变径轴类零件

由于拖拉机产品更新换代较快,我公司引进开发的新型拖拉机产品中的一些关键轴类零件,均要求承受较大的传递转矩,其技术含量高,制造难度相对较大。如动力输出从动轴、前驱动轴、半轴等,为多台阶轴类零件,均具有3个以上台阶,且截面尺寸变化较大(大小径变化在10mm以上),属于大变径轴类零件。为了提高抗扭强度,均需采用感应淬火热处理工艺。这类零件的热处理工艺存在很大难度,对其进行感应淬火的技术关键就是解决淬硬层连续的问题。造成感应加热淬火硬化层深度不合格及不均匀的原因如下。

① 感应加热淬火硬化层深度不合格 即感应加热淬火硬化层过浅或过深,其原因如下:
a.频率选择不合理,频率越高,加热深度越浅,硬化层越浅;反之硬化层越深。
b.加热单位功率选择不合适,单位功率高,加热速度快,表面热量向里传递时间少,导致加热深度浅,造成硬化层浅;反之硬化层过深。
c.感应器与工件间隙过小。根据感应加热的"集肤效应"原理,感应器与工件间隙越小,涡流越集中于表面,加热层越浅。因此感应器与工件间隙过小,可能造成硬化层过浅;反之硬化层过深。
d.加热时间过短,热量传递时间不足,加热深度减小,可能引起硬化层过浅;反之硬化层过深。

为了防止感应加热淬火时产生硬化层过浅或过深的缺陷,应从合理选择频率、单位功率、加热时间及改进感应器设计,调整间隙等方面去改进。

② 感应加热淬火产生硬化层不均匀缺陷 原因如下。
a.同时加热淬火时,工件位置偏心。

b. 感应器喷水孔不均匀。

c. 淬火机床不同心。

因此要解决感应加热淬火硬化层不均匀现象应从改善感应器喷水孔分布使其均匀分布，调整定位装置防止工件偏心，调整淬火机床上、下顶针使其对中等三个方面改进。

为了实现淬硬层连续，通常这类零件感应热处理工艺一般采用纵向一次旋转加热整体淬火法。

大直径差的阶梯轴通常情况下采用的是轴面仿形淬火感应器来实现感应淬火淬硬层连续的问题，它的加热原理属纵向一次加热淬火法。由于这种方法存在使用的感应器跨度比圆环类淬火感应器的大、设计复杂、加工制造难度大、浪费能源等一系列缺点，所以需要改进工艺。

对于特殊的大变径、多台阶轴类零件，同样存在上述问题。其主要问题，可通过调整淬火工艺加以解决。其关键问题在于：纵向一次加热淬火法对于此类零件难以满足其淬火要求，属感应加热难点问题，迄今为止，未见有应用实例报道及文献可供参考。

在大变径轴类零件中，变截面通常要求具有不同的硬化层深且要连续，以提高零件抗扭强度。由于轴段的尺寸不同，采用连续淬火工艺时，零件硬化层分布及深度受功率和移动速度影响很大，淬火过程中工艺参数变化较大，往往需要变速度、变功率来适应。感应淬火技术难度大，工艺技术要求高，普通淬火机床工艺参数调整很困难，所以精度不够，无法实现这种淬火工艺；而数控淬火机床具有变功率和变零件移动速度功能，按照设定的淬火程序进行功率、速度的准确变换，可方便地实现淬火过程中的工艺参数控制，从而获得满意的仿形硬化层分布和表面硬度，对解决多台阶和变硬化层深轴类零件的感应淬火具有较好的效果。但若采用一般的感应热处理工艺则难以满足要求，往往会出现淬火软带、裂纹等缺陷，甚至根本无法对零件实现感应淬火。

感应热处理工艺技术是感应热处理技术水平高低的主要体现，同样也是技术发展的基础。本项目经过分析、研究先进的感应热处理工艺技术，并通过数控技术用创新的淬火工艺方法来解决感应淬火技术中难度最大的大变径轴类零件感应淬火淬硬层连续的问题。将这些问题作为主要突破点来研究，我们认为有必要提出一种新的大变径轴类零件感应热处理及淬火工艺方法。

多台阶变层深感应淬火工艺采用的是变功率、变零件移动速度等先进技术，使轴件在连续感应淬火过程中，根据不同直径段和不同硬化层要求，输出不同相适用的加热功率和移动速度，获得不同深度且连续过渡的硬化层，以满足轴件各项技术要求，减少尖角应力影响，从而提高轴件抗扭强度。主要用于要求不同直径段具有不同硬化层深且淬硬层连续的多台阶轴类零件的感应淬火热处理。

为解决上述问题，大变径轴类零件感应淬火工艺方法研究，包含三方面内容。

① 通过对大变径轴类零件感应淬火的感应器、工装夹具研制，设计一套达到工件加热范围要求、加热温度均匀、冷却均匀、便于制造装卸、寿命长，且与电源相匹配、节能、高效的感应器、工装夹具。

② 通过数控技术，在现有的设备条件下，设计新型感应淬火工艺、优化相关参数并对淬火工艺试验研究，形成一套能够满足产品图纸技术要求的、成熟的淬火工艺。

③ 利用相应的控制技术，改变功率、扫描速度等工艺参数，通过设计优化淬火工艺数控程序达到便于职工操作、降低劳动强度、减少生产时间、节能降耗、改善劳动环境，解决大变径轴类零件感应淬火淬硬层不均匀、不连续分布且层深不够的技术难题的目的，使产品零件性能优良、整机性能得以提高。

纵向一次加热淬火法虽然是感应加热技术的重要突破，且有诸多优点，但它一般适用于零件截面直径差3~5mm的阶梯轴零件，且台阶数一般不超过3个。除了其感应器制造难度大、浪费能源等一系列缺点之外，当零件淬硬区要求达到端头时，还应在零件端头加一个奥氏体耐热钢套，以保证轴端的加热和淬火。而对于阶梯轴需纵向连续加热淬火时，还应附加一个辅助喷水圈，以消除喷射"死角"造成的末端淬火软带或回火软带，且此时工件的移动速度要有所降低；对于直径较大的中碳钢件，工件必须强烈冷却，否则由于深层的热能较多，会产生高温自回火。

采用纵向一次加热淬火法对特殊的大变径多台阶轴类零件实施感应淬火，若要达到理想效果，其电源设备功率必须很大（300~500kW），否则难以实现其技术要求。

采用通用的淬火设备（8000Hz，160kW）、通过纵向一次加热淬火法实现大变径的感应淬火属感应加热难点问题，我们利用现有设备，采用特殊工艺方法进行感应淬火满足了大变径花键轴硬化层连续分布的技术要求。

本研究所指的大变径轴实际上是大变径多台阶轴，它具有3个或3个以上台阶，且截面最大直径值与最小直径值差≥20mm，即单边在10mm以上，淬火直径变化率［(最大直径－最小直径)/最大直径×100％］在30％以上。一般多台阶轴类零件，其截面直径差为3~5mm，且台阶数不超过3个。

本研究的目的在于解决大变径轴类零件感应淬火存在的质量技术问题，需通过不断实践，创新攻关。利用现有数控淬火机床，通过反复工艺试验、性能试验、组织检测分析，形成一套能够满足产品图纸技术要求的、成熟的淬火工艺指导现场生产。本项目的研究具有新颖性、创造性和实用性的特点。

据调研，采用圆环类感应器，在普通中频数控淬火设备上生产大变径轴类零件，其成功的淬火工艺至今未见在国内外公开发行的文献上报道，也未曾见国外公司和个人在我国申请相关专利，并公开其技术内容。

综合上述国内外同类技术，在现有设备条件下，都未能解决大变径轴类零件淬硬层深不同且连续的技术问题，我们没有可以参照或者借鉴的现有工艺技术以及现成的研究模式，必须另辟新路，创新攻关。

2.6.1　动力输出从动轴

一种引进开发的新型拖拉机，其技术含量高，制造难度大，其中的动力输出从动轴零件具有3个或3个以上台阶，截面尺寸变化较大。采用连续淬火时，零件硬化层分布及深度受功率和移动速度影响很大，因此该零件淬火过程中因工艺参数的变化，往往需要变速度、变功率，普通淬火机床工艺参数调整困难，精度不够，无法实现淬火。我们研发了一种通过数控淬火机床所具有的变功率和变零件移动速度功能，按照设定的淬火程序进行功率、速度的准确变换，可方便实现淬火过程中的工艺参数控制的技术，从而获得满意的仿形硬化层分布和表面硬度。其满足了多台阶轴件各直径段的表面淬火硬度及具有不同深度的淬硬层特殊技术要求，且淬硬层在台阶处呈连续过渡，保证了轴件的强度，解决了引进拖拉机制造过程中的关键技术问题，下面对该轴的感应淬火工艺设计方案加以介绍。

我们从现有情况出发，针对大变径轴类零件的特点，设计出一套完整的研制方案，其研制主要内容有：感应器及工装夹具研制；工艺试验，包括对所设计感应器的合理与否的验证，以及调整不同的工艺参数，找出影响表面淬火质量的主要因素，工艺的可靠性及重复性试验，工艺的优选；表面淬火质量（表面硬度、淬硬区范围、淬硬层深度、淬火组织级别、变形量及有否烧熔裂纹等外观缺陷）检查；零件静扭试验及批量应用与生产。

(1) 动力输出从动轴技术要求（动力输出从动轴零件号为 SZ904.41.105，结构如图 2-49 所示）。

① 动力输出从动轴所用材料为 42CrMo；

② 调质硬度 262~302HB；

③ 感应淬火区：花键 A、花键 B、光轴 B（花键 B 退刀槽与光轴 C 过渡处）、光轴 C、光轴 D [D 轴颈距底端 E 大盘 3mm 处不淬（如图 2-50 所示）]，淬火最小、最大轴颈（尺寸为 $\phi 37.1mm$、$\phi 68mm$）段为感应淬火区，表面硬度不低于 52HRC，层深 3~7mm。

图 2-49 动力输出从动轴零件

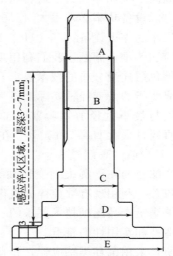

图 2-50 动力输出从动轴零件简图

(2) 试验方法及工艺　动力输出从动轴的淬火试验，所采用的淬火设备为 GCK10150 通用淬火机，设备频率为 8000Hz，所用电源为 160kW 晶闸管中频电源。

(3) 感应器及工装夹具研制　由于动力输出从动轴淬火时靠上下中心孔固定，故其工装夹具研制主要是指其感应器的结构研制。

感应加热表面淬火是通过感应器来实现的。表面淬火的质量及设备的效率和利用率，在很大程度上取决于感应器的结构设计与制造。

一般说来，感应器的设计应包括两部分：一是感应器的结构设计，因为零件的形状是各种各样的，而要达到表面均匀加热的目的，必须根据零件的形状、尺寸及热处理的技术要求来确定感应器的形状和尺寸；二是电气参数的计算（阻抗匹配），对于表面淬火感应器来说，因为计算繁杂且不准确，在高频和中频设备上都设有调谐装置，通过调谐可以使感应器及零件的阻抗同感应加热设备的电参数相适应，故通常都不需做复杂的计算。

感应器的结构一般由下列几部分组成：

① 感应导体（又称为有效圈或施感导体）产生高频磁场来加热零件；

② 汇流条（又称为汇流排）将高频电流输向感应导体；

③ 联结机构（即夹持机构）将感应器的汇流条与淬火变压器夹紧；

④ 冷却装置冷却汇流条和感应导体，或喷射冷却零件。

在某些情况下，感应器还装有导磁体、磁屏蔽、喷水圈和定位卡具。

感应器的种类繁多，但在研究感应器的共性和内在关系时，可作如下分类。

① 按电源分　可分为高频感应器和中频感应器。

高频感应器的特点是：频率与电压较高，电流较小，不要求很高的机械强度，可用0.5～1.5mm厚的薄壁纯铜管来制造，它除导电外，还便于通水冷却。

中频感应器的特点是：频率与电压较低，电流大，要求较高的机械强度，在单作加热感应器用时一般可用1.5～3mm的厚壁纯铜管或更厚的纯铜板来制造。因流过的电流很大，故汇流条也较粗大，连接机构同高频感应器的也有所不同。

② 按加热方法分　可分为同时加热感应器与连续加热感应器。

同时加热感应器，除大批量生产用以外，一般不带喷水孔，零件加热后，可用另设的喷水圈、水槽或油槽进行淬火。同时加热感应器可做成单圈的，也可做成双圈或多圈的。

连续加热感应器，一般做成单圈，也可做成双圈。为了轴类零件在连续顺序加热时能同时进行淬火，感应器上一般钻有 $\phi 0.8 \sim 1.5 \mathrm{mm}$ 的喷水孔，而喷水孔应与感应器轴线成30°～45°角。

③ 按感应器形状分　可分为圆柱外表面加热感应器（见图2-51）、内孔表面加热感应器、平面加热感应器以及其他特殊形状表面加热感应器。

一般说来，感应器应符合下列要求：被加热零件表面的温度尽可能均匀；感应器损耗尽可能小，电效率要尽可能高；冷却良好；制造简单，有足够的机械强度，操作使用方便。

零件表面的感应加热可通过感应器将高频电能转换成感应涡流来实现。在感应加热中，感应器和零件之间应留有足够的间隙（一般为2～5mm）。当感应器和零件之间有间隙存在时，总有部分磁力线在间隙中通过，对零件不起加热作用，这种现象称为漏磁，如图2-52所示。而且间隙越大，漏磁越严重。

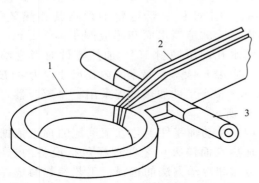

图2-51　圆柱外表面加热感应器结构示意图
1—感应圈；2—汇流条；3—冷却水管

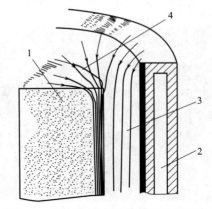

图2-52　感应器加热时漏磁和磁力线逸散
1—零件；2—感应器；3—漏磁；4—磁力线的逸散

除了漏磁外，还有磁力线逸散问题。磁力线逸散是指磁力线虽然穿过零件，也经过电磁转换变成了热能，可是这部分热能没有用于加热零件淬火的部分，而是加热了其他不需淬火的部分。在采用同时加热法加热圆柱外表面时，虽然是内磁场加热，但也有少量磁力线逸散。间隙越大，则逸散越严重，零件的热影响区也越宽，增大了功率的无益损耗。

采用外磁场加热时，磁力线的逸散更为严重。如在加热内孔时磁力线的逸散比加热圆柱外表面时要严重得多。内孔感应器的漏磁也很严重，因此效率很低（一般只有40%～50%）。

为了提高感应器的效率，保证淬火零件的质量，在确定感应器的结构设计时，应很好地考虑磁力线的分布要求。采用导磁体是克服磁力线逸散的有效方法，可将零件的加热宽度限制在最小的范围内。

感应器的效率是指感应器的输入功率同用于加热零件的有用功率之比，即：

$$\eta = \frac{P_a}{P} \tag{2-5}$$

式中 η——感应器的效率；

P——输入感应器的功率，即高频或中频淬火变压器的输出功率，kW；

P_a——零件淬火表面吸收的功率，kW。

感应器的效率取决于两个因素：一是感应器本身的阻抗损耗；二是感应器的漏磁和磁力线的逸散。

零件直径和热透入深度对效率也有影响；如零件直径与热透入深度之比为 $D/\delta_{热} \geqslant 10$ 时，感应器的效率可略超过80%；当 $D/\delta_{热} \geqslant 3.5$ 时，感应器的效率将下降到70%；当 $D/\delta_{热} < 1$ 时，甚至不能把零件加热到高温。

感应器的效率还同高频及中频设备的阻抗匹配有关，当匹配不正确时，也会造成损耗增大。

感应器除有电效率外，还有热效率问题，加热时间越长，热效率越低，用大的比功率、短的加热时间，可以减少热损失。

感应器的阻抗由感应导体和汇流条两部分组成，汇流条的阻抗越大，在其上面损耗的功率越大。特别是在设计制造内孔感应器时会明显地反映出来。因为一般内孔感应器的汇流条比较长，这时汇流条的损耗显著增加，严重时可使内孔表面难以加热到淬火温度，所以汇流条的阻抗越小越好。

考虑上述诸条因素，从动轴淬火用感应器以淬火部位最大轴径 D 为基准按间隙 3mm 确定感应圈内径尺寸为 $\phi(D+6)$mm、高度为 20mm；喷水过程中要达到不影响其加热效果，经多次试验确定喷水圈与感应圈距离 20mm，并设计喷水孔向下倾斜 15°，加热零件时考虑喷水圈要过底端 E 大盘，喷水圈内径尺寸定为 $\phi(E+10)$mm，整个工件加热过程采用一个感应器，见图 2-53 所示。

图 2-53 动力输出从动轴淬火使用的感应器

（4）从动轴零件工艺方案确定的理论依据 感应加热表面淬火工艺的选择包括设备的选择、加热方法和冷却方法的选择、工艺参数的选择和回火工艺的选择。

感应热处理工艺调整是在淬火机床、工艺装备完成后进行的，根据淬火零件的技术条件，其工艺调整包括电规范调整和热处理规范调整。

电规范调整主要是调出淬火所需功率，并使高、中频电源设备不过载，处在良好的工作状态下；热处理规范调整主要包括零件移动速度、加热温度、淬火温度、加热预冷时间、淬火介质选取及其浓度、温度、流量或压力、零件与感应器相对位置的调整等。

① 加热频率 为实现规定深度高质量的感应加热，首先必须正确选择设备的频率。设备频率除对实现技术要求和提高热处理质量有很大作用外，对于充分发挥设备的效能、提高生产效率、节省电能也很重要。所谓频率的选择，这里指的是选择合理的频带或频率范围，并不是严格的具体数值。

对于形状简单如圆截面的零件，主要依据淬硬层的深度要求进行设备频率选择。当淬硬层厚度 δ_x（cm）等于或小于该频率的热态电流透入深度 $\delta_{热}=50/\sqrt{f}$（cm）时，就可保证在透入式条件下加热，即所选择的频率满足：

$$f_{最佳} \leqslant \frac{62500}{X_K^2} \tag{2-6}$$

式中，X_K 为要求的淬硬层深度，3～7mm。

它是所用合理频率的上限。频率也不宜过低，否则需采用过大的比功率才能获得良好的规定的加热层深度。当比功率增高时，感应器的单位损耗也随之增大。感应器的单位损耗大于 $0.4kW/cm^2$ 时，在一般冷却条件下，很难避免感应器被烧毁。为此，规定淬硬层厚度 δ_x 不小于热态电流透入深度的 1/4，即所用频率的下限应满足不等式：

$$\frac{150}{\delta_x^2} < f$$

所选择的频率，应在上下限频率之间，即：

$$\frac{150}{\delta_x^2} < f < \frac{2500}{\delta_x^2}$$

式中　$f=\dfrac{150}{\delta_x^2}$——下限频率或最低频率，Hz；

$f=\dfrac{2500}{\delta_x^2}$——上限频率或最高频率，Hz。

实验表明，当加热层深度为热态电流透入深度的 40%～50% 时，加热的总效率（包括电效率和热效率）最高，由此可在上述范围内求得最佳频率 $f_{最佳}=\dfrac{600}{\delta_x^2}$。

在一定频率下，因感应器的电效率还与零件的直径大小有关，选择频率时还要适当考虑零件的直径大小。当零件直径不是很大时，在同样加热频率下，零件直径越大，感应器的效率越高。因此，为了保证一定的感应器效率，大直径零件可采用较低的频率；小直径零件则应采用较高的频率。

对于截面形状复杂的零件，设备频率的选择，除考虑淬硬层的深度要求外，还要注意加热温度分布的均匀性。例如齿轮表面淬火时，加热频率主要依据模数进行选择。

$f_{最佳}=\dfrac{62500}{(3～7)^2}=1276～6944Hz$，故 $f_{(取)}=5000Hz$（中频 2500～8000Hz）。

② 电源功率 P　在一定的频率下，感应加热速度取决于零件单位表面积上所吸收的电功率，也就是所谓的比功率。显然，比功率越大，加热速度越快。加热速度除了与比功率有关外，还与频率有关。在相同的比功率下，频率越高，电流透入深度越浅，具有较高的加热速度。

在设备频率确定后，正确地选择比功率，对满足零件的技术要求是十分重要的。如上所述，频率、比功率确定后，加热速度也就随之而定，经过某一时间后，零件表面的一定的厚层就被加热达到淬火温度。此时进行淬火冷却，加热淬火层的深度也就完全确定了。实际上，在透入式加热条件下因表面升温速度相对比较小，大都是用调整时间的方法来满足要求的加热深度的。过多的延长加热时间，将引起表面的严重过热。因此，此时就要重新选择较低的比功率。相反，如要求加热层深度很小时，就需要选用较大的比功率进行加热。

零件获得的真正比功率是难以测定的，通常已知的只是设备的输出或输入功率，以及零件同时被加热的面积。按此计算的比功率（等于设备输出或输入功率除以零件被同时加热的表面积）即使相同，但随着设备调整状态和感应器设计、加工的不同，以及零件的形状和尺寸不同，零件所获得的真正比功率差别也很大。零件实际所获得的比功率应是上述按设备输出或输入功率计算所得值与总效率 $\eta_\text{总}$ 的乘积，而 $\eta_\text{总}$ 一般是未知的，随着设备调整状态、感应器随零件的改变而改变。通常，选择有关数值进行实验后再确定。

加热比功率确定后，将它与同时加热表面积相乘，就可估算出加热所需要的功率。在设备的额定功率范围内，设备输出功率的大小，是靠设备的电参数来实现的。调整电参数的另一作用，是使设备在高效率状态下工作，尽量减少电能的无功损失。电参数的调整，是对热规范的调整。为了获得最佳的热规范，在大量生产中，是通过反复的实验而最后确定的。

当设备、感应器和零件等条件一定时，冷、热规范之间存在着严格的对应关系。热规范确定之后，在强烈喷冷条件下进行加热，使零件温度处于冷态，可求得相应的冷规范。在大批量生产时，就可以通过观察、调整冷规范来监视和保证零件淬火加热条件的一致性。

$$P=\frac{P_0 \times S}{\eta_n \eta_T} \tag{2-7}$$

式中　η_n——感应器效率，一般取 0.8；
　　　η_T——变压器效率，一般取 0.8；
　　　P_0——单位功率即功率密度，对连续加热取 $1.0\sim2.0$，kW/cm^2；
　　　S——加热面积，$S=\pi Dh$；
　　　h——感应器高度，mm；
　　　D——零件直径，mm。

选花键 A（假定 A 直径为 $\phi37.1mm$）处作为功率基准进行工艺调试（也可选其他位置），光轴功率随感应器与零件间隙大小通过自动跟踪由设备显示得出。

$$S=\pi \times 37.1 \times 20=2331.06(mm^2)=23.31(cm^2) \tag{2-8}$$

$$P=\frac{(1\sim2)\times 23.31}{0.8\times 0.8}=36.4\sim72.8(kW)，P_{花键} 取 70kW。$$

③ 零件移动速度 V　零件移动速度 V 是指零件通过感应器的距离与通过该距离使零件达到淬火温度所用的时间之比。具体为：

$$V=\frac{h}{t}=\frac{20}{3.1}=6.45(mm/s) \tag{2-9}$$

式中　h——感应器高度，本感应器高度为 20mm；
　　　t——加热时间，按经验数值取 3.1s。

零件的移动速度 V 与数控机床编程时 F 值（与零件移动速度、感应器间隙大小、加热功率等有关）关系如下：

$$V=F\times\frac{5}{6}\div60(mm/s) \tag{2-10}$$

在数控机床编程时 F 取 $400\sim600$，为获得更深的深度，可降低移动速度。

④ 加热温度　当材料和原始组织一定时，相变温度随加热速度增大而提高，为得到合格的淬火组织，相应的淬火温度也应随之提高。通常加热速度越大，淬火温度的上下限越大，允许的淬火温度范围越大。

前已指出，加热速度由零件获得的实际比功率所决定。实际选取的淬火温度，往往由淬火层的深度要求而确定。较长的加热时间和较高的加热温度，相应获得较深的加热深度，反之，加热深度较浅。

在材料和加热速度一定时，原始组织越粗大，其相变温度越高。随着加热速度的增大，粗大原始组织的材料相变温度上升的幅度也增大。

各种牌号钢材因原始组织，加热速度不同，为获得合格的淬火组织应选取一定的加热温度范围。对一定的原始组织而言，随加热速度增大，淬火温度显著提高；在一定的加热速度下，原始组织越粗大，淬火温度越高（调质、正火、退火的原始组织，淬火温度顺次上升）。

应该注意到，在快速加热条件下原始组织不同所引起的相变温度及淬火温度范围的变化，也直接地影响了所获得的淬硬层深度。

确定加热温度时，金属及合金的相变临界点、再结晶温度等是基本的理论依据，但还不能就此来确定各种不同热处理工艺的加热温度，而应当根据具体工件热处理目的来决定，况且工件的原材料及尺寸，加工过程与拟采用的工艺方法都对加热温度的选定有影响。而感应加热的目的，主要是使零件表面达到合适的淬火温度，并使零件达到一定的淬硬层深度。可以用以下两个公式来概括淬火规范的调整，即：

$$V_\phi = f(P_{零件}) \tag{2-11}$$

$$t = f(T_{加热}) \tag{2-12}$$

式中 V_ϕ——零件加热速度，℃/s；

$f(P_{零件})$——功率密度的函数；

$P_{零件}$——功率密度，kW/cm^2；

t——零件加热速度一定时，零件的最终加热温度，℃；

$f(T_{加热})$——加热时间函数；

$T_{加热}$——加热时间，s。

式（2-11）说明零件在相变区的加热速度取决于功率密度的大小（是功率密度的函数），而式（2-12）则说明当零件加热速度一定时，最终加热温度取决于加热时间（是加热时间的函数）。热处理规范的调整，实际上是按上述两个公式先后次序进行的，即先选择功率密度，再选择加热时间。

⑤ 加热时间 加热时间并不是独立的参量，在加热速度一定时，它由所选定的加热温度所决定。不过，反过来说也一样，即实际的加热温度是由加热速度和经实验确定的加热时间所决定的。由于目前在一般的生产条件下，还缺乏可靠的温度测量和控制方法，实际上往往用加热时间而不是用加热温度作为直接的工艺参数。

在生产实践中，对一定直径的零件，可根据淬硬层的深度要求，在按经验数据确定比功率的同时，大致选定加热时间。

因对任何材料，将表面层加热至一定深度和温度，是由加热比功率和加热时间决定的，所以也可以根据单位面积的功率的经验数据，估计加热时间。在一定范围内，可用较大的比功率和较短的加热时间与采用较小的比功率和较长的加热时间进行加热淬火，可以取得相同的效果。连续加热淬火法的加热时间，是指零件表面上任何一点，从进入感应器到离开感应器所经历的时间，可按下式计算：

$$t = \frac{h}{v} \tag{2-13}$$

式中 h——感应器的高度，mm；

v——零件与感应器的相对移动速度，mm/s。

淬火加热时间分 D、C、B 三段。

⑥ 冷却时间

a. 预冷时间。预冷是为了减少产生淬火变形和开裂。它就是零件加热到淬火温度后，通常在空气中进行短时间的停留，以适当地降低表面温度，再进行喷冷或浸液冷却。连续淬火时，调整感应器与零件的相对移动速度，或感应器与零件的间隙、喷水孔与零件轴向的夹角等，都可以改变零件的预冷时间。单独设有喷水圈时，改变它与感应器的距离，就可达到上述效果。

b. 淬火冷却时间一般只要求保证表面淬火层能充分完成马氏体转变，获得足够的硬度。但有时为避免产生淬火裂纹，须严格控制冷却时间，使零件不冷透，而利用零件内部残存的热量进行零件的自回火。

⑦ 加热方法和冷却方案的选择　按加热方法可以分为同时加热法及连续加热法，在设备功率足够大的条件下，应尽量采用同时加热法，连续加热法多用于轴类零件。

由于电流透入深度往往小于零件实际要求的硬化层深度，所以根据表层加热状况分为透入式加热淬火与传导式加热淬火两类。采用透入式加热淬火时，原始组织为调质组织，零件在淬硬层毗邻的内层有一回火软化带。而采用传导式加热淬火时，因热透深度大，温度梯度分布平缓往往在表面淬火时内层心部也发生了相变重结晶，因而力学性能在整个截面上表现不出明显的软化（或弱化）区，因此后者更适宜重载零件的表面淬火。若采用低淬透性能钢或限制淬透性能钢进行表面淬火时，则既可以弥补原始组织在正火状态时心部强度的不足，又可以克服调质状态在表面淬火后出现的回火软化区问题。

a. 淬火表面同时加热又分为：

ⓐ 加热后人工将零件提出感应器，置于冷却槽中进行淬火冷却。为了冷却良好，淬火介质应处于搅动状态，同时应摇动零件，它适用于小批量生产。

ⓑ 淬火表面同时加热，达到温度后停止加热（停电），随即由感应器喷出淬火剂，对零件进行喷射冷却。

ⓒ 对零件上几个形状相同的淬火表面逐个应用同时加热法进行加热，一个表面加热后将感应器对准下一个待加热的表面，同时冷却环对准已加热的表面进行喷射冷却。

ⓓ 零件淬火表面进行同时加热后，落入装有使淬火介质搅动的喷冷圈或搅动器的槽子中进行淬火冷却。

b. 淬火表面连续加热：

ⓐ 对零件进行连续加热（零件可水平放置也可竖直放置），在感应器与零件相对运动中，同时由感应器喷射淬火剂，对已加热部分进行连续淬火冷却，单匝感应器适用于淬硬层要求较小的情况；

ⓑ 为加深加热层深度，这里采用多匝感应器进行连续加热，为使冷却充分，用辅加喷水圈进行连续喷射冷却，它用在淬硬层较深和穿透加热淬火的情况；

ⓒ 对零件进行连续加热，同时吹入压缩空气或靠零件传热自冷进行淬火冷却，它适用于淬透性高的材料；

ⓓ 通过推进机构将零件逐一送入感应器内进行加热，然后落入带有喷冷装置的淬火槽，在淬火液中进行冷却，再通过传送带将零件提出；

ⓔ 带有肩部（如带有法兰盘或有较大截面变化）的零件，其根部又要求淬硬的情况，零件竖直放置进行连续加热淬火冷却，其感应器的特点是带有两类喷冷孔，下部喷冷孔主要用于连续运动时喷冷淬火用，上部喷冷孔在零件与感应器停止相对运动，并且根部加热到淬火温度后才开始喷射淬火剂，主要对根部区域进行淬火冷却；

ⓕ 零件竖直放置用单匝感应器进行连续加热淬火冷却，所不同的是为了充分冷却，随即进入淬火槽继续冷却；

ⓖ 曲轴轴颈进行感应加热淬火时，由于两面有扇板阻挡，整体感应器无法置于轴颈处，而应用分离式感应器，相应的喷冷系统也是独立的，加热到一定温度后，同时喷冷进行淬火。

对于动力输出从动轴零件我们选用连续式加热淬火，喷液冷却的淬火方式。

机床动作程序：先从花键 A 上端预热连续变速走至 C 轴颈处—预热停滞加热数秒（根据实际情况定）—加热—停加热—移至 D 处加热—滞后—加热—喷液—移至 C 处连续加热至花键上端 3～5mm 处（其中 C 及 B 两段移动速度不同，数控编程中加以体现）—移至 A 上端 5mm 处（见图 2-50）—喷液 8s 回零（图 2-50 端头上方 30mm 处）。淬火液采用 5‰～10‰聚乙烯醇。

⑧ 变压比　根据感应器结构及实践经验，取 20∶1（根据数控机床工作情况，可上下调节为：16∶1 或 18∶1 等）。

⑨ 电参数　通过试验得知，动力输出从动轴零件电参数为：电源电压，400～500V；电流，100～140A；电容，依据实验情况中功率因数值酌情增减，经工艺优化试验后，电容 C 设置在设备的 1、2、3、5 挡（左起）；功率因数，最佳为 $\cos\varphi=1$。

⑩ 淬火后金相检查

a. 物理探伤检查；

b. 组织级别检查；

c. 淬硬层深度及区域分布检测。

(5) 从动轴零件工艺试验方案的修订及优化

① 加热频率　$f_{取}=5000$Hz。

② 电源功率　$P_{花键}$ 取 60kW。

③ 零件移动速度　经工艺优化试验后：在数控机床编程时花键 B 及光轴 B、D 三段部位 F 分别取 550、500、600。

④ 变压比　$B=20∶1$。

⑤ 电压　$U=400～500$V；电流，$I=100～140$A。

⑥ 电容　$C=1、2、3、5$ 挡（左起）；功率因数，$\cos\varphi=1$。

⑦ 零位　X-238（C 与 D 台阶处）感应器下端平面与台阶处平齐对零。

⑧ 淬火方式　选用连续式加热、喷液冷却的淬火方式（水压 4.5 格）。

⑨ 机床动作程序　先从花键上端预热连续变速走至 C 轴颈处—预热停滞加热数秒（根据实际情况定）—加热—停加热—移至 D 处加热—滞后—加热—喷液—移至 C 处连续加热至花键上端 3～5mm 处（其中 C 及 B 两段移动速度不同，数控编程中加以体现）—移至 A 上端某一位置（数控中 $X=-53$）—喷液数 8s—回零。

⑩ 淬火液　采用 5‰～10‰聚乙烯醇。

⑪ 淬火加热时间确定（分 D、C、B 三段）

以 $F=2500$ 速度（$G_0=2500$），花键移至 X-136（花键 A 上端），加热 1.5s；

以 $F=2800$ 速度，零件移至 X-234（C 与 B 台阶处）；

以 $F=600$ 速度，零件移至 X-238（C 与 D 台阶处），加热 4s；

以 $F=2000$ 速度，移至 X-256（E 与 D 台阶上方 3mm 处），加热 1s；

以 $F=420$ 速度，零件移至 X-239（C 与 D 台阶处），加热 5s 断加热，滞后 3s；

以 $F=500$ 速度，零件移至 X-251 处；加热 5.5s 后断加热，滞后 2s；

以 $F=1000$ 速度，零件移至 X-211 处；加热 5.5s；

以 $F=600$ 速度，零件移至 X-188 处，加热 0.2s；

以 $F=600$ 速度，零件移至 X-180 处，开始喷液；

以 $F=600$ 速度，零件移至 X-125 处，延时喷液 1.5s 后断加热；

以 $F=900$ 速度，零件移至 X-50 处，延时喷液 5s；

以 $F=900$ 速度，零件回零（X_0）；

停旋转、停喷液；

零件回到零位。

具体情况如下：

位置1：零件以 $F=2500$ 速度移至 A（图2-50）上端5mm处预热2.3s

位置2：零件以 $F=2000$ 速度移至 C 与 B（图2-50）台阶处继续预热

位置3：零件以 $F=700$ 速度移至 C 与 D（图2-50）台阶处加热3.1s

位置4：零件以 $F=2000$ 速度移至 E 与 D（图2-50）台阶上方3mm处加热4.5s

位置5：零件以 $F=1000$ 速度移至 C 与 D（图2-50）台阶处停加热3s后加热5s再停加热5s

位置6：零件以 $F=800$ 速度移至 E 与 D（图2-50）台阶上方8mm处加热6s后停4s

位置7：零件以 $F=2500$ 速度移至 C 与 D（图2-50）台阶处加热5.5s

位置8：零件以 $F=1500$ 速度移至 C 与 B（图2-50）台阶上方15mm处

位置9：零件以 $F=550$ 速度移至 C 与 B（图2-50）台阶上方30mm处开始喷液并延时0.3s

位置10：零件以 $F=480$ 速度移至 A（图2-50）上端5mm处延时喷液1.5s后停加热

位置11：零件以 $F=950$ 速度移至零件端头（图2-50）下方5mm处延时喷液8s后回零位

位置12：零件 $F=1500$ 速度移至端头（图2-50）上方30mm处停旋转、停喷液

（6）从动轴零件优化后工艺编程如下（本试验编程号为581，具体如下）

N10	S7			N200	G1	X-238	F500
N20	G0	X-136		N210	S2		
N30	S2			N220	G4	F5.5	
N40	G4	F1.5		N230	G1	X-211	F1000
N50	G1	X-234	F2800	N240	G1	X-188	F600
N60	G1	X-238	F600	N250	G4	F0.2	
N70	G4	F4		N260	G1	X-180	F600
N80	G1	X-256	F2000	N270	S5		
N90	G4	F1		N280	G1	X-125	F600
N100	G1	X-239	F420	N290	G4	F1.5	
N110	S2			N300	S4		
N120	G4	F5		N310	G1	X-50	F900
N130	S4			N320	G4	F5	
N140	G4	F3		N330	G1	X0	F900
N150	G1	X-251	F500	N340	S6		
N160	S2			N350	S8		
N170	G4	F5.5		N360	G0	X0	
N180	S4			N370	M2		
N190	G4	F2					

(7) 淬火后组织检查及硬度测试 感应淬火零件在完成淬火工序后，一般检查以下项目。

① 外观质量 零件淬火表面外观质量，不得有烧熔、裂纹等缺陷。正常淬火表面是米白色夹有黑色（氧化）。灰白一般表示淬火温度过高，表面全部黑色或蓝色，一般表示淬火温度不够。局部烧熔及明显裂纹、崩落、掉角在外观检查时即能发现。小批量及批量生产的零件、外观检查率为100%。

从动轴零件淬火后淬火表面呈米灰色，无烧熔、裂纹等缺陷。

② 硬度 可用洛氏硬度计进行抽查，抽查率根据零件的重要程度及工艺稳定性而定，一般为3%~10%，再辅以锉刀检查或100%锉刀检查。

从动轴零件淬火后淬火表面用洛氏硬度计测得其硬度值为53~56HRC，符合技术要求。

③ 淬硬区域 小批量生产常采用直尺或卡尺测量，也可用强酸浸蚀淬火表面，使其显现出白色淬硬区，进行检验。浸蚀法适用于调整及试验，大批量生产中，如果感应器或控制淬硬区的机构可靠，一般只需抽检，抽检率为1%~3%。

经目测，从动轴零件淬火后淬硬区域基本符合要求。

将经连续淬火后的42CrMo钢动力输出从动轴零件沿直径纵向线切割剖开，用磨床把线切割影响层磨去，然后放入50%盐酸水溶液中进行热酸蚀，加热温度65~80℃，加热时间20~30min，最后用碱水中和，并清洗干净，再用压缩空气吹干。吹干后动力输出从动轴淬火后淬硬层深度及区域分布清晰可见，如图2-54所示，经金相分析测得组织级别检查见表2-17。

图2-54 从动轴淬硬层深度分布图

表2-17 42CrMo钢动力输出从动轴淬火后的结果

淬火部位	淬硬层深/mm	显微组织级别	表面硬度（HRC）
花键B	5.5	6级	53~55
光轴C	5.5	5~6级	53~55
光轴D	6.25	3级	53~55

④ 淬硬层深度 淬硬层深度的测量目前大都还采用切割淬火零件的规定部位，测量该部位的淬硬层深度。迄今为止，国内还沿用金相法测量淬硬层深度，但今后将贯彻GB/T 5617—2005，用测量淬硬层断面硬度来确定其深度。淬硬层深度检查由于仍需要破坏零件，因此，除特殊零件、特殊规定外，一般只抽查。小零件大批量生产可为每班抽查一件或每生产100件、500件抽查一件等；大零件大批量生产可为每月抽查一件等。采用先进的非破坏测试仪器时，抽查率可以提高，甚至可100%检查。

由图2-54和表2-17可以看出，花键B及光轴C、D三段部位淬硬层连续，三段台阶处淬硬层深度分别为4.65mm、4.85mm和6.63mm且台阶处感应淬火硬化层连续。多台阶轴类零件交界处属感应淬火强化薄弱部位，经感应淬火强化后，使得台阶处硬度、强度、残余压应力得以连续，从而提高了台阶尖角应力集中处的疲劳强度，满足技术及使用要求。

⑤ 变形挠曲 变形挠曲主要检查轴类零件，一般采用中心架、百分表来测量零件淬火后的摆差值。摆差值根据零件的长度、直径比而变，感应淬火零件可校直的，其挠曲量可以

略大些。一般允许的摆差值与淬火后的磨量有关,磨量越小,允许的摆差值也越小。一般轴类零件直径的磨量为 0.4～1mm。允许零件校直后的摆差值为 0.15～0.3mm。

经目测,从动轴零件淬火后无变形挠曲。

⑥ 裂纹　较重要的零件淬火后均需经磁粉探伤检查,设备较好的工厂均已用荧光粉显示裂纹。经磁力探伤的零件,应经过退磁处理后再进入下一道工序。

从动轴零件淬火后经磁粉物理探伤检查,未发现缺陷磁痕显示。

(8) 从动轴零件静扭试验

① 检验依据　QC/T 523—1999《汽车传动轴总成台架试验方法》。

② 试验所用主要仪器设备　见表 2-18。

表 2-18　从动轴静扭试验所用主要仪器设备

序号	名称	型号规格	制造厂家
1	电液伺服扭转疲劳试验机	tt-45-50-2	日本鹭宫

③ 静扭检验结果　凡淬硬层连续的,静扭强度达到最大转矩时,动力输出从动轴的花键出现屈服状态,但未断裂;淬硬层不连续的台阶处,静扭强度达到最大转矩时,动力输出从动轴发生断裂。淬硬层连续的比淬硬层不连续的,静扭强度提高 23%～25%。

④ 静扭后淬硬层深度及区域分布结果对比　见图 2-55。

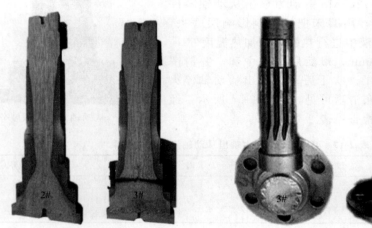
(a) 从动轴静扭后低倍图

(b) 从动轴静扭后实物图

图 2-55　静扭后零件低倍及零件图
(2#—淬硬层连续;3#—淬硬层不连续)

2.6.2　前驱动轴

试验研究用的前驱动轴零件结构如图 2-56、图 2-57 所示。

(1) 前驱动轴技术要求

① 前驱动轴所用材料为 40Cr;

② 调质硬度 236～269HB;

③ 花键表面及 I、H、G、F 轴颈淬火,如图 2-57 所示,淬火的最小、最大轴颈尺寸分别为 ϕ40mm、ϕ65mm,其直径差:65-40=25(mm),单边差为 12.5mm,硬度不低于 50HRC,淬硬层连续且不少于 1.5mm。

 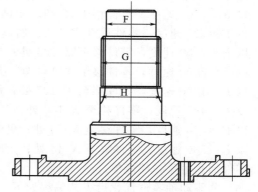

图 2-56 前驱动轴零件　　　　　　　图 2-57 前驱动轴零件简图

（2）试验方法及工艺　前驱动轴的淬火试验，所采用的淬火设备为 GCK10150 通用淬火机，设备频率为 8000Hz，160kW。

（3）感应器及工装夹具研制　前驱动轴淬火用感应器以淬火部位最大轴径 I 为基准按间隙 2.5mm 确定感应圈内径尺寸为：$(I+5)$mm、高度为 20mm；喷水过程中要达到不影响其加热效果，经多次试验确定喷水圈与感应圈距离 20mm，并设计喷水孔向下倾斜 15°，加热零件时考虑喷水圈要过底端大盘，喷水圈内径尺寸定为（底端大盘尺寸+10）mm，整个工件加热过程采用一个感应器，见图 2-58 所示。

（4）工艺方案确定的理论依据（同从动轴零件，略）

（5）前驱动轴零件工艺试验方案参数的修订及优化

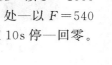

图 2-58 前驱动轴淬火试验采用的感应器

① 加热频率　f 取 5000Hz。

② 电源功率 P　$P_{花键}$ 取 55kW。

③ 零件移动速度 F　数控机床编程时花键 I、H、G、F 四段部位 F 分别取 550、550、445、580。

④ 变压比　$B=20:1$。

⑤ 电压　$U=400\sim500$V；电流：$I=100\sim140$A。

⑥ 电容　$C=1、2、3$ 挡（左起）；功率因数：$\cos\varphi=1$。

⑦ 零位（方便取拿零件的位置）：X-145（感应器下端平面与大凸台上端平齐）。

⑧ 淬火方式　选用连续式加热淬火，喷液冷却的淬火方式。

⑨ 机床动作程序　工件以 $F=2500$ 速度走至 X-83（感应器下端与 H 轴颈下端平齐处）—预热 1.5s 以 $F=700$ 速度走至 X-145 处—加热 4s—停加热—以 $F=2000$ 速度走至 X-164 处—加热 4.5s—停加热 3s—以 $F=2000$ 速度走至 X-144 处—加热 4.5s—以 $F=1000$ 速度走至 X-127 处—加热 1s—喷液—延时 0.2s—以 $F=445$ 速度走至 X-100 处—以 $F=540$ 速度走至 X-70 处—延时 0.1s—停加热—以 $F=580$ 速度走至 X-44 处—喷液 10s 停—回零。

⑩ 淬火液　采用 5‰～10‰聚乙烯醇。

⑪ 淬火加热时间确定　分 I、H、G、F 四段。

以 $F=2500$ 速度，零件移至 X-83；加热 1.5s；

以 $F=700$ 速度，零件移至 X-145；加热 4s 后停加热；

以 $F=2000$ 速度，零件移至 X-164 处；加热 4.5s 后加热停，延时 3s；

以 $F=2000$ 速度，零件移至 X-144 处；加热 4.5s；

以 $F=1000$ 速度，零件移至 X-127 处；加热 1s 后开始喷液，延时 0.2s；

以 $F=445$ 速度，零件移至 X-100 处；

以 $F=540$ 速度，零件移至 X-70 处；延时 0.1s 后停加热；

以 $F=580$ 速度，零件移至 X-44 处；延时喷液 10s；

零件回到零位，喷液停。

（6）前驱动轴零件优化后工艺编程如下（本试验编程号为 5166，具体如下）

N10	S7			N170	G4	F1	
N20	G0	X-83		N180	S5		
N30	S2			N190	G4	F0.2	
N40	G4	F1.5		N200	G1	X-100	F445
N50	G1	X-145	F700	N210	G4	F0.5	
N60	G4	F4		N220	G1	X-64	F550
N70	S4			N230	G4	F0.1	
N80	G1	X-164	F2000	N240	G1	X-187	F550
N90	S2			N250	S4		
N100	G4	F4.5		N260	G1	X-44	F580
N110	S4			N270	G4	F10	
N120	G4	F3		N280	S6		
N130	G1	X-144	F2000	N290	S8		
N140	S2			N300	G0	X0	
N150	G4	F4.5		N310	M2		
N160	G1	X-127	F1000				

（7）淬火后组织检查及硬度测试　淬火后的零件经磁粉物理探伤检查，未发现缺陷磁痕显示。将经连续淬火后的 40Cr 钢前驱动轴零件沿直径纵向线切割剖开，用磨床把线切割影响层磨去，然后放入 50% 盐酸水溶液中进行热酸蚀，加热温度 65~80℃，加热时间 20~30min，最后用碱水中和，并清洗干净，再用压缩空气吹干。吹干后其感应淬火硬化层深清晰可见，如图 2-59 所示，组织级别检查见表 2-19。

图 2-59　前驱动轴淬硬层深度及区域分布图片

由图 2-59 和表 2-19 可以看出，光轴 I 与光轴 H 过渡处、光轴 H 与花键 G 过渡处、花键 G 及光轴 F 过渡处三段部位淬硬层连续，三段台阶处淬硬层深度分别为：I 与 H 过渡处，$(65-50)\div 2+1.43=8.93(mm)$；H 与 G 过渡处，$(50-48)\div 2+4.5=5.5(mm)$；G 与 F 过渡处，$(48-40)\div 2+6.05=10.05(mm)$。三段台阶处感应淬火硬化层连续且均满足大于 1.5mm 的技术要求。

表 2-19　40Cr 钢前驱动轴淬火后的结果

淬火部位	淬硬层深/mm	显微组织级别	表面硬度（HRC）
光轴 F	4.75	4 级＋3 级	52～54
花键 G	6.05	5～6 级	52～55
光轴 H	5.25	5 级	52～55
光轴 I	5.85	5 级	52～55

(8) 前驱动轴零件静扭试验

① 检验依据　QC/T 523—1999《汽车传动轴总成台架试验方法》。

② 试验所用主要仪器设备　见表 2-20。

表 2-20　前驱动轴静扭试验所用主要仪器设备

序号	名称	型号规格	制造厂家
1	静扭试验机	JN-50	洛阳拖拉机研究所有限公司

③ 静扭检验结果　凡淬硬层连续的，静扭强度达到最大扭矩时，动力输出从动轴的花键出现屈服状态，但未断裂；淬硬层不连续的台阶处，静扭强度达到最大扭矩时，动力输出从动轴发生断裂。淬硬层连续的比淬硬层不连续的，静扭强度提高 23%～25%。

④ 静扭后淬硬层深度及区域分布结果对比（见图 2-60）　利用现有设备，采用特殊工艺方法进行感应淬火满足了大变径花键轴硬化层连续分布的技术要求，保证了新机型拖拉机的投产，在提高设备利用率的同时，也节约了设备投资，并解决了现生产工艺中生产的零件 100% 淬硬层不连续的重大质量问题和技术难题，保证了整机的可靠性和耐用性。

图 2-60　前驱动轴静扭后低倍及零件图
21♯—淬硬层连续；31♯—淬硬层不连续

本项目研究的工艺合理，硬化效果好，零件的强度、耐磨性和使用寿命都有所提高（静扭强度提高 23%～25%），满足产品设计和使用要求，可进一步推广应用至同类产品中。

数控机床的应用，具有节能降耗、便于操作、降低劳动强度、改善劳动环境等诸多优点，解决了长期以来人为操作、凭经验水平决定零件质量的弊端，以及随机定位等不安全问题，提高了工作效率，并保证了产品质量。

利用数控技术来解决生产中的疑难问题是新的研究方向，通过该项目的研究，可类推至同类零件的感应淬火生产当中，通过试验研究满足产品的设计性能及各项技术指标，同时提高产品的实用性能。试验完成后可大批量用于生产，其应用前景十分广阔。

在项目研究过程中，前驱动轴和动力输出从动轴两种零件的独到的感应淬火工艺方法、淬火零件淬硬层连续分布及其感应器结构，都是本项目研究成果的应用体现，解决了生产中存在的难题，保障了 SZ904 及 E304 拖拉机的成功投产。本项目成果为我公司中轮拖的研制开发及应用提供了强有力的制造技术支撑，为进一步扩大市场份额奠定了一定基础，并可为企业、国家创造更多的直接经济效益。

另外，本项目研究成果，不仅可用于中轮拖，也可用于工程机械、履带车辆以及类似动力输出从动轴、前驱动轴等结构的机械产品的研制开发，这对于促进相关技术领域的技术发展及科技进步，具有积极的社会意义。

该工艺技术在齿轮和轴类零件感应淬火方面有独到之处，解决了生产中存在的难题，在国内外同行业中处于领先水平。

本项目创造性地探索出大变径轴类在台阶处加热时温度梯度把控上的关键感应淬火技术，不仅有效地解决了台阶处易烧熔、淬裂、掉块等缺陷问题，而且解决了大变径轴类零件台阶处淬火淬硬层连续的问题，满足了大变径轴类零件淬火硬度及淬硬层深度等多项技术性能指标的要求。

通过数控技术并采用常规圆环类感应器、工装来解决感应淬火技术中难度最大的大变径轴类零件感应淬火淬硬层连续的问题。采用新的工艺可获得如下的预期技术效果：淬火变形小；不易开裂；淬火硬度均匀且淬硬层连续；可免除自回火工序；工艺简单可靠；便于操作，降低劳动强度，改善劳动环境；节能降耗；为国内大中马力拖拉机的持续开发提供工艺技术支撑，同时，促进相关技术领域的技术发展及科技进步。

本项目在大变径轴类零件感应淬火关键技术的创新研究方面具有新颖性、创造性和实用性等特点，填补了国内一项研究空白，达到国际先进水平。

2.7 内摇臂轴类零件

2.7.1 概述

配气机构是进、排气管道的控制机构，它按照发动机的做功次序和每一缸的工作循环的要求，适时地开闭进、排气门，给汽缸供给可燃混合气（汽油机）或新鲜空气（柴油机）并及时排出废气。一般由凸轮轴、气门推杆、挺柱、气门摇臂、摇臂（控制）轴、气门导管以及气门等部件构成。

摇臂轴是空心圆轴，用数个支座安装在气缸盖上，摇臂套装在摇臂轴上，并能在轴上作圆弧摆动。轴内孔与主油道相通，供给配气机构润滑油。

主要技术要求如下。

① 摇臂轴调质硬度为 255～302HB；表面淬火硬度 55～60HRC；硬化深度 1～1.5mm。

② 探伤检查。

配气机构摇臂轴在整个设备中的作用非常重要，需要选用可靠性高的材料。零件材料选用 42CrMo 钢，42CrMo 钢材料的强度、淬透性高，韧性好，淬火时变形小，高温时有高的蠕变强度和持久强度。

考虑到摇臂轴在应用过程中经常承受交变和冲击性载荷，因此选用锻件，使金属纤维尽量不被切断，保证零件工作可靠。由于零件采用单件大批量生产，而且零件的轮廓尺寸不大，既可采用锻造件，也可采用热轧圆钢，又可直接从钢材市场上购得。这从提高生产效率，保证加工精度上考虑也是应该的。

制订工艺路线的出发点，是使零件的几何形状、尺寸精度及位置精度等技术要求能得到合理的保证。在生产纲领已确定为成批生产的条件下，可以考虑使用先进设备配以专用的夹具，并尽量使工序集中来提高生产效率。除此之外，还应当考虑经济效果，以便使生产成本尽量降低。

工艺路线：锻造—热处理（正火）—热处理（调质）—车削加工—钻—热处理（淬火）—铣—探伤检查。

下面以 1.67/5123852（手制动器操纵内摇壁轴）、1.67/5123850（手制动器操纵内摇壁轴）、1.67/5112629（内部杆）三种零件为例，来讲述其热处理工艺。

在生产中存在如下情况：淬火区域不规则，达不到图纸技术要求（放宽后的层深为 1～3mm），其淬火轮廓见图 2-61、图 2-62。

以上三种零件所用材料及其工艺为：所用材料为 35CrMo，图纸技术要求如下。

毛坯硬度：165～215HB，图 2-61 中剖面线部位为感应淬火区，要求淬硬层深为 1～1.5mm（放宽 1～3mm），硬度 52～57HRC。

该零件采用的原工艺如下，在设备 GP-60 上进行高频淬火，$U_阳=11.5$kV；$I_阳=1.4$～1.6A；$I_栅=0.5$～0.7A；$T_{加热}=15.0$s；冷却时迅速将零件整个浸入淬火液（水槽）中，使用的感应器见图 2-63。

采用上述工艺生产后，经检验淬火轮廓见图 2-62，达不到图纸技术要求，不能及时装车。

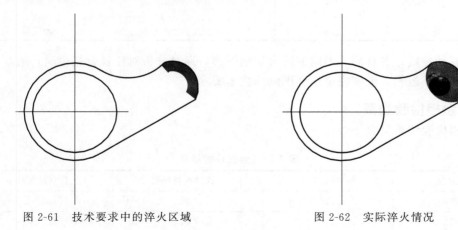

图 2-61 技术要求中的淬火区域 　　　　图 2-62 实际淬火情况

2.7.2 淬火工艺改进

改进工艺前所用感应器如图 2-63 所示。

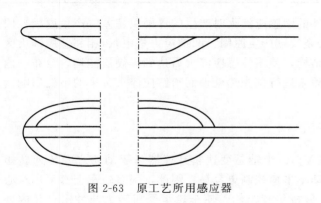
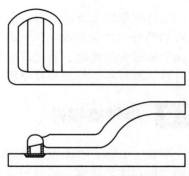

图 2-63 原工艺所用感应器 　　　　图 2-64 改进工艺后所用感应器

图 2-64 所示感应器为改进后进行淬火试验所用新型感应器。考虑到零件结构的特殊性，为了保证淬火工作面受热均匀，并能有一定的淬硬层深度且不淬透，采用了这种高效率的感应器。而原工艺采用的感应器（图 2-63）为三条式单匝感应器，其主要是靠中间的单条对零件加热的，热效率较低（热损失大）。而采用改进后的感应器，其主要是靠中间的双条对零件加热的，电流分布在外测，感应器比原来单匝感应器产生更强的磁场，有效部分与导电部分相比能够分配获得更大比例的电压，同时能获得较好的阳流、栅流比值，从而使设备的输出功率满足零件淬火要求，提高了加热效率，节约了能源。

2.7.3 工艺试验结果分析

试验在 GP-100C3 电源上进行。工艺试验的目的是寻找符合技术要求的最佳工艺参数，经过反复试验，即加热后喷液冷却，通过调整感应器的尺寸及相对位置，改变电压和加热时间，最终优化出如下工艺。见表 2-21。

表 2-21 最终优化工艺

序号	电压/kV	加热时间/s	硬度(HRC)	组织
1	10.0	1.5	50,48,50,52	M6+T
2	11.0	1.5	52,50,53,50	M6+少量块状 F
3	11.0	1.6	55,55,57,59	M6
4	11.0	2.0	56,54,57,57	M6
5	12.0	2.0	57,59,57,58	M5+M4

上面五种参数，各自形成不同的淬火切面图形，通过分析对比及金相检验，第 3 种参数的硬化区分布、组织、硬度完全达到图纸的技术要求。

2.7.4 金相检验结果

其金相检验结果见表 2-22。

表 2-22 金相检验结果

测试位置	硬度(HRC)	马氏体组织级别	淬硬层深/mm
位置 1	54、55.5	6 级	1.3~1.5
位置 2	52.8、54.5	4 级	1.6~1.8
位置 3	52、53.8	4 级	1.4~2.0
位置 4	55.5、55.5	6 级	1.2~1.8
位置 5	54、53.5	5 级+4 级	1.1~2.0

通过采取以上方法，解决了多种零件的因感应淬火时产生的淬硬层超差（产生原因：因感应加热时的"尖角效应"引起）、淬火裂纹（产生原因：凹槽应力集中）、相邻感应淬火区之间影响过大的难题。通过改变感应器结构，使零件感应淬火后达到淬硬层能均匀分布（内摇臂轴、推杆等）的效果及克服球铁件因未进行预先热处理而给感应淬火带来的不良影响。

2.8 半轴类零件

半轴（driver shaft）也叫驱动轴（CVJ）。半轴是变速箱减速器与驱动轮之间传递转矩的轴（以前实心居多，但由于空心轴转动不平衡控制更容易，因此，很多轿车上都采用空心轴），即半轴将发动机动力通过变速箱、后桥传到车轮，使车轮承受扭转力与冲击。其内外端各有一个万向节，分别通过其上的花键与减速器齿轮及轮毂轴承内圈连接。

现代汽车常用的半轴，根据其支承形式不同，有全浮式和半浮式两种。

全浮式半轴只传递转矩，不承受任何反力和弯矩，与独立悬架配合有利于提高车辆的舒适性，因而广泛应用于各类汽车上。全浮式半轴易于拆装，维修保养时只需拧下半轴的固定螺栓即可抽出半轴，而车轮与桥壳照样能支承汽车，从而给汽车维护带来方便。

半浮式半轴既传递转矩，又承受全部反力和弯矩。它的支承结构简单、成本低，主要用在对舒适性要求不高的皮卡及 SUV 车辆上。但这种半轴支承拆取麻烦，且汽车行驶中若半轴折断则易造成车轮飞脱的危险，属于即将淘汰的形式。

拖拉机半轴是驱动车轮转动、传递力矩的一个重要结构件。半轴受很大扭转载荷作用，在条件恶劣时还会受冲击性载荷和复合应力的作用，这就要求半轴应具有高的抗扭疲劳强度和一定的韧性，花键表面有高的硬度和耐磨性能。

由于拖拉机在国外的使用工况与国内不同，使拖拉机半轴长期处于过载条件下工作，造成了半轴在花键尾部或感应淬火的"热影响区"附近发生了断裂现象。为了适应国外工况条件和进一步提高半轴的使用寿命，应消除感应淬火"热影响区"的不良影响，采用仿形强化工艺。

早期，半轴采用调质处理。现在半轴绝大部分已采用感应淬火工艺。半轴法兰与杆部硬化层的连续与否，以及杆部硬化层深度与直径之比，是提高半轴疲劳强度的关键。半轴一般采用 40Cr、40MnB 与 42CrMo 钢制造。

半轴感应淬火工艺方法，一般有扫描淬火法与一次加热法两种。扫描淬火法适用于多品种的批量生产；一次加热法适用于在专机上进行大批量生产。从生产效率、淬火质量、节能效果与生产成本上进行比较，一次加热法比扫描淬火法优，但需要大功率电源、大容量水泵，且专用感应器结构也较复杂，所以一次投资费用很大，只适用于大批量生产。

① 半轴扫描淬火法　一般采用立式通用淬火机或专用淬火机。半轴感应器的结构，首先要能加热法兰面到淬火温度，然后对杆部与花键部进行扫描淬火，如图 2-65 所示。

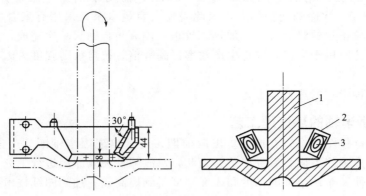

图 2-65　半轴扫描淬火示意图
1—半轴；2—导磁体；3—感应器

现代半轴淬火的技术要求，对法兰面淬火通常规定其淬火直径不小于 ϕX mm，此 X 值越大，对感应器的设计要求越高。同时由于加热法兰面时，工件不移动，因此靠近法兰 R 处的杆部，其加热总时间较长，即等于法兰加热时间加上扫描加热时间，因此该区段硬化层特深。

半轴扫描淬火时，当扫描淬火到杆部与花键过渡段时有效圈上的磁力线常会产生偏移，即杆部未加热到过渡区段，而花键部先加热起来（此现象当花键外径比杆部外径大得越多时，越显著）。工艺上常采用在此过渡区段降低扫描速度的办法，使该段温度通过传导而均匀起来。半轴扫描淬火后，由于没有形成自回火，因此需要补充回火，回火工艺常采用感应回火。图 2-66 所示为半轴杆部与花键连接区段磁力线偏移。

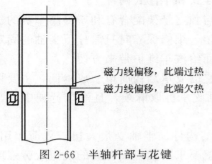

图 2-66 半轴杆部与花键连接区段磁力线偏移

② 半轴一次加热淬火法 将整根半轴的淬火区域一次进行加热是一种先进的工艺。它采用两根上面装有导磁体的矩形有效圈加热杆部与花键部。法兰部的有效圈呈半环形，而轴端一侧，当半环因周长太短而不能得到合适的硬化图形时，常附加集流器，如图 2-67 所示。此外，法兰端加热功率匹配不足时，还可采用增加一个加热回路的方法，如图 2-68 所示。

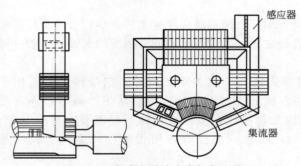

图 2-67 半感应器端头附加集流器

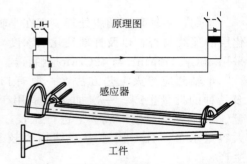

图 2-68 半轴法兰端增加一个加热回路

半轴一次加热法使用的电源频率为 4~8kHz，而功率根据半轴加热面积大小常为 400kW 以上。由于一次冷却面积特大，因此需配大容量水泵，采用有聚合物添加剂的淬火液，并且采用带校正辊的淬火机床，加热、校正、淬火与自回火一次完成。国内汽车制造厂已成功地将此工艺应用于生产，取得生产效率提高数倍、抗弯疲劳强度大大提高并且节能的效果。

下面介绍几种半轴的热处理工艺。

2.8.1 叉车桥半轴的热处理工艺

叉车桥半轴（见图 2-69）在产品售出后前期，经常出现因半轴断裂引起叉车故障的现象，因此引起用户强烈不满，后果严重。为此，对故障件失效原因进行了分析并对工艺进行了研究与改进，使叉车桥半轴的强度和表面硬度得到提高，并达到图纸技术要求。

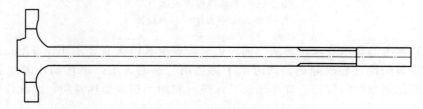

图 2-69 叉车桥半轴零件简图

2.8.1.1 半轴失效原因的分析

叉车桥半轴材料为 40Cr，其技术要求：调质硬度 28～32HRC；花键及杆部至法兰处表面感应淬火硬度 52～57HRC；层深 3～6mm。

（1）旧件切检　实验室对叉车桥半轴"三包"旧件进行切检。

调质硬度：20HRC、21HRC、21HRC。

花键表面硬度：51HRC、51HRC、52HRC。轴颈表面硬度：55HRC、56HRC、56HRC。

淬硬层深如图 2-70 所示：轴颈 3.0mm，花键 2.05mm，断口处无淬硬层深。

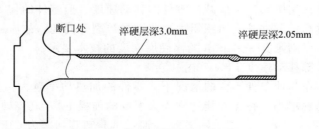

图 2-70　断裂位置及淬硬层分布

（2）失效分析

① 断口处为淬硬层过渡区，此处由于受到感应淬火时的热影响，表面硬度比本体调质硬度更低，造成此处强度大大降低，是此次零件断裂的主要原因。

② 调质硬度、淬硬层深等均未达到技术要求。

2.8.1.2 工艺分析及改进

调质硬度低是由于零件毛坯进行调质，留有加工余量较大而造成的。改进措施为：粗车后调质，保证了零件调质硬度达到要求。由于该零件进行中频淬火时，通过轴类中频淬火感应器，法兰 $\phi80$mm 处表面无法实现感应加热，并且外协厂为来料加工，没有试切件，所以没有进行工艺调试及切检，参考其他技术要求接近零件的工艺参数进行生产。因此针对该问题与厂家沟通，重新做专用感应器，并提供试切件进行工艺调试、切检。笔者用改进后的专用感应器在中频淬火机床上进行了工艺调试。

2.8.1.3 工艺参数选取

零件的淬硬层深度与所采用的电源频率的大小、零件的移动速度、加热功率、感应器间隙的大小以及是否预热等有关。

（1）频率的选择　为实现规定深度高质量的感应加热，首先必须正确选择设备的频率。按设备频率选择的经验公式：

$$\frac{1}{4}\Delta_\text{热} \leqslant \delta \leqslant \frac{1}{2}\Delta_\text{热}$$
$$2\delta \leqslant \Delta_\text{热} \leqslant 4\delta$$
$$4\delta^2 < \Delta_\text{热}^2 < 16\delta^2$$

(2-14)

式中　$\Delta_\text{热}$——电流的透热深度，mm；

δ——规定的淬硬层深度，mm。

对于一般碳钢：

$$\Delta_\text{热} = \frac{500}{\sqrt{f}}$$

由以上两式可得：

$$\frac{25\times 10^4}{16\delta^2} \leqslant f \leqslant \frac{25\times 10^4}{4\delta^2}$$

式中　f——设备的频率，Hz。

故当 $\delta=3\sim 6\mathrm{mm}$ 时，$450\mathrm{Hz}<f<7000\mathrm{Hz}$。

笔者选用频率为 6000Hz 的设备进行工艺调试。

(2) 零件的移动速度　零件移动速度在其他条件不变的情况下，与其淬硬层深度成反比，即零件的移动速度越快，其淬硬层深度越浅；零件的移动速度越慢，其淬硬层深度越深；针对该零件，若采用中频淬火应减慢零件的移动速度，但零件的移动速度太慢的话，会导致零件淬火温度过高、零件淬火组织粗大、花键易淬裂等问题，故应通过试验，调试出适合零件的移动速度，以满足其 $3\sim 6\mathrm{mm}$ 的淬硬层深度的技术要求。

通过试验知其杆部移动速度 F 为 700。

(3) 加热功率　在其他条件不变的情况下，零件的加热功率越大，其淬硬层深度越深；反之，零件的加热功率越小（在零件能达到淬火温度的前提下），其淬硬层深度越浅。

通过试验知其功率为 65kW、$F=700$ 时，其淬硬层深度满足图纸技术要求。

(4) 感应器间隙的大小　感应器间隙越大，加热速度就越慢，零件达到相变温度的时间越长，因而其淬硬层深度越深；反之，其淬硬层深度越浅。淬火用感应器见图 2-71。

(5) 变压比　根据感应器结构及实践试验，经工艺优化试验后取 20:1。

(6) 电参数　经工艺优化试验后，电源电压 $U=500\sim 600\mathrm{V}$；电流 $I=100\sim 120\mathrm{A}$；电容 C 设置在设备的 1、3、6 挡（左起）；功率因数 $\cos\varphi=1$；功率大小 $P_{花键}$ 取 60kW，$P_{光轴}$ 取 65kW；功率表指数：9:40；水压：仪表读数为 10 格。

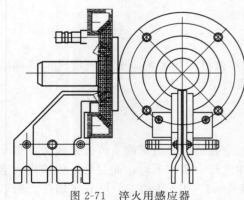

图 2-71　淬火用感应器

(7) 淬火方式　选用连续式加热淬火、喷液冷却的淬火方式。淬火液选用的是 0.3%～0.7%AQ-251 溶液。

(8) 其他　零件的加热是由表面向心部传热淬火时得到了淬硬层深度，而中频淬火是由次表层向外表面传热淬火时得到了一定的淬硬层深度。如果先预热一遍再实施连续加热淬火，这样能使零件透烧时间延长，淬硬层就会深一些，且表面温度也不会过高。

2.8.1.4　淬火检验

淬火后的零件经磁粉探伤，未发现任何缺陷。

中频淬火后测得杆部表面硬度：56HRC、57HRC、56HRC；花键硬度：54HRC、54HRC、53HRC；零件切检，硬度淬硬层如图 2-72 所示。

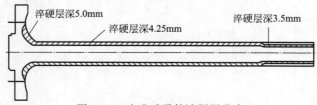

图 2-72　改进后零件淬硬层分布

2.8.1.5 结论

通过改进,叉车桥半轴感应淬火后达到图纸技术要求,法兰处表面感应淬火后将大大提高零件强度及零件的使用寿命。

2.8.2 汽车、拖拉机半轴的热处理

半轴是汽车、拖拉机传递转矩的主要零件。以下重点介绍工程机械 665 汽车上的中后桥左半轴的热处理。

中后桥左半轴加工工艺路线为:锻造—机加—热处理—机加—热处理—机加—装配。

2.8.2.1 中后桥左半轴的技术要求

中后桥左半轴零件结构见图 2-73,所用材料为 42CrMo,预先热处理为:调质 262～302HB,其技术要求在 $\phi50mm$ 轴颈、$\phi54mm$、$\phi55.8mm$ 花键及全长上进行淬火,硬度 50～56HRC,淬硬层深度不小于 6mm。零件加热区域关键尺寸:内径 $\phi55.8mm$;加热段长度,全长范围内。

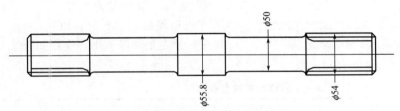
图 2-73 中后桥左半轴结构简图

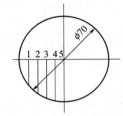
图 2-74 调质硬度分布图

2.8.2.2 半轴受力分析和技术要求的修改

(1) 受力分析 该半轴将来自变矩器的动力经差速器传到轮边,因此它是属于全浮式传递方式,故半轴只传递转矩,承受切应力,在强度计算时主要考虑屈服和疲劳强度指标。

测得的 42CrMo 试件调质的力学性能见表 2-23。试样尺寸 $\phi60mm \times 150mm$。

表 2-23 42CrMo 试件调质的力学性能

R_m/MPa	$A/\%$	$Z/\%$	$a_k/(J/cm^2)$
926.1	14.7	51.8	49.98～52.92

试样调质后断面硬度分布见图 2-74。

由边缘到心部各点硬度是:1～4 点处为 285.5HB;5 点处为 229HB。

由于 42CrMo 钢的淬透性较好,从上述的测试数据看强度完全可以再提高。按传统理论,提高半轴表面层的强度是提高疲劳寿命的有效途径。根据这一分析,将高频淬火改为中频淬火,同时将局部淬火改为整体表面淬火,这对提高其表层疲劳强度无疑将会起到显著效果。

(2) 技术要求的修改 根据上述应力分析,现将技术要求修改如下。

① 调质处理,硬度 321～369HB;

② 整体中频表面淬火:50～56HRC,硬化层深度≥4mm。

2.8.2.3 热处理工艺参数的确定

(1) 调质工艺参数的确定

① 设备:淬火加热在 1.2m×2.2m 台车式重油加热炉中进行,回火在 H-65 箱式电炉

中进行。

②工艺参数：淬火 840～850℃，回火：(550±10)℃。

③淬火后硬度：415～425HB，回火后硬度：321～369HB。

(2) 表面淬火工艺参数

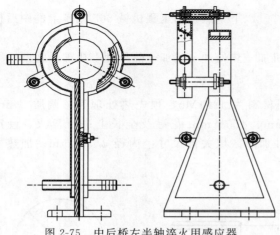

图 2-75 中后桥左半轴淬火用感应器

①设备：中频 DGF-C-108，立式淬火机床 GCK10150，回火式箱式炉。

②工艺参数如下：

采用中频、连续加热淬火冷却法。

工件转速为 $n=6\sim10$r/min，零件移动速度为 204～220mm/min，电参数详见表 2-24。

冷却介质：AQ-251 水溶液，浓度为 10%～12%。

淬火温度为 860℃；回火温度为 200～220℃；保温 3h，装炉量为 8 件。

③淬火后硬度：51～56HRC。

④中后桥左半轴淬火用感应器如图 2-75 所示。

表 2-24 中后桥左半轴电参数

项 目		参 数
处理部位及区域		ϕ50mm、ϕ54mm 和 ϕ55.8mm 轴颈
中频电机频率/Hz		8000
中频电机功率/kW		250
变压器变压比		20∶1
空载电压/V		325～350
负载电压/V		325～350
负载电流/A		220～240
功率因数		+0.95～1
输出功率/kW		60～80
加热方式		连续
冷却	介质	10%～12% AQ-251
	温度/℃	20～40
	压力/MPa	0.04～0.06
移动速度/(mm/s)		5.5±0.5
时间/s	加热	2+0.5
	间隙	0.6
	冷却	35±5

2.8.2.4 半轴感应淬火的强度研究

半轴的淬火质量应符合图样技术要求硬度、深度及硬化区域。有人曾进行受扭场合下感应淬火硬化层深度的研究，通过许多试验，得出如下观点。

① 有效硬化层深度对轴的静态性能极为重要。认为轴直径的15%可作为合适的有效硬化层深度。

② 总硬化深度（包括硬化过渡层）对轴的疲劳性能十分重要。认为轴直径的25%可作为合适的总硬化层深度。

2.8.2.5 结论

① 采用提高中后桥左半轴心部强度和增加表面硬化层深度的方法是提高中后桥左半轴使用寿命的有效途径。

② 采用中频淬火处理后的中后桥左半轴，从投产至今未发现质量问题。

由于条件有限，对于硬化层深度影响中后桥左半轴疲劳寿命的试验研究未作开展。

2.9 机油泵主动轴零件

机油泵是汽车发动机润滑系统的重要部件之一，而主动轴又是机油泵的关键零件，其运行质量好坏，关系到发动机乃至汽车、拖拉机行车安全，一旦发生主动轴折断，轻者将造成轴瓦和曲轴烧损拉伤，重者将造成连杆折断而损坏发动机。

主动轴是机油泵的重要零件之一，它要承受传动齿轮运转时的弯曲应力和扭转应力。因此，主动轴通常采用45钢、40Cr、18CrMoTi等具有较高强度和抗冲击的材料，并经调质处理而使组织细化，以增加韧性和获得好的力学性能，同时其支承部位还要经高频加热表面淬火，提高表面硬度，增加泵轴的耐磨性。如果使用的材料不达标，或热处理过程未达到规定的工艺要求，就会给主动轴折断埋下事故隐患。

下面介绍一种机油泵主动轴的感应热处理工艺。

2.9.1 所用材料及技术要求

机油泵主动轴零件的结构见图2-76，其技术要求：材料为40钢；预先热处理为正火；热处理前、后工序为铣键槽、磨外圆；花键和轴颈A、B表面高频淬火，硬度≥48HRC；A、B面淬火层深度1.25～4.25mm（花键3.0～4.75mm）。零件加热区域关键尺寸：直径ϕ22.5mm；加热段长度39mm。

工艺路线：拔料—拔料后加工—机加工—高频热处理—机加工—装配。

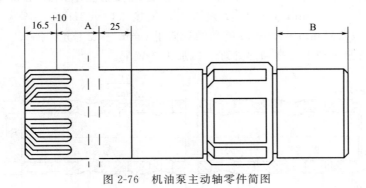

图2-76 机油泵主动轴零件简图

2.9.2 高频淬火工艺

（1）高频淬火用感应器 如图2-77所示。

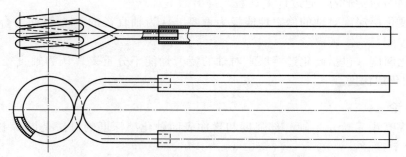

图 2-77 机油泵主动轴淬火用感应器简图

（2）工艺参数　机油泵主动轴高频感应加热工艺的工艺参数见表 2-25。

表 2-25　机油泵主动轴感应加热工艺数据

阳极空载电压/kV	阳极负载电压/kV	阳极电流/A	栅极电流/A	加热方式	冷却方式
11.0~12.0	9.0~10.5	2.2~2.6	0.42~0.45	连续（全长范围内移动时间 18s）	水冷

2.10　空心摇臂轴零件

摇臂轴属气门传动组，气门传动组的作用是按照发动机的工作顺序，适时地开启和关闭气门，并保证气门有足够的开度。

摇臂及摇臂轴作用是改变推杆（下置凸轮轴式）、挺杆（中置凸轮轴式）或凸轮（上置凸轮轴式）的推力方向，使气门开启。摇臂轴为空心轴，与摇臂轴支座、摇臂有贯通的润滑油道，以润滑配气机构部分的摩擦表面。

下面介绍一种摇臂轴的热处理。

2.10.1　所用材料及技术要求

摇臂轴零件的结构如图 2-78 所示，其技术要求：材料为 45 钢；预先热处理采用补渗碳；热处理前、后工序为粗磨外圆、精磨外圆；热处理技术要求，$\phi 30 \text{mm}$ 表面在 6mm 的切槽两边长度各不小于 9mm 的四处高频淬火，硬度 53~62HRC，淬火层深度 0.95~1.85mm，但两端 $\phi 27.5 \text{mm} \times 2.5 \text{mm}$ 的切槽处向里 6mm 一段不允许淬火。

工艺路线：切割—加工—高频热处理—机加工—装配。

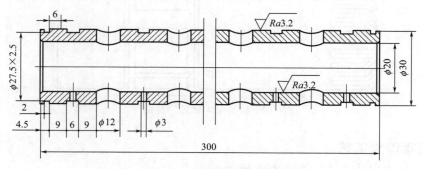

图 2-78　摇臂轴零件简图

2.10.2 高频淬火工艺

淬火用感应器如图 2-77 所示,淬火机床选用 GCK10150;感应器尺寸:$\phi36mm \times 20mm$。摇臂轴高频感应加热工艺的工艺参数见表 2-26,其工艺编程见下(程序代号 9001)。

表 2-26 摇臂轴感应加热工艺数据

阳极空载电压/kV	阳极负载电压/kV	阳极电流/A	栅极电流/A	加热方式零件移动速度
12.0	11.4~11.5	2.6~2.8	0.44~0.48	连续、29s 全长

工艺编程如下(程序代号 9001):

N10	S7	
N20	G0	X4.5
N30	M98	L80
N40	G0	X240
N50	M98	L80
N60	S8	
N65	G0	X0
N70	M2	
N80	S2	
N90	G4	F1.5
N100	S5	
N110	G1 U40 F1550	
N120	S4	
N130	G1 U60 F1550	
N140	S6	
N150	M99	

注:淬完 2 个切槽后,零件取下淬另一端 2 个切槽。

2.11 小四轮拖拉机前桥销轴零件

前桥销轴是小四轮拖拉机的安全件,对安全行车至关重要;小四轮拖拉机在运动过程中,前桥销轴受前托架剪切动载荷作用,并与前梁中衬套相互摩擦,因此前桥销轴必须具有足够的强度、较高的冲击韧性和较高的表面硬度。前桥销轴尺寸为 $\phi30mm \times 187mm$,从 1986 年小马力拖拉机生产开始,其前桥销轴材料一直采用 20Cr,要求渗碳层深 1.0~1.6mm,表面硬度 50~58HRC,其生产工艺为:渗碳—机加工—一次性淬火(盐浴)—机加工—检验,其生产量超 30 万件,质量稳定,效果良好。为提高生产效率,降低生产成本,自 1998 年开始试验改进用调质 40Cr 感应淬火替代 20Cr 渗碳淬火,1999 年全部替代完毕,至今生产量超 50 万件,质量稳定,效果良好,几年来未发现因 40Cr 前桥销轴质量问题造成的外赔故障,取得了良好的经济效益。现就小四轮拖拉机前桥销轴热处理工艺及其工艺改进进行简述。

2.11.1 20Cr 前桥销轴热处理工艺

(1) 20Cr 前桥销轴热处理技术要求 前桥销轴材料为 20Cr 钢,零件如图 2-79 所示,渗碳件尺寸为 $\phi30.5mm \times 187mm$,要求渗碳层深 1.0~1.6mm,淬火后,在 167mm 区域

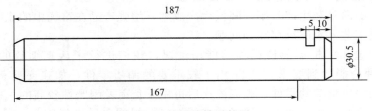

图 2-79 前桥销轴零件图

内，渗碳处硬度50~58HRC，心部硬度不大于45HRC，表面不允许有裂纹、烧伤等缺陷。

（2）20Cr前桥销轴渗碳工艺　根据实际生产情况，20Cr前桥销轴渗碳采用井式炉滴注式气体渗碳工艺。采用煤油作为渗碳剂，用改变其滴量的办法调节碳势。采用的设备是RJJ-60-9T型井式气体渗碳炉，渗碳过程由排气、强渗、扩散、降温四个阶段组成，图2-80为20Cr前桥销轴在井式气体渗碳炉RJJ-60-9T的渗碳工艺。

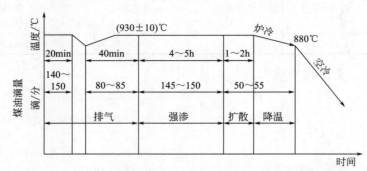

图2-80　20Cr前桥销轴在井式气体渗碳炉RJJ-60-9T的渗碳工艺

当渗碳层达到要求时，即可降温出炉。为防止零件氧化、脱碳及变形，零件随炉降温到860~880℃时，随后出炉立即放入缓冷坑内。

具体操作过程及注意事项参照蜗杆（5.13东方红-150拖拉机的转向机蜗杆热处理工艺）渗碳操作注意事项相关内容。

（3）前桥销轴渗碳后的热处理——淬火

① 20Cr工艺性特点　20Cr是渗碳钢，渗碳时钢中的铬能强烈地促使表面碳浓度升高，易形成网状碳化物，除非选用较缓和的渗碳剂。铬钢渗碳时心部晶粒会长大，除了形状简单、性能要求不高的零件外，一般采用二次淬火（860~880℃油淬和770~820℃油淬）或一次淬火（800~820℃），回火温度为180~200℃。

② 20Cr前桥销轴渗碳淬火注意事项　20Cr前桥销轴渗碳后，必须经过淬火才可实现渗碳表面硬度达50~58HRC。20Cr前桥销轴为$\phi 30mm \times 187mm$的轴类零件，形状相对简单，但零件端部的5mm开口槽处易因淬火产生应力而造成掉块故障，因此，淬火时要保障167mm区域段的硬度，开口槽处应避免淬火，以便减少应力，避免裂纹。

③ 20Cr前桥销轴渗碳淬火工艺　为提高生产效率及降低生产成本，20Cr前桥销轴渗碳淬火在中温盐炉中进行加热，每筐装6~8件，每炉装两筐，零件开口槽朝上，盐浴面高于167mm区域，开口槽在盐浴上面，此时加热时开口槽处仅受到热影响，不被盐浴直接加热，其温度较低，故淬火时开口槽处不会被淬裂。其淬火温度为（820±10）℃，保温15~18min，水淬；在RJJ36-6井式回火炉（200±20）℃回火，保温90~120min，出炉空冷。零件热处理质量满足技术要求。零件生产30余万件，质量良好。

2.11.2　前桥销轴材料及热处理工艺改进

为了提高产品质量和生产效率，降低生产成本，增强产品在市场中的竞争能力，从合理选择材料和改进工艺入手解决存在的问题。

（1）材料的选择　根据前桥销轴的使用情况，我们进行了认真细致的分析，40Cr与20Cr钢经热处理均能达到要求。40Cr用于较重要的调质零件，如在交变负荷下工作的零件；中等转速和中等负荷的零件；表面淬火后可用于负荷及耐磨性较高的、而无很大冲击的零件，如齿轮、套筒、轴、曲轴、销子、连杆螺钉、螺帽以及进气阀等。采用40Cr更容易满足质量要求,且能提高生产效率,降低成本。

(2) 热处理工艺改进　用 40Cr 钢制造的销轴,其生产工艺过程简化为:机加工—高频感应加热表面淬火—机加工—清洗—检验。

① 40Cr 前桥销轴热处理技术要求　40Cr 前桥销轴零件和 20Cr 前桥销轴零件一样,其技术要求是:尺寸 167mm 范围内表面高频淬火,硬度 50～58HRC,淬硬层深 1.75～2.25mm,表面不得有裂纹、烧伤等缺陷。

② 40Cr 前桥销轴感应淬火工艺　我厂采用 GPC100-C3 加热设备和 GCK10120 淬火设备对销轴进行高频感应加热表面淬火,采用的感应器是由 $\phi6mm\times1mm$ 的铜管绕制三匝内径为 $\phi36.5mm$ 的圆环感应器。高频感应加热的区域为尺寸 167mm 区域内,工艺参数为电压 10.0～10.5kV、电流 5～7A、栅极电流 1.3～2.1A;采用连续加热方式,开始停留 2s,加热时间为 28～33s,工件移动速度为 5～6mm/s,水冷,加热停止后继续水冷延时 15s,水压 3～4MPa。经多次检测淬硬层深 1.75～2.25mm,硬度 50～58HRC。符合零件使用要求。

(3) 40Cr 前桥销轴感应淬火的优点　40Cr 前桥销轴感应淬火与 20Cr 前桥销轴渗碳淬火相比,具有明显的特点。

① 感应加热速度极快,高频感应表面淬火温度比普通加热淬火高几十摄氏度,淬硬层晶粒较细。

② 感应加热时间短,感应表面淬火硬度比普通加热淬火硬度高 2～3HRC,且具有较低的脆性和较高的抗疲劳极限。

③ 由于工件表面存在残余压应力,它能部分地抵消零件在循环载荷作用下产生的应力,从而提高了抗疲劳极限。

④ 工件表面不易氧化和脱碳,耐磨性好,而且工件变形很小。

⑤ 生产效率高,适用于大批量生产,容易实现机械化和自动化操作。

(4) 经济分析　40Cr 钢是适宜进行表面淬火的钢材之一,1998 年初我厂开始采用 40Cr 钢冷拔调质料进行高频感应淬火,产品质量比较稳定,生产周期明显缩短,生产效率有很大提高,又因省去了渗碳工序,生产成本显著降低。随后我厂进行大批量生产,且利用了现有的高频感应淬火设备,如此便解决了零件生产周期长、成本高的问题。40Cr 钢材质的销轴使用可靠,几年来生产几十万件,未出现质量投诉,用户反映良好。应该说,40Cr 前桥销轴的质量完全满足小马力拖拉机的使用要求。

40Cr 与 20Cr 两种钢毛坯材料价格一样,由于省去了渗碳工序,每件可节省 2.5 元;另外高频淬火每件 0.75 元,普通盐浴淬火每件 1 元,高频淬火的应用,每件可节约 0.25 元。按小四轮拖拉机年产 10 万台计算,直接经济效益为:(2.5+0.25)×10=27.5(万元),取得良好的经济效益。

2.12　长杆轴零件

2.12.1　所用材料及技术要求

长杆轴零件的结构如图 2-81 所示,其技术要求:材料为 45 钢;预先热处理采用正火。热处理前、后工序为粗磨外圆、精磨外圆。热处理技术要求:A 表面($\phi46mm$)、B 表面长度范围内两处中频淬火,硬度 52～57HRC,淬火层深度 2～4.5mm。但 A、B 两段退刀槽处不允许淬火。

工艺路线:切割—加工—中频热处理—机加工—装配。

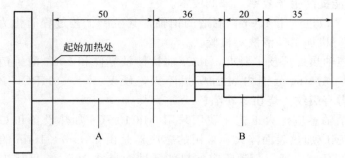

图 2-81 长杆轴零件的结构

2.12.2 中频淬火工艺

长杆轴淬火用感应器如图 2-82 所示,淬火机床选用 GCK10150。感应器尺寸为 $\phi 52mm \times 20mm$。

(1) 工艺参数　长杆轴高频感应加热工艺的工艺参数见表 2-27。

表 2-27　长杆轴感应加热工艺参数

电压/V	电流/A	功率/kW	A处移动速度 F	淬硬层深/mm	
				A	B
420~460	120~140	40	600	3.2	3.4

注:A处连续淬火,工件移动速度:$F=600$ [8.3mm/s 即 $600\times(5/6)/60=8.3mm/s$]。
B处同时淬火,加热时间 6s;喷水延时:0.5s;喷液时间:10s;B 处朝上顶尖。

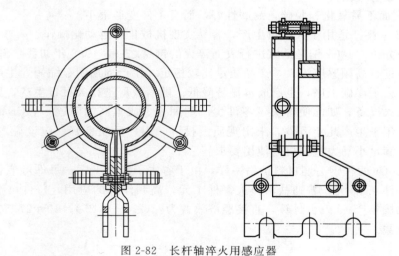

图 2-82　长杆轴淬火用感应器

(2) 工艺编程　程序代号 100,其数控程序编制如下。

```
% 100
N10    G0    X-141            N60    G1    X-91    F600
N20    S7                     N70    S4
N30    S2                     N80    G0    X-71
N40    G4    F6               N90    G4    F5
N50    S5                     N100   S6
```

```
N110   G0   X-35                    N170   S5
N120   S2                           N180   G4   F10
N130   G4   F6                      N190   S6
N140   S4                           N200   S8
N150   G0   X-15                    N210   G0   X0
N160   G4   F0.5                    N220   M2
```
****

****

引导程序：

```
%0
N10   L100
```

切换到自动状态，按启动键即可运行％100程序。

2.13 台车轮轴零件

2.13.1 台车轮轴技术要求

本节是对台车轮轴（见图2-83）的一种热处理工艺加以介绍及试验总结。

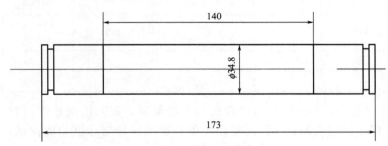

图2-83 台车轮轴零件图

图2-83中的台车轮轴所用材料为T7钢，外形尺寸为ϕ34.8mm×173mm，距两端4mm处有两条宽2mm、深1mm的沟槽，要求中间长140mm段表面硬度为61～65HRC，淬硬层深度2～3.5mm，其余部分硬度要求≤45HRC。

原热处理工艺过程为调质处理，机械加工成型，920℃×2min水淬油冷，160℃×2h回火空冷，硬度达到61～65HRC，硬化层深度2～3.5mm，然后两端高频退火（温度800℃左右），保证长度140mm段硬度为61～65HRC，其余部分≤45HRC，如图2-84所示为其原工艺曲线图。这种处理方法工序多、工效低、难度大，质量很难保证。尤其是两端沟槽部分在920℃高温短时加热淬火后容易开裂，废品率很高。两头用夹具保护淬火来预防开裂，不但需要大量夹具，而且质量也不能保证，效果往往事倍功半。为此我们进行了新的工艺改进。

2.13.2 台车轮轴淬火工艺改进

采用的新工艺：表面局部高频淬火，160℃×2h回火。新工艺解决了原工艺工序多、工效低、易开裂、废品率高的问题。

为了提高产品质量，在250kHz、100kW的高频设备上分别进行了多匝感应器一次加热冷却、双匝感应器连续加热冷却、单匝感应器连续加热冷却的试验。经反复多次试验的结果

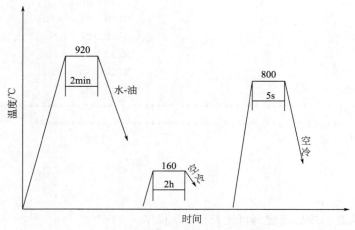

图 2-84　台车轮轴原热处理工艺曲线

证明，单匝感应器可以满足图纸要求，见表 2-28。

表 2-28　不同类型感应器使用效果

感应器类型	感应器长度/mm	感应器与零件的间隙/mm	移动淬火时间/s	淬火层深度/mm	表面硬度（HRC）	淬硬长度/mm
多匝感应器	140	4	$T_{加热}=10$；$T_{冷却}=5$	6.2	60～64 有软带	80
双匝感应器	38	4	40	5.8	62～64	140
单匝感应器	5	3	95	2.28	62～64	140

从表 2-28 可以看出，多匝感应器淬硬长度不能保证，而且出现软带；双匝感应器长度硬度均能保证，但淬硬层太厚；单匝感应器淬硬长度和淬硬层深度均能保证，表面硬度高、波动小，而且感应器结构简单、制造方便、经济适用。

改进后的热处理工艺为调质处理，机械加工成型，单匝感应器纵向自走高频表面淬火（中间 140mm 长度上移动时间为 95s），160℃×2h 低温回火。处理后中间 140mm 长度表面硬度 62～63HRC，淬硬层 2～2.3mm，无异裂现象，质量达到技术要求。单匝自喷水连续淬火感应器如图 2-85 所示。

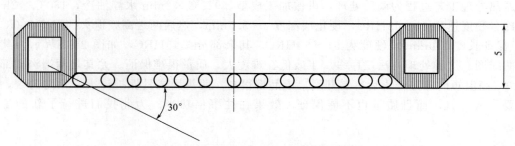

图 2-85　单匝自喷水连续淬火感应器

单匝淬火感应器尺寸为 $\phi 65mm \times \phi 41mm \times 5mm$，$\phi 1mm$ 喷水孔是在感应器内圈上直接加工出来的，精度高，淬火冷却均匀，稳定可靠。这种淬火感应器很适用于要求局部淬火的细长轴类零件。

2.14 差速锁板叉轴零件

2.14.1 差速锁板叉轴零件技术要求

Fiat80-90 机型拖拉机中的差速锁板叉轴零件结构见图 2-86，所用材料为 40 钢，其预先热处理为正火。其技术要求为：槽口开档 20.5mm；加热段长度 12.5mm 处加热淬火，硬度≥55HRC；淬火层深度不小于 1~2mm。

该零件生产工艺路线：机加工—高频表面淬火—机加工—热处理—装配。

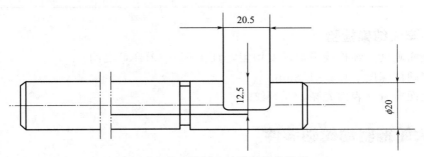

图 2-86 差速锁板叉轴零件结构简图

差速锁板叉轴零件要求槽口加热淬火，这类淬火属平面加热类淬火。考虑到差速锁板叉轴零件结构的特殊性，为了保证淬火工作面受热均匀，并能有一定的淬硬层深度且不淬透，采用了高效率的蝶形双匝感应器，如图 2-87 所示。这种感应器主要是靠中间的双条对零件加热的，电流分布在外测，感应器比原来单匝感应器产生更强的磁场，有效部分与导电部分相比能够分配获得更大比例的电压，同时能获得较好的阳流、栅流比值，从而使设备的输出功率满足零件淬火要求，提高了加热效率，节约了能源。感应器由 ϕ8mm 铜管弯制而成，淬火结果满足了图纸的技术要求。

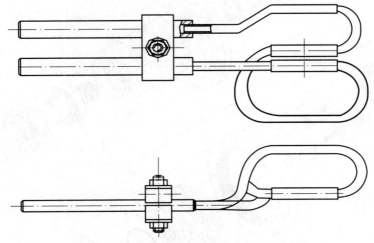

图 2-87 差速锁板叉轴零件高频淬火用感应器

平面加热感应器也是利用外磁场实现加热的，故磁力线的漏磁与逸散也较严重。提高平面加热感应器效率的最有效办法，仍然是在中间的双条上卡上"∏"字形导磁体，卡上"∏"字形导磁体会显著提高加热速度。

2.14.2 差速锁板叉轴零件高频淬火工艺

差速锁板叉轴零件是在中频感应加热淬火 GP100-C3-100kW 型设备上进行淬火的。经过工艺反复调整,得出如表 2-29 所示工艺参数。

表 2-29 淬火工艺参数

阳极空载电压/kV	阳极电流/A	阳极负载电压/kV	栅极电流/A	时间/s		冷却介质
				加热	冷却	
10.5	1.7～2.9	10.8～11.5	0.4～0.6	3.2	2.5	水冷

2.14.3 淬火结果检验

(1) 表面硬度　经检验表面硬度均匀,且在 55～59HRC 之间。
(2) 淬硬层深度　1.3～1.8mm。
(3) 表面质量　表面光亮,无裂纹。

2.15 大轮拖驱动轮轴零件

为提高我国装备制造业水平,满足农业对大功率拖拉机的需求,中国一拖集团有限公司研制了 160 马力(1 马力=735W)以上的大轮拖,并在土质较硬的新疆塔城、阿勒泰地区、内蒙古海拉尔地区及黑龙江省得到大批量应用。

大轮拖驱动轮轴位于拖拉机最终传动总成之中,是驱动后轮转动、传递力矩的关键零件。大轮拖最终传动总成系统主要由太阳轮轴、行星齿轮、行星齿轮轴、齿圈、行星架、驱动轮轴、轴承等零件组成(见图 2-88),太阳轮轴与行星齿轮相啮合,3 个行星齿轮由行星

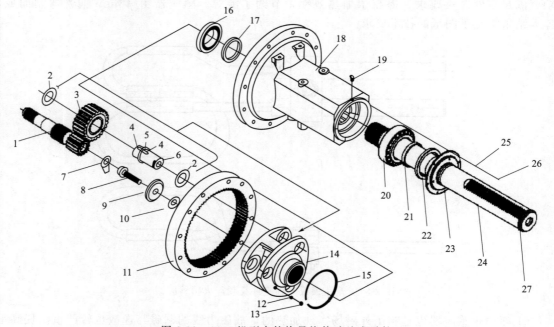

图 2-88　1604 机型大轮拖最终传动总成零件
1—太阳轮轴;3—行星齿轮;6—行星齿轮轴;11—内齿圈;14—行星架;20—轴承 30219E;
22—骨架油封;23—最终传动壳体盖;24—驱动轮轴

齿轮轴固定在行星架中，行星架的内花键与驱动轮轴的花键端相配合，驱动轮轴另一端与轴瓦相连。动力通过太阳轮轴传递到行星齿轮（行星齿轮在大齿圈中运转），行星齿轮带动行星架将转矩传递到驱动轮轴，驱动轮轴通过和轴瓦之间的摩擦力来驱动后轮，达到使拖拉机行走工作的目的。作为拖拉机的关键安全轴类零件，驱动轮轴的设计和制造质量成为决定拖拉机可靠性的重要因素之一。

驱动轮轴属于低速大转矩阶梯轴，在工作中承受较大的扭转应力和一定的弯曲应力，同时还承受着一定的冲击载荷，以及轴颈表面强烈的摩擦力作用。为提高轴颈表面耐磨性，增加驱动轮轴承受复杂交变载荷的能力，设计采用中碳合金钢表面感应淬火的方法对驱动轮轴强化。但是，在实际工作过程中，由于设计、原材料、机加工、热处理及装配不当等原因，造成的驱动轮轴早期断裂时有发生。设计人员为减少驱动轮轴品种数量，通常还会将一种驱动轮轴应用在多个功率段。随着拖拉机功率不断上延，在高功率段应用的驱动轮轴由于安全储备系数小，早期断裂倾向大大增加，严重时可造成人员伤亡，给用户和集团公司造成了较大的经济损失和不良影响。有一段时间，一拖集团生产的大轮拖由于结构、加工和热处理问题，在使用中发生驱动轮轴批量早期断裂事故（见图2-89及图2-90），严重影响了企业产品声誉。

图2-89　三包库中断裂的驱动轮轴

图2-90　驱动轮轴断裂造成后轮与拖拉机脱离

大轮拖驱动轮轴为拖拉机关键、安全件，该驱动轮轴上有4个关键、危险、薄弱处——齿条、键槽、台阶及花键尾部，这些部位是零件在工作过程中的薄弱部位，又是工作时所受应力较大的部位，受力情况各不相同，其损坏形式主要是在薄弱部位产生的疲劳断裂和磨损，因此通过感应加热淬火提高驱动轮轴薄弱部位的疲劳强度非常重要。但驱动轮轴薄弱部位的结构又是导致零件在感应淬火时淬裂倾向加大和淬不上火的原因。同时该零件要求的淬硬层较深（≥7mm），其所用材料42CrMo淬透性又好，感应淬火难度较大，其感应加热淬火质量难以保证，属感应加热淬火疑难问题。

经失效分析，断裂的1604机型/LX2004机型拖拉机驱动轮轴几乎全部不符合图纸技术要求，断裂处感应加热淬火硬化层均不连续。这势必会造成后续1804项目拖拉机及其相关机型拖拉机在使用中出现断轴问题，将直接影响到东方红品牌的声誉。

对断裂的驱动轮轴进行失效分析，准确找出断裂原因，进行设计和工艺优化，并通过对不同感应淬火状态的驱动轮轴样件进行大量的试验验证，考查其性能可靠性，最终找出最佳的感应淬火硬化层深度和分布，解决大轮拖驱动轮轴的早期断裂问题，并且最经济性地满足驱动轮轴的强化要求，对于实现大轮拖高质量、低成本、低能耗的绿色制造具有重要的现实意义。因此需要从低速大转矩驱动轮轴的产品结构、材料选择、感应加热淬火感应器及淬火工艺方法等成套关键技术进行研究,使其淬硬层深度及淬火硬度满足使用要求。

2.15.1 国内外技术现状及存在的问题

2.15.1.1 国外技术现状

先进的感应加热工艺技术可以有效地发挥感应加热的特点,实现高效、节能的局部热处理。国内外热处理技术的发展方向概括为8个方面,被称为8个少无,即少无污染、少无畸变、少无(质量)分散、少无浪费(能源)、少无氧化、少无脱碳、少无废品、少无人工。

感应淬火成套关键技术是感应热处理技术的关键,直接关系到零件的感应加热效果和淬火质量。感应淬火装置设计、制造涉及大量的理论分析、工艺设计经验、制造工艺等多方面的综合知识。国外的感应淬火装置中的感应器专业化设计和制造,具有国内无法比拟的先进性和复杂性。

对于大轮拖驱动轮轴上的4个薄弱部位进行感应淬火强化,其工艺难度较大,国外采用特殊结构的不同感应器,分别对其进行感应加热淬火,且加热时,采用特殊工艺方法,保证淬硬层沿轮廓分布且均匀,通过对驱动轮轴上的键槽、花键、齿条、凸缘的感应加热淬火,可有效提高其强度。

上面所述的国外采用特殊结构的感应器、特殊工艺方法,由于技术封锁,未见公开报道。

2.15.1.2 国内技术现状

在机械制造中,很大部分轴类零件常采用表面感应加热淬火来提高其使用寿命。
为提高轴类零件的疲劳强度和耐磨性,目前国内采用如下的方法:

① 调质处理 目前大多数的轴为了避免发生脆性断裂,在满足强度与韧性的条件下,常采用调质工艺。

这种方法的不足之处是,调质处理后的零件的疲劳与耐磨性能欠佳,从而得不到应有的使用寿命。

② 整体淬火 采用整体淬火强化的轴件,为使服役条件下不致发生脆断,回火后的硬度必须限制,不能过高,故表面的耐磨性和强度水平就相应地受到限制,致使材料的强度水平得不到充分发挥。

③ 化学热处理 对于轴类零件来说,一般要求硬化层较深。而渗碳等化学热处理常因硬化层太浅而较少采用。

④ 表面淬火 表面淬火分为火焰表面淬火和感应表面淬火。前者的质量又远不及后者的易于控制,故轴类零件很适宜采用感应表面淬火硬化处理。

另外,在调质的基础上再施加表面淬火,可使服役寿命成倍延长。因此,这是提高轴类零件使用寿命的一种重要工艺方法。

对于感应淬火来说,由于心部的高韧性和塑性,故可允许感应表面淬火硬化层有较高的硬度,因而可以保持高的耐磨性、强度水平和残余压应力水平。这对于充分发挥材料的潜力是十分有利的。大轮拖驱动轮轴相关的轴类零件的感应热处理方法分析如下:

(1) 带齿条轴类零件的感应热处理方法

① 接触式感应热处理 采用接触式感应热处理技术对齿条类零件进行局部淬火处理,解决了带齿条轴类零件的表面强化的技术要求。

这种方法的不足之处在于:此感应热处理方法无法实现同时拥有齿条、键槽、多台阶及花键四种结构类型的驱动轮轴感应热处理的要求,也不能实现很深的淬硬层。

② 分段淬火 分段淬火方法可实现零件不同区域的表面强化,满足齿条各部位表面强化的技术要求,提高零件的实用性。

这种方法的不足之处在于:分段式感应热处理方法使零件各区域中间存在淬火过渡区,该区感应淬火层是薄弱环节,即感应淬火层不连续,不能用于低速大转矩驱动轮轴的感应热处理。

(2) 台阶轴类零件的感应热处理方法 为提高台阶轴类零件的综合性能,台阶轴零件的感应热处理必须确保淬硬层的连续。目前其感应热处理方法有:

① 矩形回线感应器整体一次加热法 一般采用专用卧式淬火机床和矩形回线感应器,矩形回线感应器可以保证花键和凸台与杆部硬化层均匀连续。整体加热工艺性较好,零件变形小,便于实现自动化,生产效率较高。

这种方法的不足之处在于:这种感应热处理方法需要相当大的电源功率,据报道长1298mm、光杆部分直径ϕ29mm 的汽车用扭杆所需的电源功率为 500kW,那么长 925mm、直径 ϕ95mm 的大马力拖拉机用低速大转矩驱动轮轴所需的电源功率将更大,因此这种方法因条件限制难以在大马力拖拉机用低速大转矩驱动轮轴感应热处理中采用。

② 大变径轴类零件感应热处理方法 专利号为 ZL 2009 1 0065705.1 的《一种大变径轴类零件感应热处理及淬火工艺方法》用圆环形连续加热淬火方式成功地解决了大变径台阶轴类零件的感应热处理问题,在 100 马力以下拖拉机的驱动轮轴、动力输出轴等零件上得到良好运用,并取得良好经济效益。

这种方法的不足之处在于:此感应热处理方法仅适用于大变径台阶轴的感应热处理,无法实现同时拥有齿条、键槽、多台阶及花键四种结构类型的低速大转矩驱动轮轴感应热处理的要求,而且由于感应热处理的集肤效应原理,直接运用此法,会造成零件诸如齿条根部达不到淬火温度,而其尖部已过热的现象,不能实现预期目的。

(3) 半轴的感应热处理方法 目前国内外汽车半轴都采用感应热处理方法来改善其使用性能。半轴感应热处理技术分圆环形感应器连续热处理和矩形感应器一次热处理两种,技术都比较成熟。该技术方案主要解决了法兰盘圆弧面的强度问题,提高了半轴的性能。

这种方法的不足之处在于:矩形感应器一次热处理方法,需较大的电源且配套设施复杂、成本高,不适宜大马力轮式拖拉机用低速大转矩驱动轮轴的感应热处理。

为解决上述调质处理、整体淬火、化学热处理及表面淬火存在的不足,采用一种特殊的感应热处理技术对重型轮式拖拉机驱动轮轴齿条、键槽、台阶及花键部位的表面进行强化处理,是一种很好的选择。但是由于存在以下问题,以致虽然经过多次研究尝试,但却至今没有很好地解决所出现的淬火质量问题。具体如下:

① 齿条、键槽、台阶及花键部分区域温度不均匀,局部温度难以达到淬火温度,导致淬火层不连续,是其问题之一。

② 大轮拖驱动轮轴同时具有键槽、齿条、台阶等复杂结构,直接导致零件在感应淬火时淬裂倾向加大,同时该零件要求的淬硬层较深,其所用材料淬透性又好,感应淬火难度大,是其问题之二。

③ 在现有的设备电源功率较小的情况下(160kW),如何解决淬硬层较深、淬裂及淬火层不连续等,是其问题之三。

④ 中频感应淬火时,如何确认加热频率、电源功率、扫描线速度、加热温度、加热时间、冷却时间以及加热方法、冷却方案选择等,是其问题之四。

从技术角度分析,齿条、键槽、台阶及花键部位的表面强化是感应淬火热处理难点,然而大马力轮式拖拉机用低速大转矩驱动轮轴零件基本上都同时拥有齿条、键槽、台阶及花键四种结构，且尺寸较大（长度大于等于800mm，轴径大于等于60mm），零件的感应热处理难度更大。这些结构的存在导致零件在感应加热时由于集肤效应、尖角效应致使部分区域温度不均匀，局部温度难以达到淬火温度，导致淬火层不连续，且零件表面波动大，淬火时淬裂倾向加大，同时这类零件要求的淬硬层较深，技术含量高、感应淬火难度大，其淬火质量难以保证，属感应加热疑难问题。160马力轮式拖拉机驱动轮轴在整机进行前期试验时，发生断裂事故，经分析：感应淬火层不连续，是造成断裂的主要原因之一。而感应淬火层不连续则是因为按照目前的感应热处理方法，不能全部实现该驱动轮轴难加热区域淬火层的形成。感应淬火后的残余应力分布一般规律为：淬硬区为压应力，而过渡区将由残余压应力转为拉应力。在轴的危险断面或有应力集中的地方，如果硬化层在此处终止，则过渡区的张应力与应力集中叠加，容易造成零件的早期疲劳损坏，从而发生断裂。

由上可知，目前所有的方法，都不能有效地、经济地达到同时拥有齿条、键槽、台阶及花键四种结构类型的大尺寸驱动轮轴感应热处理的要求，随着机械制造行业的发展，这类零件越来越多。开发研制大马力轮式拖拉机用低速大转矩驱动轮轴感应热处理方法，对迅速发展国内大马力轮式拖拉机，提高大马力轮式拖拉机的制造水平及保证大马力轮式拖拉机的可靠性至关重要，已成为亟待解决的难题。

大轮拖驱动轮轴上同时具有键槽、花键、齿条、凸缘4个感应淬火疑难结构部位，综合上述国内外技术，要使这四个部位同时达到满足使用要求的淬硬层深度及淬火硬度，在现有设备条件下，采用一个感应器不能解决此技术难题。据调研，在普通中频数控淬火设备上生产驱动轮轴类零件，其成功的淬火工艺在国内外公开发行的文献上至今未见报道，未检索到国外申请人在我国申请相关专利。其感应热处理工艺技术，既没有成功经验可以参照，又没有成熟的技术以及现成的研究模式可以借鉴，必须另辟蹊径，创新攻关。

2.15.2 项目性能指标要求及技术难点

结合本项目所述的驱动轮轴所用的42CrMo、S38MnSiV及30CrMnMoB材料，Q/YT 014.2—93《图样通用技术要求》以及驱动轮轴感应淬火确立的淬火技术要求，另结合本项目所述"关键技术"，其具体性能指标如下：

① 淬硬层深度　花键根部3.25～8.25mm；光轴7～12mm；齿条、键槽根部≥2mm；淬硬层亦要求连续。

② 淬火硬度　42CrMo及S38MnSiV材料52～57HRC；30CrMnMoB材料≥47HRC。

③ 基体硬度　42CrMo材料262～302HB；S38MnSiV材料229～285HB；30CrMnMoB材料≤229HB。

④ 经感应淬火后的驱动轮轴　不得出现过烧熔化、淬火裂纹及变形挠曲等淬火缺陷。

⑤ 所研究的淬火感应器及喷水装置目标要求

a. 避免孔、楞、沟、槽等处在感应淬火时出现的尖角效应问题；

b. 解决感应淬火时所需淬火冷却介质的问题；

c. 解决淬火感应器与喷水装置间有效距离确定的问题；

d. 研究的感应器及喷水装置，要求简单实用、易于制作。

⑥ 研究制定切实可行的淬火工艺及工作流程　满足驱动轮轴感应淬火所要求的各项淬火技术要求。

技术难点如下。

① 尖角效应难以避免　驱动轮轴上同时具有键槽、花键、齿条、凸缘4个感应淬火疑

难结构，上述部位的存在，导致在实施局部感应淬火时，易产生尖角效应，即在局部感应淬火时，位于尖角处的电流密集，易产生过热或过烧现象，甚至产生淬火裂纹。

② 感应器与喷水装置间距控制　感应器与喷水装置间距过大或过小，将直接影响到淬硬层深度、硬度以及是否淬上火，继而影响淬火质量。

③ 淬火工艺的操作方法　淬火工艺的研究开发，依存于现有的装置与设备，其装备应具有经济性与可靠性。

④ 不同结构的驱动轮轴的感应加热工艺技术研究　通过有键槽有齿条结构的驱动轮轴（分键槽尾部无圆弧过渡和键槽尾部圆弧过渡）、有键槽无齿条结构的驱动轮轴（分键槽尾部无圆弧过渡和键槽尾部圆弧过渡）、有键槽无齿条加粗结构驱动轮轴（分键槽尾部无圆弧过渡和键槽尾部圆弧过渡）、无键槽平面结构驱动轮轴等七种结构驱动轮轴的工艺研究，确定驱动轮轴等阶梯轴类零件以及其他类似零件的产品结构合理性，为产品改进提供依据。

我们从现有情况出发，针对大轮拖驱动轮轴类零件的特点，设计出一套完整的研制方案，其研制流程见图 2-91。

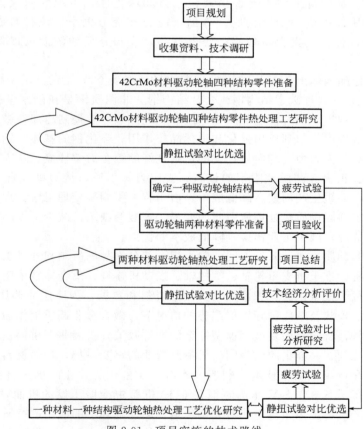

图 2-91　项目实施的技术路线

2.15.3　驱动轮轴三种材料选择及理化检验

2.15.3.1　驱动轮轴的材料选择

1604 机型驱动轮轴材料原图技术要求为材料 42CrMo 合金结构钢，整体调质（硬度要求：262～302HB），表面感应淬火（淬火硬度：52～57HRC）。在机械产品轴类零件上

42CrMo 材料为国内使用量较大的材料之一。42CrMo 用于直径和截面 150mm 以下的轴类零件的调质和感应淬火，有较高的淬透性，较好的强度和韧性，由于有 Mo 元素而没有回火脆性倾向。但由于 42CrMo 碳含量相对较高，感应淬火时有一部分孪晶马氏体组织转变，相变应力大，感应淬火时变形、开裂倾向较大，再加上齿根部位的尖角应力集中，齿部掉块、开裂较严重。为避免大量感应淬火裂纹的出现，感应淬火时又会出现降低层深使齿根部无硬化层的现象，结果造成使用中大量疲劳断裂的情况发生。基体调质硬度要求：262～302HB。调质硬度要求高，使调质淬火应力消除不彻底，冷加工应力和变形也大。

30CrMnMoB（IE1671）整体调质（参照卡特驱动轴硬度要求≤227HB 或更软，实测调质硬度为 197～198HB），表面感应淬火（淬火硬度：≥47HRC）。30CrMnMoB 为卡特驱动轴所用材料，为低碳多合金结构钢。由于 30CrMnMoB 碳含量较低，感应淬火硬化层组织中主要是板条位错马氏体组织，相变应力相对小，由于板条位错马氏体组织形成温度较高，在形成过程中常有碳化物析出，即产生自回火现象，减少了马氏体的正方度和淬火应力，变形、开裂的倾向较小，感应淬火中很少发生开裂现象。基体调质硬度≤227HB，在法兰部位组织中不允许出现铁素体和珠光体，组织为回火索氏体。调质硬度要求低，使调质淬火应力消除彻底，冷加工应力和变形也小。该材料成分设计比较合理，碳含量较低，合金元素含量较高，淬透性高，冷却介质的浓度可以低一些，可降低冷却介质的成本。

非调质钢是伴随国际上能源短缺而发展起来的一种高效节能钢，用来代替传统的调质（淬火+高温回火）热处理碳素结构钢或合金结构钢。非调质钢是在碳素结构钢中加入微量合金元素钒、钛、铌等，通过控制轧制（锻制）和轧（锻）后控制冷却，微合金元素的碳化物或碳氮化物弥散析出，起到析出强化和细化晶粒作用，强化钢的基体。钢在锻轧状态就可以直接加工成制品，无须经过调质处理就能达到良好的综合力学性能。从工序流程上，用非调质钢曲轴可省去正火、调质及附带的校直、去应力等工序，从而可节省大量的能源、工时、设备及运输，缩短生产周期、降低成本。由于省去了调质处理工序，大大降低了热处理能耗，又避免了零件因调质热处理所引起的变形、淬裂等缺陷，减少了废品，因而具有简化生产工艺，节约能源，减少工业污染，降低成本等优点。

笔者公司在非调质钢研制开发期间，曾承担了部分钢种的研制和开发工作，并应用热锻非调质钢在拖拉机、推土机支重轮轴、倒挡轴、发动机连杆、离合器轴承座、菲亚特拖拉机拨叉等零件上进行了批量试验，积累了不少技术资料和数据，为应用非调质钢打下了基础。在我国能源紧缺的现状及顺应国际发展趋势的情况下，微合金非调质钢作为高性能、低成本的环境友好型钢材，符合我国发展环保型社会的方针政策，扩展非调质钢在我国工业中的应用成为一个重要课题。一拖集团作为国内机械制造业的重要一员，在新材料新技术应用上要保持跟进，保持在行业里制造技术和制造成本有一定的优势，才能巩固自身在行业里的地位。一拖集团进行了 S38MnSiV 非调质钢在 6110 机型中冷增压发动机曲轴上的应用研究。在我公司现有生产设备工艺条件下，对非调质钢在驱动轮轴上的应用进行研究，以验证其可行性、替代性，为其今后在生产中的应用提供技术依据。S38MnSiV 非调质钢的实测端淬数据为 42CrMo 的下限。但由于省掉调质工序，感应淬火前为正火或锻造控冷状态，感应淬火前的基体组织应力要比调质状态小得多，机加工应力也小一些，可减小感应淬火应力，降低变形和开裂倾向。

2.15.3.2 化学成分

化学成分见表 2-30。

表 2-30　42CrMo、S38MnSiV、30CrMnMoB 化学成分（质量分数%）

材料牌号	C	Si	Mn	Cr	Mo	V	B	Cu(≤)	Ni(≤)	P(≤)	S(≤)
42CrMo	0.38~0.45	0.17~0.37	0.50~0.80	0.90~1.20	0.15~0.25	—	—	0.30	0.30	0.035	0.035
S38MnSiV	0.41~0.45	0.55~0.70	1.40~1.55	0.10~0.20	—	0.11~0.15	—	0.20	0.15	0.025	0.025
30CrMnMoB (IE1671)	0.28~0.32	0.15~0.35	1.00~1.30	0.40~0.65	0.13~0.20	—	0.0005~0.0030	0.35	0.30	0.035	0.015~0.040

合金元素对钢的淬透性的作用：

B—微量硼能提高钢的淬透性；Cr—提高钢的淬透性和钢的回火稳定性；Mn—能明显提高钢的淬透性，有促进晶粒长大的倾向；Mo—提高钢的淬透性，减弱第一类回火脆性；Si—提高钢的淬透性，强化铁素体。

2.15.3.3　端淬数据

钢的淬透性直接影响淬硬层的深度，用端淬法测定三种材料的淬透性。端淬前，试样均经正火处理，以保证淬透性的稳定。端淬实测数据见表 2-31，淬透性实测数据对比曲线见图 2-92。

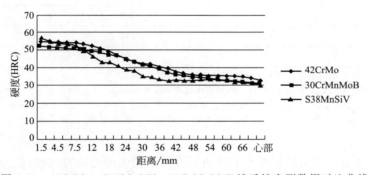

图 2-92　42CrMo、S38MnSiV、30CrMnMoB 淬透性实测数据对比曲线

表 2-31　42CrMo、S38MnSiV、30CrMnMoB 端淬实测数据对比

距离/mm	硬度(HRC)		
	42CrMo	30CrMnMoB	S38MnSiV
1.5	54.5	52.5	57.5
3.0	55.5	52.0	55.0
4.5	54.5	51.0	54.0
6.0	54.0	51.0	54.0
7.5	54.0	51.0	52.5
9.0	53.5	50.5	50.0
12	52.5	49.0	46.5
15	50.5	49.5	43.0
18	49.0	47.0	43.0

续表

距离/mm	硬度（HRC）		
	42CrMo	30CrMnMoB	S38MnSiV
21	47.0	47.5	40.5
24	44.5	45.0	38.5
27	43.5	43.5	38.5
30	41.5	41.0	35.0
33	42.5	41.0	34.5
36	40.0	39.5	33.0
39	40.0	37.0	32.5
42	37.0	36.0	33.0
45	36.5	36.0	32.5
48	35.5	34.0	32.5
51	37.0	35.0	33.0
54	34.0	34.5	33.0
57	35.0	33.5	33.0
60	35.5	31.5	33.5
63	35.0	32.5	32.0
66	35.0	32.0	31.5
69	34.5	31.0	31.5
心部	32.5	31.0	30.0

注：1.距离指离开淬火端的距离，均采用设备DZJ-Ⅰ型端淬机。
2.淬透性试验依据标准为GB/T 225—2006《钢淬透性的末端淬火试验方法》。
3.42CrMo端淬——正火温度（870±10）℃，1h，空冷，端淬温度（845±5）℃；30CrMnMoB端淬——正火温度（880±10）℃，1h，空冷，端淬温度（860±5）℃；S38MnSiV端淬——正火温度（890±10）℃，1h，空冷，端淬温度（870±10）℃。

　　淬透性试验表明：非调质钢具有与调质低合金钢相当的感应淬火性能。S38MnSiV非调质钢淬透性相当于42CrMo钢淬透性的下限。30CrMnMoB的淬透性与42CrMo钢淬透性基本相当。在表面淬火淬硬层深度范围（一般为12mm）内，42CrMo、S38MnSiV非调质钢、30CrMnMoB的淬透性均能满足要求。

　　42CrMo驱动轮轴图纸技术条件为：外表面淬火硬度不小于53HRC；淬硬层深，圆柱表面不小于8mm。淬硬层深指的是有效硬化层深度。根据表面硬度的下限值，参照GB/T 5617—2005《钢的感应淬火或火焰淬火后有效硬化层深度的测定》标准，驱动轮轴感应淬火有效硬化层深度的界限值为从零件表面测至42HRC处。这三种材料均能满足驱动轮轴表面淬火层硬度（42CrMo和S38MnSiV非调质钢均为52～57HRC，30CrMnMoB为≥47HRC）及深度要求。

　　由表2-31和图2-92可以看出：30CrMnMoB的端淬硬度随离开淬火端的距离下降较为缓慢，其在表面淬火时更易达到有效硬化层深度要求。随着钢中含碳量的增加，淬火时淬火应力增加，尤其是对于结构复杂、尺寸较大的工件，更容易产生淬火变形及开裂。30CrMnMoB的含碳量较42CrMo、S38MnSiV非调质钢的低，因而其在淬火时不易淬裂，淬火工艺性较好。

2.15.3.4 性能试验

(1) 标准试样性能试验 见表2-32。

表2-32 三种材料性能试验数据

材料牌号	屈服强度/MPa	抗拉强度/MPa	伸长率/%	收缩率/%	冲击值/kJ	硬度(HB)
42CrMo	1020	1138	14.0	56.4	83	345
	1029	1140	12.6	55.5	85	341
S38MnSiV	537	858	22.0	53.1	50	229
					42	229
	555	864	18.4	52.8	44	229
30CrMnMoB	659	765	21.2	67.3	171	229
					169	229
	652	759	20.4	67.2	169	229

注:1. 42CrMo试样为φ110mm圆钢在R/2处取φ25mm试棒,经热处理[(850±10)℃淬火,油淬;(560±10)℃回火]后加工成标准试样。
2. S38MnSiV试样为φ140mm圆钢改锻成φ110mm棒料经热处理[(890±10)℃正火,风冷,(580±5)℃回火,空冷]后在R/2处取样;锻制温度1200~1250℃。
3. 30CrMnMoB试样为φ160mm圆钢改锻成φ105mm棒料在R/2处取φ25mm试棒,经热处理[(860±10)℃淬火,水淬;(650±10)℃回火]后加工成标准试样。

(2) 驱动轮轴本体性能试验 见表2-33。

表2-33 驱动轮轴本体性能试验数据表

材料	试样取样部位	$R_{p0.2}$/MPa	R_m/MPa	A/%	Z/%	硬度(HB)
42CrMo	LX2004断轴上截取拉伸试样,试样中心距φ95mm轴颈表面8.0mm	503	722	19.3	65.8	207
	驱动轮轴上截取拉伸试样,试样中心为φ95mm轴颈中心	587	784	14.0	55.6	—
	驱动轮轴上截取拉伸试样,试样中心距φ95mm轴颈表面12mm	566	772	17.0	59.9	—
30CrMnMoB	驱动轮轴上截取拉伸试样,试样中心距φ95mm轴颈表面14mm	553	686	21.3	73.9	端面201、197
	驱动轮轴上截取拉伸试样,试样中心为φ95mm轴颈中心	506	644	21.5	72.4	—
S38MnSiV	驱动轮轴上截取拉伸试样,试样中心距φ95mm外圆14mm	541	819	3.5[①]	9.8[①]	轴端面26、27.5、27.5HRC
	驱动轮轴上截取拉伸试样,试样中心为φ95mm轴颈中心	492	776	23.3	59.1	—

① 拉伸断口有一部分在硬化层内,因此塑性、韧性很低。

2.15.3.5 结论

试验结果表明:30CrMnMoB材料不易开裂,热处理工艺性好。S38MnSiV非调质钢和42CrMo需要加大淬火介质浓度,否则易出现淬火裂纹。

建议:1604机型驱动轮轴材料选用30CrMnMoB。

2.15.4 七种结构驱动轮轴零件的感应淬火工艺研究

2.15.4.1 项目的前期准备工作

通常在感应淬火区域内应尽量避免有孔、楞、沟、槽等易产生淬火裂纹的结构。但由于零件的结构功能需要，1604大轮拖驱动轮轴有4个易产生淬火裂纹的部位。因此很有必要对驱动轮轴结构进行技术分析，研究出最佳的工艺方案，通过一系列试验工作，探索试验工艺，最终使新的工艺、结构得到优化，并攻克驱动轮轴断裂质量问题，提升大功率轮式拖拉机的制造质量水平，同时为大轮拖的批量生产提供条件。

(1) 原材料规格的确定　为使驱动轮轴材料的致密性好，驱动轮轴由$\geqslant \phi 150mm$的原棒料经锻造成型。

(2) 中频淬火电源　根据工艺试验策划，结合现有试验条件，需购置一台250kW/8000Hz中频电源设备用于工艺试验。根据目前一拖集团感应热处理状况，考虑高频实验室实验条件的改善，要求该中频电源设备在技术方面与早期的电源设备相比应有进步：工作频率带覆盖面尽可能宽；功率可调节，结合数控淬火机床的使用，为便于淬火灵活性，电源设备应提供功率通道，可由淬火机床自动切换淬火功率；设备频率调整时，高功率的频率区域大；设备自我保护功能齐全；设备有很大的适应性，特别是负载变化较大时，启动成功率高。

(3) 无损检测淬硬层深仪　超声背散射硬化层深度检测仪，用于无损检测驱动轮轴感应淬火后的硬化层深度。了解到的生产厂家有：德国（天津市亦龙创佳科技发展有限公司代理）公司、西安唯信检测设备有限公司、北京精益志诚科技有限公司等。其中天津市亦龙创佳科技发展有限公司代理的产品，性能稳定可靠，但价位较高（90万）。

(4) 1604大轮拖驱动轮轴零件结构　针对1604大轮拖驱动轮轴零件的受力状况，设计了七种结构驱动轮轴（所用材料为42CrMo），具体结构如下。

① 有键槽有齿条结构的驱动轮轴（分键槽尾部无圆弧过渡和键槽尾部圆弧过渡两种），简称原结构驱动轮轴，见图2-93。

图2-93　原结构驱动轮轴

② 有键槽无齿条结构的驱动轮轴（分键槽尾部无圆弧过渡和键槽尾部圆弧过渡两种），简称去齿条结构驱动轮轴，见图2-94。

图2-94　去齿条结构驱动轮轴

③ 有键槽无齿条加粗结构驱动轮轴（分键槽尾部无圆弧过渡和键槽尾部圆弧过渡两种），简称加粗结构驱动轮轴，见图 2-95。

④ 一种无键槽平面结构驱动轮轴，简称铣平面结构驱动轮轴，见图 2-96。

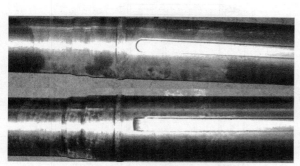

图 2-95　加粗结构驱动轮轴

图 2-96　铣平面结构驱动轮轴

（5）感应器工装的设计制造　由于 1604 驱动轮轴淬火时靠上下中心孔固定，故其工装夹具研制主要是指其感应器的结构研制。感应加热表面淬火是通过感应器来实现的。表面淬火的质量及设备的效率和利用率，在很大程度上都取决于感应器的结构设计与制造。

感应器是将高频电流转化为高频磁场对工件实行感应加热的能量转换器。它直接影响工件加热淬火的质量及设备的效率。

感应器在设计制造时，应保证使工件表面有符合要求的均匀硬化层分布、高的电效率、足够的机械强度、便于安装调整、容易制造、操作方便等条件。

感应器主要由有效线圈（工作部分）、汇流接线板、冷却有效线圈、接线板水冷系统及定位紧固等部分组成。为了正确地设计和使用感应器，应遵循下列的原则：

① 感应圈的几何形状主要由零件所需硬化部位的几何形状、尺寸及选择的加热方式所决定。根据电磁感应定律，零件被加热的表面与感应圈的形状相对应，即感应圈中的高频电源的"走向"与受热零件表面涡流的"走向"方向相反且互相"耦合"。因此，可以把零件需硬化表面上理想的涡流走向作为考虑感应器基本形状的基础。

② 为提高感应器加热的效率，应充分利用高频电流在导体内的邻近效应（高频电流通过相邻的两个导体改变电流在导体内分布的现象）及环形效应（基本原理也是邻近效应）。为了提高感应器效率可减少磁力线的逸散，在内孔、平面及异形表面加热中可在这类感应器上施放导磁体，并应尽量减小感应圈与零件之间的间隙。

③ 为了保证均匀加热，应当尽量避免在零件尖角棱边处因电流密度过大及散热条件较差而发生的过热现象（又称尖角效应）。可通过调节感应圈与零件间的相对高度、相对间隙或改进感应器结构、在零件表面小孔内塞入铜塞等加以改善。

④ 应保证感应器有足够的机械强度、刚度并能长期连续工作。

⑤ 应考虑所采用的加热设备的条件（频率、功率）、零件尺寸、硬化层要求及所采用的加热方式等。

1604 驱动轮轴零件的结构中同时含有键槽、齿条、台阶、花键等感应淬火薄弱部位，因此感应淬火使用按常规设计的感应器与喷水圈是达不到其图纸要求的，考虑上述诸条因素，1604 驱动轮轴淬火用感应器以淬火部位最大轴径 $\phi110mm$ 为基准按间隙 10mm 确定感应圈内径尺寸为 $\phi130mm$、高度为 20mm；喷水过程中要达到不影响其加热效果，经多次试验确定喷水圈与感应圈距离 100mm，并设计喷水孔向下倾斜 15°，加热零件时考虑喷水圈要过最大外径 ϕ110mm，喷水圈内径尺寸定为 ϕ170mm，整个工件加热过程采用一个感应器，见图 2-97。

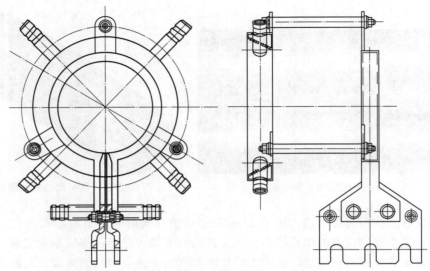

图 2-97　1604 驱动轮轴淬火用的感应器

（6）驱动轮轴毛坯的机械加工　首先加工材料为 42CrMo 的 7 种结构驱动轮轴零件毛坯。经工艺试验优化后—选取 1 种结构—3 种材料的零件工艺试验—优化出最佳材料及结构—不同淬硬层深度—确定出合理的技术指标。

驱动轮轴键槽尾部无圆角过渡比有圆角过渡易于加工，驱动轮轴生产厂家原先实际加工的有键槽有齿条结构的驱动轮轴，有键槽无齿条结构的驱动轮轴和有键槽无齿条加粗结构驱动轮轴 3 种结构零件，其键槽处均无圆角过渡，但产品图样则要求其圆角 R 为 50mm。通过和技术中心沟通，他们也不清楚哪种结构更利于生产，为此我们要求驱动轮轴生产厂家分别加工出驱动轮轴键槽尾部有圆角过渡和无圆角过渡的上述 3 种零件各 10 件，欲通过试验给出一个合理的结构方案。因铣平面结构的零件不牵扯此类问题，故只加工铣平面零件 10 件，用以工艺试验。共加工试验件 70 件，见图 2-98；其价格见表 2-34。

图 2-98　驱动轮轴加工数量

表 2-34　洛阳突元机械有限公司对驱动轮轴报价清单

序号	零件图号	结构	报价/元	备注
1	1604.39.115	原结构	1645.80	机加难易程度 5
2	1604.39.115-1	去齿条结构	1525.80	机加难易程度 2
3	1604.39.115-2	铣平面结构	1545.80	机加难易程度 3
4	LX2004.39.115	加粗结构	1677.79	机加难易程度 3

注：机加难易程度系数从 1～5 逐步增加难度。

(7) 驱动轮轴毛坯的调质硬度检测　2011 年 6 月，在高频实验室对生产厂家第一批送来的四种结构（各 10 件）驱动轮轴进行调质硬度复检。测量仪器：车间现场使用的是里氏硬度计。按图加工后零件的表面硬度 HB（加工余量不详）测量结果见表 2-35。

表 2-35　零件的调质硬度测量值

结构	加粗结构	原结构	去齿条结构	铣平面结构
外圆表面硬度（HB）	213～326	191～217	189～212	197～233
端面硬度（HB）	201～324	154～218	167～195	169～227

由于检测的是调质后经冷加工的零件的硬度，因加工余量的不同，硬度值差异也较大。技术中心设计的 1604 驱动轮轴图样技术要求为：调质硬度 262～302HB，无具体检测位置。由于材料淬透性的影响，调质层有一定的厚度，表面和心部不可能一致，距表面距离不同，调质硬度不同。在材料相同的情况下，零件尺寸大小，对调质层影响很大。

驱动轮轴主要承受弯曲和扭转应力，最大应力在零件表面，因此决定驱动轮轴使用可靠性的因素，主要是零件表面的感应淬火质量。参照卡特驱动轴调质硬度要求，可适当降低 1604 驱动轮轴的调质硬度要求。调质硬度要求低，可使调质淬火应力消除彻底，刀具磨损减少，零件冷加工应力和变形也小，但对调质组织级别（按国标 GB/T 13320—2007 要求，1～4 级合格）、检测位置应有具体要求（距外圆表面 8mm 处）。

2.15.4.2　原结构驱动轮轴淬火工艺试验

(1) 1604 驱动轮轴零件的技术要求

① 材料为 42CrMo；

② 调质硬度：262～302HB；

③ 外表面淬火硬度不小于 53HRC，淬硬层深：圆柱表面 7～12mm（详见图 2-99）。主要尺寸：花键 $\phi 87mm \times 65mm$；光轴 $\phi 94mm \times 313mm$；台阶 $\phi 100mm \times 8mm$；齿条深度 5.988mm；键槽深度 $9^{+0.025}_{-0.017}mm$；总长度 925mm。

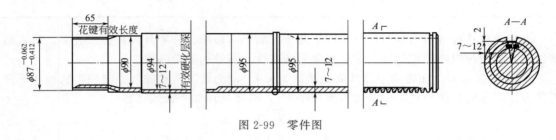

图 2-99　零件图

LX2004 驱动轮轴与 1604 驱动轮轴总体结构、径向尺寸一样，只是总长度变为 1000mm，比 1604 驱动轮轴长（总长 925mm）75mm。

(2) 淬火机床频率的选择　一拖集团目前所用淬火机床设备的频率为以下三种：250kHz（高频淬火机床）、8000Hz（中频淬火机床）及2500Hz（中频淬火机床）。1604驱动轮轴要求的淬硬层深度为7～12mm，根据标准频率值与淬硬层深度之间的关系（见表2-36）可知，1604大轮拖驱动轮轴零件感应淬火工艺试验适宜采用的频率为2500Hz。

表 2-36　标准频率值与淬硬层深度之间的关系

频率/kHz		250	70	35	8	2.5	1.0	0.5
淬硬层深度/mm	最小	0.3	0.5	0.7	1.3	2.4	3.6	5.5
	最大	1.0	1.9	2.6	5.5	10	15	22
	最佳	0.5	1	1.3	2.7	5	8	11

(3) 工艺参数的确定　感应加热表面淬火工艺参数的选择依据，参照2.6.1 "动力输出从动轴"中"(4) 从动轴零件工艺方案确定的理论依据"。

其热处理规范调整包括：加热速度或功率密度大小的调整；最终加热温度、淬火温度或加热、预冷时间的调整；自回火温度、时间或感应回火、炉中回火温度、时间的调整；淬火液浓度、温度、流量或压力的调整；零件与感应器相对位置的调整等。这些内容一般是在感应热处理工艺卡中通过参数来体现的。

① 电流频率　为实现规定深度高质量的感应加热，首先必须正确选择设备的频率。设备频率除对实现技术要求和提高热处理质量有很大作用外，对于充分发挥设备的效能、提高生产率、节省电能也很重要。所谓频率的选择，这里指的是选择合理的频带或频率范围，并不是严格的具体数值。

电流频率的选择恰当与否，除与技术经济指标有密切关系外，与淬火零件的强度也有关。表层加热（传导式）时，零件表面过热度大，易导致零件淬裂，而零件截面上的温度变化曲线又比较平缓，这就使淬硬层的过渡区变宽。众所周知，当过渡区较宽时会使零件表面上的压应力降低，从而导致零件的强度降低。过渡区宽度不超过淬硬层总深度的25%时，效果最好。圆柱零件表面淬火时频率的选取可参考表2-37。

表 2-37　圆柱零件表面淬火时频率的选取

频率/kHz	允许最小直径/mm	推荐直径/mm
1.0	55	160
2.5	35	100
8.0	19	55
35.0	9	26
70.0	6	18
250.0	3.5	10

电流频率选择的恰当与否，将在以下几个方面产生影响，即零件淬火生产效率、技术经济指标、淬硬层组织的均匀性、零件脆裂的倾向性、零件的疲劳强度。

② 电源功率 P　加热功率选择依据详见2.6.1 "动力输出从动轴"中"(4) 从动轴零件工艺方案确定的理论依据"中"② 电源功率 P"，具体可用如下公式计算：

$$P = \frac{P_0 S}{\eta_n \eta_T}$$

式中　P_0——单位功率即功率密度，对连续加热取 1.0～2.0，kW/cm^2；

η_n——感应器效率，一般取 0.9；

η_T——变压器效率，一般取 0.9；

S——加热面积；$S=\pi Dh$（$h_{感应器高度}=20\text{mm}$；$D_{花键直径}=87\text{mm}$）；$S=54.66\text{cm}^2$。

选花键 $\phi87\text{mm}$ 处作为功率基准进行工艺调试（也可选其他位置），光轴功率随感应器与零件间隙大小通过自动跟踪由设备显示得出。

$$P=(1\sim 2)\times \frac{54.66}{0.9\times 0.9}=67.48\sim 134.96(\text{kW})$$

故花键工艺调试功率 P 取 $50\sim 70\text{kW}$。

③ 加热温度　加热温度选择依据详见 2.6.1 "动力输出从动轴"中"(4) 从动轴零件工艺方案确定的理论依据"中"④加热温度"。

④ 零件移动速度 V　零件移动速度 V 是指零件通过感应器的距离与通过该距离使零件达到淬火温度所用的时间之比。具体为：

$$V=\frac{h}{t}=\frac{20}{5.7}=3.5(\text{mm/s})$$

式中，h 为感应器高度，20mm；t 为加热时间，实际测得 5.7s。

零件的移动速度 V 与数控机床编程时 F 值（与零件移动速度、感应器间隙大小、加热功率等有关）关系如下：

$$V=\frac{5}{6}F\div 60=\frac{F}{72}(\text{mm/s})$$

故 $F=72V=252(\text{mm/s})$。

在数控机床编程时 F 初步选取 $200\sim 400(\text{mm/s})$，为获得更深的硬化层深度，可降低移动速度。

⑤ 变压比　根据感应器结构及实践经验，取 20:1（根据数控机床工作情况，可上下调节）。

⑥ 电参数　加热电参数选择依据 2.6.1 "动力输出从动轴"中"(4) 从动轴零件工艺方案确定的理论依据"中"②电源功率 P"。

通过试验得知 1604 驱动轮轴零件电参数为：电源电压 $400\sim 500\text{V}$；电流 $100\sim 140\text{A}$；电容，依据实验情况中功率因数值酌情增减，经工艺优化试验后，电容 C 设置在设备的 1、2、3、5 挡（左起）；功率因数，$\cos\varphi=0.9\sim 1$，最佳为 $\cos\varphi=1$。

⑦ 加热方法和冷却方案的选择　感应加热常用两种方式，同时加热法和连续加热法。表面加热后的零件在流动水中快速冷却时，在冷却曲线上显示的蒸汽膜沸腾期、汽饱沸腾期及对流传热阶段已不能完整的存在。冷却介质的冷速大小取决于水的流动速度及表面加热层的性质（加热温度、加热层深度）。随着喷水水流速度的提高，一般在 $200\sim 300℃$ 以上温度范围内因蒸汽膜被强烈水流所破坏，致使冷却速度大为提高。

对于 1604 驱动轮轴零件我们选用连续式加热淬火，喷液冷却的淬火方式。采用 $0.5\%\sim 1\%$ 聚乙烯醇淬火液。

⑧ 淬火加热时间确定　在生产实践中，对一定直径的零件，可根据淬硬层的深度要求，在按经验数据确定比功率的同时，大致选定加热时间。驱动轮轴淬火加热时间分段：$\phi87\text{mm}$、$\phi94\text{mm}$、$\phi95\text{mm}$、$\phi100\text{mm}$。$T_{加热}=T_{静止}+T_{滞后}$（具体数据由实验而定）。

⑨ 淬火冷却时间确定　冷却时间的确定依据详见 2.6.1 "动力输出从动轴"中"(4) 从动轴零件工艺方案确定的理论依据"中"⑥冷却时间"。

(4) 工艺试验方案的修订及优化　通过反复试验，其工艺参数的修订及优化见表 2-38。

变压比，$B=16:1$；电容从设备设置左起：1、2、5、6 挡；淬火试验过程电参数见表 2-38，电源柜功率调节，9:20 分；淬火液 $8\%\sim 10\%$ 聚乙烯醇，淬火喷液压力表 2.6 格；

采用的感应器是圆环形感应器、斜喷水圈，感应器与喷水圈的距离为110mm。

表 2-38 驱动轮轴淬火试验电参数汇总表

电参数	第一遍齿条处	键槽上端φ95mm圆柱	台阶上φ95mm圆柱	台阶上φ90mm圆柱	第一遍花键尾部	第一遍花键处	第二遍花键处	键槽上端φ95mm圆柱	台阶上φ95mm圆柱	台阶上φ90mm圆柱	第二遍花键尾部	第二遍花键处
电压/V	450	450	450	450	452	450	450	450	450	450	540	570
电流/A	140	140	130	135	125	120	126	120	125	120	110	105
功率/kW	52	52	50	51	48	51	49	49	48	49	51	55
频率/Hz	4120	4200	4350	4200	4080	3950	4400	4450	4520	4400	4200	4200

（5）淬火后组织检查及硬度测试　感应淬火零件在完成淬火工序后，一般检查以下项目：

① 外观质量　1604驱动轮轴零件淬火后淬火表面呈米灰色，无烧熔、裂纹等缺陷。

② 硬度　1604驱动轮轴淬火后测得其硬度值为53～56HRC，符合技术要求。

③ 淬硬区域　经目测，1604驱动轮轴零件淬火后淬硬区域基本符合要求。

④ 淬硬层深度　1604驱动轮轴原结构键槽尾部无圆弧过渡和键槽尾部圆弧过渡零件淬火后淬硬层深度值，需通过解剖后经金相分析测得（见图2-100），具体数值见表2-39、表2-40。

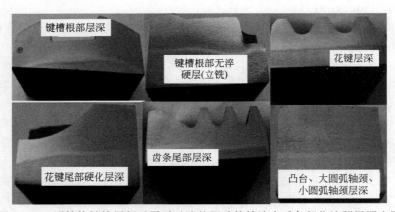

图 2-100 原结构键槽尾部无圆弧过渡的驱动轮轴淬火后各部位淬硬层深度图

表 2-39 原结构键槽尾部无圆弧过渡的驱动轮轴淬火后金相检验结果

部　位	硬化层深/mm	马氏体级别	硬化层硬度（HRC）
键槽根部	5.10	尖部:5级，根部:5级	56.5、58.0、57.0
键槽尾根部	无	无马氏体	—
齿条中部	3.85	3级+2级	—
齿条尾部	3.35	2级+1级	—
凸台	9.50	4级	—
大圆弧侧轴颈	7.2	4级	—
小圆弧侧轴颈	8.6	4级	—
花键尾部	6.0	5级+6级	—
花键端面	—	基体组织3级	基体23、23.5

表 2-40 原结构键槽尾部有圆弧过渡的驱动轮轴淬火后金相检验结果

部　位	硬化层深/mm	马氏体级别	硬化层硬度(HRC)
键槽根部	6.1	M5级+块状铁素体	—
键槽尾根部	4.3	根部:M5级+少量块状铁素体	55、55
齿条中部	5.8	3级+块状铁素体	
齿条顶部	5.5	2级+4级	
凸台	14.0	4级+3级	54、55.5、54.5
大圆弧侧轴颈	11.8	4级+3级	
小圆弧侧轴颈	11.7	4级	
花键尾部	8.2	5级+6级	
花键	9.2	5级	54.5、55

⑤ 变形挠曲　经目测,1604 驱动轮轴零件淬火后无变形挠曲。

⑥ 裂纹　1604 驱动轮轴零件淬火后经磁粉物理探伤检查,未发现缺陷磁痕显示。

(6) 结果分析

① 由图 2-100 和表 2-40 可以看出,驱动轮轴键槽尾部由立铣加工改为卧铣加工(即键槽尾部圆弧过渡)感应淬火后,淬硬层深度和硬度满足花键根部 3.25～8.25mm,光轴 7～12mm,键槽≥2mm,淬火硬度 52～57HRC,零件表面不得存在烧伤、裂纹等缺陷的技术要求。

② 键槽尾部淬上火部位处的硬度≥53HRC,未淬上火部位处硬度为基体硬度,其值在 20～28HRC；而疲劳强度值一般随硬度值的升高而增大。

③ 键槽尾部无圆弧过渡结构的驱动轮轴在键槽尾部存在尖角应力集中,键槽尾部感应淬火硬化层不连续,并位于感应淬火过渡区,残余应力为拉应力,拉应力降低疲劳强度。

④ 键槽尾部有圆弧过渡结构的驱动轮轴可减缓键槽尾部的应力集中,键槽尾部感应淬火硬化层连续,残余应力为压应力,压应力提高疲劳强度。而疲劳强度值一般随压应力增加而增大。

⑤ 键槽尾部处存在使用应力。

⑥ 键槽尾部无圆弧过渡结构的驱动轮轴在键槽尾部产生疲劳断裂的四个因素为:键槽尾部无硬化层深疲劳强度低；位于感应淬火过渡区残余应力为拉应力降低该处的疲劳强度；此部位尖角应力集中严重；使用应力的作用。

⑦ 此次改进可实现设计者的设计意图,实现感应淬火层的连续,提高产品的质量,提高驱动轮轴的使用性能,避免发生驱动轮轴的断裂事故,提高大轮拖的品质。

2.15.4.3　去齿条结构驱动轮轴淬火工艺研究

去齿条、键槽尾部圆弧过渡结构的 1604 驱动轮轴的结构如图 2-101 所示。

驱动轮轴去齿条、键槽尾部圆弧过渡结构驱动轮轴的技术要求、试验方法、工艺、所用感应器及工装夹具研制、工艺方案的确定的理论依据同带齿条、键槽尾部圆弧过渡的原结构驱动轮轴零件,以下为其工艺试验方案参数的修订及优化。

(1) 试验条件基本资料　设备:电源 KGPS250/8000；机床 GCK10150。淬火介质:采用 8%～10%聚乙烯醇,淬火喷液压力表 2.6 格。感应器:采用圆环形感应器,斜喷水圈,其间的距离为 110mm。

(2) 加热、淬火流程　加热采用第一遍预加热,第二遍加热到温度后淬火。第一遍预加

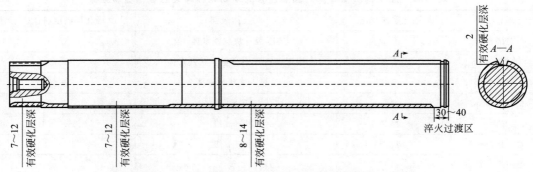

图 2-101 驱动轮轴去齿条、键槽尾部圆弧过渡结构图

热,第二遍加热,温度相对均匀,键槽底部均达到淬火温度,符合淬火条件,运行到喷水圈位置时,温度已基本均匀,键槽底部温度比轴颈表面温度低。

(3)淬火试验过程电参数记录 电源柜功率调节标记 9∶20 分,具体见表 2-41。

表 2-41 去齿条键槽尾部圆弧过渡结构驱动轮轴淬火试验电参数表

电参数	第一遍键槽处	台阶上 φ95mm 圆柱	台阶上 φ90mm 圆柱	第一遍花键尾部	第一遍花键处	第二遍键槽处	键槽上端 φ95mm 圆柱	台阶上 φ95mm 圆柱	台阶上 φ90mm 圆柱	第二遍花键尾部	第二遍花键处
电压/V	450	450	450	450	480	450	450	450	450	550	590
电流/A	139	130	133	110	109	122	118	120	120	110	109
功率/kW	51	49	51	40	49	46	43	46	47	53	61
频率/Hz	4080	4400	4150	3900	3800	4400	4450	4500	4400	4200	4150

(4)变压比 16∶1;电容从左数:1、2、5、6 挡。

(5)试验自检结果 硬度自检:键槽两边 54.3~56.7HRC;花键区域 54.9~58.2HRC;光轴区域 55.8~61.3HRC。目视检查,无发现裂纹,无发现烧伤等其他异常情况。

(6)专业检查 磁力探伤检查,无发现裂纹;其他项目的检查结果见表 2-42。

表 2-42 去齿条键槽尾部圆弧过渡驱动轮轴淬火后金相检验结果(见图 2-102)

部位	硬化层深/mm	马氏体级别	硬化层硬度(HRC)
键槽尾部底面	3.0	8 级	—
键槽中部底面	4.5	尖 5 级,根:M+少量块 F	—
花键尾部齿根	7.8	5 级	—
花键中部齿根	7.3	5 级	—
凸缘	11.8	3 级+2 级	57.5、57.5、56.5
大圆弧	9.25	4 级	—
小圆弧	9.0	4 级+3 级	—
花键端面	组织 4 级~5 级(回火索氏体+块状铁素体)		25、25、24

(7)试验结果分析

① 驱动轮轴感应淬火后淬硬层深度和硬度满足花键根部 3.25~8.25mm,光轴表面 7~

12mm，键槽底部≥2mm，淬火硬度52～57HRC，零件表面不得存在烧伤、裂纹等缺陷的技术要求。

② 从本次感应淬火试验（试样是去齿条、键槽尾部圆弧过渡结构）结果看，其层深和硬度符合技术要求，从而进一步验证了"键槽尾部无圆弧过渡底部不易加热，无淬硬层。键槽尾部有圆弧过渡底部容易加热，硬化层连续"的试验结果。

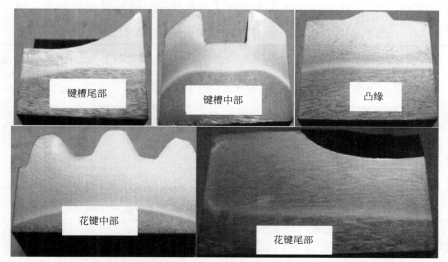

图2-102 去齿条键槽尾部圆弧过渡驱动轮轴淬火后各部位淬硬层深度分布

2.15.4.4 去齿条带键槽加粗结构驱动轮轴淬火工艺研究

去齿条带键槽加粗结构驱动轮轴的结构如图2-103所示。

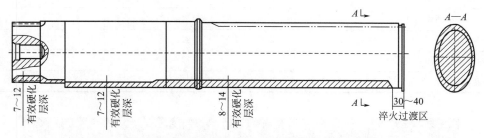

图2-103 去齿条带键槽加粗驱动轮轴结构图

1604去齿条带键槽加粗结构（同不加粗结构相比，花键尺寸不变，凸缘直径尺寸加粗10mm，长度加长75mm，即由原来的925mm→1000mm）驱动轮轴的技术要求、试验方法、工艺、所用感应器及工装夹具研制、工艺方案的确定的理论依据同1604带齿条、键槽尾部圆弧过渡结构驱动轮轴零件，以下为其工艺试验方案参数的修订及优化。

(1) 试验条件　设备：电源KGPS250/8000；淬火机床GCK10150。淬火液：采用8%～10%聚乙烯醇，淬火喷液压力表2.6格。采用的是圆环形感应器，斜喷水圈，感应器与喷水圈的距离为110mm。

(2) 加热、淬火流程　加热采用第一遍预加热，第二遍加热到温度后淬火。第一遍预加热，第二遍加热，温度相对均匀，零件表面达到淬火温度，符合淬火条件，运行到喷水圈位置时，温度已基本均匀。零件装夹方式：上下顶尖装夹，花键一端朝上，竖直放置。

(3) 电源柜功率调节 标记9：20分，具体见表2-43。

(4) 变压比 16：1，电容从左数：1、2、5、6挡；水压2.6格。

(5) 试验自检结果 硬度自检：键槽两侧57.9～59.4HRC；花键区域52.5～56.5HRC；光轴区域58～62.3HRC。其他：目视检查，未发现裂纹、烧伤等其他异常情况。

(6) 专业检查 磁力探伤检查，无发现裂纹，其他项目的检查结果见表2-44。

表2-43 加粗驱动轮轴键槽尾部无圆弧过渡淬火试验电参数表

电参数	第一遍键槽处	台阶上ϕ105mm圆柱	台阶上ϕ105mm圆柱	台阶上ϕ95mm圆柱	第一遍花键尾部	第一遍花键处	第二遍键槽处	键槽上端ϕ105mm圆柱	台阶上ϕ95mm圆柱	第二遍花键尾部	第二遍花键处
电压/V	475	470	470	470	510	530	470	470	470	570	580
电流/A	145	138	140	118	109	110	130	118	108	110	80
功率/kW	60	56	58	50	50	51	55	50	53	60	50
频率/Hz	3950	4150	4050	3900	3800	3800	4200	4400	4080	4150	3900

表2-44 加粗驱动轮轴键槽尾部无圆弧过渡淬火试验金相检验结果（见图2-104）

部位	硬化层深/mm	马氏体级别	硬化层硬度（HRC）
键槽尾根部	4.4	7级	54、55、55.5
键槽根部	5.3	5级	56、57、57.5
花键尾根部	6.8	5级	—
ϕ110mm凸缘	13.3	2级+3级	54、55、54.5
ϕ105mm大圆弧	11.2	3级	—
ϕ105mm小圆弧	10.7	3级	—
ϕ95mm台阶1	9.04	5级	57.5、55、55
ϕ100mm台阶2	9.20	5级	54、55、56
花键端面	组织3级（回火索氏体+少量条状铁素体）		31.5、33、33

键槽尾部、凸缘、台阶

键槽中部

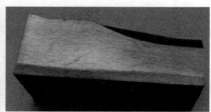

花键尾部

图2-104 1604加粗驱动轮轴淬火后各部位淬硬层深度分布

(7) 试验结果分析 驱动轮轴感应淬火后淬硬层深度和硬度满足花键根部 3.25～8.25mm，光轴表面 7～12mm，键槽底部≥2mm，淬火硬度 52～57HRC，零件表面不得存在烧伤、裂纹等缺陷的技术要求，达到预期目的。

2.15.4.5 铣平面结构驱动轮轴淬火工艺研究

铣平面结构驱动轮轴的结构见图 2-105。铣平面结构驱动轮轴的技术要求、试验方法、工艺、所用感应器及工装夹具研制、工艺方案的确定的理论依据同 1604 带齿条、键槽尾部圆弧过渡结构驱动轮轴零件，以下为其工艺试验方案参数的修订及优化。

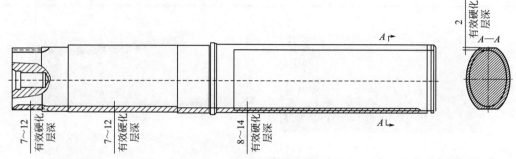

图 2-105 1604 驱动轮轴铣平面结构图

(1) 试验条件 设备：电源 KGPS250/8000；淬火机床 GCK10150。淬火液：10%～12%聚乙烯醇，淬火喷液压力表 2.6 格。采用圆环形感应器，斜喷水圈，感应器与喷水圈的距离为 110mm。零件装夹方式：上下顶尖装夹，花键一端朝上，竖直放置。

(2) 加热、淬火流程 加热采用第一遍预加热，第二遍加热到温度后淬火。第一遍预加热，第二遍加热，温度相对均匀，零件表面达到淬火温度，符合淬火条件，运行到喷水圈位置时，温度已基本均匀，铣平面处温度比轴颈表面温度较低。

(3) 电源柜功率调节 标记9:20分，具体见表 2-45。

表 2-45 铣平面原结构感应淬火工艺参数表

电参数	第一遍铣平面处	平面上 $\phi95$mm 圆柱	台阶上 $\phi90$mm 圆柱	第一遍花键尾部	第一遍花键处	第二遍铣平面处	台阶上 $\phi95$mm 圆柱	台阶上 $\phi90$mm 圆柱	第二遍花键尾部	第二遍花键处
电压/V	450	450	450	455	460	445	450	450	530	580
电流/A	130	132	138	110	109	118	119	119	110	109
功率/kW	51	50	52	51	45	45	47	45	55	60
频率/Hz	4000	4250	4100	3800	3850	4400	4500	4400	4200	4150

(4) 变压比 16:1，电容从左数：1、2、5、6 挡。

(5) 自检结果 硬度：铣平面处 58.5～62.1HRC；平面根部 52.5～54.8HRC；花键处 50.3～54.6HRC。光轴处 58.3～63.6HRC。其他：目视检查，未发现裂纹、烧伤等情况。

(6) 专业检查 磁力探伤检查，未发现裂纹；其他项目的检查结果见表 2-46。

表 2-46 铣平面结构驱动轮轴感应淬火后金相检验结果（见图 2-106）

部 位	硬化层深/mm	马氏体级别	硬化层硬度（HRC）
平面尾部台阶根部	5.66	5级+8级（少量块F）;4级+3级（轴颈）	54、53、55

续表

部 位	硬化层深/mm	马氏体级别	硬化层硬度（HRC）
平面中部	7.89	4级	57、57、57
花键尾部齿根	4.45	5级+4级	53、53、54
凸缘	12.2	3级+少量2级	57、57、57
大圆弧	9.46	4级+5级	—
小圆弧	11.2	4级	—
花键端面	基体组织3级（回火索氏体）		基体硬度：25、26

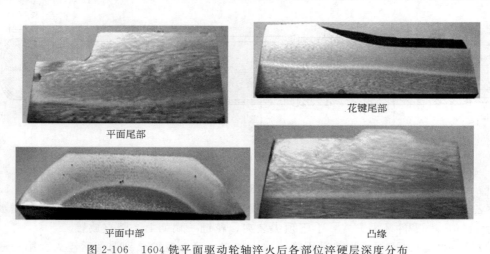

图 2-106　1604 铣平面驱动轮轴淬火后各部位淬硬层深度分布

（7）试验结果分析　驱动轮轴感应淬火后淬硬层深度和硬度满足花键根部 3.25～8.25mm，光轴表面 7～12mm，平面表面≥3mm，淬火硬度 52～57HRC，零件表面不得存在烧伤、裂纹等缺陷的技术要求。

2.15.4.6　七种结构的感应淬火试验结果分析

① 带齿条的驱动轮轴在齿条处容易出现淬火裂纹；
② 去齿条的驱动轮轴较带齿条的驱动轮轴机加工容易；
③ 键槽尾部无圆弧过渡的驱动轮轴，其淬硬层不容易连续，热处理工艺性不太好；
④ 键槽尾部有圆弧过渡的驱动轮轴，其淬硬层连续，热处理工艺性较好；
⑤ 去齿条直径加粗及铣平面的驱动轮轴不经济。

建议：1604 驱动轮轴结构选用去齿条、键槽尾部圆弧过渡结构。

2.15.5　一种结构三种材料驱动轮轴的感应淬火工艺研究

根据七种结构的感应淬火试验结果，优选的 1604 驱动轮轴结构为去齿条、键槽（尾部圆弧过渡）结构。下面将进行三种材料（42CrMo、30CrMnMoB 及 S38MnSiV）感应淬火工艺试验。

其中 42CrMo 材料的 1604 去齿条、键槽尾部圆弧过渡结构驱动轮轴的淬火工艺研究已在 2.15.4.3 中叙述过，以下仅对另外两种材料的感应淬火工艺试验加以阐述。

2.15.5.1　30CrMnMoB 去齿条、键槽结构驱动轮轴的淬火工艺研究

（1）试验条件基本资料　设备：电源 KGPS250/8000；淬火机床 GCK10150。

淬火介质：淬火液2%～3%聚乙烯醇，淬火喷液压力表10.0格。

感应器：采用圆环形感应器，斜喷水圈，感应器与喷水圈的距离为90mm。

(2) 加热、淬火流程　加热采用第一遍预加热，第二遍加热到温度后淬火。第一遍预加热，预加热过程中，重点对键槽尾部数次预热；第二遍加热，温度相对均匀，零件表面达到淬火温度，符合淬火条件，运行到喷水圈位置时，温度已基本均匀。零件装夹方式：上下顶尖装夹，花键一端朝上，竖直放置。

(3) 淬火试验过程电参数记录　电源柜功率调节：标记9∶25分。

(4) 30CrMnMoB驱动轮轴淬火试验电参数汇总　见表2-47。

(5) 变压比　16∶1；电容从左数：1、2、5、6挡。

(6) 试验自检　键槽两侧硬度53～56HRC；花键区域硬度52～55HRC；光轴区域硬度52～58HRC。其他目视检查，未发现裂纹，烧伤等异常情况。

(7) 专业检查　经磁力探伤未发现淬火裂纹；其他项目的检查结果见表2-48及图2-107。从试验结果可看出，淬硬层深完全符合技术要求。

表2-47　30CrMnMoB去齿条键槽尾部圆弧过渡驱动轮轴淬火试验电参数汇总

电参数	第一遍φ95mm键槽处	键槽上端φ95mm圆柱	台阶上φ95mm圆柱	台阶上φ90mm圆柱	第一遍花键尾部	第二遍花键处	第二遍φ95mm键槽处	键槽上端φ95mm圆柱	台阶上φ95mm圆柱	台阶上φ90mm圆柱	第二遍花键尾部	第二遍花键处
电压/V	460	460	460	460	460	460	460	460	460	460	520	590
电流/A	150	143	140	140	110	115	128	118	128	120	110	110
功率/kW	60	58	60	59	49	50	52	50	52	50	53	61
频率/Hz	4100	4200	4200	4100	3900	4200	4200	4250	4250	4300	4100	4000

表2-48　30CrMnMoB去齿条键槽尾部圆弧过渡驱动轮轴淬火工艺金相检验结果

部位	硬化层深/mm	马氏体级别	硬化层硬度（HRC）
键槽尾部底面	2.7	5级	54.5、53.5、53.5、56
键槽中部底面	4.05	5级	底部：50 顶部：53、52.5、52.0
花键尾部齿根	3.25	5级	55、55.5、55.5
凸缘	9.5	3级	52.5、52、52
大圆弧	7.5	3级	—
小圆弧（已磨削加工）	7.2	4级	—
花键端面	索氏体+少量铁素体		基体硬度：<20HRC HB：207、207、207

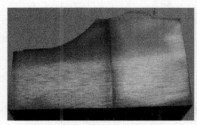
键槽尾部、大小圆弧、凸缘硬化层

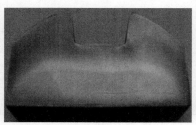
键槽中部

花键尾部

图2-107　30CrMnMoB去齿条、键槽尾部圆弧过渡结构驱动轮轴淬火后各部位淬硬层深度分布

2.15.5.2 S38MnSiV 钢去齿条、键槽结构驱动轮轴的淬火工艺研究

(1) 试验条件基本资料　设备：电源 KGPS250/8000；淬火机床 GCK10150。

淬火介质：8%～10%聚乙烯醇，淬火喷液压力表 2.6 格。

感应器：采用圆环形感应器，斜喷水圈，感应器与喷水圈的距离为 90mm。

试件：1604 驱动轮轴所用材料为 S38MnSiV 钢，为去齿条带键槽结构，键槽尾部圆弧过渡；零件三件。

(2) 加热、淬火流程　加热采用第一遍预加热，第二遍加热到温度后淬火。第一遍预加热，预加热过程中，重点对键槽尾部数次预热；第二遍加热，温度相对均匀，零件表面达到淬火温度，符合淬火条件，运行到喷水圈位置时，温度已基本均匀。

零件装夹方式：上下顶尖装夹，花键一端朝上，竖直放置。

值得关注的是：因试验件的尾部结构是改制件，其位置不太"固定"，每次加工前应找准尾部，确保尾部正确加热。

(3) 淬火试验过程电参数记录　电源柜功率调节：标记 9:18 分。

(4) S38MnSiV 驱动轮轴淬火试验电参数汇总　见表 2-49。

表 2-49　材料为 S38MnSiV 钢的去齿条、键槽结构驱动轮轴淬火试验电参数汇总

电参数	第一遍 ϕ95mm 键槽处	键槽上端 ϕ95mm 圆柱	台阶上 ϕ95mm 圆柱	台阶上 ϕ90mm 圆柱	第一遍花键尾部	第一遍花键处	第二遍 ϕ95mm 键槽处	键槽上端 ϕ95mm 圆柱	台阶上 ϕ95mm 圆柱	台阶上 ϕ90mm 圆柱	第二遍花键尾部	第二遍花键处
电压/V	450	450	450	450	450	480	450	450	450	450	520	600
电流/A	130	135	135	132	110	110	120	110	110	115	110	112
功率/kW	51	52	52	53	50	48	48	49	48	49	56	59
频率/Hz	3950	4200	4200	4300	3900	3800	4200	4400	4400	4400	4200	4200

(5) 变压比　16:1；电容从左数：1、2、5、6 挡。

(6) 试验自检　键槽两侧硬度 56～58HRC；花键区域硬度 55～57HRC；光轴区域硬度 58～62HRC；其他目视检查，未发现裂纹、烧伤等异常情况。

(7) 专业检查　磁力探伤检查，未发现淬火裂纹；其他项目的检查结果见表 2-50 及图 2-108。

表 2-50　材料为 S38MnSiV 钢的去齿条键槽卧铣驱动轮轴淬火金相检验结果

部　位	硬化层深/mm	马氏体级别	硬化层硬度（HRC）
键槽尾部底面	3.5	5 级	52.5、52.5、53.5
键槽中部底面	3.6	5 级	底部 54.5、55、54 顶部 58、58、58.5
花键尾部齿根	5.0	5 级	55、55.5、55.5
凸缘	11.5	4 级	56、57、56
大圆弧	8.25	4 级	—
小圆弧	9.13	4 级	—
花键端面	基体组织	珠光体＋铁素体	基体硬度：22、23、22

(8) 试验结果分析　此次感应淬火试验，从试验结果可看出，淬硬层深度完全符合技术要求。本次实验的经验是：经过预热，加大键槽尾部的能量输入，提高淬火质量；因每个零

件的键槽尾部位置不"固定",应找准,确保加热时能量的准确定位输入。

键槽尾部、大小圆弧、凸缘硬化层

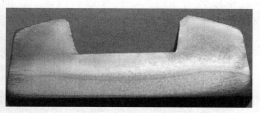
键槽中部

花键尾部

图 2-108　S38MnSiV 钢去齿条、键槽结构驱动轮轴淬火后各部位淬硬层深度分布

2.15.6　工艺轴的静扭试验及淬火工艺

2.15.6.1　试验方法的选择

研究金属材料的力学性能时,不同的加载方式在试样中将产生不同的应力状态,在圆柱试样上施加转矩时,与试样轴线呈 45°的两个斜面承受最大正应力,与试样轴线平行和垂直的平面承受最大切应力,两者之比接近于 1。在弹性变形阶段,试样横截面上的切应力和切应变沿半径方向的分布都是线性的,当表层产生塑性变形后,切应变的分布仍保持线性关系,但切应力则因塑性变形而有所降低,不再呈线性分布。扭转试验时,试样横截面上沿直径方向切应力和切应变的分布是不均匀的,试样表面的切应力和切应变最大,越向心部越小,因此,扭转试验对表面硬化层的性能及表面缺陷的反应非常敏感,利用这一特性可以对各种表面强化工艺进行研究和考查零件热处理表面质量。

圆柱形试样进行扭转试验时,试样的塑性变形始终是均匀发生的,没有缩颈现象;同时扭转时的应力状态比拉伸时软 ($\alpha = 0.8$),可以使低塑性材料处于韧性状态测定它们的强度和塑性。因此对于表面感应淬火的驱动轮轴零件来说,有可能使它处于韧性状态,进行强度和塑性的测定。对于驱动轮轴,选择采用室温静扭转试验的方法对比不同感应淬火状态驱动轮轴样件的性能,可以直观地验证感应淬火层深度和分布范围对驱动轮轴扭转性能的影响。

2.15.6.2　工艺轴的尺寸确定

受扭转试验机负荷的限制,实际的大轮拖驱动轮轴无法直接进行静扭强度试验。实际驱动轮轴转矩的传递一端是靠花键传递,另一端是靠驱动轮轴与相关件(轴瓦)之间的摩擦力来实现的,实际驱动轮轴结构与试验机夹具之间无法实施连接进行试验转矩的传递,因此需重新设计制造工艺试验用轴简称工艺轴。工艺轴的设计原则为:工艺轴能够和试验机夹具联结相配以实现扭断的目的;工艺轴要反映实际零件的结构特点,使试验工艺轴的薄弱部位与实际使用中驱动轮轴的断裂部位相接近,以达到扭断位置和实际使用中疲劳断裂位置相同或接近的目的;工艺轴的扭断极限转矩在静扭试验机允许载荷范围内。

根据扭转试验机允许载荷,结合实际零件形状尺寸,确定静扭试验工艺轴两端和试验机夹具相配合部位均设计为花键结构，并加大了花键尺寸，花键底径尺寸不小于齿条外圆尺寸，花键模数与原结构花键模数相同，以使断裂部位与实际使用中驱动轮轴断裂部位接近。中间结构与实际零件接近或相同，尺寸相应缩小一半。静扭工艺轴与驱动轮轴的实物对比见图2-109，静扭工艺轴与扭转试验机夹具配合情况见图2-110。

图 2-109　静扭工艺轴与实际驱动轮轴

图 2-110　静扭工艺轴与试验机夹具配合情况

该项目共进行了三种结构即光轴工艺轴（见图2-111）、带齿条键槽工艺轴、去齿条键槽工艺轴，统称键槽工艺轴（见图2-112）；两种材料S38MnSiV非调质钢及42CrMo的感应淬火工艺试验和静扭试验。

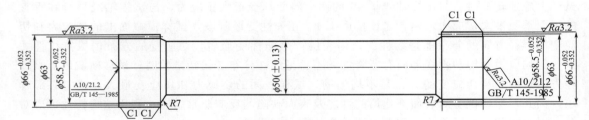

图 2-111　光轴工艺轴

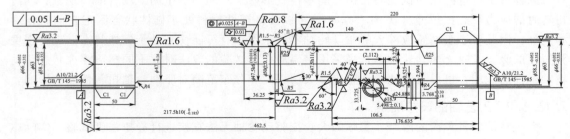

图 2-112　键槽工艺轴

2.15.6.3　试验设备

驱动轮工艺轴静扭试验在国家拖拉机质量监督检验中心强度试验室的JB-50型静扭试验机上进行（见图2-113）。该试验机能实现试验数据的实时采集，扭转曲线的自动绘制，以及数据显示和报告打印等功能。试验机机械部分由主轴驱动系统（转矩输出）、装夹机构、角度及转矩测量系统组成。

进行扭转试验时,将驱动轮工艺轴一端安装在试验机的转矩输出端,另一端安装在试验机平台支撑尾座,使工艺轴的轴线与试验机轴线同轴。试验时按一定的方向缓慢连续施加转矩,用检测装置自动记录转矩及相应的扭转角并绘制转矩-扭转角曲线,直至轴发生断裂。

2.15.6.4 工艺轴感应淬火工艺试验

S38MnSiV 材料感应淬火工艺试验工艺轴结构包括光轴结构(分5种工艺)、带齿条键槽工艺轴结构(分5种工艺)、去齿条带键槽工艺轴结构(分3种工艺);42CrMo 材料进行了去齿条带键槽结构工艺轴感应淬火工艺试验(分4种工艺)。

图 2-113 驱动轮工艺轴静扭试验

以下将逐一介绍上述静扭工艺轴的感应淬火工艺试验。

(1) 静扭工艺轴分组及方案

① 光轴分组,见表 2-51。

表 2-51 光轴分组

第1组	感应淬火过渡区在轴中间,过渡区长度为≤10mm
第2组	感应淬火过渡区在轴中间,过渡区长度为≥20mm
第3组	三段淬火区,在轴长 1/3 处留过渡区
第4组	一段淬火区,为轴长的 1/2
第5组	全部感应淬火,硬化层符合方案要求
第6组	正火态,未感应淬火

② 带齿条键槽工艺轴分组,见表 2-52。

表 2-52 带齿条键槽工艺轴分组

第1组	正火态,未感应淬火
第2组	全部感应淬火,硬化层符合方案要求+喷丸
第3组	感应淬火,凸缘处 24mm 区域内无硬化层
第4组	感应淬火,键槽尾部处 20mm 区域内无硬化层
第5组	感应淬火,齿条尾部处 30mm 区域内无硬化层
第6组	全部感应淬火,硬化层符合方案要求

③ 去齿条带键槽工艺轴分组,见表 2-53。

表 2-53 去齿条带键槽工艺轴分组

第1组	正火态,未感应淬火
第2组	全部感应淬火,硬化层深符合方案要求
第3组	全部感应淬火,硬化层浅,不符合方案要求
第4组	感应淬火,键槽尾部(不淬火)无硬化层
第5组	全部感应淬火,硬化层深符合方案要求,300℃回火
第6组	全部感应淬火,硬化层深符合方案要求,250℃回火
第7组	全部感应淬火+喷丸

(2) 试验前的准备工作

① 感应器的调整，前期试验时发现，喷水圈朝下喷水会致使工艺件上端花键与轴径的台阶处无法实现喷水淬火，不能满足技术要求。调整感应器，使喷水圈朝上喷水，可实现零件各个部位按要求冷却，实现淬火的目的。

② 调整淬火液浓度，并对淬火液进行搅拌，确保淬火液均匀，对淬火液浓度进行检测。经过检测淬火液的浓度为 8%～10%，符合预期要求。提高淬火液浓度的目的为降低冷却性能，防止淬火开裂。

③ 工艺试验时，结合前期的试验情况，为使零件加热均匀，应首先对零件花键与轴径的台阶处进行预热，而后对零件进行连续加热淬火。

④ 各工艺件淬火程序的编制记录，因零件基本相同，故选择的零点相同，零件的零点：选零件上端面上部 200mm 处为零点。

(3) 试验条件

① 设备：电源 KGPS250/8000；淬火机床 GCK10150。

淬火介质：8%～10%聚乙烯醇淬火液，淬火喷液压力表 2 格。

感应器：采用圆环形感应器，斜喷水圈，感应器与喷水圈的距离为 90mm。

② 加热、淬火流程：加热采用第一遍预加热，第二遍加热到温度后淬火。第一遍预加热，仅对花键与轴径的台阶处预热，为实现难加热区域的预热，又不至于产生过高温度，对花键与轴径的台阶处进行数次预热（具体见程序）；第二遍加热对零件进行连续加热，温度相对均匀，零件表面达到淬火温度，符合淬火条件，待零件运行到喷水圈位置时，温度已基本均匀。

零件装夹方式：上下顶尖装夹，花键一端朝上，竖直放置。

③ 淬火试验过程电参数：电源柜功率调节，标记 9:30 分。

④ S38MnSiV 驱动轮轴工艺轴淬火试验电参数汇总，见表 2-54。

因各组零件加热的尺寸状态基本相同，且设定的变压比、电容、功率调节标定相同，故其参数相同。

⑤ 变压比 20:1，电容从左数：1、3、4、6 挡。

(4) 试验自检　轴径处硬度 55～61HRC；花键处硬度 54～61HRC；其他：目视检查，未发现裂纹、烧伤等异常情况。

(5) 专业检查结果　磁力探伤检查，未发现淬火裂纹。

表 2-54　材料为 S38MnSiV 工艺轴的淬火试验电参数汇总

电参数	台阶处预热	连续加热花键	连续加热台阶	连续加热轴径
电压/V	495	480	475	610
电流/A	110	120	115	110
功率/kW	50	51	56	60
频率/Hz	4050	4300	4600	4500

2.15.6.5　S38MnSiV 工艺轴静扭试验数据及分析

(1) 光轴工艺轴　共六组 15 件，见图 2-114～图 2-117，静扭试验数据见表 2-55。

承受转矩的试件断裂后，根据试件的断口特征区分其最终的断裂方式是正断还是切断，以判断材料性能对断裂的影响。

正火态未感应淬火的光轴工艺轴及存在感应淬火过渡区的光轴工艺轴断裂位置均在未感

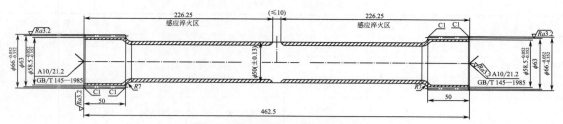

图 2-114　两感应淬火过渡区间隔≤10mm

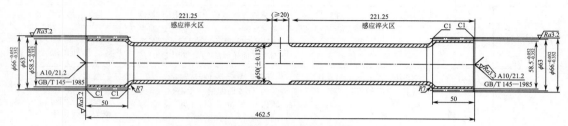

图 2-115　两感应淬火过渡区间隔≥20mm

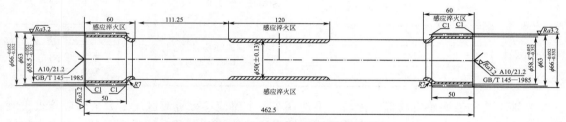

图 2-116　感应淬火过渡区位于轴中间的两边

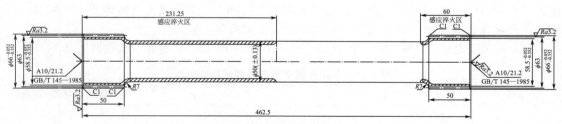

图 2-117　感应淬火过渡区位于轴的一边

应淬火无淬硬层处，其断裂面与试件轴线垂直，断口平整，有回旋状塑性变形痕迹，是由切应力造成的切断。表面感应淬火通淬的光轴工艺轴，断口起始于表面感应淬火层，其断裂面与试件轴线约呈45°角，呈螺旋状，是在正应力作用下产生的正断，为扭转正应力的脆性断裂，表现出较深的有效硬化层深和高的扭转应力的相关性，是一种硬化层内高聚集的弹性变形能量释放的结果。

光轴工艺轴不同感应淬火区静扭试验数据表明：光轴工艺轴表面感应淬火通淬后，其扭矩水平最高；正火态未感应淬火的次之。原因分析：表面感应淬火是将钢的表层加热至临界温度以上，然后快速冷却以得到硬的马氏体表层，由于这种硬层的体积较基体大，在零件表层形成残余压应力。残余压应力的存在可抵消一部分零件表面实际承受的拉应力，能够提高材料的扭转强度，因此零件抗扭水平提高。

表 2-55　光轴工艺轴静扭试验数据

编号	试验序号	转矩/(kN·m)	工艺试验方案	断口位置及裂纹源
第1组3件	1-1	01	17.1	感应淬火过渡区在轴的中间,两感应淬火区间隔距离≤10mm,理论上的不合理间隔距离(见图2-115)	断口:过渡区处
	1-2	02	17.1		断口为平口,裂纹源为轴外边缘
	1-3	03	16.9		
第2组3件	2-1	04	16.6	感应淬火过渡区在轴的中间,两感应淬火区间隔距离≥20mm,理论上的合理间隔距离(见图2-116)	断口:过渡区处
	2-2	05	16.5		断口为平口,裂纹源为轴外边缘
	2-3	06	16.5		
第3组2件	3-1	07	16.1	感应淬火区位于轴的中间,长度为光轴长度的1/3,感应淬火过渡区位于轴中间的两边,两段过渡区长度分别为光轴长度的1/3(见图2-117)	断口:过渡区处
	3-2	08	15.9		断口为平口,裂纹源为轴外边缘
第4组2件	4-1	09	17.0	感应淬火区位于轴的一边,长度为光轴长度的1/2,感应淬火过渡区位于轴的另一边,长度为光轴长度的1/2(见图2-118)	断口:过渡区处
	4-2	10	17.3		断口为平口,裂纹源为轴外边缘
第5组2件	5-1	11	22.3	感应淬火通淬无过渡区,硬化层符合方案要求	断口:轴径处
	5-2	12	24.3		断口为斜口,裂纹源为轴外边缘
第6组3件	6-1	13	18.3	正火态未感应淬火(与感应淬火过渡区试验数据对比)	断口:轴中部
	6-2	14	17.8		断口为平口,裂纹源为轴外边缘
	6-3	15	18.4		

光轴工艺轴表面感应局部淬火后,不论存在一个感应淬火过渡区还是数个感应淬火过渡区,其转矩水平基本相当,均大大低于感应淬火通淬的转矩水平,甚至低于未表面淬火的转矩水平。这说明:光轴工艺轴表面感应淬火其过渡区相对于淬硬区而言,是轴杆最薄弱的部位,成为扭转断裂的裂纹源。因此,通过表面感应局部淬火来提高零件转矩水平的做法不可取,在设计零件表面感应淬火工艺时,应尽量避免过渡区。

(2) 带齿条键槽工艺轴　共六组17件,见图2-118～图2-121,静扭试验数据见表2-56。

表 2-56　带齿条键槽工艺轴静扭试验数据

编号	试验序号	转矩/(kN·m)	工艺试验方案	断口位置及裂纹源
第1组3件	1-1	16	13.4	正火态,未感应淬火	断口:轴径中部
	1-2	17	12.5		断口为平口,裂纹源为齿条尾底部
	1-3	18	12.0		
第2组2件	2-1	19	16.4	感应淬火+喷丸强化	断口:轴径中部
	2-2	20	16.9		断口为斜口,裂纹源为齿条尾底部
第3组3件	3-1	21	14.6	感应淬火,凸缘处24mm区域内无硬化层(见图2-118)	断口:轴径中部
	3-2	22	14.8		断口为斜口,裂纹源为键槽尾底尖角
	3-3	23	15.1		
第4组3件	4-1	24	16.5	感应淬火,键槽尾部20mm区域内无硬化层(见图2-119)	断口:轴径中部
	4-2	25	14.2		断口为斜口,裂纹源为过渡区,键槽底尖角处
	4-3	26	14.4		

续表

编号	试验序号	转矩/(kN·m)	工艺试验方案	断口位置及裂纹源
第5组 3件	5-1	13.2	感应淬火,齿条尾部30mm区域内无硬化层(见图2-120)	断口:轴径中部
	5-2	13.2		断口为平口,裂纹源为过渡区,齿条尾部
	5-3	13.8		
第6组 3件	6-1	16.2	全部感应淬火,硬化层符合方案要求(见图2-121)	断口:轴径中部
	6-2	19.5		断口为斜口,裂纹源键为槽尾底尖角,齿条尾根
	6-3	15.6		

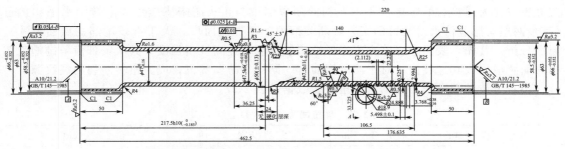

图 2-118 感应淬火凸缘处 24mm 区域内无硬化层

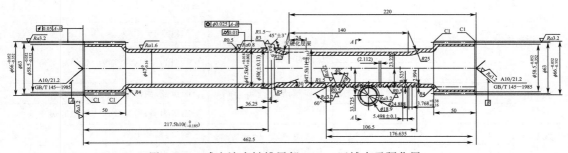

图 2-119 感应淬火键槽尾部 20mm 区域内无硬化层

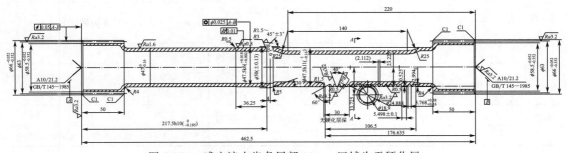

图 2-120 感应淬火齿条尾部 30mm 区域为无硬化层

带齿条键槽工艺轴静扭试验数据表明：由于缺口效应（零件表面的沟槽、棱角、截面的急剧变化处产生应力集中，使强度下降即缺口效应），带齿条键槽工艺轴其齿条尾部、键槽底部的尖角是轴杆最薄弱的部位，成为扭转断裂的裂纹源。

带齿条、键槽工艺轴在键槽底部、齿条尾部存在表面感应淬火过渡区的转矩水平均低于

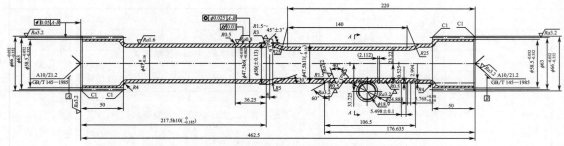

图 2-121 全部感应淬火硬化层符合方案要求

表面感应淬火通淬后的转矩水平，在相同断裂部位与正火态未感应淬火的转矩水平相接近（其余两组有感应淬火过渡区的工艺轴断裂部位，零件截面尺寸大于齿条尾部的截面尺寸）。原因分析：首先，表面感应淬火可降低缺口敏感度，提高抗扭强度；其次，带齿条键槽工艺轴表面感应淬火其过渡区相对于淬硬层而言，同样是薄弱部位，成为扭转断裂的裂纹源。

(3) 去齿条带键槽工艺轴　静扭试验数据见表 2-57。

表 2-57　静扭试验数据（共七组 17 件）

编号	试验序号	转矩/(kN·m)	工艺试验方案	断口位置及裂纹源
第1组 2件	1-1	33	14.5	正火态未感应淬火	断口:轴径中部
	1-2	34	14.8		断口为平口,裂纹源为键槽末端底尖角处
第2组 3件	2-1	35	18.4	全部感应淬火,硬化层深符合方案要求	断口:轴径中部
	2-2	36	19.5		断口为斜口,裂纹源为键槽底尖角
	2-3	37	18.3		
第3组 2件	3-1	38	15.2	全部感应淬火,硬化层浅不符合方案要求	断口:磨削键槽区
	3-2	39	14.7		断口为斜口,裂纹源为键槽底尖角处
第4组 2件	4-1	40	16.3	感应淬火,键槽尾部无硬化层	断口:轴径中部
	4-2	41	15.8		断口为斜口,裂纹源为键槽底尖角
第5组 3件	5-1	42	18.3	全部感应淬火,硬化层符合方案要求,300℃回火	断口:磨削终端
	5-2	43	17.4		断口为平口,裂纹源为磨削终端台阶处
	5-3	44	17.5		
第6组 3件	6-1	45	17.4	全部感应淬火,硬化层符合方案要求,250℃回火	断口:磨削终端
	6-2	46	19.1		断口为2平1斜,裂纹源为磨削终端台阶处
	6-3	47	17.6		
第7组 2件	7-1	48	17.1	全部感应淬火+喷丸强化	断口:轴径中部
	7-2	49	16.9		断口为斜口,裂纹源键槽尾端底尖角处

去齿条带键槽工艺轴静扭试验数据表明：去齿条带键槽工艺轴表面感应淬火通淬后硬化层深符合方案要求的，其转矩水平最高；表面感应淬火通淬后硬化层深符合方案要求的在低温回火磨削后其转矩水平有所降低；表面通淬+喷丸处理后其转矩水平降低；表面感应淬火通淬后硬化层浅不符合方案要求的转矩水平较低；正火态未感应淬火的转矩水平最低。

由于缺口效应，去齿条带键槽工艺轴其键槽底部的尖角以及试件回火磨削终端台阶处是轴杆最薄弱的部位，成为扭转断裂的裂纹源。在去齿条带键槽工艺轴表面感应淬火通淬后且硬化层符合方案要求的前提下，试件回火磨削后的转矩水平降低且断裂位置均位于回火磨削终端台阶处，说明回火磨削终端台阶处的应力集中程度大于键槽底部尖角处的应力集中程度。

表面感应淬火硬化层深度对静扭强度的影响规律为：随着硬化层深度的增加，残余压应力相应增大，极限扭转强度增加，承担转矩的能力大幅度地提高，表面感应淬火形成的残余压应力，可降低缺口敏感度，降低应力集中程度。喷丸强化在零件表层形成的残余压应力，也起到降低表面缺口效应的作用。

去齿条带键槽工艺轴表面通淬+喷丸处理后的转矩水平比表面感应淬火通淬后的转矩水平有所降低的原因：表面感应淬火和喷丸强化均在零件表层形成残余压应力。喷丸强化使材料表面产生的强化层深度有限，约为0.2~0.5mm，在强化层内形成残余压应力，强化层和未强化层之间为过渡拉应力区，而表面感应淬火产生的硬化层深度远大于喷丸强化，表面感应淬火硬化层内的残余压应力与喷丸强化层过渡区的拉应力抵消而减小，即喷丸强化反而使表面感应淬火硬化层残余压应力减小，因而去齿条带键槽工艺轴表面通淬+喷丸处理后的转矩水平比表面感应淬火通淬后的转矩水平有所降低。

感应加热淬火后一般只进行低温回火，主要是为了减小残余应力和降低脆性，但应尽量保持高硬度及大的表面残余压应力。为了使零件表面保留较大的残余压应力，回火温度一般不高于200℃。去齿条带键槽工艺轴回火后，零件表面感应淬火硬化层内残余压应力减小，降低了其承受转矩的能力。回火温度升高，转矩水平降低，因而去齿条带键槽工艺轴表面感应淬火通淬低温回火后的转矩水平有所降低。由此，表面感应淬火后应采用低温回火且回火温度不大于200℃。

综上，驱动轮工艺轴不同结构（光轴工艺轴、键槽工艺轴）相同处理状态下静扭试验数据表明：光轴工艺轴的转矩水平最高，去齿条带键槽工艺轴的转矩水平次之，带齿条键槽工艺轴的转矩水平最低。原因分析如下：首先，由于结构不同，键槽工艺轴（去齿条带键槽工艺轴及带齿条键槽工艺轴）存在齿条、键槽使其实际承受转矩的截面减小，降低其承载能力；其次，键槽工艺轴由于缺口效应在齿条、键槽处产生应力集中，且带齿条键槽工艺轴应力集中程度远大于去齿条带键槽工艺轴应力集中程度，是轴杆最薄弱的部位，成为扭转断裂的裂纹源。

2.15.6.6　42CrMo 键槽工艺轴

静扭试验数据见表 2-58。

表 2-58　静扭试验数据（共 6 组 10 件）

编　号	试验序号	转矩/(kN·m)	工艺试验方案
第 1 组	1-1	01	13.9	正火态
第 2 组 2 件	1-2	02	17.1	基体正火+感应淬火
	1-3	03	17.7	
第 3 组 2 件	1-4	04	18.1	基体正火+感应淬火，200℃、2h 回火
	1-5	05	17.7	
第 4 组	2-1	06	15.3	调质态
第 5 组 2 件	2-2	07	16.3	基体调质+感应淬火
	2-3	08	20.6	

续表

编号	试验序号	转矩/(kN·m)	工艺试验方案
第6组2件	2-4	09	19.7	基体调质+感应淬火,200℃、2h回火
	2-5	10	20.0	

42CrMo键槽工艺轴静扭试验数据表明：42CrMo键槽工艺轴调质态未感应淬火的转矩水平高于正火态未感应淬火的转矩水平；基体调质+感应淬火的转矩水平高于基体正火+感应淬火的转矩水平；基体调质+感应淬火，200℃、2h回火的转矩水平高于基体正火+感应淬火，200℃、2h回火的转矩水平；基体为正火态的，感应淬火后其转矩水平提高，感应淬火+200℃、2h回火后其转矩水平更高；基体为调质态的，感应淬火后其转矩水平提高，感应淬火+200℃、2h回火后其转矩水平更高。

驱动轮轴服役条件比较苛刻，主要承受扭转力矩和一定的冲击载荷，要求表面硬度高，耐磨性好，心部韧性好。零件经表面感应淬火后不仅提高了表面硬度和耐磨性，而且与经过适当预先热处理的心部组织相配合，可获得高的疲劳强度和强韧性。

作为表面感应淬火前的预先热处理，中碳钢调质处理后，在硬度相同的条件下比正火的屈服强度、塑性、韧性都有明显提高，显微组织更为细化。对结构钢零件来说，调质处理后再进行表面淬火其原始组织不仅具有更高的强度与塑性的综合性能，而且在感应淬火加热时更容易得到均匀的奥氏体。

2.15.6.7　S38MnSiV工艺轴静扭试验结论

（1）关于淬火过渡区的结论

① 表面淬火的零件其过渡区相对于淬硬区而言，是个薄弱环节，是扭转断裂的裂纹源。

② 零件存在淬火过渡区，转矩水平急剧下降，其转矩水平低于未表面淬火的零件，故局部淬火提高零件转矩水平的观点是错误的。

③ 零件表面局部淬火后，存在一个过渡区与数个过渡区，其转矩水平是基本一致的，因此，原先为提高性能减少零件过渡区数量的观点是错误的。

④ 零件设计者和工艺人员，在设计零件表面淬火要求时，尽量避免过渡区的出现。

（2）关于尖角问题结论

① 齿条尾部、键槽底部的尖角是裂纹的起源。

② 零件淬火回火局部磨削后，磨削终端是重要的薄弱环节，这是磨削应力及磨削尖角所致，其造成断裂的倾向大于键槽底部的尖角，应引起相关人员的注意。

③ 通过对尖角敏感度数据分析，可总结出如下结论。

a.含有键槽、齿条的零件存在尖角敏感度。

b.带齿条键槽工艺轴尖角敏感度远大于去齿条键槽工艺轴尖角敏感度。在此可提出两个问题：一个为是否多条尖角产生的尖角敏感度增幅更大，一个为是否横尖角产生的尖角敏感度增幅更大。初步分析为横尖角产生的尖角敏感度增幅更大，但须进一步确认。

c.表面通淬后表层形成了压应力，降低了尖角敏感度，减缓了尖角效应。

（3）关于表面淬火后的回火问题结论

① 表面淬火后，回火温度提高，转矩水平降低。因此，表面淬火后的回火温度应采用低温回火或自回火，回火温度不应大于200℃。

② 零件回火后，降低了尖角敏感度，减缓了尖角效应。因此，存在尖角的零件必须回火，技术要求允许时，提高回火温度。

（4）关于喷丸问题结论　表面淬火后，喷丸处理，致使转矩水平降低，原因分析：喷丸后,降低了表面压应力;喷丸减少的压应力大于低温回火减少的压应力,致使喷丸零件的转矩水平低于低温回火的零件。

2.15.7 1604驱动轮轴CAE(计算机辅助工程)分析

2.15.7.1 绪论

以现有手段,还难以对驱动轮轴的耐久性(寿命)作详细评估,原因为缺乏材料和零件的疲劳试验数据,缺乏拖拉机实际作业的载荷谱。

为提高驱动轮轴的使用寿命,将问题简化为采用CAE分析方法,对驱动轮轴进行静力分析,找出驱动轮轴在弯扭载荷作用下的最大应力位置,并结合工艺轴进行验证。从而在此基础上对驱动轮轴最大应力位置的结构等进行优化。

通过CAE分析,预测并找出最大应力部位,以便在最大应力部位处进行强化并改进结构,以提高驱动轮轴的使用寿命。

在现驱动轮轴的基础上,做相应的改进,分析改进后的驱动轮轴在相应载荷下的最大应力位置。验证高应力点与断裂区域是否符合,同时也验证计算工况与实际工况是否符合,尝试修改结构,减少应力集中的影响。

1604驱动轮轴的材料为合金结构钢42CrMo,调质处理,截面尺寸(直径或厚度)≤100mm时,其力学性能如下:抗拉强度$R_m \geqslant 800$MPa,$R_{p0.2} \geqslant 550$MPa。

2.15.7.2 四种结构的对比分析

对驱动轮轴现有结构进行分析,提出可以改进的三种新结构,并对原结构和三种新结构进行CAE分析,采用工艺轴进行验证。

(1) 四种结构(见图2-122)

① 原结构　轴径ϕ95mm,有立铣键槽和齿条(见图2-122左所示)。

② 新结构一　轴径ϕ95mm,有卧铣键槽,取消齿条(原齿条处改为圆柱面)。

③ 新结构二　轴径ϕ95mm,取消键槽和齿条,铣出两个平面(见图2-122右所示)。

④ 新结构三　轴径ϕ105mm,有卧铣键槽,取消齿条(原齿条处改为圆柱面)。

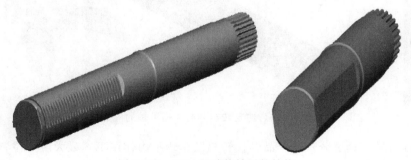

图2-122　1604驱动轮轴零件结构

(2) 工况载荷

① 分析工况　工况1:扭转;工况2:弯曲;工况3:扭转+弯曲。

② 分析载荷　扭转:$T=16025.2$N·m。

弯曲:拖拉机总质量(带农具):$m=12$t;地面对单胎的支撑力:$F=12\times1000\times0.7\div2\div2\times9.8=20.580$(kN)。

(3) 模型描述(见图2-123)

① 网格　采用8节点六面体网格。

② 材料 42CrMo，弹性模量：2.1E5MPa；泊松比：0.3。

2.15.7.3 产品轴分析

（1）弯曲和转矩同时加载 驱动轮轴在重力 23kN 和驱动力矩 10928.45N·m 的共同作用下，边界条件如图 2-124 所示。

图 2-123 1604 驱动轮轴零件模型　　　　图 2-124 边界条件

由图 2-125 可见，驱动轮轴在重力和转矩共同作用下，最大应力在图示齿条根部，应力为 271.9MPa；键槽尾部的应力在 239.8MPa 左右。

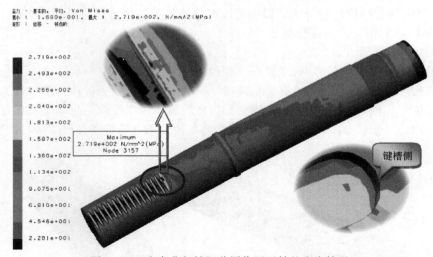

图 2-125 在弯曲与转矩共同作用下轴的应力情况

（2）分析结果 经过分析，产品轴在转矩及车辆重力作用下，最大应力位置在齿条根部（与实际断裂位置一致）。

2.15.7.4 新结构一（取消齿条的驱动轮轴）分析

在产品轴的基础上，去掉齿条部分，其余不变，结构如图 2-126 所示。

（1）弯曲与转矩同时加载 驱动轮轴在弯曲和转矩作用下的边界条件见图 2-127。

（2）分析结果 驱动轮轴在弯曲应力＋转矩作用下，最大应力为图示键槽尾部位置，应力为 227.9MPa。如图 2-128 所示。

（3）弯曲扭转 von mises 应力如图 2-129 所示。

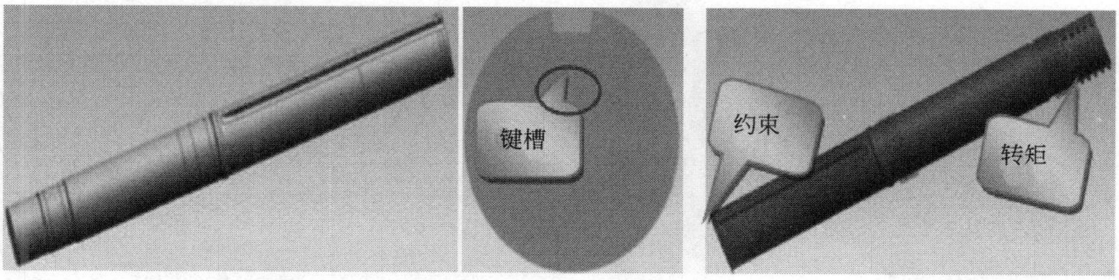

图 2-126 轴的结构及键槽

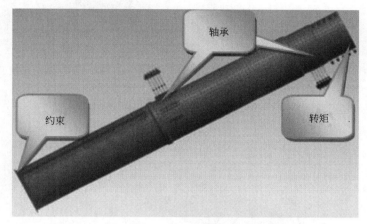

图 2-127 边界条件

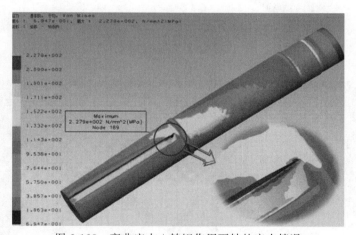

图 2-128 弯曲应力+转矩作用下轴的应力情况

2.15.7.5 新结构二（取消键槽和齿条，铣出两个平面）分析

在产品轴的基础上，取消齿条和键槽，采用两个平面传动转矩，结构如图 2-130 所示。

(1) 只加载转矩　约束情况如图 2-131 所示。

由图 2-132 可见，驱动轮轴在转矩作用下，最大应力为图示位置，应力为 167.9MPa，轴平面尾部的应力为 166.3MPa。

(2) 弯曲转矩同时加载　此时驱动轮轴边界条件如图 2-133 所示。

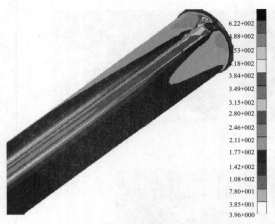

图 2-129 （弯曲＋扭转）应力云图情况

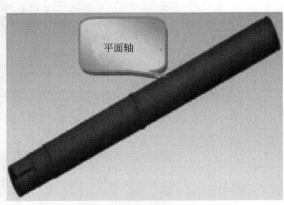

图 2-130 轴的结构及键槽

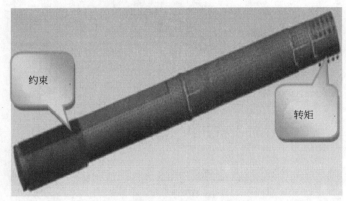

图 2-131 边界条件

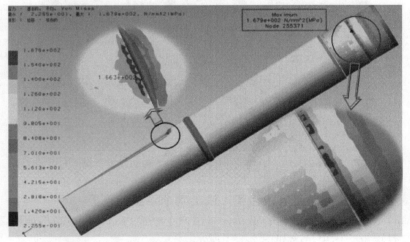

图 2-132 转矩作用下轴的应力情况

（3）分析结果 驱动轮轴在弯曲转矩作用下，最大应力为图示位置，为 225.1MPa，另一侧的应力为 223.3MPa。如图 2-134 所示。

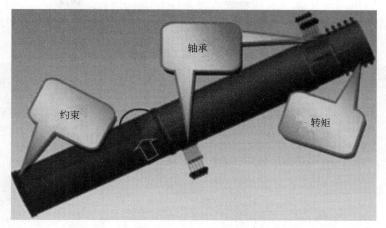

图 2-133　边界条件

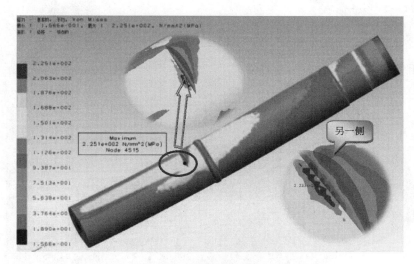

图 2-134　弯曲转矩作用下轴的应力情况

2.15.7.6　新结构三（加粗驱动轮轴并取消齿条）分析

在产品轴的基础上，将驱动轮轴装轴承的轴颈和键槽齿条段轴颈由 $\phi 95mm$ 加粗到 $\phi 105mm$，同时取消齿条，结构如图 2-135 所示。

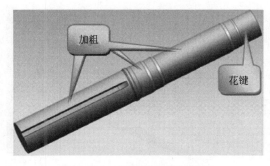

图 2-135　加粗驱动轮轴结构

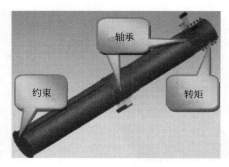

图 2-136　边界条件

（1）弯曲、转矩同时加载　驱动轮轴边界条件如图 2-136 所示。

（2）分析结果　驱动轮轴在弯曲转矩作用下，最大应力为图示位置，应力为 197.7MPa。如图 2-137 所示。

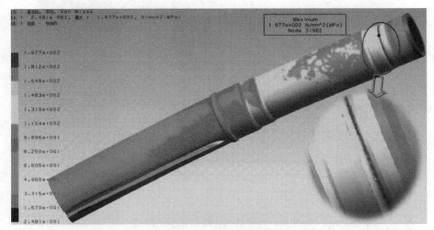

图 2-137　弯曲、转矩作用下轴的应力情况

（3）加粗结构应力云图

① 扭转 von mises 应力如图 2-138 所示。

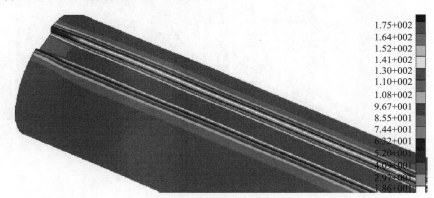

图 2-138　扭转应力云图情况

② 弯曲扭转 von mises 应力如图 2-139 所示。

③ 弯曲 von mises 应力如图 2-140 所示。

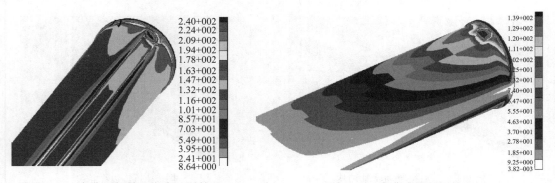

图 2-139　（弯曲＋扭转）应力云图情况　　　　图 2-140　弯曲应力云图情况

2.15.7.7 工艺轴试验

由于产品驱动轮轴的破坏转矩大，现有试验设备不能直接对产品轴进行最大转矩试验，所以用按产品驱动轮轴的结构，尺寸缩小一半的工艺轴和 $\phi50mm$ 的光轴进行对比试验分析，验证最大应力与破坏位置。

(注：因只验证最大应力与破坏位置，与材料关联不大。受条件限制，工艺轴材料选用了和42CrMo材料强度相近的S38MnSiV非调质钢。)

(1) 带齿条和键槽的工艺轴分析　该工艺轴在产品轴的尺寸基础上缩小一半，带有键槽和齿条，边界条件如图2-141所示。

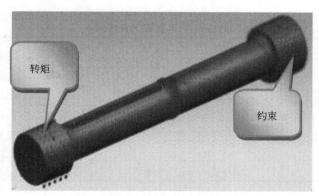

图2-141　边界条件

(2) 工艺轴CAE分析　选定一转矩为3600N·m，分析最大应力部位（此最大应力部位与转矩无关）。经CAE分析可知，键槽根部应力最大，为653.5MPa。另外齿根的局部应力也达到609MPa。此轴的最大应力部位如图2-142所示。

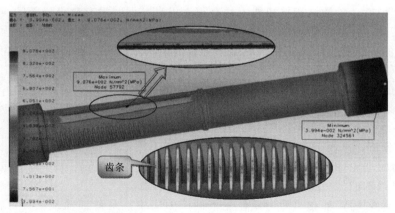

图2-142　转矩为3600N·m时，轴的键槽和齿条根部的应力位置情况

(3) 工艺轴最大静扭试验　工艺轴做最大静扭试验，结果分别见图2-143、图2-144。

(4) 工艺轴验证分析　从工艺轴破坏部位看，其损坏部位基本上都在CAE分析键槽和齿条处的最大应力部位。产品驱动轮轴的断裂部位和工艺轴破坏部位基本一致，从而证实前述的CAE结果可信，可以作为结构优化的依据。

2.15.7.8 分析与结论

(1) 结果汇总　见表2-59。

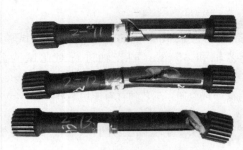 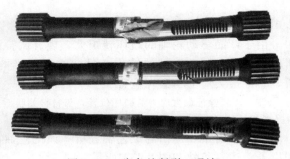

图 2-143　键槽处断裂（通淬）　　　　图 2-144　齿条处断裂（通淬）

表 2-59　工艺轴试验结果

受力情况	应力英文缩写	单位	原方案	去除齿	加粗	铣平面
扭转	von mises	MPa	527	505	175	252
	max shear	MPa	304	292	101	145
弯曲	von mises	MPa	258	233	139	179
	max principle	MPa	305	215	145	195
扭转＋弯曲	von mises	MPa	535	522	240	317
	displacement	mm	2.94	2.89	2.38	2.91

（2）结果分析

① 键槽和齿根处有明显应力集中，键槽对扭转工况更敏感，而齿根对弯曲工况更敏感。原结构的最高 von mises 应力达到 535MPa。此次分析未考虑轴瓦的影响，实际工况中，轴瓦限制了轴的位移，因此预期在轴瓦附近会有更高的应力。

② 单纯的去除齿对驱动轮轴强度改善有限，因为键槽根部同样有很高的应力。

③ 加大直径后，轴的抗弯抗扭能力均有很大提高，但并没有改善局部的应力集中程度。

④ 比较而言，在驱动轮轴两侧铣平面是较好的方案，有效地减小了应力集中程度。负面因素是轴瓦的加工难度增大，同时其受力与目前结构不具可比性，还需要详细计算分析。

从驱动轮轴断裂照片可以看出首先从齿根处发生疲劳，这可能是由于：实际工况中较少可能出现计算的转矩，而提升以及颠簸时可能会出现更大的弯曲载荷。

从分析结果来看，去除齿方案对减小应力有作用但效果有限，加粗方案和铣平面应力显著减小。

通过以上分析，由图 2-145 及图 2-146 可得出如下结论。

① 齿条对驱动轮轴在驱动力矩作用下的应力影响较大，齿条根部是轴的应力集中点。

② 键槽也是轴的另一个引起应力集中较明显的因素。

③ 采用平面轴后，轴在驱动力矩作用下的应力集中点是最细轴颈位置（花键轴颈处），但是轴在重力作用下的应力略有增加。

④ 轴加粗后，由于花键轴颈直径没有增加，所以花键轴颈处的应力最大，但是在转矩弯曲作用下轴的应力减小明显。

⑤ 在驱动力矩作用下，由于试验轴的轴径减小为产品轴的一半，所以带齿条键槽试验轴的应力最大。

⑥ 去除齿条方案能有限减小应力，但是工艺性好，只需要去除一侧的齿条，能够迅速实施，配套轮毂（LX2004.34.104）不需要改动，但对应力集中改善不明显，如果在热处理过程中键槽底部热处理达不到要求，同样会造成早期疲劳损坏。加粗结构显著减小应力，需

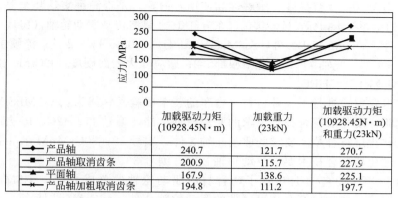

图 2-145　不同轴在相应载荷下最大应力对比图

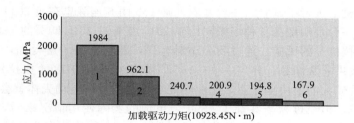

图 2-146　不同轴在驱动力矩下的最大应力
1—带齿条键槽试验轴；2—试验光轴；3—产品轴；4—产品轴取消齿条；
5—产品轴加粗取消齿条；6—平面轴

要去除一侧的齿条以及加粗驱动轮轴直径（由 $\phi 95h11mm$ 改为 $\phi 105h11mm$），同时相关配套的轮毂（LX2004.34.104）仅需要加大直径，工艺性好，同时降低热处理难度。平面结构减小应力明显，但是由于取消键槽和齿条改为采用平面传递转矩，采用铣出两个平面的结构形式，配套轮毂（LX2004.34.104）需要由圆接触面改为平面接触，但改为平面接触的轮毂加工困难，轮毂零件加工工艺性较差。

综上分析，我们认为新结构一（取消齿条结构）方案实施简便，工艺性好，可以迅速实施。另外通过对比参考，我们提出备选的新结构二（铣出两个平面）的结构方案及新结构三（驱动轮轴直径加大为 $\phi 105h11mm$）的方案。其中新结构二的方案采用铣出两个平面结构，可以解决热处理淬硬层深不均匀，以及加工过程中有裂纹引起的应力集中问题；新结构三驱动轮轴直径加大为 $\phi 105h11mm$，可以大幅度减小驱动轮轴的应力。只要轮毂加工不存在问题，我们认为该方案为最优解决驱动轮轴断裂问题的方案。

2.15.8　驱动轮轴零件装车试验研究

"大轮拖驱动轮轴感应热处理关键技术的深度开发及应用"项目，进行了大马力 118kW（160 马力）拖拉机最终传动驱动轮轴（1604.39.115-1）零件的材料选用、感应淬火工艺、淬火变形控制、零件的静扭强度等项试验工作。其中三种材料 7 种结构进行了 27 次感应淬火工艺试验。

因国家拖拉机质量检测中心强度室现有的轴类零件扭转疲劳试验机的最大负荷为 20000N·m（因设备老化，目前试验载荷不超过试验机最大载荷的 70%），无法满足 1604/1804 驱动轮轴的本体台架疲劳试验。所以通过装车试验考核感应淬火后驱动轮轴各淬火部位是否失效，即考核其疲劳强度、耐磨性和使用寿命等，是否满足实际装车要求。

装车试验的主要技术指标：试验零件：东方红-1604 最终传动驱动轮轴（1604.39.115-1）；材料：42CrMo 2 件，30CrMnMoB 2 件，S38MnSiV（0.41%～0.45%C）2 件；淬硬层深度（mm）：花键根部 3.25～8.25，光轴 7～12，键槽根部≥2；感应淬火表面硬度：42CrMo 和 S38MnSiV≥53HRC，30CrMnMoB≥47HRC。

按上述技术要求，进行了 3 种材料 3 台车的装车试验。具体为：S38MnSiV 去齿条、键槽尾部圆弧过渡，硬化层符合技术要求的驱动轮轴 2 件，编号 11；42CrMo 去齿条、键槽尾部圆弧过渡，硬化层符合技术要求的驱动轮轴 2 件，编号 22；30CrMnMoB 带齿条、键槽尾部圆弧过渡，硬化层符合技术要求驱动轮轴 2 件，编号 33。

根据试验，于 2012 年 8 月进行了两种材料驱动轮轴的总成装配：S38MnSiV 去齿条、键槽尾部圆弧过渡，硬化层符合技术要求的驱动轮轴 2 件，42CrMo 去齿条、键槽尾部圆弧过渡，硬化层符合技术要求的驱动轮轴 2 件；分别在 2012 年 10 月 20 日和 10 月 29 日安装在两台 1804 拖拉机上进行了试验。一台是农九师 165 团 5 连陈忠东于 2011 年 8 月 6 日购买的 1804 拖拉机，一台是额敏县良种场宋同山于 2011 年 3 月 28 日购买的 1804 拖拉机。经过在这两台 1804 拖拉机上的试验，通过我公司对客户试验情况的了解得知，用户对这种加强型拖拉机的使用效果非常满意。客户一——165 团陈忠东所用的 1804 拖拉机（第一台），因为常年都是在坡度较大的地块上作业，作业时处于低侧的最终传动壳体就会承受着较大的压力，造成总成过载，但经过秋季共翻了 5300 余亩地的实际使用情况来看，使用情况正常，客户反映比较好。客户二——宋同山的拖拉机（第二台），所处的作业环境是土地的板结情况严重，特别是在进行秋翻作业时最终传动总成承载的负荷相对较大，经秋翻了 3800 余亩地后的使用情况来看，他也十分满意。故认为加强型最终传动总成的使用效果是比较好的，是完全可以推广使用的。

而 30CrMnMoB 去齿条、键槽尾部圆弧过渡，硬化层符合技术要求驱动轮轴零件 2 件，于 2013 年 6 月由营销中心发往新疆农机进行装车试验（用户是郊区乡吐尔滚村肖某），于 2014 年 12 月用户予以反馈使用结果。装车的最终传动总成见图 2-147。

 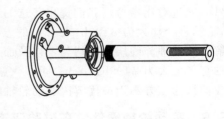

图 2-147　最终装车的传动总成

2.15.9　驱动轮轴锁紧螺纹孔承载能力试验研究

2.15.9.1　试验目的和采取的方法、措施

（1）试验的必要性　驱动轮轴锁紧螺栓是固定驱动轮轴和防止驱动轮轴轴向运动的重要紧固件，该螺栓为 M24×1 的 10.9 级细牙高强度螺栓，直接拧在未经感应淬火的驱动轮轴

花键端的端面中心螺栓孔中。因此驱动轮轴锁紧螺栓孔螺纹的强度及承载能力也是衡量驱动轮轴可靠性的重要指标。驱动轮轴表面感应淬火，但螺栓孔的螺纹强度和承载能力是由驱动轮轴的基体强度来决定的。由于非调质钢 S38MnSiV 基体为正火态，硬度要求（229~285HB）较 42CrMo 调质态硬度要求（262~302HB）低，30CrMnMoB 虽为调质态，但基体硬度要求（≤227HB）较 42CrMo 调质态硬度要求（262~302HB）也低，因此需要试验驱动轮轴锁紧螺栓孔螺纹的强度及承载能力。

（2）试验采取的方法　该项目采取在三种材料 42CrMo（调质＋感应淬火）、非调质钢 S38MnSiV（正火＋感应淬火）、30CrMnMoB（调质＋感应淬火）的成品轴上加工螺栓孔进行拉伸试验的方法。同时还在静扭试验的工艺轴上加工螺栓孔进行了 42CrMo（正火＋感应淬火）拉力试验。目的是试验同一材料进行不同热处理的基体，采用同一感应淬火工艺，试验不同基体强度对螺栓孔螺纹强度的影响程度。因此就有三种材料、四种状态的基体强度。

为和驱动轮轴的实际螺栓孔位置一致并节省费用，三种材料、四种状态的基体螺栓孔强度试验样品取样如下：

① 在使用中断裂的 42CrMo（调质＋感应淬火）驱动轮轴上截取三件试验样品。

② 在课题试验中已截取过硬化层金相样品的试件上截取非调质钢 S38MnSiV（正火＋感应淬火）试验样品三件、30CrMnMoB（调质＋感应淬火）试验样品三件。

③ 在静扭试验的工艺轴上截取 42CrMo（正火＋感应淬火）试验样品三件。

用以上试验样品共计 12 件进行螺栓孔拉伸试验。

（3）试验采取的措施　1604 驱动轮轴锁紧螺栓为 M24×1 的 10.9 级高强度螺栓，工材所拉伸试验机吨位为 50t 拉伸试验机，无法拉断拉力强度要求大于 50t 的 M24×1 的 10.9 级驱动轮轴锁紧螺栓，因此无法用 M24×1 的 10.9 级驱动轮轴锁紧螺栓来进行试验。根据工材所试验机吨位（50t）选用 M18×1.5 螺栓来进行螺栓孔拉伸试验。试验样品见图 2-148、图 2-149。

图 2-148　成品轴螺栓孔拉伸试样

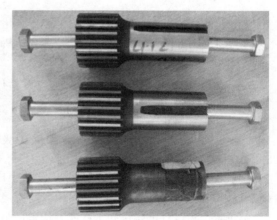

图 2-149　工艺轴螺栓孔拉伸试样

2.15.9.2　试验结果（见表 2-60 和图 2-150）

结论：上述试件的螺纹孔承载能力均满足驱动轮轴成品轴 10.9 级螺纹孔承载要求。

表 2-60　试验结果数据

试件名称	试件编号	载荷/kN	断裂部位
S38MnSiV 成品轴	1-1	277.0	螺栓螺纹根部
	1-2	272.0	
	1-3	273.0	
30CrMnMoB 成品轴	3-1	269.0	
	3-2	264.5	
	3-3	266.0	
42CrMo 成品轴	4-1	273.5	
	4-2	268.0	
	4-3	254.0	
42CrMo 工艺轴	4-11	271.5	
	4-12	268.0	
	4-13	269.5	
10.9 级 M18×1.5 螺栓	—	≥225.0	

注：10.9 级 M18×1.5 螺栓最小拉力载荷为 225.0kN，最小抗拉强度为 1040N/mm^2。

2.15.9.3　试验结果分析

螺纹组合件可能的失效形式有：

图 2-150　螺栓断裂位置

① 螺栓断裂；
② 螺栓的螺纹脱牙；
③ 螺纹孔（螺母）的螺纹脱牙；
④ 螺栓和螺纹孔（螺母）的螺纹脱牙。

对螺纹连接的设计，理想的失效形式是螺杆断裂。当拧紧到螺栓保证载荷时，螺纹组合件不会发生螺纹脱牙。对螺栓孔的设计应至少保证在超拧 10% 时，螺纹组合件的失效形式是螺栓断裂。

螺栓-螺纹孔（螺母）组合件的应力高于螺栓的屈服强度或保证应力即可。10.9 级螺栓的最小抗拉强度为 1040MPa，最小屈服强度为 940MPa，保证应力为 830MPa。M18×1.5-10.9 级螺栓保证载荷为 179.0kN，最小拉力载荷为 225.0kN，M18×1.5-10.9 级螺纹孔（螺母）保证载荷为 232.2kN。

试验中，螺栓-螺纹孔组合件的失效形式均为螺杆断裂。试验件所承受的最大载荷均超过螺纹孔（螺母）保证载荷及螺栓最小拉力载荷，远超过螺栓保证载荷。

结论：上述试件的螺纹孔承载能力均满足驱动轮轴成品轴 10.9 级螺栓、螺纹孔承载要求。

螺栓拉伸试验，对螺栓而言，螺纹牙承受剪切应力，对螺栓心部和杆部而言主要承受拉伸应力，在装配预紧时还有一部分扭转应力，在使用中螺栓还承受一定的弯曲应力。但对螺栓孔而言，螺纹牙主要承受剪切应力。因此螺栓材料强度和螺栓孔材料强度是不对等的，如缸盖螺栓和主轴承螺栓均为 10.9 级强度级别，但缸体、缸盖螺栓孔的材料为 HT250，因此螺纹连接件的性能主要靠螺栓来保证。

2.15.10 成果的先进性和应用效果

2.15.10.1 主要创新点

本项目研究已达到预期目标，且满足设计任务书的要求，圆满地完成了规定的研究内容，并获国家发明专利受理 2 项，授权实用新型专利 1 项。发表论文 9 篇，其中学术论文 2 篇、中文期刊 3 篇、国家一级期刊论文 4 篇。具体见表 2-61。

表 2-61 获得的专利及发表的论文

序号	专利名称	类型	授权号	法律状态
1	一种低速大转矩驱动轮轴的感应热处理方法	发明	ZL201310621094.X	授权
2	一种鉴别判定轴杆类及盘套类钢制零件毛坯成形的方法	发明	ZL201310212995.8	授权
3	一种具备交直流纵向闭路磁化功能的配置方法及探伤机	发明	ZL201310215370.2	授权
4	交直流纵向闭路磁化式探伤机	实用新型	ZL201320310103.9	授权
5	一种用于低速大转矩驱动轮轴的淬火感应器	实用新型	ZL201520813540.1	授权

序号	论文标题	出版物名称	发表期数	出版物刊号
1	《驱动轮轴中频感应加热过程频率变化分析》	《2011年十四省市热处理暨全国第三届有色金属热处理学术交流会议论文集》	2011.04	学术会议
2	《磁粉探伤中常见非相关磁痕的种类与识别》	《2011年河南省机械工程学会无损检测学会学术年会论文集》	2011.10	学术会议
3	《驱动轴最大静扭强度与表面淬硬层状态关系浅析》	《拖拉机与农用运输车》	2011年第38卷第5期	ISSN:1006-0006 CN:41-1222/TH
4	《驱动轮轴工艺轴感应淬火扭转试验研究》	《金属加工》	热加工 增刊1/2013	ISSN:1674-165X CN:11-5627/TH
5	《一种大轮拖驱动轮轴断裂事故分析》	《理化检验》物理分册增刊2	2013 Vol.49 物理分册/增刊2	ISSN:1001-4012 CN:31-1338/TB
6	《感应热处理工艺对拖拉机轴类零件扭转强度的影响》	《拖拉机与农用运输车》	2014年第41卷总第1期	ISSN:1006-6051 CN:41-1222/TH
7	《键槽尾部结构对轴类零件的感应淬火质量的影响》	《金属热处理》	2014年第39卷第3期	ISSN:0254-6006 CN:11-1860/TG
8	《一种驱动轮轴感应淬火工艺试验应用研究》	《金属加工》	热加工 增刊2/2014	ISSN:1674-165X CN:11-5627/TH
9	《一种感应热处理淬硬层深度无损检测方法》			
10	《一种大轮拖驱动轮轴开裂原因分析及解决措施》	《拖拉机与农用运输车》	2014年第41卷第5期	ISSN:1006-0006 CN:41-1222/TH
11	《一种低速大转矩驱动轮轴的感应热处理工艺研究》	《拖拉机与农用运输车》	2015年第42卷第2期	ISSN:1006-0006 CN:41-1222/TH

续表

		发表的论文		
序号	论文标题	出版物名称	发表期数	出版物刊号
12	《不同结构驱动轮轴零件的感应淬火工艺研究》	《金属加工》	热加工增刊2/2015	ISSN:1674-165X CN:11-5627/TH
13	《42CrMo钢驱动轮轴感应热处理》	《金属热处理》	2016年第41卷第1期	ISSN:0254-0006 CN:11-1860/TG
14	《基于CAE仿真的驱动轮轴应力分析》	《金属加工》	热加工增刊2/2016	ISSN:1674-165X CN:11-5627/TH
15	《驱动轮轴锁紧螺栓螺纹孔拉伸试验研究》			
16	《一种淬火感应器及配用尺寸确定方法》			
17	《应用于驱动轮轴磁粉检测的探伤设备技术改造》		9/5月上 2017	
18	《IE1671驱动轮轴的感应热处理工艺》	《金属加工》	2018.6	ISSN:1674-165X CN:11-5627/TH

本项目成果的创造性、先进性在于以下几点。

(1) 感应淬火工艺的集合创新　集合创新包括：台阶预热后的制冷方式、各部位感应移动速度、感应加热功率及感应加热工艺对强度影响等的技术创新。

所属的学科分类名称：热处理工艺与设备；支撑材料：受理的发明专利（ZL201310621094.X）；专利名称：一种低速大转矩驱动轮轴的感应热处理方法；中文核心期刊《金属热处理》2014年第39卷第3期《键槽尾部结构对轴类零件的感应淬火质量的影响》。

中文期刊《金属加工》热加工增刊2/2014《一种驱动轮轴感应淬火工艺试验应用研究》；学术会议《2011年十四省市热处理暨全国第三届有色金属热处理学术交流会议论文集》2011.04《驱动轮轴中频感应加热过程频率变化分析》；中文核心期刊《拖拉机与农用运输车》2011年第38卷第5期《驱动轴最大静扭强度与表面淬硬层状态关系浅析》、2014年第41卷总第1期《感应热处理工艺对拖拉机轴类零件扭转强度的影响》。

(2) 淬火感应器的设计创新　所属的学科分类名称：热处理工艺与设备；支撑材料：授权了使用新型和发明专利各一项，名称分别为"一种淬火感应器及配用尺寸确定方法（ZL201520813540.1）"和"一种低速大扭矩驱动轮轴的感应热处理方法（ZL201310621094.X）"；学术会议《2011年十四省市热处理暨全国第三届有色金属热处理学术交流会议论文集》2011.04《驱动轮轴中频感应加热过程频率变化分析》。

(3) 设备的应用创新　所属的学科分类名称：无损检测；支撑材料：发明专利受理，受理号为：ZL201310215370.2，专利名称：一种具备交直流纵向闭路磁化功能的配置方法及探伤机；实用新型专利授权，授权号为：ZL201320310103.9，专利名称：交直流纵向闭路磁化式探伤机；学术会议《2011年河南省机械工程学会无损检测学会学术年会论文集》2011.10《磁粉探伤中常见非相关磁痕的种类与识别》。

(4) 感应淬硬层连续的技术创新　所属的学科分类名称：热处理工艺与设备；支撑材料：受理的发明专利（ZL20131062 1094.X）；专利名称：一种低速大转矩驱动轮轴的感应热处理方法；中文期刊《金属加工》热加工增刊2/2014《一种感应热处理淬硬层深度无损检测方法》；机械工业洛阳计量测试中心站《检测报告》，编号为：2011R09-16、2012R04-

18、2012R10-23。

2.15.10.2 项目实施效果

通过对驱动轮轴零件感应淬火工艺试验,测得的淬硬层深度及淬硬层分布满足技术要求。本项目很好地解决了多台阶处淬硬层深度深且不连续的问题。

该项目的顺利实施,减少了驱动轮轴因材料选择或热处理技术及控制等因素造成的质量事故,保证东方红大轮拖的安全性、可靠性。160马力以上大轮拖是我国发展高效农业的需要,该项目打破了拖拉机领域在这一功率段被国外品牌垄断的情况,保证拖拉机工作安全性和可靠性,提升大功率拖拉机的技术含量和市场竞争力,提高作业效率,具有极大的社会和经济效益。

2.15.10.3 经济效益与社会效益

(1) 课题的生产应用　1604驱动轮轴感应淬火关键技术的创新工艺研究成果,可以应用在多种机型的拖拉机上,如1304、1504、1604、1804、2004、2204等,解决了这类拖拉机装车使用过程中发生的断轴等问题,以及其淬硬层深较深且连续在现生产条件下无法实施感应淬火等工艺难题。本项目通过小批量试生产和批量生产,截止到2014年6月份生产出160马力以上重型拖拉机2644台。

(2) 经济效益(截止到2014年6月份)

① 直接经济效益　生产160马力以上重型拖拉机2644台,50万元/台×2644台=13.22亿元(产值)。

② 间接经济效益　该项目的顺利实施,能够保障我公司在大轮拖制造领域中占有领先地位,有利于中国一拖LX2004新的机型大量投放市场及2013年产的1000台大轮拖产品的可靠性,满足使用要求。

该项目完成后,在中国一拖形成年产大轮拖10万台生产规模的前提下,可实现大轮拖驱动轮轴生产20万件/年,销售收入可达到4亿元/年,利润8000万元/年,具有良好的经济效益,市场前景广阔。

(3) 社会效益

① 通过CAE分析,预测并找出最大应力部位,以便在最大应力部位处进行强化并改进结构,缩短试验周期;通过装车试验,考核其疲劳强度、耐磨性和使用寿命等是否满足实际要求,减少断裂事故;通过驱动轮轴螺纹孔承载能力试验,表明驱动轮轴使用S38MnSiV、30CrMnMoB材料也满足其螺栓孔螺纹的强度及承载能力要求。

② 大轮拖驱动轮轴,由于轴向尺寸大,探伤及退磁困难且检测灵敏度无法保证,而探伤检测是感应淬火后必需的一道工序,故要求针对原有探伤机进行创新改造,解决探伤设备问题。使用经专利技术改造后的探伤机,能够有效检测出该零件各部位的表面缺陷,且大大减小了工件的退磁难度,有效解决了该零件磁粉探伤问题。

③ 利用现有淬火机床,对大轮拖驱动轮轴材料及感应淬火工艺研究,通过反复工艺试验及性能试验、组织检测分析,形成一套能够满足产品图样技术要求的、成熟的淬火工艺指导现场生产,攻克了驱动轮轴上同时具有键槽、花键、齿条、凸缘4个感应淬火疑难结构的技术难关,能很好地满足产品设计表面耐磨且具有一定强度的使用要求,解决其掉块、淬裂及淬硬层深无法连续的难题。

④ 本项目所研究的感应淬火工装、工艺方法,解决了淬火零件淬硬层深且连续分布的技术难题,同时将键槽尾部立铣结构改为卧铣结构,为后续大轮拖的成功投产提供了可靠保障。此新工艺具有效率高、节能、适用性强、使用方便、环保、操作简单等诸多优点,可填

补国内在具有键槽、花键、齿条、凸缘多个感应淬火疑难结构淬火技术上的空白。

2.15.10.4 结论

本项目已达到预期研制目标，圆满完成规定的项目任务。本项目创造性地探索出同时具有台阶（凸缘）、键槽、花键及齿条结构的零件感应加热时温度梯度把控上的关键感应淬火技术，不仅有效地解决了上述薄弱部位处易烧熔、淬裂、掉块等问题，而且解决了复杂结构零件台阶、键槽、凸缘及花键处淬火淬硬层深且连续的问题，满足了大轮拖驱动轮轴类零件淬火硬度及淬硬层深度的技术要求。

本项目在大轮拖驱动轮轴类零件感应淬火关键技术的创新研究方面具有新颖性、创造性和实用性等特点，填补了国内一项研究空白，达到国内领先水平。

本项目不少研究成果已形成本单位的专有核心技术。如，淬火全程采用的圆环感应器中感应器与有效圈的尺寸距离设计，加热工艺参数的选定，加热效率、功率密度、加热速度等的优化，从而合理控制台阶、花键、键槽、齿条尾部处加热温度使之均匀化，满足零件硬化部位淬硬层连续的要求。

综上所述，项目组经过历时三年的研究，按照节点进度要求，完成了协议中所规定的技术工作内容。从工艺上避免了驱动轮轴可能断裂的方方面面，达到了项目立项的预期效果。

2.16 动力输出轴头零件

2.16.1 动力输出轴头零件技术要求

东方红 Fiat90-100 拖拉机上 1.80.107B 动力输出轴头（5140119）零件（结构见图 2-151），属轴类零件，在感应加热淬火生产中要求其感应加热淬火淬硬层连续、无淬火裂纹的产生。其产品图的技术要求见表 2-62。

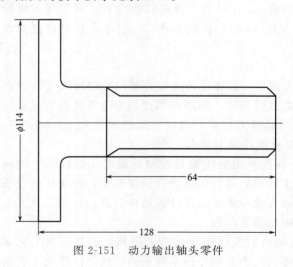

图 2-151 动力输出轴头零件

表 2-62 动力输出轴头（5140119）零件技术要求

零件名称	动力输出轴头
零件号	1.80.107B(5140119)
专业厂	齿轮厂
产品型号	Fiat90-100
材料	40CrMo
预先热处理	调质 262～302HB
处理前工序	—
处理后工序	校直
后量/mm	—
工艺路线	锻造—锻热—齿加—齿热—齿加—装二装
技术要求	在128mm长度上进行淬火，硬度≥52HRC，淬硬层深度3～4mm
感应器名称	动力输出轴头感应器
感应器类型	圆环形
零件加热区域关键尺寸/mm	直径：ϕ68；加热段长度：128

2.16.2 动力输出轴头零件感应淬火工艺

淬火采用的设备：机床为 GCK10150，电源为 KGPS250/8000。淬火介质采用 8%～10%聚乙烯醇，淬火喷液压力表 2.6 格；感应器：采用圆环形感应器，斜喷水圈，见图 2-152。工艺数据格式见表 2-63。

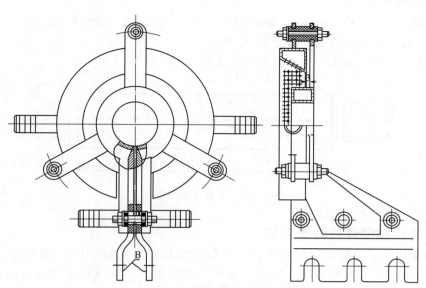

图 2-152　动力输出轴头淬火用感应器

表 2-63　动力输出轴头感应加热工艺数据格式

零件名称		动力输出轴头
零件号		1.80.107B(5140119)
处理部位及区域		φ34.87mm 轴颈
零件放置方法		垂直
感应器名称		动力输出轴头感应器
中频电机频率/Hz		8000
中频电机功率/kW		250
变压器变压比		16/1
空载电压/V		—
负载电压/V		380～390
负载电流/A		170～180
功率因数		1
输出功率/kW		—
加热方式		同时
冷却	介质	聚乙烯醇
	温度/℃	25～40
	压力/MPa	2.6
移动速度/(mm/s)		—
时间	加热/s	25
	间隙/s	1
	冷却/s	18

2.17　支架销零件

2.17.1　支架销零件技术要求

　　某种汽车后钢板弹簧支架销的零件见图 2-153。该零件由 45 钢制造，预先热处理为调质。淬火硬度要求为 58~63HRC，淬火层深度 1.2~2.7mm（淬火区域见图 2-153），选用频率为 8000Hz 的中频设备进行感应淬火。

工艺路线：标切—标热—东关机加—装二热—东关装配。

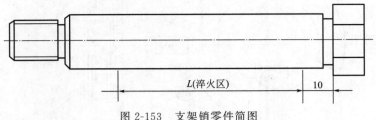

图 2-153　支架销零件简图

2.17.2　支架销零件热处理工艺

支架销采用的是中频同时加热淬火，所使用的感应器见图 2-154。感应器主要参数如下：$a=2.5\text{mm}$，$b=(9\sim11)\Delta_{20℃}=10.5\times0.75\approx8(\text{mm})$，淬火区长度为 L，则淬火区域为 $1.18L$（a 为感应器单边间隙，b 为感应器高度）。

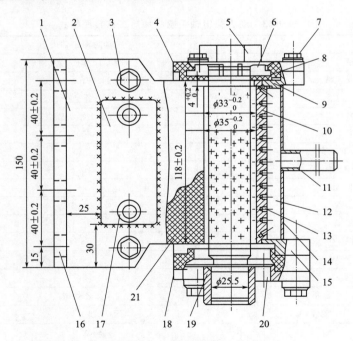

图 2-154　支架销同时淬火感应器

1—接触板；2—冷却水盒；3—紧固螺栓；4—上定位环压板；5—淬火零件；6—上定位环；7—紧固螺栓；8—定位环垫板；9—上法兰盘；10—有效圈；11—淬火水管；12—淬火水腔；13—淬火水孔；14—水套；15—下法兰盘；16—感应器固定孔；17—冷却水管；18—胶木绝缘板；19—下限位板；20—下定位环压板；21—绝缘板

由图 2-154 可知，支架销一端焊了六角螺母，而不淬火区距离六角螺母最大为 10mm。感应加热淬火时，零件垂直置于感应器中，六方螺母压在上定位环上（图 2-154，件 6），上定位环厚度 7mm，定位环垫板（图 2-154，件 8）厚度为 2mm，那么零件淬火区边缘距感应器上沿仅 3mm，为保证淬火区域符合要求，在有效圈的上端设计有内径为 φ33mm，宽

4mm 向内凸出的台阶,使该处的邻近效应加强,从而保证零件上端的淬火区满足要求。

感应器上定位环(见图 2-155)呈梅花形,六个花瓣之间有六个绝缘槽口。装配时在槽口中夹有胶木绝缘片,保证六瓣之间绝缘。这样做的目的是使上定位环在有效圈出口处的磁场中不被加热,不能形成感应电流,而在六角螺母压住它们时不能打火,更不能焊在一起,使工件取出自如。上定位环通过上定位环压板(图 2-154,件 4)和定位环垫板(图 2-154,件 8)及紧固螺栓(图 2-154,件 7)紧固定位。

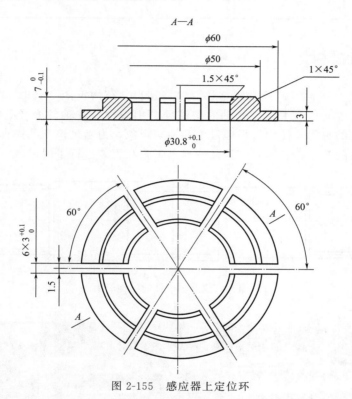

图 2-155 感应器上定位环

因为零件较长,为保证零件在感应器中上下各处间隙均匀,在有效圈下端装有下限位板(图 2-154,件 19),该板上有 $\phi25.5$mm 限位孔,零件的螺纹部分插入其中,可保证径向间隙。

感应淬火工艺,见表 2-64。

表 2-64 支架销感应加热工艺数据

零件名称	支架销
零件号	15.31.114
处理部位及区域	$\phi30$mm 表面
零件放置方法	垂直
感应器图号	696-ZE9558
感应器名称	支架销感应器
阳极空载电压/kV	12
阳极负载电压/kV	11.5
阳极电流/A	2~2.6
栅极电流/A	0.4~0.47

续表

零件名称		支架销
加热方式		连续
冷却	介质	水
	温度/℃	15～30
	压力/MPa	—
移动速度/(mm/s)		5

2.18 提升轴零件

东方红拖拉机 LF80-90 上提升轴零件（5117187），结构见图 2-156、图 2-157，属轴类零件，在感应加热淬火生产中由于在轴的花键处产生裂纹及在轴的变径处淬火淬硬层不连续，从而导致零件的报废及使用过程中发生断轴等现象，为满足该产品淬火淬硬层连续的技术要求和防止裂纹的产生，我们对该零件的淬火工艺和工装进行了改进。

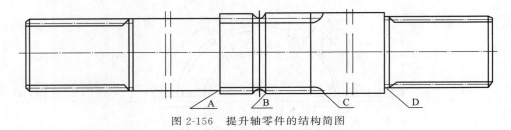

图 2-156 提升轴零件的结构简图

图 2-157 提升轴零件的实物图

2.18.1 提升轴零件所用材料及其工艺

LF80-90 提升轴（5117187）零件所选材料为 42CrMnMo。图纸要求如下：毛坯调质 262～302HB，零件淬火硬度为 52～57HRC，淬硬层深 6～9mm。

原工艺路线是采用普通圆环感应器（结构见图 2-158）连续加热淬火，淬火后进行低温回火。该零件在生产中应力集中和尖角效应等因素很容易在 A、B、C、D、尖角和凹槽处造成而产生淬火裂纹。轴类淬火所用感应器一般分为两种类型：半圈感应器和圆形感应器，圆形感应器为通用感应器，而半圈感应器对工件定位精度的要求较圆形感应器高，而且装取零件较圆形感应器方便，再加上双半圈感应器效率又高，适于在批量生产中应用。

本次东方红 LF80-90 提升轴（5117187）零件工艺改进是在现有生产条件下，采用中频感应加热，在所用设备 8000Hz、160kW 机床上通过合理的工艺设计，并使用特殊设计的双半圈感应器（结构见图 2-159），经过反复研究和实验，最终实现了提升轴的稳定生产。

图 2-158 通用的圆环感应器

图 2-159 新采用的双半圈感应器

(1) 频率的选择　为了实现零件图上规定的技术要求，制订中频热处理工艺时必须根据零件尺寸及硬化层深度要求，合理选择设备。正确选择设备的频率范围和设备的功率，对保证产品质量有重要意义。硬化层要求薄的，设备要选频率高的。零件尺寸越大，要求设备的功率也就越大。硬化层深度与适应的频率范围参照表 1-3。

由此可见，原工艺采用的 8000Hz 的中频淬火机组进行淬火理论是可行的。但由于零件是多花键和光轴，而且来回变化，并且要求淬硬层连续，特别容易在花键和光轴变化处发生应力集中而产生裂纹，所以必须改进原有感应器或者设计新感应器以解决此零件淬硬层不连续和容易发生淬火裂纹的问题。

(2) 工艺方案　原感应器装卸困难，且对圆角、凹槽等处加热时容易引起过热、过烧等现象，从而使零件易产生淬火裂纹，通过对感应器的结构的改进，即由一般圆环感应器改进为半圈双匝矩形感应器，提高了零件的加热效率，且改变零件加热方法，使零件可以均匀加热避免因为零件复杂使尖角凹槽处容易应力集中发生裂纹而造成的零件报废。

(3) 工装改进　矩形感应器特点是磁场方向与涡流方向与圆环感应器相反。由于改变了磁场的方向，造成磁场顺零件水平方向流动，电流顺垂直方向流动。这样涡流既可以通过顶圆又流过根圆，可使尖角、凹槽变化的电流连续使零件各个部位加热均匀。在两个感应器之间加装上电流导磁体，使尖角、凹槽处加热均匀，使电流更大化趋于零件表面提高淬硬层深度，可以保证淬火工件的淬硬层连续。

2.18.2　工艺试验结果分析

(1) 工艺参数　见表 2-65。

表 2-65　工艺试验参数

淬火部位	电压 U/V	功率/kW	淬火介质	功率因数($\cos\varphi$)
A	770	85	0.5%PVA	+0.99
B	650	85	0.5%PVA	1
C	750	85	0.5%PVA	+0.98
D	640	85	0.5%PVA	+0.99

(2) 淬火照片　淬火后提升轴零件的实物，见图 2-160。

(3) 金相检验　提升轴零件淬火后的金相检验结果见表 2-66。

图 2-160　淬火后提升轴零件的实物图

表 2-66　金相检验结果

淬火部位	硬度（HRC）	马氏体组织级别	淬硬层深/mm
A	58	5 级	6.3～7.2
B	59	4 级	6.4～7.2
C	57	5 级	6.4～7.2
D	57	5 级	6.2～7.1

由此可以看出，采用双半圈感应器对提升轴（5117187）进行中频感应淬火，其检验结果：硬度 54～57HRC（要求 52～57HRC），层深 6.2～7.2mm（要求 6～9mm），以及金相组织完全符合图纸各种技术要求。

2.18.3　结论

① 为了改善零件综合力学性能设计的感应器不但彻底解决了零件各种质量问题，同时对尖角凹槽处淬火容易造成的裂纹，都可以解决，有效保证了产品质量。

② 淬火后解决了零件的淬硬层连续问题，使零件光轴和花键基本保持硬度和淬硬层一致。淬火后零件各种数值完全满足图纸技术要求。

③ 本试验解决了淬硬层不连续和尖角凹槽经常出现的淬火裂纹问题，使产品满足了工艺要求而且可以批量生产。

2.19　40Cr 拐轴零件

2.19.1　前言

一装厂拐轴零件，见图 2-161。所用材料为 40Cr，原工艺是用煤气加热的推杆炉生产，加热温度为（840±10）℃，冷却介质是浓度为 10%～15% 的 AQ251 淬火剂。每班产量为 96 件，由于推杆炉生产的零件品种比较单一，生产节奏跟不上，满足不了设备连续生产的需

图 2-161　拐轴零件图

求,且使用煤气耗能高,操作复杂,安全隐患较多,造成效率较低。因此,在2009年厂部决定拆除推杆炉,原来由推杆炉生产的零件由其他设备取代进行生产(如井式淬火炉、箱式炉等)。

拐轴零件其形状较为复杂,中间粗,两头细,且呈台阶状对称分布。零件的工艺路线:锻造—正火—机加工—淬火—回火—退火(两端最细处)—喷丸—机加工。原工艺采用的是在RJJ-75-9井式气体渗碳炉中生产,采用专用15孔耐热钢料盘垂直装料,以防止变形。装载量为每炉2层,共30件。该零件在淬火工序时出现了一些问题,在大批量连续生产时发现有时淬火硬度不符合技术要求,硬度有高有低,分布极不均匀,从而使零件硬度不合格,造成返修。因此,我们欲通过改进工艺来达到减少返修率和提高产品质量的目的。

2.19.2 工艺试验

(1) 拐轴所用材料及其工艺　拐轴所用材料为40Cr。图纸技术要求如下:毛坯硬度170～220HB,要求淬硬层深为2.5～5.5mm,淬火硬度为30～35HRC。

该零件采用的原工艺为淬火温度(870±10)℃,保温2.5h,淬火介质为油。该工艺在单独调试时基本上满足了零件的技术要求,但是在大批量连续生产时出现了上述硬度不均匀的现象。通过认真分析零件的特点及淬火方式初步认为有以下几个原因:

① 淬火油存在一定的老化;
② 连续大批量生产时造成油温过热;
③ 该零件单重较大,造成冷却速度跟不上;
④ 各批次零件的含碳量、合金元素含量及表面脱碳状况的不同;
⑤ 实际生产中操作工的个人技术水平参差不齐。

(2) 改进方案　针对上述分析,我们制定了如下的工艺改进方案,加热设备仍采用RJJ-75-9井式气体渗碳炉,加热温度为(810±10)℃,保温为2.5h。选用水作为淬火介质(水温20～60℃),出炉时在空气中先预冷10～25s,再入水冷却5～7min吊出。使零件不冷透,零件表面余温在40～80℃之间,防止因过冷而造成的零件开裂。

经对淬火后的零件进行百分之百的探伤检验,无裂纹产生,对零件表面硬度进行各部位的检测,淬火后硬度46～55HRC,无变形和任何热处理缺陷。

此后又试生产了600件,探伤10%,硬度检验10%,全部符合图纸要求。

选用不同淬火介质硬度试验结果见表2-67。

表2-67　不同淬火介质硬度试验结果

序号	淬油(HRC)		淬水(HRC)	
1	39	33	54	51
2	38	32	55	52
3	38	32	54	51
4	37	33	54	51
5	39	34	53	50
6	36	33	55	49
7	38	32	55	52
8	37	31	54	51
9	36	31	53	52
10	36	32	53	50

金相检验结果见表 2-68。

表 2-68 金相检验结果

序号	淬油,淬硬层深/mm	淬水,淬硬层深/mm
1	2.5～3.1	3.8～5.0
2	2.6～3.3	4.1～5.0
3	2.5～3.2	3.8～4.9
4	2.6～3.2	3.8～5.2
5	2.7～3.3	3.9～4.9
6	2.5～3.2	4.2～5.3
7	2.6～3.3	3.9～5.1
8	2.6～3.2	3.9～4.9
9	2.5～3.1	4.1～5.0
10	2.6～3.1	3.8～4.9

2.19.3 结论

① 试生产合格后，经技术部门进行工艺验证，在每批生产的零件中进行抽查，结果全部合格，确认此工艺有效。

② 新工艺和老工艺相比较，操作简单，产品质量稳定。

③ 新工艺减少了油淬所带来的油烟污染，减少了清洗油污这道工序，为节能减排起到了一定作用。

④ 降低了成本，提高了经济效益。

2.20 销轴零件

2.20.1 前言

销轴是一类标准化的紧固件，既可静态固定连接，亦可与被连接件做相对运动，主要用于两零件的铰接处，构成铰链连接。销轴通常用开口销锁定，工作可靠，拆卸方便。销轴的国际标准为 ISO 2341：1986。国内标准 GB/T 882—2008。

销轴常用的材料有以下 4 种。

(1) 45 钢　45 钢是轴类零件的常用材料，它价格便宜经过调质（或正火）后，可得到较好的切削性能，而且能获得较高的强度和韧性等综合力学性能，淬火后表面硬度可达 45～52HRC。

45 钢广泛用于机械制造，这种钢的力学性能很好。但是这是一种中碳钢，淬火性能并不好，45 钢可以淬硬至 42～46HRC。所以如果需要表面硬度，又希望发挥 45 钢优越的力学性能，常将 45 钢表面淬火（高频淬火或者直接淬火），这样就能得到需要的表面硬度。

GB/T 699—2015 标准规定 45 钢抗拉强度为 600MPa，屈服强度为 355MPa，伸长率为 16%，断面收缩率为 40%，冲击功为 39J。

(2) 40Cr　40Cr 是轴类零件的常用材料，它价格便宜经过调质（或正火）后，可得到较好的切削性能，而且能获得较高的强度和韧性等综合力学性能，淬火后表面硬度可达 45～52HRC。

40Cr 等合金结构钢适用于中等精度而转速较高的轴类零件，这类钢经调质和淬火后，具有较好的综合力学性能。

40Cr 是 GB 的标准钢号，40Cr 钢是机械制造业使用最广泛的钢之一。调质处理后具有良好的综合力学性能，良好的低温冲击韧性和低的缺口敏感性。钢的淬透性良好，水淬时可淬透到 φ28～60mm，油淬时可淬透到 φ15～40mm。这种钢除调质处理外还适于氰化和高频淬火处理。切削性能较好，当硬度为 174～229HB 时，相对切削加工性为 60%。

（3）30CrMnTi　比 20CrMnTi 钢的强度、淬透性高，但冲击韧性略低。主要用作渗碳钢，渗碳后可降温直接淬火，弯曲强度较高、耐磨性能好。可在淬火低温回火或调质后使用，切削加工性中等。用于制造拖拉机行业中截面较大的重负荷渗碳件及受力较大的齿轮、齿轮轴、蜗杆等。

（4）35CrMnSi　35CrMnSi 钢是低合金超高强度钢，热处理后有好的综合力学性能，高强度、足够的韧性、淬透性、焊接性、加工成型性均较好，但耐蚀性和抗氧化性能低，低温回火或等温淬火后使用。

35CrMnSi 钢是淬透性较好的材质，经适当的热处理后可得到强度、硬度、韧性和疲劳强度较好的综合力学性能，能适应采煤生产较复杂的工况条件。常用标准：GB/T 3077—2015。

下面介绍一种销轴（见图 2-162）的热处理。

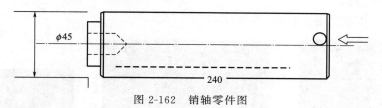

图 2-162　销轴零件图

2.20.2　材料及工艺

该销轴所用材料为 45 钢，其技术要求为：调质后高频淬火；硬度：55～60HRC；淬硬层：1.5～4mm。

工艺路线：锻造—锻热—机加—高频淬火—回火—校直—机加—机装。

淬火所用感应器见图 2-163。

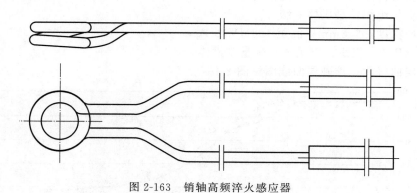

图 2-163　销轴高频淬火感应器

淬火工艺参数见表 2-69。

表 2-69　销轴淬火工艺数据

处理部位及区域	φ45mm×240mm
零件放置方法	垂直

续表

感应器图号		696-ZB502
感应器名称		油缸销感应器
阳极空载电压/kV		10
阳极负载电压/kV		9.25
阳极电流/A		1.7~2.4
栅极电流/A		0.2~0.35
加热方式		连续
冷却	介质	水
	温度/℃	15~30
	压力/MPa	—
移动速度/(mm/s)		8~10
时间	加热/s	1.5
	间隙/s	0.5
	冷却/s	2.0

2.20.3 金相检验

① 金相检验结果见图 2-164～图 2-166。

图 2-164　心部金相照片（×100倍）　　图 2-165　淬硬层金相照片（×400倍）　　图 2-166　样品实物照片

② 表面硬度检测，测得的硬度值为：58HRC、58.5HRC 及 58HRC。
③ 表面金相组织：马氏体 6 级。
④ 淬硬层深度：2.6mm（测至 428HV 处）。
⑤ 心部（$R/2$）组织：索氏体＋少量铁素体。
⑥ 淬硬层曲线图，淬硬层曲线图见图 2-167。

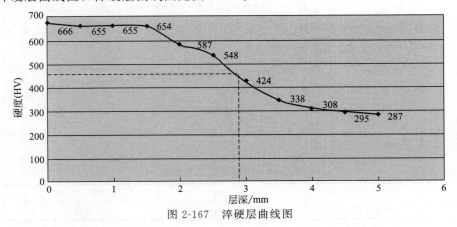

图 2-167　淬硬层曲线图

2.21 拖拉机半轴零件

降低制造成本,提高产品市场竞争力已经成为各个企业迫切需要解决的问题之一。在目前严峻的市场环境下,我们通过对拖拉机半轴中频感应淬火后的余热进行自回火的工艺试验的探索和研究,采用中频感应淬火余热进行自回火的方式来替代炉中回火,达到节能、环保及节约创效的目的。

东方红-1204 拖拉机半轴零件,承受复杂的弯曲-扭转载荷和较大的冲击载荷,因此半轴本身必须具有较高的疲劳强度、较高的硬度和良好的耐磨性。其所用的材料为 42CrMo,零件形状如图 2-168 所示。技术要求为:轴颈及法兰的有效淬硬层深 $\delta=7.25\sim9.25$mm,花键部位的有效淬硬层 $\delta=7\sim9$mm,两淬火部位的硬度要求为 52~57HRC。该零件单件质量为 35kg。

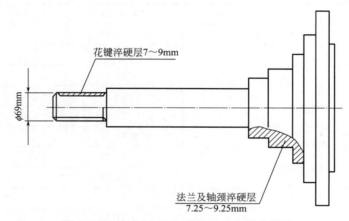

图 2-168 东方红-1204 拖拉机半轴零件简图

原工艺为:采用中频淬火,冷却介质选用 0.2%~0.3% 聚乙烯醇水溶液并及时进行炉中回火。这种工艺能够保证表面加热层充分完成马氏体转变。但是由于零件很重,操作工要进行回火工序时,搬运零件的劳动强度极大,且零件的磕碰伤也较严重。为了降低操作中的劳动强度,减少零件在搬运过程中的磕碰伤,同时也考虑到节约能源,进一步提高产品的市场竞争力,因而研究半轴利用余热进行自回火代替炉中回火的方法显得很有必要。

2.21.1 工艺调试及测试结果

(1) 工艺调试 设备采用电源为 160kW 的 GCT10120 中频淬火机床,通过几次反复的工艺调试,确定轴颈、法兰部位及花键部位的最佳工艺。

轴颈法兰部位的最佳中频淬火自回火工艺为:变压比 9:1;电压 420V;电流 230~260A;频率 5500~7000Hz;加热时间 78s;间隙时间 5s;冷却时间为 42s;淬火剂为 0.2%~0.3% 聚乙烯醇水溶液。

花键部位的中频淬火自回火工艺为:变压比 9:1;电压 410~420V;电流 230~260A;频率 8000Hz;加热时间 47s;间隙时间 5s;冷却时间 40s;淬火剂为 0.2%~0.3% 聚乙烯醇水溶液。

(2) 硬度测试及金相组织检验 对用自回火生产的零件进行制样检验,结果如下。

① 轴颈及法兰部位的硬度为 52～55HRC，有效淬硬层深 $\delta=8.0\sim8.3$mm，其金相组织为 3～4 级回火马氏体；

② 花键部位的硬度为 52～54HRC，有效淬硬层深 $\delta=7.8\sim8.1$mm，其金相组织为 3～4 级回火马氏体。

根据以上数据，所调试的工艺能很好地满足硬度、有效淬硬层深及金相组织的要求。

(3) 花键部位 M（跨量棒间距离）值的测试

① 热加工后 M 值的确定　在第一次试验中生产零件 20 件，其中有 10 件打上钢号，对 M 值进行热前热后的测量，摸索同一位置 M 值的变化规律，剩余 10 件，只测量热后 M 值。

从表 2-70 的数据中可以看出 M 值的膨胀量在 0～0.05mm 之间，其中变形量在 0～0.04mm 之间的占 80%。

表 2-70　半轴的同一位置热前热后 M 值的对应表

零件编号	热前 M 值/mm	热后 M 值/mm	膨胀量/mm
1	74.67	74.69	0.02
	74.67	74.70	0.03
2	74.61	74.65	0.04
	74.61	74.66	0.05
3	74.67	74.69	0.02
	74.67	74.72	0.05
4	74.66	74.70	0.04
	74.66	74.69	0.03
5	74.61	74.64	0.03
	74.63	74.66	0.03
6	74.67	74.71	0.04
	74.68	74.71	0.03
7	74.68	74.68	0
	74.67	74.69	0.02
8	74.64	74.67	0.03
	74.66	74.68	0.02
9	74.66	74.67	0.01
	74.68	74.69	0.01
10	74.63	74.65	0.02
	74.65	74.65	0

从表 2-71 中可以得出：采用调试工艺后，M 值的合格率为 100%。

在第二次和第三次试验中均采用第一次试验方法，从得到的大量数据表明：M 值的膨胀的量在 0～0.05mm 之间，其中膨胀量在 0～0.04mm 之间的约占 86%，热后 M 值的合格率达到 100%。

② 冷加工 M 值的确定　成品 M 值的要求 $74.70^{+0.02}_{-0.08}$mm 即 74.62～74.72mm，热后 M 值的膨胀量为 0～0.05mm，则可推算出 M 值应控制在 74.62～74.67mm 之间，而采用炉中

回火时 M 值控制在 74.55～74.67mm 之间，即 $74.64^{+0.03}_{-0.09}$。故采用自回火后冷加工仍可继续沿用原来炉中回火 M 值的控制范围批量生产。

试生产合格后，开始批量生产，在每批的随机抽查中，硬度与 M 值均符合要求。

表2-71 热后 M 值及其垂直方向 M 值的测试结果（产品图成品跨棒 $\phi 74.70^{+0.02}_{-0.08}$ mm）

零件编号	M 值/mm	垂直方向的 M 值/mm	备注
1	74.65	74.67	M 值合格
2	74.64	74.65	M 值合格
3	74.65	74.64	M 值合格
4	74.70	74.72	M 值合格
5	74.67	74.64	M 值合格
6	74.69	74.66	M 值合格
7	74.67	74.67	M 值合格
8	74.66	74.69	M 值合格
9	74.68	74.65	M 值合格
10	74.69	74.67	M 值合格

2.21.2 测试结果分析

淬火后钢的低温回火常用来增加钢的刚度、韧性，消除内应力，提高尺寸稳定性和均匀性，而对钢的淬火硬度影响不大。

炽热的钢急冷时其组织会转变成硬而脆的马氏体，这种淬火马氏体因太脆而不能直接使用，同时还具有很高的内应力。淬火后回火则可以降低或松弛内应力并得到回火马氏体组织。回火温度总是低于相变温度（A_1）。

如果感应回火处理得当，则工件硬度仅略微下降，但这种下降将被获得的许多益处所补偿，如消除内应力，改善工件的刚度和韧性，改善切削加工性，并使最大拉应力偏离外加载荷。

感应淬火零件传统回火方法是在烘箱、燃气炉或红外炉中进行，这些设备通常安装在车间的其他地方，因而造成零件运输、堆放等过程中的大量人力、物力及时间上的浪费，另外炉中回火常常需要 2～3h 才能完成。较高温度下的感应回火与较低温度下的传统回火可以得到相同的效果。感应回火温度范围通常为 120～600℃，假如碳钢感应回火温度低于 100℃，则组织不会发生变化。碳钢的低温回火（120～300℃）主要用于降低内应力，而此时硬度降低一般不超过 1～2HRC。如果碳钢在高于 600℃回火，则组织发生显著变化，致使硬度大幅度下降，其值可超过 15HRC，而最高硬度可降低到 36～44HRC。对于合金钢，在高于 600℃下回火，可能不会导致显著的硬度下降。

回火总是要同时兼顾硬度和内应力、韧塑性等矛盾的双方，由于消除内应力是回火的一个重要目的，因此，首先要弄清感应淬火时内应力是如何产生的，此时残余应力的形成机理与其他一些热处理过程如渗碳、渗氮时的应力形成机理是不同的。一般感应加热时有两种应力：由不同的温度值及温度梯度造成的热应力，以及由组织转变，如奥氏体、贝氏体及马氏体等转变产生的相变应力。总应力是这两部分应力的叠加。随着加热过程的进行，每种应力在总应力中所起的作用也发生变化。

在加热的初始阶段，位于感应线圈内的柱体部分被加热，但此时温度还较低（<500℃）处于弹性状态而不易膨胀，结果在该部分内产生应力。

随着加热温度提高，钢表面压应力增大。在520～750℃范围内，钢开始产生塑性体积膨胀，从而压应力开始下降。在加热的后期阶段，当温度大于850℃时，此时加热作用范围比早期大得多，钢表面可以自由膨胀，因此表面应力急剧下降。

当液体冷却剂喷射到热工件上时，工件表面层迅速失去塑性而产生拉应力。最大拉应力正好发生于工件表面的马氏体相变开始温度（M_s）。随后的马氏体相变会使拉应力降低，并逐步导致表面压应力，淬硬件的内应力正是这种拉应力和压应力叠加而成。

为何要进行回火？工件表面残余压应力通常被看作是有益的。该应力可抑制微裂纹的扩展，延缓疲劳裂纹的产生，以及改善工件在弯曲和扭转载荷下的寿命。

但必须注意的是，最大拉应力往往位于紧靠淬硬层的下侧，该区域是潜在的危险区，因为许多次表面裂纹均在该区域产生。因此，淬火态零件中的总体残余应力状态将促进脆性及缺口敏感性，从而降低工件的稳定性。因此，用回火来消除这些内应力是必须的。最理想的回火是尽量减少表面拉应力，而保留表面压应力。基本上有两种感应回火方法：

① 自回火——利用感应淬火的余热回火；

② 感应回火——重新感应加热回火。

碳钢圆柱体感应淬火后自回火的原理是：在感应加热的初始阶段，工件表面温度急剧提高，约5s后，表面可达到所需的最终淬硬温度（最终淬硬温度与被加热材料的种类有关）。由于集肤效应、高能量密度及加热时间短等原因，工件心部温度不会明显提高。若保温时间足够长，则大量热量从表面传导到心部。

在急冷的初始阶段，表层的温度开始降低，喷液冷却约2s后表面温度急剧下降，最高温度处于工件的次表层，然后由于传导的作用，工件心部的温度仍在上升，约6s后，工件表面温度降至与冷却剂温度相当，但工件仍残留相当的热能（心部温度>400℃）。此时如停止喷淋冷却剂，则由于心部残余的热量会使工件变热，经过一定时间后，工件表面温度会上升到一个较高值。

通过选择合适的冷却条件，这些残留热量可用作回火处理。自回火温度一般不超过260～290℃，通常在210～240℃。为保证自回火处理的效果，需要注意以下几个方面：

① 传导给工件的能量和加热时间要严格监控以保证残留的热量稳定在一定的范围；

② 冷却液流速、时间及冷却温度也要监控，以保证工件经淬火余热重新加热后其表面温度的一致性。

准则：假如工件质量很大且是一次快速加热，则此时容易自回火，而假如工件形状复杂或是扫描加热，则不易进行自回火，因为此时心部温度不均匀。淬硬工件次表层各处的热量储存和热量吸收必须相同，否则保温后温度将有差异，从而无法进行自回火。

在某些应用上，"淬火-保温"循环可用来获取特定的组织和性能。这种多步处理法是由加热、第一次淬火、第一次自回火、再加热、第二次淬火及第二次自回火等组成。

人们常错误地认为回火可以消除全部残余内应力。实际上是不可能的，但是回火可以明显降低内应力，同时可以使危险区域（即最大拉应力区）移向工件的内部，从而更偏离外加载荷。淬火态钢的最大拉应力正好处于淬硬层的下方。

回火使钢铁更具有韧性，不易开裂。不过，缩短淬火、回火之间的时间间隙十分重要。因为放置太久或"过渡时间"太长，残余应力可能造成工件的畸变和（或）开裂，从而削弱甚至消除了回火的益处。

近年来国家一直在大力提倡节能环保技术的应用，可以说，采用中频感应淬火余热进行自回火的方式来替代炉中回火技术具有很好的推广价值。

2.21.3 结论

① 从淬火硬度、有效淬硬层深的金相组织及 M 值的变化规律，调整合适的工艺参数，中频淬火自回火工艺完全可以代替炉中回火工艺。

② 省去炉中回火工序，节约能源。按年产东方红-1204 拖拉机 6000 台计算，共需生产 12000 件半轴，回火时每炉 5 件，共需 2400 炉，每炉回火 2h，用 RJJ-36-6 井式回火炉回火，电耗 0.71 元/度，则每年节约电费：$0.71 \times (2400 \times 3 \times 36 \times 2/3) = 122688$（元）。

③ 提高劳动生产效率，降低人工成本，减少工人搬动零件次数，降低劳动强度。

2.22 惰轮轴零件

2.22.1 惰轮轴零件技术要求

东方红 4125 发动机上 54.03.404 惰轮轴零件（结构见图 2-169），属轴类零件，在感应加热淬火生产中要求其感应加热淬火淬硬层连续、无淬火裂纹的产生。其产品图的技术要求见表 2-72。

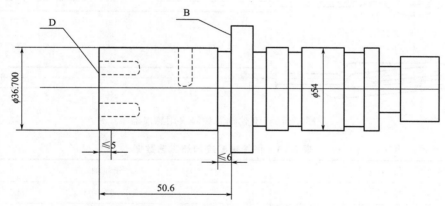

图 2-169 4125 发动机上 54.03.404 惰轮轴零件结构图

表 2-72 惰轮轴技术要求

零件名称	惰轮轴
零件号	54.03.404
产品型号	4125
材料	45 钢
预先热处理	正火
处理前工序	精车外圆
处理后工序	磨外圆
余量/mm	$\phi 0.7$
工艺路线	锻造—锻热—发—热高—发—加—发—装
技术要求	$\phi 36.7$mm 表面及 B 端面的 $\phi 54 \sim 44$mm 的范围内高频淬火，硬度 55～62HRC；淬火层深度≥1.55mm（B 端面从外圆起向内 2.5mm 处测量深度）距 B 6mm，距 D 5mm 为淬火过渡区

续表

零件名称	惰轮轴
感应器名称	惰轮轴感应器
感应器类型	圆柱类
零件加热区域关键尺寸/mm	直径 φ54；加热段长度距 B 6mm、距 D 5mm

2.22.2 惰轮轴零件感应淬火工艺

淬火采用的设备：GP100-C3。淬火介质采用 8%～10%聚乙烯醇，感应器采用圆环两匝形感应器，见图 2-170，工艺数据见表 2-73。

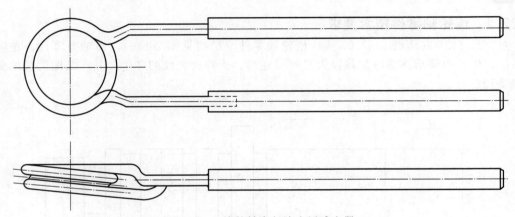

图 2-170 惰轮轴高频淬火用感应器

表 2-73 惰轮轴感应加热工艺数据

零件名称	惰轮轴
零件号	54.03.404
零件放置方法	垂直
感应器名称	惰轮轴感应器
阳极空载电压/kV	11.5～12.0
阳极负载电压/kV	10.5～11.0
阳极电流/A	1.70～2.80
栅极电流/A	0.31～0.50
加热方式	连续
移动速度/(mm/s)	8+2/全长；6+1/全长

2.23 曲轴前后半轴零件

2.23.1 曲轴前后半轴零件技术要求

曲轴前后半轴零件（结构见图 2-171），属轴类零件，在感应加热淬火生产中要求其感应加热淬火淬硬层连续、无淬火裂纹的产生。其产品图的技术要求见表 2-74。

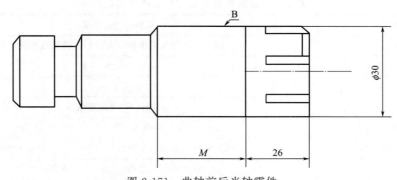

图 2-171　曲轴前后半轴零件

曲轴前半轴 $M \geqslant 25$mm；曲轴后半轴 $M \geqslant 33$mm

表 2-74　曲轴前后半轴技术要求

零件名称	曲轴前半轴	曲轴后半轴
零件号	D24012B	D24013B
产品型号	4125	4125
材料	45 钢	45 钢
预先热处理	调质 28～33HRC	调质 28～33HRC
处理前工序	粗磨外圆	粗磨外圆
处理后工序	精磨外圆	精磨外圆
后量/mm	ϕ0.5	ϕ0.5
工艺路线	标切—起加—发—热—起加—发—热—起加—起装	标切—起加—发—热—起加—发—热—起加—起装
技术要求	"B"表面≥25mm 长度上高频淬火，硬度≥40HRC；淬火层深度 1.25～3.25mm	"B"表面在 33mm 长度上高频淬火，硬度≥40HRC；淬火层深度 1.25～3.25mm
感应器名称	曲轴前半轴感应器	曲轴后半轴感应器
感应器类型	圆柱类	圆柱类
零件加热区域关键尺寸/mm	直径 ϕ30；加热段长度 25	直径 ϕ30；加热段长度 33

2.23.2　曲轴前后半轴零件感应淬火工艺

淬火采用的设备：GP100-C3。淬火介质采用 8%～10%聚乙烯醇，感应器采用圆环三匝形感应器，见图 2-172，工艺数据见表 2-75。

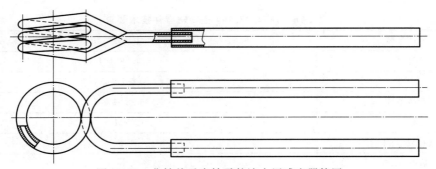

图 2-172　曲轴前后半轴零件淬火用感应器简图

表 2-75 曲轴前后半轴感应加热工艺数据

零件名称	曲轴前(后)半轴
零件号	D24012B(曲轴前半轴);D24013B(曲轴后半轴)
处理部位及区域	B 表面
零件放置方法	垂直
感应器名称	曲轴前(后)半轴感应器
阳极空载电压/kV	12.0～12.5(曲轴后半轴);12.0(曲轴前半轴)
阳极负载电压/kV	10.5～11.5(曲轴后半轴);10.5～11.5(曲轴前半轴)
阳极电流/A	2.2～2.3(曲轴后半轴);2.2～2.5(曲轴前半轴)
栅极电流/A	0.4(曲轴后半轴);0.38～0.4(曲轴前半轴)
加热方式	连续
冷却介质	水
淬火时间	全长 6s(曲轴后半轴);全长 4s(曲轴前半轴)

2.24 型号为 1854.37.104 的主动轴零件

2.24.1 型号为 1854.37.104 的主动轴零件技术要求

Fiat80-90 上 1854.37.104 主动轴零件（结构见图 2-173），属轴类零件，在感应加热淬火生产中要求其感应加热淬火淬硬层连续、无淬火裂纹的产生。其产品图的技术要求见表 2-76。

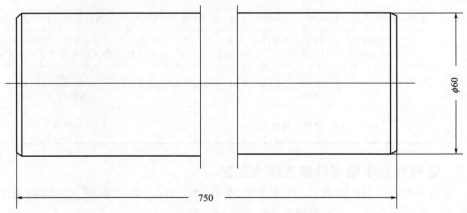

图 2-173 1854.37.104 主动轴零件

表 2-76 1854.37.104 主动轴零件技术要求

零件名称	主动轴
零件号	1854.37.104
专业厂	装备公司
产品型号	Fiat80-90
材料	42CrMo
预先热处理	调质
后量/mm	0.40

续表

零件名称	主动轴
工艺路线	锻造—锻热—机加—机热—机加—机装
技术要求	在ϕ60mm轴颈上进行中频淬火,硬度50~56HRC,淬硬层深度4~6mm
感应器名称	主动轴感应器
感应器类型	圆柱类
零件加热区域关键尺寸/mm	内径:ϕ60;加热段长度:750

2.24.2 型号为1854.37.104主动轴零件感应淬火工艺

淬火采用的设备:机床为GCK10150,电源为KGPS250/8000。淬火介质采用8%~10%聚乙烯醇,淬火喷液压力表2.7格;感应器及夹具见图2-174,工艺数据见表2-77。

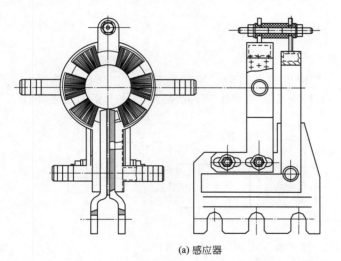
(a) 感应器

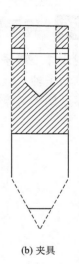
(b) 夹具

图2-174 1854.37.104主动轴零件淬火用感应器及夹具

表2-77 主动轴感应加热工艺数据

零件名称	主动轴
零件号	1854.37.104
处理部位及区域	ϕ60mm表面
零件放置方法	垂直
感应器名称	主动轴感应器
中频电机频率/Hz	8000
中频电机功率/kW	250
变压器变压比	12:1
空载电压/V	380
负载电压/V	500
负载电流/A	110
功率因数	+0.93
输出功率/kW	30~40

续表

零件名称		主动轴
加热方式		连续
冷却	介质	10%~12%聚乙烯醇
	温度/℃	20~40
	压力/MPa	0.04~0.06
移动速度/(mm/s)		10
时间	加热/s	4.1
	间隙/s	1
	冷却/s	5
附注	电容 C	$C=1,2,3,4$ 挡

2.25 转子轴零件

2.25.1 转子轴零件技术要求

转子轴（54.06.461-1）零件（结构见图 2-175），属轴类零件，在感应加热淬火生产中要求其感应加热淬火淬硬层连续、无淬火裂纹的产生。其产品图的技术要求见表 2-78。

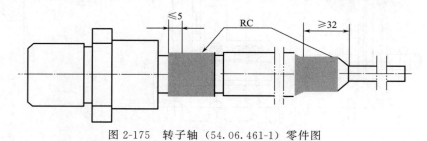

图 2-175 转子轴（54.06.461-1）零件图

表 2-78 转子轴技术要求

零件名称	转子轴
零件号	54.06.461-1
产品型号	4125
材料	45 钢
预先热处理	正火
处理前工序	车螺纹
处理后工序	精磨
余量/mm	ϕ0.4
工艺路线	锻造—锻热—发—加—发—热高—发—加—发—装
技术要求	ϕ17.6mm，ϕ16.4mm 表面高频淬火，硬度 32~40HRC；淬火层深度 0.7~2.7mm。ϕ17.6mm 靠 ϕ16.5mm 的一段允许 5mm 过渡区，ϕ16.4mm 表面淬火长度≥32mm
感应器名称	转子轴感应器
感应器类型	圆柱类
零件加热区域关键尺寸/mm	直径 ϕ17.6；加热段长度 25

2.25.2 转子轴零件感应淬火工艺

淬火采用的设备:GP100-C3。淬火介质采用8%~10%聚乙烯醇,感应器见图2-176,工艺数据见表2-79。

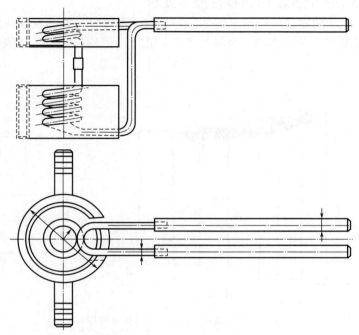

图2-176 转子轴(54.06.461-1)零件淬火用感应器

表2-79 转子轴(54.06.461-1)淬火工艺数据

零件名称		转子轴
零件号		54.06.461-1
处理部位及区域		见图2-175阴影部分
零件放置方法		垂直
感应器名称		转子轴感应器
阳极空载电压/kV		11.0
阳极负载电压/kV		11.0~12.0
阳极电流/A		2.2~2.9
栅极电流/A		0.42~0.5
加热方式		同时
冷却	介质	水
	温度/℃	—
	压力/MPa	—
移动速度/(mm/s)		—
时间	加热/s	$T_1=3.0;T_2=4.0$
	间隙/s	0
	冷却/s	$T_1=3.0;T_2=4.0$

2.26 E300.39.118 驱动轴零件

2.26.1 E300.39.118 驱动轴零件技术要求

E300.39.118 驱动轴零件（结构见图 2-177），属轴类零件，在感应加热淬火生产中要求其感应加热淬火淬硬层连续、无淬火裂纹的产生。其产品图的技术要求见表 2-80。

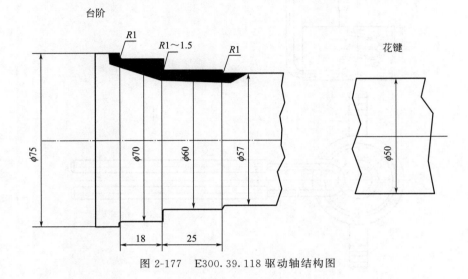

图 2-177 E300.39.118 驱动轴结构图

表 2-80 E300.39.118 驱动轴技术要求

零件名称	驱动轴
零件号	E300.39.118
产品型号	30-40 拖拉机
材料	40Cr
预先热处理	调质 26～32HRC
余量/mm	0.30
工艺路线	锻造—锻热—东关—装二热—东关
技术要求	花键和轴颈表面淬火，硬度 45～55HRC；淬火层深度不小于 1.2mm
感应器名称	圆柱类感应器
感应器类型	加热段长度类
零件加热区域关键尺寸/mm	直径 φ60；加热段长度 25；直径 φ70；加热段长度 18

2.26.2 E300.39.118 驱动轴零件感应淬火工艺

淬火采用的设备：机床为 GCK10150，电源为 KGPS250/8000。淬火介质采用 8%～10%聚乙烯醇，淬火喷液压力表 2.8 格，感应器：采用圆环两匝形感应器，见图 2-178，工艺数据见表 2-81。

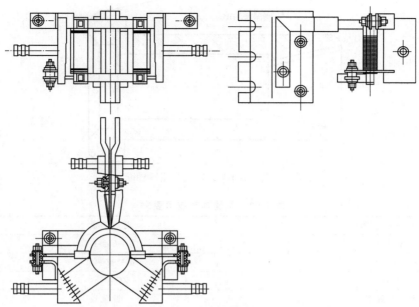

图 2-178　E300.39.118 驱动轴（花键淬火）感应器

表 2-81　E300.39.118 驱动轴淬火工艺数据

零件名称		驱动轴（花键）	驱动轴（台阶）
零件号		1.26.5147787	1.26.5147787
处理部位及区域		花键	台阶
零件放置方法		垂直	垂直
感应器名称		驱动轴(花键)感应器	驱动轴(台阶)感应器
中频电机频率/Hz		8000	8000
中频电机功率/kW		250	250
变压器变压比		10∶1	10∶1
负载电压/V		380～390	380～390
负载电流/A		170～180	140～160
功率因数		1	1
加热方式		连续	同时
移动速度/(mm/s)		6～8	6～8
时间	加热/s	28	21
	间隙/s	1	1
	冷却/s	25	20

2.27　花键轴套（BⅡ4-051-1-75）零件

2.27.1　花键轴套（BⅡ4-051-1-75）零件技术要求

BⅡ4-051-1-75 花键轴套零件（结构见图 2-179），属轴类零件，在感应加热淬火生产中要求其感应加热淬火淬硬层连续、无淬火裂纹的产生。其产品图的技术要求见表 2-82。

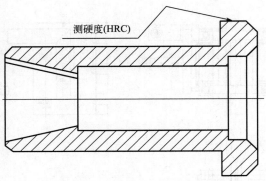

图 2-179　BⅡ4-051-1-75 花键轴套

表 2-82　花键轴套技术要求

零件名称	花键轴套
零件号	BⅡ4-051-1-75
产品型号	Ⅱ号喷油泵
材料	ZG40Cr
预先热处理	调质
处理前工序	铣花键
处理后工序	氧化
工艺路线	精铸—钢加—热处理—钢加—热处理—热氧化—装配
技术要求	花键表面淬火,硬度 43～50HRC;层深:1.0～6.0mm
感应器名称	花键轴套感应器
感应器类型	圆柱类
零件加热区域关键尺寸/mm	直径:φ44;加热段长度:69.5

2.27.2　花键轴套（BⅡ4-051-1-75）零件感应淬火工艺

淬火采用的设备：机床为 GCK10150，电源为 KGPS250/8000。淬火介质采用 8%～10%聚乙烯醇，淬火喷液压力表 2.8 格，所采用感应器结构见图 2-180，工艺数据见表 2-83。

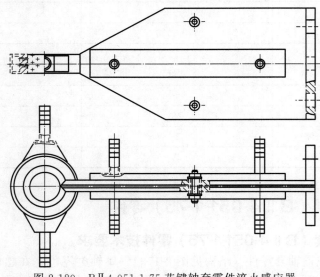

图 2-180　BⅡ4-051-1-75 花键轴套零件淬火感应器

表 2-83 花键轴套感应加热工艺数据

零件名称		花键轴套
零件号		BⅡ4-051-1-75
处理部位及区域		花键表面
零件放置方法		垂直
感应器名称		花键轴套感应器
阳极空载电压/kV		9.5
阳极负载电压/kV		9.0
阳极电流/A		1.6~2.6
栅极电流/A		0.3~0.4
加热方式		同时
冷却	介质	7%~9%AQ251
	温度/℃	20~40
	压力/MPa	—
移动速度/(mm/s)		—
时间	加热/s	3.8~4.5
	间隙/s	<2.0
	冷却/s	>20

2.28 Fiat 长短叉轴（885142040）零件

2.28.1 Fiat 长短叉轴（885142040）零件技术要求

Fiat 长短叉轴（885142040）零件（结构见图 2-181），属轴类零件，在感应加热淬火生产中要求其感应加热淬火淬硬层连续、无淬火裂纹的产生。其产品图的技术要求见表 2-84。

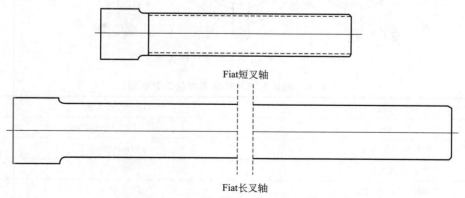

图 2-181 Fiat 长短叉轴（885142040）零件结构图

表 2-84 Fiat 长短叉轴（885142040）零件技术要求

零件名称	Fiat 短叉轴	Fiat 长叉轴
零件号	885142040-3	885142040-2
产品型号	Fiat80-90	Fiat80-90

续表

零件名称	Fiat 短叉轴	Fiat 长叉轴
材料	35CrMo	35CrMo
预先热处理	调质	调质
余量/mm	0.40	0.40
工艺路线	锻造—锻热—机加—机热—机加—机装	锻造—锻热—机加—机热—机加—机装
技术要求	在 φ42mm 轴颈及花键上进行中频淬火,硬度/HRC:轴颈≥52;花键 52～57。淬硬层深度/mm:轴颈 1.5～3.0;花键 3～5	在 φ40mm 及 φ35mm 两轴颈处进行中频淬火,硬度/HRC:52～57。淬硬层深度/mm:轴颈 3～5
感应器类型	圆柱类	圆柱类
零件加热区域关键尺寸/mm	内径:φ42;加热段长度:163	内径:φ40;加热段长度:49

2.28.2 Fiat 长短叉轴(885142040)零件感应淬火工艺

淬火采用的设备:机床为 GCK10150,电源为 KGPS250/8000。淬火介质采用 10%～12%聚乙烯醇,淬火喷液压力表 2.6 格,感应器采用圆环双工位感应器,见图 2-182,工艺数据见表 2-85。

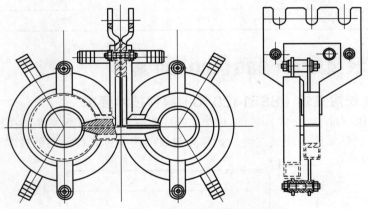

图 2-182 Fiat 长短叉轴零件淬火感应器

表 2-85 Fiat 长短叉轴感应加热工艺数据

零件名称	Fiat 长、短叉轴
零件号	Fiat80-90 885142040
处理部位及区域	φ42mm 表面
零件放置方法	垂直
中频电机频率/Hz	8000
中频电机功率/kW	250
变压器变压比	12:1
空载电压/V	480～500
负载电压/V	500
负载电流/A	90～110

续表

零件名称		Fiat 长、短叉轴
功率因数		1
输出功率/kW		50～60
加热方式		连续
冷却	介质	10%～12%聚乙烯醇
	温度/℃	20～40
	压力/MPa	0.04～0.06
移动速度/(mm/s)		9.5～10.5

2.29 后桥轴（54.38.610）零件

2.29.1 后桥轴（54.38.610）零件技术要求

后桥轴（54.38.610）零件（结构见图 2-183），属轴类零件，在感应加热淬火生产中要求其感应加热淬火淬硬层连续、无淬火裂纹的产生。其产品图的技术要求见表 2-86。

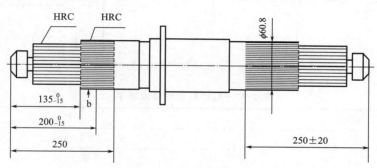

图 2-183 后桥轴零件结构图

表 2-86 后桥轴零件技术要求

零件名称	后桥轴
零件号	54.38.610
材料	45 钢
预先热处理	正火
后量/mm	0.40
处理前工序	精铣花键
处理后工序	校直
后量/mm	ϕ0.8
工艺路线	锻造—锻热—轴杆—热高—轴杆—分装
技术要求	轴两端各长 250mm±20mm 长度上进行淬火，硬度≥50HRC，淬硬层深度≥1.6mm，在 135_{-15}^{0}mm 和 200_{-15}^{0}mm 尺寸间的"b"段允许不淬火
感应器类型	圆柱类
零件加热区域关键尺寸/mm	直径 ϕ60；加热段长度：250±20

2.29.2 后桥轴（802T.38.101）零件感应淬火工艺

淬火采用的设备：机床为 GCK10150，电源为 KGPS250/8000。淬火介质采用 10%～12%聚乙烯醇，淬火喷液压力表 2.6 格，感应器：采用圆环形感应器，见图 2-184，技术要求见表 2-87。

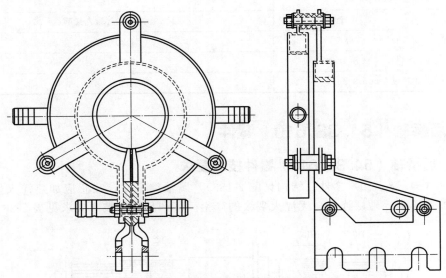

图 2-184 后桥轴零件淬火感应器

表 2-87 后桥轴零件技术要求

零件名称		后桥轴
零件号		54.38.610
处理部位及区域		花键、轴颈
零件放置方法		垂直
中频电机频率/Hz		8000
中频电机功率/kW		100
变压器变压比		26∶1
空载电压/V		730
输出功率/kW		68～72(花键)；74～78(轴颈)
加热方式		连续
冷却	介质	10%～12%聚乙烯醇
	温度：15～40℃	20～40℃
	变形量：0.3～0.4/mm	0.04～0.06
移动速度/(mm/s)		6.8

2.30 转向节主销（15.31.114）零件

2.30.1 转向节主销（15.31.114）零件技术要求

转向节主销（15.31.114）零件（结构见图 2-185），属销轴类零件，在感应加热淬火生产中要求其感应加热淬火淬硬层连续、无淬火裂纹的产生。技术要求：尺寸 140mm 范围内表面高频淬火，硬度 50～58HRC，淬硬层深不小于 2.3mm，表面不得有裂纹、烧伤等缺陷。其产品图的技术要求见表 2-88。

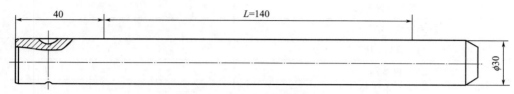

图 2-185　转向节主销零件结构图

表 2-88　转向节主销零件技术要求

零件名称	转向节主销
产品型号	小四轮拖拉机
材料	40Cr
预先热处理	调质
后量/mm	0.30
工艺路线	标切—标热—东关—装二热—东关
技术要求	在图示 $L=140$mm 区段表面淬火，硬度 50～58HRC；淬火层深度不小于 2.3mm
感应器名称	圆柱类感应器
感应器类型	加热段长度类
零件加热区域关键尺寸/mm	直径 ϕ30；加热段长度 140

2.30.2　转向节主销（15.31.114）零件感应淬火工艺

我厂采用 GPC100-C3 加热设备和 GCK10120 淬火设备进行高频感应加热表面淬火，采用的感应器是由 ϕ6mm×1mm 的铜管绕制三匝内径为 ϕ36mm 的圆环感应器，见图 2-186。高频感应加热的区域为尺寸 140mm 区域内，工艺参数为电压：10.0k～10.5kV，电流：5～7A，栅极电流：1.3～2.1A；采用连续加热方式，开始停留 3s，加热时间为 30～35s，工件移动速度为 4～5mm/s，水冷，加热停止后继续水冷延时 15s，水压 3～4MPa；经多次检测淬硬层深 2.3mm 以上，硬度 50～58HRC。符合零件使用要求，工艺参数见表 2-89。回火工艺：RJJ36-6 井式回火炉，（180±20）℃，保温 80～100min，出炉空冷。

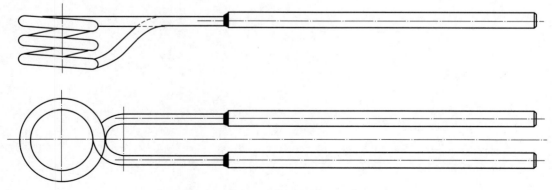

图 2-186　转向节主销零件淬火用感应器

表 2-89　转向节主销零件淬火工艺参数

零件名称		转向节主销
处理部位及区域		$\phi 20mm$ 和 $\phi 30mm$ 表面
零件放置方法		垂直
阳极空载电压/kV		12
阳极负载电压/kV		11.5
阳极电流/A		2~2.6
栅极电流/A		0.4~0.47
加热方式		连续
冷却	介质	水
	温度/℃	15~30
移动速度/(mm/s)		5

第3章 曲轴零件热处理实例

汽车和工程机械用高速发动机为其提供动力。发动机是将用钢、铸铁、有色金属、橡胶、塑料等材料制作的零部件组合在一起,加入水、油、空气后,通过油的燃烧将化学能转变为热能,再由热能转变为机械能,从而为其他装备提供动力的机械。曲轴是汽车发动机的关键部件之一,其性能好坏直接影响汽车的寿命。曲轴工作时承受着大载荷和不断变化的弯矩及转矩作用,常见的失效形式为弯曲疲劳断裂及轴颈磨损,因此要求曲轴材料具有较高的刚度和疲劳强度以及良好的耐磨性能。

曲轴与气缸、活塞、连杆等零件构成了发动机的动力装置,曲轴是发动机的主要旋转机件,它在发动机上的作用,是将活塞-连杆组件的上下往复运动转变为循环旋转运动,它向外输出功率,实现发动机的动力输出。曲轴的旋转是发动机的动力源,也是整个机械系统的动力源。

曲轴有两个重要部位:主轴颈和连杆颈。主轴颈被安装在缸体上,连杆颈与连杆大头孔连接,连杆小头孔与气缸活塞连接,是一个典型的曲柄滑块机构。曲轴的润滑主要是指与摇臂间轴瓦的润滑和两头固定点的润滑。

曲轴在工作时,靠周期性变化的气缸内燃油爆发做功而推动曲轴高速旋转,其受到的应力相当复杂,主要承受大载荷的弯矩和转矩作用,以及轴颈的磨损等。因此,曲轴的表面强化主要是针对轴颈和圆角部位,以期提高曲轴的耐磨性和疲劳强度。

3.1 曲轴的表面强化处理

曲轴的热处理关键技术是表面强化处理。其热处理技术和表面强化技术有以下三种。

(1) 曲轴中频感应淬火 曲轴中频感应淬火采用微机监控闭环中频感应加热装置对轴颈和圆角部位中频感应加热淬火,该方法具有效率高、质量稳定、运行可控等特点。曲轴感应淬火有如下优点:

① 提高曲轴的疲劳强度和耐磨性。据资料显示,钢曲轴经感应淬火+低温回火(或自热回火)后,与调质态相比可提高曲轴疲劳强度134%,同时大大提高轴颈表面的耐磨性(淬火+回火硬度可精确控制在50~55HRC),而其他强化手段则难以同时达到以上两项指标。

② 感应淬火生产效率高。如单独机加1根康明斯B曲轴只需要5min左右,而且由于感

应淬火工序清洁及可按节拍生产，可以直接安排曲轴在流水线上生产，节省物流费用和时间。

③ 对曲轴而言，感应淬火是最节能的热处理技术。仅对轴颈等需要淬火硬化的部位表面加热，而且电效率高、时间短，较其他热处理能耗降低80%以上。

④ 由于加热范围小、时间短，使处理的曲轴变形小、氧化脱碳少，可以减少精加工余量，降低机加工的工作量等。

(2) 曲轴软氮化　对于大批量生产的曲轴来说，为了提高产品质量，今后将采用微机控制的氮基气氛气体软氮化生产线。氮基气氛气体软氮化生产线由前清洗机（清洗干燥）、预热炉、软氮化炉、冷却油槽、后清洗机（清洗干燥）、控制系统及制气配气等系统组成。

(3) 曲轴的其他表面强化技术　球墨铸铁曲轴圆角滚压强化将广泛应用于曲轴加工中。球墨铸铁曲轴一般均采用正火处理，为表面处理做好组织准备，表面强化处理一般采用感应淬火或氮化工艺。锻钢曲轴则采用轴颈与圆角淬火工艺。圆角滚压强化加轴颈表面淬火等复合强化工艺也将大量应用于曲轴加工中。引进的设备有 AEG 全自动曲轴淬火机床、EMA 淬火机床等。

据国外资料介绍，球墨铸铁曲轴采用圆角滚压工艺与离子氮化结合使用进行复合强化，可使整条曲轴的抗疲劳强度提高130%以上。国内部分厂家近几年也进行了这方面的实践，取得了良好的效果。

曲轴圆角滚压加工方面，德国赫根塞特（Hegenscheidt-mfd Automatic）生产的机床应用了变压力滚压和矫正专利技术，是比较好的圆角滚压设备，但价格昂贵。目前国内在这方面的研究也有了一定的成果。

制造高速发动机曲轴的材料，有钢（调质钢有45钢、42CrMo、35CrMo、40Cr、40Mn8等；非调质钢有48MnV等）和球墨铸铁两大类。这些材料都可以进行感应淬火。根据曲轴产品设计中有关数据，如曲轴载荷、发动机转速、发动机服役条件等确定曲轴服役条件，选用材料时要根据服役条件与相应的材料淬火后能达到的技术指标等因素进行分析。材料中 Cr、Mo 等合金成分可以显著提高材料的淬透性，从而提高曲轴的强度，但其价格较高，而且淬火开裂倾向大，需要使用合适的淬火剂以避免淬火裂纹，所以选材时应在考虑满足性能要求的前提下优先选择球墨铸铁和非调质钢，以降低生产成本。

3.2　曲轴用钢及钢质曲轴的热处理

3.2.1　曲轴用钢

曲轴材料可以分为几类。

① 铸件，如球墨铸铁或冷激铸铁。

② 锻件：非调质钢/调质钢；调质钢如45钢、42CrMo等；非调质钢如35MnVS、38MnSN等。

③ 渗碳淬火的曲轴，如20CrMnTi等。

3.2.2　钢质曲轴的热处理

以42CrMoA钢制6缸发动机曲轴为例，曲轴简图如图3-1所示。该曲轴的性能要求为：$R_m \geq 840\text{MPa}$、$R_{p0.2} \geq 660\text{MPa}$、$A \geq 13\%$、$Z \geq 40\%$、$a_k \geq 78\text{J/cm}^2$。有6个连杆轴颈、7个主轴颈和1个油封法兰共14处部位需要淬硬，硬度为57~62HRC。

曲轴加工流程为：材料检验—下料—热模锻成型—正火—调质处理—清理喷丸—粗加工—轴颈表面强化处理—精加工—荧光磁粉探伤—成品。

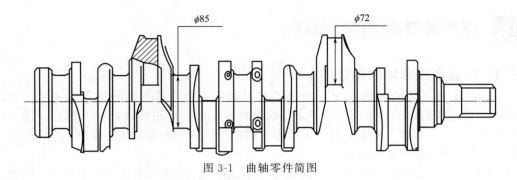

图 3-1　曲轴零件简图

（1）曲轴的正火　调质曲轴均采用模锻的方法制坯，毛坯需正火处理。正火的目的是细化锻件晶粒，为调质处理做好组织准备。

曲轴正火一般在台车式电炉中进行，加热温度为：(840 ± 10)℃，保温 2.5h 后出炉散开自然空冷。

（2）曲轴的调质处理　曲轴的调质在由连续式电炉组成的调质机组上进行，目前比较好的有两种炉型组合。

一是连杆式推炉，曲轴横向置于料盘上，定时推一盘进炉（同时推一盘出炉淬火），炉膛宽而低矮；回火采用连续式链板炉，曲轴置于链板输送带上。加热炉控温一般分三区。这种设备组合的热处理产量高、质量好、炉窑的热效率较高、设备一次性投资和设备的运行维护成本较低。

二是连续式悬挂炉，曲轴垂直悬挂在专用吊具上，由悬挂链传送曲轴步进式进炉加热，定时移进一只吊具进炉（同时移出一只吊具出炉淬火），并以同样方式进入回火炉，此类设备同前者相比，炉窑的热效率偏低、设备一次性投资和设备的运行维护成本较高。

调质后的曲轴，要进行 100% 的硬度检测，并进行校直。校直后需在回火温度下去应力，随后再进行喷丸清理。

（3）轴颈的表面强化处理　轴颈的表面强化处理主要是对其轴颈及圆角进行强化，其表面强化方法有感应淬火及氮碳共渗处理。

① 感应淬火仍然是目前曲轴（特别是大功率发动机或增压发动机曲轴）首选的强化技术。其工艺详见后叙"3.6.3 曲轴感应淬火工艺"；

② 42CrMoA 钢材料制成的曲轴的气体氮碳共渗处理一般在井式电炉中进行，其工艺曲线如图 3-2 所示。

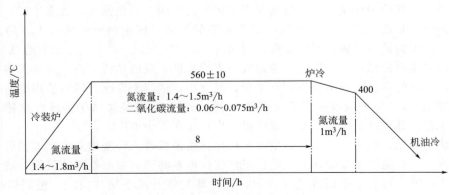

图 3-2　42CrMoA 曲轴气体氮碳共渗工艺曲线

3.3 球墨铸铁曲轴的热处理

3.3.1 球墨铸铁曲轴的热处理

自1947年球墨铸铁发明以来，经过不长时间的努力，其抗拉强度就提高到了600~900MPa，接近或超过了碳素钢的水平。与锻钢材料比较，球墨铸铁曲轴既制造简便、成本低廉，又有吸振、耐磨、对表面裂纹不敏感等锻钢材料所不具备的优良特性，因而球墨铸铁具备了代替锻钢制造曲轴的可能性。

20世纪50年代后期，国内南京汽车制造厂率先批量生产出跃进牌汽车球墨铸铁曲轴。20世纪60年代，二汽首先成为国内按照球墨铸铁曲轴生产工艺进行设计和投产的汽车厂。到了20世纪七八十年代，中小型柴油机在我国迅速发展，由于球墨铸铁制造和经济方面的优势，大多数中小型柴油机都采用球墨铸铁曲轴，极大地推动了我国球墨铸铁曲轴的应用与发展，出现了一批球墨铸铁曲轴专业生产厂。近十多年球墨铸铁曲轴在国内得到了普遍应用。

国外球墨铸铁曲轴的应用也十分广泛，早在20世纪50年代，国外就开始将球墨铸铁应用于曲轴的生产，如美国的福特公司首先应用，美国克莱斯勒公司、瑞士的GF公司、法国的雷诺和雪铁龙公司、意大利的菲亚特公司、罗马尼亚的布拉索夫汽车厂等先后成功地将球墨铸铁应用于曲轴的生产。在德国，排气量2000mL以下的柴油机中球墨铸铁曲轴占50%，排气量1500mL以下的汽油机中球墨铸铁曲轴占80%；在美国汽车行业中，球墨铸铁曲轴占80%。由于制造技术和经济上的优势，球墨铸铁曲轴在汽车工业中广泛应用的总体状况今后不会发生太大的变化。

随着球墨铸铁技术的发展，其性能也在不断提高，优质廉价的球墨铸铁已成为制造曲轴的重要材料之一。

3.3.2 球墨铸铁曲轴的熔炼

对于球墨铸铁的熔炼，国内外采用冲天炉、工频炉双联熔炼的较多。铁液一般要经过脱硫处理，铁液脱硫方式现在多采用多孔塞脱硫方法，即吹氮气加入CaC_2或复合脱硫剂中搅拌脱硫。脱硫的稳定性对于熔炼曲轴铁液具有重要意义，采用感应电炉熔炼可以更好地控制合金成分范围，稳定球化，保证铁液质量。

球化处理是球墨铸铁曲轴生产的重要环节，石墨的形态不仅影响曲轴本体强度性能，而且会影响到曲轴疲劳强度与抗冲击性能。球化剂的选用对于球化处理结果具有重要意义。

国内球化剂主要采用稀土镁硅铁复合球化剂。

稀土具有较好的脱硫及平衡微量元素有害倾向的作用，净化铁液，稳定生产，但起主导球化作用的仍然是镁。鉴于国内铸造厂脱硫水平的提高，球化剂有向低稀土方向发展的趋势。另外，可根据铸态基体组织的需要，使用含Ca、Ba、Bi、Sb等元素的复合球化剂。

球化时采用哪种球化工艺，主要考虑吸收率的高低、反应是否平稳。国外很多工厂采用盖包冲入法，其优点是吸收率较高，烟尘少，投资小，适应面广泛。国内采用更多的为冲入法球化处理工艺，Mg的吸收率偏低（通常30%~50%）。喂丝法球化是最近发展起来的一种球化新工艺，其优点是反应平稳、温度损失少，正在逐步推广。

与传统的振压、气冲、高压等造型方式相比，铁模覆砂、壳型填丸生产工艺可以实现曲轴的迅速冷却，并能够根据曲轴形态通过壳型或铁型调整达到顺序凝固的目的，减小内部应力，有利于补缩，可有效提高珠光体含量，细化珠光体并减小层片间距，进而提高强度性能，同时还具有表面精度高、加工余量小、生产效率高、生产稳定等特性。

铁模覆砂、壳型填丸生产工艺对于实现QT800-2等高牌号曲轴的稳定生产具有重要意义，其与合金化有机的结合，可以极大地提高曲轴力学性能。但对于要求本体取样，限于曲轴种类不同，大小不同，往往采用上述方案也不能稳定达到QT800-2要求，这需要在曲轴的打箱时间与打箱后冷却方式上做工作，进一步提高曲轴基体内珠光体含量，细化珠光体层片间距，进而提高性能。

3.3.3 等温淬火球墨铸铁（ADI）在曲轴上的应用

球墨铸铁作为制造曲轴的材料，在性能方面要求高的疲劳强度（弯曲、扭转）、耐磨性和刚度。从等温淬火球墨铸铁材料特性的分析中可以看出，等温淬火球墨铸铁是制造曲轴的理想工程材料。普遍认为，如果球墨铸铁的抗拉强度为800MPa仍不能满足要求时，可采用等温淬火球墨铸铁代替锻钢。沃尔沃轿车曲轴、福特汽车公司的一些发动机曲轴、一些大功率柴油机曲轴均采用等温淬火球墨铸铁制造。

球墨铸铁曲轴由于材料和加工成本低廉，受到广大设计师的青睐，并在轿车和低载荷汽车上得到大量应用，但限于普通球墨铸铁抗弯疲劳强度较锻钢低，其在中等载荷尤其重载荷发动机汽车上很难达到性能要求。发动机曲轴服役条件非常复杂而苛刻，实际中大量的曲轴失效事故统计表明，弯曲和扭转疲劳断裂是曲轴的主要破坏形式，特别是弯曲疲劳强度失效最为常见。等温淬火球墨铸铁材料具有较高的弯曲疲劳强度和整体强度，同时由于其基体内存在奥氏体组织，具有显著的加工硬化效果，经圆角滚压后，发生马氏体转变，形成很高的残余压应力，提高曲轴的疲劳强度。

因此，球墨铸铁曲轴替代某些锻钢曲轴具有很大的潜力，同时等温淬火球墨铸铁曲轴较锻钢可减轻自身质量10%左右，制造成本亦可大大降低，作为一种新型的曲轴材料具有很好的应用推广前景。

在国内，南京理工大学对用等温淬火球墨铸铁制造的轿车发动机368Q曲轴进行了试验。经台架试验、全速全负荷可靠性试验和3万公里道路试验，通过了部级鉴定，安全系数1.7，高于进口锻钢曲轴的安全系数（1.6），主轴颈和连杆轴颈磨损量也远低于部颁标准。等温淬火球墨铸铁曲轴的常规力学性能、工艺性、安全可靠性等均满足设计和使用要求，经济效益明显。据成本推算显示，进口锻钢曲轴：国产40Cr锻钢曲轴：等温淬火球墨铸铁曲轴=2.7：1.84：1。

一汽铸造有限公司技术中心进行过CA498增压中冷柴油发动机球墨铸铁曲轴的等温淬火试验研究，曲轴经圆角滚压后进行疲劳强度测试，测试结果通过了弯矩200MPa。这表明，圆角滚压对曲轴疲劳强度的提高非常重要，而等温淬火球墨铸铁曲轴具有更高的整体强度和硬度，故在更大的滚压压力作用下的效果更好。试验结果显示，对于CA498曲轴，采用等温淬火球墨铸铁制造，疲劳强度达到700MPa以上，曲轴使用安全系数达到2.2，远高于20CrMo（现制造曲轴材料，安全系数1.3），故其应用在技术上是可行的。

等温淬火球墨铸铁材料代替锻钢制造曲轴，从静强度和弯曲疲劳强度相比，等温淬火球墨铸铁曲轴可胜任大功率增压柴油机的服役条件，而其在成本上又具有显著优势，用等温淬火球墨铸铁生产大功率增压柴油机曲轴是一具有重大技术、经济效益的项目，应引起国内汽车界的关注。

球墨铸铁以其优良的物理和力学性能，在曲轴的生产制造中得到广泛应用。随着球墨铸铁熔炼与合金化技术及等温淬火球墨铸铁的发展，球墨铸铁性能不断提高。为节约成本，采用球墨铸铁取代锻钢生产发动机曲轴，是曲轴生产的发展趋势。铁模覆砂和壳型填丸铸造方式可以保证球墨铸铁基体的珠光体含量，实现珠光体层片间距细小化，组织致密，提高曲轴的内在质量和性能，适合于曲轴类铸件的生产。对中小功率发动机曲轴的生产可采用铸态珠光体球墨铸铁,或附加表面强化工艺;而等温淬火球墨铸铁以其优异的力学性能,在大功率发动机曲轴制造中将发挥更大的作用。

球墨铸铁曲轴的表面强化方法,主要有气体(或液体)氮碳共渗、离子氮化、氮碳共渗+圆角滚压强化,以及轴颈中频感应淬火+圆角滚压强化等。

3.4 不同表面强化方法对曲轴疲劳强度的影响

曲轴工作过程中,往复的惯性力和离心力使之承受很大的弯曲-扭转应力,轴颈表面容易磨损,且轴颈与曲臂的过渡圆角处最为薄弱。除曲轴的材质、加工因素外,曲轴的工作条件(温度、环境介质、载荷特性)等都是影响曲轴服役的重要因素。曲轴的失效形式主要有以下2种:疲劳断裂,多数断裂是曲柄与轴颈的圆角处产生疲劳裂纹,随后向曲柄深处发展,造成曲柄的断裂,其次是曲柄中部的油道内壁产生裂纹,发展为曲柄处的断裂;轴颈表面的严重磨损(图3-3)。

图 3-3 磨损的曲轴

由于曲轴的失效主要是磨损与疲劳断裂,且疲劳断裂对曲轴是致命的破坏,故其表面强化的目的是为了在圆角部位形成有效的压应力层。各种表面强化方法对曲轴疲劳强度的贡献顺序为:离子氮化—气体氮碳共渗—液体氮碳共渗—轴颈感应加热淬火+圆角滚压强化—轴颈与圆角感应加热淬火(由小到大)。

3.5 锻钢曲轴的制造技术

(1)锻钢曲轴热处理的技术要求 气缸直径小于或等于200mm的往复活塞式发动机曲轴的热处理技术要求见表3-1。

表 3-1 曲轴的热处理技术要求

名称	项目	锻钢
预备热处理	毛坯硬度(调质)(HBS)	207~302
	同一曲轴硬度差(HBS)	≤50
	显微组织	索氏体1~4级
最终热处理 (感应淬火)	淬硬层深度/mm	2.0~4.5
	硬度/HRC	≥53
	同曲轴硬度差(HRC)	≤6
	显微组织	细针状马氏体1~3级

(2) 材料的选择 选材条件：首先，应满足曲轴的力学性能，它取决于发动机设计的强度水平；其次，考虑曲轴的疲劳强度和耐磨性（与材料本身的成分及热处理后的性能有关）。

锻钢曲轴材料的要求：根据 JB/T 6727—2000，锻钢曲轴对材料的要求如下。

① 钢的含碳量要精选，含碳量的变化范围应不大于 0.05%（质量分数）；钢的含 S、P 量应不大于 0.0025%（质量分数）。

② 钢的非金属夹杂物、脆性夹杂物、塑性夹杂物应不超过 GB/T 10561—2005 规定的 2.5 级。

③ 钢的淬透性应按 GB/T 255—2006 进行测定，其淬透性曲线应在所用的钢号的淬透性范围内。

(3) 备选材料的化学成分与力学性能的对比与分析 见表 3-2。

(4) 材料的确定 由于曲轴需要承受交变的弯曲-扭转载荷以及发动机的大功率，因此，要求其具有高的强度，良好的耐磨、耐疲劳性以及循环韧性等。因而，根据曲轴材料的要求，各项技术要求及材料的成分、力学性能、淬透性，同时需考虑成本的经济性，最终选择不含贵金属的且各项性能指标优良的 35CrMo 作为汽车发动机曲轴的材料。

(5) 加工工序 （锻坯）调制（淬火+高温回火）—校直—清理—检验—粗加工—去应力退火—精加工—表面热处理（高频淬火+低温回火）—校直—磨削—检验。

表 3-2 各种适合曲轴材料的化学成分及力学性能（质量分数%）

钢号	主要化学成分					
	C	Mn	Si	Cr	Ni	Mo
45 钢	0.42~0.5	0.5~0.8	0.17~0.37	—	—	—
40Cr	0.37~0.45	0.5~0.8	0.2~0.4	0.8~1.10	—	—
40CrNi	0.37~0.44	0.5~0.8	0.2~0.4	0.47~0.75	1.0~1.4	—
40CrNiMoA	0.37~0.44	0.5~0.8	0.2~0.4	0.6~0.9	1.25~1.75	0.15~0.25
35CrMo	0.37~0.4	0.47~0.7	0.2~0.4	0.8~1.10	—	0.15~0.25
钢号	R_m/MPa	R_e/MPa	A/%	Z/%	a_k/(J/cm^2)	毛坯尺寸/mm
45 钢	900	750	10	45	60	<100
40Cr	1000	800	9	45	60	25
40CrNi	1000	800	10	45	70	25
40CrNiMoA	1000	850	12	45	100	25
35CrMo	1000	850	12	45	80	25

3.6 几种型号曲轴的热处理工艺

3.6.1 曲轴预冷工艺

曲轴是形状复杂的零件，所用材料为精选 45 钢。采用常规的调质方法会导致大批淬裂，为了防止淬裂，我们目前采用淬火前预冷的方法，其目的是将曲轴尺寸薄弱的部位温度降低，这样在淬火时由于尺寸薄弱部位的温度不太高而不会淬裂，从而有效地防止淬裂废品发生，这种方法用于在轴颈部位取样的曲轴，其金相和性能不受影响。但对于玉柴曲轴来说，由于其取样部位的特殊性，这种预冷方法是否合适，没有数据支撑，为了准确掌握此工艺的可行性，特做以下试验。

3.6.1.1 试验方案及过程

试验选用玉柴曲轴（零件号：YC6M360-20-M3400-1005001MP），取如图 3-4 所示样件，同斯太尔曲轴一起在 10♯ 炉热处理，淬火 3 区温度 830～840℃，预冷 2.3min 后淬火，回火后做金相和性能试验，金相取样位置分别在平衡块上中心部位和主轴颈中心部位，如图 3-5 所示的两个方孔 1 和 2 的位置；力学性能取样部位在 3 处的中心处。其热处理工艺曲线见图 3-6。

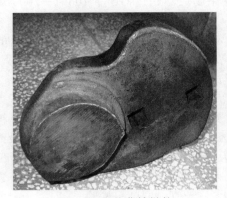

图 3-4 玉柴曲轴样件

图 3-5 曲轴取样部位

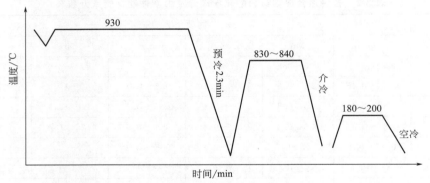

图 3-6 热处理工艺曲线

3.6.1.2 试验结果及分析

（1）金相测试结果（×500 倍） 金相分析分别在两个方孔 1 和 2 的位置处取样，1 是主轴颈位置，2 是平衡块位置，金相照片见图 3-7 及图 3-8。

图 3-7 金相组织（索氏体）

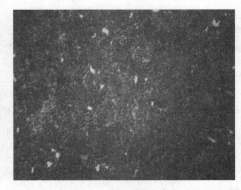

图 3-8 金相组织（索氏体＋少量块状铁素体）

(2) 力学性能测试结果　力学性能测试结果见表 3-3。

表 3-3　力学性能测试结果

对比值	R_m/MPa	R_e/MPa	A/%	Z/%
实测值	874	724	15.3	60.4
标准值	840	660	13	40

根据玉柴的取样要求，性能是在平衡块上中心部位，连杆颈和主轴颈的连线上取样；金相是在主轴颈与连杆颈连线上距表面 19mm 处取样。预冷对平衡块上的组织有影响，因平衡块尺寸薄，预冷后有铁素体析出，如图 3-8 所示，铁素体析出对性能影响不大，相反还可提高塑性指标。预冷对主轴颈、连杆颈等尺寸大的部位的金相组织、力学性能均没有影响，从图 3-6 可以看出来。

综上，预冷对平衡块上的组织有影响，铁素体的析出对性能影响不大，相反还可提高塑性指标；但对主轴颈、连杆颈等尺寸大的部位的金相组织、力学性能均没有影响。

3.6.2　61500020012R 曲轴正火

61500020012R 曲轴为重型载重汽车发动机的动力输出关键部件，工作时承受巨大的弯曲与扭转应力，正火硬度值作为正火零件的重要力学性能指标，其高低直接影响曲轴的强度、韧性等其他性能及使用寿命。对原设备不能满足 61500020012R（斯太尔）曲轴工艺要求处进行工艺技术改造及改进，使 61500020012R（斯太尔）曲轴的正火加热、保温、冷却过程得到严格、合理的控制，从而使正火（主要技术要求见表 3-6）硬度≤4.5dB 的曲轴达 95% 以上，且其内部组织良好，批量生产后质量稳定。

61500020012R 曲轴（主要化学成分见表 3-4）正火所用加热炉为贯通式煤气直射加热震底炉，前后炉门均无封火保温装置，曲轴垂直于炉底长度方向横向连续装料。原生产方式为连续出料，工艺要求冷却方式为风冷。由于最后一对烧嘴位置较高且距离后炉门有 2~3 根曲轴回转半径的距离，后炉门内最后两条曲轴降温明显，使曲轴出炉后颜色发暗，经高温辐射计测量为 700℃ 左右，风冷后硬度为 4.6~4.9dB。后来采用人工拉料将 850~880℃ 透烧曲轴直接拉至风扇处冷却，结果合格率为 60%，正火硬度值在 4.5~4.7dB 之间的只能让步降价销售，不但大幅度减少企业利润，而且影响企业形象，削弱企业市场竞争力。笔者通过对生产过程的细致观察、深入分析和论证，确定从改造设备以保证零件出炉温度、改变冷却方式以充分细化晶粒、调整并严控加热温度及零件到温后保温时间（原工艺参数见表 3-5）以防止奥氏体晶粒长大影响正火细化晶粒效果三方面进行工艺改进，使产品质量提高、批量生产稳定。61500020012R 曲轴简图如图 3-9 所示。

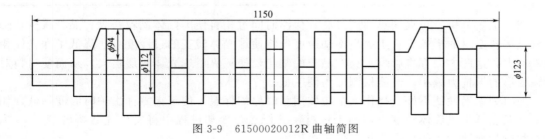

图 3-9　61500020012R 曲轴简图

3.6.2.1　61500020012R 曲轴概述

(1) 61500020012R 曲轴的主要化学成分　见表 3-4。

表 3-4　61500020012R 曲轴主要化学成分（45 钢）

C/%	S/%	P/%	Mn/%	Si/%
0.42~0.5	0.01~0.069	0.017~0.044	0.5~0.8	0.17~0.37

（2）61500020012R 曲轴正火工艺参数　见表 3-5。

表 3-5　61500020012R 曲轴正火工艺参数

炉区	Ⅰ	Ⅱ	Ⅲ	Ⅳ
温度/℃	880±10	880±10	880±10	880±10
周期/min	10			
冷却方式	喷雾（≤40℃水）			

（3）61500020012R 曲轴正火技术要求　见表 3-6。

表 3-6　61500020012R 曲轴正火技术要求

布氏硬度/dB	金相组织
4.0~4.7	1~4 级

零件的工艺流程：下料—锻打—正火—检测硬度—喷丸—机加工—表面淬火—渗氮—检查—成品入库。

正火技术要求：硬度检测处为大头分模面，正品：4.0~4.5dB，次品：4.5~4.7dB；正火金相组织取样部位：大头距表面 1/3 半径处，按国家标准鉴定。

3.6.2.2　工艺试验

斯太尔柴油机配套的 61500020012R 曲轴正火硬度要求由 4.0~4.7dB 缩小至 4.0~4.5dB 后，正火后软件率一直居高不下，虽经各方多次调试，效果均不满意。笔者和相关工种同事通过对正火加热、保温、冷却全过程工艺现状结合热处理理论进行分析、试验、总结，经过一次工艺改进、两次设备改造，使曲轴正火合格率达 95% 以上。

（1）工艺参数及设备改造方案制订　该零件在煤气加热震底炉中进行正火试验，经过对工艺参数及设备改造试验验证，本次改进能大幅提高产品质量。主要工艺参数见表 3-7。

表 3-7　改进后主要工艺参数

炉区	Ⅰ	Ⅱ	Ⅲ	Ⅳ
温度/℃	880±10	880±10	870±10	860±10
周期/min	8			
冷却方式	喷雾（≤40℃水）			

（2）工艺分析　正火加热温度过高、保温时间过长将使奥氏体晶粒长大、晶界减少，降低珠光体转变时的形核率；正火后冷却速度低将使珠光体转变的过冷度小，降低了珠光体相变驱动力，这两方面都将影响正火对晶粒的细化，使正火后珠光体片层粗大，从而使材料对塑性变形的抵抗力减小，性能检测即为硬度低。

加热炉保温性能不好、操作人员集体用餐时停炉保温，使正火零件出炉时温度降低，如果零件温度低于奥氏体转变点而高于该材料共析点，冷却过程中将发生先共析转变，45 钢的先共析相即铁素体的析出亦将降低正火硬度。

3.6.2.3　设备改进试验

在执行改进后工艺参数的前提下，我们根据理论分析及实践经验，在影响曲轴出炉温度、出炉后冷却速度两个环节相关部位对设备进行改造,并对原来影响产品质量的生产方式进行调整,以期更好的实验结果。

① 降低炉门高度至略高于曲轴回转半径,在后炉门内左、右两侧加装帘,以防冷空气进入炉内影响保温效果,在炉门内炉底上焊接弧形挡坡(见图3-10,弧底宽30cm、弧顶高5cm)以阻挡曲轴连续震出,保证零件出炉冷却时温度。

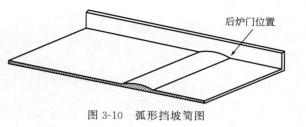

图3-10 弧形挡坡简图

② 用 ϕ40mm 不锈钢管制作循环水雾化装置,如图3-11所示,喷嘴喷口1.5mm、间距15cm,按两排10°夹角交叉设置。通过调节水与压空的压力,严防产生水柱而使零件表面局部马氏体化形成硬点,影响后续机械加工。

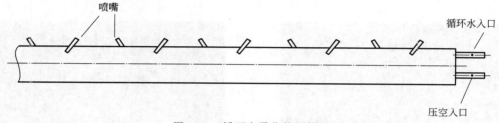

图3-11 循环水雾化装置简图

③ 连续式生产线要靠操作人员连续工作来实现。用严格的劳动纪律保证严肃的工艺纪律,确保工艺参数的落实,改原来停炉集体用餐为轮换用餐。

3.6.2.4 改进结果

通过上述工艺改进与设备改造,我们用100条曲轴进行试验,由用户服务科委派专人负责并对试验结果进行全程跟踪,最终结果统计见表3-8。

表3-8 改进前后正火硬度统计表

工艺状态	零件数量/条	技术要求/dB		
		4.0~4.5	4.5~4.7	>4.7
改进前	100	4	89	7
改进后	100	97	3	0

通过工艺改进及设备改造,曲轴正火硬度稳定提高,满足了用户要求;该方案的实施使该曲轴在高端市场占有率得到提升,产品利润率大大提高;该种思路与改进方式可用于有相似质量问题的零件。

3.6.2.5 试验结果与分析

(1) 硬度 测量结果见图3-12。根据61500020012R曲轴正火工艺要求,其硬度为183~229HBS,4.0~4.45dB。基于客户的要求和后续加工及力学性能考虑,dB控制在靠近硬线(4.0~4.25)处较为理想。

从图3-12中可以看出,通过实验二调试的零件硬度明显优于实验一。

(2) 金相组织和力学性能 45钢正火工艺主要是细化晶粒,均匀化组织,其金相组织应为珠光体+铁素体组织。

下面分别为两种试验状态的金相组织,见图3-13及图3-14。

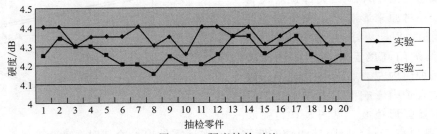

图 3-12 硬度抽检对比

注：1. 实验一正火工艺：一区 780～870℃、二区（880±10）℃、三区（880±10）℃、四区（900±10）℃，保温 240min，出炉后强冷 10min 后空冷至室温。

2. 实验二正火工艺：一区 780～870℃、二区（880±10）℃、三区（880±10）℃、四区（900±10）℃，保温 240min，出炉后强冷 15min 后空冷至室温。

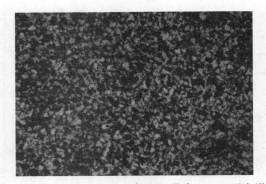

图 3-13　900℃正火＋4h 保温＋强冷 10min 至室温 ×100 倍金相组织（珠光体＋铁素体）

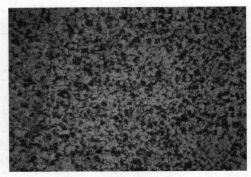

图 3-14　900℃正火＋4h 保温＋强冷 15min 至室温 ×100 倍金相组织（珠光体＋铁素体）

从图中可以看出，图 3-13 和图 3-14 中组织均为珠光体＋铁素体组织，其晶粒细小且均匀。

对该批次调试后，分别对在不同冷却时间内的样件进行切样送检，并进行了力学性能测试，试样的轴向位于轴颈直径的 1/6 处。其具体内容见表 3-9。

表 3-9　力学性能测试结果

项目	是否合格	R_m(590～740) /MPa	R_e(≥335) /MPa	A(≥17) /%	Z(≥无) /%	A_K(≥无) /(J/cm^2)
样棒 1（实验一）	合格	610	350	20	47	39
样棒 2（实验二）	合格	663	390	20	50.7	49

通过力学性能测试，两种实验方式所处理的产品均满足工艺要求，但从表中可以看出，实验二的力学性能比较好，应优先选用。

（3）结论　从上述实验可以看出，两种实验的金相组织均为合格组织。但在硬度和力学性能上，实验二所处理的产品明显优于实验一，生产时优先选用实验二中的工艺参数更为合理，且改进后各项力学性能指标提高 0.9%。

3.6.3　曲轴感应淬火工艺

对于大功率高速柴油机曲轴，曲轴调质处理和机械加工后，要对其圆角进行喷丸强化，因尺寸较大，要用胶带缠绕轴颈进行保护，只留出圆角部位进行喷丸。

曲轴调质、感应淬火后，均存在弯曲变形。调质后的变形可进行冷校直，但校直后必须在低于回火温度20～30℃的温度进行去应力处理，不允许在曲轴机加工后的工序间校直。感应淬火后的变形，应在淬火后立即校正并随机回火。禁止对表面强化后的曲轴进行冷校直。

某公司生产的B4125发动机曲轴是采用精选45钢（C：0.42%～0.47%）制造，其工艺流程是：锻造—粗加工—调质—半精加工—轴颈中频淬火、自回火—喷丸—精加工。自批量生产以来，曲轴主要失效是疲劳断裂，因轴颈磨损而导致失效的极少见。

曲轴是发动机最重要而关键的零件之一，所以，稳定提高曲轴内在质量、疲劳强度，以延长曲轴使用寿命，显得非常重要和紧迫。

B4125发动机曲轴过去一直是采用分开式整圈感应器中频加热淬火，该工艺落后，操作烦琐，感应圈易变形，特别是在淬火过程中易使曲轴圆角部位硬度降低（低于调质硬度）。热影响区的金相组织恶化，从而使该处疲劳强度降低，是曲轴在使用过程中发生早期断裂的主要因素之一。其断裂部位绝大多数都是集中在连杆颈内侧圆角处。

采用半圈感应器对B4125发动机曲轴进行旋转加热淬火，使用可编程序控制器，利用编程器送入程序，预置淬火工艺时间，工作可靠，操作方便，质量稳定，克服了曲轴在使用过程中早期断裂的隐患，同时可大大减少辅助时间，降低了劳动强度，改善了劳动条件，提高了生产效率，取得了很好的经济效益和社会效益，又为实现轴颈与圆角同时加热淬火创造了条件，是一种较先进的曲轴强化工艺。

3.6.3.1 感应淬火曲轴的设计和材料

（1）感应淬火曲轴设计 曲轴的设计要与热处理工艺相结合，才能更好地提高性能，减轻质量。对感应淬火强化处理的曲轴来说，设计要注意感应淬火本身的特点，趋其利而避其害。

传统的渗氮曲轴设计思想，曲柄臂外侧的一端要减薄（见图3-15），依据有两个：

① 减轻曲轴自重；

② 有人认为该处减薄可以提高渗氮曲轴疲劳强度15%左右。

对于感应淬火曲轴，由于感应磁场有尖角效应，加热时外侧感应发热严重，在加热时间很短（<20s）的情况下，热量来不及向相邻部位传导，将导致该部位过热或温度高于其他部位较多，淬火后将使变形增大，也容易发生淬火开裂。所以感应淬火曲轴设计时应保证图3-16中A不能过小，α不能过大。

（2）曲轴材料 采用精选45钢（C：0.42%～0.47%）。

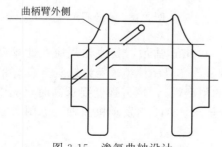

图3-15 渗氮曲轴设计

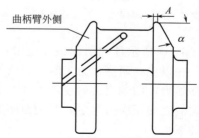

图3-16 感应淬火曲轴设计

3.6.3.2 热处理规范制定

（1）预备热处理 预备热处理的设计非常重要。对钢件讲，调质钢调质处理可以得到细致均匀的组织，零件内应力较小，对感应淬火极有好处（淬火组织均匀，淬火变形和开裂倾向小）。非调质钢利用 V、Ti 等元素的加入细化晶粒，在大幅度降低生产成本的同时提高材料的各项力学性能。但其在组织准备上不同于调质钢，所以在制定感应热处理工艺时要根据其组织（珠光体-铁素体型微合金非调质钢为例）特点加以分析，才能充分地利用其优点而避免其不足。球墨铸铁曲轴的预处理组织主要有正火态和铸态两种。正火工序的加入提高了珠光体的含量（可以高达 98%），组织也较均匀，感应淬火工序容易得到组织、硬度均匀的淬硬层，但是由于正火后复杂内应力的存在使淬火变形增大，同时增加正火工序也大大提高了生产成本；铸态球墨铸铁曲轴内应力较小，感应淬火后变形量也小，但铸态组织中珠光体含量一般在 75%～85%，铁素体较多，要得到理想的淬火组织对感应淬火工艺要求较高。所以制定工艺时要考虑不同的预处理对感应淬火的影响，才能将材料和热处理工艺的性能发挥到最佳状态。二汽的曲轴生产全部采用铸态作为感应淬火的预处理状态，而我公司的曲轴生产全部采用精选 45 钢（C：0.42%～0.47%）调质处理（207～241HB）。

（2）感应淬火技术要求的制定　感应淬火技术要求的指标主要有：表面硬度、硬化区范围、硬化层深度、金相组织及淬火变形量等。

淬火硬化层金相组织：钢曲轴为针状或细针状回火马氏体，不应出现游离铁素体；球墨铸铁曲轴允许在球状石墨的附近有少量未熔铁素体，但不能成环状。

硬化层深度及表面硬度是获得高疲劳强度的重要指标，都有一个最佳范围，过高和过低都使疲劳强度降低。硬化层深度过浅和表面硬度过低造成零件强度不足、耐磨性降低；反之当硬化层深度过深时，压应力峰值从表面向内推移，表面压应力降低，从而使强度降低，硬度过高带来的危害是明显的，它使零件脆性增加，在曲轴受到弯扭疲劳载荷及冲击力的情况下强度严重降低。常用钢曲轴的淬火硬化层深度及表面硬度与疲劳强度的关系如图 3-17 所示，所用感应器有效圈见图 3-18。

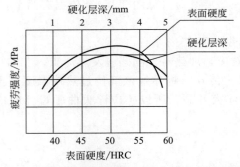

图 3-17　硬化层深度、表面硬度与疲劳强度的关系

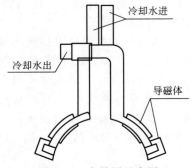

图 3-18　有效圈示意图

图 3-17 中所示硬化层深最佳范围适用于 ϕ55～90mm 轴颈，其他轴颈应在此基础上做出调整。在以提高耐磨性为主时，表面硬度可以取高至 55HRC（球墨铸铁具有良好的自润性及储油能力，曲轴表面硬度≥47HRC 即有足够的耐磨性），疲劳强度要求高时，应以得到高而均匀的表面压应力为主，对表面硬度则不过分追求。B4125 发动机曲轴（见图 3-19）技术要求如下：

① 锻造调质硬度 207～241HB。

② 主轴颈、连杆轴颈高频淬火硬度 55～63HRC，淬硬层深度不小于 3mm（加磨量不小于 3.5mm），在距离曲柄侧面和止推面 A 15mm 处的硬度不低于 38HRC，止推轴肩 A 面淬火深度 1～3mm（加磨量为 1.2～3.2mm），从轴肩 ϕ110mm 向内算起淬火环面宽度不得

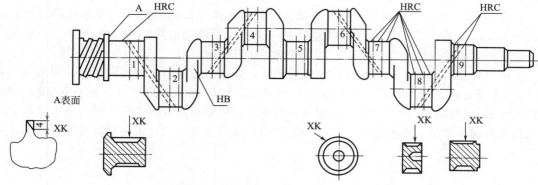

图 3-19 曲轴金相检验取样部位示意图

小于 4mm，其硬度不低于 43HRC。

③ 金相组织，应符合 Q/SB953—79 标准，马氏体 3～7 级合格。如硬度合格 8 级亦允许通过。

④ 轴颈主部由中间横切，检验轴颈一面淬硬层（XK），轴肩纵切，离曲柄 15mm 和轴颈中间圆周检查硬度，有软点及可疑时检查纵切面（轴颈上数字代表取样部位号）。

⑤ 淬火＋回火后径向跳动量≤1.0mm（测量中间主轴颈）。

3.6.3.3 感应器设计及标准化

除电源、机床等基础设备外，实施曲轴感应淬火工艺的核心部件就是感应器，目前大量采用的是半圈鞍式淬火感应器，我们也只就半圈鞍式感应器设计制造技术进行讨论。感应器组成部分主要有有效圈、水电快速接口、支撑护板、定位装置及喷水器。有效圈是感应器的核心，其结构如图 3-18 所示。

有效圈是感应电流的载体，电源能量通过有效圈产生的磁场输出到零件，有效圈设计的水平直接关系到能量的输出及能量在零件表面的分布。设计中重点考虑和计算：

① 有效圈弧段、横直线段的形状、大小和比例关系；
② 导磁体形状、安装位置、使用量；
③ 有效圈与零件径向、轴向间隙。

由于电流的热效应，有效圈在工作中会发热，所以必须通水冷却，水流截面根据加热功率的大小计算，保证有效圈在正常温度（55℃以下）工作。

水电快速接口、支撑护板、定位装置等是感应器辅助功能件，考虑其通用性及互换性设计成标准件，也使制造难度降低。喷水器的设计要计算零件淬火所需水量，合适的喷水量保证得到所需的表面硬度，并避免淬火裂纹的产生。各个部分组成感应器时互相配合，并非只有单一的功能。图 3-20 所示的感应器结构，喷水器具有喷水、支撑护板、固定有效圈、支撑定位块等功能，而护板也具有安装定位块、固定喷水器、屏蔽磁场、

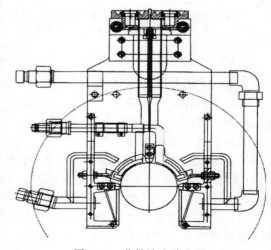

图 3-20 曲轴淬火感应器

固定水路及作为喷水器盖板等功能。

从图 3-20 可见,分开式整圈感应器加热时,由于曲轴曲柄的影响,引起磁场畸变,产生轴颈端头的屏蔽作用。在感应加热过程中,使轴颈沿轴向加热不均,加热集中于轴颈中部,造成淬火后硬化区的显著不同,以及硬化层呈月牙形。

半圈感应器加热时,有效圈设计成回型半圈,并在平行于轴向的回型半圈的横向段上装有"Π"型导磁体,以增加横向段的平面加热效率,使横向段截面上的中频电流重新分布,即沿着导磁体槽口的导体表层平行于轴向表面流动,因而磁场方向不受干扰,加之回型半圈的圆弧段外表面加热,使硬化区加宽,轴颈圆周各部的硬化均匀,硬化层达到理想状态,见图 3-21。

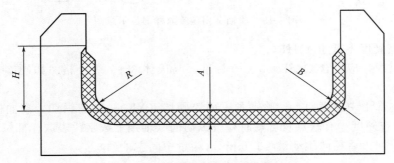

图 3-21　曲轴淬硬层分布示意图

曲轴轴颈中部有一直径 6mm 的斜油孔,此油孔的存在,就相当于轴颈上存在着一个电阻无穷大的空穴,感应加热时其感应电流不能通过油孔,因而使感应电流绕油孔通过,这就造成在油孔周围出现两个电流密度大即加热温度高的区域和两个电流密度小即加热温度低的区域。曲轴油孔是斜油孔,所以油孔斜向处存在一个薄壁处。感应加热时,油孔薄壁处应避开电流密度大、加热温度高这一区域,以避免薄壁处过热产生淬火裂纹。采用分开式整圈感应器加热时,感应电流密区正好位于油孔薄壁处。采用半圈感应器加热时,其产生的感应电流平行于轴向(即顺着油孔方向),因而避开了在油孔薄壁处电流密度大、加热温度高的不利因素,提高了油孔处的淬火质量。

3.6.3.4　检验标准

① 感应淬火后曲轴探伤按 JB/T 6729—2007《内燃机曲轴、凸轮轴磁粉探伤》标准进行。

② 金相检验按图纸技术要求进行。

3.6.3.5　工艺开发用设备与工装

(1) 工艺开发用设备　晶闸管中频电源 KGPS250kW/8kHz,曲轴专用淬火机,PAG 淬火介质,浓度 6‰~8‰。

(2) 工艺开发用工装

① 感应器　B4125 曲轴淬火部位共 11 处(见图 3-19),5 个主轴颈表面、4 个连杆颈表面、1 个法兰面、1 个止推面。连杆颈尺寸相同,主轴颈有 3 种尺寸。针对 B4125 曲轴特点,设计了 4 种分开式半环形感应器,即 2 种主轴颈感应器、1 种连杆颈感应器及 1 种法兰-止推面感应器。其中法兰-止推面感应器能一次对法兰面和止推面淬火,这种类型较为特殊,关键要解决法兰面和止推面加热匹配等问题。实现圆角淬火的感应器采取特别设计,保证圆角淬硬层均匀分布。加热完成后,由感应器附带的喷水盒对工件加热部位喷液冷却。全部过

程是通过计算机自动控制实现的。通过对工件进行分析,我们决定整根曲轴使用 4 套感应器进行处理,其中 2 套感应器结构见图 3-20、图 3-22。

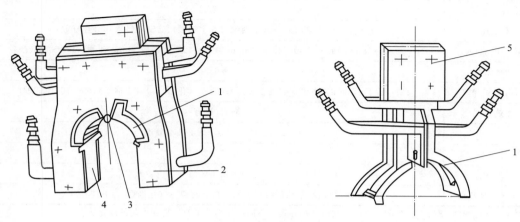

图 3-22 曲轴半圈式感应器
1—有效圈;2—侧板(内外各一块);3—定位块;4—淬火喷水装置;5—感应器导板

② 感应器快换接头 根据生产实际情况,采用喷液冷却、自回火工艺。为满足淬火过程中不换感应器这一要求,确定采用两台独立机床完成一根 B4125 曲轴的淬火任务,即一台机床完成主轴颈淬火,一台机床完成连杆颈、法兰面和止推面淬火。每台机床为两工位,每个工位有独立的淬火变压器、感应器组,工件做纵向水平移动进给。为了进一步减轻操作者劳动强度及提高生产效率,运用 CNC 技术实现感应热处理全部工作过程(机械动作及感应淬火工艺)自动化。机床动作流程(以一台机床为例):工作台原位—装工件—尾座推紧—床头箱卡盘夹紧工件—启动—工作台左移—至右工位—右浮动托架下降—到位—工件旋转—淬火(加热、喷液)—工件旋转停—右浮动托架上升—到位—工作台左移—至左工位—左浮动托架上升—到位—工件旋转—淬火(加热、喷液)—工件旋转停—左浮动托架上升—到位—工作台移动—循环动作至工件预定加热部位处理完成—工作台右移至原位—床头箱卡盘松开—卸工件—工作完毕。

虽然在进行 B4125 曲轴感应加热时不需要更换感应器,但考虑到扩大机床适应能力,有一定的通用性,以满足多品种、不同批量工件生产需要,利用夹紧原理,设计了感应器快换接头,实现感应器、水、电连接并具有自锁性能,换接在数十秒即可完成,操作便捷、可靠。

3.6.3.6 淬火工艺

工艺过程:感应淬火—变形测量—(荧光磁粉探伤—金相检验)—回火—变形测量—金相检验。淬火工艺参数见表 3-10,检验结果见表 3-11。

表 3-10 曲轴感应加热工艺参数

处理部位及区域	法兰、主轴颈、1#主轴颈、花键、止推面、连杆颈
零件放置方法	水平(所有)
感应器名称	法兰、轴颈、花键、止推面、连杆颈感应器
中频电机频率	10000Hz
中频电机功率	250kW

续表

变压器变压比	8∶1(所有)
空载电压/V	620
负载电压/V	610(法兰、止推面);510(主轴颈、1♯主轴颈);525(花键);460(连杆颈)
负载电流/A	240~290(ϕ58mm 轴颈);230~260(ϕ56mm 轴颈);195~205(ϕ38mm 轴颈);170~190(凸轮)
功率因数	±0.98
输出功率/kW	130(法兰);75~85(主轴颈、1♯主轴颈);60~65(花键);110(止推面);65~75(连杆颈)
加热方式	同时(所有)
冷却 介质	3% AQ251+0.5% 211 防锈剂
冷却 温度/℃	25~30
冷却 压力/10^5Pa	所有 6~10
时间 加热/s	4(法兰);12(主轴颈、1♯主轴颈);8(花键);4(止推面);10(连杆颈)

注：1. 连杆颈加热带功率分配功能，在拐内和拐外提供不同的加热功率，以得到均匀的硬化层。
2. 回火工艺参数：井式炉回火 200℃×1.5h。

表 3-11 检验结果

检验项目		检验结果		检验标准
		主轴颈	连杆颈	
淬硬区组织		马氏体 6 级	马氏体 6 级	—
表面硬度(HRC)		52~53	52~53.5	GB/T 1818—94
淬硬区域及层深(见图 3-21)/mm	A	3.2	3.3~3.5	见 3.6.3.2
	B	2.6	3	
	H	7.5	7.5	
荧光磁粉探伤		合格		JB/T 6729—2007
淬、回火后变形量/mm		径向跳动量<0.25		测中间主轴颈

主轴颈出现硬化层深度不均，主要原因是半圈感应器在装配或制作有效圈时，回型半圈的两个圆弧段不同心而造成横向段不平行于轴向（轴颈），因而使得轴颈表面与有效圈之间的间隙不等，提高有效圈制作精度，调整好感应器间隙即可解决。另外，马氏体中出现托氏体网状组织，主要是加热温度低，冷却速度不够造成的，提高加热温度以及保证合适的喷水角度和喷水压力即可解决。

3.6.3.7 结论

① 曲轴是感应热处理技术最理想的应用对象之一，曲轴经感应淬火后使用性能大大提高，有利于提高发动机性能，减轻发动机自重和降低生产成本。感应器的设计和制造水平是影响淬火质量的关键因素之一。

② 感应淬火工艺在提高曲轴强度、节能等方面有着诸多的优点。随着大功率发动机需求的不断增加，曲轴感应淬火技术将得到更大范围的应用，技术水平也将得到进一步的提高。

③ 通过对 B4125 发动机曲轴中频半圈感应旋转加热淬火的应用，与分开式整圈感应加热淬火相比，操作方便，辅助时间短，劳动强度低，生产效率高，特别是消除了整圈感应加热淬火质量不稳，易使轴颈淬火的热影响区硬度降低，造成圆角处弱化、强度低于调质状态的现象，而且淬硬层形状分布合理，避免了油孔薄壁处裂纹的产生，因此提高了曲轴的疲劳

强度,延长了其使用寿命,取得了很好的经济效益和社会效益。

④ 采取降低比功率的办法,并适当延长加热时间。

3.6.4 一种合金钢曲轴的热处理工艺

一种合金钢曲轴的原调质工艺,加工出的零件力学性能参数不能完全满足技术要求,而且经常发现淬火裂纹,通过分析,淬火温度偏低是零件无法得到最佳性能的原因,零件淬裂的原因是淬火液的浓度偏低。通过试验,提高淬火温度,并根据零件每个炉号曲轴的材料的淬透性选用合适的淬火液浓度,使合金钢曲轴调质既不出现淬裂,又达到了力学性能的要求。此次热处理工艺改进,为今后锻件的调质提供了新的方法。

目前随着大功率重卡的研发及欧Ⅲ排放的要求,合金钢曲轴的力学性能要求越来越高,许多客户开发了新的曲轴产品,其形状复杂,性能要求高,这就给曲轴生产厂家在调质曲轴生产时带来更高的要求。纵观国内生产曲轴的锻造厂,曲轴的生产竞争逐渐趋于激烈,谁能提高曲轴的内在质量,谁就能在曲轴市场上占有一席之地。但是提高曲轴的力学性能必然带来淬裂的风险,因此怎样既能提高曲轴的性能,同时又不出现淬裂是我们目前亟待解决的课题。本节就对合金钢曲轴的调质工艺改进做了探究。

3.6.4.1 一种合金钢曲轴的基本情况

(1) 合金钢曲轴的材料 合金钢曲轴的材料是42CrMo。

(2) 合金钢曲轴的基本尺寸与力学性能要求 曲轴简图见图3-23。

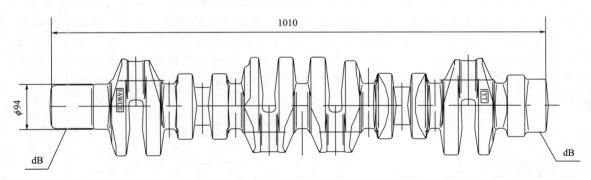

图 3-23 曲轴零件简图

性能要求:$R_m \geqslant 880MPa$;$R_e \geqslant 680MPa$;$A \geqslant 15\%$;$Z \geqslant 48\%$;$A_K \geqslant 63J$;280~310HB。

(3) 合金钢曲轴的生产情况 生产路线为:下料—锻造—正火—调质—校直—去应力—喷丸—探伤—机加工。

热处理工艺:正火(870±10)℃,保温3h,空冷。

去应力温度:(580±10)℃,保温8h,空冷。

3.6.4.2 原热处理调质工艺

淬火温度(830±10)℃,保温时间140~160min;淬火液为ZY-747,浓度8.5%;回火温度(610±20)℃,保温时间180~220min;空冷。

热处理调质之后经检查,零件的性能参数偏低,而且存在淬裂现象;经过分析,热处理工艺不合理造成性能参数不符合技术要求、存在裂纹,必须提高淬火温度,并且根据每炉材料的淬透性选用不同的淬火冷却速度,防止零件淬裂。

3.6.4.3 工艺的改进

(1) 热处理调质温度的选取　淬火温度根据理论只需要临界温度 $A_{r3}+(30\sim50)$℃ 即可，但实际上得到的金相和性能经常不合格。经金相分析，有未熔的铁素体存在，原因是温度偏低，曲轴得不到充分的奥氏体化，因此存在未熔的铁素体，造成淬火后得不到足够的马氏体。经过长时间的摸索及实验，既能保证加热时全部奥氏体化，又不会因温度过高，组织粗大造成淬裂，在原工艺基础上加 20～30℃ 的工艺补偿，最终定为 860℃ 较为适宜。

表 3-12 为 (830±10)℃ 及 (860±10)℃ 时合金钢 (42CrMo) 曲轴性能对比。

表 3-12　不同淬火工艺性能对比

性能要求	$R_m\geqslant 880$MPa	$R_e\geqslant 680$MPa	$A\geqslant 15\%$	$Z\geqslant 48\%$	$A_K\geqslant 63$J
830℃淬火	896	702	13.5	57.3	122
	884	645	14.9	62.4	135
860℃淬火	913	756	16.6	60.5	108
	938	778	15.8	60.7	120

(2) 淬火冷却介质的选取　合金钢曲轴形状复杂，淬透性强，截面尺寸变化大，极易淬裂。过去只有油和水的淬火条件下，非常难生产，淬油性能很难达到要求，淬水批量淬裂报废，为此我厂付出惨痛的代价。因此我厂引进水溶性淬火介质，最初应用润宝 2000 及浏阳 ZY-747 两种介质，通过反复试验及冷却曲线的对比，最终选择了浏阳 ZY-747 介质。此介质冷却特性比较满足曲轴的淬火，在高温时冷却能力较强，保证了曲轴淬火冷却时避开珠光体及贝氏体的转变到达马氏体转变的温度进行组织转变，为达到要求的力学性能提供冷却的保障；低温时冷却能力较慢，保证了曲轴在马氏体转变时缓慢冷却，使组织转变应力相对较小，达到了曲轴不淬裂的目的。浏阳 ZY-747 介质冷却曲线见图 3-24。

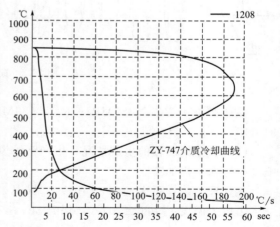

图 3-24　冷却曲线

(3) 通过试验，根据零件淬透性对淬火液浓度进行选取　根据车间现场生产的合金钢 (42CrMo) 曲轴，挑选了部分 61560020024R 曲轴、1005014/4CK 曲轴、1005014-6DF1 曲轴及 M3400 曲轴进行生产试验，根据每炉号 J9 处的淬透性调整介质的浓度，在设定 (860±10)℃ 淬火温度下跟踪每炉号产品的性能及淬裂情况，具体情况见表 3-13。

表 3-13　不同曲轴工艺试验结果

零件	材料	炉号	J9（HRC）	介质浓度	淬火温度/℃	淬裂情况	性能情况
61560020024R	42CrMoA	2AN	57	8.50%	860±10	无	合格
		1AQ	53	8.20%	860±10	无	合格
		2AM	55	8.50%	860±10	无	合格
		2AQ	59	9.0%	860±10	无	合格
		1AZ	53	8.3%	860±10	无	合格
		1AY	55.5	8.5%	860±10	无	合格
		2AZ	53	8.10%	860±10	无	合格
		1BB	57	8.40%	860±10	无	合格
		2BB	54.5	8.10%	860±10	无	合格
		2AZ	53	8.10%	860±10	无	合格
		2BF	54	8.30%	860±10	无	合格
		1BE	54.5	8.30%	860±10	无	合格
		2BE	54.5	8.20%	860±10	无	合格
1005014/4CK	42CrMo	HT	56	8.50%	860±10	无	合格
		HU	54.5	8.20%	860±10	无	合格
		HV	55	8.40%	860±10	无	合格
		HX	55	8.30%	860±10	无	合格
		HN	54	8.20%	860±10	无	合格
		F6	53.5	8.10%	860±10	无	合格
		F7	55	8.40%	860±10	无	合格
		F8	55	8.40%	860±10	无	合格
1005014-6DF1	42CrMo	AM	55	8.50%	860±10	无	合格
		AN	55	8.50%	860±10	无	合格
		AL	55	8.50%	860±10	无	合格
		AJ	55	8.40%	860±10	无	合格
M3400	42CrMo	A5	56	8.50%	860±10	无	合格
		A6	57.5	8.80%	860±10	无	合格
		A7	57	8.50%	860±10	无	合格
		A8	55.5	8.40%	860±10	无	合格
		A9	55	8.40%	860±10	无	合格
		B1	56	8.50%	860±10	无	合格
		B2	55	8.40%	860±10	无	合格
		B8	55	8.30%	860±10	无	合格
		B2	55	8.30%	860±10	无	合格
		B9	55	8.00%	860±10	无	合格
		C1	55	8.40%	860±10	无	合格

根据以上试验过程生产这四种曲轴共 43428 件，未出现淬裂现象，而且性能基本上都达到了客户的要求。

从以上数据分析可知：在合适的淬火温度下，淬透性在 J9/52～57HRC 范围的，淬火介质浓度适宜范围为 8.0%～8.5%，淬透性范围高出 J9/57HRC 的，浓度 8.5%～9.0% 为宜，淬透性范围低于 J9/52HRC 的，浓度 7.5%～8.0% 为宜。

3.6.4.4　分析讨论

① 合金钢曲轴的淬火温度应选用较高温度，淬火温度较高时奥氏体化速度较快，加速组织的转变，提高合金元素的运行速度，奥氏体程度较高，可以消除未熔的铁素体，提高零件的性能。

② 材料的成分是波动的，每炉的成分是不一样的，因此，每炉材料的淬透性是不一样的；钢的淬透性反映钢淬火时获得较深淬硬层的能力，淬透性高，淬火时易获得马氏体，且产生较大应力，淬火开裂倾向大；淬火液浓度高，冷却速度低；淬透性高的零件，采用高浓度淬火液，淬透性低的零件，采用低浓度淬火液，可以实现较好的淬火效果，即可实现零件的综合性能，亦可防止零件淬火开裂。

3.6.4.5　结论

通过新工艺的实施，生产合金钢曲轴四万余件，取得较好效果，实现很好的经济效益。根据零件不同的淬透性，选用不同的淬火液浓度，可以实现很好的淬火效果。这种做法改变了以前的通用淬火工艺的做法，是一种工艺创新，为以后锻件热处理提供了一种新的方法。

3.6.5　曲轴圆角强化工艺

3.6.5.1　概述

曲轴是发动机的心脏，曲轴的质量直接影响拖拉机整机的质量。我公司在曲轴表面热处理上主要采用旋转淬火技术，对主轴颈、连杆颈、法兰及止推面进行表面处理，这种工艺已有二十余年的历史。随着科技的进步，人们对曲轴热处理的要求也越来越高，现在多数有名的汽车及柴油机生产厂已经开始对曲轴的圆角进行强化处理，这样能极大地提高曲轴的寿命及柴油机整机质量。

按照现行生产作业方式，曲轴不进行圆角淬火，但是曲轴的破坏恰恰就是从圆角处断裂，是最薄弱的地方，也是曲轴受力最大的地方。曲轴工作时所受到的力是相当复杂的，主轴颈、连杆颈和曲柄臂受力情况各不相同，但它们主要承受反复弯曲和扭转载荷，而主轴颈和连杆颈还要承受强烈的摩擦。曲轴的损坏形式主要是疲劳引起的断裂和轴颈的磨损，因此提高曲轴疲劳强度是摆在面前的首要任务。

某公司过去在曲轴热处理工艺上一直沿用圆角不淬火工艺，应用于中小功率柴油机问题尚不明显，随着功率的增加，在无法改变曲轴结构的情况下，疲劳断裂成为突出的问题。

曲轴锻造工艺：圆棒加热到一定温度，锻打成型、去飞边、扭曲拐、整形、调质、校直、去应力。

曲轴冷加工工艺，采用以铣代磨，轴颈表面有铣痕；铣完之后有校直工序，对于 4 缸曲轴要求摆差在 0.2mm 以内，6 缸曲轴在 0.3mm 以内，绝大多数都要经过校直，校直前摆差分布不均，4 缸多数在 0.3～0.4mm 之间，6 缸多数在 0.7～0.8mm 之间。

对于 6 缸 45 钢曲轴结构（见图 3-25）而言，要增大柴油机功率或转矩，就要加长曲轴的偏心距，由现在的 62.5mm 加长到 67.5mm，这样将造成曲轴重叠度减少，疲劳强度相应减小。

图 3-25　6 缸曲轴结构图（45 钢）

下面介绍一种研究，目的就是通过有效的方法，提高曲轴的疲劳强度，弥补由于加长冲程而造成的疲劳强度减小。

有两种方法可以提高曲轴的疲劳强度。一是选取不同的材料，比如用合金材料取代 45 钢；二是采用不同的工艺，比如对 45 钢曲轴采用圆角感应淬火，对曲轴圆角进行滚压，对曲轴进行整体氮化等。

实验证明圆角感应淬火曲轴有最高的疲劳强度（996MPa），圆角滚压曲轴疲劳强度为次（890MPa），氮化曲轴第三（720MPa）。美国的一些公司也有相近的数据。

采用圆角滚压的方法，配套设备投资较大，约需 2000 多万元；采用氮化的方法，效率低，公司没有生产设备及能力；针对柴油机公司设备的实际情况，采用曲轴圆角感应淬火的方法，只需增加感应器及工艺，投入最小，见效最快，是提高曲轴疲劳强度最经济、最有效的方法。

3.6.5.2　工艺试验

(1) 试验方案确定　首先确定以 6 缸 45 钢加长冲程曲轴作为试验对象，其在工作中承受的载荷比普通曲轴要大，轴颈强化后的变形量也比普通曲轴要大，准备 10～20 根锻造后的曲轴毛坯用于试验。

① 方案 1　毛坯经锻造、调质、校直、去应力回火（原工艺）后，在冷加工前（不论锻造是否进行过去应力回火）再增加一道曲轴毛坯去应力回火工序，然后进行铣削、感应淬火、回火、热校、精磨。

② 方案 2　毛坯经锻造、调质、校直、去应力回火后，在冷加工后再次对曲轴进行去应力回火，然后粗磨、感应淬火、回火、热校、精磨。

③ 方案 3　毛坯经锻造、正火、校直、去应力回火，然后进行铣削、感应淬火、回火、热校、精磨。

经过分析、讨论，确定优选方案 1，并对实施方案 1 产生的结果进行分析，包括硬度、淬硬层、金相组织、疲劳试验数据。通过对金相组织的变化进行分析，寻找引起变形的应力源，制定去除应力的方法，确定最佳圆角强化工艺。

(2) 变形过程控制

① 锻造过程控制　要求锻造在调质过程中，采用悬挂的方式，并增加一道毛坯 560℃、6h、悬挂去应力退火工序。

② 冷加工过程控制　曲轴毛坯经过去应力，铣削应力减小，变形量减小。

③ 热处理过程控制　一是加大感应器间隙，延长感应加热时间，均匀硬化层，减小变形；二是摸索感应淬火顺序，先淬哪个轴颈，后淬哪个轴颈，试验出变形最小的淬火顺序来使变形量符合要求。

(3) 方案实施

① 曲轴毛坯悬挂去应力　按照方案 1，将 6 缸 45 钢加长冲程曲轴毛坯 20 根，送热处理

厂按 560℃、6h、垂直悬挂工艺，在井式炉中进行去应力处理。

② 感应器设计制造　根据曲轴产品图及相关热处理技术要求，曲轴圆角淬火感应器共委托设计、制作 3 套，包括第一主轴颈、主轴颈及连杆颈三种类型，见图 3-26。

图 3-26　感应器设计与制造

③ 圆角淬火试验　试验选用 4RC08061446 曲轴一件，使用的设备为德国 AEG 公司生产的半自动曲轴四工位旋转淬火机床，淬火介质选用好富顿 AQ251，浓度 3％～5％。其工艺参数见表 3-14。

表 3-14　感应淬火工艺参数

淬火部位	功率/kW	频率/Hz	电压/V	时间/s	连杆电位器
第一主轴颈	120	8500	580	18	—
连杆颈	120	7800	500	18	—
第三主轴颈	130	8000	590	18	—
第四主轴颈	120	8500	580	19	—
第二连杆颈	上 115 下 125	7800	500	19	上 0.1 下 2.8

金相检验结果见图 3-27～图 3-30（第一主轴颈上的裂纹为线切割应力裂纹）。

图 3-27　第一主轴颈

图 3-28　第二连杆颈上止点

图 3-29　第二连杆颈下止点

图 3-30　第三主轴颈

根据曲轴淬火后切样照片,分析淬硬层分布情况,可以看出,第一主轴颈淬硬层深度满足要求,带宽稍宽;第二连杆颈上止点爬高处有过热倾向,需要减少此处的功率分配;第三主轴颈也存在同样问题,需要减少爬高处的功率分配。根据分析结果,提出在感应器的结构上更改的方案,主要是调整感应器有效圈与曲轴需加热部位的间隙,调整导磁体的分布,完善加热效果。

为控制变形并得到均匀的淬硬层,调整了顶尖的摆差,恢复了电源在连杆颈上、下止点的功率分配功能,同时解决了连杆颈上止点处斜油孔淬裂的问题。

④ 变形的测量　加长冲程曲轴毛坯 560℃、6h、悬挂去应力退火试验后,曲轴毛坯变形量用曲轴毛坯专用测量规测量的结果见表 3-15。

表 3-15　曲轴毛坯变形量(毛坯 560℃、6h、悬挂去应力退火)

样号	变形量			
01	1mm 以内	—	—	—
02	二主轴颈 2mm	三主轴颈 1.5mm	—	—
03	七主轴颈 1.8mm	—	—	—
04	二主轴颈 2mm	三主轴颈 2mm	—	—
05	1mm 以内	—	—	—
06	一主轴颈 2mm	三主轴颈 2mm	四主轴颈 2mm	五主轴颈 2mm
07	四主轴颈 2.5mm	六主轴颈 2.5mm	—	—
08	三主轴颈 2.5mm	—	—	—
09	三主轴颈 1.5mm	—	—	—
010	二主轴颈 2mm	六主轴颈 2mm	—	—
011	四主轴颈 2.5mm	—	—	—
012	三主轴颈 3mm	四主轴颈 3mm	—	—

续表

样号	变形量			
013	1mm	—	—	—
014	一主轴颈 2mm	—	—	—
015	1mm 以内	另一侧	四主轴颈 3mm	五主轴颈 2.5mm
016	三主轴颈 2mm	—	—	—
017	1mm 以内	—	—	—
018	1mm 以内	三主轴颈 2mm	四主轴颈 2mm	五主轴颈 2mm
019	三主轴颈 2mm	四主轴颈 2mm	五主轴颈 2mm	—
020	1mm 以内	—	—	—

冷加工后未经校直曲轴变形量的测量见表 3-16。

表 3-16 冷加工后未经校直曲轴变形量　　单位：mm

序号	第二主轴颈	第三主轴颈	第四主轴颈	第五主轴颈	第六主轴颈
01	0.6	0.45	0.5	0.2	0.2
02	0.4	0.35	0.45	0.2	0.15
03	0.4	0.3	0.4	0.2	0.25
04	0.45	0.4	0.45	0.2	0.1
05	0.4	0.35	0.4	0.24	0.15
06	0.37	0.3	0.35	0.17	0.1
07	0.45	0.27	0.45	0.15	0.1
08	0.55	0.4	0.5	0.3	0.2
09	0.55	0.5	0.5	0.25	0.1
010	0.5	0.45	0.45	0.3	0.2
011	0.55	0.5	0.5	0.3	0.2
012	0.4	0.3	0.5	0.35	0.1
013	0.5	0.3	0.5	0.2	0.1
014	0.5	0.45	0.45	0.2	0.15
015	0.5	0.5	0.5	0.25	0.2
016	0.37	0.3	0.5	0.17	0.15
017	0.35	0.3	0.35	0.17	0.1
018	0.55	0.45	0.5	0.3	0.25
019	0.42	0.3	0.4	0.2	0.1
020	0.3	0.3	0.4	0.3	0.1

对以上 20 根加长冲程曲轴冷加工前后的变形进行对比发现，冷加工前曲轴变形量大小与冷加工后变形量对应关系不明显，如 12# 曲轴冷加工前变形量为 3mm，冷加工后最大变形量为 0.5mm；1# 曲轴冷加工前变形量为 1mm，冷加工后最大变形量为 0.6mm。

6 缸 45 钢曲轴经过悬挂去应力退火，曲轴毛坯冷加工后的整体变形量大幅减小，最大变形控制在 0.6mm 以内；未经去应力的曲轴整体变形量在 0.8mm 左右；另外，经过去应力退火的曲轴，其铣削加工性能明显好转，能够减少铣削应力的产生。

3.6.5.3 曲轴轴颈圆角不淬火试验

（1）6缸45钢加长冲程曲轴轴颈圆角不淬火工艺 见表3-17。

表 3-17 6缸45钢加长冲程曲轴轴颈圆角不淬火工艺

处理部位	功率/kW	电压/V	频率/kHz	加热时间/s	电位器（上/下）
主轴颈	81	580	8	17	—
连杆颈	70	470	8	18	—
止推面	110	580	6.5	8	—
法兰	112	570	8	7.8	—

试验用轴：03、09、013、016、017、019号6缸45钢加长冲程曲轴。
淬火介质：AQ251。防锈剂：AQ211。配比：3%～5%，新配制。
淬火顺序：主轴颈，7—6—5—4—3—2—1；连杆颈，1—2—3—4—5—6。
（2）圆角不淬火变形测量 见表3-18。

表 3-18 圆角不淬火变形测量　　　　　　　　　　　　　　　　单位：mm

编号	第二主轴颈	第三主轴颈	第四主轴颈	第五主轴颈	第六主轴颈
03(6RC-B 08070)	0.79	0.82	0.80	0.74	0.34
09(6RC-B 08070152)	0.72	0.62	0.67	0.50	0.30
013(6RC-B 08070149)	0.55	0.55	0.70	0.60	0.25
016(6RC-B 08070162)	0.47	0.50	0.50	0.40	0.20
017(6RC-B 08070153)	0.50	0.75	0.78	0.60	0.30
019(6RC-B 08070160)	0.62	0.57	0.60	0.50	0.25

（3）金相切样 见图3-31。

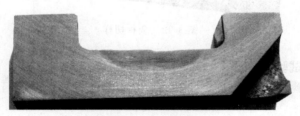

图 3-31 金相切样

3.6.5.4 曲轴圆角淬火（轴颈+圆角）试验

（1）6缸45钢加长冲程曲轴淬火工艺 见表3-19。

表 3-19 6缸45钢加长冲程曲轴（轴颈+圆角）淬火工艺

处理部位	功率/kW	电压/V	频率/kHz	加热时间/s	电位器（上/下）	冷却喷水时间/s
第一主轴颈	125	580	8.2	17.5	2.95	—
其他主轴颈	122～133	590	7.8	17	2.95	—
连杆颈	80～135	450～600	7.6～8.2	18	2.35/2.85	13

试验用轴：01、06、08、011、014、015号6缸45钢加长冲程曲轴。

淬火介质：AQ251。防锈剂：AQ211。配比：3%～5%，新配制。

淬火顺序：主轴颈，1—7—2—6—3—5—4；连杆颈，1—6—2—5—3—4。

（2）轴颈＋圆角淬火变形测量　见表3-20。

表3-20　6缸45钢加长冲程曲轴（轴颈＋圆角）淬火变形量　　　　单位：mm

编号/零件号	第二主轴颈	第三主轴颈	第四主轴颈	第五主轴颈	第六主轴颈
01	0.70	0.55	0.50	0.37	0.40
06	0.60	0.50	0.45	0.30	0.40
08	0.60	0.60	0.40	0.20	0.25
011	0.40	0.30	0.50	0.40	0.10
014	0.55	0.25	0.25	0.20	0.15
015	0.75	0.65	0.60	0.25	0.30
随机抽查2根普通6缸45钢圆角淬火变形情况					
6R-A08110382	1.05	1.00	0.90	0.77	0.38
6R-A08110390	0.60	1.40	1.90	1.15	0.90

对6缸45钢加长冲程曲轴毛坯560℃、6h，悬挂去应力退火，再经冷加工、感应淬火后，通过变形量测量，要比原工艺进行冷加工变形量小很多，甚至不经校直就可以进入精磨加工工序。

（3）金相切样　见图3-32。

图3-32　金相切样

3.6.5.5　工艺优化试验

为了能够再现试验结果，对剩余7根6缸45钢加长冲程曲轴进行了重复性试验，结果见表3-21。

表3-21　工艺优化试验淬火变形量　　　　单位：mm

编号/零件号	第二主轴颈	第三主轴颈	第四主轴颈	第五主轴颈	第六主轴颈
02	0.65	0.65	0.70	0.45	0.45
04	0.40	0.35	0.50	0.35	0.18
05	0.30	0.30	0.35	0.30	0.24
07	0.20	0.30	0.32	0.25	0.38
010	0.60	0.60	0.60	0.38	0.35
018	0.50	0.40	0.40	0.25	0.30
020	0.50	0.60	0.75	0.50	0.12

3.6.5.6 疲劳试验

(1) 试样制备　疲劳试验用6缸45钢加长冲程曲轴的曲拐见图3-33。

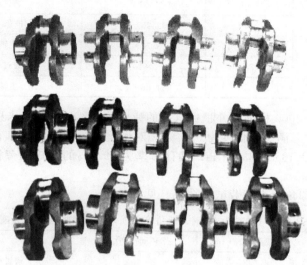

图3-33　疲劳试验用6缸45钢加长冲程曲轴曲拐

(2) 曲轴轴颈圆角不淬火疲劳试验结果　6RC-B曲轴（材料为45钢）圆角不淬火强化单拐弯曲疲劳试验结果见表3-22。

表3-22　6RC-B曲轴单拐弯曲疲劳试验结果

序号	试拐编号	载荷/(N·m)	循环周次/次	备注
1	09-1	1300	$1×10^7$	通过（未产生开裂）
		1400	$69.71×10^4$	连杆颈下止点R圆角处
2	09-3	1600	$72.81×10^4$	连杆颈下止点R圆角处
3	09-5	1350	$265.5×10^4$	连杆颈下止点R圆角处
4	017-1	1350	$265.6×10^4$	连杆颈下止点R圆角处
5	017-3	1400	$1×10^7$	通过（未产生开裂）
		1500	$98.6×10^4$	主轴颈R圆角处
6	017-5	1300	$1×10^7$	通过（未产生开裂）
		1400	$315.88×10^4$	主轴颈R圆角处
7	016-1	1400	$456.83×10^4$	连杆颈下止点R圆角处
8	016-3	1500	$110.05×10^4$	连杆颈下止点R圆角处
9	016-5	1300	$1×10^7$	通过（未产生开裂）
		1350	$207.83×10^4$	连杆颈下止点R圆角处
10	019-2	1350	$487.75×10^4$	主轴颈R圆角处
11	019-4	1450	$1×10^7$	通过（未产生开裂）
		1550	$361.04×10^4$	主轴颈R圆角处
12	019-6	1450	$1×10^7$	通过（未产生开裂）
		1550	$124.24×10^4$	连杆颈下止点R圆角处

续表

序号	试拐编号	载荷/(N·m)	循环周次/次	备注
13	013-2	1300	1×10^7	通过（未产生开裂）
		1350	203.75×10^4	连杆颈下止点 R 圆角处
14	013-4	1350	583.79×10^4	主轴颈 R 圆角处
15	013-6	1350	1×10^7	通过（未产生开裂）
		1450	634.98×10^4	主轴颈 R 圆角处

按照 QC/T 637—2000 标准，并根据试拐的疲劳数据，计算圆角未感应淬火曲轴的弯矩疲劳极限，且所得 M_{-1} 满足置信度为 95%、相对误差 ≤5% 的要求，其存活率为 50% 的弯矩疲劳极限 $M_{-1}(50\%)=1358.333\text{N}\cdot\text{m}$；其存活率为 99.9% 的弯矩疲劳极限 $M_{-1}(99.9\%)=1161.682\text{N}\cdot\text{m}$。

（3）曲轴轴颈加圆角淬火疲劳试验结果 见表 3-23。

表 3-23 6RC-B 曲轴（材料为 45 钢、圆角淬火强化）轴颈加圆角淬火疲劳试验结果

序号	试拐编号	载荷/(N·m)	循环周次/次	备注
1	014-5	2800	1×10^7	通过（未产生开裂）
		3000	249.14×10^4	连杆颈下止点 R 圆角处
2	014-1	2900	199.81×10^4	连杆颈下止点 R 圆角处
3	014-3	2800	55×10^4	连杆颈下止点 R 圆角处
4	01-2	2600	1×10^7	通过（未产生开裂）
		2800	1×10^7	通过（未产生开裂）
		3000	1×10^7	通过（未产生开裂）
		3200	177.04×10^4	连杆颈下止点 R 圆角处
5	01-4	2800	55×10^4	连杆颈下止点 R 圆角处
6	01-6	2700	1×10^7	通过（未产生开裂）
		2800	1×10^7	通过（未产生开裂）
		2900	1×10^7	通过（未产生开裂）
		3000	1×10^7	通过（未产生开裂）
		3100	686.8×10^4	连杆颈下止点 R 圆角处
7	06-1	2700	1×10^7	通过（未产生开裂）
		2900	192.89×10^4	主轴颈 R 圆角处
8	06-3	2700	1×10^7	通过（未产生开裂）
		2900	12.69×10^4	连杆颈下止点 R 圆角处
9	06-5	2700	1×10^7	通过（未产生开裂）
		2900	1×10^7	通过（未产生开裂）
		3100	1×10^7	通过（未产生开裂）
		3200	1×10^7	通过（未产生开裂）
		3300	135.63×10^4	连杆颈下止点 R 圆角处
10	015-2	2700	1×10^7	通过（未产生开裂）
		2900	1×10^7	通过（未产生开裂）
		3100	467.8×10^4	连杆颈下止点 R 圆角处

续表

序号	试拐编号	载荷/(N·m)	循环周次/次	备注
11	015-4	2700	1×10^7	通过(未产生开裂)
		2900	318.5×10^4	连杆颈下止点 R 圆角处
12	015-6	2700	1×10^7	通过(未产生开裂)
		2900	587.8×10^4	连杆颈下止点 R 圆角处

根据试拐的疲劳数据,按照 QC/T 637—2000 标准,计算圆角感应淬火曲轴的弯矩疲劳极限,且所得 M_{-1} 满足置信度为 95%、相对误差≤5%的要求,其存活率为 50% 的弯矩疲劳极限 $M_{-1}(50\%)=2883.333\mathrm{N\cdot m}$;其存活率为 99.9% 的弯矩疲劳极限 $M_{-1}(99.9\%)=2439.628\mathrm{N\cdot m}$。

(4) 结论

① 通过疲劳试验对比得知:经过圆角强化的曲轴,相对圆角不强化的曲轴,其疲劳强度大幅提高,按照存活率为 99.9% 的弯矩疲劳极限 M_{-1} 计算,为圆角不淬火的 2.1 倍,对延长曲轴乃至柴油机的寿命,防止曲轴断裂,起到决定性的作用。

② 曲轴轴颈经感应淬火后,既提高了轴颈的硬度,又增加了耐磨性;当轴颈圆角淬硬层连续后,曲轴疲劳强度得以大幅度的提高。

③ 曲轴毛坯经过去应力退火,有效地消除了锻造过程产生的应力,使得其后冷加工铣削应力减小,淬火前应力得到释放,淬火后变形量也大幅减小。

④ 由于曲轴断裂均为疲劳断裂,疲劳源位于曲轴受力最大的连杆颈下止点 R 圆角处,其圆角强化后,曲轴的疲劳强度大幅提高,故其疲劳断裂的可能性大幅减小。

⑤ 公司根据本项目确定的工艺,进行了小批量生产试验,圆角强化后的曲轴经金相检验,硬度、淬硬层及金相组织满足要求,解决了斜油孔淬火裂纹产生的问题,能够满足生产要求。

⑥ 用圆角强化后的 45 钢曲轴代替 42CrMo 合金钢曲轴用于 100 马力以上大轮拖,6 缸轴每根节约材料费 629 元,4 缸轴每根节约材料费 226.5 元。2009 年 7 月至今共生产 6 缸轴 1000 根,经济效益 62.9 万元;4 缸轴共生产 3500 根,经济效益 79.275 万元;合计经济效益 142.175 万元。

⑦ 圆角强化后,未发现曲轴断裂情况,减少了外赔损失,取得了显著的经济和社会效益,已投入大批量生产。

3.7 曲轴常用几种感应器的结构设计案例

曲轴(见图 3-34)是发动机产生转矩的重要零件,也是发动机的心脏,要求其各轴颈有高的耐磨性和弯曲疲劳强度。曲轴自 1936 年起大量采用表面淬火,至今感应淬火技术已

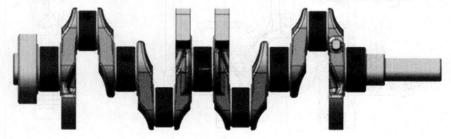

图 3-34 曲轴零件

有很大发展，曲轴的质量直接影响整机的质量。除电源、机床等基础设备外，实施曲轴感应淬火工艺的核心部件就是感应器。众所周知，淬火感应器的结构（尺寸）将直接影响感应淬火零件的质量和生产效率。所以曲轴感应器的设计就显得尤为重要，目前使用的有三种类型的感应器，即圆环感应器、鞍形感应器及静止式曲轴感应器。

3.7.1 圆环感应器

曲轴圆环感应器又称为分合式感应器，有手工操作感应器和自动淬火机床用感应器，两者结构基本相同。手工操作的曲轴感应器如图 3-35 所示。圆环感应器淬火的主要缺点是轴颈淬火层的宽度与厚度不均匀，曲柄外侧淬火层宽而厚，曲柄内侧淬火层窄而薄。由于淬火层厚度不均，使曲轴淬火弯形很大，有时弯曲达 5mm 左右。

圆环感应器由两个可以开合的半圆环型线圈组成。

优点：结构简单，容易制作；

缺点：使用寿命短，硬化区域不均匀，在油孔处易产生淬火裂纹。

3.7.2 鞍形感应器

这类感应器在 20 世纪 60 年代以后开始大量使用。其结构见图 3-36。鞍形曲轴感应器的结构主要有有效圈、支撑护板、定位装置及喷水器等。有效圈是感应电流的载体，电源能量通过有效圈产生的磁场输出到零件，有效圈设计的水平直接关系到能量的输出及能量在零件表面的分布。

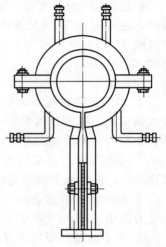

图 3-35 分合式曲轴感应器

（1）曲轴感应器有效圈的设计　设计中重点考虑和计算：有效圈弧段、横直线段的形状、大小和比例关系；导磁体形状、安装位置、使用量；有效圈与零件径向、轴向间隙。由于电流的热效应，有效圈在工作中会发热，所以必须通水冷却，水流截面根据加热功率的大小计算，保证有效圈工作在正常温度（55℃以下）。

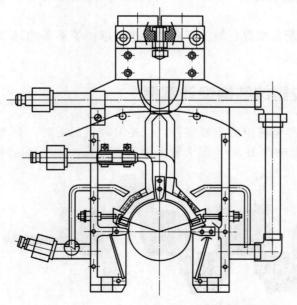 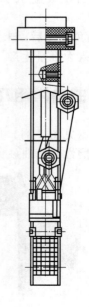

图 3-36　曲轴鞍形感应器

(2) 曲轴感应器有效圈间隙尺寸设计
① 有效圈径向间隙的确定，见表 3-24。

表 3-24 曲轴感应器有效圈径向间隙尺寸设计

轴颈/mm	<50	>50
间隙/mm	0.3～0.75	0.7～1.5

② 侧面间隙的确定。曲轴加热的淬火重复性是否良好，主要与感应器的有效圈与定位块的间隙有关。间隙过大，设备效率低，有效功率无法达到正常的加热效果；间隙太小，设备效率高，有效功率高，但容易引起感应器与工件打火而烧伤轴表面和感应器的有效圈，感应器的寿命会受极大影响。

(3) 曲轴感应器的制作技术
① 制造线圈的材料采用无氧高导铜（OFHC）。
② 通过选取更薄的高磁感取向硅钢片（目前有厂家已使用 0.1mm 甚至 0.05mm）取代目前厚度为 0.27mm 的磁感取向硅钢片，前者的饱和磁感涡流、磁滞损耗和总损耗都大大降低。
③ 使用高新能的陶瓷定位块取代合金定位块。陶瓷定位块的硬度在 1500～1800HV 左右，硬质合金的定位块的硬度为 88～90HRA，高性能的陶瓷定位块使用寿命可达 1.5 万次以上，比硬质合金定位块的使用寿命大 3 倍左右。

优点：淬火质量稳定，能耗低，淬硬层深，轴颈淬火层厚度和宽度均匀可以实现圆角淬火；能减少曲轴淬火变形。大量试验表明，用鞍形感应器淬火的曲轴最大跳动量为 1.1mm，平均跳动量为 0.6mm，大部分跳动量为 0.5mm 以下，淬火后的曲轴可不校直或轻微校直，因此提高了曲轴的疲劳强度；能消除油孔附近的淬火裂纹；淬火层的形状能够调整，甚至能得到包括轴颈两端 R 的淬火层，实现圆角淬火，从而显著地提高曲轴疲劳强度。缺点：结构复杂，制作精度高。

3.7.3 静止式曲轴感应器（SHarP-C）

这类感应器 21 世纪初开始出现，其结构见图 3-37（工件不旋转）。这种线圈的设计，设计的组件更少，故而产生的损耗也就更少，且消除了任何形式的焊接，相比 U 型感应器 35%～40% 的线圈覆盖率，SHarP-C 技术的线圈覆盖率达到了 100%，大大减少了加热的时间。

图 3-37 静止式曲轴感应器

优点：使用寿命长、能耗低；
缺点：设计难度较大、不能实现圆角淬火。

第 4 章 凸轮轴零件热处理实例

凸轮轴是发动机配气机构的一部分，是活塞发动机里的一个部件，专门负责驱动气门按时开启和关闭，作用是保证发动机在工作中定时为汽缸吸入新鲜的可燃混合气，并及时将燃烧后的废气排出汽缸。凸轮轴直接通过摇臂驱动气门，很适用于高转速的轿车发动机，由于转速较高，为保证进排气和传动效率、简化传动机构、降低高转速的振动和噪声，多采用顶置式气门和顶置式凸轮轴，这样，发动机的结构也比较紧凑。

在四冲程发动机里凸轮轴的转速是曲轴的一半，在二冲程发动机中凸轮轴的转速与曲轴相同，不过通常它的转速依然很高，而且需要承受很大的转矩，因此设计中对凸轮轴在强度和支撑方面的要求很高，其材质一般是特种铸铁，偶尔也有采用锻件的。

凸轮轴的常见故障包括异常磨损、异响以及断裂，异响和断裂发生之前往往先出现异常磨损的症状。

凸轮轴是发动机的关键零件之一，凸轮桃尖的硬度和白口层深度是决定凸轮轴使用寿命和发动机效率的关键技术指标。在保证凸轮有足够高的硬度和相当深的白口层的前提下，还应考虑轴颈不出现较高的碳化物，使其具有较好的切削加工性能。

目前，国内外生产凸轮轴的主要方法：采用钢质锻造毛坯经切削加工后，凸轮桃尖部分经高频淬火形成马氏体层。

20 世纪 70 年代末，德国和法国相继开发了凸轮轴氩弧重熔工艺，另有以美国为主的可淬硬铸铁凸轮轴，以日本和法国为主的冷硬铸铁凸轮轴，以及凸轮部位用 Cr-Mn-Mo 合金进行铸件表面合金化的生产工艺等。

对于拖拉机和普通汽车上的凸轮轴，多采用 45 钢制造，也可选用球墨铸铁、合金铸铁或低碳以及低碳合金钢渗碳淬火。一般轮船或军舰上的凸轮轴，因要求其具有高强度、高耐磨性及稳定性，故这类凸轮轴多采用 GCr15 钢制造，也可选用 50 钢制造。

为使凸轮轴表面有高的耐磨性及抗接触疲劳强度，其淬火硬度为：

① 45 钢，57～62HRC，淬硬层深度：轴颈 2～5mm，凸轮 $\begin{cases} 背部 2～5mm \\ 顶部 2～5mm \end{cases}$。

② 50 钢，59～62HRC，淬硬层深度：轴颈 2～4mm，凸轮 $\begin{cases} 背部 2～4mm \\ 顶部 2～4mm \end{cases}$。

③ GCr15 钢，63～69HRC，淬硬层深度：轴颈 2～5mm，凸轮 $\begin{cases} 背部 2～5mm \\ 顶部 2～5mm \end{cases}$。

凸轮轴加工工艺路线：锻造—正火—机加工—调质（241～286HB）—校直—450℃去应力回火—车削加工—感应加热表面淬火—150℃回火—校直—150℃去应力回火—磨削加工—探伤检验。

笔者公司目前生产的凸轮轴多采用8kHz中频淬火，根据不同尺寸零件，选用不同内径的圆环感应器并在国产设备KGPS-250kW中频电源及GCK10150数控淬火机床（最大工件长1.6m、承重75kg）上实施凸轮轴的淬火生产。

由于整个生产过程使用的是同一个感应器，避免了重复将零件搬上搬下，频繁更换工装夹具、校正零位等操作工序，最终使该产品质量的稳定性和高效生产同时获得了成功。

用传统的同时加热淬火工艺法无法解决其凸轮加热时桃尖与基圆部分因温差过大，在保证基圆部位达到技术要求的情况下，桃尖处淬火后硬化层深度必然超深，无法达到图纸的技术要求，甚至引起桃尖部位过热或熔化，且造成凸轮桃尖部分开裂或在凸轮升程处出现软带等一系列问题。本章旨在运用圆环类感应器、工装和数控技术，用创新的工艺方法来解决感应淬火技术中出现温差加大的问题，成功地在国产数控机床和中频电源上实现船用凸轮轴3组不同尺寸的共33个部位连续中频感应淬火的生产。通过设计工艺，产品质量得以提高并且高生产效率同时得到了兼顾。

凸轮加热时，当电流频率低于最佳频率时，桃尖温度加热不足；反之，当电流频率高于最佳频率时，桃尖温度过高。

发动机凸轮、油泵凸轮、军舰用凸轮及刹车凸轮这几种零件在实际生产中，绝大多数采用8k～10kHz的中频电源。当桃尖温度偏高或偏低时，生产中一般采用增加预冷时间来匀温的方法。

下面是一种凸轮轴（见图4-1）检验内容及要求。

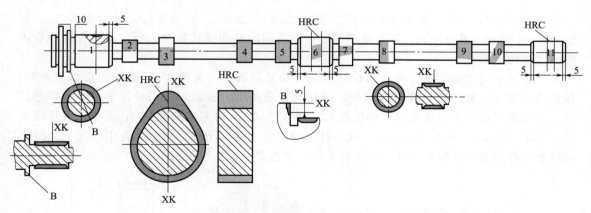

图4-1 凸轮轴淬火后金相检验取样部位示意图

① 1、6、11轴头中间径向横切，凸轮横向截下，2、3、4、5号由淬火部位横切（或纵切），7、8、9、10纵切（或淬火部位横切）。轴肩横向截下后纵切。

② ϕ58mm、ϕ56mm、ϕ38mm（分别为图4-1中主轴颈1、6、11的位置）支承轴颈，凸轮表面上中频淬火，硬度56～63HRC，淬硬层深度2～8mm（加磨量时为2.3～8.3mm）。

 a. ϕ58mm表面距B端面10mm的长度内；

 b. ϕ58mm表面上ϕ50mm×4mm槽两侧10mm范围内；

 c. 3个支承轴颈表面距边缘5mm的长度内；

d. 凸轮表面距边缘 5mm 的范围内硬度允许降至 38HRC。

③ B 端面淬火硬度不小于 38HRC，淬硬层深度 1.3～3.2mm（加磨量时为 1.5～3.5mm），淬火带宽从 ϕ77mm 算起不小于 5mm。

④ 金相组织及淬硬层，Q/SB 953—79 标准，马氏体 3～7 级合格。如硬度合格 8 级亦允许通过。

本篇仅介绍材料为 45 钢的凸轮轴的感应淬火工艺。材料为 45 钢的凸轮轴目前我们生产的有三缸、四缸和六缸 3 种。

4.1 三缸凸轮轴

该凸轮轴（见图 4-2）有 12 个凸轮（见图中所标 3、4、5、6、8、9、10、11、13、14、15、16），4 个轴颈（见图中所标 2、7、12、17）共 16 个部位需要淬火。其技术要求：凸轮及轴颈中频淬火，硬度 57～62HRC，淬硬层深度 2.2～7.3mm；预先热处理为调质。

工艺路线：锻造—机加工—热处理—机加工—装配。

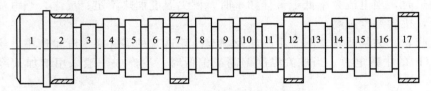

图 4-2 三缸凸轮轴零件简图

（1）感应器设计 该凸轮轴凸轮宽度尺寸均为 23mm，轴颈宽度尺寸分别为 32mm、27.5mm、29mm 和 30mm。因为该零件的加热采用的是连续式加热，所以合理设计感应圈的高度尤为重要。

为了减小使用圆形感应圈时凸轮桃尖部分与基圆部分（见图 4-3）的硬化层深度差别，控制桃尖部分中频淬火后淬硬层深度，以使其符合图纸的要求，我们设计了一个圆环感应器。凸轮轴淬火用感应器以淬火部位最大轴径 ϕ55.7mm 为基准按间隙 4mm 确定感应圈内径尺寸为 ϕ64mm、高度为 24mm；喷水孔内径尺寸为 ϕ1.5mm，两喷水孔中心向下倾斜 8°成放射棋盘式分布。整个工件加热过程采用一个感应器，见图 4-4。

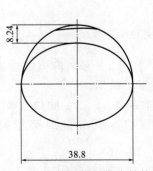

图 4-3 凸轮基圆与桃尖结构

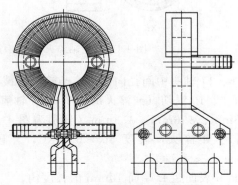

图 4-4 中频感应淬火用感应器

（2）凸轮轴感应淬火工艺难点 发动机凸轮轴感应淬火所用电源的频率，现在以

2000～8000Hz 为主流，功率则常用 100kW 左右。凸轮轴电源频率的选择，主要取决于凸轮的几何形状。早在 20 世纪 50 年代，苏联高尔基汽车厂曾用 2000Hz、200kW 机式发电机一次加热两根凸轮轴的凸轮。当加热 5.0～5.5s 时凸轮的桃尖部分高于中碳钢的淬火温度，而凸轮的圆弧（基圆见图 4-3）部分加热不足，必须预冷 4.5～5.0s，才能使桃尖与圆弧部分温度均匀，而每根凸轮的耗电量为 3.25kW·h。当采用 3600Hz、200kW 机式发电机进行凸轮加热时，凸轮加热时间为 3s，预冷只需 2.5s，整个凸轮加热温度均匀，每根凸轮轴的能耗降到 1.9kW·h。当采用 4500Hz、100kW 晶闸管电源时，在 100kW 功率时，加热时间为 3s，预冷 1s，冷却为 2.2s，整个凸轮加热温度均匀，每根凸轮轴的能耗降到 0.3kW·h。生产效率明显上升，而能耗下降。

上述工艺无论采用仿形感应器还是圆环感应器，其加热方式采用的都是同时加热法。感应加热一般根据加热零件的形状、淬硬区面积不同，而采用不同的工艺来操作，原则上分为两大类：同时加热法和进给连续淬火法。同时加热淬火是将整个淬硬区同时加热，停止加热后同时进行冷却，在加热过程中零件和感应器的相对位置不变。

同时加热法在应用中又可分为零件的旋转或不旋转加热，冷却方式又可分为落入喷水器中或感应器喷液两种。从提高发电机利用系数角度出发（一台发电机供应多台淬火机除外），同时加热后零件落入喷水器中，生产效率及发电机利用系数均比感应器喷液方式的高。

进给连续淬火法，又称连续淬火，是将加热零件需淬火区域中的一部分进行同时加热，通过感应器与加热零件间的相对运动，把加热区逐步移到冷却位置。连续淬火法在应用中可分为零件的旋转或不旋转。连续淬火法适用于需加热大的表面面积而电源设备功率不够的情况。

大量生产经验表明：同时加热淬火在电源设备功率相同的情况下，零件生产效率比进给连续淬火的高，淬火设备占地面积则相应减少。对于有阶梯的轴类零件，进给连续淬火时，从大直径到小直径处由于感应器电磁场的偏移，常有一段加热不足的过渡区，使淬硬层在轴的全长上不连续。现在，工业先进的国家已普遍采用纵向电流同时加热法，使阶梯轴在全长上的淬硬层保持连续，使轴的扭转强度得到提高。

用高频、超音频电源加热凸轮，尽管采取桃尖部加大间隙等措施，凸轮桃尖部温度仍然明显高于圆弧部，此种工艺已经淘汰。

凸轮轴感应器一般分为两种类型：仿形感应器和圆形感应器。仿形感应器对工件定位精度的要求很高，而且处在不同平面的多个凸轮不能依次连续进入感应圈，每淬一只凸轮需要拆装一次，较难保证每次感应圈接合处接触良好，产品质量的稳定性差且生产效率低，一般在批量生产中很少应用。

该凸轮轴淬火采用的是同时加热法。

(3) 凸轮轴感应淬火工艺参数

① 变压比　根据感应器结构及实践试验，经工艺优化试验后取 20∶1。

② 电参数　电源电压：400～500V。电流：100～140A。电容：依据试验情况中功率因数值酌情增减，经工艺优化试验后，电容 C 设置在设备的 2、6 挡（左起）。功率因数：最佳为 $\cos\varphi=1$。功率大小：凸轮，55～60kW；轴颈，45～50kW。

③ 淬火方式　选用连续式加热淬火，喷液冷却的淬火方式。机床具体动作程序分述如下：

零件放置方式：轴颈 1 端朝下顶尖，轴颈 17 端朝上顶尖。感应器上端面与轴颈 17 上端 47 位置处对齐定零位。零件从零位—轴颈位置 17 下端处预热—加热数秒后喷液数秒—零件移至位置 16 凸轮下端处加热数秒后喷液数秒—零件移至位置 15 凸轮下端处加热数秒后喷液数秒—零件移至位置 14 凸轮下端处加热数秒后喷液数秒—零件移至位置 13 凸轮下端处加热数秒后喷液数秒—零件移至轴颈位置 12 下端处加热数秒后喷液数秒—零件移至位置 6 凸轮下端处加热数秒后喷液数秒—零件移至位置 5 凸轮下端处加热数秒后喷液数秒—零件移至位置 4 凸轮下端处加热数秒后喷液数秒—零件移至位置 3 凸轮下端处加热数秒后喷液数秒—零件移至位置 2 轴颈下端处加热数秒后喷液数秒—回零。

上述加热数秒和喷液数秒，均根据实际情况定。

备注：淬火过程有 3 段循环，每段有 1 个轴颈加 4 个凸轮，共 5 个部位淬火。

① 轴颈 17—凸轮 16—凸轮 15—凸轮 14—凸轮 13；
② 轴颈 12—凸轮 11—凸轮 10—凸轮 9—凸轮 8；
③ 轴颈 7—凸轮 6—凸轮 5—凸轮 4—凸轮 3；
④ 轴颈 2。

（4）淬火工艺编程

N10	S7		N270	M98	L450
N20	G0	X-47	N280	G0	X-579
N30	M98	L370	N290	M98	L450
N40	G0	X-87	N300	G0	X-616.6
N50	M98	L450	N310	M98	L450
N60	G0	X-124	N320	G0	X-659
N70	M98	L450	N330	M98	L370
N80	G0	X-171	N340	S8	
N90	M98	L450	N350	G0	X0
N100	G0	X-209	N360	M2	
N110	M98	L450	N370	S2	（轴颈子程序）
N120	G0	X-250	N380	G4	F4
N130	M98	L370	N390	S4	
N140	G0	X-290	N400	G4	F0.5
N150	M98	L450	N410	S5	
N160	G0	X-328	N420	G1	F5
N170	M98	L450	N430	S6	
N180	G0	X-375	N440	M99	
N190	M98	L450	N450	S2	（轴颈子程序）
N200	G0	X-412.7	N460	G4	F7.5
N210	M98	L450	N470	S4	
N220	G0	X-453	N480	G4	F0.5
N230	M98	L370	N490	S5	
N240	G0	X-494.5	N500	G4	F5
N250	M98	L370	N510	S6	（凸轮子程序）
N260	G0	X-532	N520	M99	

（5）淬火后组织检查及硬度测试　物理探伤检查淬火后的零件，经磁粉探伤，未发现缺陷磁痕显示。将经连续淬火后的凸轮轴零件沿直径纵向线切割剖开，用磨床把线切割影响层磨去，然后放入 50% 盐酸水溶液中进行热酸蚀，加热温度 65～80℃，加热时间

20～30min，最后用碱水中和，并清洗干净，再用压缩空气吹干。吹干后其感应淬火硬化层深清晰可见（见图4-5），凸轮硬化层的轮廓照片见图4-6。硬化层深度检查见表4-1、淬火表面硬度见表4-2。

图4-5　线切割后轴颈硬化层的轮廓照片　　　　图4-6　线切割后凸轮硬化层的轮廓照片

由图4-5和图4-6测得，三缸凸轮轴的基圆、桃尖、轴颈部位淬硬层深度分别为3.2mm、6.4mm和3.2mm，满足技术及使用要求。

表 4-1　硬化层深度　　　　　　　　　　　　　　　　　　　　单位：mm

测量项目	凸轮		轴颈
	基圆	桃尖	
硬化层深度	3.2	6.4	3.2
技术要求	2.5～4.4	5.5～7.4	2.2～4.4

表 4-2　淬火表面硬度（HRC）

测量项目	凸轮		轴颈
	基圆	桃尖	
淬火表面硬度	57.5、59	58.5、59.5	59、61
技术要求	57～62		57～62

（6）通过工艺优化减少零件开裂倾向　淬火介质的使用情况是影响凸轮轴淬火质量的另一个重要因素，使用清水作为淬火介质极易引起零件的淬火开裂、软带或软块的出现，严重时凸轮工作区边缘呈指甲状剥落。由于该凸轮轴的加工部位较多，只要有一个凸轮淬裂了，整根凸轮轴也就报废了，若返淬则更易产生裂纹。通过试验，我们使用的是某公司生产的聚乙烯醇水基淬火介质，使用浓度为0.5%～1%，温度设定为26～34℃。

（7）凸轮轴淬火后的回火　适当的回火工艺是减小工件内应力，避免淬火开裂的另一个重要因素。凸轮常因自回火温度不足，在下一个工序前后会出现凸轮尖端部分崩落的现象，我们首先通过工艺调整：淬火工艺应设定为每加热淬火凸轮轴的一个部分，下一个部分应位于已淬过火部分下面的位置。这样能保证已淬过火的部分不必受第二次冷却，就有可靠的自回火温度和时间。这样做可以在第一时间减少内应力，降低零件开裂可能，同时也能避免因为工件冷透而增大开裂概率。然后校直后再进行3h 130℃的回火，这样可以减少经校直而产生的应力，还可以稳定校直后的凸轮形状。经过批量试制，凸轮轴没有出现开裂情况。

4.2 四缸凸轮轴

零件结构见图 4-7。其所用感应器、设备、工艺参数详见三缸凸轮轴，只是淬火程序不同而已，淬火结果同三缸凸轮轴。

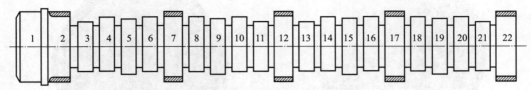

图 4-7 四缸凸轮轴零件简图

备注：淬火过程有 4 段循环，每段有 1 个轴颈加 4 个凸轮，共 5 个部位淬火。
① 轴颈 22—凸轮 21—凸轮 20—凸轮 19—凸轮 18；
② 轴颈 17—凸轮 16—凸轮 15—凸轮 14—凸轮 13；
③ 轴颈 12—凸轮 11—凸轮 10—凸轮 9—凸轮 8；
④ 轴颈 7—凸轮 6—凸轮 5—凸轮 4—凸轮 3；
⑤ 轴颈 2。

其淬火工艺编程如下：

N10	S7			N410	M98	L550
N20	G0	X-47		N420	G0	X-863.5
N30	M98	L470		N430	M98	L470
N40	G0	X-87		N440	S8	
N50	M98	L550		N450	G0	X0
N60	G0	X-124		N460	M2	
N70	M98	L550		N470	S2(轴颈子程序)	
N80	G0	X-171		N480	G4	F4
N90	M98	L550		N180	G0	X-375
N100	G0	X-209		N490	S4	
N110	M98	L550		N190	M98	L550
N120	G0	X-251		N200	G0	X-412.7
N130	M98	L470		N210	M98	L550
N140	G0	X-290		N220	G0	X-455
N150	M98	L550		N230	M98	L470
N160	G0	X-328		N240	G0	X-494.5
N170	M98	L550		N250	M98	L550
N320	G0	X-659		N260	G0	X-532
N330	M98	L470		N270	M98	L550
N340	G0	X-699		N280	G0	X-579
N350	M98	L550		N290	M98	L550
N360	G0	X-737		N300	G0	X-616.6
N370	M98	L550		N310	M98	L550
N380	G0	X-784		N500	G4	F0.5
N390	M98	L550		N510	S5	
N400	G0	X-820		N520	G4	F5

N530	S6		N580	G4	F0.5
N540	M99		N590	S5	
N550	S2(凸轮子程序)		N600	G4	F6
N560	G4	F7.5	N610	S6	
N570	S4		N620	M99	

4.3 六缸凸轮轴

零件结构见图 4-8。其所用感应器、设备、工艺参数详见三缸凸轮轴，只是淬火程序不同而已，淬火结果同三缸凸轮轴。

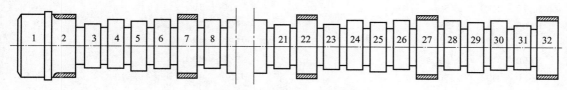

图 4-8 六缸凸轮轴零件简图

备注：淬火过程有 6 段循环，每段有 1 个轴颈加 4 个凸轮，共 5 个部位淬火。
① 轴颈 32—凸轮 31—凸轮 30—凸轮 29—凸轮 28；
② 轴颈 27—凸轮 26—凸轮 25—凸轮 24—凸轮 23；
③ 轴颈 22—凸轮 21—凸轮 20—凸轮 19—凸轮 18；
④ 轴颈 17—凸轮 16—凸轮 15—凸轮 14—凸轮 13；
⑤ 轴颈 12—凸轮 11—凸轮 10—凸轮 9—凸轮 8；
⑥ 轴颈 7—凸轮 6—凸轮 5—凸轮 4—凸轮 3；
⑦ 轴颈 2。

其淬火工艺编程如下：

N10	S7		N180	G0	X-375
N20	G0	X-47	N190	M98	L750
N30	M98	L670	N200	G0	X-412.7
N40	G0	X-87	N210	M98	L750
N50	M98	L750	N220	G0	X-453
N60	G0	X-124	N230	M98	L670
N70	M98	L750	N240	G0	X-494.5
N80	G0	X-171	N250	M98	L750
N90	M98	L750	N260	G0	X-532
N100	G0	X-209	N270	M98	L750
N110	M98	L750	N280	G0	X-579
N120	G0	X-251	N290	M98	L750
N130	M98	L670	N300	G0	X-616.6
N140	G0	X-290	N310	M98	L750
N150	M98	L750	N320	G0	X-655.6
N160	G0	X-328	N330	M98	L670
N170	M98	L750	N340	G0	X-698.9

N350	M98	L750		N590	M98	L750
N360	G0	X-737		N600	G0	X-1229
N370	M98	L750		N610	M98	L750
N380	G0	X-784		N620	G0	X-1270
N390	M98	L750		N630	M98	L670
N400	G0	X-820		N640	S8	
N410	M98	L750		N650	G0	X0
N420	G0	X-862		N660	M2	
N430	M98	L670		N670	S2(轴颈子程序)	
N440	G0	X-902		N680	G4	F4
N450	M98	L750		N690	S4	
N460	G0	X-939.7		N700	G4	F0.5
N470	M98	L750		N710	S5	
N480	G0	X-987		N720	G4	F5
N490	M98	L750		N730	S6	
N500	G0	X-1024		N740	M99	
N510	M98	L750		N750	S2(凸轮子程序)	
N520	G0	X-1063.8		N760	G4	F7.5
N530	M98	L670		N770	S4	
N540	G0	X-1106.5		N780	G4	F0.5
N550	M98	L750		N790	S5	
N560	G0	X-1144		N800	G4	F5
N570	M98	L750		N810	S6	
N580	G0	X-1191.8		N820	M99	

4.4 油泵 PM 凸轮轴渗碳过程控制

在常规的渗碳生产中，经常出现渗碳层过深的现象，如果渗碳层深度过深，随着表面碳浓度的升高，渗层中会出现大块的碳化物使淬火后残余奥氏体增多，其结果降低了疲劳强度，影响了零件在加工后的使用期限，增加了生产成本。通过对这一现象的分析，笔者根据多年的生产实践和经验在原有的工艺的基础上进行了补充，解决了渗碳层过深的问题，保证了产品质量，提高了生产效率。

4.4.1 渗碳工艺研究

热处理的主要目的是改变其性能（如使用性能、加工工艺性能、力学性能等）。热处理之所以能使钢的性能发生显著变化，主要是由于钢经过加热、冷却后，其内部组织结构可以发生一系列的变化所致的。渗碳淬火是将试样加热到 920℃ 渗碳，根据实际要求（渗碳层深）保温一定时间，然后以适当速度冷却到室温，渗碳后加热到单相区淬火后冷却到室温，最后 200℃ 回火保温一定时间的热处理工艺。钢件渗碳淬火的主要目的是提高硬度、强度、耐磨性。低碳合金钢经过渗碳淬火加低温回火后可得到良好的综合力学性能。

渗碳淬火工艺是根据生产中某些零件的服役条件的需要发展起来的。渗碳处理是将低碳钢（或低碳合金钢）的零件表面层渗入碳原子，从而使零件的表面和心部具有不同碳浓度、组织和性能。低碳钢（或低碳合金钢）渗碳后，表面变成高碳，而心部仍是低碳，经淬火加低温回火后，使表面具有足够高的硬度、耐磨性及疲劳强度，而心部仍保持足够的强度和韧性。根据渗碳剂使用时的不同状态，渗碳法有以下四类：固体渗碳法、液体渗碳法、气体渗碳法以及特殊渗碳法。

零件经渗碳后，表面层含碳量可达 0.85%～1.05%，为过共析钢成分，缓冷后渗层的金相组织由表及里为：珠光体+二次渗碳体—珠光体—珠光体+铁素体。为满足零件表面高硬度、高耐磨性和高的疲劳强度的要求，渗碳后必须进行淬火+低温回火处理。常用的处理方法有如下几种：直接淬火+低温回火；一次淬火+低温回火；两次淬火+低温回火；淬火前进行一次或多次高温回火。渗碳后淬火零件，由表及里的金相组织依次是：马氏体+碳化物（少量）+残余奥氏体—马氏体+残余奥氏体—低碳马氏体（心部）。如未被淬透，则心部组织应为屈氏体（或索氏体，珠光体）+铁素体组织。

渗碳用钢的含碳量一般在 0.15%～0.25% 之间，为了提高心部强度，可以提高到 0.30%。一般要求不高的渗碳件，多用碳素钢来制造。碳素钢淬透性差，心部强度低，淬火变形开裂倾向大，渗碳时晶粒容易长大。因此，对于截面较大、形状复杂，表面耐磨性、疲劳强度、心部力学性能要求高的零件，如大型矿山机械的齿轮轴、齿轮等零件，常采用高淬透性的 20CrNi2MoA、17CrNiMo6 等合金渗碳钢来制造，以使零件表面具有高强度、高耐磨性和高的疲劳强度，而心部具有良好的综合力学性能。

4.4.2 工艺调试及实验结果

YB40A-03-001、P6B-00-004 等凸轮轴是发动机上的关键零件，需要较高的耐磨性、接触疲劳强度、弯曲疲劳强度和较高的表面硬度。

上述凸轮轴所用的材料为 20CrMnTi，技术要求：

① 零件渗碳层深 1.6～2.0mm，过共析+共析层深度不小于总层深的 50%。

② 碳化物小于 6 级。其工艺为：900℃装炉后开始大排气阶段，滴油量为 180 滴/min，930℃转为强深阶段滴油量为 150 滴/min，保温 6h 出渗碳试棒，试棒层深 1.4mm 左右转扩散期，扩散时间 3h，滴油量 20 滴/min，降温至 900℃ 同时停止滴煤油，保温 1h 出炉缓冷，见图 4-9。使用的设备井式渗碳炉型号为 RJJ-75-9。

在生产中，按原工艺操作，导致最终零件层深超出技术要求，碳化物级别过高；层深深度及碳化物级别见表 4-3。

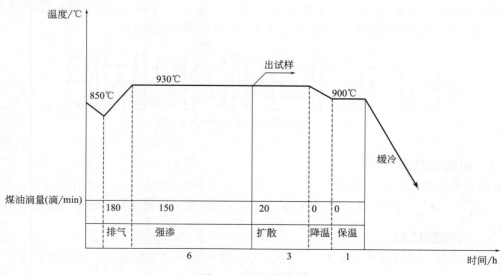

图 4-9 工艺路线图

表 4-3 扩散 3h 的层深和碳化物级别

出试样层深/mm	降温后保温时间/h	最终层深/mm	共析层/mm	碳化物级别
1.5	1	2.1	1.15	6 级
1.6	1	2.2	1.25	7 级
1.7	1	2.3	1.30	7 级

因以上操作未满足最终技术要求，在磨削加工部位易产生微裂纹，高频淬火后效果不理想，之后采取缩短扩散和降温阶段时间来控制层深深度及碳化物级别，数据见表 4-4。

表 4-4 扩散 1~1.5h 的层深和碳化物级别

出试样层深/mm	扩散时间/h	降温后保温时间/h	最终层深/mm	共析层/mm	碳化物级别
1.6	1.5	1	1.80	1.00	1 级
1.7	1.2	1	1.85	1.05	2 级
1.8	1.0	1	1.90	1.10	1 级

4.4.3 结论

采取措施后，使零件达到技术要求，避免了因最终层深不够导致的不良后果，满足了零件的技术要求，为后续加工提供了良好的组织状态，其工艺还可适用于其他同类零件的工艺改进。

4.5 三种凸轮轴感应器的结构设计案例

感应器是实现感应加热的重要工具，就其形状和结构而言，可谓千奇百怪、花样繁多，但它的最终目的是为了高质量、高效率地完成加热。

众所周知，淬火感应器的结构（尺寸）将直接影响感应淬火零件的质量和生产效率。所以感应器的设计，主要是感应器的结构的设计。现以四缸汽油机凸轮轴（形状见图 4-10）为例加以说明。

四缸汽油机凸轮轴有 8 只凸轮要求感应淬火，淬火层深度 0.76~5.59mm，表面硬度≥55HRC。它可用三种感应器进行感应淬火（电流频率 8000Hz）。

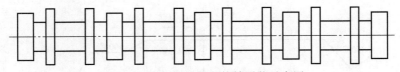

图 4-10 四缸汽油机凸轮轴形状示意图

4.5.1 单圈感应器

单圈感应器的结构形式如图 4-11 所示，其有效圈是一个圆环，内表面半径 $R = R_{max} + 2$（mm），式中，R_{max} 为凸轮尖部最大半径。用这种感应器，一根凸轮轴要淬火 8 次。

4.5.2 双圈感应器

双圈感应器的结构形式如图 4-12 所示，它有两只水平串联的有效圈，同时淬火两根凸轮轴，因此它的生产效率比单圈感应器提高一倍。

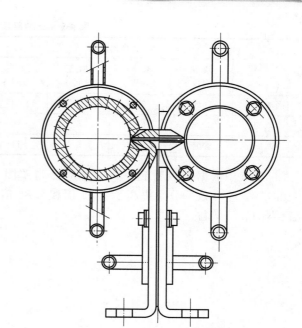

图 4-11　凸轮轴单圈感应器　　　　　图 4-12　凸轮轴双圈感应器

4.5.3　八圈感应器

八圈感应器的结构形式如图 4-13 所示,它能同时淬火 8 只凸轮,从而大大提高了生产效率,并能大量节约能量。该感应器的技术关键是阻抗计算、输出功率的调整和各凸轮加热温度的均匀性调整。

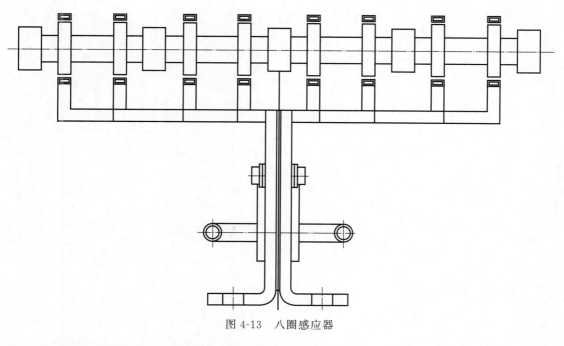

图 4-13　八圈感应器

以上三种感应器淬火能耗和生产效率比较,见表 4-5。

表 4-5 三种感应器效果比较

感应器	淬火参数				淬火一根轴		淬火十万根轴	
	频率/Hz	功率/kW	加热时间/s	工艺时间/s	耗能/(kW·h)	工艺时间/h	耗能/(kW·h)	工艺时间/h
单圈	8000	50	5	10	2000	80	55555.6	2222.2
双圈	8000	80	5	10	1600	40	44444.4	1111.1
八圈	8000	230	5	14	1150	14	31944	388.9

从表中数据可以看到，八圈感应器与单圈及双圈感应器相比，节电分别为 42.5% 和 28.1%，生产效率分别提高了 4.71 倍和 1.86 倍。因此大量生产厂家选用八圈感应器，获得巨大的经济效益。

第 5 章 其他车辆零件热处理实例

5.1 齿轮类零件

齿轮在各种机械产品中广泛用于机构的连接、动力的传递、改变运动速度或方向。一对啮合齿面之间可产生滚动、滑动，轮齿的根部还将承受脉动或交变弯曲载荷的作用。

齿轮的组成结构一般有轮齿、齿槽、端面、法面、齿顶圆、齿根圆、基圆、分度圆。

轮齿简称齿，是齿轮上每一个用于啮合的凸起部分，这些凸起部分一般呈辐射状排列，配对齿轮上的轮齿互相接触，可使齿轮持续啮合运转；齿槽是齿轮上两相邻轮齿之间的空间；端面是圆柱齿轮或圆柱蜗杆上，垂直于齿轮或蜗杆轴线的平面；法面指的是垂直于轮齿齿线的平面；齿顶圆是指齿顶端所在的圆；齿根圆是指槽底所在的圆；基圆是形成渐开线齿廓的发生线作纯滚动形成的圆；分度圆是在端面内计算齿轮几何尺寸的基准圆。

齿轮可按齿形、齿轮外形、齿线形状、轮齿所在的表面和制造方法等分类。

齿轮的齿形包括齿廓曲线、压力角、齿高和变位。渐开线齿轮比较容易制造，因此现代使用的齿轮中，渐开线齿轮占绝大多数，而摆线齿轮和圆弧齿轮应用较少。

另外，齿轮还可按其外形分为圆柱齿轮、锥齿轮、非圆齿轮、齿条、蜗杆蜗轮；按齿线形状分为直齿轮、斜齿轮、人字齿轮、曲线齿轮；按轮齿所在的表面分为外齿轮、内齿轮；按制造方法可分为铸造齿轮、切制齿轮、轧制齿轮、烧结齿轮等。

齿轮的制造材料和热处理过程对齿轮的承载能力和尺寸质量有很大的影响。20 世纪 50 年代前，齿轮多用碳钢，20 世纪 60 年代改用合金钢，而 20 世纪 70 年代多用表面硬化钢。按硬度，齿面可区分为软齿面和硬齿面两种。

软齿面的齿轮承载能力较低，但制造比较容易，跑合性好，多用于传动尺寸和质量无严格限制，以及小量生产的一般机械中。因为配对的齿轮中，小轮负担较重，因此为使大小齿轮工作寿命大致相等，小轮齿面硬度一般要比大轮高。

硬齿面齿轮的承载能力高，它是在齿轮精切之后，再进行淬火、表面淬火或渗碳淬火处理，以提高硬度。但在热处理中，齿轮不可避免地会产生变形，因此在热处理之后须进行磨削、研磨或精切，以消除因变形产生的误差，提高齿轮的精度。

5.1.1 齿轮材料

制造齿轮的材料有钢、铸铁和非铁金属等，必须从齿轮的工况要求出发选择材料，如齿轮强度、疲劳强度的要求，齿轮载荷的适应性要求，耐磨性的要求，耐冲击性能的要求及环境条件适应性的要求等。齿轮材料的选择应根据其工况，从材料的可靠性、齿轮制造的工艺、齿轮产品的经济性进行综合考虑。

(1) 齿轮用钢　根据不同种类的机械产品工况的要求，选择不同的钢材制造齿轮。典型的齿轮工况有多种，如汽车、拖拉机、工程机械用齿轮，各种机床齿轮，各种低速重载齿轮、高速齿轮、小型精密齿轮等。钢质齿轮常用低碳结构钢和低碳合金结构钢经渗碳或碳氮共渗后，进行整体淬火或齿面淬火；中碳结构钢和中碳合金结构钢整体或齿面淬火，中碳合金结构钢经氮化处理等。

齿轮用钢的冶金质量，可参照有关钢的技术条件进行控制，如按 GB/T 699—2015《优质碳素结构钢》、GB/T 3077—2015《合金结构钢》等技术要求选择钢材化学成分与力学性能；按标准或产品的特殊技术要求，进行非金属夹杂物、疏松与偏析、晶粒度、带状组织、魏氏组织等项目的检查；按有关技术标准进行淬透性、热锻以及热处理工艺等试验。

齿轮常用的钢有调质钢、淬火钢、渗碳淬火钢和渗氮钢。铸钢的强度比锻钢稍低，常用于尺寸较大的齿轮。

(2) 齿轮用铸铁　球墨铸铁的铸造性能和切削性能近似于灰铸铁，而抗拉强度和韧性近似于钢，可制造多种齿轮。制造齿轮的球墨铸铁牌号为 QT400-15、QT700-3 等。灰铸铁的力学性能较差，可用于轻载的开式齿轮传动；球墨铸铁可部分代替钢制造齿轮；塑料齿轮多用于轻载和要求噪声低的地方，与其配对的齿轮一般用导热性好的钢齿轮。球墨铸铁经正火、等温淬火、淬火+回火处理或氮化处理后，其强度高，耐磨性、减振性好，缺口敏感性小，切削性能好，制造成本低。灰铸铁也可用于制造一些简易机械、手动机具上的齿轮。

(3) 齿轮非铁材料　黄铜、青铜可制造齿轮（大多数情况下被用来制作蜗轮，与之配合的蜗杆为钢件）。高强度的塑料与聚合物材料，可用于制造耐酸、碱等特殊场合的低速轻载齿轮。

5.1.2　齿轮的热处理

5.1.2.1　齿轮工作时的受力分析与损坏特征

齿轮在下列情况下常因摩擦力、接触应力和弯曲应力而导致失效。

(1) 啮合齿面间的摩擦力与齿面磨损　当啮合齿轮相互滑动时，齿面之间即产生摩擦力。尽管齿轮的齿面加工精度较高，但齿面微观上仍是凹凸不平的，齿面的局部会产生很大的压强，从而引起局部金属塑性变形或使一个齿面的金属嵌入与之接触的另一齿表面，导致金属黏着。齿轮磨损的种类与特征见表 5-1。

表 5-1　齿轮磨损的种类与特征

磨损的种类	载荷及运行情况	齿表面损坏特征	齿轮类型
氧化磨损	各种大小载荷，各种滑动速度	氧化膜不断产生又不断剥落；磨损速度小，一般为 $0.1\sim0.5\mu m/h$，齿面均匀分布着细小的磨纹	各类齿轮
冷咬合磨损	高载荷、低滑动速度，一般<1m/s	齿面局部金属直接接触、黏着，并不断从齿面撕离，磨损速度较大，一般为 $10\sim15\mu m/h$，齿面布有严重的磨损伤痕	低速重载齿轮
热咬合磨损	高载荷、高滑动速度，一般>3~4m/s	高的摩擦热破坏了润滑油膜，齿间金属直接接触，发生黏着和撕离，磨损速度一般为 $1\sim4\mu m/h$，齿面磨损伤痕严重	高速重载齿轮
磨粒磨损	各种大小载荷，各种滑动速度	各种磨粒进入啮合齿面，嵌入形成切刃或直接切削齿面，磨损速度一般为 $0.5\sim5\mu m/h$，齿面有磨粒划伤痕迹	矿山、水泥、农机上的齿轮；各类开式齿轮

（2）齿面的接触应力与接触疲劳　作用在齿面上的接触应力超过了材料的疲劳极限，就会导致齿轮齿面产生接触疲劳破坏，齿面的破坏形貌为不同程度的"剥落"。

第一种形式为麻点剥落，常发生在较软的齿面上，这与金属表面产生塑性变形密切相关，裂纹的扩展是由于润滑油的挤入产生油楔作用的结果。通过提高齿面硬度，改善齿面接触状态，可有效地提高防止形成麻点的能力。

第二种形式为浅层剥落，当接触面下某一点的正交切应力大于某一数值时，就能产生疲劳裂纹而引起剥落。

第三种形式为深层剥落，它是齿轮经表面硬化处理后产生的表面残余应力与齿轮运转中产生的接触应力叠加的结果，往往是在硬化层与心部组织交接处形成的切应力与剪切强度之比达到最大时成为薄弱环节，并自此处产生深层剥落。

影响齿轮接触疲劳强度的因素主要有：钢中脆性非金属夹杂物的存在；钢材的纤维方向（如工作面与纤维流向的夹角大于45°）；经退碳、渗碳或碳氮共渗后齿表面层中的碳化物形态、大小与分布状况，以及"黑色组织"的存在；齿面喷丸强化效果等。

（3）齿轮的弯曲应力与弯曲疲劳　齿轮在承载运转时，齿根部受到高频次的、最大振幅的脉动或交变弯曲应力的作用，容易产生弯曲疲劳断裂。提高齿轮弯曲疲劳强度的基本途径是提高齿根处材料的强度与硬度。

影响齿轮弯曲疲劳强度的因素主要有：非金属夹杂物作为微型缺口引起的应力集中；齿表面退碳，尤其是对表面硬度高的齿轮，可使弯曲疲劳强度降低33%～50%；未经充分回火的马氏体组织的存在；钢中非马氏体组织的存在，齿表面层含有5%的非马氏体组织，弯曲疲劳强度可降低10%；残余拉应力的存在（残余压应力可抑制裂纹的扩展）等。

齿轮冷、热加工完成后，需经过磁粉探伤检查，确认无产品技术要求限定的缺陷后，方可投入装配和运行。

5.1.2.2　重型齿轮的调质处理

该类齿轮的特点是尺寸大、质量大、运行速度低、齿根强度裕量大、抗冲击能力强，一般以调质作为最终热处理。该类齿轮的设计、制造较容易，运行中易跑合。在重型齿轮传动中，调质齿轮占有很大的比例。常见的有建筑用塔吊、汽车吊的转向齿轮等。

重型齿轮的制造工艺一般为：锻坯（或铸钢坯）—粗加工—调质—精加工。

重型齿轮常以铸钢方法制坯，因而齿坯的化学成分，尤其是铸钢材料的含碳量波动较大。ZG310-570（老牌号ZG45）仅规定最高含碳量0.50%（质量分数，下同）。45钢含碳量为0.42%～0.50%，由特殊钢厂严格控制，实际铸造时可能在上下限超差时，一件大型齿坯即已铸成，不可能因含碳量稍超出而判废。

因此，在进行调质处理时，必须根据齿坯具体的化学成分和调质齿轮副的硬度选配要求，据实调整和制定热处理工艺，进行淬火与高温回火处理，尽可能达到组织性能要求。调质后硬度以齿面硬度为准，齿部显微组织基本上应为索氏体，退碳层不得超过加工裕量的1/3。齿坯在调质处理中，易出现齿面硬度不均匀、调质层深度不足、淬火开裂等情况，事先应根据具体齿坯的化学成分采取针对性措施。

5.1.2.3　齿轮的表面淬火

适于进行表面淬火的齿轮，包括中碳结构钢与中碳合金结构钢齿轮、低碳结构钢与低碳合金结构钢经渗碳或碳氮共渗的齿轮。该类齿轮淬硬层深度可按$(0.2～0.4)m$（模数）选取；表面层组织为细针状马氏体。淬火后经低温回火，调整齿面硬度至产品的技术要求。

齿轮的表面淬火，可用感应加热淬火的方法，也可用火焰淬火的方法。根据齿轮模数与齿轮的大小，一般高中频设备可以对模数 4mm 以下的齿轮进行全齿轮穿透淬火，模数 5mm 以上的齿轮因齿形高宽，也可单齿淬火（可以沿齿淬火或齿间淬火）；可采用喷液（主要是水）冷却，也可采用浸液冷却。全齿淬火时齿轮旋转，单齿淬火时齿轮不转，每淬完一齿后转动一齿，至全部齿淬火完毕。图 5-1 所示为多种齿轮感应加热淬火示意图。表面淬火一般在粗加工或半精加工后进行，随后进行精加工。

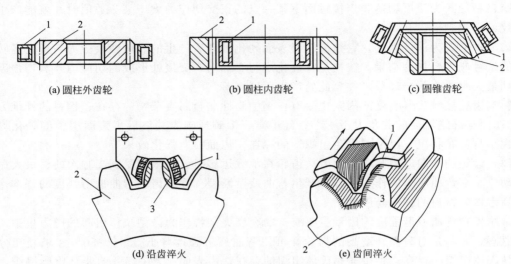

图 5-1　多种齿轮感应加热淬火示意图
1—感应器；2—齿轮；3—加热层

在实际生产中，由于齿轮结构的多样性，感应加热淬火的感应器是多种多样的，包括感应器带喷水圈、独立喷水圈等。火焰喷嘴的制作稍简便一些。感应器与火焰喷嘴要经过试淬火后，根据齿轮淬硬层分布及有关淬火技术要求的符合情况作出修改，才能投入批量淬火生产。以 60t·m（臂长×起重吨位=60）建筑塔吊外齿轮为例，齿顶圆直径 ϕ1790mm，齿数 104，模数 m=16mm，材料 50Mn2，齿面热处理硬度要求 55～60HRC。齿轮为整体铸钢，或用圆钢分段锻造成为弧形齿条，经正火处理—机加工—逐一进行齿间淬火。感应加热设备为超音频，为获得足够的淬硬层深度，采取预热—加热—喷水冷却的方法。

齿轮感应加热淬火的电参数，因电源设备、感应器的设计、制作与效率的不同，齿轮的结构与技术要求的不同而有很大的差异。但所要求的功率可按以下公式估算。

（1）齿轮淬火加热功率的确定

$$P_{齿} = \Delta P S \tag{5-1}$$

式中　$P_{齿}$——齿轮加热所需总功率，kW；
　　　ΔP——比功率，kW/cm²，可参照表 5-2 选取；
　　　S——齿轮受热等效面积，cm²。

（2）齿轮受热等效面积

$$S = 1.2\pi D_p B \tag{5-2}$$

式中　D_p——齿轮节圆直径，cm；
　　　B——齿轮宽度，cm。

一般机械产品中的齿轮全齿同时进行高频（200～3000Hz）加热时，可参照表 5-3 选取比功率。

表 5-2　感应加热用零件的比功率和设备比功率

设备	同时加热/(kW/cm²)		连续加热/(kW/cm²)	
	ΔP_L	ΔP_S	ΔP_L	ΔP_S
电子管式高频设备	0.5～2	1.1～1.4	1～3	2.2～6
机械式中频设备	0.5～2	0.8～3.3	0.8～2	1.25～3.3

表 5-3　齿轮全齿同时加热时的比功率选择

模数/mm	1～2	2.5～3.5	3.75～4	5～6
比功率/(kW/cm²)	2～4	1～2	0.5～1	0.3～0.6

（3）设备功率的估算

$$P_{设} = \frac{P_{齿}}{\eta} \tag{5-3}$$

式中　η——设备总效率。

一般机械式中频发电机的总效率 $\eta=0.64$（包括淬火变压器及感应器的能量损失）；真空管高频设备的总效率 $\eta=0.4\sim0.5$（包括高频振荡管、振荡回路、变压器及感应器的能量损失）。如果设备功率不能满足齿轮加热所需的总功率要求时，可采取降低比功率的办法，并适当延长加热时间。

5.1.2.4　齿轮的化学热处理

化学热处理是将金属制件置于含特定元素的不同物态介质中并加热到一定温度，在此温度下保持一定时间，以使其表面富含一种或多种元素，或形成具有某些特殊性能（高硬度、减摩、抗咬合、耐疲劳、抗腐蚀）的改性层。

不论用哪种物态的介质，在制件与介质间的化学物理过程都是气相反应。首先，含渗入元素的气体分子被金属表面吸附，并在高温和金属催化作用下发生分解，在表面形成化合物或高浓度固溶体。由于热的激活、元素浓度梯度的推动，渗入原子随时间逐步向内层扩散，形成所谓的化学热处理渗层。气体反应、界面反应和扩散即为化学热处理过程的"三部曲"。其中对元素渗入周期影响最大的因素是扩散。

化学热处理使材料心部保持原有组织和性能，只在表层形成高硬度、高疲劳强度、高耐磨、耐磨蚀、抗高温氧化的渗层，从而提高机器零件在各种工况下的耐用度。发动机变速箱和车辆传动齿轮最常用的工艺有渗氮、渗硫、氮碳共渗、硫氮共渗等。渗铝多用于提高钢材的抗高温氧化能力。渗铬、钒和金属复合渗主要用于提高工模具使用寿命。

化学热处理必须正确使用各种渗剂，化学热处理的渗剂可分为气体渗剂、液体渗剂和固体渗剂三大类。各类渗剂多数属于易燃、易爆、有毒性的危险品，各类渗剂的使用、运输、储存都有着特殊的安全要求。总的要求是：使用气体渗剂、液体渗剂和固体渗剂时，必须严格按该产品的安全使用要求进行操作。

化学热处理废气必须点燃：气体渗碳、气体碳氮共渗或氮碳共渗时，从排气口排出的废气中含有有毒物质如一氧化碳、氢氰酸盐等，必须通过燃烧分解后排放，否则将造成车间内空气中的有害物质含量超标而危害操作者的健康。

常见化学热处理齿轮的类型、常用钢材及热处理方法，见表 5-4。

（1）常用的齿轮化学热处理方法　齿轮的化学热处理有渗碳、碳氮共渗、氮碳共渗、渗氮等多种方法。齿轮化学热处理的渗层深度与组织、性能，决定着化学热处理的效果。可按表 5-5 考虑渗碳层深度。

（2）渗碳和碳氮共渗齿轮表面碳（氮）浓度、硬度、组织以及心部的硬度要求　渗碳和碳氮共渗齿轮表面碳（氮）浓度、硬度、组织以及心部的硬度要求，见表5-6。

（3）齿轮的渗碳及碳氮共渗工艺

① 齿轮的渗碳处理　以汽车变速箱齿轮为例，材料为20CrMnTi，渗层深度要求0.8~1.2mm，在井式炉DJJ-75-9T中进行气体渗碳的工艺曲线如图5-2所示。

该齿轮在电加热无罐连续式炉中进行气体渗碳的工艺参数见表5-7。

② 齿轮的碳氮共渗处理　以拖拉机高低挡滑动齿轮为例，材料为20MnTiBRe，碳氮共渗层深度要求0.8~1.2mm，表面硬度58~62HRC。在井式炉DJJ-75-9T中进行气体碳氮共渗的工艺曲线如图5-3所示。

表5-4　常见化学热处理齿轮的类型、常用钢材及热处理方法

齿轮类型	常用钢材	热处理方法
变速箱和差速箱齿轮	20CrMnTi、20CrMo	渗碳
	40Cr	碳氮共渗（浅层）
驱动桥主动及从动圆柱齿轮	20CrMnTi、20CrMo	渗碳
驱动桥主动及从动圆锥齿轮	20CrMnTi、20CrMnMo	渗碳
驱动桥差速器行星及半轴齿轮	20CrMnTi、20CrMo、20CrMnMo	渗碳
发动机凸轮轴齿轮	HT180、HT200	—
曲轴正时齿轮	35钢、40钢、45钢、40Cr	正火或调质
启动电动机齿轮	15Cr、20Cr、20CrMn、15CrMnMo、20CrMnTi	渗碳
里程齿轮	20钢	碳氮共渗（浅层）
拖拉机传动齿轮、动力传动装置中的圆柱齿轮及轴齿轮	20Cr、20CrMn、20CrMnMo、20CrMnTi、30CrMnTi	渗碳
拖拉机曲轴正时齿轮、凸轮轴齿轮、喷油泵驱动齿轮	45钢	正火或调质
	HT200	—
拖拉机油泵齿轮	40钢、45钢	调质

表5-5　各类齿轮渗碳层深度的推荐值（折算成模数m）　　　单位：mm

齿轮种类	推荐值	齿轮种类	推荐值
汽车齿轮	$\delta=(0.2\sim0.3)m$	机床齿轮	$\delta=(0.15\sim0.2)m$
拖拉机齿轮	$0.18m\leqslant\delta\leqslant2.1m$	重型齿轮	$\delta=(0.25\sim3)m$

表5-6　渗碳和碳氮共渗齿轮表面碳（氮）浓度、硬度、组织以及心部的硬度要求

参　数		推　荐　值	备　注
表面C(N)浓度（质量百分数）		渗碳：C=0.7%~1.0% 碳氮共渗：C=0.7%~1.0% N=0.2%~0.4%	对受载平稳、要求耐磨和抗麻点剥落的齿轮选上限；对受冲击载荷的齿轮选下限
表面硬度（HRC）		58~62	一般齿轮
		56~60	大型重载齿轮
表层组织	马氏体	细针状：1~5级	各类齿轮
	残余奥氏体	渗碳：1~5级 碳氮共渗：≤6级	国内汽车齿轮
	碳化物	常啮合齿轮：≤6级 换挡齿轮：≤5级	国内汽车齿轮
		平均粒子≤1μm	国内大型重载齿轮

续表

参　　数	推　荐　值	备　注
心部硬度（HRC）	模数 $m≤8$ 时,33～48 模数 $m>8$ 时,29～45	汽车齿轮
	30～40	大型重载齿轮

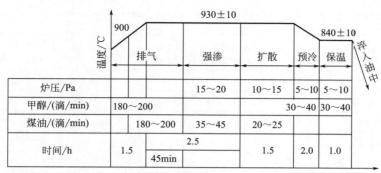

图 5-2　变速箱井式炉气体渗碳的工艺曲线图

表 5-7　齿轮在电加热无罐连续式炉中进行气体渗碳的工艺参数

工艺参数	各加热区工艺参数控制				
共渗区段	Ⅰ-1	Ⅰ-2	Ⅱ	Ⅲ	Ⅳ
各区温度/℃	800	920	950	900	850
吸热式气体供给量/(m³/h)	6	6	5	6	6
富化气①供给量/(m³/h)	—	0.1 0.5	0.15 0.25	0.1 0.15	—
各加热区料盘数	4	3	6	4	3
炉气露点/℃	—	—	−10 −20	−6 −8	
炉膛容积/m³	10				
推料周期/min	30				

① 此处富化气为丙烷（C_3H_8）。

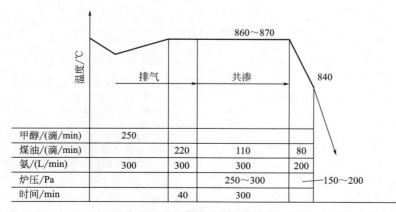

图 5-3　齿轮井式炉气体碳氮共渗工艺曲线

大批量生产汽车变速箱齿轮，材料为 20CrMnTi，渗层深度要求 0.8~1.2mm。在电加热无罐连续式炉中进行气体碳氮共渗的工艺参数见表 5-8。

表 5-8 齿轮在电加热无罐连续式炉中碳氮共渗的工艺参数

工艺参数	各加热区工艺参数控制				
共渗区段	Ⅰ-1	Ⅰ-2	Ⅱ	Ⅲ	Ⅳ
各区温度/℃	860	860	880	860	840
吸热式气体①供给量/(m^3/h)	7	6	4	5	6
富化气②供给量/(m^3/h)	—	0.08 0.10	0.15 0.20	0.08 0.10	—
氨气供给量/(m^3/h)	0.1	—	—	0.3	0.3
炉气成分(质量分数%)	CO_2:0.2;C_nH_{2n}:0.4;CO:20;H_2:39;CH_4:1.6;N_2:余量				
炉内停留总时间/h	10				
渗层碳氮含量	0.85%~0.98%C;0.25%~0.30%N				
硬度(HRC) 表面	62				
硬度(HRC) 心部	40~44				

① 吸热式气体成分（%，质量分数）：CO_2：0.2；C_nH_{2n}：0.4；CO：23；H_2：34；CH_4：1.5；N_2：余量。
② 富化气为丙烷（C_3H_8）。

（4）齿轮渗碳及碳氮共渗淬火后的变形与控制 汽车、拖拉机用齿轮零件，常用低碳合金钢制造，在渗碳淬火状态下使用。渗碳淬火后会产生畸变，不仅降低齿轮精度，严重时将使齿轮失效。下面仅对引起低碳合金钢齿轮淬火后产生变形的一些因素及其控制方法作一粗浅分析与介绍。

齿轮是一种加工精度要求很高的零件，进行气体渗碳、碳氮共渗淬火后的变形应得到严格控制。变形的主要形式见表 5-9。

表 5-9 渗碳、碳氮共渗淬火后齿轮变形的主要形式

齿轮种类	齿轮参数变化	热处理变形趋势
圆柱齿轮	直径变化	盘状齿轮的齿顶圆直径通常胀大； 轴齿轮的齿顶圆直径通常缩小
圆柱齿轮	齿顶圆及内孔的不均匀变化	不均匀地胀缩，并形成椭圆
圆柱齿轮	平面翘曲及齿圈锥度	外径较大的盘状齿轮端面易产生翘曲，齿圈类齿轮易产生锥度
圆柱齿轮	齿间尺寸变化	单齿的两端齿厚胀大，齿宽中部呈凹形
齿轮轴	轴向变化	齿轮轴弯曲变形
锥齿轮	齿轴端面及内孔变形	端面翘曲，内孔呈椭圆
斜齿轮	螺旋角变化	螺旋角变小，斜齿盘齿轮角度改变较大； 斜齿轴齿轮角度改变较小； 螺旋齿圈、锥齿轮、主动轮角度改变较大
带花键孔齿轮	内孔胀缩	低合金钢齿轮渗碳淬火后，内孔通常缩小，钢的淬透性越高，渗层越厚，收缩量越大； 40Cr 钢浅层碳氮共渗淬火后内孔通常胀大
带花键孔齿轮	内孔锥度	通常截面较小处内孔收缩较大； 截面较厚处内孔收缩较小或微胀

齿轮经渗碳和碳氮共渗后的变形有多方面的原因，如齿轮设计形状的不对称、轮辐刚度差、材料的晶粒度不均匀、带状组织严重、锻造流线不对称、锻后冷却不均匀、切削量过大、工艺去重孔位置不当、热处理渗层不均匀、加热不均匀、淬火夹具设计不合理、冷却介质选择不当等。

控制齿轮经渗碳和碳氮共渗后变形的主要措施如下：

① 合理的齿轮结构设计，如齿轮形状对称，加大圆角过渡，合理安排键槽位置等；

② 进行齿轮渗碳和碳氮共渗时，必须采用恰当的工装夹具装载入炉，齿轮各点支撑定位平稳，使其不在较长时间的渗碳或碳氮共渗过程中产生变形。

齿轮淬火加热有连续式炉和转底式炉两种，齿轮淬火必须采用淬火压床或淬火夹具，对齿轮的淬火变形趋势给予强制性约束。下面将从7个方面加以阐述齿轮渗碳淬火的变形与控制。

① 原材料对渗碳淬火变形的影响与控制　在齿轮选材正确的前提下，原材料的纯洁性、均匀性、淬透性（简称"三性"）是影响渗碳淬火齿轮变形的主要的材料因素。其中纯洁性是指在钢的成分符合标准（或设计）要求时，钢中杂质含量的多少。杂质的存在使钢的基体被分割成许多成分、性能、状态各异的部分，渗碳淬火后不仅变形大，而且可能引发裂纹，严重降低材料的力学性能。因此要求杂质尽可能地少，其非金属杂质含量应力争控制在≤2.0级。

均匀性包括成分、组织和缺陷分布，化学成分分布不均便产生偏析，渗碳淬火后，偏析部分的组织与应力与别处不一样，产生额外的变形就不可避免；钢中杂质和缺陷的存在总是难免的，但如果分布均匀，则其有害作用将降至最低。带状组织是组织不均匀的特例，其主要是由化学成分的微观不均所引起的。带状组织使材料产生各向异性，淬火后变形增大。普通正火方法很难消除带状组织，所以，要求原材料的带状组织应≤2.0级（福特公司的8620H钢要求不存在带状组织）。混晶也是一种组织不均匀现象，其成因同样与成分偏析有关，对变形的影响也很大，必须严格控制。

材料的淬透性包括两个方面：一是淬透性值的高低，二是淬透性值分布带的宽窄。淬透性值太高，冷却时马氏体转变更为剧烈，零件变形更大，严重时会在表面产生裂纹。现普遍认为：淬透性值以J_9（端淬试验中，距端部9mm处的硬度）的大小最为关键，$J_9=28\sim42$HRC比较合适，当$J_9>42$HRC时，材料在渗碳淬火后不仅变形更大，而且在使用过程中容易产生脆性断裂。淬透性带宽度越窄越好。带宽太大，说明成分的均匀性不好，淬火后应力不均，变形无规律。现国内齿轮行业一般要求淬透性带宽控制在≤6～7HRC，基本达到国外低标准要求（福特公司的高标准要求为3HRC）。国内钢材质量近年来虽提高很快，但在"三性"的控制方面与国外先进水平差距还较大，成分的波动范围也较宽，渗碳淬火变形的控制难度自然更大。提高齿轮用钢材的质量是控制齿轮渗碳淬火变形的重要一环。控制材料"三性"的方法有：

a. 选炉料，严格控制炉前配方；

b. 采用先进冶炼设备和冶炼方法；

c. 钢液冷却时，增大结晶速度，防止枝晶形成；

d. 铸坯轧制时提高终轧温度和轧制比（或锻造比）；

e. 增加扩散退火工序，消除材料的不均匀组织。

② 零件设计的影响与控制　为了减小变形，零件设计时应尽量避免尖角、薄壁、台阶等结构。对那些不可或缺的孔、槽、筋等要素，则应力要求分布对称与均匀。在截面大小急剧变化的地方，应建立均匀过渡区，如设置圆角、斜角等结构，以减小应力集中。

③ 锻造工艺的影响与控制　锻造，不仅有助于零件的成型，而且对提高零件的性能作用很大。它能改造材料的组织，消除材料中的某些缺陷，提高材料的均匀性。特别是锻造后形成的合理的流线结构，能大大增加零件的强度。但如果锻造工艺不当，可能形成过热组织、折叠、裂纹、残余应力等缺陷，这些缺陷将严重影响齿轮渗碳淬火变形。因此，严格锻造工艺，控制始锻、终锻温度，锻造比和锻后冷却速度，使其处于最佳工艺状态，对减小以后的热处理变形是很重要的。有人曾对带状组织为2.5级的8620H钢进行合适的锻造，锻后的带状组织变为1级，明显改善了材料的组织，有利于减小淬火变形。

④ 正火工艺的影响与控制　正火是渗碳之前的一种常用的预热处理工艺，是减小与防止零件热处理变形的有效措施。正火的质量要求，主要是硬度与组织。但普通正火工艺，有着难以克服的不足。受设备炉温均匀性和生产方式、装炉方式、能耗等的限制，工件的加热与冷却很难均匀，其硬度与组织就很难均匀。对于中低碳合金钢，由于冷却速度难以控制，正火后还容易形成粒状贝氏体组织。以上缺陷都会增大齿轮渗碳淬火的变形。近年间，在国际、国内广泛应用的等温正火工艺（有人称等温退火），由于采用冷速可控、逐区升温、连续推进的先进设备和中温等温工艺，不仅可防止粒状贝氏体的产生，还能使工件组织和硬度更加均匀，这是当今公认的减小渗碳淬火齿轮变形的有效方法。等温正火的冷却速度（指工件从正火温度冷至等温温度时的降温速度）以多大为最佳，目前尚无定论。有资料介绍，对于低碳合金钢而言，冷却速度慢些，等温后的组织接近平衡组织，可减小渗碳淬火的变形。但也有资料介绍，冷却速度应快些，以求得到更多、更细的珠光体组织，可获得更小的变形。德国奔驰公司一热处理专家介绍说，低碳合金结构钢正火后铁素体的含量少一些（力求100%珠光体）对减小渗碳淬火变形有利。因此，对于低碳合金钢来说，等温正火的冷却速度以快些为好，如能达到10℃/s以上的冷却速度，使之得到近似100%的伪珠光体（一种更细、更均匀的组织），对减小淬火变形将更有利。目前国内等温正火设备的冷却速度只能达到1~3℃/s，正火组织中的铁素体含量高达50%。

冷却温度的控制对减小淬火变形也很重要。当冷却至500℃以下等温时，有可能产生粒状贝氏体组织和魏氏组织，对变形和强度都是不利的。

⑤ 机加工的影响与控制　机加工的残余应力和表面粗糙度等对淬火变形影响也很大。曾有人发现，渗碳淬火前在工件上打一个小小的钢印，其残余应力就使变形增大了0.01~0.08mm；表面粗糙度Ra为3.2μm时，公法线长度一般胀大0.03~0.05mm，但当表面粗糙度Ra优于0.8μm时，公法线长度变化明显减小，偶尔还有收缩现象。因此机加工的残余应力和表面粗糙度对热后变形有直接影响，加工时应控制加工应力和表面质量。

⑥ 渗碳淬火的影响与控制

a. 渗碳设备必须有良好的炉温均匀性、密封性和气氛均匀性。否则，同炉工件会由于炉温或气氛的不均匀而导致变形不均匀。先进的渗碳淬火设备，其炉温均匀性和气氛均匀性都比较好，加上整个渗碳淬火过程都由计算机控制，重复性好，质量稳定，变形更小。

b. 工件的装夹力求工件加热和冷却均匀，这样可减小变形或确保变形的规律性。以下几点经验可供借鉴。

径长比比较小的盘类齿轮（≤7），平放（固定）渗碳总比竖放渗碳变形（内孔、径跳）小；径长比大的齿轮，竖放（横串）比平放变形小（特别是端跳）。用内穿胀套压持淬火的方法，可同时减小端面和齿圈跳动变形。

轴类零件通常竖放比平放变形小。

当零件结构复杂、截面大小悬殊时，为了使工件加热与冷却均匀，以减小变形，采用补偿方法往往可收到事半功倍的效果。

补偿的原则是尽可能使工件加热与冷却均匀。如图 5-4 所示齿轮，不加补偿套时，渗碳淬火后，齿轮上部处变形大，下部处变形小，齿面公法线长度由下至上逐渐变小，成锥形。齿面公法线长度值超差，达不到图纸要求。加一个如图 5-5 所示的补偿套后，使工件加热与冷却更均匀，渗碳淬火后的变形大为减小，全部变形都能满足图纸要求。当然，补偿套的设计应合理，尺寸应适当，否则，补偿后仍会达不到要求。

内花键齿轮渗碳淬火时，在内花键孔中穿以合适的芯轴，是减小内花键变形的传统方法，这其实也是一种补偿方法。但应注意，芯轴的大小与形状应恰当。芯轴太小，花键孔收缩大；芯轴过大，花键孔可能胀大。芯轴做成花键芯轴效果更好。

图 5-4　齿轮

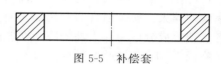

图 5-5　补偿套

装夹时，如果齿轮的径长比不是很大（≤5），最好用平放叠装，再竖插芯轴，这样有利于控制径跳和内花键变形。当内花键出现收缩过多或胀大过大时，调整芯轴尺寸一般可得到满意结果。当内花键有凸台时，在凸台外缘还应加补偿套，这样效果更好。见图 5-6。

奔驰公司来华专家认为，控制内花键渗碳淬火变形最有效的办法是用转炉渗碳，淬火时竖插芯轴并压持淬火。

装夹时工件间应保持一定间隙，而且间隙应均匀，排列应有序，以确保气氛流通、均匀。装夹的不规则与不合理，可能

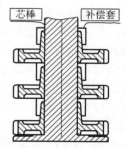

图 5-6　凸台外缘加补偿套

会导致炉内产生涡流。在涡流场的四周边缘，气流的速度与气氛的浓度产生突变，使工件渗碳效果不一样，位于涡流区域，碳浓度更高。笔者曾遇见几个齿轮零件，其一侧齿碳化物严重超标，且齿棱有裂纹与剥落现象；而另一侧碳浓度偏低，这就是涡流所致。导致产生涡流的原因，是一批"计划外"零件搭班渗碳的不合理装排，破坏了原有的均匀性。防止方法主要是工件要装排有序，确保工件加热均匀、气氛均匀、冷却均匀，这样能减小变形。

c. 工艺的影响。齿坯正火对渗碳齿轮变形的影响。齿坯正火是渗碳齿轮的一个预处理工序，但却是一个不可省略或忽视的关键工序。经多年的生产实践证明：齿坯正火质量的好坏，不但影响齿轮冷加工性能，而且对齿轮最终热处理的变形程度起着重要的作用。

正火温度我们采用 960℃，比渗碳温度高 30℃，使齿在渗碳前就消除锻造热应力及组织缺陷，获得组织一致且均匀的齿坯。低于渗碳温度的正火往往不能消除锻造后的应力及组织缺陷。高于 960℃ 的正火又容易出现魏氏组织并使铁素体呈网状分布，造成组织不均匀，并且硬度值也高，变形量增大。采用 960℃ 加热、保温 2.5h 出炉后空冷的正火工艺，基本上消除了锻造后的内应力和组织缺陷，以等轴状的珠光体和铁素体分布，金相组织为 1、2 级，硬度在 165~190HB 之间，切削性能良好，最终热处理后变形减小，变形规律也基本一致。所以正确选择正火工艺并严格执行工艺对于减小变形是十分重要的。

渗碳淬火温度对变形的影响。20CrMnTi 钢渗碳后采用适宜的淬火温度对于减小热处理的变形或使变形变得规律化是有很大作用的。经过多次的试验，适宜的淬火温度是 830~840℃。如果淬火温度偏高，齿轮变形量增大，公法线长度胀大量也随着增大。

一般来说，对于带花键孔的齿轮渗碳淬火后内孔是收缩的。据文献介绍，840℃ 淬火虽

然花键内孔趋于收缩，但变形的分散度明显地减小，而860℃淬火时内孔变形大、稳定分散度也大，因此还是采用840℃淬火为好。

在渗碳淬火工艺方面，一般认为，降低渗碳温度和淬火温度，特别是空冷（或中冷）后重新加热至较低温度淬火，对减小变形效果显著。合理调整强渗期与扩散期的比例，控制渗层的碳浓度和浓度梯度，不仅能优化渗层组织，也可减小变形。相对而言，淬火过程对变形的影响更为显著。

淬火介质对渗碳齿轮变形的影响。第一，冷却介质性能要好。理想的淬火介质应该满足：在C曲线的鼻尖处（600℃上下），冷速足够大（$v \geq$临界冷却速度）；在马氏体点M_s附近，冷却速度足够慢。这样才能既确保获得马氏体组织，又达到变形最小的目的。用于齿轮渗碳的淬火介质，通常为专用淬火油。它是在某种基础油中添加必要的冷却剂、光亮剂、抗老化剂等成分，使淬火油的冷却性能达到或近似达到理想状态。对低合金渗碳钢件，选择能在略低于M_s点附近等温冷却的淬火油（等温分级淬火油）可使变形趋于最小。这种淬火油的使用温度一般为80~160℃。今禹Y35、好富顿355、德润宝等淬火油都很适用于中小零件的渗碳淬火。第二，油的搅拌速度应可调节。搅拌速度不同，冷却速度不同，最强烈的搅拌可使油的冷却速度达到静止水的冷却速度，调节油的搅拌可控制变形。第三，冷却油的流动方向有讲究。冷却油循环流动时，应按一个方向（最好由上向下）流过所有工件，这样变形更均匀，更有规律。第四，工件下油之前，冷却油应静止，工件入油后5~20s开动搅拌器，切不可先开动搅拌器等着工件入油淬火，那样工件变形将更大。第五，工件入油后的位置，应浸入油面300mm以下，才能保证上下工件冷却更均匀，可采用预热油温（>80℃）。

⑦ 冷加工以及冷热加工配合对渗碳齿轮变形的影响

a. 冷加工对渗碳齿轮的齿形、齿向变形的影响。因为热后齿形、齿向一般不再加工，齿形、齿向的变形，会降低齿轮精度，从而降低运动的平稳性，增大机械的噪声。渗碳淬火齿轮齿形、齿向的变形规律是对于低碳合金结构钢齿轮，其齿形、压力角增大，齿顶处变负，其齿向、斜齿轮螺旋角减小（齿拉直）。在实际生产中，常出现不遵从上述规律的情形，其原因是多方面的。

b. 冷热加工配合对渗碳齿轮变形的影响。虽然热处理工作者做了不少工作来防止和减小渗碳齿轮的变形。然而正像开始所说的那样，变形是必然的，要想完全不变形是脱离实际的。因此想使齿轮达到精度要求，单靠热处理来解决是很困难的。但可以通过生产实践，摸索出热处理的变形规律，并设法稳定变形。在此基础上通过冷热加工的配合、合理分配公差或改变公差带的位置等使热处理后的齿轮达到技术要求。

通过采用先进设备、精选原材料、搞好预热处理（等温正火）、消除热前应力、热前齿轮倒棱与修形、渗碳时合理装夹、优化工艺、优化淬火介质、采用等温淬火等多种方法与多种手段，定可获得最小变形。

总之，渗碳齿轮热处理的变形是一个极为复杂的问题，它与原始材料、淬透性、齿轮的几何形状、预处理、渗碳淬火工艺、淬火介质等都有密切的关系。对于齿轮变形的问题必须通过大量的实验数据加以解决。

解决变形的方法：一方面是学习别人的经验，另一方面是根据实际情况，运用统计试验方法（如优选法、正交法、回归法等），不断进行试验总结。切记不要把热前的毛刺、磕碰、尺寸超差问题以及热后的喷砂清理不当等问题与渗碳淬火的变形问题相混淆。

(5) 齿轮的渗氮与氮碳共渗工艺　用中碳合金结构钢制造的齿轮，常采用渗氮（又称"氮化"）与氮碳共渗（又称"软氮化"）的工艺方法，可以显著地提高接触疲劳强度和弯曲疲劳强度，提高齿轮的耐磨性和抗咬合能力。不足之处是可能出现渗氮层脆性而使冲击韧性下降。常用来制造齿轮的中碳合金结构钢有：38CrMoAl、40Cr、35CrMo、40CrMnMo、40CrNiMoA、42CrMo、34CrNi3Mo、37SiMn2MoV、25Cr2MoV、20Cr3MoWV等。齿轮常采用的渗氮与氮碳共渗工艺有气体渗氮或氮碳共渗、离子渗氮。

5.1.2.5 双频齿轮淬火与齿轮感应淬火生产线

齿轮在工作中，周期性地受到弯曲应力和接触应力的作用；在啮合齿面上，除承受滚动摩擦外，有时还承受滑动摩擦，有些齿轮（如汽车和拖拉机变速箱齿轮）还要承受冲击载荷。因此，齿轮应具有高的弯曲和接触疲劳强度、高的耐磨性和一定的冲击韧性等综合性能。为了满足齿轮的这些性能，最好的方法是对其表面进行硬化处理。

齿轮的表面硬化处理，在工艺方法上可分为两大类：一类是表面化学热处理，如渗碳、碳氮共渗、渗氮或软氮化等；另一类是感应表面淬火和火焰表面淬火处理。在个别情况下也可将两者同时采用，即先表面化学热处理再进行感应加热表面淬火处理。经感应加热表面淬火处理后的齿轮其硬度随回火温度而定，在45～60HRC之间变化。对于强度要求不高的齿轮，为了有良好的切削加工性，常采用正火作为预处理；对强度要求较高的齿轮，为了具备良好的综合力学性能（即强度和韧性好），则采用调质作为预处理。

对于模数m<8mm的齿轮来说，常采用高、中频全齿淬火。由于加热不均，很难获得沿齿廓分布的硬化层，硬化层的形状因齿轮的模数、设备频率、电气参数等而改变。但模数m>5mm的齿轮若采用沿齿沟淬火的特殊感应器，则可获得沿齿廓分布的硬化层；或者采用低淬透性钢55DTi、60DTi、65DTi和70DTi等，用中频对齿进行透热后淬火，亦可获得近似齿廓分布的淬火硬化层。

齿轮感应加热淬火常见的方式如下。

（1）齿轮的全齿感应加热淬火　由于齿轮的形状比较复杂，在采用同时感应加热全齿轮的过程中，齿顶、齿面和齿沟各处对高频磁能的吸收各不相同，即高频磁力线分布不均，因而齿顶、齿面和齿沟各处的温差很大，最终导致齿轮在感应加热表面淬火时，难以获得均匀分布的硬化层。只有当选择的电流频率对齿轮和齿沟具有相同吸收能量的前提下，在全齿感应淬火时方能获得近似的沿齿廓分布的硬化层。

在生产中采用同时感应加热全齿淬火法时，要想获得理想的沿齿廓分布的硬化层，通常对模数m在2.5～4mm之间的齿轮，采用200k～300kHz的高频设备；对模数m在4～6mm之间的齿轮，用机械式发电机进行全齿淬火；对模数m在6～8mm之间的齿轮，则可选用2.5k～8kHz的中频设备；对模数m在10mm以上的大模数齿轮，则可采用沿齿轮单齿淬火的方法来满足实际生产需要。

（2）沿齿面单齿感应加热表面淬火　对于尺寸和模数较大的齿轮，由于受设备频率和功率的限制，硬化层不易达到技术要求。采用单齿淬火法逐齿加热，可以得到较为理想的结果。单齿淬火，又分为沿齿面单齿淬火法（只淬硬齿面）及沿齿沟单齿淬火法（可得到沿齿廓分布的硬化层）两种。后者是一种先进的淬火工艺，特别适用于受弯曲载荷大的齿轮，其另一优点就是变形小。

通常对模数m>5mm的齿轮，用高频设备单齿沿齿面进行全齿淬火（同时或连续）；而对于模数在5～8mm之间的齿轮，可采用高频或中频设备进行单齿连续加热淬火。

（3）低淬透性钢的感应透热淬火　当齿轮通过感应淬火来达到其表面强化目的时，应选用低淬透性钢或控制淬透性钢，它们的淬透性与相同含碳量的结构钢相比较低。这类齿轮淬火后得到了给定深度的马氏体层，同时心部保持塑性和韧性。

对于模数 m 在 3～8mm 的齿轮，可选用低淬透性钢用高频或中频设备进行全齿淬火。

(4) 双频淬火　齿轮加热时，合适的电流频率能使齿顶与齿根温度均匀一致。当电流频率过高时，齿顶温度偏高；当电流频率过低时，齿根温度会偏高。只有当频率与齿轮模数相适应时才能得到沿齿廓分布的硬化层。而目前的高、中频设备的频率均属固定式，因此在生产中很难获得沿齿廓分布的硬化层。

齿轮的双频淬火（下面将详述）正是利用低频加热齿沟和高频加热齿顶这一特点，互相补充，在尽可能的范围内获得更近似的沿齿廓分布的硬化层。另外，采用双频淬火，可以减少齿圈（通过双频淬火，使齿圈的内外齿部用各自合适的频率同时加热和淬火）的变形。

齿轮双频淬火适用于模数为 4mm 以上的中模数齿轮。

(5) 单频淬火法　美国 Ajax Magnethermic 公司近年来研究出一种齿轮单频淬火法，只用 50kHz 电流加热大模数齿轮，利用功率密度，得到沿齿廓的淬硬层，如低淬钢齿轮淬火。

(6) 双频齿轮淬火生产线　双频齿轮淬火，其原理为：通过转换线圈（两组）获得两种频率的电流，用低频（3k～10kHz）加热齿根，高频（100k～250kHz）加热齿面。

双频淬火法如图 5-7 所示。首先把齿轮放在夹具上，而后随着轴进行高速旋转，同时由中频电源送入 $f=3000$Hz 的电流进入中频加热感应器，对全齿形（齿顶、齿面和齿根）进行预先加热。当齿根达到最佳温度时，中频电源断电。齿轮迅速降到淬火加热的高频感应器中，同时高频电源开始送电，频率 $f=140$kHz，对齿轮的齿面和齿顶进行快速的淬火加热，待齿面达到淬火温度时，切断高频电流，降低齿轮的旋转速度，同时淬火水套中喷出淬火水，使齿面、齿顶和齿根迅速冷却，获得沿齿形的淬火层。其主要工艺参数见表 5-10。

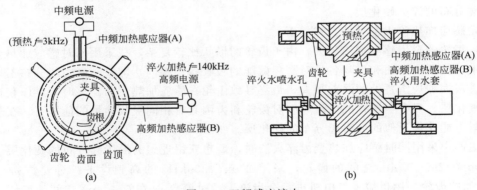

图 5-7　双频感应淬火

与传统的渗碳淬火法相比，齿轮的双频淬火法具有以下特点：

① 减小变形，保持工件尺寸稳定。

② 在接近齿根圆角处，具有极高的残余压应力，提高了轮齿的弯曲疲劳强度，具有优良的强度梯度。

③ 与传统的齿轮淬火工艺相比，在齿的节圆面较大深度上，有较高的硬度及强度，在齿顶不会产生过热及脆性。

④ 改善了零件的冶金性能，并消除了热处理过程中的生成物，如氧化、脱碳等。

⑤ 设备费用较低，齿轮加工成本下降。

基于上述种种优点，近些年来，美国 Induc to Heat 公司、TOCCO 公司、日本电气兴业公司等竞相努力研究齿轮双频淬火技术。目前，双频淬火已成功地用于工程机械的齿轮处理加工。

表 5-10 淬火工艺参数比较

双频淬火		单频淬火
预热	淬火加热	加热
输出功率:100kW	输入功率:900kW	输入功率:90kW
频率:3kHz	频率:140kHz	频率:90kHz
加热时间:3.65s	加热时间:0.14s	加热时间:3.8s
空冷时间:3.85s	空冷时间:0s	空冷时间:0s
—	喷水冷却时间:10s	喷水冷却时间:15s
	淬火水流量:100L/min	淬火水流量:100L/min
		渗碳淬火+回火

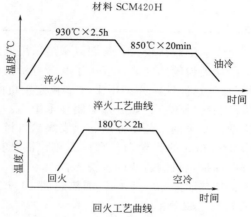

材料 SCM420H

淬火工艺曲线

回火工艺曲线

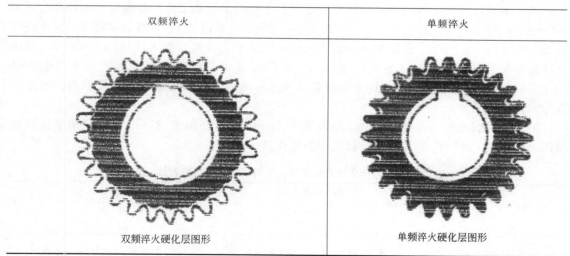

双频淬火	单频淬火
双频淬火硬化层图形	单频淬火硬化层图形

(7) 低淬透性钢的齿轮感应淬火 所谓低淬透性钢是指其淬透性比普通碳钢的淬透性还要低的钢种。它是把含碳量为 0.55%~0.70% 的优质碳素钢中的 Mn、Si 含量降低,改变脱氧工艺,并加入少量 Ti 作为变质剂以细化晶粒、提高硬度、降低淬透性。由于其淬透性很低,所以即使把齿轮的齿全部透热后在水中冷却或喷水冷却,也只能使齿的表面淬硬,而心部还是非马氏体组织,因而就可以利用这种特点来获得近似齿廓分布的硬化层。故低淬透性钢的齿轮淬火,其实质就是其感应透热淬火。

在确保钢材淬火后表面硬度的前提下，为了使钢具有低淬透性，必须限制能使 C 曲线右移的钢中的杂质元素或合金元素（如 Cr、Ni、Mn、Si）的含量，以降低钢的淬透性。我国研制的低淬透性钢牌号及成分见表 5-11。

表 5-11 低淬透性钢的化学成分

钢号	合金元素的含量/%									备注
	C	Ti	Mn(≤)	Si(≤)	P(≤)	S(≤)	Cr(≤)	Ni(≤)	Cu(≤)	—
55DTi	0.51～0.60	0.04～0.12	0.10～0.20	0.10～0.20	0.04	0.04	0.02	0.02	0.02	$m≤5mm$
60DTi	0.56～0.65	0.04～0.12	0.10～0.20	0.10～0.20	0.04	0.04	0.02	0.02	0.02	$m=5～8mm$
65DTi	0.63～0.70	0.04～0.12	0.25	0.25	0.04	0.04	0.02	0.02	0.02	$m>8mm$
70DTi	0.64～0.73	0.04～0.12	0.25	0.35	0.04	0.04	0.02	0.02	0.02	$m>8mm$
元素允许偏差	±0.01	±0.02	±0.05	±0.05	—	—	—	—	—	—

汽车和拖拉机的齿轮，由于承受载荷较大，长期以来多采用低碳合金钢并经过渗碳或碳氮共渗淬火处理工艺，以提高这类齿轮的性能。但由于其含有稀缺的 Cr、Ni 元素，从 20 世纪 50 年代起，苏联开始研制低淬透性钢，并试用于汽车和拖拉机的某些齿轮上，取得良好效果。近年来，我国一些工厂和科研单位，如一拖集团技术中心、上海拖拉机厂、上海热处理厂、沈阳拖拉机厂、戚墅堰机车车辆工艺研究所、西安煤矿机械厂等研制了几种牌号的低淬透性钢，用于制造模数为 3～8mm 的齿轮，并在以上单位的拖拉机上试用，其性能可与渗碳齿轮媲美，因而受到汽车和拖拉机制造业的重视。

低淬透性钢的加热规范：加热时间 30～120s，加热速度 10～20℃/s，功率密度 0.02～0.2kW/cm^2，设备功率是常规感应加热的 1/10。

低淬钢感应淬火的特点：低淬钢感应淬火工艺适用于复杂工件，如齿轮、轴承环与传动十字轴等；低淬钢的晶粒度为 11～12 级，而一般钢的晶粒度为 7～8 级，晶粒细化使抗脆性断裂性能提高 5～10 倍；整体加热表面淬火后，工件表面残留压应力可达到 600MPa，增强了抗疲劳断裂的能力，使工件寿命提高 7～8 倍；采用水作淬火剂，可适用不同碳含量的（0.2%～1.2%）的钢，甚至可用于碳含量为 1.5%的钢；可以在线生产；低淬钢比渗碳钢节约大量合金元素。

下面是模数为 3mm、齿数为 36 和齿宽为 24mm 的扭杆轴齿轮，用 55DTi 钢制造经高频淬火与用 18CrMnTi 钢制造经渗碳处理的性能对比，见表 5-12。

表 5-12 扭杆轴齿轮高频淬火与渗碳处理性能对比

牌号	静弯断载荷/t	高载荷脉冲疲劳/万次
55DTi	16～22	5～10
18CrMnTi	13～15	2～4.5

试验结果表明：55DTi 静弯强度比 18CrMnTi 高 20%～30%；弯曲疲劳强度高 20%左右；55DTi 钢齿轮（冲击能量 70kg·cm；50kg·cm；30kg·cm；1kg·cm=10J）的多冲抗力为 18CrMnTi 钢齿轮的 5～6 倍；55DTi 齿轮台架试验寿命比 18CrMnTi 稍低，出现点蚀的时间 55DTi（平均工作 $1.49×10^8$ 循环次数后）晚。点蚀速度前者比后者要快，且其断齿后绝大部分易产生点蚀的位置在节圆附近，说明断齿是由于点蚀引起的，也说明其齿根的抗弯强度高。

齿轮单齿性能与台架寿命试验表明：55DTi 钢齿轮齿根具有良好的抗断能力，尤其是它的多冲抗力更是优越。因此可以认为 55DTi 齿轮在使用中将不会出现突然脆断（包括换挡冲击）的现象；在高载荷下，55DTi 钢轮廓及半轮廓淬火齿轮寿命较长，基本淬透齿轮的寿命较短。特别是在同一齿轮上出现不同淬硬层分布的齿时，断齿都发生在基本淬透的齿上，说明 55DTi 齿轮齿淬透后，在高应力下降低了齿轮的使用寿命，但三种不同淬硬层分布的 55DTi 齿轮的单齿性能和台架寿命均比现行工艺渗碳后的 18CrMnTi 齿轮优越。例如东方红-75 拖拉机末端传动被动齿轮（模数 6.5mm，齿数 60，齿宽 74mm）采用 65DTi 钢制造，经 8000Hz 中频透热后，其淬硬层分布比模数为 3mm 的齿轮更均匀。表面硬度是 58～62HRC，心部硬度是 30～40HRC，因此齿具有较高的整体强度和韧性，特别是齿根处的硬化，对要求弯曲强度和弯曲疲劳强度的重载齿轮尤为重要。

(8) 我国齿轮感应淬火技术　感应加热淬火是热处理的重要工艺之一，尤其因它具有生产效率高、节约能源、环境污染小以及易于实现自动化等优点而备受欢迎，在齿轮的强化方法中，齿轮感应加热淬火与调质、渗碳、渗氮一起构成四大基础工艺而提供其强度设计数据。表 5-13 是各种热处理工艺按齿轮模数大小的适用范围。

表 5-13　不同热处理工艺适用的齿轮模数范围

模数/mm	热处理工艺				
	径节 DP	渗氮	50kHz 感应淬火	10kHz 感应淬火	渗碳淬火
2	12.7	√			√
2.5	10	√			√
3	8.5	√	√		√
4	6.35	√	√		√
6	4.23	√	√	√	√
8	3.18		√	√	√
12	2.12			√	√
20	1.27			√	√

注：英制齿轮"径节"（DP）与公制齿轮"模数"（m）是表征齿轮齿廓同一特征（指大小）的不同方法，它们的换算公式如下：$DP \times m = 25.4$。可以看出，公制齿轮模数 m 越大，齿形越大；而英制齿轮径节 DP 越大，则其齿形越小。

在齿轮从软齿面向硬齿面技术发展的过程中，感应淬火工艺发挥了重要作用。根据行业调查，在我国汽车、拖拉机、矿山机械齿轮及通用减速器齿轮中，采用感应淬火的比重是较大的，尤其是机床齿轮，已占到齿轮总量的 70% 以上。

随着工业技术的发展，各种机械设备的参数不断提高，相应的对齿轮的承载能力、运行品质及体积大小都提出了更高的要求，于是，齿轮感应淬火表面强化工艺受到了巨大的挑战，一些原来采用感应加热淬火的冶金矿山机械齿轮、通用减速器齿轮以及机床主传动系统齿轮都不同程度地改用渗碳淬火工艺。产生这种强化方法转移的原因，一方面是由于机械产品升级而对齿轮提出更高性能要求之后感应淬火潜在而本质的弱点表现了出来；另一方面是我国感应加热淬火技术多年来发展较缓慢，难以适应新的要求。然而，为追求清洁的生产工艺，感应淬火所具有的一系列优点又是其他热处理工艺难以比拟和取代的，因此，深入分析其技术难点、寻求解决措施是我国金属热处理工作者的一项重要使命。

① 感应淬火齿轮的强度问题　在工业应用中，我国感应淬火齿轮常常出现过度磨损、硬化层剥落及齿根疲劳断裂等早期失效，分析其原因如下。

a. 齿面硬度偏低。齿轮表面的耐磨性和疲劳强度都与齿面硬度密切相关，根据硬度和钢材含碳量的关系，只有当含碳量达到 0.6% 以上才能获得高硬度水平，但是，由于受淬火开裂的限制，我国感应淬火齿轮钢材含碳量基本上在 0.45% 以下，按工业实践，含碳量达到 0.48% 就容易出现淬火开裂。因而钢材的含碳量偏低使感应淬火齿轮的耐磨性远不如渗碳齿轮，如我国感应淬火机床齿轮在大修时因齿面硬度低而需要更换齿轮的比例达20%~80%。

b. 齿轮的硬化层偏浅。具有足够深的硬化层是齿轮接触疲劳强度的基本保证。

早期认为零件剥落是由于次表层最大剪切应力T_{45}过大引起，但大量的失效分析表明，裂纹的位置与T_{45}（max）并不完全吻合。R. Pederson 和 S. L. Rice 的研究指出，剥落不仅与最大剪切应力有关，而更重要的是它与表面下材料的剪切强度分布有关。藤田公明等应用Smith 公式计算，并通过试验认为点蚀和剥落与最大主剪切应力T_{45}和正交剪切应力T_{yZ}都有关系，而剥落则主要由T_{yZ}引起，并建立了产生剥落裂纹的判据$[T_{yZ}/HV]_{max} \leqslant C$。

通过对模数18mm、直径ϕ900mm的矿山机械齿轮进行了硬化层深度的设计计算，计算结果其有效硬化层深度为1.1mm，全硬化层深度为2mm左右，然而，对这种齿轮的失效分析表明，即使有效硬化层深度为2mm，全硬化层深度为3mm左右，齿轮仍发生严重的剥落，而且剥落坑的深度大都在1mm以上。

从国内外有关剥落失效的原因分析来看，硬化层深度偏浅占有很大比重。如美国《金属手册》的"失效分析与预防"中有一份1935年931件齿轮失效原因报告指出，在16.2%的热处理因素中因硬化层太厚发生剥落的情况只占1.80%，而因齿面硬化层太薄的则占4.8%。现在有一种倾向，对于承受较大接触应力的零件，如齿轮、车轮及轧辊等，为了防止剥落的产生，采用远大于常规硬化层的深度，如某厂生产的一种起重机车轮，原来感应硬化层深度为3mm左右，运行中总产生剥落，后来逐渐增加层深，直到15~20mm最终克服了剥落。深的硬化层要求即使对渗碳齿轮也存在，如美国生产的大型挖掘机齿轮和日本生产的轧钢机齿轮，其中有的渗碳层深度要求竟达到8mm。因此，齿轮硬化层深度的设计按现有理论尚不能提供满意结果，目前工业应用中主要还是采用经验公式：其推荐深度$D = (0.15~0.3)m$（m代表模数，mm）。从公式明显看到其范围很宽，还需要生产者按各自经验再行确定。表5-14是美国Verson和P&H公司的感应淬火齿轮硬化层深度与模数的关系。相对于国外，我国感应淬火齿轮硬化层大多偏浅，其重要原因是尽量减少淬火开裂。

表5-14 感应淬火齿轮硬化层深度与模数的关系

模数/mm		8	10	12	14	16	20	25	32
深度/mm	Verson公司	3	3	3	3	5	6	6	6
	P&H公司	—	3	—	—	4.5	—	5.5	—

c. 硬化层与心部的过渡区薄弱。感应加热的最大特点是温度集中分布于表层，也正因为如此它才具有高效、节能和畸变小的优点。但是，由于硬化层到心部温度的急剧变化，往往在过渡区造成很大的残余拉应力。此现象从图5-8所示冷轧辊经感应淬火的残余应力分布便可以明显看到。另外，对于调质预备热处理工件，在感应加热时，过渡区中有一遭受到高于调质回火温度而低于A_{C1}的过渡回火带，最终成为一个薄弱区。

因此对于感应淬火齿轮，如果硬化层偏浅，则薄弱的过渡区很可能在外加载荷所形成的最大剪切应力与高的残余拉应力共同作用下而产生疲劳裂纹，最终导致硬化层剥落。

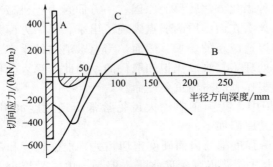

图5-8 冷轧辊切向残余应力分布
A—单频感应淬火；B—50~250Hz双频感应淬火；
C—传统整体淬火

d. 不利的齿根残余应力。感应淬火的另

一大优点是表层发生马氏体转变而心部不发生转变从而在表面形成有利的残余压应力,如对高速列车车轴采用感应淬火,在表面产生高达 538~1085MPa 的残余压应力,从而大大提高了弯曲疲劳强度。同样,齿轮通过感应淬火形成残余压应力从而提高弯曲疲劳强度是理所当然的。然而,大量的齿根疲劳失效及淬火过程中齿根的开裂倾向使人产生疑惑。为此,通过试验进行分析与探讨:首先一个模数 26mm 的大齿轮单齿沿齿沟感应淬火后用 X 射线法对齿根的残余应力进行了测量,结果在齿根处呈现的并非压应力,而是 0~100MPa 的拉应力。为了排除试验的偶然性,又进一步设计了以下一套方案:按齿轮弯曲疲劳试验标准加工了模数 10mm、齿数 17、齿宽 15mm 的齿轮,同时参照齿轮轮齿的齿根断面尺寸加工成相当厚度(24mm)的平板试样,以进行对比,在齿轮和平板试样的钢材、心部硬度、硬化层深度及表面硬度均基本相同的情况下,测得的表面残余应力及弯曲疲劳强度列于表 5-15。

表 5-15　曲率半径对残余应力的影响

曲率半径/mm	-11(凹面)	∞(平面)	+150(凸面)
应力测量位置	齿根表面	表面	齿节圆面
残余应力/MPa	0~98	-(300~400)	-(400~500)
弯曲疲劳强度/MPa	279~304	505~537	—

从表 5-15 中数据可以看到,齿轮的渐开线齿面及平板试样表面均获得了较高的残余压应力,而齿根处呈现的却是拉应力,进一步观察发现,残余应力的性质与曲率半径有关。事实上,已有文献指出,感应淬火齿轮产生的残余应力受多种因素影响,其应力幅值随工艺参数和几何因素的综合作用变化很大,甚至其性质可以从压应力变成拉应力,因而可以认为,齿轮沿齿沟淬火在齿根处形成拉应力与其几何因素密切相关。

② 感应淬火工艺中的齿根淬裂倾

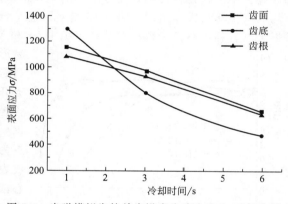

图 5-9　光弹模拟齿轮单齿沿齿沟淬火应力-时间曲线

向　我国早期的齿轮感应淬火多采用沿齿面硬化的方法,即齿根未预硬化,这是因为其工艺简单,易于操作;但试验与工业应用已证明,只有沿齿廓分布的硬化层才具有较高的疲劳强度,为此,我国陆续开展了单齿沿齿沟加热淬火工艺的试验研究,但是至今齿根淬火开裂这一关键技术问题尚未得到根本解决。

齿根容易产生淬火开裂说明齿轮在淬火冷却时此处有过大的拉应力产生,由于感应淬火的表面组织转变形成的是压应力,自然裂纹的产生就与淬火热应力密切相关。采用光弹模拟试验表明,由于结构因素,齿根比齿面有更大的淬火热应力形成,图 5-9 是用光弹模拟齿轮单齿沿齿沟淬火得到的"应力-时间"曲线。从图中曲线可以看出,在冷却过程中,齿面与齿根所产生的应力随着时间有不同的变化趋势,从冷却开始,很快齿根处就受到比齿面高的拉应力作用。

为了估算齿根热应力的大小,试验用 X 射线测量了沿齿沟淬火齿轮的残余应力。试验齿轮模数 26mm,材料 35CrMo,硬化层深度 4mm,测试结果为:齿面有-400MPa 左右的残余压应力,而齿根表面则有大约为+70MPa 的残余拉应力。诚然,70MPa 的拉应力远不足以使钢材产生开裂,但如果考虑到齿根的拉应力是在抵消了相当大的组织应力而残留下来的这一事实就不难估计,齿根在冷却过程中所受的热应力是相当大的,再加上表面缺陷因素,使齿根处存在很大的开裂倾向。

③ 提高我国齿轮感应淬火技术水平的途径 通过上述分析知道,要提高我国感应淬火齿轮的承载能力应从以下几个方面进行努力。

a. 提高钢材含碳量。在我国生产中,40Cr 钢中等模数齿轮硬度只能达到 40~45HRC,42CrMo 钢齿轮硬度能达到 45~50HRC,要进一步提高硬度水平,有必要提高钢材的含碳量。但是随着钢材含碳量的提高,齿轮的淬裂倾向随之增大,尤其是单齿沿齿沟淬火在齿根处容易产生淬火裂纹,这就需要提高淬火工艺水平或改变感应加热淬火工艺方法。

b. 改善齿根几何形状——加大齿根圆角。为改善齿根曲率半径,可采用微线段齿廓设计,通过有限元计算,从应力分布图看出齿根应力状态大大改善。德国和美国的齿轮专家也研究了齿根圆角半径对齿根强度的影响,当圆角半径从 $0.076m$ 增加到 $0.048m$ 时(m 为模数,mm),齿根圆角处的最大拉应力从 720MPa 下降到 550MPa,降幅 24%。笔者公司对重载汽车主动轴加大圆角半径感应淬火后,使弯曲疲劳寿命提高 10 倍。

c. 改善原始组织状态。感应淬火齿轮钢材的原始组织在我国常常被忽视,事实上,它对工艺和性能有着很大的影响。进行的试验表明,具有 F/P(铁素体/珠光体)的原始组织在感应淬火中因碳化物得不到充分溶解而难以形成高硬度的马氏体,同时,还因合金元素分布不均而产生非马氏体组织。表 5-16 是对一感应淬火齿轮淬火组织的微区分析结果,从表中数据可以看到,白色和黑色腐蚀区组织中 Cr 和 Mn 的含量相差 1~2 倍,贫 Cr、Mn 区很容易形成非马氏体组织;为防止非马氏体产生,只能提高加热温度和加强冷却,这又会带来淬火开裂问题。另外,据资料记载,原始组织中含 30%F 的钢其有效硬化层深度比含 10%F 的钢要浅的多;如果原始组织中存在带状组织就更为不利,当带状 F 晶粒达到 $50\mu m$ 时就会造成表面硬度离散。图 5-10 为 SAE1552 钢不同心部组织淬火后的硬度分布曲线,由该曲线看出,心部组织以调质为最佳,如果采用正火态心部组织,则其中游离 F 应小于 10%。

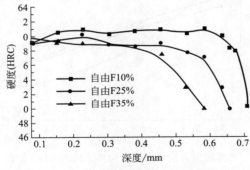

图 5-10 正火试样硬度—深度曲线

表 5-16 感应淬火组织的微区分析

黑色区			白色区		
合金元素	质量含量/%	原子数/%	合金元素	质量含量/%	原子数/%
Si	2.08	4.05	Si	1.82	3.56
Cr	0.30	0.32	Cr	0.72	0.73
Mn	0.57	0.57	Mn	0.71	0.70

注:黑色、白色区系感应淬火试样经腐蚀后呈现的不同深浅区。

d. 提高感应加热淬火工艺水平。按照美 ANSI/AGMA 2101—95 标准,对沿齿廓感应淬火齿轮,其许用弯曲应力 σ_{FP} 为 380MPa,而对齿根处未淬火的齿轮其 σ_{FP} 仅为 150MPa,两者相差 1 倍以上。在德国的齿轮强度设计中规定,对于齿根未硬化的感应淬火齿轮,其弯曲疲劳极限只能取齿根经硬化齿轮的 70%;我国的齿轮试验表明,齿根经硬化比未硬化其承载能力提高 40%。因而,齿轮感应淬火工艺的首要任务是要保证齿轮获得沿齿廓分布的硬化层。为了实现沿齿廓加热，按美国的工业应用推荐：模数小于8mm、直径小于600mm的齿轮一般采用"一发法"淬火，而对于模数大于8mm、直径大于600mm的齿轮则采用单齿逐齿加热淬火。

国际上单齿沿齿沟淬火以美国的TOCCO、AJAX、INDOHEAT、NATCO、IPE及日本电气兴业（株）等公司为代表，在设备与工艺方面都具有很高的水平。我国由于受淬火开裂的制约，许多工厂采用埋液单齿沿齿沟淬火，这方面以大连机车车辆厂、戚墅堰机车车辆厂及沈阳重型机器厂为代表；而喷液单齿沿齿沟淬火现在几乎都用PAG溶液，这对缓解淬火开裂有明显的效果，用得比较好的有太原重型机器厂和第一重型机器厂。单齿沿齿沟淬火的最大优点是用较小的功率、单一频率的电源便可处理大模数、大直径的齿轮，然而，鉴于在工艺和性能上都存在某些不足之处，所以近年来有一种倾向：即对某些要求较高强度和心部韧性及尺寸精度的齿轮，力图采用"一发法"感应淬火工艺取代原来周期长、畸变大、污染重的渗碳淬火工艺。如美国的TOCCO公司便进行了大量的试验工作并取得了良好的效果（见图5-11）。我国太原重型机器厂对$\phi 800mm$、模数$4\sim 10mm$的齿轮采用200kW/8000Hz的电源，大连起重机厂对模数12mm、14mm、16mm的齿轮采用500kW/2500Hz的电源，宝钢1900连铸机辊道$\phi 432mm$、模数18mm的伞齿轮采用600kW/2500Hz的电源进行了成功的"一发法"加热淬火。

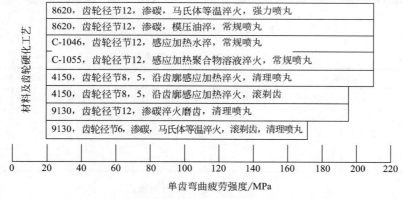

图5-11 不同材料及热处理工艺的疲劳强度等级

"一发法"感应淬火采用单频电源加热尚存在很大的局限性，因为按频率与模数的适应关系，目前常用电源频带200k～10kHz的最佳模数范围为2～5mm，范围很窄，所以国外如德国的HUTTINGER公司就生产了一种四频率电源来扩大处理齿轮的范围，不过目前许多人对早在1938年就由苏联沃洛格金教授提出的双频感应加热淬火工艺产生了兴趣。双频感应加热原理可用图5-12来说明。由于双频感应加热具有独特的优点，所以美国和日本的不少感应淬火公司都纷纷投入力量进行研究应用，表5-17～表5-19是具有代表性的试验结果。双频感应加热淬火显著提高齿轮强度并减小畸变，而且比渗碳淬火大大提高了生产效率，所以双频感应淬火在美国被认为是一项技术革新。整体沿齿廓加热淬火（无论是单频或双频加热）还有一个显著的特点就是可以有效地防止齿根淬火开裂，这是因为沿齿廓加热层的完整性大大改善了淬火应力的分布状态，如图5-13是光弹模拟实验的热应力条纹图，图5-13（a）为单齿沿齿沟加热淬火，图5-13（b）为整体沿齿廓加热淬火。从图中可以看到，图5-13（a）显示出不对称应力分布，而且齿根的应力明显高于齿面，相反图5-13（b）显示出应力分布的对称性很强，而且齿面与齿根的应力差也小。由于齿根热应力的改善从而减小了淬裂倾向，这便为提高淬火齿轮钢材的含碳量提供了可能性，如日本小松制作所对

ϕ600mm、模数 15mm 和 ϕ800mm、模数 17mm 的 70Mn 钢齿轮，苏联对含碳量为 0.55%～0.70% 的低淬透性钢齿轮，我国太原重机厂对 60CrMoV 钢、模数 10mm、齿数 12 的轴齿轮采用整体一次加热淬火都不存在淬裂倾向，而单齿沿齿沟淬火时，即使是含碳量低得多的 35CrMo 钢也常常在齿根产生淬火开裂。

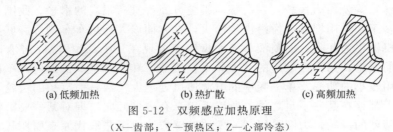

(a) 低频加热　　(b) 热扩散　　(c) 高频加热

图 5-12　双频感应加热原理

（X—齿部；Y—预热区；Z—心部冷态）

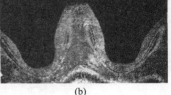

(a)　　(b)

图 5-13　光弹模拟实验的热应力条纹

表 5-17　齿轮淬硬层深度及表面硬度

测试部位	双频淬火		单频淬火		渗碳淬火＋回火	
	淬硬层深/mm	表面硬度(HV)	淬硬层深/mm	表面硬度(HV)	淬硬层深/mm	表面硬度(HV)
齿底	0.54	740～760	0.56	740～755	0.54	700～720
齿面	0.72	745～760	齿部淬透	745～770	0.62	705～720
齿项	1.54	740～775	4.69	770～780	0.87	710～730
圆角处	0.52	740～760	0.62	770～775	0.52	700～720

表 5-18　齿轮的淬火变形情况　　　　　　　　　　　　单位：mm

测试参数	双频淬火	单频淬火	渗碳淬火＋回火
齿形误差平均值	3.1～3.8	2.2～3.3	4.26～4.8
齿形偏移	6～5.6	6.8～4.8	16～9.4
齿形跳动	2～2.198	2.5～3.103	5.87～4.274
齿向误差平均值	1.5～3.7	2.1～4.4	6.96～5.26
齿向偏移	3.2～4.4	4～4.4	15.2～20
齿向跳动	1.14～1.58	1.73～1.85	5.2～7.51

表 5-19　齿根中央表面的残余应力　　　　　　　　　　单位：MPa

双频感应淬火	单频感应淬火	渗碳淬火＋回火
−788	−513	−277

e. 开发 CNC 淬火机床和大功率静态电源。我国大量中等以上模数齿轮目前主要还是采用单齿逐齿淬火，而单齿沿齿沟淬火对感应器与齿轮之间的间隙很敏感，图 5-14 便是因感应器与齿轮耦合不当产生的硬化层不良分布而导致早期失效。图 5-15 是美国 David 和 Brown 热处理技术公司生产中采用的感应器与齿轮之间的间隙分配，从图中看到，齿顶间隙 1.53mm，齿底仅 0.89mm，要使感应器在整个淬火过程中不触及齿面，必然对机床的位

置精度、运动精度及控制水平有很高的要求。根据对国外先进齿轮淬火机床的分析，采用滚珠丝杠＋步进（或伺服）电机传动代替原来的液压传动是推荐的方案；同时采用计算机对相对位置、移动速度、加热功率、加热时间、冷却时间、冷却介质压力及流量等参数进行控制，从而达到淬火质量的有效控制。

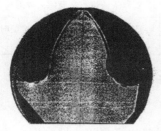 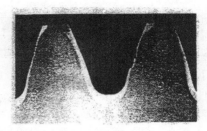

图 5-14 不良硬化层分布（左：齿根未硬化；右：齿面硬化不均）

在感应加热电源方面，为适应各种模数齿轮淬火的需要，应完善多种频率电源，特别是为发展双频淬火工艺，需要开发大功率晶体管固态电源，因为双频整体加热淬火所需一次功率较高，例如有一 $\phi 132mm$、模数 3mm 的齿轮，其加热电源分别为 100kW/3kHz 和 600kW/150Hz。

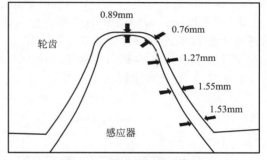

图 5-15 感应器—齿廓耦合

随着现代电力电子工业技术的发展，感应加热电源也获得了很大发展，现在国外发达国家已普遍实现了电源的固态晶体化。

高频电源（100kHz 以上）方面，日本主要采用 SIT，欧美主要采用 MOSFET，其功率可达 1000kW，我国目前只能生产 100kW 以下的电源；在中频电源（10kHz 以下）方面，普遍采用晶闸管，国外其功率可达万千瓦级水平，我国用于熔炼的大功率电源可达 3000kW；在超音频（10k～100kHz）方面，大多采用 IGBT 晶体管，其功率国外可达 1000kW 以上，我国最高只能达到 200kW。齿轮要发展双频整体加热淬火其电源投资相对较大，随着工业发展的需要及市场的驱动，逐渐形成的一些大型的齿轮感应淬火专业化公司会有能力来实现这一技术的应用。

（9）我国齿轮感应淬火缺陷及其解决办法　我国齿轮感应淬火缺陷及其解决办法见表 5-20。

表 5-20　感应加热淬火缺陷及其解决办法

序号	缺陷名称	产生原因	解决办法
1	硬度低	1. 钢材含碳量低 2. 冷却速度缓慢 3. 冷却水量不足 4. 加热温度低	1. 碳的质量分数低于 0.3% 的铸钢不适于表面淬火 2. 及时进行淬火冷却，适当控制冷却水量、水压 3. 适当提高淬火加热温度
2	淬火裂纹	1. 零件几何形状复杂 2. 过热 3. 重复淬火 4. 材质方面的原因：含碳量大于 0.5% 或材料中有连续分布的杂质 5. 冷却速度过大	1. 改进感应器设计和调整工艺参数 2. 应在重新淬火前进行退火、正火或高温回火处理 3. 严格控制钢材成分和杂质含量 4. 改变冷却方式或冷却介质

续表

序号	缺陷名称	产生原因	解决办法
3	放置裂纹	形状复杂且淬火应力过大	淬火后应立即回火
4	淬火变形	1. 加热、冷却不均匀 2. 原始组织不均匀	1. 改善感应器设计,改善加热和冷却条件 2. 淬火前进行高温回火或退火、正火及调质
5	研磨裂纹	磨削时吃刀量过大或冷却不足,使表面出现拉应力	改善磨削加工工艺,避免磨削时在零件表面上被过度加热

(10) 齿轮感应加热淬火典型工艺介绍（小模数齿轮淬火）

① 工件材料：45 钢。

② 工件尺寸：如图 5-16 所示。

③ 技术要求：齿部硬度，48～54HRC，齿顶不得过热，齿根淬火层深度大于 0.5mm。

④ 感应器：感应器结构如图 5-17 所示。小齿轮加热用感应器内径 $d=136$mm，大齿轮加热用感应器内径 $d=211$mm，感应器高度均为 15mm。

⑤ 加热设备：GP100-C3 型高频电炉。

⑥ 工艺说明：采用同时加热淬火法处理。其工艺参数见表 5-21。先进行小齿轮淬火，后进行大齿轮淬火。将齿轮装在淬火机床上，开动淬火机床，使齿轮升起进入感应器；齿轮加热至淬火温度后，再开动机床使齿轮下降进入喷水器内进行冷却。淬火后的齿轮，应立即在 180～220℃ 的油槽中回火 1～2h。

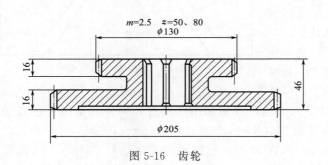

图 5-16 齿轮　　　　　　图 5-17 齿轮加热感应器

表 5-21 齿轮高频淬火工艺参数

工件加热部位	电流频率/Hz	电气参数			加热时间/s	冷却水压力/MPa
		阳极电压/kV	阳极电流/A	栅极电流/A		
小齿轮	250×10³	12～13	8～10	1.6～1.7	9～10	≥0.20
大齿轮	250×10³	12～13	8～10	1.6～1.7	10～12	

5.1.3 热处理工艺对齿轮磨削裂纹的影响

我公司制造的减速器上的齿轮，所选用的材料多数是 20MnTi。其加工工序为：锻造—正火—机加—渗碳淬火—低温回火—磨削加工。在进行磨削时，发现有微小裂纹，使其废品率达 85%。为寻找产生裂纹的原因，我们对其进行了分析，并着重其热处理工艺对磨削裂纹的影响进行探讨。

（1）化学成分分析　化学成分见表 5-22。

表 5-22 化学成分（质量百分数/%）

元素	C	Si	Mn	Cr	Ti	S	P
国标(GB)	0.17~0.24	0.2~0.37	0.8~1.1	1.0~1.3	0.04~0.12	≤0.035	≤0.035
试样	0.2	0.35	1.06	1.15	0.07	0.025	0.02

由表 5-22 的化学成分表明，成分符合 GB 技术要求。

（2）硬度及金相检验　在金相显微镜下观察，发现表层过共析处有大量的块状碳化物，其次层为针状回火马氏体和大量残余奥氏体，心部为低碳板条状马氏体。依照 YTQ310.5—90 金相检验标准检测及评定，其结果见表 5-23。

由表 5-23 中数据可以看出，碳化物 6 级，残余奥氏体 7 级，均不符合技术要求。在显微镜下观察，发现大块状碳化物、大量残余奥氏体、粗大回火马氏体。

表 5-23 技术要求金相标准与测评（一）

试样	渗碳层/mm	碳化物级别	残余奥氏体级别	心部铁素体级别	表面硬度（HRC）	心部硬度（HRC）
	0.8~1.2	不大于5级	不大于6级	不大于3级	58~63	36~45
1	0.95	6级	7级	1级	58~59	44
2	0.97	6级	7级	1级	58	43
3	0.95	6级	7级	1级	58	42

（3）工艺试验与结果　鉴于对裂纹产生原因的分析，发现齿轮在渗碳时碳势过高，金相组织不合格是由于渗碳工艺不当、淬火温度过高造成的。因此，必须改变渗碳炉内气氛，控制碳势，降低淬火温度并对新工艺处理后齿轮进行了金相检验、测评和硬度试验，其结果见表 5-24。

表 5-24 技术要求金相标准与测评（二）

试样	渗碳层/mm	碳化物级别	残余奥氏体级别	心部铁素体级别	表面硬度（HRC）	心部硬度（HRC）
	0.8~1.2	不大于5级	不大于6级	不大于3级	58~63	36~45
1	0.99	2级	2级	1级	62	42

由表 5-24 的数据，一目了然，六项技术指标全部合格。

着重指出：新工艺增加了扩散期，减少了煤油量，改变了炉内气氛，使渗碳齿轮表面碳浓度降低，其碳化物由原来（表 5-23 原工艺）的 6 级降到 2 级；新工艺淬火温度由 860℃ 降到 830℃ 从而使残余奥氏体由原来（表 5-23 原工艺）的 7 级降到 2 级，与此同时由于残余奥氏体的减少，其硬度值由原来的 58~59HRC，提高到 62HRC。

经生产实践证明，按照新工艺严格控制碳势，选择合理的淬火温度，改善渗碳淬火后的组织和性能，是行之有效的途径。在正常的工艺磨削下，没有出现过因磨削裂纹而产生的废品。由试验结果表明：磨削裂纹是否产生和热处理工艺的正确与否密切相关。

（4）结论

① 大量的块状碳化物硬度极高，在过共析区域分割金属基体、造成组织不均匀，在磨削时使应力增强。

② 粗大回火马氏体是孪晶马氏体，其韧性较差，淬火时它们形成撞击，产生很大的应力，导致显微裂纹。它又是不稳定的组织和过饱和固溶体，在磨削过程中受温度的影响，其

体积缩小，尺寸改变造成裂纹。

③ 残余奥氏体也属于不稳定组织，其量愈多愈不稳定。在磨削过程中，由于磨削热导致碳从马氏体中析出，浓度降低，马氏体 M_s 点升高。与此同时原来的回火马氏体体积缩小而松弛，降低了残余奥氏体的外界压力，给 A（奥氏体）→M 转变创造了条件，从而使残余奥氏体转变为淬火马氏体，使体积增大，产生了很大的内应力而导致裂纹。

综上所述，在渗碳层中有大块状碳化物、粗大孪晶马氏体、大量残余奥氏体，这三种成分对磨削都有着不良的影响。所以说，在正常磨削工艺下，是由于碳势过高，组织结构不当，磨削时瞬时温度急剧升高，其工件表层在磨削热的作用下，发生组织相变，导致体积膨胀，产生较大的叠加应力及组织应力，使齿轮表面承受拉应力，当合力超过材料的抗拉强度时，就会产生裂纹。

5.1.4　大轮拖内花键孔类零件缩孔原因分析及复原

（1）概述　分析了渗碳淬火对花键孔类零件变形的影响因素，针对影响内花键制造精度的主要因素为热处理工艺、机加工工艺等原因，通过一系列有效措施返修缩孔零件，达到控制精度的目的。

大轮拖Ⅰ挡主动齿轮（见图5-18、图5-19），其零件号为1204.37.107，带有内花键孔。该零件在热处理厂三车间进行渗碳淬火，该零件存在毛坯材料正火带状组织不合格（≥3级，而热前正火组织应≤3级）、有冷加工应力、拉刀尺寸磨损、内花键孔有毛刺等不良缺陷。热处理过程中加热冷却热应力和组织转变应力叠加、淬火介质影响造成内花键孔零件缩孔，检验综合塞规不能够通过，影响三装厂装配。

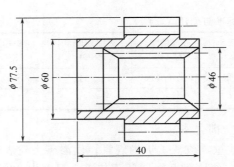

图5-18　Ⅰ挡主动齿轮零件结构简图

图5-19　Ⅰ挡主动齿轮零件实物图

对于该内花键孔零件渗碳淬火变形的控制一直是一个较难解决的问题，究其原因，多为热处理后内花键孔缩孔而影响后续装配问题。从机加工到热处理的每道工序，都应该加强控制。

（2）1204.37.107 Ⅰ挡主动齿轮所用材料及其工艺　1204.37.107 Ⅰ挡主动齿轮所用材料为20CrMnTi。技术要求：渗碳淬火，渗碳层深0.8～1.2mm，齿面硬度为58～64HRC，心部硬度31～44HRC。

该内花键孔零件的制造工艺为：锻造—粗加工—半精加工—插内花键—渗碳淬火、回火—磨端面—检查、入库。通过跟踪试验测量，渗碳淬火后该零件内花键孔会产生径向收缩，m 值缩量在0.10mm左右。

(3) 1204.37.107 Ⅰ挡主动齿轮工艺试验

① 渗碳淬火　因为该零件有内花键孔，机加工应力较大。该零件尺寸较特殊，在薄壁处渗碳淬火变形难以控制，热后相配件不易通过，必须通过上芯轴淬火返修，成本大、劳动强度高。该零件在我厂吉林炉的连续式渗碳线生产，我们通过调整渗碳工艺参数即降低渗碳温度、淬火温度及渗碳碳势等手段，进行了批量试验，试验的具体工艺参数如表 5-25。

表 5-25　工艺参数

渗碳区段	Ⅰ	Ⅱ	Ⅲ	Ⅳ	Ⅴ
温度/℃（±10℃）	880	900	900	910	825
甲醇/（±10mL/min）	25	25	25	25	25
丙酮/（mL/min）	—	30±10	15±10	0	0
碳势/（±0.05%）		1.10	1.15	0.95	0.85
推料周期/min	20				
淬火油温/℃	100+20				

通过本次试验，变形零件一次合格率为 98%，有效地保证了产品质量。

② 该零件变形后的整孔复原　对于产生变形的零件，采用必要的修复措施，可以将变形量超差的零件经修复后，控制在允许的变形范围内，从而满足设计和使用要求。

a. 对综合塞规紧过的零件，用压刀扩孔后使塞规通过。

b. 对压刀扩孔不能进行的零件，可采用盐浴炉（880±20）℃、保温 10min，套上花键淬火芯轴淬油，冷却后用适宜去芯轴工装将芯轴压出来，热碱水清洗去油（190℃）、保温 90min 后进行低温回火处理。喷丸后用塞规检查，零件可顺利通过，零件的硬度达 58～64HRC，满足装配使用要求。图 5-20 是淬火芯轴、压刀及热后塞规图片。

c. 也可以用超音频、中频感应加热电源加热套淬火芯轴返修。

图 5-20　返修工具

(4) 结论

① 热前正火组织应≤3 级；

② 检查热处理前内花键孔尺寸、毛刺，冷加工留有缩量；

③ 热处理前用热前综合塞规检查，测量 m 值；

④ 严格执行渗碳淬火工艺，避免零件不合格返修造成内花键孔缩小；

⑤ 通过该工艺将缩孔内花键孔零件返修，零件表面具有较高的硬度，经切检其组织也符合技术要求，其尺寸满足技术要求且具有较高的几何精度，达到装配使用性能，满足大轮拖装配使用的互换性要求。

5.1.5　从动螺旋锥齿轮零件淬火

从动螺旋锥齿轮是汽车后桥上的关键零件之一。此类零件在我厂多年以来一直是采用连续炉式气体渗碳炉进行渗碳，渗碳后上压床淬火，以控制其淬火变形。而许多热处理厂家对从动螺旋锥齿轮采用连续渗碳炉渗碳后缓冷，然后二次加热上压床淬火工艺，生产中不仅工人的劳动强度较大，浪费能源，而且在二次加热淬火时易出现氧化脱碳，造成硬度达不到技术要求，耐磨性及疲劳强度下降等现象。针对此种情况，我们经过不断分析、摸索、总结和改进，通过对其渗碳直接淬火方法的实践之后，对从动螺旋锥齿轮的渗碳工艺进行设计，选用合适的渗碳加热温度、碳势控制、冷却介质及工装夹具，对其进行渗碳直接淬火，使从动螺旋锥齿轮的质量得到了保证，零件不用再次上压床淬火，大大简化了工艺过程，批量生产后质量稳定，大大降低了零件的加工成本。

从动螺旋锥齿轮简图如图 5-21 所示，材料的化学成分见表 5-26。

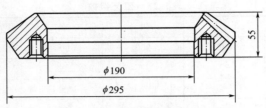

图 5-21　从动螺旋锥齿轮简图

表 5-26　从动螺旋锥齿轮（22CrMoH）的化学成分（质量百分数）

C%	Si%	Mn%	Cr%	Mo%
0.19～0.25	0.17～0.37	0.55～0.90	0.85～1.25	0.35～0.45

零件的工艺过程为：锻造—等温正火—机加工—渗碳淬火—磨削加工—配对检验—清洗—成品入库。

技术要求规定，轮齿的表面硬度 58～64HRC，有效硬化层深 1.4～1.7mm。金相组织要求：碳化物≤5 级，残余奥氏体≤5 级，马氏体≤5 级。变形要求：内孔椭圆≤0.13mm，外翘≤0.10mm，内翘≤0.13mm。

5.1.5.1　工艺试验

该零件前期采用的是渗碳，然后上压床淬火的工艺方式。在试制过程中由于零件本身的结构特点以及材料的特性，造成零件的变形量难以控制，同时零件的磕碰伤比较严重（磕碰伤率基本上达到了 80%）。要解决这些问题就必须增加新的设备投入，为减少新的投入以避免浪费，提出了能否采用渗碳直淬的工艺方法来解决此问题。

5.1.5.2　工艺参数

（1）制定工艺参数的分析　渗碳和淬火温度是影响工件的渗速及渗碳淬火后工件表面硬度及变形的主要因素。如果温度选择不当，渗碳零件的质量就难以保证。从动螺旋锥齿轮由于其结构呈薄片状，内孔较大，淬火后容易变形。

炉内碳势是零件表面形成一定碳浓度的保证。如果表面碳浓度高，就容易形成大块状或网状碳化物，使硬化层的脆性增加，显著地降低齿轮的疲劳性能；如果表面碳浓度低，会造成淬火后表面硬度不足，耐磨性降低。

淬火介质的选择主要是根据零件的性能要求来确定的，从动螺旋锥齿轮属于盘状类零件，淬火后易变形，因此应选用高温冷速较快、低温冷速较慢的淬火介质；结合现场实际情况，最终选用了等温分级淬火油，同时确定了淬火油温。

（2）工艺参数的制定　通过上述分析，对该零件在滴注式连续渗碳生产线上进行了渗碳淬火试验，从对工艺参数的多次验证以及切检零件的结果来看，该工艺参数完全满足零件的热处理技术要求。其主要工艺参数见表 5-27。

表 5-27 渗碳淬火工艺参数

炉 区	I	II	III	IV	V
温度/℃	900±10	930±10	930±10	900±10	830±10
碳势/%	—	1.15±0.05	1.15±0.05	1.15±0.05	0.9±0.05
周期/min	50±5				
油温/℃	100±10				

（3）装料方式试验　为了保证热后的变形要求，我们采用了平装和挂装两种装料方式进行了生产试验，试验结果如下：

① 平装试验　采用了两种平装方式进行，如图 5-22、图 5-23 所示；试验数据见表 5-28。

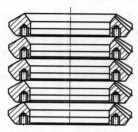

图 5-22　平装方式 1

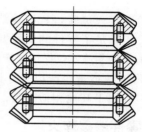

图 5-23　平装方式 2

图 5-22 所示是零件大端面朝下，每个零件一个接一个摞起来；图 5-23 所示是最下面一件齿面朝下，其余零件齿扣齿和大端面对装。

表 5-28 平装试验数据

装炉方式	零件数量/件	不符合技术要求的件数/件		
		外翘	内翘	椭圆
图 5-22	12	3	3	6
图 5-23	16	9	4	6

② 挂装试验　挂装试验分为工装改进前和工装改进后两种试验方式；工装改进前是采用现场生产用的两根插棍担着零件，未做新的工装投入，但是，此种方式对每个操作工的装料要求比较严，稍不注意就容易在装料过程中造成两根插棍之间的距离不等，最后导致零件的椭圆变动量较大，在实际生产中已经出现此种问题。为此，根据零件的结构设计了如图 5-24 所示的梯形工装。改进后的工装两边的交点在内孔圆的四分之一处，使零件受力均匀，有利于减少变形，如图 5-25 所示，挂装生产示意图如图 5-26 所示。

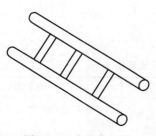

图 5-24　改进的工装

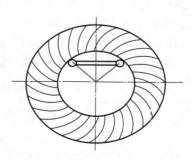

图 5-25　挂装示意

图 5-26 挂装生产示意

通过对上述两种挂装方式的试验,其最终的试验结果见表 5-29。

表 5-29 挂装试验对变形的影响

装炉方式	零件数量	不符合技术要求的件数/件		
		外翘	内翘	椭圆
工装改进前	16 件	4	3	6
工装改进后	16 件	0	0	0

5.1.5.3 结论

① 通过在连续渗碳生产线上对该零件进行平装、挂装方式的多次渗碳淬火试验,从试验结果来看,用改进后的梯形工装进行的挂装试验,其结果优于平装试验,满足了零件的变形要求,并避免了因人工操作误差而造成的变形超差。

② 该工艺方案的实施不仅保证了产品质量,同时也大大提高了生产效率,降低了动能消耗。

③ 采用梯形工装批量生产以来,该零件的热处理变形得到了有效的保证,同时此种装料方式也可推广应用于其他相似零件。

5.1.6 齿轮零件渗碳淬火

5.1.6.1 简介

齿轮渗碳淬火生产中的缺陷一直困扰着企业生产和发展,笔者通过在生产实践中不断地探索总结,逐渐找出齿轮在渗碳淬火中各种缺陷的形成原因,并提出防止措施及补救返修方法。为了增加钢的含碳量和一定的碳浓度梯度,使齿轮零件表面获得高的硬度、强度,特别是高的疲劳强度和耐磨性,而心部仍然保持一定的强度和良好的韧性,齿轮可以采用渗碳淬火工艺。渗碳是将零件在渗碳介质中加热并保温,使碳原子渗入表层的化学热处理工艺。渗碳淬火后,零件金相的组织为:针状马氏体+心部铁素体+残余奥氏体+渗碳层碳化物。齿轮渗碳淬火后在硬度、渗层深度、表面有无磕碰伤和开裂、变形、缩孔等方面应满足其工艺技术要求。

以下主要从影响渗碳淬火齿轮常见的缺陷方面入手,分析其产生的原因,并采取相应措施,通过良好的设计及机加工与热处理工序间的相互配合,采用合理的工艺,从而提高工件的质量。根据齿轮渗碳淬火质量的常见缺陷,分析研究了形成原因并提出了防止措施和补救方法。

5.1.6.2 齿轮渗碳淬火中常见的缺陷及其形成原因和返修方法

(1) 齿轮渗碳淬火后常见缺陷 笔者单位加工生产的齿轮渗碳淬火件一般使用的材料为 20CrMnTi、20CrMnMo、22CrMoH 等,在渗碳淬火时常出现的缺陷形式一般可分为四种:组织缺陷(过热、过烧、萘状断口)、性能缺陷(如软点、硬度不足等)、表面缺陷(如氧化脱碳,表面腐蚀等)、形状缺陷(如变形、开裂等)。

(2) 渗碳淬火后常见缺陷的形成原因及其返修方法

① 组织缺陷 组织缺陷形成原因及预防措施见表 5-30。

表 5-30 组织缺陷形成原因及预防措施

缺陷形式	形成原因及预防措施	返修方法
表层粗大块状或网状碳化物	渗碳剂活性太高或保温时间过长降低渗剂活性;当深层要求较薄时,保温后期适当降低渗剂活性	1. 在降低碳势气氛下延长保温时间,重新淬火; 2. 高温加热扩散后再淬火

续表

缺陷形式	形成原因及预防措施	返修方法
表层大量残余奥氏体	淬火温度过高,奥氏体中碳及合金元素含量较高;降低渗剂活性,可降低直接淬火或重新加热淬火的温度	1. 冷处理; 2. 高温回火后重新加热淬火; 3. 采用合适的加热温度,重新淬火
心部铁素体过多	淬火温度低,或重新加热淬火保温时间不够	按正常工艺重新加热淬火
渗碳层深度不够	炉温低,渗碳层活性低,炉子漏气或渗碳盐浴成分不正常;加强炉温校验及炉气成分或盐浴成分的监测	加强炉温检验,渗碳碳势检定,及时对炉子的工作状况检查,零件渗碳前应进行表面清理
表面非马氏体组织	原因是渗碳介质中的氧向钢内扩散,在晶界形成Cr、Mn、S等元素的氧化物,致使该处合金元素贫化,渗透性降低,淬火后呈现黑色组织(屈氏体)	可用控制炉内介质成分,降低氧的含量的方法
过热	加热温度过高或保温时间过长,使奥氏体晶粒剧烈长大而产生的组织缺陷	降低加热温度或缩短保温时间
欠热(也叫加热不足)	加热温度过低或加热时间过短,淬火加热时,因欠热使亚共析钢淬火组织中出现铁素体或共析钢淬火组织中出现较多未熔碳化物,造成零件出现软点或硬度不均现象	合理制定工艺,按操作规程进行操作,及时检查温控系统
渗碳层深度不均匀	炉温不均匀,炉内气氛循环不良,以及炭黑在零件表面沉积。循环风扇故障,固体渗碳时渗碳箱内温差大	使循环风扇保持正常,消除炭黑在工件表面的沉积,可报废或降级使用

② 性能缺陷 性能缺陷形成原因及预防措施见表 5-31。

表 5-31 性能缺陷形成原因及预防措施

缺陷形式	形成原因及预防措施	返修方法
表面硬度低	表面碳浓度低或表面脱碳;残余奥氏体过多,或表面形成托氏体网	1. 表面碳浓度低的可进行补救; 2. 残余奥氏体多的可采用高温回火或淬火后一次冷处理消除残余奥氏体; 3. 表面形成托氏体网的可重新加热淬火

③ 表面缺陷 表面缺陷形成原因及预防措施见表 5-32。

表 5-32 表面缺陷形成原因及预防措施

缺陷形式	形成原因及预防措施	返修方法
表面腐蚀或氧化	渗剂中含有硫或硫酸盐,催渗剂在工件表面熔化或液体渗碳后工件表面粘有残盐、氧化皮、工件涂硼砂重新加热淬火等均引起腐蚀。工件高温出炉、等温不当或淬火加热盐浴脱氧不良、炉子气密性差等,引起零件表面氧化	仔细控制渗剂及盐浴成分,对零件表面及时清理、清洗
表面脱碳	渗碳后期渗碳剂活性过分降低,气体渗碳炉漏气。液体渗碳时碳酸盐含量过高。在冷却罐中或淬火加热时保温不当,出炉时高温状态在空气中停留时间过长	1. 在活性合适的介质中补渗; 2. 喷丸处理(适用于脱碳层≤0.02mm); 3. 提高渗碳后期渗碳剂浓度,保证炉子密封性

④ 形状缺陷 形状缺陷形成原因及预防措施见表 5-33。

表 5-33　形状缺陷形成原因及预防措施

缺陷形式	形成原因及预防措施	返修方法
渗碳后变形	夹具选择及装炉方法不当,零件自重产生变形,零件本身厚薄不均;薄壁零件加热冷却过程中因热应力和组织应力导致变形,组织偏析造成零件渗碳后变形	合理吊装摆放零件,对易变形的工件采用压床淬火、装芯轴淬火或淬火时趁热校直
渗碳零件开裂	渗碳空冷零件在冷却过程中产生表面裂纹,渗碳后空冷时渗层组织转变不均匀所致;表层有薄的脱碳层也将导致零件开裂;在淬火时减慢冷速,渗层全部发生共析转变或加快冷速,使零件表面得到马氏体加残余奥氏体组织(出现裂纹后的零件报废,无法返修)	

5.1.6.3 结论

① 齿轮渗碳淬火件想要获得优质产品,淬火前应做好预备热处理正火,使组织不偏析,渗层设计要合理;

② 严格按工艺进行操作,控制好炉温、碳势等因素,保证设备正常运转,才能使零件在硬度、渗层深度、金相组织等方面合格;

③ 齿轮渗碳淬火后的表面硬度高、耐磨性好,心部也具有较高强度和良好塑性、韧性,满足了机器零件的装车要求。

5.1.7 齿轮等温正火工艺的探讨

正火是齿轮锻造毛坯预先热处理的常用工艺。常规正火处理中,受设备限制采用堆装堆冷方式,会造成不同零件之间或同一零件不同部位的冷却速度及组织、应力和硬度的较大差别,导致切削加工性能恶化和热处理变形,降低齿轮精度等级和影响齿轮的使用性能。等温正火较普通正火能够获得均匀一致的显微组织和硬度。预先热处理采用等温处理的零件,能够可靠地获得良好切削加工性能和稳定的淬火变形规律。

5.1.7.1 前言

目前笔者公司大轮拖传动系齿轮和轴多采用渐开线花键定位,热前齿轮花键孔采用拉削工艺,轴采用铣削工艺,热后无精加工手段。大轮拖齿轮热处理变形结果不一致,影响冷加工工艺参数的确定和最终产品的精度。而齿轮材料、毛坯及成品供货渠道广泛,质量控制及工艺控制难度极大。供货渠道广泛导致毛坯材料成分和品相的波动大,从而导致齿坯热处理金相组织稳定性极差,齿轮热处理变形很大。

在一汽、陕齿等厂家普遍采用等温正火工艺代替原来的普通正火,等温处理后的齿轮其加工性能得到了明显改善,其硬度稳定,变形较小,增强了齿轮的耐磨、耐疲劳和耐腐蚀等各项性能,提高了装机后的产品质量。鉴于我厂大轮拖齿轮出现的问题,基于大马力轮拖齿轮配件的更高要求,为加快推进 CPP 工程,改善齿轮品质,提升产品质量,齿轮的等温正火势在必行。

5.1.7.2 试验方案及过程

普通正火的过冷奥氏体分解相变是在一个温度区间内连续进行的。实际生产上往往出现带状组织超差、非正常组织、硬度不均等缺陷。等温正火工艺与普通正火相比能有效控制冷却过程中的相变,避免带状组织和非正常组织出现;可获得较均匀等轴状细珠光体组织;正火后的硬度可根据需要进行调节,且硬度波动范围较小。该工艺处理的齿坯具有良好的切削加工性,可使渗碳或碳氮共渗齿轮热处理变形减小,正火工艺曲线见图 5-27。

预先热处理采用等温正火的齿轮,由于组织均匀一致,渗碳淬火变形小于普通正火。尤其是变形波动范围小,这对控制变形极为有利。只有采用等温正火,才能可靠、稳定地获得热处理所需的显微组织和硬度,才能更有效地控制热处理变形,等温正火工艺曲线见图 5-28。

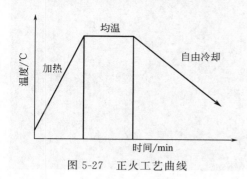

图 5-27　正火工艺曲线

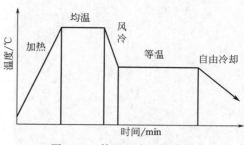

图 5-28　等温正火工艺曲线

笔者公司在 2009 年 7 月底至 8 月初对 69 种齿轮件进行了试制。在后续的预先热处理中采用等温正火工艺,目前锻造厂并没有专用的等温正火线,由两个小炉完成了调试。

(1) 加热阶段　加热用小煤气炉,加热阶段跟普通正火一样,加热温度 (930 ± 10) ℃,加热时间根据零件大小及装炉量确定。具体的加热均温时间可按 $t = fKD$ 公式估算。

(2) 加热后的冷却　急冷是本工艺的关键工序。目的是使奥氏化后的齿坯以足够快的冷速通过两相区 (F+A),抑制碳及其他合金元素的远程扩散,以避免带状组织出现。由于设备所限,我们的冷却方式是将出炉后的齿坯迅速放到强风下吹风冷却,通过红外测温仪控制冷却温度、掌握冷却时间。经试验急冷时间一般控制在 7~10min。正火冷到 500~650℃时表里温差是不大的,实践表明,使工件外表温度控制在 580~610℃转入等温炉处理质量可保证。

(3) 等温阶段　等温温度主要依据齿坯的硬度要求而定,因齿轮厂要求齿坯硬度尽量控制在上限,所以等温温度选择 (560 ± 10) ℃。等温时间除了要保证等温相变所需的时间外,还应考虑到工件的均温和消除急冷时产生的应力,一般比正火时间长 20~30min。

(4) 等温后的冷却　等温后的冷却速度已不影响相变,故可采用空冷、风冷等。为使零件尽快冷却下来,以便打硬度,我们选择风冷。

5.1.7.3　试验结果及结果分析

(1) 金相测试结果及分析　笔者公司目前采用(NJ252—81)拖拉机齿轮齿坯正火金相组织检验标准。该标准中对于异常组织作出明确要求,将粒贝、魏氏组织等均纳入标准,同时对于带状组织也有评级图。齿坯等温正火的组织要求 1~3 级,在等温正火的实际生产中,曾出现过混晶和异常组织。

图 5-29 有着明显的混晶,由于此批齿轮为自由锻锻打,锻打过程有多次加热现象,正火时用小煤气炉,炉温分布不均,局部温度偏高等易出现混晶现象。

图 5-30 为贝氏体异常组织,当等温温度过低、急冷后温度过低、风冷缓慢时容易出现。我们采用红外线测温仪,并不能很好地控制冷却温度。

但大部分的齿轮都获得了分布均匀的铁素体和珠光体组织,见图 5-31。

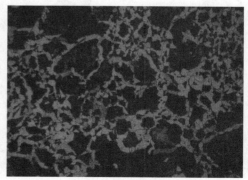

图 5-29　混晶

图 5-30 贝氏体异常组织

图 5-31 合格组织

通过金相分析，等温正火后的晶粒度一般在 7～8 级；等温正火不能完全消除带状，但可通过风冷阶段的控冷，在一定程度上减轻带状，试验过程中观察一般为 1～2 级。

(2) 硬度测试结果　此批齿轮件经过 100% 打硬度后，统计零件的硬度，波动范围较窄，大部分都集中在 160～190HB，硬度较为均匀，此区间硬度也适合齿轮的切削加工。

5.1.7.4　结论

① 齿轮毛坯采用常规普通正火处理易产生非平衡组织，不仅影响切削加工性能，而且使齿轮渗碳处理后变形加剧。

② 齿坯采用等温正火工艺，可获得均匀细小等轴状的 P+F 组织，消除了锻造缺陷，控制机加工的硬度范围为 160～190HB，且分布较均匀。

③ 等温正火并不能完全解决普通正火存在的问题，但能获得硬度均匀性及组织一致性较好的零件，为最终热处理作组织准备，有利于控制后续热处理的变形。

④ 对我公司齿轮进行等温正火预先热处理具有显著的经济效益和社会效益。

5.1.8　重型汽车后桥从动锥齿轮淬火工艺

笔者公司生产的斯太尔重型载重汽车后桥从动锥齿轮，见图 5-32 所示，在滴注式连续气体渗碳炉内渗碳，淬火后产生了大量的翘曲和变形超差，影响了产品的质量和产量。为有效地控制热处理变形，减少返修品和废品，在原有设备和工艺条件下，通过对热处理工艺的综合分析，采取控制正火质量、渗碳工艺和装炉方式等措施，产品内孔椭圆度 100% 合格，以及大端面内、外圆翘曲合格率提高到 98%，取得了较好的效果。

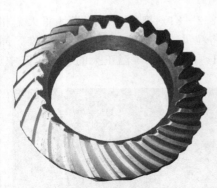
图 5-32　载重汽车后桥从动锥齿轮

5.1.8.1　引言

斯太尔重型载重汽车后桥从动锥齿轮（81.35120.0520 左旋、81.35120.0524 右旋）如图 5-32 所示。它是斯太尔 30t 重型载重车后桥减速器中的零件，是汽车中的重要零件。它担负着传递动力（即传递发动机转矩）、改变运动速度和改变运动方向的重要任务。工作时主要载荷分布在牙齿上，服役条件下一对啮合的主、从动锥齿轮两齿面相交成线并在相对滑移时，产生摩擦力，承受剧烈摩擦作用而受到磨损。故在齿面接触处受交变接触应力，在齿根则受交变弯曲应力。此外，在汽车行驶中，齿轮承受的载荷大小和方向在时刻变化着，实际上还承受弯曲和接触疲劳作用，有时齿轮还要承受较大的冲击力。从动锥齿轮的底平面是加工的基准面（以底平面定位加工齿），也是装配的基准面，因而加工精度要求较高。内孔精度同样要求较高，热处理后内孔与底平面的变形量直接影响接触区与啮合噪声的变化量。

在前期的生产中，热处理后外圆翘曲和内孔胀大，合格率约为 40%；局部区域温度调整后，采用格里森压床淬火，外圆翘曲和内孔椭圆合格率达 99%，但装炉量小，满足不了装车需要。

5.1.8.2 从动锥齿轮技术要求

材料为 22CrMoH，有效硬化层深（550HV3）1.4~1.7mm，齿根有效层深 1.1mm；表面硬度 58~63HRC，心部硬度 33~45HRC（在齿根圆处）；金相组织：碳化物 1~5 级合格，马氏体及残余奥氏体 1~5 级合格（在齿根圆处）；热处理后齿轮内、外圆平面度不大于 0.10mm，内径椭圆不大于 0.15mm。

5.1.8.3 从动锥齿轮生产工艺路线

（1）综合工艺路线　下料—锻造—正火—机械加工—热处理—机械加工（磨齿、研磨、配对）—装配。

根据齿轮设计图样要求，选择适当尺寸的轧材加热后下料，流水作业时采用模锻。根据 GB/T 13320—2007《钢质模锻件金相组织评级图及评定方法》规定模锻后需正火处理。正火后的毛坯经机械加工成型，尺寸应根据材料及热处理变形量留有充分裕量，以保证渗碳淬火后符合图样规定。热处理的主要工序为渗碳、淬火、低温回火等。热处理后的机械加工主要是对内孔、底平面磨削，研齿配对后送装配。

（2）热处理工艺路线　毛坯—预氧化—渗碳—淬火—清洗—低温回火—喷丸—终检。

① 预氧化处理可以蒸干齿轮表面的水分、油污，使齿轮表面形成预氧化膜，在渗碳炉内前区加热的零件在预氧化膜保护下不再被氧化与脱碳，在进一步渗碳时能促进渗层深度的增加，因而预氧化处理可以提高生产效率，可以提高渗碳层均匀性。

② 渗碳后齿轮表面含碳量提高，保证淬火后得到高的表面硬度、耐磨性以及高的接触疲劳强度和弯曲疲劳强度；渗碳后的齿轮在渗碳炉内预冷并直接淬火。为将淬火油从齿轮表面去掉，需要清洗。传统清洗是用浓度为 0.5%~1.5% 的 Na_2CO_3 水溶液，在 70~80℃ 下喷洗。

③ 清洗后将试样送金相实验室并检查有效硬化层深与心部硬度及各项金相组织，符合要求进入下道工序；低温回火能适当降低淬火应力，减小脆性，获得所要求的力学性能，稳定尺寸；低温回火后检查表面硬度，合格后进入下道工序。

④ 喷丸可以清理表面，去除表面毛刺或氧化皮等脏物，更重要的是形成表面压应力层，以提高齿轮的抗疲劳强度及抗弯曲能力。

⑤ 终检，包括目视检查、锉刀检查、硬度计检查及变形检查。目视检查是对锥齿轮外观的检查，内容包括毛刺、磕碰伤、氧化皮、裂纹、脏物等。锉刀检查是用 60~64HRC 的标准锉刀检查规定部位，如齿顶齿面等，锉检对表面脱碳非马氏体是很敏感的。硬度计检查规定的齿顶等部位。变形检查包括对内圆圆度、底平面平面度等项目的检查。

5.1.8.4 渗碳热处理工艺及检验

（1）装炉　生产中采用平装直淬，如图 5-33 所示，装载量 8 件/盘。

（2）渗碳淬火　渗碳后的齿轮在渗碳炉内预冷并直接淬火。斯太尔重型载重汽车后桥从动锥齿轮在连续渗碳炉渗碳的工艺参数见表 5-34。

表 5-34　斯太尔重型载重汽车后桥从动锥齿轮在连续渗碳炉渗碳的工艺参数

齿轮名称:汽车从动锥齿轮;渗层深度:1.4～1.7mm;材料:22CrMoH;表面硬度:58～63HRC

渗碳区段	预处理	一区	二区	三区	四区	五区
温度/±5℃	380	900	930	930	900	830
甲醇/(±0.5L/H)	—	1	1	1	1.5	2
丙酮/(L/H)	—	—	最大 4	最大 3	0	0
碳势 C_p/±0.05%	—	—	1.20	1.25	0.95	0.80
空气/(L/H)	—	—	—	—	最大 1400	最大 1600
推料周期/(盘/min)	45±5					

(3) 淬火温度　830℃，等温油中冷却（45±5）min。油温（110±10）℃。

(4) 回火温度　（180～200℃）×3h。

(5) 检查

① 目视检查：合格。

② 锉刀检查：合格。

③ 硬度检查：合格。

④ 变形检查：外圆翘曲和内孔胀大，合格率约为 40%。

分析后，五区温度提高到 850℃，采用格里森压床淬火，外圆翘曲和内孔椭圆合格率达99%，但装炉量 5 件/盘，如图 5-34 所示，满足不了生产装车需要。

图 5-33　待进炉直淬

图 5-34　待进炉压淬

5.1.8.5　改进措施

(1) 材料分析

① 原材料化学成分分析　锻坯取样化学成分分析结果见表 5-35。

表 5-35　原材料化学成分

材料	C%	Mn%	Si%	Cr%	Mo%
22CrMoH	0.21	0.85	0.30	1.20	0.40

符合 GB/T 3077—2015《合金结构钢》中的有关规定，保证淬透性结构钢化学成分应符合 GB/T 5216—2014《保证淬透性结构钢》中的有关规定。检验标准执行 GB223 中的 22CrMoH 化学成分规定。其淬透性能指标为 J9＝36～42HRC，较好地满足了汽车齿轮的使用要求。

② 锻坯正火分析　锻坯模锻后，950～970℃经2h加热保温，单间分散空冷和风冷。正火件经机械加工后，进行最终热处理。实验表明：正火质量对齿轮内孔变形影响较大。硬度偏低或偏高，金相组织有非平衡组织或带状组织严重，都会影响齿轮内孔胀大变形量及规律性。因此，必须控制正火质量。

(2) 渗碳淬火工艺参数分析

① 温度　一区是加热区，从生产效率出发温度越高升温速度越快，效率越高。但由于从动锥齿轮与夹具质量较大，升温速度是受到炉子功率限制的，快速加热是在一定范围内有意义。另外，炉子的密封、气氛状态与一区温度也有密切关系，炉子密封好，推料后空气入炉少，炉气氛破坏轻，气氛恢复正常快，则一区温度可高，否则会使工件入炉氧化、再还原，损失热效率，也失去了快速加热的意义。渗碳前工件在预处理炉进行预氧化处理，可以防止入炉后再被氧化，又能在未来渗碳过程中加速渗碳，还可以使加热区温度提高。故该区温度设定为900℃。

二区是预渗区，零件在800℃以上，炉气氛已对零件有渗碳能力，从炉内测温曲线看，本区温度在一、三区之间属过渡状态，合理确定温度会使零件均匀到达渗碳温度，故该区温度设定为920℃。

三区是渗碳区，其工作温度最高，理论上随着温度提高，渗碳速度加快。在生产实践中当温度升高到一定温度以上时会出现两方面影响。首先是对渗碳炉寿命的影响，当温度超过950℃时维修周期明显缩短。另一方面是对产品质量的影响，当渗碳温度超过930℃时，金相组织与渗碳层均匀性越来越不容易控制。如碳化物与残余奥氏体等，当晶粒度增大时会影响产品力学性能。当渗碳温度高于930℃时，齿轮变形将明显增加，因而将渗碳温度930℃降为920℃。

四区温度设为900℃，为了获得连续平稳的过渡区，即平缓的浓度梯度。

五区温度选择与从动锥齿轮的材料有直接关系，为获得无铁素体的淬火组织，要淬火温度不低于A_{C3}，而22CrMoH钢的A_{C3}温度约为817～835℃，因而淬火温度乃为830℃；淬火介质为等温油，淬火油温控制在(110±10)℃，既保证了淬硬层，又减小了从动锥齿轮的变形。

② 吸热式可控气氛控制　甲醇作为载气，既能在炉膛内造成一定的正压，又有利于碳势的控制，具体随工艺调试而确定。

③ 各区碳势　二区是预渗区，零件各部位在升温过程中到温，并非均匀，因而不给高碳势。三区是强渗区，给最高碳势。考虑碳浓度与碳化物控制及氧探头不宜超过1.3%，所以零件最高碳势不超过1.3%。四区是扩散区，希望零件在扩散区自表面至心部形成平滑的浓度梯度而表面碳量在$W_{(C\%)}$ 1.4%～1.7%，即表面硬化层为$W_{(C\%)}$ 1.4%～1.7%。改进后从动锥齿轮在连续渗碳炉渗碳的工艺参数见表5-36。

表 5-36　改进后从动锥齿轮在连续渗碳炉渗碳的工艺参数

齿轮名称：汽车从动锥齿轮
渗层深度/mm：1.4～1.7
材料：22CrMoH
表面硬度：58～63HRC

渗碳区段	预处理	一区	二区	三区	四区	五区
温度/(±5℃)	380	900	920	920	900	830
甲醇/(±0.5L/H)	—	1	1	1	1.5	2
丙酮/(L/H)	—	—	最大4	最大3	0	0
碳势C_p/(±0.05%)	—	—	1.20	1.25	0.95	0.80
空气/(L/H)	—	—	—	—	最大1400	最大1600
推料周期/(盘/min)	45±5					

④ 淬火温度　850℃，等温油中冷却（45±5）min；油温（110±10）℃。

（3）装载方法及挂具设计

① 齿轮的挂装方式　根据其形状大小和变形要求来选择。从动锥齿轮属扁薄件，平面度要求严格，采用最小截面垂直挂装对减小平面度翘曲变形是有利的。

② 挂具设计　分析齿轮内、外圆的蓄热量之比与齿轮内、外圆的单位表面散热量之比，以此调整控制齿轮内、外圆的挂具和装载方法以及淬火介质的流量。由于该型号锥齿轮相对该系列壁较厚，设计采用"工"字梁，分解挂点重力引起的内圆变形；同时保证上下两层工件之间不接触，工件始终处于自由状态，以调整淬火油量的热平衡流量；使工件以最小截面淬火入浴，从而减小齿轮在淬火时受淬火介质的冲击，最大程度减小工件变形，提高工件一次合格率。调整后的从动锥齿轮装载量10件/盘，挂装方法如图5-35所示。

图 5-35　改进后的装料

5.1.8.6　工艺验证

按上述实验方案进行生产，有效硬化层、硬度均合格，内孔尺寸精度、内孔圆度合格率为100%，大端面内、外圆平面度合格率≥98%，不合格的零件再重新加热采用压床淬火后达到技术要求。

5.1.8.7　结论

通过严格控制正火质量，降低渗碳温度和淬火温度，采用相应合适的挂具和装挂方法，可使斯太尔重型载重汽车后桥从动锥齿轮的变形合格率大幅提高，严格控制了从动锥齿轮变形量，满足了生产、装车需要。

5.2　齿圈螺母零件

盘类零件一般长径比小于1，下面以齿圈螺母零件为例，讲述其如何进行感应热处理。

齿圈螺母（见图5-36）属紧固件，而紧固件是数量和样式繁多的一类基础零件，大到巨型桥梁和摩天大厦的建造，小到微电器各种机械装备，各行各业都离不开紧固件，紧固件

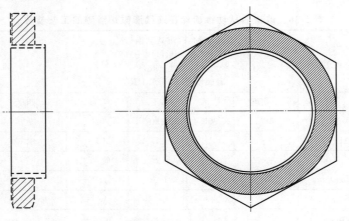

图 5-36　齿圈螺母

以其结构特征与用途分类,有螺钉、销、铆钉、垫片、挡圈等类型。紧固件的材料与热处理的质量性能可靠与否,对被连接件的安全有重要的影响,因紧固件的质量问题造成的人身伤害与工程设备的损失不可轻视。

齿圈螺母为外六角螺母,通常与螺栓、螺钉配合使用,起连接紧固机件的作用。外六角薄螺母的厚度较薄,多用于被连接件的表面空间受限制的场合。外六角螺母应用比较广泛,优点是紧固力量比较大,缺点是在安装时要有足够的操作空间,安装时可以使用活扳手、开口扳手或者眼镜扳手,以上扳手都需要很大的操作空间。齿圈螺母淬火属端面类淬火。

5.2.1 齿圈螺母的技术要求

齿圈螺母技术要求:在 16mm 区段上(图 5-36 中阴影区域)进行中频淬火,硬度 52~57HRC,淬硬层深度 1.5~3mm。零件加热区域关键尺寸长×宽为 16mm×14mm(见图 5-36 中阴影区域)。

齿圈螺母所用材料:45 钢(精选碳量 0.42%~0.47%)。预先热处理:回火 215~265HB;深度 0.40mm。其工艺路线:锻造—锻热—机加—机热—机加—机装。

5.2.2 齿圈螺母淬火感应器的设计

在平面加热中,包括有利和不利两种因素。平面加热所用感应器的效率介于外圆表面加热感应器和内圆表面加热感应器之间,因圆环效应和邻近效应的相互作用,导致高频电流与感应涡流的分布状况相反,而使加热效率降低。

平面加热感应器也是利用外磁场实现加热的,故磁力线的漏磁与逸散也较严重。提高平面加热感应器效率的最有效办法,仍然是卡上"∏"字形导磁体。

为此,齿圈螺母用感应淬火感应器设计为圆环类淬火感应器(见图 5-37),为达到平面加热高效的效果,在感应器上端面上卡上"∏"字形导磁体,利用导磁体的槽口效应将中频电流驱逐到感应器的工作面上,从而提高了加热效率。这种感应器加热效果很好,硬化层分布平直、端面硬度分布也很均匀。

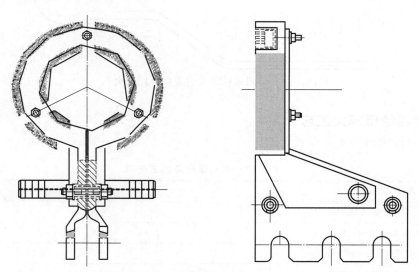

图 5-37 齿圈螺母淬火用感应器

5.2.3 齿圈螺母淬火夹具的设计

笔者公司目前生产的齿圈螺母多采用 8kHz 中频淬火,并在国产设备 KGPS-250kW 中频电源及 GCK10150 数控淬火机床（最大工件长 1.6m、承重 75kg）上实施齿圈螺母的淬火生产。

该机床使用的是上、下顶尖夹紧零件，针对下顶尖尺寸及齿圈螺母下凸台，笔者设计了如图 5-38 所示的淬火夹具底座。

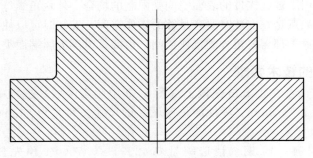

图 5-38　齿圈螺母淬火夹具底座

齿圈螺母采用中频淬火后零件留有较高自回火温度（达 200℃），且淬火后零件上残留大量的淬火介质，当取 10 件左右零件时所戴手套完全湿透，再加上淬火后零件自回火温度高，淬火后零件的拿取方式一直困扰着操作工。为方便淬火后零件从机床上取下，特设计一淬火后取零件用夹具（见图 5-39 所示，用 φ6mm 紫铜管弯制而成），大大节省了零件辅助时间、减少了人工取零件手被烫伤的概率及劳保手套大量浪费的难题。

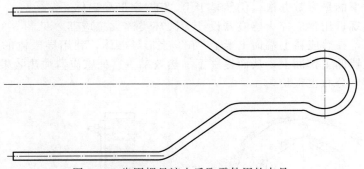

图 5-39　齿圈螺母淬火后取零件用的夹具

5.2.4　齿圈螺母淬火工艺

齿圈螺母淬火所用工艺见表 5-37。

表 5-37　齿圈螺母淬火工艺

处理部位及区域	16mm 区段内
零件放置方法	垂直
中频电机频率/Hz	8000
淬火时零件实际频率/Hz	5000
中频电机功率/kW	250
零件输出功率/kW	65～75
功率表指数	9∶48
变压器变压比	20∶1

续表

空载电压/V		450～600
负载电压/V		570
负载电流/A		130～150
功率因数		+0.99
电容(设备左侧起)		1,2 挡
加热方式		同时
冷却	介质	10%～12%聚乙烯醇
	温度/℃	20～40
	压力/MPa	0.04～0.06(压力表指数:0.75)
时间/s	加热	6.5
	间隙	0.3
	冷却	5.8

齿圈螺母淬火后硬化层深度值和淬火表面硬度见表 5-38。

表 5-38 齿圈螺母硬化层深度和淬火表面硬度

测量项目	测量值
硬化层深度/mm	1.2～1.8
淬火表面硬度(HRC)	53～55

5.2.5 齿圈螺母淬火工艺数控编程

```
N10    S7
N20    G0    X-50
N30    S2
N40    G4    F6.5
N50    S5
N60    G4    F0.3
N70    S4
N80    G4    F5.8
N90    S6
N100   S8
N110   G0    X0
N120   M2
```

5.3 齿圈类零件

齿圈的直径和壁厚的比值较大，容易产生变形，为了减小孔径的变形和平面的翘曲，在加工过程中应增大夹紧面的面积，建议精车时采用专用工装进行装夹工件。

齿圈的变形，在装配后会有一定程度的校正，在加工检验时，对内孔圆度要求不高可以免除检验要求。齿圈内、外径在自由状态下检验时，应多测量几点，在不同位置时都应在公差范围之内。

行星齿轮传动中，与行星架同一轴线的内、外齿轮，其外齿用于外啮合的齿轮被称为外齿圈，其内齿用于内啮合的齿轮被称为内齿圈，即内齿用于内啮合，外齿用于外啮合。

下面分别讲述几种内、外齿圈的热处理。

5.3.1 内齿圈类零件

如图 5-40 所示内齿圈为一种轮式拖拉机末端传动内齿圈，是轮式拖拉机行星减速器上的重要零件，模数为 4.25mm，齿数为 70，采用 42CrMo 钢氮化处理，要求齿面渗氮层深≥0.1mm，齿面硬度≥600HV，心部硬度为 24～35HRC。内齿圈基体调质硬度适当控制在上限范围，一般限制在 28～35HRC，增加基体强度。

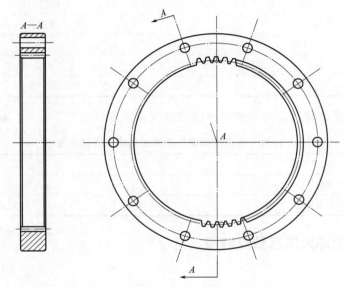

图 5-40 一种轮式拖拉机末端传动内齿圈

轮式拖拉机的工作条件相对恶劣。因行星减速器是其关键部件，起着渐变速度、传递动力等功用，可靠性要求高，验收时需进行 1000h 满负荷运转，以及 2000 次满负荷冲击试验，不得失效。

氮化处理对于提高齿轮接触疲劳寿命是一条很有效的途径，其疲劳极限的提高主要在于渗氮层内形成的有利的残余内应力。渗氮层内吸收的氮浓度越高，渗氮层体积变化越大，渗层中压应力也越大；基体强度越高，阻碍渗层胀大的作用越强，渗层中压应力也越大。如果基体强度增大，轮齿的塑性变形抗力也增大，有利于防止接触疲劳的发生。渗氮层深度控制在 0.35～0.55mm 之间，下限深度只稍超过最大切应力的分布深度，考虑到齿面滑动摩擦不可避免，剪切应力峰只会外移。因残余压应力的良好作用，峰值还会有所降低，没有必要考虑更多的安全系数。上限不再提高许多，除考虑给予一定范围方便操作又尽量节省渗氮时间外，主要是考虑渗层深度再较多增加反而会使表面残余压应力降低，带来不利影响，表面硬度≥550HV。

内齿圈的变形一般用量棒测棒间距，通常用 M 值来表示，即 M 值是棒间距的测量值。量棒间距会出现椭圆情况，而且会有锥度，根据所用材料和淬火介质的不同，收缩程度也不相同。

如果淬火夹具、感应圈设计合适，使加热、冷却都能比较均匀一致，量棒间距变动量即 M 值能控制在 0.15mm 以内算是不错的。齿轮、齿轴的热处理是保证该产品质量的关键环节,如今很多模数小的齿轮、齿轴的生产厂家在该环节控制的都不是很理想,大多采用渗碳及渗氮淬火,但是由于这种淬火方式使得淬火层太浅,一般都小于1mm,又因为它的基体硬度太低,所以耐磨性并不理想,而采用氮化处理的齿圈因渗层太浅导致使用寿命急剧下降。还有一些厂家也是采用高频淬火,但由于工艺没有选择恰当,造成齿跳动、齿相变形太大,精度不能保证,所以大厂家采用先高频淬火,再利用进口的滚齿机进行高成本的滚齿,以达到高精度的保证,但这样会使生产成本大大提高。

根据这一现状,笔者公司选用45钢(精选碳含量0.42%~0.47%)制作轮式拖拉机末端传动内齿圈,采用感应淬火工艺对内齿进行表面硬化处理,通过零件的材料代用试验、感应淬火工艺试验、淬火变形控制试验等项试验工作,通过台架耐久性试验、整机可靠性试验和批量装车试验考核其强度、耐磨性和使用寿命,最终取代笔者公司现生产所采用的42CrMo钢氮化处理的生产工艺。通过更换材料和改进热处理工艺来降低此零件的生产成本,并通过提高齿面硬度、硬化层深度来提高该零件的质量和性能。

5.3.1.1 感应淬火工艺

齿圈热处理变形的产生原因有:淬火前的原始组织状态,组织是否均匀;淬火时的温度、时间以及冷却方式;内齿圈的材质;M值大小;心部硬度要求;中频淬火感应圈、夹具的设计;喷水均匀与否等。变形是相变应力和热应力综合作用的结果,为防止变形,最要紧的是使这些应力尽量减少(在淬火前应该把加工应力预先去除;应该缓慢均匀的加热;保持均匀的冷却速度;一定要防止局部过烧)。

(1)感应淬火前预处理工艺试验 小批量加工试验表明:采用45钢正火(870~890℃炉中加热2h,在静态的大气中自然冷却。硬度:180~230HB。组织:铁素体-珠光体层,不能太厚),其内齿圈比42CrMo钢调质(290~331HB)内齿圈呈现出更好的冷加工性能。据车间现场考核,仅插齿一道工序,每生产一件内齿圈可节省刀具损耗费10元。

(2)感应淬火工艺试验 下面以80型内齿圈(见图5-41)感应淬火为例加以阐述。

① 80型内齿圈所用材料及其技术要求 80型内齿圈所用材料为精选45钢,图纸技术要求如下:

图5-41 80型内齿圈

毛坯热前处理正火硬度179~238HB,热前用ϕ7mm的量棒测得内径尺寸232.50~232.60mm,热后M=231.85~232.20mm,要求淬硬层深1~4mm,硬度52~57HRC。

② 淬火感应器及夹具 内齿圈淬火所用感应器见图5-42所示。属内孔类淬火感应器。

考虑到内齿淬火结构的特殊性,为了保证淬火后零件变形有规律且变形量小,可采用下端面和外圆同时对内齿圈的感应淬火进行定位,其外圆内设计有4个卡簧,每个卡簧内均装有螺钉、弹簧,4个卡簧弹性均匀。这种自动伸缩的柔性夹具可使工件在淬火时始终处于柔性定位状态下,其M值的变化得到有效控制,消除了锥度和椭圆变形。为防止夹具长时间使用时其下顶尖的松动,我们采用了一个薄皮铜套套在上面,这样使用时使下顶尖与插孔配合紧密,经调整后,工件旋转较平稳。详见图5-43所示。

③ 工艺参数的调整 工艺试验是在160kW、8000Hz机式中频发电机及液压传动立式淬火机床设备上,对80型内齿圈进行内齿中频感应淬火。

试验在160kW电源上进行,通过调整内齿两端过渡区,使其相对一样大,根据热胀冷

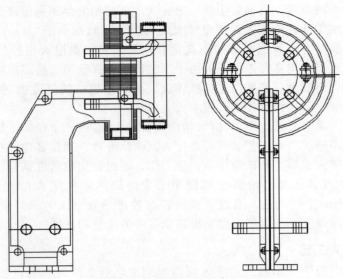

图 5-42 内齿圈淬火用感应器

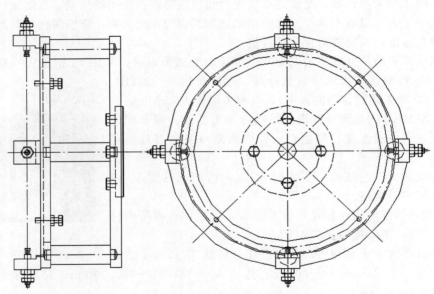

图 5-43 内齿圈淬火用夹具

缩原理改变加热时间、延时时间和喷水时间,使工件加大内缩量,通过大量试验,最终优化出如表 5-39 所示的最佳工艺参数。

因为是批量生产,留余温 180℃采用自回火技术低温回火。

表 5-39 内齿圈感应加热工艺数据

变压比	电压/V	功率/kW	电容值 C(挡)	功率因数($\cos\varphi$)	淬火液冷却压力/MPa	淬火液及浓度	时间/s		
							$T_{加热}$	$T_{间隙}$	$T_{冷却}$
14:2	760	90~140	2.5	+0.8~+0.98	0.9	0.1%聚乙烯醇	23	2.0	17

注:电容 C 设置在设备左端起分别为 1 挡、2 挡、3 挡、4 挡、5 挡。

④ 淬火结果 齿面硬度55～58HRC；金相组织为淬火马氏体5级；齿根部硬化层深度为1.8mm；淬火后表面残余压应力450MPa。

(3) 淬火变形控制试验 淬火变形控制试验即感应淬火前后M值变化规律试验。

在试验过程中，采取多种工艺措施，有效地控制多种因素对M值变化所产生的不利影响，将淬火后M值的收缩量控制在0.15～0.30mm范围以内，一周M值的最大值与最小值之差小于0.10mm。通过冷、热加工余量的配合，保证了M值满足产品图的技术要求。

内齿圈类零件在齿部进行感应淬火的过程中，由于局部温度场和金相组织的变化而产生的热应力和组织应力导致量棒间距（即M值）出现变化，一般表现为收缩变化。下面是以80型内齿圈为例进行感应淬火变形控制试验的。

中频感应淬火试验前对毛坯热前正火硬度进行了测量，测量值为180～230HB，热前用卡尺通过ϕ7mm量棒测得的内径尺寸：232.50～232.60mm。

80型内齿圈中频感应淬火试验中，出现硬度高、淬硬层浅、变形量超差、内缩量M值达不到技术要求等一系列问题。

80型内齿圈中频感应淬火工艺试验，一方面要考虑淬火硬度，另一方面要考虑缩量及变形量，淬火的主要工作在如何处理工艺参数、工装夹具的调整上。试验过程中每件都要检查硬度，测量超差缩量及变形，通过不同工艺条件下感应淬火前后M值的数据统计，来研究产生变形的原因和变化规律，并探讨控制变形的有效措施。

① 毛坯的内应力，原始组织的晶格畸变和位错堆集对淬火变形的影响 内齿圈的锻制过程是扩环成型，毛坯经正火或调质处理后，宏观上仍存在有一定程度的残余内应力，微观上仍会保留有一定程度的晶格畸变和位错堆集。随后进行的切割加工和感应淬火会使内齿圈的内应力分布、晶格形状和位错状态发生改变，从而导致内齿圈的M值呈收缩变化，趋向于恢复扩环前的状态，表现为金属材料的记忆特性。

内齿圈感应淬火前后的M值统计结果表明，当毛坯按工艺要求进行正火或调质处理并按正常工艺感应淬火后，呈有规律的收缩变化，平均收缩量为0.15～0.30mm（见图5-44和图5-45）；如果正火或调质的加热温度偏低，保温时间不足，按同样工艺感应淬火后M值的收缩量则会呈现无规律的增大，最大收缩量可达1.00mm（见图5-46和图5-47）。

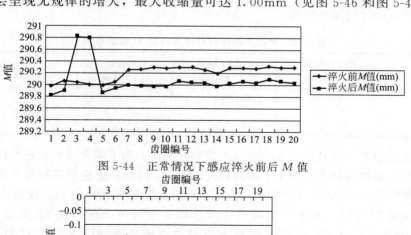

图5-44 正常情况下感应淬火前后M值

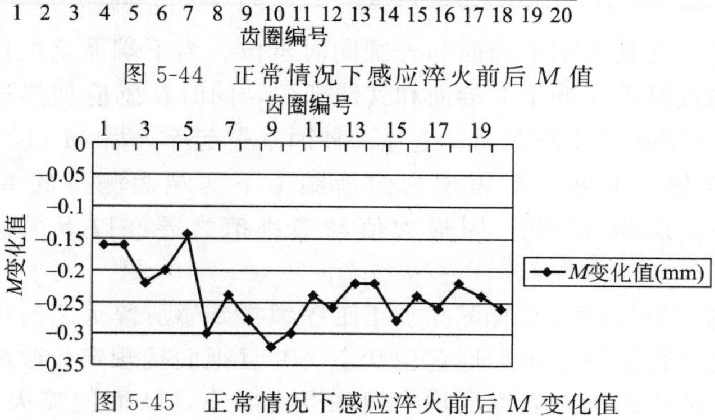

图5-45 正常情况下感应淬火前后M变化值

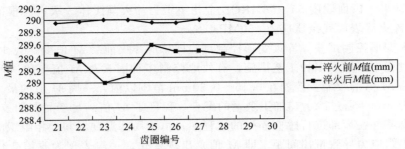

图 5-46　毛坯正火或调质处理不充分时 M 值

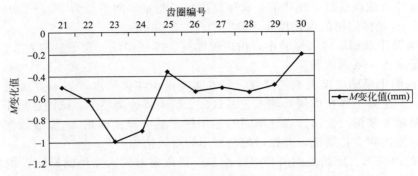

图 5-47　毛坯正火或调质处理不充分时 M 变化值
（21~25 号齿圈为正火处理；26~30 号齿圈为调质处理）

1~5 号齿圈冷加工后未留收缩余量；6~20 号齿圈冷加工后留有约 0.30mm 的收缩余量；所有齿圈 M 值一周最大值与最小值之差小于 0.10mm。

② 内齿圈感应加热温度的均匀性和定位方式对淬火变形的影响　内齿圈的形状如图 5-40 所示，对内齿圈进行感应加热时装配孔附近会出现温度偏高的情况，此温度差异导致淬火后对应装配孔处的 M 值收缩量为 0.50mm 左右，比其他部位有所增大（表 5-40），同时易产生由齿根指向孔边缘的淬火裂纹。

表 5-40　装配孔的存在对淬火前后 M 值的影响

齿圈编号	淬火前 M 值 /mm	淬火后 M 值 /mm	对应孔处 M 值 /mm	对应孔处 M 值变化/mm
31	290.00	289.88	289.58	−0.42
32	290.06	289.90	289.60	−0.46
33	290.04	289.90	289.52	−0.52

内齿圈的感应淬火夹具采用下端面和外圆同时定位。当下端面定位接触面积较大时，定位接触部位的齿面加热温度会低于上端面和其他部位，同时在感应加热过程中外圆定位面因热膨胀作用而对内齿圈外圆产生压紧力。上述两种因素引起淬火后 M 值出现表 5-41 和表 5-42 所列的锥度及椭圆变形。锥度变形表现为内齿圈上下两端面测得的 M 值相差约 0.06~0.12mm；椭圆变形表现为 M 值一周最大值与最小值之差（以下简称为 M 值差值）大于 0.10mm。

为解决上述问题，通过试验将装配孔加工工序编排到感应淬火之后进行，同时采用了自动伸缩定位夹具，使工件始终处于柔性定位状态，并且把面接触定位改成点接触定位。上述三种工艺措施改善了内齿圈加热温度的均匀性和受力状态，从而使淬火后 M 值的变化得到有效控制,平均收缩量一般为 0.15～0.30mm,消除了锥度和椭圆变形。

表 5-41 因下端面定位接触面积过大而造成的锥度变形

齿圈编号	淬火前 M 值/mm	淬火后上端面 M 值/mm	淬火后下端面 M 值/mm	上下端面 M 值之差/mm
34	290.00	289.70	289.82	0.12
35	290.16	289.88	290.00	0.12
36	290.14	289.94	290.00	0.06
37	290.10	289.90	290.00	0.10

表 5-42 因外圆定位处受力作用而造成的椭圆变形

齿圈编号	淬火前 M 值/mm	淬火后 M 值/mm	定位处 M 值/mm	M 值差值/mm
38	290.00	289.80	289.60	0.20
39	290.06	289.86	289.50	0.36
40	290.00	289.86	289.52	0.46
41	290.10	289.90	289.40	0.50
42	290.04	289.90	289.48	0.42
43	290.00	289.86	289.48	0.38

③ 感应淬火工艺参数的变化对淬火变形的影响　此项试验工作分三组进行,每组 30 件,以下仅给出 M 值变化统计数据的平均值。每组试验改变一或两种工艺参数,其他参数相对稳定不变。

第一组通过改变加热功率和时间来改变淬火温度。加热功率为 80～120kW,加热时间为 39s 时,M 值收缩量为 0.35mm;而加热功率升至 100～135kW,加热时间延长至 40s 后,M 值收缩量为 0.25mm。这表明随着淬火温度升高 M 值收缩量相应减小。

第二组通过改变淬火液(聚乙烯醇)浓度来改变淬火冷却速度。当浓度为 0.4% 时,M 值收缩量为 0.32mm;当浓度升至 0.9% 后,M 值收缩量为 0.20mm。这表明随着冷却速度的减小,M 值收缩量相应减小。

第三组通过改变喷液时间来控制自回火温度。当喷液时间为 23s 时,自回火温度约为 250℃,M 值收缩量为 0.20mm;当喷液时间为 25s 时,自回火温度约为 230℃,M 值收缩量为 0.30mm,而喷液冷却至室温时,M 值收缩量为 0.32mm。试验结果表明有自回火时,M 值收缩量较大,在一定范围内随着自回火温度的升高,M 值收缩量减小。

④ 非常情况对淬火变形的影响　冷加工后内齿圈 M 值偏向上公差时,同样工艺条件下淬火后 M 值收缩量较小。例如按工艺要求 300 型内齿圈插齿后 M 值应为 207.50mm 左右,当加工后的 M 值为 207.47mm 时,淬火后的 M 值为 207.23mm,收缩量为 0.24mm。而当加工后的 M 值为 207.80mm 时,淬火后为 207.75mm,收缩量仅为 0.05mm(而 80 型内齿圈热前用 $\phi 7$mm 的量棒测得内径尺寸 M 值为 232.50～232.60mm,热后 M 值为 231.85～232.20mm)。

感应器在内齿圈中的位置也直接导致 M 值产生收缩变化。当感应器在内齿圈的中间位置时,其 M 值的变化规律随以上变化因素而定。在加热过程中内齿圈的位置移至感应器稍偏上或偏下位置时,其 M 值变化为:感应器位置稍偏上时,其 M 值上缩下胀;感应器位置稍偏下时,其 M 值下缩上胀。以上两种情况直接导致零件报废。

喷水圈在内齿圈中的位置也直接导致 M 值产生收缩变化。当喷水圈置于内齿圈的中间位置时,其 M 值的变化规律随压力大小、流量的大小等变化因素而定;在加热过程中喷水圈的位置移至感应器稍偏上或偏下位置时,其 M 值变化为:喷水圈位置稍偏上时,其 M 值上缩下胀；喷水圈位置稍偏下时，其 M 值下缩上胀。以上两种情况同样直接导致零件报废。

内齿圈经感应加热正火后，M 值也会产生收缩变化，收缩量与感应淬火后所产生的情况基本相同。随后进行感应淬火处理，则 M 值不再产生收缩变化或略有胀大。

5.3.1.2 装车使用试验

为考核 45 钢感应淬火内齿圈的强度、耐磨性和使用寿命，装车进行了传动系台架 1200h 耐久性试验、整机 750h 可靠性使用试验和用户使用考核。

5.3.1.3 传动系台架耐久性试验

试验工作由笔者公司的技术中心的部件试验室负责。试验结果（传动系末端的左边装感应淬火内齿圈，右边装氮化处理内齿圈）：传动系经 1200h 试验后进行拆检，感应淬火内齿圈齿面未发现磨损、裂纹和点蚀现象，仍能继续使用；氮化处理的内齿圈个别齿面出现剥落坑；在电子显微镜下观察凹坑周边出现有裂纹扩展的趋势。

5.3.1.4 整机可靠性使用试验

试验工作由笔者公司的技术中心的整机部负责。试验结果（传动系末端的左边装感应淬火内齿圈，右边装氮化处理内齿圈）：整机经 750h 可靠性使用试验后进行拆检，感应淬火内齿圈齿面未发现异常磨损，仍能继续使用；氮化处理的内齿圈个别齿面局部出现点状凹坑。

5.3.1.5 用户使用考核

考核工作在浙江省杭州市萧山区第一农垦场机务队的菲亚特 90-100 拖拉机上进行，整机号 003。传动系末端左、右边均换装感应淬火内齿圈。试验时间：1998 年 4 月 15 日～2001 年 4 月 14 日。总作业面积大于 12500 亩；使用工作时间大于 1250h。考核结果：未出现任何质量问题，工作情况良好。

5.3.1.6 经济效益

通过对 80 型拖拉机末端传动内齿圈小批量生产的成本核算，采用 45 钢取代 42CrMo 钢，采用感应淬火取代氮化处理，每生产一件内齿圈可降低材料费 45 元，热处理费 38 元，冷加工刃具损耗费 10 元，三项共计 93 元，每台车装两件，可降低生产成本 186 元。

(1) 技术效益　台架试验和整机使用试验的结果均证明，由于采用感应淬火处理，内齿圈齿部的硬度由氮化处理的 45HRC 提高至 55HRC；硬化层深度由氮化处理的 0.30mm 增加至 1.8mm；其强度和耐磨性获得较大幅度的提高。

(2) 内齿圈感应淬火推广应用前景与效益预测　80 型拖拉机末端传动内齿圈感应淬火工艺及工装夹具可推广应用于 30-40、70、80、90、1004、1204 型等末端传动内齿圈的生产。

由上可知，每生产一台拖拉机可降低生产成本 186 元，多种机型的末端传动内齿圈选用 45 钢感应淬火取代 42CrMo 钢氮化处理，其工艺合理、硬化效果好，变形得到了有效的控制；同时零件的强度、耐磨性和使用寿命有所提高，满足产品设计和使用要求，降低了零件的制作成本，从 2000 年至今，产量约 100000 台，可降低生产成本约 1860 万元，经济效益显著。该工艺技术在齿轮类零件感应淬火方面有独到之处，解决了生产中存在的难题，在国内同行业中处于领先水平。

5.3.1.7 结论

① 内齿圈类零件在进行感应淬火时，由于内应力、组织应力和工艺条件等诸多因素发生变化，从而引起 M 值产生看似无规律而实际上是有规律的收缩变化。

② 齿圈的变形非常大，采用的是通过冷加工工艺将 M 值收缩量作为加工余量预留，就可以保证感应淬火后的 M 值满足产品设计要求。

③ 通过调整感应器及喷水圈在内齿圈中的位置，来解决其淬火变形及椭圆等问题。

④ 通过改善预先热处理状态（即由原先调质处理改为正火处理），重新编排加工工序；改变感应淬火定位方式和调整工艺参数，排除引起 M 值无规律变化的不利因素，可以将 M 值收缩量有效地控制在 0.15～0.30mm 范围内。

⑤ 内齿圈的感应淬火夹具采用下端面和外圆（为自动伸缩）同时定位，工件在淬火时始终处于柔性定位状态下，其 M 值的变化得到有效控制，消除了锥度和椭圆变形。

⑥ 变形按从小到大：氮化≥整体感应淬火≥渗碳压淬≥单匝感应淬火。

⑦ 内齿圈淬火主要的技术指标如下。

试验零件：适用于 30-40、70、80、90、1004、1204 型等末端传动内齿圈。

材料：45 钢（含碳量 0.42%～0.47%）。

预先热处理：正火。硬度 180～230HB。

齿轮表面感应淬火硬度：52～57HRC，感应淬火区不应超出规定区域范围内。

齿间顶处淬硬层深度：≥1mm。

淬火后 M 值：一周最大值与最小值之差不得大于 0.1mm。

台架试验：通过 800h 整机可靠性试验和 1200h 台架耐久性试验。

5.3.2 外齿圈类零件

曲柄连杆机构是往复式发动机中的动力传递系统。曲柄连杆机构是发动机实现工作循环、完成能量转换的主要运动部分。在做功冲程中，它将燃料燃烧产生的热能通过活塞的往复运动，由曲轴旋转运动转变为机械能，对外输出动力；在其他冲程中，则依靠曲柄和飞轮的转动惯性，通过连杆带动活塞上下运动，为下一次做功创造条件。飞轮是一个转动惯量很大的圆盘，外缘上压有一个齿圈，与起动机的驱动齿轮啮合，供起动机使用。该齿圈被称为飞轮齿圈。手摇启动的单缸拖拉机发动机飞轮上没有飞轮齿圈。

下面以一种发动机的飞轮齿圈（见图 5-48 所示）为例讲述其热处理工艺。

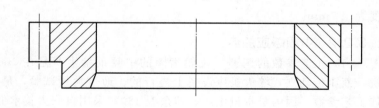

图 5-48　发动机飞轮齿圈

飞轮齿圈预先热处理为正火，硬度 160～220HB。

处理前工序：滚齿倒角及清洗。

处理后工序：热装。

生产工艺路线：锻造—正火—粗车—精车—滚齿倒角—淬火—检验—热装。

技术要求：所用材料为 45 钢（含碳量 0.42%～0.47%），齿部高频淬火，硬度 41～49HRC，齿顶面和齿侧面淬硬层深度≥1.5mm。齿部允许淬透。

飞轮齿圈通常有两种热处理形式，一种是高频感应加热，另一种是中频感应加热，详见下面的叙述。

5.3.2.1 高频感应加热

(1) 工艺参数的调整　飞轮齿圈的高频批量生产是在100kW、GP100-C3型高频淬火机上进行的。通过大量试验，最终优化出如表5-43所示的最佳工艺参数。因为是批量生产，留余温180℃采用自回火技术低温回火。

表 5-43　飞轮齿圈高频感应加热工艺数据

阳极空载电压/kV	阳极负载电压/kV	阳极电流/A	栅极电流/A	淬火液	时间/s $T_{加热}$	$T_{间隙}$	$T_{冷却}$
12	11.5	9~12	1.6~1.8	水(15~30℃)	29	1.0	8

(2) 淬火感应器及夹具　飞轮齿圈高频淬火所用感应器见图5-49所示，属圆环类淬火感应器。

由于GP100-C3型高频淬火机上使用的是上下顶尖定位，为保证淬火零件在淬火过程中工件旋转较平稳，笔者设计了如图5-50所示夹具对飞轮齿圈的感应淬火进行定位，取得了满意的结果。

图 5-49　飞轮齿圈高频淬火用感应器　　　图 5-50　飞轮齿圈高频淬火用夹具

(3) 淬火结果　齿面硬度47~50HRC；金相组织为淬火马氏体5级；齿根部硬化层深度为1.7mm。

5.3.2.2 中频感应加热

(1) 工艺参数的调整　飞轮齿圈的中频批量生产是在160kW、8000Hz机式中频发电机，液压传动立式淬火机床设备上进行的。通过大量试验，最终优化出如表5-44所示的最佳工艺参数。因为是批量生产，留余温180℃采用自回火技术低温回火。

表 5-44　飞轮齿圈中频感应加热工艺数据

变压比	发电机空载电压/V	发电机负载电压/V	发电机电流/A	励磁电流/A	有效功率/kW	功率因数(cosφ)	淬火水冷却压力/MPa	时间/s $T_{加热}$	$T_{间隙}$	$T_{冷却}$
12:2	600	580	260	76~84	150±5	±0.98	0.4	47^{+0}_{-2}	1.0	12.5^{+2}_{0}

(2) 淬火感应器及夹具　飞轮齿圈中频淬火所用感应器见图5-51所示，属圆环类淬火感应器。

由于中频淬火机上使用的是上下顶尖定位，为保证淬火零件在淬火过程中工件旋转较平稳，笔者设计了如图5-52所示夹具对飞轮齿圈的感应淬火进行定位，取得了满意的结果。

(3) 淬火结果　齿面硬度 45~49HRC；金相组织为淬火马氏体 5 级；齿根部硬化层深度为 2.1mm。

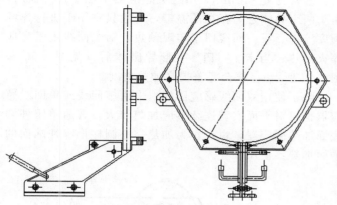

图 5-51　飞轮齿圈中频淬火用感应器

图 5-52　飞轮齿圈中频淬火用夹具

5.3.3　支承圈零件

东方红-75 机型中的支承圈零件结构见图 5-53 所示，所用材料为 45 钢。其预先热处理为正火。其技术要求为：A 端面淬火，硬度≥54HRC；淬火层深度≥2.5mm；零件加热区域关键尺寸，长度 10mm，宽度 11.5mm。

该零件生产工艺路线：机加—高频表面淬火—机加—热处理—装配。

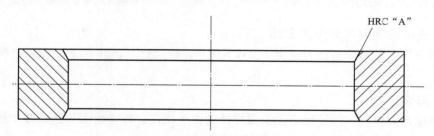

图 5-53　支承圈零件结构简图

支承圈零件要求 A 端面淬火，这类淬火属平面加热中的端面类淬火，平面加热存在有利的和不利的因素，而且效率都介于外圆表面加热和内圆表面加热之间。平面加热用感应器因圆环效应和邻近效应的相互作用，导致高频电流与感应涡流的分布状况见图 5-54 所示。平面加热感应器也是利用外磁场实现加热的，故磁力线的漏磁与逸散也较严重。提高平面加热感应器效率的最有效办法，仍然是卡上 "⊓" 字形导磁体。

为了防止在电动力作用下发生变形，感应器应有足够的强度，汇流排应短且有足够的刚度。有时在其上附加限位装置，以保证感应器和零件之间有恒定的间隙。

在加热平面时，应用最多的是双回线式平面加热感应器（图 5-55）。由于双回线中的高频电流方向相反，故在其下面的感应涡流方向也相反，如果两个感应导体距离过

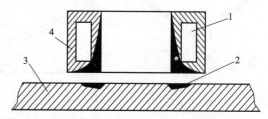

图 5-54　平面感应器中高频电流与感应涡流的分布
1—感应器；2—工件；3—高频电流；4—感应涡流

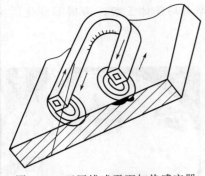

图 5-55 双回线式平面加热感应器

近,必将使涡流互相削弱,影响加热温度上升。因此,两个导体之间的距离应是感应器和零件之间间隙的5倍,通常为6～12mm。用这类感应器加热零件平面时,由于两个导体之间存在低温带,一般只宜用于进行连续顺序淬火。第一回线用于实现预热,第二回线用于完成淬火加热。当卡上"∏"字形导磁体后(见图5-56和图5-57所示),将会显著提高加热速度。

除了使用双回线感应器外,采用多回线或单回线感应器也可对平面实现连续感应加热淬火。普通单匝外圆表面加热感应器,也可作为加热空心圆柱形零件端面的平面加热器使用。

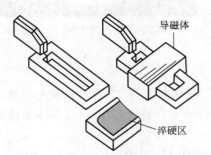

图 5-56 卡导磁体的双回线式平面加热感应器

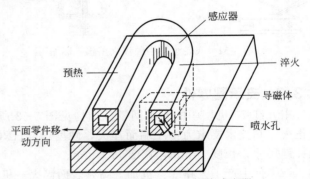

图 5-57 带导磁体的平面加热感应器

5.3.3.1 支承圈零件中频淬火工艺

支承圈零件中频感应加热淬火是在 GCK10150 型设备,160kW/8000Hz 中频电源上进行的。

5.3.3.2 淬火工艺

(1) 感应器的研制 为了保证支承圈零件的淬火硬度、淬硬层深等达到技术要求,而又方便操作,试制了如图5-58所示的中频淬火感应器。

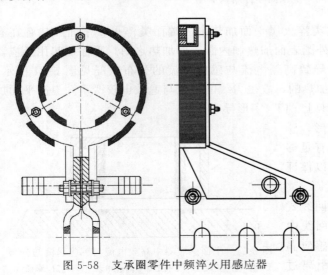

图 5-58 支承圈零件中频淬火用感应器

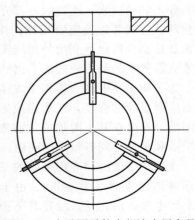

图 5-59 支承圈零件中频淬火用夹具

(2) 夹具的研制　支承圈零件淬火用夹具设计为三个定位爪，台肩高 3mm，该台肩起到既定心，又放置方便的作用，缩短了上下料时间，从而提高了生产效率。其夹具结构见图 5-59 所示。

(3) 工艺参数的调试　经过工艺反复调整，得出如表 5-45 所示工艺参数。

表 5-45　工艺参数

空载电压/V	加热方式	输出功率/kW	变压比	时间/s		冷却介质（水）	
				加热	冷却	温度/℃	压力/MPa
575	同时	45~50	14∶1	3.5	4.0	15~30	0.3~0.4

5.3.3.3　淬火结果检验

(1) 表面硬度　经检验表面硬度均匀，且在 55~57HRC 之间。

(2) 淬硬层深度　2.8~3.5mm。

(3) 表面质量　表面光亮，无裂纹。

5.4　铲刀连接座类零件

5.4.1　铲刀连接座凹球面高频淬火成套关键技术的创新研究

5.4.1.1　概述

(1) 项目来源　由笔者公司工程机械厂生产的 T80、T90、T120、T140 四种工程机械零部件中的铲刀，通过铲刀连接座与推土机上的油缸动力驱动配合，实现其万向转动功能。所述的铲刀连接座，是一合件的统称，包括"带有凹球面"的上盖和"带有凹球面"的下座，且二者用连接螺栓连接成为一个整体。该合件内弧球面硬化属于感应技术难题。铲刀连接座合件的工作面为圆周面中部带有台阶的内圈弧形球面。数十年来一直沿用普通热处理工艺流程，生产周期长，成本高，资源消耗大，不能满足公司高速发展急需更新工艺、降低能耗、实现新技术跨越的需要。该产品实施感应淬火表面硬化工艺后，不但表面硬度能够达到工作要求，而且使得零件心部硬度保持原来状态，具有较好的韧性，在使用过程恶劣的振动条件下也不易发生脆性裂纹而失效，从而延长铲刀连接座的使用寿命；同时可节约生产成本约 62%，有利于公司长期、高效发展。

铲刀连接座的上盖及下座结构上设置有凹球面、前端面、后端面、尖角。推土机在实施作业时，铲刀连接座需要承受较大的工作载荷。其中，作为合件的铲刀连接座的凹球面与铲刀尾部的球头为可转动配合，因此，在其发生转动的同时，伴随有不可避免的转动摩擦，工作次数越多、载荷越大，转动摩擦越严重，因此，铲刀连接座的凹球面（上盖凹球面和下座凹球面）应具有较高的耐磨性。

为提高铲刀连接座凹球面的耐磨性，目前国内采用如下的方法。

① 整体淬火，即对铲刀连接座上盖与下座分别进行整体淬火，目的是铲刀连接座上的凹球面获得所需的硬度和淬硬层深度。

这种方法的不足之处是凹球面以外无须硬化的部位淬火后硬度过高，在使用过程中容易发生脆性裂纹而早期失效，使用寿命低，难以满足实际的使用要求。另外，整体淬火的时间长达数小时，耗能高，但因其结构复杂无其他更好的方法予以替代，故数十年来这种方法一直被沿用。

② 局部淬火。为解决整体淬火出现的问题，一些企业曾尝试采用火焰加热表面淬火等局部淬火的方法，对铲刀连接座凹球面进行淬火，以期获得所需的淬火硬度和淬硬层深度。

这种方法的不足之处是火焰加热时间、加热距离、移动速度及距离凭操作者的经验手工操作，加热温度、加热速度、加热精确位置难以控制，使凹球面的淬火硬度、淬硬层深度、淬火均匀性难以达到技术要求、满足使用性能，操作不当甚至引起凹球面烧熔、裂纹，造成铲刀连接座的报废。

为解决上述整体淬火、局部淬火存在的不足，采用感应热处理技术对铲刀连接座的凹球面进行表面强化处理，是一种很好的选择。因为感应淬火具有以下诸多优点：局部加热，电能消耗小；加热速度快，氧化脱碳小；淬硬层深易于控制；硬度易于保证；加热时间短，效率高。但是，由于存在以下问题，以至于虽然经过多次研究尝试，但却至今没有很好地解决所出现的凹球面淬火质量问题。具体如下：

① 凹球面高频感应淬火时，如何避免尖角效应、掌控感应间距以及实现凹球面低速回转，是其问题之一。

② 凹球面高频感应淬火时，如何提高感应效率、解决圆环效应影响、实施有效淬火冷却以及感应器尺寸配用，是其问题之二。

③ 凹球面高频感应淬火时，如何解决电控定位、电控调速以及感应加热电源、淬火冷却介质的电控应用，是其问题之三。

④ 凹球面高频感应淬火时，如何确认加热频率、电源功率、扫描线速度、加热温度、加热时间、冷却时间以及加热方法、冷却方案选择等工艺方案，是其问题之四。

鉴于此，就提高铲刀连接座凹球面的耐磨性而言，如何有效地避免尖角效应的出现、解决感应间距控制的难题以及实现回转装置的低速回转，保证其凹球面所需的淬火硬度、淬硬层深度及淬火均匀性，并省时省力、提高工效，已成为亟待解决的难题。

由于感应热处理工艺技术是感应热处理技术水平高低的主要体现，同样也是技术发展的基础。本项目经过分析、研究先进的感应热处理工艺技术，根据现有技术的特点来消化吸收，通过数控技术用创新的淬火工艺方法来解决感应淬火技术中难度很大的凹球面零件感应淬火淬硬层连续的问题，并将这些问题作为主要突破点来研究，认为有必要提出一种新的凹球面类零件感应热处理及淬火工艺方法。

为解决上述问题，本项目应用电磁效应、集肤效应和热传导等原理，并采用了如下技术措施。

① 研究用于铲刀连接座凹球面的感应淬火装置及操作方法，包括研究屏蔽环、回转组件、旋转驱动组件等技术创新内容，力图解决上述问题之一；

② 研究用于铲刀连接座凹球面的淬火感应器及配用尺寸确定方法，包括研究感应器基体组件（仿形双匝感应圈）、可喷水感应圈组件等技术创新内容，力图解决上述问题之二；

③ 研究用于铲刀连接座感应淬火装置的电控系统及控制方法，包括研究运用可编程控制器、增量式编码器、变频调速器等技术创新内容，力图解决上述问题之三；

④ 研究凹球面高频感应淬火特点及产品对凹球面淬火要求，包括研究如何利用感应加热电源、淬火冷却介质等外配资源，并结合上述技术创新内容，制定淬火工艺及工作流程，力图解决上述问题之四。

综上可知，整个过程通过对铲刀连接座凹球面的高频淬火装置、高频淬火感应器、高频淬火装置的控制系统及高频淬火工艺方法等成套关键技术的研究，使其淬硬层深度及淬火硬度满足使用要求。铲刀连接座凹球面的关键、创新的高频热处理工艺技术，既没有成功经验可以参照，又没有成熟的技术以及现成的研究模式可以借鉴，必须另辟新路，创新攻关。

本项目属于感应热处理技术领域，涉及一种用于铲刀连接座凹球面的高频淬火成套关键技术，具体涉及一种用于推土机铲刀连接座上的上盖和下座凹球面的高频淬火成套关键技术。

(2) 国内外技术现状及存在的问题

① 国外技术现状　纵观国内外热处理技术的发展，其总体战略出发点大致可归纳成：可持续发展、产品质量持续提高、节约能源、实现精细化生产及提高生产效率、降低生产成本。

产品质量的高要求既是压力，也是动力。它可以带动热处理技术改造和设备更新，从而使机器零件的质量和寿命产生大的提高。

在机器制造工艺过程中，热处理是耗能大户。其电能消耗一般为机械制造企业的20%～30%。我国热处理企业年生产总值是美国的1/26，能耗却比美国多出40%。我国平均单位电耗1000度/吨左右，欧洲工业国家的平均单位电耗400度/吨，日本平均单位电耗300度/吨。可见合理选择热处理能源，节约使用能源也是热处理生产技术发展和改造的重要出发点之一。

先进的加热设备除能体现先进的工艺外，节约能源是很重要的指标。合理选择工艺也具有极大的节能潜力，而且可在极小的投入条件下获得明显效果。缩短加热时间、降低加热温度、用表面处理代替整体热处理、简化工艺过程、合理选择工件材料等都是很好的节能措施。

提高劳动生产效率、降低生产成本、获得最大的经济效益永远是热处理生产和所有企业追求的目标。实现高效生产效率的重要前提是单一品种的批量化生产。在大批量、规模化生产条件下，采用生产过程自动化、质量的在线信息化、工艺参数和质量效果的模拟和自适应控制可以最大限度地提高生产效率，实现无人作业，由此也可以完全消除人为因素，保证产品质量低分散度。

缩短生产周期的热处理工艺既能节约能源，也能提高生产效率。提高设备的可靠性、减少故障率，可以减少维修次数、减少辅助时间。

先进的感应加热工艺技术可以有效地发挥感应加热的特点，实现高效、节能、少无氧化的局部热处理。我国机械行业少无氧化热处理比重占25%，欧洲工业国家达80%以上，和美国、日本的差距更大。

由于受到制造业的高度重视，近代热处理技术发展迅速。其主要发展方向可以概括为8个方面，被称为8个少无（less or non），即少无污染、少无畸变、少无（质量）分散、少无浪费（能源）、少无氧化、少无脱碳、少无废品、少无人工。简述如下：

a. 少无污染。热处理生产产生的废气、废水、废渣、粉尘、噪声和电磁辐射，如不注意，都使作业场地和周围环境受到污染。

先进的热处理技术首先应该是对环境没有污染的技术，其中包括清洁工艺、清洁设备、清洁材料等。可控气氛、真空、有良好的屏蔽的感应热处理是广泛应用的典型清洁工艺。等离子热处理、低压渗碳、高压气淬、激光电子束强化、喷雾淬火、真空清洗等也都属于少无污染技术。与这些工艺相对应的真空炉、气氛炉、离子渗氮炉、低 NO_x、SO_x 燃烧加热炉、流态炉属无污染设备。聚合物淬火介质、无氟氯烃溶剂、Al_2O_3 和 SiO_2 等流态床粒子、氮和各种惰性气体属于清洁材料。

美国 2020 年热处理目标首先是实现零污染。

b. 少无畸变。金属制件在热处理时的形状和尺寸变化是不可避免的。过大和不均匀的畸变会增加加工余量或使之报废。汽车变速箱齿轮热处理后一般不施行加工，畸变会使其失去互换性或增大间隙，增加车辆噪声。所以尽量减小畸变一直是许多热处理工作者终生努力的目标。

材料化学成分的均匀性和稳定性以及淬透性的保证可使工件淬火畸变保持稳定的规律，以便于规定确切的加工余量，采取可靠的少无畸变措施。

美国 2020 年热处理目标中提出，届时工件热处理要达到零畸变。

c. 少无（质量）分散。由于材料化学成分、加热炉有效加热区温度的不一致、加热和冷却条件的差别和人为因素的影响，会使同一炉次热处理件质量（硬度、组织、畸变、表面状态、渗层深度、渗入元素的表面浓度和沿渗层的浓度梯度）造成明显差异，或不同炉次产品质量的不可重复性。采用科学的工艺和先进技术可以使这种差异降到最低程度，美国金属学会（ASM）和能源部于 1997 年组织的"热处理技术方针讨论会"（Heat Technology Roadmap Workshop）的报告中提出，2020 年的目标要使热处理工件的质量分散度降低到零。

d. 少无浪费（能源）。节能也是先进热处理技术发展的主要标志之一。节能的热处理工艺是最有效的节能措施。如把渗碳温度从 930℃ 提高到 1050℃，可减少 40% 的工艺周期。美国金属学会提出的 2020 年的热处理目标中热处理的能源利用率届时要普遍提高到 80%。

e. 少无氧化。绝大多数金属在空气中加热时的氧化会造成金属的大量损耗，也会破坏制件的表面状态和加工精度。少无氧化加热也是近代先进热处理技术发展的主要标志之一。

属于少无氧化热处理范畴的技术包括：气氛、真空、感应、流态床、盐浴、激光、电子束、涂层、包装热处理和燃烧炉火焰的还原性调节。

感应热处理由于加热迅速氧化不严重，应属少无氧化技术范畴。一些不允许有任何氧化的工件甚至在感应加热时也必须施行气氛保护。

f. 少无脱碳。钢件在空气和氧化性气体（CO_2、H_2O）中加热，在氧化的同时，还伴随着表面含碳量的降低，即表层脱碳。脱碳的工件淬火后表面硬度低，不耐磨，且表面易形成拉应力，对抗疲劳性不利。少无脱碳加热的工艺方法与少无氧化基本相同，但对工艺条件的要求比少无氧化严格。

流动粒子炉、盐浴、涂层和包装后加热都有少无脱碳的效果。感应加热虽有轻微变化，但不会有明显脱碳。

g. 少无废品。从零件的设计、材料的选择、材料质量的保证、加工过程和工艺路线的确定，用数据库和专家决策系统优选工艺和设备、设备可靠性的供证、工艺参数和产品质量的在线控制、无损自动检测系统来完成全部加工和热处理生产过程，实现产品质量的全面控制，使 100% 产品合格已不是一种梦想。

h. 少无人工。热处理的人工操作是一种恶劣环境下的繁重体力劳动。目前一些发达国家已感到招收热处理操作工的困难。人工操作还会造成因人而异的产品质量波动。当然，过多使用人工也会增加生产成本。因此，在可以组织批量生产前提下尽快实现自动化生产和无人作业已不是对未来热处理的憧憬，在一些发达国家的现代化企业已可以目睹这一制造技术的奇迹。

对于铲刀连接座类零件的凹球面的淬火，其工艺难度较大，国外采用特殊结构的感应器，对其进行感应加热。而且加热时，采用特殊工艺方法，保证淬硬层沿廓分布且均匀，通过对铲刀连接座的凹球面的感应加热淬火，可有效提高其强度。

上面所述的国外采用特殊结构的感应器、特殊工艺方法，由于技术封锁，未见公开报道。

② 国内技术现状　目前国内对铲刀连接座采用的热处理方法有：整体和局部淬火。

整体淬火法导致凹球面以外无须硬化的部位淬火后硬度过高，难以满足实际的使用要求。另外，由于整体淬火生产耗时长、能源消耗大，有悖国家节能减排政策。

火焰局部加热淬火法因受人为因素影响较大,其淬火质量难以控制,很难100%满足实际的使用要求。

为解决上述整体淬火、局部淬火存在的不足,欲对铲刀连接座的凹球面采用高频淬火处理。据调研,采用双匝类高频淬火感应器,在普通高频淬火设备上生产铲刀连接座凹球面类零件,其成功的淬火工艺至今未见在国内外公开发行的文献上报道,也未曾见国外公司和个人在我国申请相关专利,并公开其技术内容。

(3) 项目性能指标要求　结合本项目所述的铲刀连接座所用的 ZG270-500 材料、Q/YT014.2—93《图样通用技术要求》以及凹球面高频感应淬火确立的淬火技术要求,另结合本项目所述"成套关键技术",其具体性能指标如下所示。

① 铲刀连接座上盖凹球面和下座凹球面处的感应淬火,淬火硬度 52~57HRC;淬硬层深度 1~3mm,且硬化层要求沿球面均匀分布,均匀性误差控制在 0.5mm 以内。

② 经高频感应淬火后的铲刀连接座上盖凹球面或下座凹球面上,不得出现过烧熔化、淬火裂纹及变形挠曲等淬火缺陷。

③ 所研究的用于铲刀连接座凹球面的感应淬火装置及操作方法,目标要求:
a. 避免凹球面在感应淬火时出现的尖角效应问题;
b. 解决凹球面在绕感应弧面回转时出现的球面水平感应间距难以控制的问题;
c. 解决凹球面感应淬火时所需的低速回转问题;
d. 解决凹球面与感应器感应弧面之间存在的竖直感应间距难以控制的问题;
e. 研究的淬火装置及方法,要求简单实用,易于制作及实施。

④ 所研究的用于铲刀连接座凹球面的淬火感应器及配用尺寸确定方法,目标要求:
a. 解决感应加热效率提升以及圆环效应的影响问题;
b. 解决铲刀连接座凹球面感应淬火时所需淬火冷却介质的问题;
c. 解决淬火感应器所需的有效感应弧端宽度、有效感应弧面半径、两圆管接头间距离、圆管外径的配用尺寸确定问题;
d. 研究的感应器及方法,要求简单实用,易于制作及实施。

⑤ 所研究的用于铲刀连接座感应淬火装置的电控系统及控制方法,目标要求:
a. 解决零件在低速回转状态下的感应淬火"起点"位置和感应淬火"终点"位置的电控定位问题;
b. 解决零件依据感应淬火工艺的需要实施多转速运行的电控调速问题;
c. 解决适时使用感应加热电源、淬火冷却介质的电控配用问题;
d. 研究的电控系统及方法,要求简单实用,易于制作及实施。

⑥ 研究制定切实可行的淬火工艺及工作流程,并确定相应的淬火工艺参数,通过实际应用,满足铲刀连接座凹球面高频感应淬火所要求的各项淬火技术要求。

(4) 项目研究存在的技术难点

① 尖角效应难以避免　由于铲刀连接座的上盖前尖角、上盖后尖角以及下座前尖角、下座后尖角的存在,在实施局部感应淬火时,易产生尖角效应,即在局部感应淬火时,位于尖角处的电流密集,易产生过热或过烧现象,甚至产生淬火裂纹。

② 感应间距难以控制　铲刀连接座需感应淬火部位为凹球面,即铲刀连接座的上盖及下座凹球面,在实际作业中,淬火感应器的有效感应弧面与上盖及下座凹球面间的感应间距(指上盖或下座绕其有效感应弧面回转时在水平方向 X、竖直方向 Y 上的感应间距)难以控制,如果在水平方向 X 上的感应间距过大或过小,将直接影响到凹球面的淬硬层深度;如果在竖直方向 Y 上,凹球面与感应圈外弧面的圆心未对准,出现上下错位,将造成二者间

的感应间距上下不均匀,将直接影响到凹球面的淬火均匀性,继而影响淬火质量的控制。

③ 感应淬火装置及感应器结构设计　感应淬火成套关键技术是感应热处理技术的关键,直接关系到零件的感应加热效果和淬火质量。感应淬火装置及感应器设计、制造涉及大量的理论分析、工艺设计经验、制造工艺等多方面的综合知识。国外的感应淬火装置中的感应器专业化设计和制造,具有国内无法比拟的先进性和复杂性。

④ 低速回转难以实现　目前,通用淬火设备回转装置主轴的转速通常设定在 6～210r/min 以内,经试验研究确认,该转速范围内的最低转速过高,而铲刀连接座凹球面的局部感应淬火,需在转速约 2r/min 的情况下进行,故通用淬火设备不能满足铲刀连接座凹球面局部感应淬火的质量控制要求。

⑤ 高频淬火工艺的操作方法　高频淬火工艺的研究开发,依存于现有的装置与设备,其装备应具有经济性与可靠性。

(5) 试验内容与方法

① 典型零件(铲刀连接座见图 5-60 所示)　材料:ZG270-500。

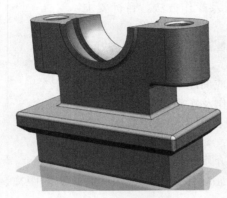

图 5-60　铲刀连接座零件

② 工艺方案　根据一种铲刀连接座典型零件的实际工作状况,本项目研究组通过调研和参考山东推土机股份有限公司、徐州工程机械有限公司和其他同行业同类产品的应用现况,通过与该产品设计部门和生产单位协商确认,此类零件应采用感应淬火工艺,使凹球面(关键工作面)获得硬度≥52HRC、深度为 1～3mm 的表面硬化层,以满足设计和使用要求。

研究组欲通过高频淬火方式进行该项目的研究。采用高频(200kHz)沿凹球面扫描感应加热淬火,硬化层深度为 1～3mm,适用于小载荷的工程机械产品。为此,应对高效感应器、淬火装置及电控部分进行设计并合理地配置工艺以及电气参数,以达到或接近技术条件要求。

③ 课题主要试验内容　研究内容,包括以下几点:

a. 中高频设备用感应器及淬火装置结构设计;

b. 电控定位、电控调速以及与感应加热电源中高频设备技术参数试验;

c. 淬火冷却介质的试验,包括介质选取、流量、浓度大小等试验;

d. 中高频淬火工艺试验,包括加热温度、时间、零件移动速度等试验和检验;

e. 根据金相检验结果进行工艺优化试验;

f. 小批量生产试验;

g. 批量生产。

④ 课题试验方法

a. 高频感应淬火装置及操作方法及试验零件加工制造;

b. 高频感应淬火装置电控系统及自控方法;

c. 高频淬火感应器及配用尺寸确定方法;

d. 高频感应淬火工艺及工作流程研究,零件的检验及工艺的优化,工艺试验和检验。

(6) 项目实施总体流程　笔者从现有情况出发,针对铲刀连接座凹球面类零件的特点,利用本研究所特种工艺室高频车间现有的 GP100(100kW 200kHz 高频电源)设备,选择难度较大的铲刀连接座工件并设计了一套完整可行的研制方案。研制方案流程见图 5-61。

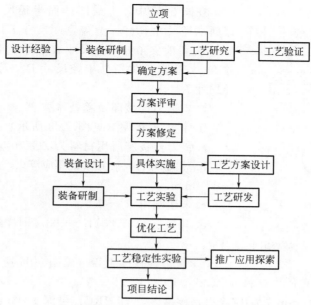

图 5-61 项目研制流程图

5.4.1.2 高频淬火装置及操作方法的研究

下面以某推土机上所用铲刀连接座为例，具体说明其装置与操作方法。

（1）铲刀连接座及盖的结构 铲刀连接座的上盖及下座结构见图 5-62 所示。

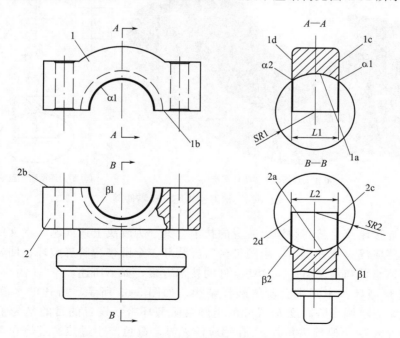

图 5-62 铲刀连接座上盖及下座

1—铲刀连接座上盖；1a—上盖凹球面；1b—上盖连接面；1c—上盖前端面；1d—上盖后端面；$L1$—上盖宽度；
2—铲刀连接座下座；2a—下座凹球面；2b—下座连接面；2c—下座前端面；2d—下座后端面；$L2$—下座宽度；
$SR1$—上盖凹球面半径尺寸；$SR2$—下座凹球面半径尺寸；
α1—上盖前尖角处；α2—上盖后尖角处；β1—下座前尖角处；β2—下座后尖角处

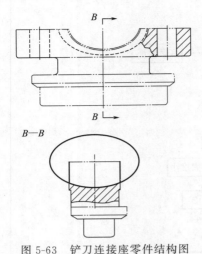

图 5-63 铲刀连接座零件结构图

在图 5-62 中,上盖凹球面半径尺寸 $SR1$ 等于下座凹球面半径尺寸 $SR2$;上盖宽度尺寸 $L1$ 等于下座宽度尺寸 $L2$;上盖前尖角处半径尺寸 $R_{\alpha 1}$ 等于下座前尖角处半径尺寸 $R_{\beta 1}$;上盖后尖角处半径尺寸 $R_{\alpha 2}$ 等于下座后尖角处半径尺寸 $R_{\beta 2}$。

(2) 铲刀连接座及盖技术要求

① 铲刀连接座(见图 5-63 所示)技术要求

a. 铲刀连接座所用材料为 ZG270-500;

b. 球面 $S\phi 110^{+0.5}_{+0.2}$ mm 处感应淬火,硬度 52~57HRC;层深 1~3mm;

c. 未注圆角 $R3\sim R5$;

d. 其余按 Q/YT014.2—93《图样通用技术要求》有关规定。

② 铲刀连接座上盖(见图 5-64 所示)技术要求

a. 铲刀连接座上盖所用材料为 ZG270-500;

b. 球面 $S\phi 110^{+0.5}_{+0.2}$ mm 处感应淬火,硬度 52~57HRC;层深 1~3mm;

c. 未注圆角 $R3\sim R5$;

d. 其余按 Q/YT014.2—93《图样通用技术要求》有关规定。

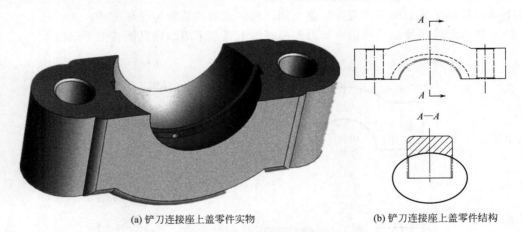

(a) 铲刀连接座上盖零件实物　　(b) 铲刀连接座上盖零件结构

图 5-64　铲刀连接座上盖零件

(3) 铲刀连接座及上盖高频淬火装置的技术方案　为解决上述问题,本文所述的铲刀连接座凹球面的感应淬火装置包括:半圆带台阶屏蔽环、全圆带台阶屏蔽环、回转组件、旋转驱动组件、柜体组件和水泵组件。这些组件的技术方案,如下所述。

① 带台阶屏蔽环　半圆带台阶屏蔽环结构,如图 5-65 所示。所述的半圆带台阶屏蔽环,其上设置带有半圆台阶高度 h' 尺寸的半圆台阶型环带。设置的目的是为了铲刀连接座的上盖前尖角处 α1、下座前尖角处 β1 在感应淬火时,避免产生过热、过烧和裂纹现象;另外,半圆带台阶屏蔽环上的半圆台阶半径 R' 尺寸,与铲刀连接座的上盖前尖角处半径 $R_{\alpha 1}$ 尺寸和下座前尖角处半径 $R_{\beta 1}$ 尺寸等同,当需要使用时,应将半圆带台阶屏蔽环的台阶外圆嵌放在上盖前端面 1c 或下座前端面 2c 的半圆开口内圆内,并予以紧贴,且使其半圆台阶面朝下。

全圆带台阶屏蔽环结构，如图 5-66 所示。所述的全圆带台阶屏蔽环，其上设置带有全圆台阶高度 h'' 尺寸的全圆台阶型环带。设置目的，一是为了铲刀连接座的上盖后尖角处 α2、下座后尖角处 β2 在感应淬火时，避免产生过热、过烧和裂纹现象，二是为了铲刀连接座的上盖和下座在全圆带台阶屏蔽环上安放时，能够实施"环形定位"。另外，全圆台阶半径 R'' 尺寸与铲刀连接座的上盖后尖角处半径 $R_{α2}$ 尺寸和下座后尖角处半径 $R_{β2}$ 尺寸等同，当需要使用时，应将铲刀连接座的上盖后端面或下座后端面的半圆开口落放在全圆带台阶屏蔽环的台阶外圆上，并予以紧贴，即前述的"环形定位"，且使其全圆台阶面朝上。

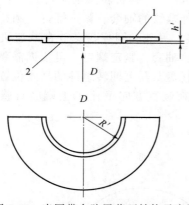

图 5-65 半圆带台阶屏蔽环结构示意图
1—半圆带台阶屏蔽环；2—半圆台阶面；
R'—半圆台阶半径；h'—半圆台阶高度

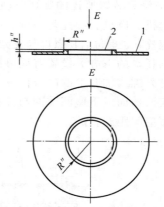

图 5-66 全圆带台阶屏蔽环结构示意图
1—全圆带台阶屏蔽环；2—全圆台阶面；
R''—全圆台阶半径；h''—全圆台阶高度

② 感应淬火装置所述的回转组件（见图 5-67 所示） 其回转组件包括：带光轴螺栓、前螺母、后螺母、L 型支架、支架底盘、紧固螺栓、a 螺母、b 螺母、c 螺母、d 螺母。四个

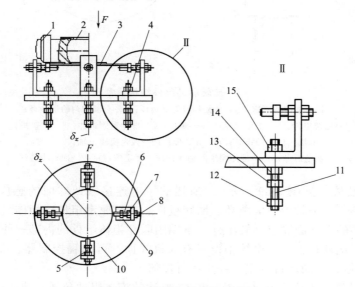

图 5-67 回转组件结构示意图
1—铲刀连接座下座；2—半圆带台阶屏蔽环；3—全圆带台阶屏蔽环；4—回转组件；
5—光轴端；6—带光轴螺栓；7—前螺母；8—后螺母；9—L 型支架；10—支架底盘；
11—紧固螺栓；12—a 螺母；13—b 螺母；14—c 螺母；15—d 螺母；$δ_z$—回转中心线

L型支架，在支架底盘上以回转中心线 δ_z 为圆心两两相向布局，且通过紧固螺栓、c螺母、d螺母，分别紧固在支架底盘上；四个带光轴螺栓的光轴端以回转中心线 δ_z 为圆心两两相向布局，且通过前螺母、后螺母将带光轴螺栓固定在L型支架上；另外，四个带光轴螺栓的四个光轴端外圆用于放置全圆带台阶屏蔽环，可依据需要，通过调整光轴端在L型支架上的旋入、旋出位置，调整全圆带台阶屏蔽环回转中心位置，即圆心位置，继而达到调整上盖凹球面或下座凹球面与淬火感应器有效感应弧面之间在水平方向 X 上的球面水平感应间距的目的。

③ 感应淬火装置所述的旋转驱动组件（见图5-68） 其旋转驱动组件包括：螺栓紧固组件、减速机、电机、圆托盘、键、调整螺母、带外螺纹的轴套、紧定螺钉。圆托盘通过前述的紧固螺栓、a螺母、b螺母与支架底盘紧固连接；另外，圆托盘套放在减速机的输出轴外径上，圆托盘的下方另设置有调整螺母、带外螺纹轴套、紧定螺钉，可依据需要，通过调整螺母在带外螺纹轴套上的高低位置，继而调整圆托盘及其上回转组件的高度位置，从而达到调整上盖凹球面或下座凹球面与淬火感应器之间在竖直方向 Y 上的上端竖直感应间距和下端竖直感应间距的目的。

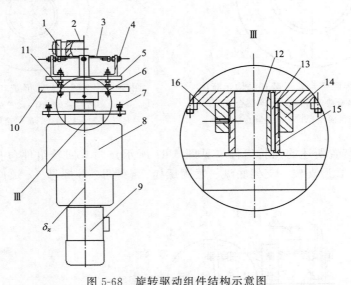

图 5-68　旋转驱动组件结构示意图
1—铲刀连接座下座；2—半圆带台阶屏蔽环；3—全圆带台阶屏蔽环；
4—回转组件；5—支架底盘；6—a螺母；7—螺栓紧固组件；8—减速机；
9—电机；10—圆托盘；11—b螺母；12—减速机输出轴；13—键；
14—调整螺母；15—带外螺纹的轴套；16—紧定螺钉；δ_z—回转中心线

④ 感应淬火装置（见图5-69所示） 所述的铲刀连接座凹球面的感应淬火装置包括：半圆带台阶屏蔽环、全圆带台阶屏蔽环、回转组件、旋转驱动组件、柜体组件和电控柜。其中：旋转驱动组件的上端固联有回转组件，下端固联在柜体组件的内部；回转组件的上端放置有全圆带台阶屏蔽环；另外，电控柜设置有人机界面、可编程控制器、变频器、编码器、手动/自动选择旋钮、自动运行按钮、停止运行按钮。

⑤ 感应淬火装置之柜体组件（见图5-70） 所述的柜体组件包括：减速机固定板、壳体、漏水通道、排水管。前述的旋转驱动组件通过螺栓紧固组件紧固在减速机固定板上；另外，在减速机固定板上设置有若干个漏水孔，在壳体上设置有漏水通道和排水管，其目的是将感应淬火时从淬火感应器的淬火水孔ζ处喷出的淬火冷却介质及时回收，可使喷出的淬火冷却介质流

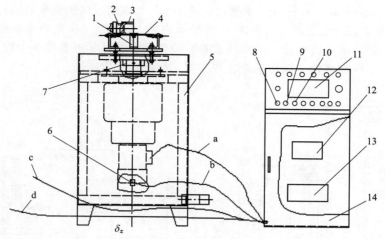

图 5-69 铲刀连接座凹球面的感应淬火装置的结构示意图

1—回转组件；2—铲刀连接座下座；3—半圆带台阶屏蔽环；4—全圆带台阶屏蔽环；5—柜体组件；
6—编码器；7—旋转驱动组件；8—手动/自动选择旋钮；9—自动运行按钮；10—停止运行按钮；
11—人机界面；12—可编程控制器；13—变频器；14—电控柜；
a—第一连接用控制线；b—第二连接用控制线；c—第三连接用控制线；d—第四连接用控制线

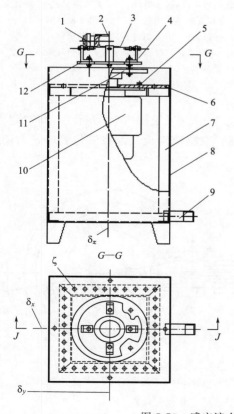

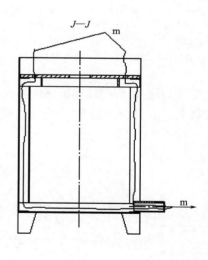

图 5-70 感应淬火装置之柜体组件结构示意图

1—铲刀连接座下座；2—半圆带台阶屏蔽环；3—全圆带台阶屏蔽环；4—回转组件；5—螺栓紧固组件；
6—减速机固定板；7—漏水通道；8—壳体；9—排水管；10—减速机；11—圆托盘；12—支架底盘；
δ_x—俯视水平中心线；δ_y—俯视竖直中心线；δ_z—回转中心线

从漏水孔中流入，沿水流方向 m 经漏水通道后从排水管处流出，以便循环利用。

⑥ 感应淬火装置之水泵组件（见图 5-71 所示中之 18～21） 所述的水泵组件上设置有：水泵槽体、出水管、第一回水管、第二回水管、喷射阀。在高频电源设备上设置有：按钮组件、指示灯组件、反馈手轮、耦合手轮、变压器、变压器二次线圈。

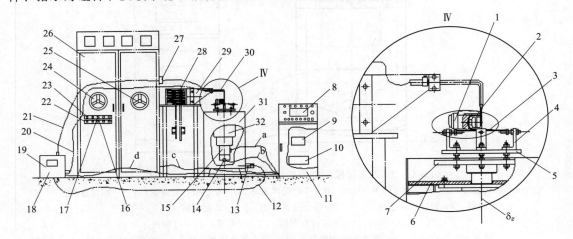

图 5-71 感应淬火装置的现场配置示意图

1—铲刀连接座下座；2—半圆带台阶屏蔽环；3—全圆带台阶屏蔽环；4—回转组件；5—支架底盘；6—减速机固定板；7—圆托盘；8—人机界面；9—可编程控制器；10—变频器；11—电控柜；12—第二回水管；13—排水管；14—编码器；15—电机；16—加热按钮；17—加热指示灯；18—水泵组件；19—水泵槽体；20—第一回水管；21—出水管；22—按钮组件；23—指示灯组件；24—反馈手轮；25—耦合手轮；26—高频电流电源设备；27—喷射阀；28—变压器；29—变压器二次线圈；30—感应器；31—柜体组件；32—减速机；a—第一连接用控制线；b—第二连接用控制线；c—第三连接用控制线；d—第四连接用控制线

⑦ 铲刀连接座凹球面的感应淬火"终点""起点"位置（见图 5-72 所示） 其"起点"位置转角 θ'，是指上盖连接面 1b（或下座连接面 2b）在感应淬火"起点"位置时，与俯视

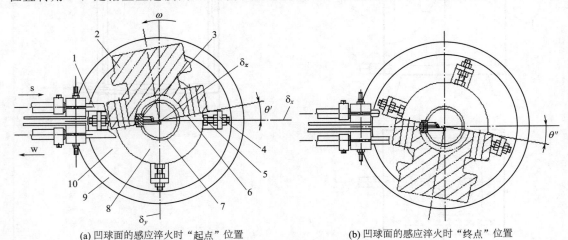

(a) 凹球面的感应淬火时"起点"位置　　　　(b) 凹球面的感应淬火时"终点"位置

图 5-72 凹球面的感应淬火时"终点""起点"位置

1—淬火感应器；2—铲刀连接座下座；3—长方凹型导磁体；4—L型支架；5—带光轴螺栓；
6—下座连接面；7—全圆台阶面；8—全圆带台阶屏蔽环；9—圆托盘；10—支架底盘；
δ_z—回转中心线；δ_x—俯视水平中心线；δ_y—俯视竖直中心线；
θ'—"起点"位置转角；θ''—"终点"位置转角；ω—工件运转方向

水平中心线 δ_x 之间的夹角，见图 5-72(a) 所示。

其"终点"位置转角 θ''，是指上盖连接面 1b（或下座连接面 2b）在感应淬火"终点"位置时，与俯视水平中心线 δ_x 之间的夹角，见图 5-72(b) 所示。

5.4.1.3 高频淬火感应器及配用尺寸确定方法的研究

感应器选取依据可参阅 2.6.1 功力输出从动轴中"（3）感应器及工装夹具研制"。常见高频圆柱外表面加热感应器见图 5-73 所示。

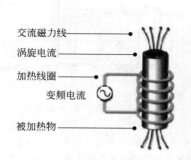

图 5-73　高频圆柱外表面加热感应器

对于铲刀连接座零件在感应淬火过程中的研究，虽然提及了尖角效应、感应间距和低速回转问题的解决，但与上述感应淬火装置一并进行研究并予以应用的淬火感应器相比，虽有图文附带说明，却未深度涉及，比如如何提高淬火感应器的感应加热效率以及如何解决其淬火感应器产生圆环效应的影响问题；在铲刀连接座凹球面的内侧空间狭小情况下，如何借助淬火感应器实施感应淬火冷却，即提供淬火冷却介质进行冷却的问题；如何依据需实施感应淬火的铲刀连接座凹球面与外配的感应淬火装置以及电源设备等的配用情况，解决淬火感应器的配用尺寸（如淬火感应器的有效感应弧端宽度、有效感应弧面半径等）确定问题。

为解决上述问题，所述的铲刀连接座凹球面的淬火感应器包括：感应器基体组件和可喷水感应圈组件。二者在两组件连接处（γ 处）焊接为一个整体；另外，在可喷水感应圈组件上，设置有若干个淬火水孔 ζ。这些组件的技术方案，如下所述。

（1）高频感应器结构（见图 5-74 所示）

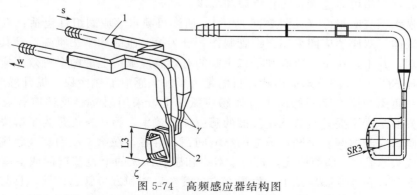

图 5-74　高频感应器结构图

1—感应器基体组件；2—可喷水感应圈组件；s—进水方向；w—出水方向；
ζ—淬火水孔；L3—有效感应弧端宽度；γ—两组件连接处；
SR3—有效感应弧面半径；

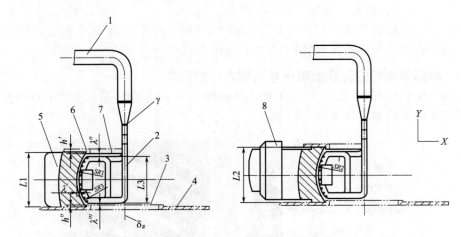

图 5-75 感应器与上盖（左）、下座（右）及屏蔽环配置示意图

1—感应器基体组件；2—可喷水感应圈组件；3—全圆台阶面；4—全圆带台阶屏蔽环；5—铲刀连接座上盖；6—半圆台阶屏蔽环；7—半圆台阶；8—铲刀连接座下座；γ—两组件连接处；λ'—球面水平感应间距（上盖凹球面或下座凹球面与双匝感应圈的有效感应弧面之间的水平间距）；λ''—上端竖直感应间距（半圆台阶面与感应圈上表面之间的竖直间距）；λ'''—下端竖直感应间距（全圆台阶面与感应圈下表面之间的竖直间距）；h'—半圆台阶高度；h''—全圆台阶高度；$SR1$—上盖凹球面半径；$SR2$—下座凹球面半径；$SR3$—有效感应弧面半径；$L1$—上盖宽度；$L2$—下座宽度；$L3$—有效感应弧端宽度；δz—回转中心线

(2) 感应器与上盖（图 5-75 所示中左图）、下座（图 5-74 所示中右图）及屏蔽环配置 所述铲刀连接座凹球面的淬火感应器基体组件包括：方口左锥管、方口右锥管、左直角方管、右直角方管、左短方管、右短方管、左长方管、右长方管、左圆管接头、右圆管接头和绝缘块。其中，方口左锥管和方口右锥管，分别与左直角方管和右直角方管焊连；左短方管和右短方管，分别与左直角方管、左长方管和右直角方管、右长方管焊连；左长方管和右长方管，分别与左圆管接头和右圆管接头焊连；左直角方管、右直角方管与绝缘块的连接，系采用耐高温胶粘连；另外，在方口左锥管和方口右锥管上，分别设置有方口左锥管小锥口和方口右锥管小锥口，且与方口管左口端和方口管右口端焊连；再者，在左圆管接头和右圆管接头上，分别设置有呈倒齿形的左圆管接头端和右圆管接头端，目的是与外部淬火介质的水路用软管能够实施可靠连接，防止滑脱和漏水。

(3) 可喷水感应圈组件（见图 5-76 所示） 所述可喷水感应圈组件包括：双匝感应圈和长方凹型导磁体。双匝感应圈采用方铜管制作，分为第一匝圈和第二匝圈，且其上分别设置有效感应弧端，其中，在第一匝圈和第二匝圈的有效感应弧端上的两个有效感应弧面为有效感应弧面半径 $SR3$ 尺寸的仿球面形状，目的是为了加大感应加热面积，提升感应加热效率；另外，在第一匝圈和第二匝圈的两个有效感应弧端上，采用耐高温胶粘连有长方凹型导磁体，目的一方面是为了提升有效感应弧面的感应加热效率，另一方面是为了解决在实施感应淬火时其双匝感应圈内侧发生圆环效应的影响问题；再者，在第二匝圈有效感应弧端外侧设置有若干个淬火水孔 ζ，如前所述，是用于对正在感应淬火的上盖凹球面或下座凹球面实施淬火冷却；最后，在双匝感应圈上，设置有方口管左口端和方口管右口端，且与前述的方口左锥管小锥口和方口右锥管小锥口等口径，并与其焊连在一起，使得感应器基体组件与可喷水感应圈组件在两组件连接处（γ 处）焊连为一个整体。

铲刀连接座凹球面的淬火感应器基体组件和可喷水感应圈组件，二者在两组件连接处

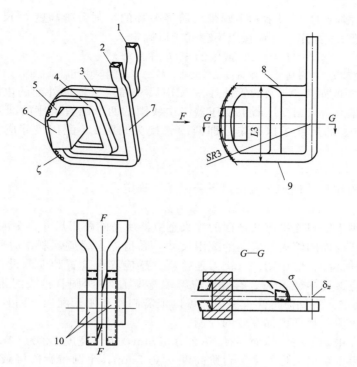

图 5-76 感应器中喷水感应圈组件结构图

1—方口管右口端；2—方口管左口端；3—第一匝圈；4—第二匝圈；5—有效感应弧端；6—长方凹型导磁体；7—双匝感应圈；8—感应圈上表面；9—感应圈下表面；10—有效感应弧面；σ—导磁体俯视平分线；SR3—有效感应弧面半径；ζ—淬火水孔；δ_z—回转中心线；L3—有效感应弧端宽度

(γ 处) 焊连为一个整体；另外，在可喷水感应圈组件上，设置有若干个淬火水孔 ζ，当淬火冷却介质沿进水方向 s 进入感应器基体组件进水管路继而又进入可喷水感应圈组件管路后，一部分通过淬火水孔 ζ 向外喷射，可对正在感应淬火的上盖凹球面或下座凹球面实施淬火冷却，另一部分则继续沿可喷水感应圈组件的管路前行，直至通过感应器基体组件出水管路沿出水方向 w 流出；需要说明的是，当淬火冷却介质在感应器基体组件、可喷水感应圈组件的管路内流动时，不仅可通过淬火水孔 ζ 实施感应淬火冷却，还可同时对淬火感应器本身导电加热后的管路实施通水冷却，即通过采用淬火感应器将感应器冷却用水与感应淬火冷却介质合二为一的方法，发挥两种不同的功能，继而解决了在铲刀连接座凹球面的内侧空间狭小情况下所需的感应淬火冷却介质的问题。

(4) 感应器的配用尺寸确定方法　感应器的配用尺寸确定方法步骤如下：

① 有效感应弧面半径 SR3 配用尺寸确定　依据需实施感应淬火的铲刀连接座凹球面即上盖凹球面半径 SR1 或下座凹球面半径 SR2 的尺寸情况以及按照感应淬火工艺要求的球面水平感应间距 λ′ 尺寸予以确定，即有效感应弧面半径 SR3 配用尺寸应按以下公式予以确定：

$$SR3 = SR1(\text{或 } SR2) - \lambda' \tag{5-4}$$

注：由于上盖凹球面半径 SR1 尺寸等于下座凹球面半径 SR2 尺寸，故二者可等同应用，取一即可。

② 有效感应弧端宽度 L3 配用尺寸确定　不仅要依据需实施感应淬火的铲刀连接座凹球面上盖宽度 L1 或下座宽度 L2 的尺寸情况以及按照感应淬火工艺要求的上端竖直感应间距 λ″ 和下端竖直感应间距 λ‴ 予以确定，而且还要依据外配的感应淬火装置上放置的全圆带台

阶屏蔽环的全圆台阶高度 h'' 尺寸和半圆带台阶屏蔽环的半圆台阶高度 h' 尺寸予以确定，即有效感应弧端宽度 $L3$ 配用尺寸应按以下公式予以确定：

$$L3=L1(或L2)-(h'+h''+\lambda''+\lambda''') \tag{5-5}$$

注：由于上盖宽度 $L1$ 尺寸等于下座宽度 $L2$ 尺寸，故二者可等同应用，取一即可。

③ 两圆管接头间距离 $L4$ 及圆管外径 ϕ 配用尺寸确定　依据外配的电源设备的配用情况予以确定，具体为：依据变压器上变压器二次线圈的两个圆管卡座的圆管卡座孔径 ϕ' 和两圆管卡座间距 $L5$ 的尺寸予以确定，即两圆管接头间距 $L4$ 配用尺寸应按以下公式予以确定：

$$L4=L5 \tag{5-6}$$

圆管外径 ϕ 配用尺寸确定，应按以下公式予以确定：

$$\phi=\phi' \tag{5-7}$$

至此，一种用于铲刀连接座凹球面的淬火感应器所需的配用尺寸，全部确定完毕。

铲刀连接座凹球面的淬火感应器的配用尺寸，系指淬火感应器制作时所需的四个尺寸，即淬火感应器与外部配合应用物件（铲刀连接座、感应淬火装置和电源设备）的配用尺寸，具体为：有效感应弧面半径 $SR3$、有效感应弧端宽度 $L3$、两圆管接头间距 $L4$ 和圆管外径 ϕ。四个尺寸的确定，不仅使得淬火感应器可以依需制作和便于配用，而且使得铲刀连接座凹球面的感应淬火质量得到更加有效的控制。

在该项目研究中，下座凹球面半径 $SR2$ 为 55mm，下座宽度 $L2$ 为 55mm；感应淬火装置上放置的全圆带台阶屏蔽环的全圆台阶高度 h'' 为 2mm，半圆带台阶屏蔽环的半圆台阶高度 h' 为 2mm；感应器导电管的孔径 ϕ' 为 16mm，两圆管卡座间距离为 60mm；另外，按照感应淬火工艺要求，球面水平感应间距 λ' 为 2mm，上端竖直感应间距 λ'' 为 3mm，下端竖直感应间距 λ''' 为 3mm。

依据上述情况，确定所用淬火感应器的配用尺寸，步骤如下。

a. 有效感应弧面半径 $SR3$ 配用尺寸，按以下公式确定：

$$SR3=SR2-\lambda'=55-2=53\text{mm};$$

b. 有效感应弧端宽度 $L3$ 配用尺寸，按以下公式确定：

$$L3=L2-(h'+h''+\lambda''+\lambda''')=55-(2+2+3+3)=45\text{mm};$$

c. 两圆管接头间距离 $L4$ 配用尺寸，按以下公式确定：

$$L4=L5=60\text{mm};$$

d. 圆管外径 ϕ 配用尺寸，按以下公式确定：

$$\phi=\phi'=16\text{mm}。$$

至此，铲刀连接座凹球面的淬火感应器所需的配用尺寸，全部确定完毕，随后，可按此配用尺寸，进一步完善淬火感应器的制作图设计并完成其实物制作。

5.4.1.4　高频感应淬火装置控制系统及自控方法研究

需要说明的是，上述高频感应淬火装置及高频感应器的研究，虽然解决了尖角效应、感应间距、低速回转、加热效率、圆环效应、所需淬火冷却介质和配用尺寸确定的问题，但就其感应淬火装置的电控系统及自控方法而言，未深度涉及。如在低速回转状态下，如何解决感应淬火"起点"位置和"终点"位置的电控定位问题；如何依据淬火工艺需要，解决多转速运行的电控调速问题以及在此运行过程中如何解决与外联配套使用的感应加热组件、淬火喷水组件的电控应用问题。

只有解决以上所述电控问题，才能保证铲刀连接座凹球面的感应淬火质量，满足使用需要。为此，我们对铲刀连接座感应淬火装置的电控系统及自控方法进行研究，且收到了良好的效果。

(1) 铲刀连接座高频感应淬火装置控制系统配置　所研究的铲刀连接座感应淬火装置的电控系统包括：人机界面、可编程控制器、位置检测单元、开关量输入单元、开关量输出单元、回转控制单元。所述可编程控制器，安装在电控柜内部且为主控制器；所述人机界面，安装在电控柜上部的操作台面上，是人机之间传递、交换信息的对话接口，并与可编程控制器相连（见图 5-77 所示），对人机界面上输入的诸如感应加热时间、回转转速和回转时间等信息，均可通过可编程控制器实施分析处理，满足实际使用的需要。

铲刀连接座感应淬火装置的电控系统所述位置检测单元包括与可编程控制器上高速计数模块相连的增量式编码器以及所配置的

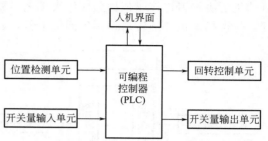

图 5-77　铲刀连接座感应淬火装置控制系统配置图

电控线路，目的是解决铲刀连接座在低速回转状态下的感应淬火"起点"位置和感应淬火"终点"位置的电控定位问题。其中，增量式编码器安装在电控柜之外旋转执行器件的回转用电机 M1 的尾部电机轴上。

铲刀连接座感应淬火装置的电控系统所述开关量输入单元包括与可编程控制器上的开关量输入端相连的工作模式选择开关、系统自动启停开关、系统手动启停开关、系统急停开关。其中，所述工作模式选择开关包括手动/自动选择旋钮 SA1 以及所配置的电控线路；所述系统自动启停开关包括自动运行按钮、停止运行按钮以及所配置的电控线路；所述系统手动启停开关包括旋转启动按钮、旋转停止按钮、加热启动按钮、加热停止按钮、喷水启动按钮、喷水停止按钮以及所配置的电控线路；所述系统急停开关包括系统急停按钮以及所配置的电控线路。在上述开关量输入单元中，所涉及的旋钮及按钮均设置在电控柜上部的操作台面上。另外，上述旋转启动按钮和旋转停止按钮，用于控制旋转执行器件上回转用电机 M1 的旋转启动和停止；上述加热启动按钮和加热停止按钮，用于外联配套使用的感应加热组件上淬火感应器的双匝感应圈上有效感应弧端及其上有效感应弧端对外实施的加热启动和停止；上述喷水启动按钮和喷水停止按钮，用于外联配套使用的淬火喷水组件上淬火感应器的双匝感应圈上设置的若干个淬火水孔ζ对外实施淬火冷却介质的喷水启动和停止。

铲刀连接座感应淬火装置的电控系统所述开关量输出单元包括与可编程控制器上的开关量输出端相连的状态指示组件、淬火喷水组件和感应加热组件。其中，所述状态指示组件包括手动选择指示灯、自动选择指示灯、自动运行指示灯、旋转指示灯、加热指示灯、喷水指示灯以及所配置的电控线路。所述旋转指示灯，用于在手动选择状态下电机的旋转指示；所述加热指示灯，用于在手动选择状态下的感应加热组件上淬火感应器的双匝感应圈上有效感应弧端及其上有效感应弧端对外实施的加热指示；所述喷水指示灯，用于在手动选择状态下的喷水组件上淬火感应器的双匝感应圈上设置的若干个淬火水孔ζ对外实施的喷水指示。上述状态指示组件中，所涉及的指示灯均设置在电控柜上部的操作台面上。所述与感应淬火装置配套使用的淬火喷水组件，包括水泵、喷射阀、喷液开启用中间继电器、水泵启动用中间继电器、水泵用接触器及所配置的电控线路，目的是为了解决所需淬火冷却介质的电控应用问题。所述与感应淬火装置配套使用的感应加热组件包括电源设备、变压器、加热启动用中间继电器、加热组件用接触器及所配置的电控线路，目的是为了解决所需感应加热电源的电控应用问题。

铲刀连接座感应淬火装置的电控系统所述回转控制单元包括旋转执行器件、变频调速组件及所配置的电控线路。所述变频调速组件，即为变频器通过其所配置的电控线路，一端与可编程控制器上模拟量输出端相连，另一端与电机相连。所述旋转执行器件包括电机、旋转启动用中间继电器，其中，中间继电器与可编程控制器上的开关量输出端相连，目的是解决铲刀连接座依据感应淬火工艺需要实施多转速运行的电控调速问题。所述旋转执行器件包括电机、旋转启动用中间继电器，其中，中间继电器与可编程控制器上开关量输出端相连，其电机旋转不仅受到变频器的调速控制，而且还受到中间继电器的启停控制。

一种用于铲刀连接座感应淬火装置的电控系统的控制方法，分为自动控制方法（简称自控方法）和手动控制方法两种，其自动控制方法为正常生产运行所用，手动控制方法为维护调试所用。有关手动控制方法，在此不作说明。

（2）铲刀连接座高频感应淬火装置的控制系统原理（见图 5-78 所示）

（3）铲刀连接座高频感应淬火装置的控制系统的电气原理（见图 5-79 所示）

（4）铲刀连接座高频感应淬火装置的电控系统在高频感应淬火装置上的配置（见图 5-80 所示）

（5）铲刀连接座高频感应淬火装置的电控系统的自控方法　铲刀连接座感应淬火装置的电控系统的自控方法的步骤如下。

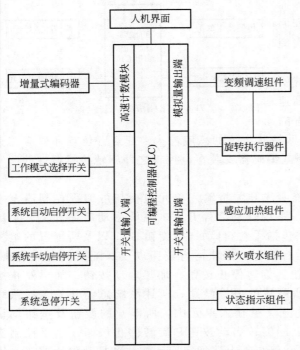

图 5-78　铲刀连接座感应淬火装置控制系统原理框图

① 接通感应淬火装置用电源：使一种用于铲刀连接座感应淬火的装置处于可工作状态。

② 选择自动控制模式：在电控柜上部的操作台面上，选择自动工作模式，即将手动/自动选择旋钮 SA1 旋至自动位置上，自动选择指示灯 HL2 亮。

③ 检查上次设置的参数是否可续用：依据淬火工艺要求，在人机界面上检查上次使用感应淬火装置时设置的参数是否可续用；所述设置参数包括预加热时间 t_0、回转组件所需的多种转速及相对应的运转时间。

a. 经检查，如果上次设置的参数可续用，则直接进入下一步骤④；

b. 经检查，如果上次设置的参数不可续用或上次没有设置参数，则应在人机界面上新设置所需的参数，即新设置预加热时间 t_0、回转组件所需的多种转速及相对应的运转时间，随后，进入下一步骤④。

④ 放置上盖或下座和半圆带台阶屏蔽环：在感应淬火"起点"位置处，首先，将铲刀连接座的上盖或下座放置在已位于回转组件上的全圆带台阶屏蔽环上，并使其上盖连接面或下座连接面与俯视水平中心线 δ_x 间夹角，符合感应淬火"起点"位置转角 θ' 的要求；随后，将半圆带台阶屏蔽环放置在铲刀连接座的上盖或下座上。

⑤ 启动自动运行按钮：按下电控柜上的自动运行按钮 SB1，自动运行指示灯 HL3 亮，一种用于铲刀连接座的感应淬火装置进入自动运行状态，即依序自动完成如下的控制过程。

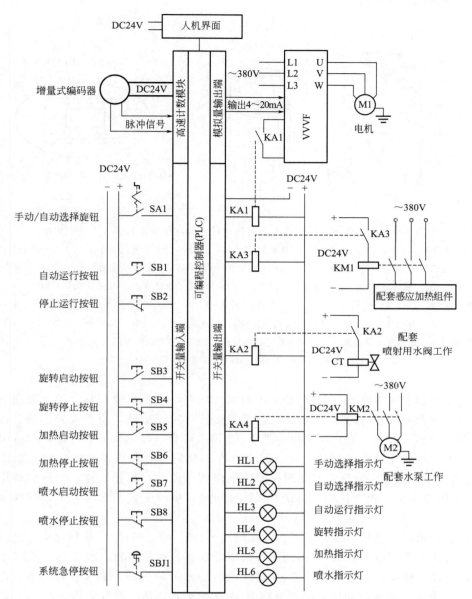

图 5-79 铲刀连接座感应淬火装置控制系统电气原理图

a. 预加热开始：与感应淬火装置配套使用的感应加热组件首先开始工作，即加热启动用中间继电器 KA3 得电吸合，感应加热组件中的电源设备、变压器及其上的变压器二次线圈通过淬火感应器，在感应淬火"起点"位置处，开始对处于非旋转状态下的上盖凹球面或下座凹球面进行预加热，直至设置的预加热时间 t_0 到。

b. 设置的预加热时间到：预加热时间 t_0 到，预加热结束；此时，一方面，加热启动用中间继电器 KA3 仍处于得电吸合状态，即上盖凹球面或下座凹球面仍处于被加热状态；另一方面，旋转启动用中间继电器 KA1 得电吸合，电机 M1 启动并驱动减速机旋转，且使得回转组件及其上的上盖或下座，按照设定的第一转速 n_1 由感应淬火"起点"位置向感应淬火"终点"位置即开始沿运转方向 ω 旋转，直至设置的第一运转时间 t_1 到。

c. 设置的第一转速运转结束：第一运转时间 t_1 到，第一转速 n_1 运转结束；此时，一方

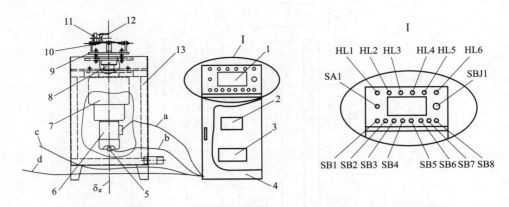

图 5-80　铲刀连接座感应淬火装置的电控系统在感应淬火装置上的配置图

1—人机界面；2—可编程控制器；3—变频调速组件；4—电控柜；5—增量式编码器；6—旋转执行器件；7—减速机；8—圆托盘；9—回转组件；10—全圆带台阶屏蔽环；11—铲刀连接的下座；12—半圆带台阶屏蔽环；13—柜体组件；a—第一连接用控制线；b—第二连接用控制线；c—第三连接用控制线；d—第四连接用控制线；δ_z—回转中心线；SA1—手动/自动选择旋钮；SB1—自动运行按钮；SB2—停止运行按钮；SB3—旋转启动按钮；SB4—旋转停止按钮；SB5—加热启动按钮；SB6—加热停止按钮；SB7—喷水启动按钮；SB8—喷水停止按钮；SBJ1—系统急停按钮；HL1—手动选择指示灯；HL2—自动选择指示灯；HL3—自动运行指示灯；HL4—旋转指示灯；HL5—加热指示灯；HL6—喷水指示灯

面，旋转启动用中间继电器 KA1 仍处于得电吸合状态，回转组件及其上的上盖或下座，按照设置的且经变频调速后的第二转速 n_2 继续沿运转方向 ω 旋转，直至设置的第二运转时间 t_2 到；另一方面，喷水开启用中间继电器 KA2 得电吸合，喷射阀 CT 开启，与感应淬火装置配套使用的淬火喷水组件开始工作，即淬火冷却介质开始通过淬火感应器上的淬火水孔 ζ，喷射到正在实施感应加热的上盖凹球面或下座凹球面上；除此之外，加热启动用中间继电器 KA3 仍处于得电吸合状态，仍在对正在旋转过程中的上盖凹球面或下座凹球面实施感应加热。

d. 设置的第二转速运转结束：第二运转时间 t_2 到，第二转速 n_2 运转结束；此时，一方面，旋转启动用中间继电器 KA1 仍处于得电吸合状态，回转组件及其上的上盖或下座，按照设置的且经变频调速后的第三转速 n_3 继续沿运转方向 ω 旋转，直至设置的第三运转时间 t_3 到；另一方面，加热启动用中间继电器 KA3 和喷水开启用中间继电器 KA2，二者仍处于得电吸合状态，且分别对旋转过程中的上盖凹球面或下座凹球面继续实施感应加热和淬火冷却。

e. 设置的第三转速运转结束：第三运转时间 t_3 到，第三转速 n_3 运转结束；当第三转速 n_3 将要运转结束时，电控系统借助设置的增量式编码器将上盖或下座运转至感应淬火"终点"位置时的旋转位移，转换成周期性的电信号继而转变成计数脉冲，且通过可编程控制器的实时分析处理，告知电控系统实施下一自控步骤。

此时，一方面，旋转启动用中间继电器 KA1 仍处于得电吸合状态，与上述所不同的是，回转组件及其上的上盖或下座，按照设置的且经变频调速后的第四转速 n_4，开始由感应淬火"终点"位置向感应淬火"起点"位置即继续沿着运转方向 ω 旋转，直至设置的第四运转时间 t_4 到；另一方面，加热启动用中间继电器 KA3 断电释放，停止感应加热，而喷水开启用中间继电器 KA2 仍处于得电吸合状态，仍在对旋转过程中的上盖凹球面或下座凹球面实施淬火冷却。

f. 设置的第四转速运转结束：第四运转时间 t_4 到，第四转速 n_4 运转结束；此时，一方面，旋转启动用中间继电器 KA1 仍处于得电吸合状态，与上述所不同的是，回转组件及其上的上盖或下座，按照设置的且经变频调速后的第五转速 n_5 继续沿着运转方向 ω 旋转，直至设置的第五运转时间 t_5 到；另一方面，喷水开启用中间继电器 KA2 断电释放，喷射阀 CT 关闭，停止对上盖凹球面或下座凹球面实施淬火冷却。

g. 设置的第五转速运转结束：第五运转时间 t_5 到，第五转速 n_5 运转结束；当第五转速 n_5 将要运转结束时，电控系统借助设置的增量式编码器将上盖或下座运转至感应淬火"起点"位置时的旋转位移，转换成周期性的电信号继而转变成计数脉冲，且通过可编程控制器的实时分析处理，使得旋转启动用中间继电器 KA1 断电释放，电机 M1、减速机、回转组件及其上的上盖或下座停止运转，且上盖或下座停留在感应淬火"起点"位置处，即重回放取上盖或下座的感应淬火"起点"位置处。

⑥ 取下半圆带台阶屏蔽环和上盖或下座：在感应淬火"起点"位置处，首先，将放置在铲刀连接座的上盖或下座上的半圆带台阶屏蔽环取下，随后，将放置在全圆带台阶屏蔽环上的铲刀连接座的上盖或下座取下。

⑦ 确定是否进入下一工作循环。

a. 经确定，如果需要对下一个铲刀连接座的凹球面继续实施感应淬火，则返回步骤③，并重复其后的步骤，进入下一工作循环，直至不再需要为止；

b. 经确定，如果不需要对下一个铲刀连接座的凹球面继续实施感应淬火，则按以下步骤实施：

首先按下电控柜上停止运行按钮 SB2，自动运行指示灯 HL3 灭，即不再显示；

然后断开感应淬火装置用电源，使一种用于铲刀连接座的感应淬火装置处于非工作状态，即结束本项工作。

5.4.1.5 高频淬火工艺研究

(1) 工艺方案确定的理论依据　感应加热表面淬火工艺的选择包括设备的选择、加热方法和冷却方法的选择、工艺参数的选择和回火工艺的选择。

① 加热频率　表 5-46 所列是对各种淬硬层深度适用的合理的频率范围、最佳频率及按国内设备的生产和使用情况而推荐使用的设备。表 5-47 为美国通用的感应加热设备的频率选择的有关资料。表中"好"表示加热效率高，接近于最佳频率。"中"有两种情况：①比"好"的频率低，虽可将零件表层加热到淬火温度，但效率较低。②比"好"的频率高，比功率较大时，易造成表面过热，加热效率也较低。"差"表示所用频率过高，只有用很低的比功率加热时才能在保证表面不过热的情况下获得规定的加热速度。

在一定频率下，因感应器的效率与零件直径大小有关。在选择频率时还要适当考虑零件的直径大小。零件直径越大，感应器的效率越高。因此，大直径零件允许采用低的频率，对小直径零件，可采用偏高的频率。表 5-48 表示零件直径与允许使用最低频率的关系。

对于截面形状复杂的零件，设备频率的选择，除考虑淬硬层的深度要求外，还要注意加热温度分布的均匀性。

采用高频（200kHz）沿凹球面扫描感应加热淬火，使铲刀连接上座、下盖的凹球面的硬化层深度达 1～3mm，适用于 T80 等小载荷工程机械产品。

② 电源功率 P　加热频率及电源功率选取依据见 2.6.1 "动力输出从动轴"中"(4) 从动轴零件工艺方案确定的理论依据"中"①加热频率"和"②电源功率 P"。

表 5-46　淬硬层深度和设备频率　　　　　　　　　　　　　　　　　单位：Hz

频率	硬化层深						
	1.0mm	1.5mm	2.0mm	3.0mm	4.0mm	6.0mm	10.0mm
最高频率	250000	100000	60000	30000	15000	8000	2500
最低频率	15000	7000	4000	1500	1000	500	150
最佳频率	60000	25000	15000	7000	4000	1500	500
20世纪50～90年代推荐使用设备	电子管式	电子替式或机式(8000Hz)		机式(8000Hz)	机式(2500Hz)		机式(500～1000Hz)

表 5-47　按淬硬层深度和零件直径选择设备

硬化层深/mm	零件直径/mm	机械式发电机			火花式 20k～600kHz	真空管式 >200kHz
		1000Hz	3500Hz	10000Hz		
0.4～1.3	6～25			好	好	好
1.3～2.5	11～16			中	好	好
	16～25		中	好	好	好
	25～51		中	好	中	中
	>51	中	好	好	差	差
2.6～5.1	19～51		好	好	差	差
	50.8～102	好	好			
	>102	好	中	差		

表 5-48　零件直径与允许使用的最低频率　　　　　　　　　　　　　单位：Hz

零件直径/mm	10	15	20	30	40	60	100
感应器效率 $\eta=0.8$ 时允许使用最低频率	250000	150000	60000	30000	15000	7000	250
感应器效率 $\eta=0.7$ 时允许最低频率	30000	20000	7000	3000	2000	800	300

加热功率计算公式：
$$P=\frac{P_0 \times S}{\eta_n \times \eta_T}$$

式中　P_0——单位面积功率，kW/cm^2；
　　　S——加热面积，cm^2；
　　　η_n——感应器效率；
　　　η_T——变压器效率。

按照理论设计，根据感应器特殊结构、有效加热面积和实际经验得出如下数据：
$P_0=1\sim 2kW/cm^2$，取 1.6；
$S=L\times H=6\times 1=6(cm^2)$；
$\eta_n=0.4$（视感应器结构和加热方式而定）；
$\eta_T=0.8$；

$$P=\frac{P_0 \times S}{\eta_n \times \eta_T}=1.6\times 6\div(0.4\times 0.8)=30(kW)$$

③ 凹球面扫描线速度 S　零件移动速度 S 是指零件通过感应器的距离与通过该距离使

零件达到淬火温度所用的时间之比。

$$S = \frac{h}{t}$$

式中　h——感应器宽度，10mm；

　　　t——加热时间，通过调试，静止加热功率为 30kW 时需用加热时间为 5s。

$$S = \frac{h}{t} = 1/5 = 0.2 (\text{cm/s})$$

采用 200kHz 高频电源，选择在 0.15～0.25cm/s 之间适当地调整扫描速度，可在扫描区段获得不同深度的淬火硬化层，硬化层深一般为 1～3.5mm。

加热温度、加热时间、冷却时间、加热方法和冷却方案及电参数的选择依据 2.6.1 "功力输出从动轴"中 "（4）从动轴零件工艺方案确定的理论依据"。

（2）导磁体的驱流作用及其应用　导磁体对于减少磁力线的逸散和提高感应器的效率是十分有效的，它是内孔与平面感应加热中不可缺少的工具。

如图 5-81 所示，当高频电流的载流导体上卡上∏形导磁体后，高频电流总是集中在开口部位流动。∏形导磁体驱流的原理是凹槽内部的电感比外层开口部分的大，迫使高频电流集中在开口部分，达到了驱流作用。

∏形导磁体是提高内孔与平面感应器效率不可缺少的工具。它们卡上∏形导磁体后，利用其驱流作用，可以改变高频电流与感应涡流的相对位置，使圆环效应与邻近效应相一致。例如内孔感应器由于圆环效应高频电流在感应器内表面流过，在卡上∏形导磁体后将高频电流驱至外表面，使感应器与零件之间的有效间隙大为减小，

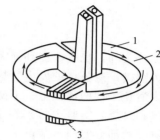

图 5-81　∏形导磁体的驱流作用
1—感应器；2—高频电流；3—导磁体

效率大为增加。除此之外，感应器卡上导磁体后，磁力线将完全经过导磁体而形成闭合回路，从而在很大程度上减少磁力线的逸散。与此同时，由于导磁体具有较高的磁导率，还可使磁通增加。所有这些因素，可以将内孔感应器的效率提高到接近外圆表面感应器的水平。

外圆表面感应器卡上导磁体后，限制了零件被加热的宽度，减少磁力线的逸散，也可略微提高这类感应器的效率。

导磁体是具有较大磁导率 μ 的材料制作的，为了避免额外的功率消耗，所用导磁体材料的厚度必须小于其高频电流透入深度。

（3）感应加热的屏蔽原理及其应用　在设计制造感应器时，如相邻部位不允许或不需要加热时，应考虑采取屏蔽措施，以防止其不应有的加热产生，如产生淬火裂纹或回火软化等。

屏蔽有两种方法。一种是利用非磁性金属纯铜管或铜板做成短路磁环。当磁力线穿过铜环时，便产生感应涡流，此涡流所产生的磁场方向与感应器的刚好相反，这样就抵消或削弱了逸散的磁力线，达到屏蔽的目的。另一种屏蔽是利用铁磁材料（如硅钢片或工业纯铁及软钢）做成短路磁环。由于其磁阻比零件的小，使逸散磁力线优先通过磁短路环，从而达到屏蔽的目的。磁屏蔽的原理图如图 5-82 所示。

在利用铜环屏蔽时，铜环厚度应大于高频电流的穿透深度。在利用钢环屏蔽时，为了减少额外的功率消耗，应在钢片上开许多槽（槽宽 1.5mm，深 12mm，按 10°～15°等分），以割断涡流的路程，使钢片不致被加热。这两种屏蔽方法也可以同时应用。

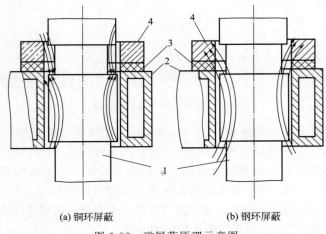

(a) 铜环屏蔽　　　　(b) 钢环屏蔽

图 5-82　磁屏蔽原理示意图
1—工件；2—感应器；3—绝缘垫；4—屏蔽环

除此之外，也有一些其他需要屏蔽的部位，如轴上的键槽、油孔、装配孔等，也可打入铜销、铜楔，避免该处发生过热，产生淬火裂纹。

为避免工件凹球面上、下两端面尖角区域在加热过程中因感应电流的尖角效应而产生局部过热和过烧，实验中特别在工件凹球面的上、下两端面边缘附加紫铜材料的半圆、全圆环，对尖角部分实施屏蔽保护。

(4) 电控原理的应用　针对 T80 铲刀连接座零件的具体形状、尺寸，由工艺试验得知，零件的旋转速度为 1.7r/min 比较合适。为在使用过程中方便调节，得到更佳的工艺参数，要求减速机旋转速度能够在 1~2r/min 之间进行无级变速。选用两级大比例减速器，减速比为 1:824，减速器型号 DRCF57/97；电机型号 YS7124，相数 3，功率 0.37kW，转速 1400r/min。为实现在扫描线速度在 1.2~20mm/s 范围内的无级调速，选用 10~50Hz 的变频调速器，变频调速器型号：6SE6 440-2UD15-5AA1。

(5) 试验内容

① 感应器结构和淬火方式　与一般的感应加热情况不同，对凹球面进行感应加热需利用感应器外环作为有效加热部位对工件内环（凹球面）进行扫描加热。依据感应加热工作原理，高频电流具有环状效应，即趋向于环状感应器的内环表层，此特性不利于对工件内环表面进行扫描加热。

为克服此不利特性，实现对工件内环（凹球面）的扫描加热，并提高加热效率，根据实践经验和多次实验结果，本项目针对 T80 铲刀连接座零件，设计制造了特殊结构的凹球面扫描加热淬火专用感应器（见图 5-83），提高加热效率。其结构特征如下：有效加热段由两匝同向线圈构成；线圈外形是仿凹球面形状，线圈内环施加⊓形导磁体，驱使高频电流集中于线圈外环表层；感应器有效加热部分的第二匝与扫描方向呈 45°角，附加一排喷水孔，在扫描加热过程中对已加热区迅速喷液淬火。

② 淬火装置的调整　工装旋转速度的确定：选用浙江台州清华机电设备制造有限公司生产的减速器，型号 DRCF57/97；输出转速 1.7r/min，功率 0.37kW。为满足速度调整的要求，选用变频器调速，调速器型号：6SE6 440-2UD15-5AA1，为西门子产品。

工装高度由安装在高频变压器上的感应器位置确定，根据实际制作的感应器尺寸，测得高度为 1.1m，在旋转工作台下部轴套上设计了手动旋转螺母，可以上下调节高度。

工装制造成方框容器型，内部主要布置减速机及电动机，在支撑减速机的面板上打出很多孔，便于淬火介质的回流，淬火介质在工装的底部通过管道流回介质槽。

在实际工作中，项目组成员增加了调心装置，有效地控制了感应器与零件的间隙，淬火质量得到进一步保证。

铲刀连接座凹球面的感应淬火装置的操作步骤如下：

a. 接通感应淬火装置用电源，使一种用于铲刀连接座凹球面的感应淬火装置处于可工作状态。

b. 选择自动控制模式，在电控柜上部的操作台面上，将手动/自动选择旋钮旋至自动位置上。

c. 检查上次设置的参数是否可续用。在人机界面上检查上次使用感应淬火装置时设置的参数是否可续用，所述参数包括：对上盖凹球面或下座凹球面实施的预加热时间、回转组件转速及相对应的运转时间。

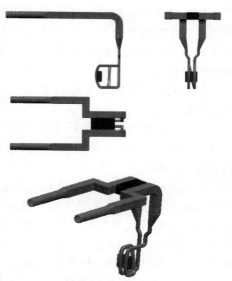

图 5-83　铲刀连接座高频淬火专用感应器

经检查，如果上次设置的参数可续用，即适用于本次铲刀连接座的上盖凹球面或下座凹球面的感应淬火需要，则可直接进入下一步骤 d。

经检查，如果上次设置的参数不可续用或上次没有设置参数，则应在人机界面上新设置所需的参数，即新设置预加热时间、回转组件转速及相对应的运转时间，随后，进入下一步骤 d。

d. 放置上盖或下座。在感应淬火的"起点"位置转角 θ' 处，将铲刀连接座的上盖或下座放置在已位于回转组件上的全圆带台阶屏蔽环上，即将其上盖后端面或下座后端面的半圆开口面放在全圆带台阶屏蔽环的台阶外圆面上，并予以紧贴。

e. 放置半圆带台阶屏蔽环。将半圆带台阶屏蔽环放置在铲刀连接座的上盖或下座上，即将半圆带台阶屏蔽环的台阶外圆面放在上盖前端面或下座前端面的半圆开口内圆面上，并予以紧贴。

f. 检查上次感应间距调整结果是否可续用。感应间距调整即是指对上盖或下座绕其淬火感应器有效感应弧面回转时在水平方向 X、竖直方向 Y 上的感应间距调整；检查项目包括：球面水平感应间距 λ' 检查、上端竖直感应间距 λ'' 检查和下端竖直感应间距 λ''' 检查（λ'——上盖凹球面或下座凹球面与有效感应弧面之间的水平间距；λ''——半圆台阶面与感应圈上表面之间的竖直间距；λ'''——全圆台阶面与感应圈下表面之间的竖直间距）。

经检查，如果上次感应间距调整的结果可续用，即符合要求，适用于本次铲刀连接座的上盖凹球面或下座凹球面淬火的感应间距要求，则可直接进入下一步骤。

经检查，如果上次感应间距调整的结果不可续用或上次没有进行间距调整，即不符合要求，则应按以下步骤进行调整，直至符合要求，随后进入下一步骤。

Ⅰ. 实施"水平方向"上球面感应间距调整。球面水平感应间距 λ' 调整是调整四个带光轴螺栓的光轴端在 L 型支架上的旋入、旋出位置，在水平方向 X 上移动全圆带台阶屏蔽环的圆心，使其与有效感应弧面的回转中心，即回转中心线 δ_z 对准一致，继而实现上盖凹球面或下座凹球面在水平方向 X 上的位移，保证球面水平感应间距 λ' 符合规定要求。

Ⅱ. 实施"竖直方向"上竖直感应间距调整。上端竖直感应间距 λ''、下端竖直感应间距

λ''' 调整是旋转调整螺母在带外螺纹轴套上的高低位置，且在调整后用紧定螺钉实施定位紧固，即可在竖直方向 Y 上移动圆托盘及其上回转组件的高度位置，继而实现上盖凹球面或下座凹球面在竖直方向 Y 上的位移，保证上端竖直感应间距 λ'' 和下端竖直感应间距 λ''' 符合规定的要求。

制造完成的工装如图 5-84 所示，经过调试及工艺验证，该套工装能够满足铲刀连接座淬火的要求。

经检查，上次感应间距调整结果不可续用，不符合淬火工艺要求，即不符合球面水平感应间距 λ' 为 2mm、上端竖直感应间距 λ'' 为 3mm、下端竖直感应间距 λ''' 为 3mm 的要求。调整减速机的输出轴上端的圆托盘的高低位置，即可在竖直方向上移动回转组件的高度位置，继而实现下座凹球面在竖直方向上的位移，保证上端竖直感应间距 λ''、下端竖直感应间距 λ''' 均调整为 3mm。另依据淬火工艺要求，将球面水平感应间距 λ' 调整为 2mm，即通过调整四个带光轴螺栓光轴端在 L 型支架上的旋入、旋出位置，在水平方向 X 上移动全圆带台阶屏蔽环的圆心，使其与双匝感应圈有效感应弧面回转中心，即与回转中心线 δ_z 对准一致，继而实现下座凹球面在水平方向 X 上的位移，保证球面水平感应间距 λ' 为 2mm。

③ 淬火控制系统的调整　专用淬火装置的电控设计和制作（见图 5-85 所示）。

图 5-84　高频淬火装置

图 5-85　电气控制操作

该设备控制系统采用了基于西门子的现场设备及 PROFIBUS-DP 总线网络系统。该系统由西门子 S7300 主站、一个西门子 10 键控人机界面、西门子 440 变频器、淬火加热系统等组成。系统采用现场总线技术，PLC 与人机界面之间通过标准的 Profibus DP 总线连接起来，组成 Profibus DP 局域网，以实现数据信息的快速交换。

电控系统的主控电气及主要元件均为西门子及国际知名厂家产品，符合国际电工 IEC 标准，经过 CE 或 UL 认证。

a. 工艺过程及控制原则。

Ⅰ. 工艺流程简述：启动—预加热—预加热时间到—工进 1—工进 1 延时到—工进 2—喷液—工进 2 延时到—工进 3—工进 3 延时到—停加热—工进 4—工进 4 延时到—停喷液—工进 5—工进 5 延时到—程序结束。

系统涉及的用电设备及执行元件主要有：一台旋转电机、一套加热系统、喷液电磁阀。

Ⅱ. 控制原则：控制系统设置了一个控制柜，该系统的中枢部分——西门子 S7 主站、人机界面等都在柜中，PLC 与人机界面之间的通信、数据处理在柜中完成。CPU 采用西门子 315-2DP，配有数字量输入模块、输出模块、模拟量输入模块、模拟量输出模块（见表 5-49）。

运行方式可分为"手动工作""自动工作"两种方式。

"自动工作"指按下控制柜面板上的"自动启动"按钮后，相应的设备按照编制的程序，遵循一定的逻辑关系启动进行。按下"自动停止"按钮，设备停止运行。

"手动工作"供设备调试时使用，可对设备的单个动作实行手动启动、手动停止。

b. 控制柜面板操作说明（见图5-86所示）。

Ⅰ. 柜内各断路器合上后，按下电源启动按钮，电源指示灯亮。

Ⅱ. 手动方式：把手动/自动选择开关打到手动位置，手动指示灯亮。按下相应的启停按钮，相应的指示灯亮，就可实现相应设备的启停。例如：按下旋转启动按钮，旋转指示灯亮，电机就开始旋转；按下停止按钮，旋转指示灯灭，电机停止旋转。

表5-49 控制柜详表

名 称	型 号	数 量
CPU	6ES7 315-2AG10-0AB0	1
数字量输入模块	6ES7 321-1BH02-0AA0	1
数字量输出模块	6ES7 322-1BH01-0AA0	1
模拟量输入模块	6ES7 331-7KB02-0AB0	1
模拟量输出模块	6ES7 332-5HB01-0AB0	1
人机界面	6AV6 643-0DD0-1AX1	1
变频器	6SE6 440-2UD15-5AA1	1

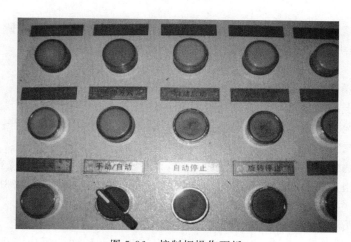

图5-86 控制柜操作面板

Ⅲ. 自动方式：把手动/自动选择开关打到自动位置，自动指示灯亮。按下自动启动按钮，自动启动指示灯亮，各设备按程序设定顺序动作，按下自动停止按钮，各设备停止动作。

c. 人机界面操作说明。人机界面共有两幅画面，分别为工艺参数画面（见图5-87）和监控画面（见图5-88）。

工艺参数画面：在这幅画面上可以设置电机手动旋转的运行频率、自动启动时的预加热时间、五个工进的运行频率及相应的延时时间。

监控画面：在这幅画面上可以实时监控到自动状态下设备的运行状态，对程序的运行一目了然。

工艺参数画面设定的电机运行频率可通过PLC程序的运算，输出0~10V的模拟量信号到西门子 440 变频器，从而控制电机的运行频率。两幅画面之间可以通过 F20 软按键实现切换。

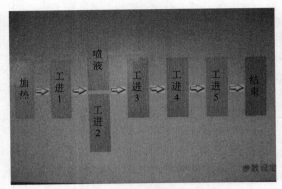

图 5-87　工艺参数画面

图 5-88　监控画面

d. 故障诊断及排除。

Ⅰ. 故障的诊断。生产过程中，有时出现故障在所难免，此时需要及时的排除故障，前提是先要找到故障原因。故障产生的原因有很多，例如电机过载、变频器出错等，大多数属于容易判断也容易解决的问题。此外还有元器件损坏、由非正常操作后引起的异常动作、总线传输故障等，这些故障一般系统不能自动提供相关信息，需要维护人员自己判断并解决。

Ⅱ. 故障的排除。找到故障产生的原因后，即可针对状况进行故障排除；若总线网络异常，可检查总线接头处接线是否有松动等。

e. 注意事项。

Ⅰ. 操作人员要严格按照说明书的要求进行操作。

Ⅱ. 人机界面上的参数设定，必须由经过培训的技术人员进行设定。

Ⅲ. 非紧急状况下，严禁使用紧急停止按钮；使用紧急停止按钮待设备停止后，要及时地右旋紧急停止按钮使其复位。

Ⅳ. 在不工作的情况下，要及时地关掉电源，以免非操作人员进行误操作。

Ⅴ. 需要打开柜门进行检修时，一定要切断控制柜的输入电源（三相 380V），以免造成人身伤害。

Ⅵ. 非专业人员严禁打开柜门进行检修。

按下电控柜上的自动运行按钮，一种用于铲刀连接座凹球面的感应淬火装置进入自动运行状态。

④ 淬火工艺试验　淬火工艺步骤如下：

a. 电源设备开始预加热即与感应淬火装置配套实施的电源设备通过变压器及其上变压器二次线圈，开始给淬火感应器预加热，并通过淬火感应器上设置的有效感应弧端及其上的有效感应弧面开始对铲刀连接座的上盖凹球面或下座凹球面实施预加热，直至设置的预加热时间 t_0 为 2s 时间到，预加热结束。

Ⅰ. 设置的预加热时间到。设置的预加热时间 t_0 到，预加热结束。此时，一方面下座凹球面仍处于被加热状态，电机启动并驱动减速机旋转，且使得回转组件及其上的下座，按照设定的第一转速 n_1 为 2.06r/min 由感应淬火"起点"位置向感应淬火"终点"位置，开始沿运转方向 ω 旋转，直至设置的第一运转时间 t_1 为 3s 时间到。

Ⅱ.设置的第一转速运转结束。第一运转时间 t_1 到,第一转速 n_1 运转结束。此时,一方面回转组件及其上的下座,按照设置的且经变频器调速后的第二转速 n_2 为 1.85r/min 继续沿运转方向旋转,直至设置的第二运转时间 t_2 为 7s 时间到;另一方面,喷射阀开启,与淬火感应器配套使用的水泵组件开始工作,即淬火冷却介质开始通过淬火感应器的双匝感应圈上设置的若干个淬火水孔,喷射到正在实施感应加热的下座凹球面上。除此之外,淬火感应器上的双匝感应圈的有效感应弧面仍在继续对正在旋转过程中的下座凹球面实施感应加热。

Ⅲ.设置的第二转速运转结束。第二运转时间 t_2 到,第二转速 n_2 运转结束。此时,一方面回转组件及其上的下座,按照设置的且经变频器调速后的第三转速 n_3 为 1.95r/min 继续沿运转方向旋转,直至设置的第三运转时间 t_3 为 2s 时间到;另一方面,双匝感应圈的有效感应弧面继续对旋转过程中的下座凹球面实施感应加热,同时,喷射阀继续开启,继续对下座凹球面实施淬火冷却。

Ⅳ.设置的第三转速运转结束。第三运转时间 t_3 到,第三转速 n_3 运转结束。当第三转速 n_3 将要运转结束时,电控系统借助设置的编码器将下座运转至感应淬火"终点"位置时的旋转位移,转换成周期性的电信号继而转变成计数脉冲,且通过可编程控制器的实时分析处理,告知电控系统实施下一自控步骤。此时,一方面回转组件及其上的下座,按照设置的且经变频调速后的第四转速 n_4 为 1.64r/min,开始由感应淬火"终点"位置向感应淬火"起点"位置即继续沿着运转方向旋转,直至设置的第四运转时间 t_4 为 3s 时间到;另一方面,淬火感应器停止感应加热,而喷射阀继续开启,仍在对旋转过程中的下座凹球面实施淬火冷却。

Ⅴ.设置的第四转速运转结束。第四运转时间 t_4 到,第四转速 n_4 运转结束。此时,一方面回转组件及其上的下座,按照设置的且经变频器调速后的第五转速 n_5 为 1.94r/min 继续沿着运转方向 ω 旋转,直至设置的第五运转时间 t_5 为 17s 时间到;另一方面,喷射阀关闭,停止对下座凹球面实施淬火冷却。

Ⅵ.设置的第五转速运转结束。第五运转时间 t_5 到,第五转速 n_5 运转结束。当第五转速 n_5 将要运转结束时,电控系统借助设置的编码器将下座运转至感应淬火"起点"位置时的旋转位移,转换成周期性的电信号继而转变成计数脉冲,且通过可编程序控制器的实时分析处理,使得电机、减速机、回转组件及其上的下座停止运转,且下座停留在感应淬火"起点"位置处,即重回放取下座的感应淬火"起点"位置处。

b.取下半圆带台阶屏蔽环和下座。首先,将放置在铲刀连接座的下座上的半圆带台阶屏蔽环取下,随后,将放置在全圆带台阶屏蔽环上的下座取下。

确定是否进入下一工作循环,经确定,仍需继续对另外的铲刀连接座的下座实施感应淬火工作,则返回步骤 a,并重复其后的步骤,进入下一工作循环,直至不再需要为止;当不再需继续对下座实施感应淬火后,则按以下步骤实施:

Ⅰ.按下电控柜上的停止运行按钮;

Ⅱ.断开感应淬火装置用电源,使一种用于铲刀连接座凹球面的感应淬火装置处于非工作状态,随后,断开(关闭)电源设备、水泵组件的电源,结束其工作状态。

最后,进一步说明以下 3 点:

Ⅰ.上述 n_1、n_2、n_3、n_4、n_5 转速,系减速机输出轴转速,另外,回转组件及其上放置的全圆带台阶屏蔽环、下座、半圆带台阶屏蔽环转速等同于输出轴转速;

Ⅱ.上述减速机输出轴转速调整,即"$n_1—n_2—n_3—n_4—n_5$"的依序转速变化,系通过电控柜设置的变频器变频调速,且通过可编程控制器实时分析判断处理予以实现;

Ⅲ. 上述提及的"起点"位置转角 θ'、"终点"位置转角 θ'' 的转角值,依据淬火工艺需要设定,在本实施例中,均设定为 10°;该角度的保证,系通过设置的编码器提供计数脉冲且经可编程控制器实时分析、判断处理予以实现。

c. 由感应淬火"起点"运转至感应淬火"终点"。已放置到位的上盖或下座,由感应淬火的"起点"位置转角 θ' 处开始沿 ω 方向运转至"终点"位置转角 θ'' 处,即当步骤Ⅰ设置的预加热时间结束后电机启动,驱使减速机、圆托盘、回转组件及其上的全圆带台阶屏蔽环、上盖或下座、半圆带台阶屏蔽环开始以设置的转速及相对应的运转时间运转,直至运转到位;途中,喷射阀开启,水泵组件开始通过淬火感应器提供淬火冷却介质,即开始通过其上的淬火水孔 ζ 将淬火冷却介质喷射到已被感应加热的上盖凹球面或下座凹球面上。另外,电源设备继续通过有效感应弧端及其上的有效感应弧面对上盖凹球面或下座凹球面实施感应加热,当运转到感应淬火"终点"位置转角 θ'' 处后,电源设备不再通过有效感应弧端对上盖凹球面或下座凹球面实施感应加热,但是,喷射阀仍处于开启状态,水泵组件继续对上盖凹球面或下座凹球面实施淬火冷却。

d. 由感应淬火"终点"运转至感应淬火"起点"。当上盖或下座运转至"终点"位置转角 θ'' 处后,已感应淬火过的上盖或下座继续沿 ω 方向运转,即由感应淬火的"终点"位置转角 θ'' 处运转至"起点"位置转角 θ' 处,同样以步骤Ⅲ设置的转速及相对应的运转时间运转,直至运转到位,即重回感应淬火"起点"位置转角 θ' 处。此时,感应淬火装置自动停止运转,即电机、驱使减速机、圆托盘、回转组件及其上的上盖或下座,在感应淬火"起点"位置自动停止转动;途中,喷射阀关闭,水泵组件停止对上盖凹球面或下座凹球面实施淬火冷却,即淬火感应器上的淬火水孔 ζ 停止向外喷射淬火冷却介质。

经 N 次淬火工艺试验优化后,得出如下感应淬火所需的技术参数:

a. 电源设备技术参数。

电源频率:200kHz;

电压:阳极电压,9000V;槽路电压,8500V;

电流:阳极电流,3.5~4A;栅极电流,1.2~1.5A;

输出功率:30kW。

b. 感应淬火工艺技术参数。

Ⅰ. 预加热时间参数:t_0 为 2s;

Ⅱ. 由感应淬火"起点"位置运转至感应淬火"终点"位置的转速及运转时间参数:

第一转速 n_1 为 2.06r/min,第一运转时间 t_1 为 0.050min,即为 3s;

第二转速 n_2 为 1.85r/min,第二运转时间 t_2 为 0.117min,即为 7s;

第三转速 n_3 为 1.95r/min,第三运转时间 t_3 为 0.033min,即为 2s。

Ⅲ. 由感应淬火"终点"位置运转至感应淬火"起点"位置的转速及运转时间参数:

第四转速 n_4 为 1.64r/min,第四运转时间 t_4 为 0.050min,即为 3s;

第五转速 n_5 为 1.94r/min,第五运转时间 t_5 为 0.283min,即为 17s。

针对上述实施情况,本项目组又依据淬火工艺对下座凹球面耐磨性的要求,即"凹球面淬火硬度≥52HRC,淬硬层深度1~3mm,且硬化层要求沿球面均匀分布,凹球面的尖角处无过烧、裂纹现象发生"的技术要求,随机抽取了10件进行了硬度、金相检测,结果全部符合要求。其中,表面硬度检测,是每件随机检测4个淬火部位进行,如表5-50所示,淬火试验用高频电源、淬火机床及工装夹具设备见图5-89及图5-90所示。

表 5-50 硬度、金相检测结果

编号	硬度（HRC）				淬硬层深度/mm	淬硬层深度均匀性	过烧及裂纹现象
	部位 1	部位 2	部位 3	部位 4			
1	52.0	53.0	52.0	54.0	2.80	淬硬层深度均匀	无
2	52.0	52.5	53.0	54.5	2.72		
3	53.0	53.0	52.0	54.5	2.70		
4	53.5	52.0	52.5	53.0	2.82		
5	52.5	53.0	53.0	52.8	2.81		
6	53.5	53.6	52.7	54.4	2.75		
7	52.5	53.0	52.0	52.0	2.68		
8	52.5	52.8	52.6	53.6	2.78		
9	52.0	53.0	52.0	54.0	2.80		
10	53.0	52.5	53.7	52.9	2.79		

图纸技术要求：凹球面淬火硬度≥52HRC，淬硬层深度 1～3mm，且硬化层要求沿球面均匀分布，凹球面的尖角处无过烧、裂纹现象发生。

图 5-89 淬火试验用高频电源、淬火机床及淬火装置及电控系统柜

图 5-90 高频淬火装置和控制装置

⑤ 淬火后组织检查及硬度测试　感应淬火零件在完成淬火工序后，一般检查以下项目。

a. 外观质量。零件淬火表面外观质量，不得有烧熔、裂纹等缺陷。正常淬火表面是米白色夹有黑色（氧化）。灰白一般表示淬火温度过高，表面全部黑色或蓝色，一般表示淬火温度不够。局部烧熔及明显裂纹、崩落、掉角在外观检查时即能发现。小批量及批量生产的零件，外观检查率为100%。

铲刀连接座凹球面零件淬火后淬火表面呈米灰色，无烧熔、裂纹等缺陷。

b. 表面硬度（HRC）。可用洛氏硬度计进行抽查，抽查率根据零件的重要程度及工艺稳定性而定，一般为3%～10%，再辅以锉刀检查或100%锉刀检查。

铲刀连接座凹球面零件淬火后淬火表面用洛氏硬度计测得其硬度值为52～54HRC，符合技术要求。

c. 淬硬区域及硬化层组织结构。小批量生产常采用直尺或卡尺测量，也可用强酸侵蚀淬火表面，使显现出白色淬硬区，进行检验。侵蚀法适用于调整及试验，大批量生产中，如果感应器或控制淬硬区的机构可靠，一般只需抽检，抽检率为1%～3%。

经目测，铲刀连接座凹球面零件淬火后淬硬区域基本符合要求。

将经连续淬火后的铲刀连接座凹球面零件沿直径纵向线切割剖开，用磨床把线切割影响层磨去，然后放入50%盐酸水溶液中进行热酸蚀，加热温度65～80℃，加热时间20～30min，最后用碱水中和，并清洗干净，再用压缩空气吹干。吹干后铲刀连接座凹球面零件淬火后淬硬层深度及区域分布清晰可见，其硬化层基本沿球面均匀分布（如图5-91所示）。纵向剖面宏观分布情况见图5-92所示，硬化层组织结构为：淬火马氏体5～6级，组织级别检查见图5-93所示。

图5-91　硬化层纵向宏观轮廓

图5-92　纵向剖面宏观分布情况

d. 淬火硬化层深度（mm）。淬硬层深度目前大都还采用切割淬火零件的规定部位，测量该部位的淬硬层深度的方法。迄今为止，国内还沿用金相法测量淬硬层深度，但今后将贯彻 GB/T 5617—2005，用测量淬硬层断面硬度的方法来确定其深度。淬硬层深度检查由于需要破坏零件，因此，除特殊零件、特殊规定外，一般只作抽查。

利用高频电源扫描淬火工艺对铲刀连接座凹球面零件淬火后的淬硬层深度值，通过解剖后，经金相分析测得其淬火硬化层深度值为 2.60～2.84mm。

图 5-93　淬火后金相组织

e. 物理探伤检查。较重要的零件淬火后均需磁粉探伤检查，设备较好的工厂均已用荧光粉显示裂纹。经磁力探伤的零件，应经过退磁处理后再进入下一道工序。

铲刀连接座凹球面零件淬火后经磁粉物理探伤检查，未发现缺陷磁痕显示。

f. 变形挠曲。变形挠曲主要检查轴类零件，一般采用中心架、百分表来测量零件淬火后的摆差值。摆差值根据零件的长度、直径比而变，感应淬火零件可校直的，其挠曲量可以略大些。一般允许的摆差值与淬火后的磨量有关，磨量越小，允许的摆差值也越小。一般轴类零件直径的磨量为 0.4～1mm。允许零件校直后的摆差值为 0.15～0.3mm。

经目测，铲刀连接座凹球面零件淬火后无变形挠曲。

⑥ 整套淬火装置的制作和应用　高频淬火装置和控制装置，可与各类加热电源方便地连接，实现凹凸球面和回转支承内外滚道和内外表面的扫描淬火，扫描程序和扫描速度可在控制柜操作界面上方便的编写和更改，操作方便、准确、简易、可靠。

从高频淬火的金相检验切片来看，高频淬火硬化层深度为 1～3mm，适用于层深要求浅的零件，满足图纸对零件的热处理要求，因此，上述工装设计是成功的。

工作过程和效果简单明了，完成一个操作周期约需 34s/件，经小批次（102 套）试验检验，具有可靠的稳定性。

本研究项目通过工艺设计、工装设计制作、工艺试验、淬火装置设计、淬火感应器制作、小批次工艺试验，特别是两匝同向自喷液高效率凹球面感应加热器的设计构思和制造，攻克了铲刀连接座等零件凹球面感应淬火的技术难关。零件淬火检测结果：淬火硬度≥52HRC，硬化层深度 1～3.5mm 且硬化层沿球面均匀分布。能很好地满足产品设计表面耐磨且具有一定强度的使用要求。

此项目研究成功的淬火工艺、工装和成套淬火装置，可推广应用于各类凹凸球面回转支承内外滚道和内外表面的扫描淬火，且编程、操作方便实用，淬火过程简单可靠。一旦工艺确定，整个淬火工程具有可靠的重现性，可确保淬火结果和淬火质量的稳定性。

此研究项目可归属于感应淬火领域内一项具有突破性进展的试验工作。本项目以铲刀连接座为典型零件，以数控、变频调速为技术支持，通过最新感应淬火装置的应用，研究开发凹凸曲面三维扫描感应淬火新工艺。除了解决了铲刀连接座凹曲面表面硬化的技术难题外，还适用于拖拉机、汽车零件上各种凹凸曲面感应淬火表面硬化的技术要求。此新工艺具有效率高、节能、适用性强、使用方便、环保、操作简单等诸多优点，可填补国内外在凹凸曲面三维扫描感应淬火技术上的空白。

5.4.1.6　成果的创新性与先进性

（1）作用意义及应用前景　本项目已达到预期研制目标，圆满完成规定的项目任务。本项目创造性地探索出凹球面类零件高频淬火的方法。本项目在凹球面类零件高频淬火成套关键技术的创新研究方面具有新颖性、创造性和实用性等特点，填补了国内外一项研究空白，达到国内领先水平。其应用前景如下：

① 此项目研究的淬火工艺及操作方法，可推广应用于各类凹凸球面回转支承内外滚道和内外表面的扫描淬火，还可用于工程机械类、履带车辆、大型挖掘机以及类似铲刀连接座零件等结构的机械产品的研制开发，这对于促进相关技术领域的技术发展及科技进步，具有积极的社会意义。

② 本项目成果为我公司工程机械的研制开发及生产提供了强有力的制造技术支撑，为进一步扩大市场份额奠定了一定基础，今后可为企业、国家创造更多的直接经济效益。

③ 本项目的研究具有新颖性、创造性和实用性的特点。经过三年多的运行保障，其各项指标均达到研制的要求，受到使用者的好评，应用前景广阔。

另外，在上述一系列技术研究中，不少成果已成为本单位的核心技术。

① 由于在研究的感应淬火装置中设置了屏蔽环，可有效避免凹球面在感应淬火时出现的尖角效应问题；由于在研究的感应淬火装置中设置了回转组件及旋转驱动装置，可有效地解决凹球面回转时出现的水平感应间距难以控制及低速回转问题；由于所研究的感应淬火装置的操作方法简单，且省时省力高效，并易于实施，具有很好的使用价值。目前，已获得一项外观专利及一项实用新型专利授权，其中一种用于铲刀连接座凹球面的感应淬火装置（实用）授权号为：ZL201320077838.1；一种用于铲刀连接座凹球面的感应淬火装置及操作方法（发明）授权号为：ZL201310053883.8。

② 本项目所研究设计制造的凹球面扫描加热淬火专用感应器：有效加热段由两匝同向线圈构成，线圈外形是仿凹球面形状，线圈内环施加∏型导磁体，驱使高频电流集中于线圈外表层；感应器有效加热部分的第二匝与扫描方向呈45°角附加一排喷水孔，在扫描加热过程中对已加热区迅速喷液淬火，提高了加热效率。由于所研究的淬火感应器及配用尺寸确定方法，构思新颖，结构合理，应用可靠，易于制作，且配用方法简单可行，易于实施，具有很好的使用价值。目前，已获得一项发明专利受理及一项实用新型专利授权，其中用于铲刀连接座凹球面的淬火感应器（实用）授权号为：ZL201320077817.2；用于铲刀连接座凹球面的淬火感应器及配用尺寸确定方法（发明）授权号为：ZL201310053865.X。

③ 本项目所研究的感应淬火装置的电控系统，由于采用可编程控制器为主控制器，有效地解决了铲刀连接座在低速回转状态下的感应淬火"起点"及"终点"位置的电控定位问题、电控调速问题、加热电源、淬火冷却介质的电控应用问题。由于所研究的感应淬火装置的电控系统及自控方法，构思新颖，布局合理，功能可靠，自动化程度高，易于制作，且工作方法简单可行，具有很好的使用价值。目前，已获得一项发明专利受理及一项实用新型专利授权，其中用于铲刀连接座感应淬火装置的电控系统（实用）授权号为：ZL201320077815.0；一种用于铲刀连接座感应淬火装置的电控系统及控制方法（发明）授权号为：ZL201310053863.0。

（2）成果的创新性　本项目的创新点在于：

① "用于铲刀连接座凹球面的感应淬火装置及操作方法"通过采取屏蔽环措施，避免了凹球面在感应淬火时出现的尖角效应问题；通过设置回转组件，解决了凹球面水平感应间距难以控制的问题；通过设置旋转驱动组件，解决了所需低速回转问题以及竖直感应间距难以

控制的问题。

② "用于铲刀连接座凹球面的淬火感应器及配用尺寸确定方法" 通过设置有效感应弧端并采用长方凹型导磁体固联有效感应弧端的方法,解决了感应加热效率提升以及圆环效应的影响问题;通过采取感应器冷却用水与感应淬火用冷却介质合二为一的方法,解决了所需淬火冷却介质的问题;通过采用配用尺寸确定方法,解决了淬火感应器所需的诸如有效感应弧端宽度、有效感应弧面半径等配用尺寸的确定问题。

③ "一种用于铲刀连接座感应淬火装置的电控系统" 通过采用可编程控制器、增量式编码器,解决了铲刀连接座在低速回转状态下的感应淬火 "起点" 位置和感应淬火 "终点" 位置的电控定位问题;通过设置变频器,解决了铲刀连接座依据感应淬火工艺需要实施多转速运行的电控调速问题;通过外连感应加热组件、淬火喷水组件并将其纳入可编程控制器的控制之中,解决了所需的感应加热电源及淬火冷却介质的电控配用问题。

④ "淬火工艺及工作流程研究" 通过研究凹球面高频感应淬火特点及产品对凹球面淬火要求以及进行科学试验研究,确立了凹球面高频感应淬火时所需的加热频率、电源功率、扫描线速度、加热温度、加热时间、冷却时间等工艺参数以及加热方法、冷却方案,确保了本项目的顺利实施,并收到了良好的应用效果。

(3) 成果的先进性　该项目技术先进,工艺合理,在铲刀连接座凹球面类零件的感应淬火新工艺技术的研究方面实现了创新,居国内领先水平。

(4) 课题的生产应用　该项目涉及工程机械厂生产的 T80、T90、T120、T140 四种工程机械零部件中的铲刀连接座凹球面淬火工艺及工装的创新研究,解决了凹球面类零件在现生产条件下无法实施高频淬火的工艺难题。本项目通过小批量试生产和批量生产,截止到 2011 年 12 月份生产出能满足产品图技术要求的铲刀连接座零件 158400 余件,保证了装车要求。

该项目研制成果已于 2011 年 12 月成功应用于一拖股份公司热处理厂、洛阳振华机械有限公司、洛阳市科强机械制造有限公司及洛阳高新开发区金华机械厂的生产。

(5) 经济效益　截止到 2011 年 12 月份生产铲刀连接座 158400 余件;158400 件×430 元/件＝681.12 万元（产值）。

通过计算得知:每年可为公司节约生产成本 7.5 万元,截止到 2011 年底,共计节约生产成本 22.5 万元,累计创收 703.62 万元。加上各种物流、人力、设备、能源、工装等节约的成本将更可观,详见表 5-51。

工程机械厂生产的 T80、T90、T120、T140 中的铲刀连接座零件,采用高频淬火的创新工艺及工装,对凹球面类零件的感应淬火质量起着至关重要的作用,并提供了强有力的工艺技术支撑。

表 5-51　铲刀连接座合件热处理工艺改进前后产值、单价、节约利润表

项　目	产品型号			
	T80	T90	T120	T140
每套质量/kg	18.6	18	36	30.5
淬火每件价格/(1.6元/kg)	29.76	28.8	57.6	48.8
退火每件价格/(1.1元/kg)	20.46	19.8	39.6	33.55
喷砂每件价格/(0.5元/kg)	9.3	9	18	15.25
现行热处理各工序总价格/(元/kg)	1.6+1.1+0.5=3.2			
各机型产量/(件/年)	120	480	120	120
各机型连接座数量/(件/年)	240	960	240	240
各机型连接座热处理总产值/元	14284.8	55296	27648	23424

续表

项目	产品型号			
	T80	T90	T120	T140
所有机型热处理产值合计/元	14284.8＋55296＋27648＋23424＝120652.8			
改进后感应淬火单件价值/(1.2元/kg)	22.32	21.6	43.2	36.6
改进后单件节约生产成本价值/元	37.2	36	72	61
改进后每千克节约	(3.2－1.2)÷3.2＝62.5%			
改进后每年按现产量共可节约成本即利润额/元	120652.8×62.5%＝75408			

(6) 社会意义

① 利用现有淬火机床,通过对铲刀连接座凹球面新型感应淬火工艺研究,通过反复工艺试验及性能试验、组织检测分析,形成了一套能够满足产品图纸技术要求的、成熟的淬火工艺指导现场生产,攻克了铲刀连接座等零件凹球面感应淬火的技术难关,能很好地满足产品设计表面耐磨且具有一定强度的使用要求,解决了铲刀连接座凹球面类零件无法实施高频淬火的难题。

② 本项目所研究的凹球面的三维扫描感应淬火新工艺方法,填补了国内外在凹凸曲面三维扫描感应淬火技术上的空白。

③ 淬火装置及特殊仿形感应器由于没有先例,此研究项目可归属于感应淬火领域内一项具有突破性进展的试验工作。

(7) 课题取得的成果 获国家专利授权7项,发表论文4篇,具体见表5-52和表5-53。

表5-52 本项目授权及受理专利情况

序号	专利名称	类型	授权号	法律状态
1	一种用于铲刀连接座凹球面的感应淬火装置及操作方法	发明	ZL201310053883.8	授权
2	一种用于铲刀连接座感应淬火装置的电控系统及自控方法		ZL201310053863.0	
3	用于铲刀连接座凹球面的淬火感应器及配用尺寸确定方法		ZL201310053865.X	
4	一种用于铲刀连接座凹球面的感应淬火装置	实用新型	ZL201320077838.1	
5	一种用于铲刀连接座感应淬火装置的电控系统		ZL201320077815.0	
6	用于铲刀连接座凹球面的淬火感应器		ZL201320077817.2	
7	一种铲刀连接座凹球面感应淬火用的淬火感应器	外观	ZL201330042049.X	

表5-53 本项目发表科技论文情况

序号	论文标题	出版物名称	发表期数	出版物刊号
1	铲刀连接座零件的感应淬火工艺研究	《2011年十四省市热处理暨全国第三届有色金属热处理学术交流会议论文集》	2011.04	学术会议
2	铲刀连接座凹球面的感应淬火装置及操作方法的研究与应用	《拖拉机与农用运输车》	2014.01	ISSN:1006-0006 CN41-1222/TH
3	用于铲刀连接座凹球面的淬火感应器及配用尺寸确定方法	《2013年"玉柴杯"全国机电企业工艺年会暨第七届机械工业节能减排工艺技术研讨会论文集》	2013.08	学术会议(获大会优秀论文一等奖)
4	一种用于铲刀连接座感应淬火装置的电控系统	《自动化应用》	2013.08	ISSN:ISSN1674-778X CN50-1201/TP

5.4.1.7 研制结论

感应淬火技术由于其效率高、节能、保持零件心部韧性、使用方便、生产环境良好、操作简单等诸多优点，被广泛应用于汽车、拖拉机、工程机械等零部件制造领域。随着感应加热手段的不断进步与完善，感应热处理越来越受到工程技术人员的重视；同时对感应设备的拓展应用也获得了进一步的提升。

本项目研究的铲刀连接座凹球面的感应淬火装置及操作方法、淬火感应器结构设计、感应淬火装置的电控系统及感应淬火工艺的操作方法，其结构新颖，操作方法简单，易于制作，布局合理，功能可靠，自动化程度高，且工作方法简单可行，易于实施，且省时省力高效，具有很好的使用价值。综上研究结果，得出如下结论：

① 利用现有设备，采用创新的关键成套工艺技术方法，满足了铲刀连接座零件凹球面高频淬火硬化层连续分布及淬火硬度的技术要求，在提高设备利用率的同时，也节约了设备投资。

② 解决了现生产工艺中零件100%无法高频淬火的重大质量和技术难题。

③ 本项目研究的工艺合理，硬化效果好，零件的强度、耐磨性和使用寿命有所提高，满足产品设计和使用要求，具有可观的经济效益，可进一步推广应用至同类产品中。

④ 数控机床的应用，具有节能降耗、便于操作、降低劳动强度、改善劳动环境等诸多优点，解决了长期以来人为因素操作、凭经验水平决定零件质量的弊端，以及随机定位等不安全问题，提高了工作效率，并保证了产品质量。

⑤ 本项目以铲刀连接座为典型零件，以数控、变频调速为技术支持，通过最新感应淬火装置的应用，研究开发凹凸曲面三维扫描感应淬火新工艺。该工艺技术在凹球面高频淬火方面有独到之处，解决了生产中存在的难题，在国内同行业中处于领先水平。

本项目中的高频淬火关键技术的创新研究内容，不仅具有新颖性、创造性，而且具有很强的针对性和实用性。因此，本项目的研究成果，具有广泛的推广应用前景。

5.4.2 铲刀连接座凹球面中频感应淬火实验内容

(1) 工装的设计、制造及调试　考虑此研究项目会推广应用于大型和特大型工程机械铲刀连接座等零件并在凹球面要获得更深的淬火硬化层，以满足大载荷工程机械产品的要求，特别设计和制造了可用于中频（4000～8000Hz）电源的专用感应器（见图5-94所示）和工装夹具（见图5-95所示）。同时也为各类回转支承内外滚道、内外表面淬火作好了充分的技术储备工作。

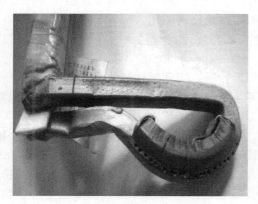

图 5-94　中频淬火用感应器

图 5-95　中频淬火用工装夹具

为了能够在淬火机床上实现铲刀连接座零件的中频淬火，设计制造了与淬火机床配套使用的工装夹具，经过调试及工艺验证，该套工装能够满足铲刀连接座淬火的要求，如图 5-96 所示。

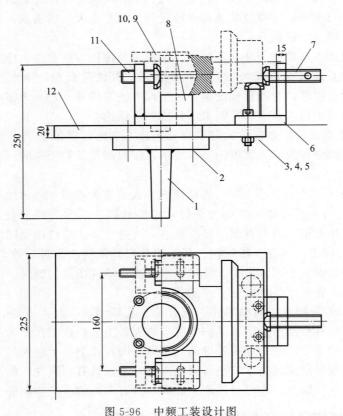

图 5-96　中频工装设计图

1—主轴；2—M8 螺钉；3—M10 螺钉；4—M10 螺母；5—垫片；6—后调整架；7—调整螺栓 1；
8—前调整架；9—芯轴；10—定位盘；11—调整螺栓 2；12—底板

（2）淬火工艺试验　中频淬火设备采用 GCLY1660 型立式数控淬火机床。采用零件扫描移动并旋转的感应淬火处理方式。采用双轴伺服数控系统实现零件升降移动和变压器进退移动。机床主轴为双轴双速输出，一种输出用于零件快速旋转，实现常用的零件连续扫描淬火、同时淬火、分段连续扫描淬火等功能；一种用于慢速旋转，实现球面滚道类零件连续旋转淬火。零件夹持长度可电动调整，以适应淬火零件长度的变化。

机床控制采用西门子 802C 伺服数控系统，淬火程序可键盘输入、存储和修改，用户可随时调用，淬火程序自动控制。采用的西门子 802C 双轴伺服数控系统，能够实现零件升降移动和变压器进退移动，零件旋转速度采用变频器控制，实现零件转速无级调节。

机床设置有三个电源功率输出控制通道，可与电源多功率输出通道接口连接，实现淬火过程中电源变功率的功能。

① 电气控制部分　电气控制部分由数控系统、变频调速器、中间继电器等组成。数控系统采用西门子 802C 双轴伺服数控系统，伺服电机驱动。系统可存储 50 种零件的淬火工艺，工艺程序可通过键盘进行编程、存储和修改。机床设置有失电保护、越位保护等功能，具有较高的安全可靠性。主轴旋转由变频器调节转速，控制转速可在数控面板上直接调节，在程序中直接设定转速，电机就会按照给定转速旋转，自动执行程序。

② 铲刀连接座零件调试方法

a. 将机床置于手动模式，按数控面板反向旋转按键，旋转主轴反向旋转直至碰撞行程开关 8SQ 停止，此为加热起点位置，调整卡具或行程开关至合适位置。

b. 按数控面板正向旋转按键，旋转主轴正向旋转直至碰撞行程开关 10SQ 停止，此为喷液停止位置，调整行程开关撞块到合适位置，使喷液位置合适。

c. 行程开关 9SQ 为加热停止开关，请调整撞块到合适位置。

铲刀连接座零件淬火工艺具体编程为（程序名：WZTS1MPF 瓦座工艺调试）

N10	G22	G94		N90	M5		
N20	G1	Z0	F1000	N100	G4	F4	
N30	X0	F500		N110	M4	S400	
N40	M9	G4	F2	N120	M26		
N50	M25			N130	M5		
N60	M3	S500		N140	G1	X-30	F500
N70	M10			N150	G1	Z-200	F1000
N80	M6	S500		N160			

（3）淬火工艺参数　铲刀连接座淬火工艺参数见表 5-54。

表 5-54　铲刀连接座淬火工艺参数

变压比	电压/V	电流/A	有效功率/kW	功率因数（cosφ）	淬火水冷却压力/MPa
12∶1	480～500	76～84	38～42	1	0.4

（4）结果检验

① 淬火硬度　从生产的 75 件铲刀连接座零件的感应淬火件中随机抽检 15 件，测得其淬火硬度值为 52～54HRC，符合产品图的技术要求。

② 淬硬层深度　从中频淬火的金相检验切片来看，中频淬火硬化层深度为 3～6mm，满足图纸对零件的热处理要求。

③ 无损检测　感应淬火后的零件，经无损检测未发现任何缺陷。

（5）成果及效益　该研究成果可归属于感应淬火领域内一项具有突破性进展的试验工作。在热处理生产过程中，数控机床得到越来越广泛的应用，能够使我们在更加高效和精确的质量控制下，生产出符合环境保护要求、安全的高质量零件。利用数控机床技术来改进铲刀连接座等零件原有落后的热处理技术，每年可节约生产成本 7.5 万元左右。

5.5　分离轴承座类零件

分离轴承座零件结构见图 5-97 所示，属端面类零件，在感应加热淬火生产中要求其感应加热淬硬层连续、无淬火裂纹产生，所用材料为 45 钢。其预先热处理为正火，处理前、后的工序为：修正凸轮端面、钻 ϕ8mm 孔。其技术要求见表 5-55。

表 5-55　分离轴承座技术要求

零件名称	分离轴承座
零件号	A21-21
产品型号	4125
材料	45 钢

续表

预先热处理	正火
处理前工序	修正凸轮端面
处理后工序	钻 $\phi 8mm$ 孔
工艺路线	锻造、发—加、发—热、发—加、发—装
技术要求	$\phi 14mm$ 表面高频淬火,硬度≥45HRC;淬火层深度 1.5～3.0mm。$\phi 14mm$ 表面淬火长度,从外端起≥22mm;从外端起3mm允许有过渡区
感应器名称	分离轴承座感应器
感应器类型	圆柱类
零件加热区域关键尺寸	直径 $\phi 14mm$ 表面;加热段长度20mm

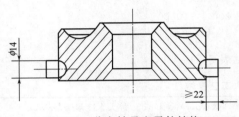

图 5-97 分离轴承座零件结构

最初,采用高频感应加热,水淬油冷,结果 $\phi 14mm$ 表面有一侧硬度偏低。淬硬层深度浅,且生产效率低。为此,对原工艺进行了改进。

5.5.1 最初高频淬火工艺

工艺参数如表 5-56 所示。原高频感应加热淬火采用 GP100-C3 型设备,淬火后(经180℃回火),经检验,$\phi 14mm$ 表面一侧的硬度为50HRC,另一侧表面的硬度为 30～35HRC,淬硬层深度为 0.7～0.8mm,未能达到图纸技术要求,且生产效率低,每小时只能淬 50 件。

表 5-56 原淬火工艺参数

阳极电压/kV	阳极电流/A	槽路电压/kV	栅极电流/A	加热时间/s	冷却介质
11.5	5	9.5	1.2	5	水淬、油冷

5.5.2 改进后高频淬火工艺

(1) 感应器的研制 为了保证分离轴承座的淬火硬度同时达到技术要求而又方便操作,我们试制了以下感应器(图 5-98)。

取外径为 $\phi 6mm$ 的紫铜管,弯制成如图 5-98 所示一个内径为 $\phi 18mm$ 的感应圈的多匝感应器,然后在感应器的整个圆周上涂上一层较薄的陶瓷或石棉绳,晾干或低温烘干后即可使用。

(2) 改进后工艺参数的调试 首先将整流器断开二相,使其成为单相高压硅整流,然后将分离轴承座置于感应器中,调整其高度,使两侧面和感应器刚好接触为宜(因感应器的整个圆周上涂了一层较薄的陶瓷,可起到绝缘作用),开加热开关,同时调节耦合及反馈旋扭,使之达到表 5-57 所示的参数值。

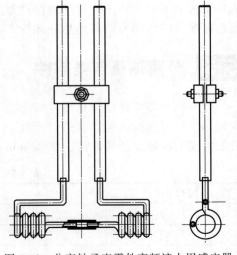

图 5-98 分离轴承座零件高频淬火用感应器

（3）分离轴承座改进后的工艺（淬火及回火）　分离轴承座采用局部加热，一次淬火，当加热时间达到3s时，取下分离轴承座，快速投入循环水中冷却，然后用同样的方法淬另一侧。经上述淬火后的分离轴承座，最后经180℃回火1h。采用该工艺，每小时可生产300件。这样，生产效率提高了5倍，同时也降低了成本。

表5-57　改进工艺后淬火工艺参数

阳极空载电压/kV	阳极电流/A	阳极负载电压/kV	栅极电流/A	时间/s 加热	时间/s 冷却	冷却介质
11.0	2.0～2.7	11.8～12.0	0.3～0.5	3	2	水冷

（4）检验结果

① 表面硬度　经检验表面硬度均匀，且在51～54HRC之间，无软点。

② 淬硬层深度　1.1～1.5mm。

③ 表面质量　表面光亮，无裂纹。

5.5.3　结果分析

（1）温度的变化　高频快速加热将改变钢中临界点温度，使得A_{C_3}线升高。在通常情况下，45钢高频淬火温度为890～930℃，水淬油冷，但是，采用循环水作为冷却介质时，为防止产生裂纹，必须降低淬火加热温度。推荐值以820～860℃为宜。

（2）加热时间的改变　增加输出功率，减少加热时间及减小感应器间隙大小，同样获得满足图纸技术要求的淬硬层深度。

（3）原始组织的要求　高频快速加热使奥氏体成分不均匀，而原始组织对奥氏体均匀化有很大影响。因此，高频淬火前分离轴承座必须进行正火处理，使碳化物均匀、细小分布，将有利于快速加热时奥氏体均匀化，从而也可避免产生裂纹。

（4）加热效率　多匝感应器使加热效率得以提高。

5.5.4　结论

① 分离轴承座经改进后的淬火工艺，硬度为51～54HRC，淬硬层深度为1.1～1.5mm，符合图纸技术要求。

② 经改进后的淬火工艺，生产效率提高5倍，降低了成本。

③ 分离轴承座高频淬火介质采用循环水，既环保又节能降耗。

5.6　内孔类零件

机械零部件的内断面叫内孔。内孔通常有通孔、阶梯孔、盲孔和相交孔等。通孔最为常见，其中以短圆柱孔为多。

在机械制造业中，一般将孔的深度与孔径之比$L/D>5$的圆柱孔（内圆柱面）称为深孔。而孔深与孔径的比值，称为"长径比"或"深径比"。相对而言，长径比不大于5的圆柱孔，可称为"浅孔"。

口径即深孔直径的大小。由于深孔直径的大小直接关系到加工的难度和采用的加工手段，所以生产实践中常常按深孔直径的大小分为特大深孔（ϕ200mm以上）、大深孔（ϕ65～200mm）、普通深孔（中等直径深孔ϕ20～65mm）、小深孔（ϕ4～20mm）、微小深孔（ϕ4mm以下）。

在通孔内,又以孔长 L 与孔径 D 之比 $L/D<1.5$ 的短圆柱孔工艺性最好(箱体外壁上多为这种孔)。

阶梯孔的工艺性与"孔径比"有关。孔径相差越小则工艺性越好;孔径相差越大,且其中最小孔径又很小,则工艺性越差。若孔径相差较大,即存在较大的内端面时,一般情况下,镗削内端面比较困难,难以达到精度和表面粗糙度的要求。

相贯通的交叉孔的工艺性也较差,为改善工艺性,可将其中直径小的孔不铸通,先加工主轴大孔,再加工小孔。

内孔存在于各类零件中,其中尤其以盘套类内孔加工较为复杂。套筒类零件由于其功用、结构形状、尺寸、材料及热处理等的不同,其工艺差别很大。就结构形状而言,可分为短套筒与长套筒两类,这两类套筒在装夹与加工方法上有很大的差别。下面分别分析其工艺特点。

5.6.1 套筒类零件

5.6.1.1 套筒类零件的功用及结构特点

套筒类零件是指在回转体零件中的空心薄壁件,是机械加工中常见的一种零件,在各类机器中应用很广,主要起支承作用和导向作用。由于功用不同,其形状结构和尺寸有很大的差异,常见的有支承回转轴的各种形式的轴承圈、轴套、夹具上的钻套、内燃机上的气缸套和液压系统中的液压缸、电伺服阀的阀套等。其大致结构形式如图5-99所示。

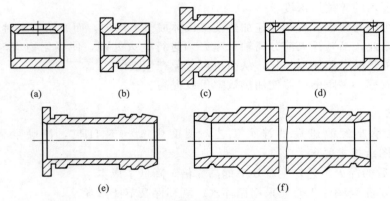

图 5-99 套筒类零件的结构形式
(a),(b) 滑动轴承;(c) 钻套;(d) 轴承衬套;(e) 气缸套;(f) 液压缸

5.6.1.2 套筒类零件技术要求

套筒类零件的外圆表面多以过盈或过度配合,与机架或箱体孔相配合起支承作用。内孔主要起导向作用或支承作用。

5.6.1.3 套筒类零件的材料、毛坯及热处理

套筒类零件毛坯材料的选择主要取决于零件的功能要求、结构特点及使用时的工作条件。套筒类零件一般用钢、铸铁、青铜或黄铜和粉末冶金等材料制成。

套筒类零件的毛坯制造方式的选择与毛坯结构尺寸、材料和生产批量的大小等因素有关。孔径较大(一般直径大于20mm)时,常采用型材(如无缝钢管)、带孔的锻件或铸件;孔径较小(一般小于20mm)时,一般多选择热轧或冷拉棒料,也可采用实心铸件;大批量

生产时，可采用冷挤压、粉末冶金等先进工艺，不仅节约原材料，而且生产效率及毛坯质量精度均可提高。

套筒类零件的功能要求和结构特点决定了套筒类零件的热处理方法有渗碳淬火、表面淬火、调质、高温时效及渗氮。

套筒类零件热处理时，一般采用穿心轴将其套穿。使用穿心轴的目的主要是为了增大热应力，以期用增大的热应力变形对消组织应力变形。此类工件内孔比较大，冷却介质交换顺畅，所以内外的冷却相对均匀，热应力较小。有齿的一端由于散热面积大，热应力比另一端又要小，高温区热应力小，产生的热应力变形也较小，不足以抵消在低温区组织应力造成的膨胀。最终工件表现出来的就是胀大，而且是有齿的一边胀大的多一些。

穿心轴在高温区冷却时，外表面先冷却收缩，受内孔阻碍，产生热应力。由于此时的外部强度高，内部强度低，产生缩孔现象。此变形会抵消随后的组织应力变形。

既然穿心轴的目的是为了增大热应力，抵消组织应力，就不宜让心轴增大组织应力。在低温区，应取下心轴，适当加强内孔冷却，以期减少组织应力。心轴取出的时机要掌握好。如果心轴取得晚了，表层马氏体转变体积膨胀，带动内部塑性变形膨胀，然后内部再马氏体转变膨胀（组织转变不均产生的组织应力），胀上加胀，孔就胀大了。取早了，缩孔现象不明显，对消不了变形，还是胀大。对于先热应力缩孔产生预变形（或返修至合格），然后再淬火所产生的变形，其原理一样，只是加热温度不超过 A_1。这样不用考虑马氏体转变组织应力的问题，变成纯热应力缩孔的问题，操作就简单多了。具体为：心轴照穿，加热至 550℃，然后油冷透。

如果不做心轴也可以，用耐火泥堵住内孔效果也很好，相当于砂土"心轴"。但对于渗碳件，耐火泥中含水，加热可能有氧化，应注意。降低淬火温度并在淬火前预冷一下对增大热应力，抵消组织应力有一定效果。

套筒类零件由于进行二次返工淬火（渗碳）造成内孔胀大，有齿形端胀大较大，而另一端胀大较小（胀大范围在 0.2～0.3mm），超过磨削余量。减小内孔胀大的方法有：

① 可考虑用水溶性淬火介质；

② 出液 10s 工件温度 150～200℃之间。

自来水低温时的冷却速度过快，容易产生淬火裂纹。可采用淬火介质冷却，效果要比自来水好且不易开裂。另外要注意工件入淬火液的摆放，最好是垂直入淬火液，且要把握好预冷时间。

5.6.1.4 防止套筒类零件变形的工艺措施

套筒类零件的结构特点是孔的壁厚较薄，薄壁类零件在加工过程中，常因夹紧力、切削力和热变形的影响而引起变形。为防止变形常采取以下工艺措施。

（1）将粗、精加工分开进行　为减少切削力和切削热的影响，使粗加工下产生的变形在精加工中得以纠正。

（2）减少夹紧力的影响　在工艺上采取以下措施。

① 采用径向夹紧时，夹紧力不应集中在工件的某一轴径向截面上，而应分布在较大的面积上，以减小工件单位面积上所承受的夹紧力。

② 夹紧力的位置宜选在零件刚度较强的部位，以改善在夹紧力作用下薄壁零件的变形。

③ 改变夹紧力的方向，将径向夹紧改为轴向夹紧。

④ 在工件上制出加强刚度的工艺凸台或工艺螺纹以减少夹紧变形，加工时用特殊结构的卡爪夹紧，加工终了时将凸边切去。

(3) 减小切削力对变形的影响

① 增大刀具的主偏角和主前角，使加工时刀刃锋利，减少径向切削力。

② 将粗、精加工分开，使粗加工下产生的变形能在精加工中得到纠正，并采取较小的切削用量。

③ 内外圆表面同时加工时可得到纠正，但要注意适当加大精加工的余量。

④ 热处理放在粗加工和精加工之间，这样安排可减少热处理变形的影响。套筒类零件热处理后一般会产生较大变形，在精加工时可得到纠正，但要注意适当加大精加工的余量。

(4) 内孔变形解决措施　渗碳缓冷—车内孔—挂放二次淬火后，内孔变形是椭圆（齿跳超差）还是均匀胀大 0.20~0.40mm 的解决措施如下。

① 如果是较均匀的胀大，则少车一点即可。

② 如果是椭圆，检查齿跳情况；若挂放齿轮自重大则容易导致局部齿跳超差，解决不了，要求严的话，基本是废品（除非磨齿）。

③ 内孔胀大与采用的工艺方法有很大关系，主要是车内孔后碳层消失，淬火过程应力状态完全不同。

④ 既然是齿圈，二次淬火可采用叠放方式，端跳应该比挂放好。同时内孔变形规律一般不会是椭圆，可能仍然是胀大的，但规律性会很强，减少车削量即可。

下面介绍几种套筒形零件的热处理工艺。

5.6.2　套筒形内孔零件的高频感应加热表面淬火

由于内圆表面加热感应器是利用外磁场来加热内孔表面的，故圆环效应和邻近效应相反，从而使高频电流和感应涡流之间的间隙比感应器和零件之间的间隙大，这就加重了漏磁和磁力线逸散，降低了感应器的效率。

同时，加热内孔感应器的汇流排比较长，阻抗损耗较大，也是效率低（40%~50%）的另一个原因。

提高内圆表面加热感应器效率的措施有：

① 减小高频电流和感应涡流之间的间隙；

② 减少磁力线的漏滋和逸散；

③ 减少汇流排的阻抗损失。

如果在设计制造中注意解决这三个问题，就可以收到良好的效果。

在不用导磁体的情况下，有两种办法（见图 5-100 所示）可使高频电流和感应电流相靠近：其一是把感应器和零件之间的间隙 a 减小到 0.5~3mm，在淬火机床精度允许的条件下，应取下限，而且感应器应该涂搪瓷绝缘；其二是在制造感应器时采用长方截面，在可能条件下，要尽量减小径向厚度 b，使高频电流和感应涡流的间隙缩小到最低程度。高频感应器在保证冷却水畅通的条件下，径向厚度 b 可取在 4~6mm 之间。

最有效的办法是在内孔感应器上卡上"⊓"字形导磁体（见图 5-101 所示），利用其驱流作用，将高频电流驱至同零件内表面相邻的一面（见图 5-102 所示），这样就可以使圆环效应和邻近效应一致，把磁力

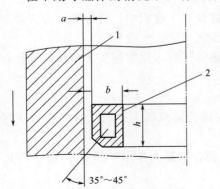

图 5-100　内孔感应器的相对尺寸
1—内孔；2—感应器

线的逸散和漏磁减小到最低程度，从而显著提高内孔感应器的效率。

采用套管式、双管同心式或三管同心式汇流排，可以减小深内孔感应器汇流排的阻抗。套管式汇流排的结构简图如图5-103所示，它是在一个汇流铜管上焊上一个较粗的铜管，让另一个汇流铜管穿过粗铜管，其间用绝缘物隔开，不使两者相碰。高频电流因邻近效应而在粗铜管的内表面及细铜管的外表面流过，两者的流过方向相反，磁场方向也相反，磁力线互相抵消，所以磁通小、感抗也小，因而阻抗损耗也相应减少。这种方法虽然简单易行，但不如双管同心式或三管同心式的完善。

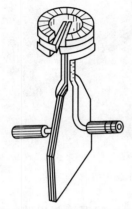

图 5-101 带导磁体的高频内孔表面加热感应器

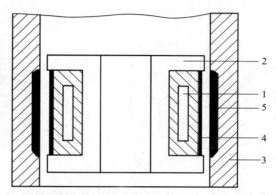

图 5-102 带导磁体的内孔感应器高频电流与感应涡流的分布
1—感应器；2—导磁体；3—零件；4—高频电流；5—感应涡流

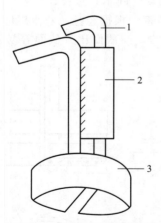

图 5-103 套管式汇流排简图
1—汇流条；2—同心套管；3—感应器

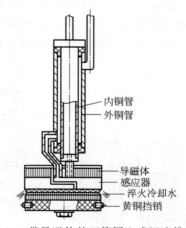

图 5-104 带导磁体的双管同心式汇流排感应器

如图5-104所示的是双管同心式汇流排感应器，内铜管和外铜管分别同感应导体开口处的两端相连，并通入冷却水对零件内孔进行喷水冷却淬火。由于采用了这种汇流排，并卡上"∏"字形导磁体，使其效率可接近外圆表面加热感应器的水平。感应器上的黄铜挡销起着导向的作用，避免感应器同零件内壁发生相碰，并使圆周各处距离相等。

如果采用多匝感应导体，冷却感应器的水路同喷水淬火的水路分开时，则需要采用三管同心式。但因这种感应器制造费事，所以没有得到推广应用。

带导磁体的感应器处理尺寸较大的内孔比较容易，但处理小内孔时，却很难装进导磁体（但可装入一个磁棒）。许多工厂采用如图 5-105 及图 5-106 所示的结构来处理内孔。这种结构的内孔感应器，前者必须保证 a_1 远大于同零件的间隙 a，才能使感应器很好的工作；如果 $a_1 \approx a$，即使汇流排的温度很高，也难于使零件内表面达到淬火温度，因此采用后者较好。假如采用如 $\phi 6mm \times 0.5mm$ 的铜管砸成 $4mm \times 4mm$ 的方形，然后制造成感应器，所处理内孔的尺寸极限不应小于 $25 \sim 30mm$。

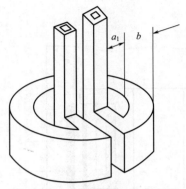

图 5-105 内孔同时淬火感应器

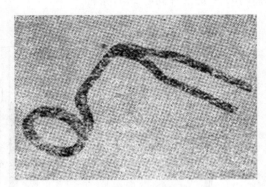

图 5-106 内孔连续淬火感应器

处理 $\phi 20 \sim 45mm$ 零件的多匝内孔感应器是由 $\phi 5mm$ 或 $\phi 6mm$ 的铜管绕成的，感应器与零件之间的间隙为 $1.5 \sim 2mm$。

小于 $30mm$ 的内孔，也可进行水下加热淬火（见图 5-107）。这种感应器是用 $\phi 3 \sim 4mm$ 的铜丝或 $2mm \times 3mm$ 的铜条绕成。淬火时功率要大，加热时间不宜过长。

在没有导磁体时，采用双匝或多匝感应器也可提高效率。根据经验，双匝感应器的具体参数，可由图 5-108 及表 5-58 来选择。内径小于 $85mm$ 的，圆截面比方截面容易制造。矩

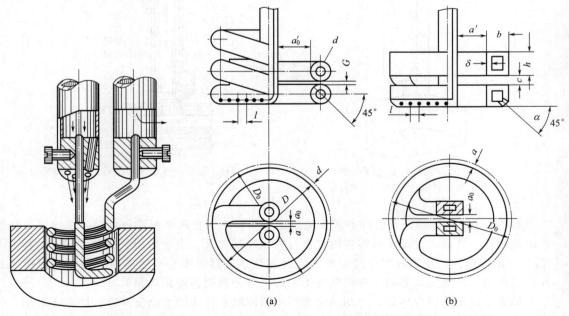

图 5-107 水下加热淬火的内孔感应器　　图 5-108 内圆表面连续加热双匝感应器

形截面在弯曲时容易发生扭曲变形，会使各部分间隙不均匀。工件内孔淬火如图 5-109 所示。内孔套零件淬火如图 5-110 所示。

图 5-109　工件内孔淬火

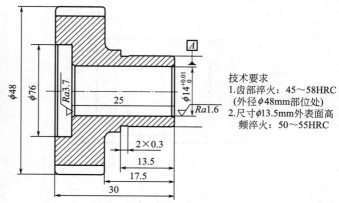

图 5-110　内孔套零件淬火

表 5-58　内圆表面连续加热高频感应器的几何参数

参数	D_0/mm	a/mm	匝数	$d(b×h)$/mm	c/mm	a_0/mm	δ/mm	l/mm	喷水孔角 $\alpha/(°)$
数值	37～85	1～1.5	2	8～10	2～2.5	2	1～1.5	2～3	45
	85～120	1～2.5	2	6×9	2～3.5	2	1～1.5	2～3	45

要进行无缝钢管内壁淬火、砼泵管内壁淬火、内孔淬火、长内孔淬火还要有两个运动。

① 旋转　目的是淬火均匀。诸如感应器两极对接处和感应器周围略有区别，顶部喷水后，水立即就淌下来，而下部总是浸泡在水中，这一切因素均由旋转来解决。旋转速度为 120r/min 左右，低了达不到要求，高了容易引起颤抖（管子本身直线度也不太高），需无级调速。

② 长内孔沿轴线前进和后退　前进是为了淬火，速度在 100～500mm/min，轴向行程 4000mm，无级调速。具备快速后退功能，速度 3000mm/min 左右即可，需无级调速。另外，管件和水平成 5°左右夹角，保证水顺利排出，管内无积水，保证淬硬层的均匀。

集材 50 履带式拖拉机行走部分的衬套是主要构件之一，它与摆动轴配合，通过行走轮支承整个拖拉机质量。它除受磨损外，还受一定的冲击。根据受力条件，衬套整个内表面 A 要求有较高的抗磨损及抗咬合的能力，并具有足够的强度和韧性。

衬套选用正火状态的 45 钢管，经车削加工后内表面进行高频感应加热淬火，然后对衬套的内孔及外圆进行磨削加工。

图 5-111 所示之衬套，经高频处理后，要求硬度是 48～50HRC，硬化层深度是 2～3mm。

高频感应加热淬火零件的质量及效率，在很大程度上取决于感应器的选择与制造。衬套内表面高频感应加热淬火，最好采用带导磁体的单匝连续淬火感应器。图 5-112 所示之感应器可用 ϕ10mm×1mm 的紫铜管加工成 10mm×6mm 的矩形截面来制造。感应器上钻有 ϕ1mm 的喷水孔，孔间中心距 2.5mm，喷水角 35°～45°。为了提高内孔感应加热效率，应尽量减小零件和感应器之间的间隙（最好小于 2mm），再卡上"⊓"字形导磁体，就可以显著提高感应器的效率。

用 2.5mm 厚的紫铜板做成上下护板（其直径较感应器直径大 2～3mm）装在感应器上，

以保护和冷却导磁体。感应器、导磁体及护板的结构，如图 5-113 所示。

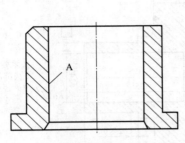

图 5-111　拖拉机衬套

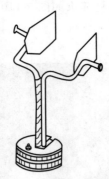

图 5-112　衬套内孔淬火用高频感应器

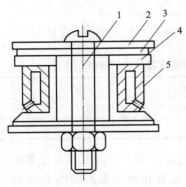

图 5-113　衬套感应器护板
1—螺钉；2—紫铜护板；3—云母垫；
4—导磁体；5—感应器

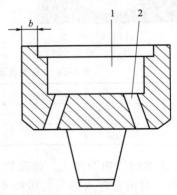

图 5-114　内孔淬火胎具
1—排水腔；2—排水孔

内孔淬火，可在一般通用的立式淬火机床上进行。为了安置零件方便，可以设计相应的内孔淬火胎具。它应具有定位准确，通用性强，淬火冷却液排出畅通，久用不变形等优点。图 5-114 是集材 50 拖拉机衬套的淬火胎具。

胎具排水腔高度应不小于淬火感应器的三倍高度，排水腔的直径应是感应器直径的 1.5 倍。排水孔的总面积应不小于感应器喷水孔总面积的 3 倍。这样可以保证冷却液排出畅通。为坚固起见，胎具壁厚 b 不应小于 5mm。更换不同尺寸的零件时，必须更换相应的胎具，或在零件与胎具之间加一个连接套。

一般来说，高频感应加热表面淬火的变形较小，但对薄壁套筒形零件来说，高频感应加热后的变形还是较大的。内孔变形的大小，与硬化套的深浅、分布情况、壁的厚薄等因素有关。在一般情况下，用高频（200k～300kHz）处理内孔表面时，收缩量为 0.05～0.2mm。如内孔各部分加热或冷却不均匀，则零件在淬火后会变成椭圆形。如衬套上下壁厚差过大，还会出现喇叭口状的变形。

当硬化层深度接近或超过零件壁厚的一半时，在淬火后，内径将由缩小转为胀大。

为了减小内孔淬火后的变形，对高频工艺参数的选择应十分注意。对于壁较薄和要求硬化层较浅、变形要求小的零件，在保证感应器良好冷却的前提下，应尽量采用大比功率（不小于 $1kW/cm^2$）来增大零件的加热速度。对于壁比较厚、硬化层要求深的内孔，可以采用较小的比功率，但加热时间不宜过长，否则会产生很不规则的变形。

图 5-110 所示之衬套的高频感应加热淬火，其工艺如下，阳极电压 10kV；阳极电流 5～5.5A；栅极电流 1～1.2A；槽路电压 4～4.5kV；设备采用 GP-100 淬火机床，上升速度（预热）2～2.7mm/s，下降速度（淬火）1.2～1.4mm/s。

衬套经上述工艺处理后，硬度＞62HRC，硬化层深度 2～2.5mm，内径收缩 0.06～0.17mm，外径收缩 0.04～0.17mm。经 1h、310～360℃ 回火后，衬套的内外径都在淬火收缩的基础上继续收缩 0.02～0.07mm，内径椭圆度不大于 0.06mm。

除采用上述的减小套筒型零件变形的措施外，还可以采取以下的一些办法。

① 可利用胎具来增加零件的壁厚。如按图 5-115(a) 安装方法淬火后，上口部变形较大，而用图 5-115(b) 的安装方法淬火后，上下各部变形基本趋于一致。

② 可先将内孔淬火，然后再加工外圆表面。图 5-116 所示的花键套，毛坯外径为 ϕ76mm，而成品外径则只有 ϕ60mm。如在拉完花键后进行高频感应加热淬火，再车外圆，可以减小花键孔的变形。

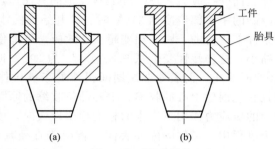

图 5-115　淬火胎具

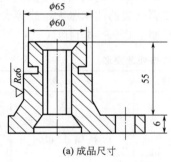

图 5-116　花键套

③ 可在内孔上分段淬火：对磨损严重的地方淬火，不受磨损的地方可不处理。

④ 对壁特薄的零件的内孔可进行液下淬火。但这种工艺效率较低，一般很少采用。

5.6.3　薄壁套形零件

薄壁套形零件，经渗碳淬火等热处理时，由于热应力及组织应力的作用必然产生椭圆、端面翘曲和锥度等变形。

相变超塑性不仅是钢在特定条件下进行反复相变过程所产生的现象，而且是包括热处理在内的相变过程都具有的普遍规律，钢在热处理相变过程的塑性比相变前后新旧组织的塑性提高几倍至几十倍。

下面对薄壁套形零件热处理过程中的变形规律和利用热处理过程中的相变超塑性效应校正零件变形的方法进行讨论与分析并加以总结。

5.6.3.1　薄壁套形零件热处理变形规律

薄壁套形零件（一般壁厚在 4～12mm）经渗碳淬火后，内外径缩小并产生椭圆和翘曲等现象。有文献介绍了 15 钢经渗碳淬火后内外径及高度均缩小的范例。表 5-59 给出了三种实际生产的零件经渗碳淬火后内外径均缩小的数据。

以表 5-59 所示零件为例来探讨薄壁套形零件变形的机理。零件在渗碳后冷却、淬火冷却的过程中，热应力引起热缩效应或称热变粗效应导致内外径和高度的缩小，组织应力引起体积效应，而零件变形取决于这些应力综合的结果。

当零件冷却时（包括渗碳和淬火），零件的表面首先要收缩，这时零件中心受压应力，零件表面受拉应力。18Cr2Ni4WA 钢的马氏体点 M_s 为 310℃，表面渗碳层 M_s 为 75℃，当未渗碳的中心部位冷到 310℃时它就开始马氏体转变，这个转变是在来自表面所施加的压应力条件下进行的，由于相变超塑性效应，可能使中心产生塑性变形，变形的结果使零件内外径缩小，这种塑性变形从马氏点 M_s 为 310℃时开始一直可进行到马氏体转变结束 M_s 为 250℃时为止，而表面在这期间仍然处于奥氏体状态，它不但允许中心部位有收缩的余地，而且它能促使中心的收缩。中心部位收缩的原因有：一是中心本身的冷缩作用；二是在表面给予的压应力作用下产生的相变超塑性效应，使中心部位产生附加收缩。在零件中心收缩的整个过程中，零件的内外表面一直朝着直径减小的方向缩小。当然马氏体转变会使体积胀大，但这一效应比热缩效应来得小，故最终还是使薄壁套形零件的内外径缩小。渗碳层越深，材料的马氏体点 M_s 越低，则热缩效应越大，即内外径缩小得更为厉害。

对于马氏体点高，特别是未渗碳的零件淬火后，内外径都有不同程度的胀大。如表 5-59 序号 2 的零件上部不渗碳处经淬火后外径胀大 0.1～0.15mm。这是因为不渗碳的部分，其表面马氏体转变是在中心还处于较高的温度下进行的，况且 12CrNi3A 钢的马氏体点较高（380℃），所以零件在较高的温度下尺寸就固定了，再加上组织转变而引起的体积胀大，故淬火后零件内外径都有胀大的现象，而在同一零件上渗碳部位的内外径却缩小 0.09～0.14mm。

表 5-59　几种零件的热处理变形

序号	零件形状及尺寸	材料及热处理	变形/mm	零件数量/件
1	φ13.9　φ22.4　115	18Cr2Ni4WA 全表面渗碳 0.6～0.8mm，790℃淬油	内径缩小 0.06～0.11；外径缩小 0.02～0.04；高度缩小 0.45	100
2	φ200　φ187　16.5	12CrNi3A 虚线处渗碳 0.9～1.2mm，800℃淬油	上端外径胀大 0.1～0.15；下端外径缩小 0.09～0.14	60
3	20.5　φ230　φ218	18Cr2Ni4WA 虚线处渗碳 1.2～1.5mm	内径缩小 0.25～0.45，外径缩小 0.27～0.50	100

5.6.3.2 薄壁套形零件热处理变形的控制

薄壁套形零件经渗碳所产生的椭圆和端面翘曲等变形，目前采用的在淬火压模中淬火控制变形是最为有效的方法。下面举出实际生产中一典型零件，来说明如何采用淬火压模校正零件的变形及压模锥体的设计。

（1）零件渗碳后的变形　图 5-117 及表 5-60 分别给出了零件的几何图形及变形数据。

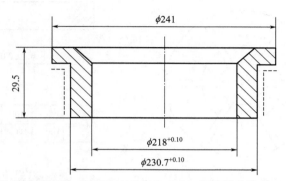

图 5-117　轴承衬圈简图（材料：18Cr2Ni4WA，虚线部分渗碳 1.2～1.5mm）

表 5-60　轴承衬圈渗碳淬火内径变形数据（测量基准为 ϕ218.00mm）　单位：mm

序号	渗碳前（内径）	渗碳后				淬火后（经淬火压模校正）			
		长轴（内径）	短轴（内径）	椭圆（内径）	端面翘曲	长轴（内径）	短轴（内径）	椭圆（内径）	端面翘曲
1	+0.03	0	−0.30	0.30	0.20	+0.08	−0.30	0.38	0.02
2	+0.03	−0.05	−0.48	0.43	0.25	−0.05	−0.15	0.10	0.03
3	+0.04	−0.10	−0.48	0.38	0.20	−0.05	−0.15	0.10	0.04
4	+0.05	0	−0.50	0.50	0.30	−0.07	−0.14	0.14	0.05
5	+0.06	−0.10	−0.55	0.45	0.25	−0.05	−0.12	0.07	0.03
6	+0.06	−0.15	−0.55	0.40	0.30	−0.08	−0.18	0.10	0.04
7	+0.06	+0.10	−0.65	0.75	0.50	−0.06	−0.19	0.13	0.05
8	+0.07	0	−0.70	0.70	0.60	−0.03	−0.17	0.14	0.05
9	+0.05	−0.20	−0.70	0.50	0.40	+0.05	−0.18	0.12	0.05
10	+0.04	+0.03	−0.80	0.55	0.45	−0.05	−0.05	0.10	0.05
11	+0.05	+0.03	−0.90	0.80	0.50	−0.05	−0.05	0.01	0.05
12	+0.08	+0.03	−0.95	1.00	0.70	−0.05	−0.05	0.05	0.05
13	+0.05	+0.03	−1.50	2.15	0.90	+0.10	−0.10	0.10	0.05
14	+0.04	+0.03	−1.30	1.82	0.80	+0.03	−0.10	+0.13	0.03

由表 5-60 可知，渗碳后零件的内径大都缩小（平均缩小 0.24mm）。经淬火压模校正后，椭圆度及端面翘曲均大大减小，并达到了技术要求（技术要求：椭圆≤0.15mm，端面翘曲≤0.10mm）。

（2）淬火压模的结构　淬火压模的结构见图 5-118 所示。

图 5-118 可知，零件的端口翘曲靠上模和下模来校正，零件的椭圆度靠六块模校正，其关键在于锥体，六块模和限程圈的结构及主要尺寸，见图 5-119 所示。

六块模做成六块活动式，它由锥体撑

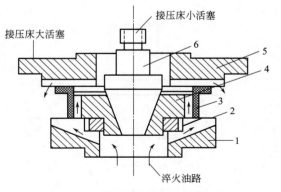

图 5-118　轴承衬圈淬火压模的结构
1—下模；2—限程圈；3—淬火零件轴承衬圈；4—六块模；5—上模；6—锥体

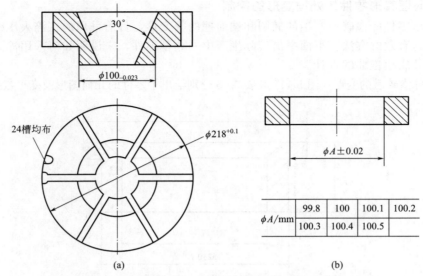

图 5-119 六块模（a）和限程圈（b）结构及主要尺寸

开，用限程圈控制它撑开时的尺寸，达到控制零件的内孔尺寸并校正零件的椭圆度的目的。

六块模和锥体相配的锥角是一个关键数值，理论分析和实践证明锥角应选 $25°\sim30°$ 为宜，锥体受力分析见图 5-120。锥体给予六块模的力 P 分解可用 P_2、P_3 和 P_4 代替。分析如下。

P_3 是锥体对六块模的垂直向下力。

P_4 是锥体对六块模的水平撑力，其值为：

$$P_3 = P_1 \sin \frac{\alpha}{2} = P \sin \frac{\alpha}{2} \sin \frac{\alpha}{2} = P \sin^2 \frac{\alpha}{2} \tag{5-8}$$

$$P_4 = P_1 \cos \frac{\alpha}{2} = P \sin \frac{\alpha}{2} \cos \frac{\alpha}{2} \tag{5-9}$$

由上两式可知，P_3 随 α 的增大而增大，当 $\alpha=180°$ 时，$P_3 = P_{max}$；P_4 随 α 的增大先增大后减小，当 $\alpha=90°$ 时，$P_4 = \frac{1}{2} P_{max}$。它们的变化规律见图 5-121 所示。

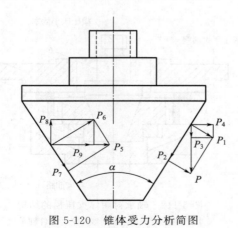

图 5-120 锥体受力分析简图 图 5-121 P_3 和 P_4 随 α 的变化规律

锥角 α 的选择除考虑 P_3 和 P_4 外，还要考虑零件在冷却时给予锥体向上的力 P_8 的大小（见图 5-120），P_8 是由零件收缩力 P_5 分解而得，其值为：

$$P_8 = P_6 \sin\frac{\alpha}{2} = P_5 \cos\frac{\alpha}{2} \sin\frac{\alpha}{2} \tag{5-10}$$

显然 P_8 的变化规律与 P_4 相似。当 $P_8 \geqslant P$ 时，则锥体上移。

根据 P_3、P_4 和 P_8 选择锥角的大小，由它的值可知 α 角应取小一些，其原因有三：一是 α 角增大时，使锥体向上的力 P_8 增大，锥体可能由于零件收缩而向上移动，这就起不到校正椭圆的目的；二是 α 角增大时，锥体给予六块模垂直向下的力 P_3 值也增大，也就是说给予限程圈端面的正压力增大，两者之间的摩擦力增大，这样可能使六块模撑不开；三是 α 角增大时，则锥体给予六块模的水平撑力也增大，可能会造成六块模的损坏或降低使用寿命。由上述三个原因，锥角应取小一点，但也不能过小，因为 α 值过小，则淬火完锥体上升时会把六块模带下来。由理论分析和实践证明 α 值取 25°～30°为宜。

(3) 利用马氏体相变超塑性效应选择限程圈　理论计算和实践经验表明，零件的椭圆在马氏体转变期间或稍高于马氏体点 M_s 温度范围内容易被校正，与此相应的限程圈尺寸就是选择限程圈的依据。下面就表 5-60 中 1、14 和其他零件来说明限程圈的选择。

① 序号 1 零件（限程圈尺寸为 $\phi 100.3\text{mm} \pm 0.02\text{mm}$）的分析　六块模外径尺寸：$D_{模 t_1} = \alpha(t_1 - t_0) D_{模 t_0} + D_{模 t_0}$（近似计算）。

α 为线胀系数，淬火油温 $t_1 = 50$℃。

$\alpha_{50℃} = 11.7 \times 10^{-6}$，$t_0 = 20$℃（室温）；模 t_0（近似计算）$= 218.05\text{mm} + 0.30\text{mm}$。

则 $D_{模 50℃} = 11.7 \times 10^{-6} \times (50-20)(218.05 + 0.30) + (218.5 + 0.30) = 218.43 (\text{mm})$，实际测量为 218.44mm，两者很相近。

序号 1 零件从淬火温度 790℃ 冷到 M_s 点 310℃，此时 $\alpha_{310℃} = 14.7 \times 10^{-6}$，$t_0 = 20$℃（室温），模 $t_0 = 217.7$，它的短轴尺寸计算为：

$D_{1 短 310℃} = 14.7 \times 10^{-6} \times (310-20) \times 217.7 + 217.7 = 218.63 (\text{mm})$。

上述计算表明：序号 1 的零件的短轴在 M_s 点时没有被六块模所撑到，只有继续冷到温度 $218.43 = 14.7 \times 10^{-6} \times (t-20) \times 217.7 + 217.7$，即 $t = 248$℃ 时，零件的短轴才被六块模所撑到，但是，这时中心部位已转成难以塑性变形的马氏体了。故序号 1 零件经限程圈为 $\phi 100.3\text{mm}$ 的淬火压模中淬火，它的椭圆度不但没有被校正反而加大了 0.08mm（见表 5-61），说明限程圈尺寸小了，应加大限程圈。

② 序号 14 零件的分析　把上述淬火后序号 1 零件再淬火返修，选用 $\phi 100.50\text{mm} \pm 0.02\text{mm}$ 的限程圈，椭圆度被校正了。此时：

$D_{模 50℃} = 11.7 \times 10^{-6} \times (50-20)(218.05 + 0.50) + (218.05 + 0.50) = 218.63\text{mm}$。

序号 14 零件的短轴从淬火温度冷到与模子外径相等的温度时：

$218.63 = 14.7 \times 10^{-6} (t-20) \times 217.7 + 217.7$，$t = 310$℃，310℃ 刚好是开始转变马氏体的温度，由于相变超塑性效应，零件的椭圆被校正了（椭圆由 0.38mm 减小到 0.13mm）。说明零件的椭圆是在马氏体转变期间被校正，此时相应的限程圈尺寸为（$\phi 100.50 \pm 0.02$）mm。

③ 序号 2～13 零件的分析　表 5-61 列举了表 5-60 中零件内孔短轴被六块模撑到时的温度。

表 5-61 零件内孔被撑到时的温度值

序号	限程圈尺寸 ($\phi A \pm 0.02$)/mm	零件被撑到时的温度/℃	椭圆度/mm 校正前	椭圆度/mm 校正后	备注（椭圆合格与否）
1	100.3	248	0.30	0.38	不合格
2	100.3	305	0.43	0.10	合格
3	100.3	305	0.38	0.10	合格
4	100.3	311	0.50	0.14	合格
5	100.3	327	0.45	0.07	合格
6	100.3	327	0.40	0.10	合格
7	100.2	327	0.75	0.13	合格
8	100.2	343	0.70	0.14	合格
9	100.2	343	0.50	0.12	合格
10	100.2	375	0.55	0.15	合格
11	100.2	406	0.80	0.15	合格
12	100.2	422	1.00	0.10	合格
13	100.2	579	2.15	0.15	合格
14	100.5	310	0.38	0.13	合格

注：此温度值用公式 $D_{模50℃} = \alpha(t-20)D_{零件短轴20℃} + D_{零件短轴20℃}$ 计算，故为近似值。

由表 5-61 可知序号 2～9 零件内孔短轴是在马氏体点稍低或稍高一点的温度下被六块模所撑到，椭圆度大大减小，并达到了技术要求；序号 10～13 零件内孔短轴是在较高的温度下被六块模撑到，椭圆度也达到了技术要求，内径尺寸稍有胀大，见表 5-60 所示。内径胀大约 0.10mm（与序号 2～9 相比），这是由于零件的内孔在较高的温度下（375～579℃）就被六块模所撑到，塑性变形大一些，故尺寸稍有胀大。同时，内孔有如图 5-122 所示的梅花式变形，零件的内孔在六块模撑着与通油冷却处直径之差为 0.03～0.05mm，这也是由于限程圈直径过大而引起的。因此，限程圈的内径不宜过大、应选择在 M_s 或稍高于 M_s 点范围内，零件被六块模所撑到时相应的尺寸，也就是要根据零件的变形选择限程圈的大小。如序号 2～9 和 14 零件所选的限程圈是合适的尺寸。

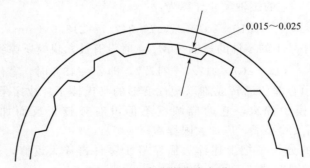

图 5-122 内孔梅花式变形

用淬火压模校正零件的椭圆要采用一定的预冷时间，以使零件能够充分地收缩，以便在 M_s 或稍高于 M_s 点的温度上撑到零件的内孔。如果没有预冷时间或预冷时间不足，则零件内孔较大，它还没有被六块模所撑到时中心部位就转变成为难以塑性变形的马氏体了，零件的椭圆度也就不能被校正。

5.6.3.3 结论

① 薄壁套形零件经渗碳淬火后，由于热缩效应和相变超塑性效应，零件内外径均缩小。
② 淬火压模锥体的锥角，应选 25°～30° 为宜。

③ 在马氏体转变期间,利用相变超塑性效应在淬火压床上校正零件的变形是行之有效的方法。

5.6.4 旋压薄壁筒形类焊接零件的热处理

某产品中有一壳体零件是采用超高强度钢 F154 经旋压后焊接而成,系旋压薄壁筒形焊接件,热处理后的力学性能不合格,强度低,同时变形量大。结构如图 5-123 所示。

图 5-123 零件形状结构简图

该薄壁筒形零件的薄壁段壁厚只有 0.9mm,图纸技术要求为:母材 $\sigma_b \geqslant 1650$MPa,$\sigma_s \geqslant 1340$MPa,$\delta_5 \geqslant 9\%$,焊片 $\sigma_b \geqslant 1485$MPa。由于该零件热处理后外表面不再进行机加工(只有两端厚壁段的内孔尚有加工余量),因此对零件变形量的要求:跳动量≤0.7mm,直线度≤0.3mm。要完全靠热处理来保证,并且焊接工序还有一定的变形量,因而热处理难度很大。

通过生产实践证明,尽管采用了真空淬火炉,在淬火工艺上采取了很多办法,仍不能控制住热处理的变形(实际跳动量 1.1~2.5mm,直线度 0.6~1.3mm)。因热处理后变形量的严重超差,直接影响了该产品的研制进度。

经化学成分分析(见表 5-62),发现导致其热处理性能不合格的原因是脱碳,通过采取真空热处理工艺,并通过采用内胀夹具与外套夹具相结合的方式,解决了这一难题,使该零件热处理后各项指标满足其设计要求。具体方法如下。

(1) 所用材料 所用材料为 F154 钢(棒材),其成分如表 5-62 所示。

表 5-62 F154 钢化学成分(质量分数%)

元素	C	Cr	Ni	Si	Mo	W	V	Mn	S	P
含量	0.26~0.31	2.8~3.3	0.8~1.2	0.8~1.2	0.3~0.5	0.8~1.2	0.1~0.2	0.5~0.8	<0.020	<0.020

(2) 热处理工艺及流程 依据图纸技术要求,制定热处理工艺如下。

淬火:(930±10)℃,油冷。

回火:(300±10)℃,空冷。

热处理工艺流程:毛坯锻件在电炉中退火—经三次旋压后再结晶退火(在电炉中装盒保护进行)—650℃×8h 随炉冷—焊后退火及淬火在真空炉中进行。

完成上述热处理工艺有两个前提。

① 保证旋压工序不对零件表面形成缺陷(浅层微裂) 大量生产实践证明,旋压给零件表面造成浅层微裂缺陷,将会使热处理后的力学性能中的延伸率 δ_b 不合格,需采取相应措施来加以解决。

② 热处理时零件不得产生脱碳 因为薄壁(只有 0.9mm)性能试片是在零件上切取的,热处理有脱碳将直接影响抗拉强度不合格,这是应首先考虑的因素。为此,我们曾多次抽取强度不合格试片进行金相检验,但始终未发现表面有脱碳现象。为此,笔者曾多次抽取强度不合格的零件和试片进行了含碳量的化学测定,结果如表 5-63 所示。

表 5-63 试片含碳量与热处理后力学性能的关系

试片编号	主体 σ_b/MPa	强度检验结果判断	相应含碳量	含碳量检验结果判断
1	1511	×	0.2039%	×
2	1702	√	0.2278%	×
3	1527	×	0.2157%	×
4	1555	×	0.2210%	×
5	1670	√	0.2716%	√
6	1657	√	0.2700%	√
7	1563	×	0.2293%	×
8	1652	√	0.2644%	√
9	1629	×	0.2638%	√
10	1594	×	0.2497%	×
11	1582	×	0.2293%	×
12	1589	×	0.2354%	×

注：1. 合格标准 $\sigma_b \geq 1650$MPa，C%=0.26%～0.31%。
2. √代表合格；×代表不合格。

(3) 热处理变形原因分析

① 变形特点及原因分析 零件淬火后两端因壁较厚变形不大。但中间薄壁段产生变形呈椭圆状，最大椭圆度 2.7mm，直接影响两个形位公差（跳动量、直线度）不合格。

零件通过旋压成型，中部壁厚只有 0.9mm，且直径为 ϕ180mm，经 930℃加热淬火，产生较大内应力，变形是必然的。

② 结果分析 从表 5-63 看，凡是含碳量在下限（小于 0.26%）的，其强度大都不合格（原材料的含碳量并不小于 0.27%）。试片的含碳量与 σ_b 值有较明显的线性关系。即脱碳是造成该零件强度不合格的根本原因。

经进一步分析认为，焊接和热处理是造成含碳量下降的直接原因，尤其是真空淬火前的多次退火所造成的零件表面的轻微脱碳。而随后的焊后真空退火、真空淬火也促使了脱碳后整个含碳量又进一步均匀化，因而淬火后多次金相检查始终未见有表面脱碳现象。所以焊接工序加严了氩气保护措施，热处理工序不仅最终热处理时采用真空淬火炉，其中间热处理工序包括焊后退火和三次旋压后的再结晶退火也应用了真空炉，加强了对零件表面的保护。采用了上述相应措施以后，热处理后的力学性能最终稳定下来，并且满足了设计要求。

(4) 采取的控制淬火变形的措施 零件在淬火后已经产生严重变形，正常回火主要是消除应力，稳定组织，但无法减小淬火变形。因而欲控制变形，需从三个方面考虑。

① 淬火变形控制 试验是通过以下两种措施进行淬火变形控制的。

a. 缓慢加热，缩短保温时间以减少高温加热过程中的变形。即在真空炉中淬火，将原工艺 930℃×80min 改为 700℃×50min 先预热，随炉升至 930℃×70min，油冷。

b. 装炉由立放改为吊挂，吊具装入零件内壁如图 5-124 所示，避免零件因自重而引起的变形。

采用上述措施后，零件淬火回火后跳动量 0.9～1.8mm，直线度 0.4～0.8mm。

② 在回火时采用相应的夹具进行校形 采用吊具装入零件内壁的方法虽使变形减小，但仍未达到设计要求，故需改进夹具结构。

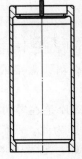
图 5-124 零件装入吊具简图

a. 外套夹具回火校形。外套夹具内径尺寸相当于零件外径的上限,将零件装入外套夹具进行回火。通过试验,零件薄壁段在回火后母线隆起且成多边形形状。说明单纯用外套夹具校形时,由于夹具与零件的膨胀系数、条件厚度均不相同,理论计算与实践较难一致。因而该措施在实践中几次试验均未能奏效。

b. 内胀夹具回火校形。制作的内胀夹具如图 5-125 所示。该夹具由六个分瓣组成一个内胀圆柱,能够顺利装入零件,胀紧后其外径相当于壳体零件的内径,能够将零件胀到理论圆度,并通过回火稳定组织消除内应力,固定形状,从而达到校形目的。将零件立放后用内胀夹具进行回火校形试验,结果发现,将淬火后零件直接装入胀具回火的变形明显减小,跳动量 0.6～1.0mm;而对于那些一次回火未装胀具,二次回火时装入胀具进行校正的,其跳动量 1.0～1.3mm。这是因为经过一次回火后组织已趋于稳定,重新装胀具回火效果明显不如前者,说明淬火后直接装胀具回火有利于变形减小。但总体上,零件装入内胀夹具回火在一定程度上校正了变形。

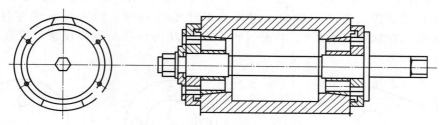

图 5-125 内胀夹具

③ 回火校形后变形的控制 从理论上讲,零件装入内胀夹具回火,应该能够较大程度校正变形,但实际跳动量与直线度仍未达到设计要求。从前述零件校正处理后的检测得知,靠近零件薄壁处一端仍有较大变形。因为零件壁薄,内胀夹具只胀紧中间共 310mm 长的薄壁段,胀具重达 52.4kg,零件装入胀具后竖立放置,胀具自身质量完全施加在零件薄壁段,零件在回火立放时下端未胀到的薄壁段圆周受力不均,在重力下以及热状态下难以正常释放组织转变应力,使零件在此薄壁处发生了弯曲变形。

鉴于此,我们采用内胀夹具与外套夹具共用校形的方式,即将零件装入胀具后,再置于外套夹具半模中平放入炉回火,使零件两端应力自由释放。依此方式共处理 50 件,其中 45 件为淬火后直接装夹具回火,测得的变形为:跳动 0.4～0.7mm,直线度 0.1～0.3mm。满足图纸技术要求。另 5 件属前期变形已经超差,按此方式进行三次回火校正,变形仍不合格。

用上述方法,又批量生产 100 件,淬火后直接采用内胀夹具与外套夹具共用,并采取平放方式回火。结果零件跳动量全部小于 0.55mm,最小为 0.25mm;直线度均合格,最小为 0.05mm,完全满足了设计要求的变形指标(跳动≤0.70mm,直线度≤0.30mm),进一步验证了上述措施控制变形的有效性和可靠性。

(5) 结论 此类零件系旋压后焊接而成,热处理为保证力学性能的要求,既要选择合理的热处理工艺参数,同时对于如此薄的零件壁厚,其表面质量——脱碳与表面缺陷的控制也是至关重要的。热处理采用真空炉应该是首选的。该零件热处理变形得到了有效控制,这是采用一系列综合措施的结果:

① 淬火加热时增加预热,吊挂零件,有利于减小淬火变形;

② 零件淬火后直接装内胀夹具并与外套夹具共用,平放入炉回火,校形效果最为显著。

零件通过以上措施并用试验验证了上述热处理工艺,热处理变形得到有效的控制和校正,满足了零件对强度的要求。

5.6.5 薄片带孔零件的热处理

薄片带孔零件存在渗碳后渗碳层深度不均匀、淬火硬度不均匀、零件变形严重等问题,通过改变零件渗碳前的绑扎吊装方式、改变热处理工艺及改变淬火介质等方法,使得薄片带孔形零件渗碳层和淬火硬度不均匀性及变形问题得到了解决。

(1) 工艺方法及存在问题　笔者车间生产的 4125 柴油机上的三种薄片带孔形零件:凸轮轴止推片(如图 5-126 所示)、喷油泵齿轮压板(如图 5-127 所示)、惰轮止推片(如图 5-128 所示),材料 20 钢。要求渗碳淬火,渗碳层深 1.1~1.5mm、硬度 58~64HRC。三种零件厚度在 4.5~5.5mm,外径在 ϕ70~85mm,其上有形状和大小不同、数量不等、分布各异的各类孔,形状很复杂。原来采用渗碳前每 10~15 件绑扎成"人字形",装入渗碳筐或垂直吊挂在渗碳淬火用的挂具上的方法,入 RJJ-75-9T(井式电阻渗碳炉)中,920℃保温 9~9.5h,随炉降温到 900℃直接出炉入水,这样处理后常出现渗碳后渗碳层深不均匀,淬火硬度不均匀,零件变形严重等问题。后来还发现零件经渗碳、淬火、回火后,在加工(磨削)、装配过程中出现 20%~30% 淬裂现象,曾造成装车停产的局面。

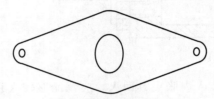 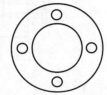 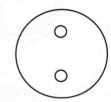

图 5-126　凸轮轴止推片　　图 5-127　喷油泵齿轮压板　　图 5-128　惰轮止推片

(2) 原因分析　在 JX-5 金相显微镜(×100 倍)下观察,发现淬裂零件的渗碳层深在 1.8~2.0mm,几乎渗透。检查淬火硬度不均匀的零件,发现渗碳层深在 0.3~2.0mm,用洛氏硬度计检测硬度在 20~66HRC,可见造成淬火硬度不均匀的原因是渗碳层深不均匀。经分析,渗碳层深不均匀是因为零件虽经"人字形"绑扎,但是在装入渗碳筐或垂直吊挂在渗碳淬火用的挂具上时,仍然存在零件平面紧贴在一起的现象。零件壁薄淬水、出炉温度高、晶粒粗大造成淬火硬度高加之变形严重是加工(磨削)、装配过程中淬裂的主要原因。

(3) 解决方法　我们经过多次实践,采用了如下方法。

① 渗碳前每 10~15 件绑扎一串改为 8~10 件绑扎一串。

② 零件改"人字形"绑扎为"∥"形绑扎。

③ 920℃保温 9~9.5h 随炉降温到 900℃直接出炉入水改为 920℃保温 8~8.5h,检查试样渗碳层深达到下限时,随炉降温到 860℃保温 0.5h 出炉每串垂直入油冷却(因零件壁薄易淬透)。

④ 要求职工增强责任心,增强质量意识,用心操作。

经此处理的零件渗碳层深合格,硬度合格,返修率由原来的 100% 降到 0,在加工(磨削)、装配过程中没有再发现淬裂现象。

(4) 结论　20 钢薄片带孔形零件渗碳前绑扎成"∥"形,尽量避免平面紧贴,渗碳层深达下限时,随炉降温到 860℃保温 0.5h 出炉,每串垂直入油冷却。经此处理的零件渗碳层深均匀合格,硬度均匀合格,在加工(磨削)、装配过程不会再发生淬裂现象。

5.6.6 长内孔零件的感应淬火

5.6.6.1 存在问题

对孔的内表面进行感应淬火，工件内孔狭长，为长椭圆形内孔，感应器设计、制作难度大，我们通过对感应器的试验、改进，成功地解决了此感应淬火的难题。

图 5-129 所示是某外协厂家的零件，该零件形状不复杂，但要求对内孔进行高频淬火，此内孔实际是一个长 80mm、宽 30mm、高 30mm 的长椭圆形槽孔，技术要求为：表面硬度 45～55HRC，有效硬化层深度 1～3mm，材料为 45 钢调质。要想有一个良好的加热效果，达到客户技术要求，首先需考虑采用什么样的感应器。内表面感应加热的一个最主要问题是加热效率低，为强化邻近效应，感应器与工件内壁的间隙应尽可能的小，工件本身孔宽也仅有 30mm，所以同时还要解决感应圈和加热面接触打火造成零件淬火部位烧损的问题。因为内孔感应器一般热效率仅为 10%～15%，所以如何提高感应器的加热效率，将是解决此零件感应淬火的关键。

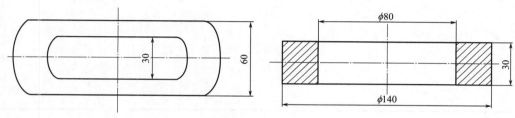

图 5-129 零件简图

5.6.6.2 工艺试验

设备为 GP60-CR13-1 型高频淬火机组。

(1) 方案 1　考虑到内孔宽度太小，采用如图 5-130 所示用 6mm×8mm 的方铜管做成的 U 形感应器，感应器有效部分填充导磁体。感应器放入孔中后，感应圈产生的磁场磁力线虽大部分被零件表面吸收，但由于感应器是 U 形，产生的磁力线少，依然加热缓慢，需 3min 工件局部才开始慢慢变红，经缓缓沿孔移动加热淬火，只可以加热孔的两侧壁并且速度缓慢，时间太长，而且孔两端圆弧很难加热到温度，故加热效果不理想，此方案显然不宜生产使用。

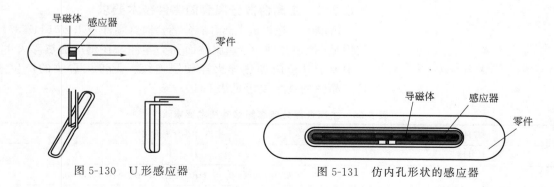

图 5-130　U 形感应器　　　　图 5-131　仿内孔形状的感应器

(2) 方案 2　如图 5-131 所示，加工制作成完全仿内孔形状的感应器，感应器与孔壁的间隙 1～2mm，感应器 $\phi6mm\times15mm$，其间填充导磁体，感应器外围缠绝缘丝带。由于导磁体可以使感应器的电感强度提高数倍,加之感应器为基本闭合的环形,可以看出,此感应器的加热效率远远大于方案1,感应器沿孔内壁轴向移动,在感应器下方装有喷水盒,这样,移动加热、淬火一次完成。经过小批量试验,用这种方法达到了工件的技术要求,其工艺参数见表5-64,实验数据见表5-65。

表 5-64 工艺参数

阳极电压/kV	阳极电流/A	栅极电流/A	加热时间/s
11.5～12	2.4～2.6	0.4～0.6	预热20、移动速度$F=80$

表 5-65 实验数据

序号	硬度(HRC)	层深/mm
1	48～52	1.5～2.5
2	47～50	1.2～2.6
3	48～50	1.3～2.8
4	46～49	1.3～2.8
5	49～51	1.1～2.5
6	46～53	1.4～2.7
7	45～51	1.2～2.8
8	50～51	1.3～2.7
9	47～51	1.4～2.7
10	47～53	1.5～2.6

5.6.6.3 结论

① 经过生产实践证明,此工艺有效地解决了此零件的感应淬火技术难点,是完全可以达到工件的技术要求的。

② 内孔感应加热,感应器的设计是工艺能否实现的根本,由于内孔感应器的热效率低,导磁体的合理应用是提高感应器加热效率的关键。

③ 内孔感应器与工件间隙很小,为防止工件烧熔,必要时一定要做好绝缘。

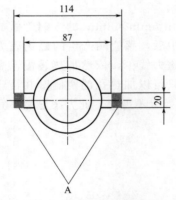

图 5-132 主离合器分离套筒零件

5.6.7 主离合器分离套筒零件

5.6.7.1 主离合器分离套筒零件技术要求

Fiat80-90 拖拉机主离合器分离套筒(零件号 1.26.5147787,结构见图 5-132 所示),属端面孔类零件,在感应加热淬火生产中要求其感应加热淬火淬硬层连续、无淬火裂纹的产生。其产品图的技术要求见表5-66。

表 5-66 主离合器分离套筒零件技术要求

零件名称	主离合器分离套筒
材料	HT250
技术要求	淬火表面硬度40～50HRC;淬火层深度不小于1.0mm
感应器类型	加热端面类
零件加热区域关键尺寸/mm	长13.5;宽20

5.6.7.2 主离合器分离套筒零件感应淬火工艺

淬火采用的设备：机床为 GP-100。淬火介质采用 8%～10%聚乙烯醇；采用感应器结构见图 5-133 所示，工艺格式见表 5-67。

表 5-67 主离合器分离套筒感应加热工艺格式（高频）

零件名称		主离合器分离套筒
处理部位及区域/mm		20.5 槽口内侧面
零件放置方法		垂直
感应器名称		主离合器分离套筒感应器
加热方式		同时
冷却	介质	水
	温度/℃	15～30
	压力/MPa	—

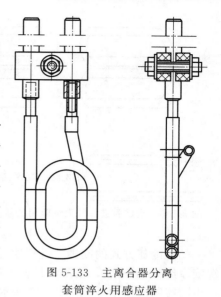

图 5-133 主离合器分离套筒淬火用感应器

5.7 拨叉、拨块类零件

5.7.1 换挡拨块

(1) 换挡拨块所用材料及其工艺　换挡拨块所用材料为 ZG45，图纸技术要求如下。

毛坯硬度 165～215HB，图 5-134 中双剖面线部位为感应淬火区，要求淬硬层深为 1～2mm，硬度 52～57HRC。

该零件采用的原工艺如下，在设备 GP-60 上进行高频淬火，$U_{阳}=11.5$kV；$I_{阳}=1.4$～1.6A；$I_{栅}=0.5$～0.7A；$T_{加热}=15.0$s；冷却时迅速将零件整个浸入淬火液（水槽）中，使用的感应器见图 5-135 所示。

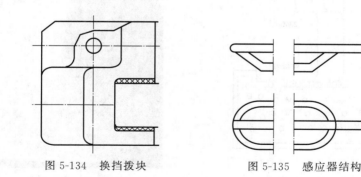

图 5-134 换挡拨块　　图 5-135 感应器结构

采用上述工艺生产后，经检验薄壁端 100%淬透，无法满足图纸技术要求，直接影响整车质量。

(2) 感应器结构改进　图 5-136 所示感应器为改进后进行淬火试验所用新型感应器。

考虑到零件结构的特殊性，为了保证淬火工作面受热均匀，并能有一定的淬硬层深度且不淬透，我们采用了这种高效率的蝶形双匝感应器。而原采用的感应器（见图 5-135 所示）为三条式单匝感应器，其主要是靠中间的单条对零件加热的，热效率较低（热损失大）；而采用改进后的蝶形双匝感应器（见图 5-136 所示），其主要是靠中间的双条对零件加热的，

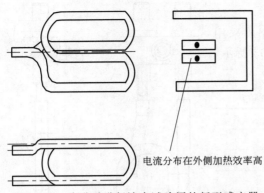

图 5-136 改进后进行淬火试验用的新型感应器

电流分布在外侧,感应器比原来单匝感应器产生更强的磁场,有效部分与导电部分相比能够分配获得更大比例的电压,同时能获得较好的阳流、栅流比值,从而使设备的输出功率满足零件淬火要求,提高了加热效率,节约了能源。试验采用两组分别由 $\phi 6mm$、$\phi 8mm$ 铜管制成的感应器,结果发现由 $\phi 6mm$ 铜管制成的感应器加热后,零件虽没淬透,但加热区域较窄,而由 $\phi 8mm$ 制成的感应器加热后,解决了淬透问题,但淬火区域呈斜三角分布(图纸上淬硬层区域分布属理想状态),同样满足要求。

(3)冷却方式的改进 进行感应淬火时,零件表面呈高温分布状态,同时由于该零件薄端壁厚约为 6.7mm,很薄,且上、下尺寸悬殊。故而,我们通过将薄端壁厚约 2/3 处浸入一小的特制水槽中(见图 5-137 所示),加热时,由于水的吸热使薄端得以冷却,从而也就解决了薄壁端淬透这一问题。

(4)工艺试验结果分析 我们经过多次反复试验,最终优化出如下工艺:$U_{电压}=11kV$;$I_{阳}=1.8\sim2.4A$,$I_{栅}=0.6\sim0.7A$;$T_{加热}=4.5s$。

经金相检验,淬硬层深为 $1.3\sim1.8mm$(呈斜三角分布;见图 5-138;从三角形中心测量),硬度为 $55\sim57HRC$。

(5)结论 采用新工艺及新的感应器对换挡拨块进行高频淬火,其淬火质量满足技术要求。

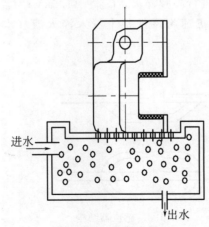

图 5-137 特制水槽

图 5-138 金相检验

5.7.2 中倒挡拨叉

(1)技术要求 中倒挡拨叉外形尺寸及硬化部位见图 5-139 所示,所用材料为 45 钢,图纸技术要求如下:要求淬硬层深为 $1\sim2mm$,硬度 $52\sim57HRC$。

由图 5-139 可以看出,因中倒挡拨叉结构的不对称,叉口处尺寸较复杂且单边壁薄(约 3.75mm),淬火后一直存在淬硬层不均匀,上、下面硬度偏差较大,易淬透、开裂,故而也易磨损,装车后易脱挡等一系列问题。

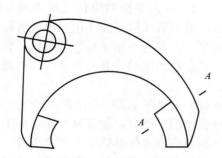
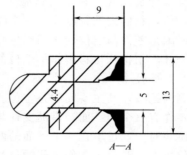

图 5-139 中倒挡拨叉外形尺寸及硬化部位

(2) 感应器结构设计　进行中倒挡拨叉高频淬火时，选用直径 $\phi 4mm$ 和 $\phi 5mm$ 两种铜管各制作成如图 5-140 所示的感应器，经压扁后分别伸入零件叉口（如图 5-141 所示），经过试验发现，用 $\phi 5mm$ 铜管压扁制造的感应器，由于宽度较宽与间隙小，很难实现喷液淬火，而且零件完全淬透；而用 $\phi 4mm$ 铜管经压扁制作的感应器，其加热后零件的淬硬层分布区比较均匀，与技术要求基本一致。

(3) 工艺参数的调整　试验在 GP-100C3 电源上进行，加热后喷液冷却，通过调整感应器的尺寸及相对位置，改变电压和加热时间，优化出如下的最佳工艺参数见表 5-68。

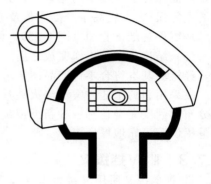

图 5-140 感应器的结构

下面 5 种参数，各自形成不同的淬火切面图形，通过分析对比及金相检验，第 3 种参数的硬化区分布、组织、硬度完全达到图纸的技术要求。

表 5-68　最佳工艺参数

序号	电压/kV	加热时间/s	硬度（HRC）	组织
1	10.0	1.5	50,48,50,52	M6＋T
2	11.0	1.5	52,50,53,50	M6＋少量块状 F
3	11.0	1.6	55,55,57,59	M6
4	11.0	2.0	56,54,57,57	M6
5	12.0	2.0	57,59,57,58	M5＋M4

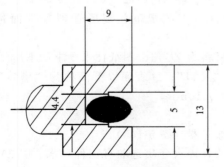

图 5-141 零件剖视图

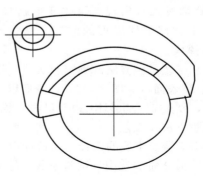

图 5-142 定位夹具

(4) 夹具设计及试验　在工艺试验过程中,我们认为零件的定位是解决问题的关键所在。为解决定位,我们用铁管制作了一个喷水器,并具有叉口定位作用,但在实际的试验中不甚理想。原因是零件与定位面之间产生打火现象,并且有不稳定粘连。为此,我们将喷液冷却与定位分开,用特殊材料制作了定位部分,该定位经试验,具有自动定心功能,准确可靠(如图5-142所示)。

对于中倒挡拨叉,其主要问题是定位。故此我们设计了如图5-142所示的定位夹具。而中倒挡拨叉零件有三个加工面,借助支柱与零件孔之间的配合,使其只能在平面上转动,当零件推进定位块时,通过不在一个平面的两个不同心圆将零件准确导入淬火位置。由于感应器固定在定位块上,避免了它们之间的位移,大大提高了淬火时感应器与零件之间的位置精度,从而保证了淬硬层的均匀。该方法克服了零件的随机性(凭肉眼观测及每次推进零件存在的重复误差),提高了产品质量及劳动生产率。

从零件解剖试验图(图5-139)可以看出,淬硬层分布均匀,区域规则。

(5) 结论　试验工作完成之后,我们进行了该零件的试验生产,完成了百余件的生产任务,经检验基本符合零件产品图要求,经装车使用未发现任何质量问题。

故采用新的工艺方案和淬火夹具,有效地解决了中倒挡拨叉的淬火质量问题,使其淬硬层分布和硬度完全达到一种新型拖拉机产品技术要求。特别是淬火夹具的准确定位,为淬火质量提供了可靠地保证。

5.7.3　Ⅲ-Ⅳ挡拨叉

Ⅲ-Ⅳ挡拨叉所用材料为45钢,图纸技术要求如下。

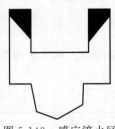

图5-143　感应淬火区

毛坯硬度215~265HB,图5-143中双剖面线部位为感应淬火区,要求淬硬层深为1~2mm,硬度52~57HRC。

该零件采用的原工艺方法以及感应器结构改进与换挡拨块相同,详见"5.7.1换挡拨块"。

由于Ⅲ-Ⅳ挡拨叉薄壁端有凸起部位(而换挡拨块则为平面),因无法定位而不能采用薄壁端水冷法进行冷却。经过反复试验,最终优化出如下的工艺:$U_{电压}=11kV$;$I_{阳}=4.5A$;$I_{栅}=1.3\sim1.5A$;$T_{加热}=5.0s$。

经金相检验,淬硬层同CKD(国外进口原装件)一样呈斜三角分布且淬透(图5-143),硬度55~57HRC;金相组织为5级马氏体。

5.7.4　665-1702103 Ⅱ-Ⅲ挡拨叉

(1) 简介　一种越野载货汽车曾在装车使用过程中,发现665-1702103 Ⅱ-Ⅲ挡拨叉(以下简称拨叉)出现严重的变形超差(现生产中合格率为42%),直接影响了装车质量。以下就该零件出现的问题,从生产技术条件、工艺规范、现场管理等方面进行了试验和探索。

(2) 工艺试验方法的确定和实施　拨叉所用材料为ZG45,图纸技术要求如下所示。

C、D表面(见图5-144,C表面以下简称为"叉口";D表面以下简称为"槽口")高频淬火,硬度45~53HRC;叉口两C面不齐度为0.10mm。

试验方法及工艺。

a.感应器及工装的选择,叉口选用三圈圆环感应器(图5-145)。

b.淬火介质的选用,试验采取的是同时加热法,淬火介质选取有三种:水、6%AQ-251和油。

c. 试验方案,见表5-69。

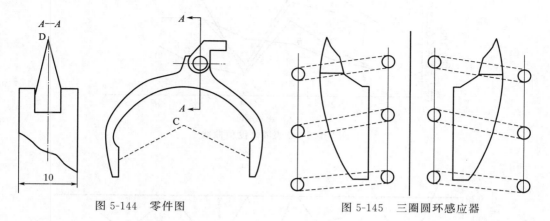

图 5-144　零件图　　　　　图 5-145　三圈圆环感应器

(3) 工艺试验数据测量与分析
① 工艺试验数据
a. 工艺参数见表5-70。

表 5-69　试验方案

方案	淬火步骤			
	一次淬火	一次回火	二次淬火	二次回火
A	C表面淬火,淬6%AQ-251	炉中整体回火 180℃,1.0h	D表面淬火,水冷	炉中整体回火 180℃,1.0h
B	C表面淬火,水冷	炉中整体回火 240~260℃,1.0h	D表面淬火,淬6%AQ-251	炉中整体回火180℃,1.0h
C	C表面淬火,淬6%AQ-251	炉中整体回火 180℃,1.0h	D表面淬火,淬6%AQ-251	炉中整体回火 180℃,1.0h
D	C表面淬火,油冷	零件清洗后进行炉中整体回火,180℃,1.0h	D表面淬火,油冷	二次淬火后回火

表 5-70　工艺参数

工艺种类	电压/kV		电流/A		时间/s		
	阳极空载	阳极负载	阳流	栅流	$T_{加}$	$T_{间}$	$T_{冷却}$
原工艺	11.5	11.0	2.5	0.5	12^{+1}	1^{+1}	6^{+1}
工艺A	12.0	11.5	2.4	0.4	12	2	6
工艺B	12.0	11.5	2.5	0.5	12	1.5	6
工艺C	12.0	11.5	2.5	0.5	13	1.0	6
工艺D	12.0	11.5	2.5	0.5	13	1.0	6

b. 试验测得C表面硬度值(淬火后未回火)曲线如图5-146所示。
c. 变形量测得如下。
第一批试验共计15件,叉口全部淬水,变形量曲线绘制见图5-147所示。
第二批试验共计41件,叉口全部淬6%AQ-251,变形量曲线如图5-148所示。
第三批试验共计23件,叉口全部淬油,变形量曲线绘制如图5-149所示。
② 试验数据分析

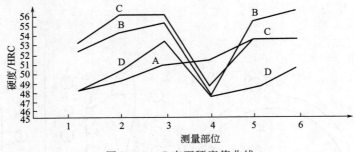

图 5-146　C 表面硬度值曲线

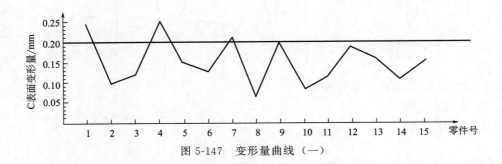

图 5-147　变形量曲线（一）

图 5-148　变形量曲线（二）

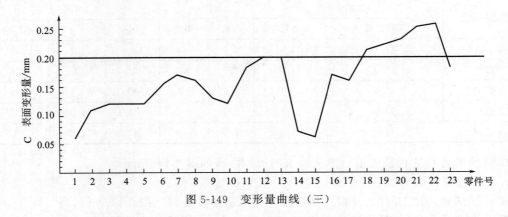

图 5-149　变形量曲线（三）

a. 由图 5-147 得知，叉口淬水的 15 件中，两叉口 C 面的不齐度在 0.2mm 范围内的（包括 0.2mm 在内）共有 12 件，占试验件的 80%；

b. 由图 5-148 可以看出，淬 6%AQ-251 溶液的 41 件中，两叉口 C 面的不齐度在 0.2mm 范围内的（包括 0.2mm 在内）共有 39 件，占试验件的 95.12%；

c. 由图 5-149 可以看出，在淬油的 23 件零件中，两叉口 C 面的不齐度在 0.2mm 范围内的（包括 0.2mm 在内）共有 18 件，占试验件的 78.3%。

(4) 试验结果分析

① 由于该载重汽车的 Ⅱ-Ⅲ 挡拨叉形状复杂、壁薄且在淬火时棱角和薄边部分冷却迅速，外表面比内表面冷却快，由此引起热处理应力和淬硬层分布不均，致使该零件有较大的淬火变形。

② 选用不同淬火介质对变形影响很大。水在常温下的冷却能力很强，一般用于对变形量要求不大零件的淬火；而选用油作为淬火介质，则要求被淬火零件的淬透性要高、壁厚差不大，形状复杂、工序长且复杂；另外选用美国好富顿公司的 AQ-251（其主要成分为聚二醇）作为淬火介质，当炽热的零件与聚二醇水溶液接触时，零件表面即沉积一层薄膜，延缓了零件的冷却速度，从而减少了零件变形与开裂的危险性。其冷速比水低但比油高，且淬火后的工件可不清洗而直接回火。考虑到该载重汽车的 Ⅱ-Ⅲ 挡拨叉结构的特殊性，为减小拨叉叉口的淬火变形，故选用 AQ-251 作为其淬火介质。

(5) 结论

① 选用不同淬火介质对拨叉零件叉口的变形量影响很大。故对 Ⅱ-Ⅲ 挡拨叉叉口进行淬火时，选用 6%AQ-251 作为淬火介质，其变形量满足技术要求。

② 采用新工艺 C 面达到了叉口不齐度为 0.20mm 时，合格率应达到 95% 以上的攻关目标。

③ 除了以上的试验外，还对 D 表面做了大量的试验。结果发现，不同淬火介质对槽口的变形量影响很小。考虑到 AQ-251 价格昂贵，故槽口淬火时选用水即可。

④ 因 Ⅱ-Ⅲ 挡拨叉结构的特殊性，要求生产单位要加强管理，轻拿轻放避免零件的磕碰，保证产品质量，以减少变形的产生。

5.7.5 大轮拖 LF80-90 变速拨叉

5.7.5.1 简介

笔者单位的一种拖拉机 Ⅰ-Ⅱ 挡变速拨叉（见图 5-150 所示）。采用设备为高频，功率为 100kW。实际生产中存在很多隐患。由于没有定位工装，操作者摆放零件的位置不当，加热不均匀，淬火后在叉口表面和颈部产生裂纹。裂纹状况：对变速拨叉随机进行探伤，发现在叉口和颈部边缘走向比较平直，由表面向心部，为典型的淬火裂纹。生产过程中，每探伤 10 件工件，就有 1~2 件有淬火裂纹。车间为保证零件合格，通常是对每批零件 100% 的进

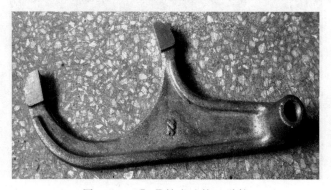

图 5-150　Ⅰ-Ⅱ 挡变速拨叉零件

行探伤检查，给生产带来十分繁重的工作。经过很长时间生产实践和探索，改进老工艺，能达到提高生产率和产品质量的效果。

5.7.5.2 工艺试验

(1) Ⅰ-Ⅱ挡变速拨叉所用材料及其工艺　Ⅱ挡变速拨叉所用材料为RZG310-5，图纸技术要求如下：毛坯硬度165～215HB，要求淬硬层深为1.6～2.6mm；硬度52～57HRC。

该零件采用的原工艺如下：在GP100kW设备上，对拨叉头部27mm长度上感应淬火，$U_阳=11.5kV$；$I_阳=5～7A$；$I_栅=0.8～1.0A$；$T_{加热}=(7±0.5)s$；$T_{冷却}=3s$（喷液冷却）。即进行Ⅰ-Ⅱ挡变速拨叉高频淬火时，我们选用直径φ4mm和φ5mm两种铜管各制作成如图5-151所示的感应器，经压扁后分别伸入零件叉口（图5-152），经过试验发现，用φ5mm铜管压扁制造的感应器，由于宽度较宽与间隙小，很难实现喷液淬火，而且零件完全淬透；而用φ4mm铜管经压扁制作的感应器，其加热后零件的淬硬层分布区比较均匀，与技术要求基本一致，但另一端无法满足图纸技术要求。采用上述工艺生产后，经检验薄壁端100%淬透，无法满足图纸技术要求，直接影响整车质量。

图5-151　原工艺使用的感应器

图5-152　零件在原感应器中放置方式

(2) 感应器结构改进　考虑到淬火零件结构的特殊性，为了保证淬火工作面受热均匀，并能有一定的淬硬层深度且不淬透，我们采用了这种高效率的圆环类感应器。而原采用的感应器（条式感应器见图5-151所示），其主要是靠中间的单条对零件加热的，热效率较低（热损失大）；而采用改进后的感应器（见图5-153所示），其主要是靠圆环效应对零件加热的，电流分布在内侧，感应器比原来条式感应器产生更强的磁场，有效部分与导电部分相比能够分配获得更大比例的电压，同时能获得较好的阳流、栅流比值，从而使设备的输出功率

图5-153　改进后进行淬火试验所用新型感应器及夹具

满足零件淬火要求,提高了加热效率,节约了能源。试验采用两组分别由 $\phi 6mm$、$\phi 8mm$ 铜管制成的感应器,结果发现由 $\phi 6mm$ 铜管制成的感应器加热后,零件虽没淬透,但加热区域较窄,而由 $\phi 8mm$ 制成的感应器加热后,解决了淬透问题,但淬火区域呈斜三角分布(图纸上淬硬层区域分布属理想状态),同样满足要求。

(3) 夹具设计及试验 对于Ⅰ-Ⅱ挡变速拨叉,其主要问题是定位。故此设计了如图 5-153 所示的定位夹具。

(4) 工艺参数的调整 试验在 GP-100C3 电源上进行,加热后喷液冷却,通过调整感应器的尺寸及相对位置,改变电压和加热时间,优化出如下的最佳工艺参数,见表 5-71 所示。

表 5-71 最佳工艺参数

序号	电压/kV	加热时间/s	硬度(HRC)	组织
1	11.0	3.5	50,48,50,52	M6+T
2	11.0	4.0	52,50,53,50	M6+少量块状F
3	11.5	4.9	55,55,57,59	M6
4	11.5	5.0	56,54,57,57	M6
5	12.0	5.2	57,59,57,58	M5+M4

上面几种参数,各自形成不同的淬火切面图形,通过分析对比及金相检验,第 3 种参数的硬化区分布、组织、硬度完全达到图纸的技术要求。

(5) 工艺试验结果分析 我们经过多次反复试验,最终优化出如下工艺:$U_{电压}=11.5kV$;$I_{阳}=4\sim7A$;$I_{栅}=0.6\sim1.0A$;$T_{加热}=4.9s$;$T_{冷却}=4.0s$。

经金相检验,淬硬层深为 1.8~2.4mm(呈斜三角分布;见图 5-154 所示;从三角形中心测量),硬度 55~57HRC。

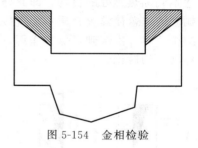

图 5-154 金相检验

5.7.5.3 结论

① 采用新工艺及新的感应器对Ⅰ-Ⅱ挡变速拨叉进行高频淬火,淬火质量满足技术要求。

② 利用现有设备,取得了较满意的结果,在提高设备利用率的同时,也节约了设备投资。

③ 提高了产品质量。采用原工艺生产的零件 100%淬透,而用新工艺生产的零件不但保证了表面硬度达到技术要求,同时解决了淬透的问题,增加了零件的耐用性。

④ 工装夹具的调试完成,解决了长期以来手工摆放、随机定位及不安全等问题。降低了操作工的劳动强度,提高了工作效率,并保证了产品质量。

5.7.6 解决淬火裂纹的措施

笔者公司承接的一种新型拖拉机上感应淬火的零件共有几十种,其中的 36 种因工艺不成熟、工装不具备、感应器设计不合理等原因,产品质量达不到技术要求,造成大量超差回用单,降低了该拖拉机零件的产品质量。通过汇总,我们发现淬硬层超差是造成大多数零件不合格的主要原因,其次还有淬火裂纹、硬度超差等问题。因此,我们决定重点解决淬硬层超差和淬火裂纹并因此立项。首先,针对不同零件的技术要求和淬火部位采取多种手段进行淬火工艺研究,通过改变直流高压、阳极栅极电流、加热及冷却方式和冷却时间,改换冷却介质,铜套隔磁保护、装水、浸水保护、填充保护等,使产品质量达到或接近产品图技术要求。其次通过淬火工艺试验研究,找到淬硬层超差和产生淬火裂纹的原因及解决它们的有效措施。各零件号和零件名称见表 5-72。

表 5-72　各零件号和零件名称

零件号	零件名称	保护前	保护后
5132023	主变速下操纵杆	出现裂纹率 70%～80%	无裂纹出现
1204.37.177-1	下操纵杆		
5127959	主变速下操纵杆		
5127966	副变速下操纵杆		

措施的实施有以下几点。

(1) 铜套隔磁保护　我们知道在感应加热中存在着"尖角效应",而该新型拖拉机上感应淬火件中多数零件均存在着尖角,如特异零件差速锁拨叉轴(见图 5-155 所示)。针对这种特殊的淬火部位,专门设计制作了一个材料为 H62 的铜材保护套(见图 5-156 所示),并将差速锁拨叉轴置于保护套中只露出淬火区域(见图 5-157 所示)。这样在进行感应加热时,非淬火区域由于铜套阻隔了感应加热交变磁场的磁力线的穿过,而无法在此产生涡流,从而达不到加热此处的目的,即此处达不到淬火组织转变所需的温度,并在随后的冷却中又由于铜套的遮盖使淬火介质不能直接喷到非淬火区,而减缓了该处的冷却速度导致了淬火应力的减少,再一次起到了保护作用,从而解决了同类零件的这类难题,图 5-158 所示是保护前后淬硬层的对比。

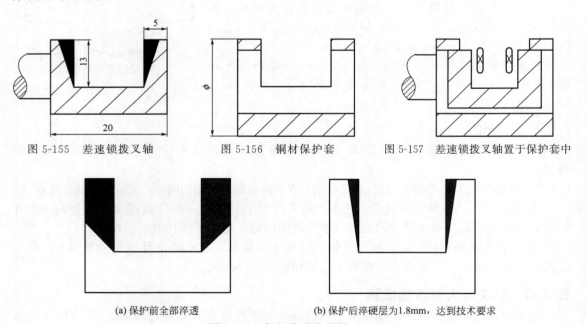

图 5-155　差速锁拨叉轴　　图 5-156　铜材保护套　　图 5-157　差速锁拨叉轴置于保护套中

(a) 保护前全部淬透　　(b) 保护后淬硬层为1.8mm,达到技术要求

图 5-158　保护前后淬硬层对比

根据铜套的隔磁保护原理,我们相继对淬硬层超差且适合使用该方法的零件设计制作了五种不同的铜制保护套,从而解决了表 5-73 中零件的淬硬层超差问题。

表 5-73　各零件淬硬层超差问题解决

零件号	零件名称	保护前	保护后
1.32/5132023	差速锁拨叉轴	全部淬透(5mm)	淬硬层1.8mm

续表

零件号	零件名称	保护前	保护后
1.26/5127464	离合器踏板	全部淬透(7mm)	淬硬层2.6mm
1.26/5120396	踏板传动杆	全部淬透(10mm)	淬硬层2.5mm
1.32/5123685	差速锁拨叉轴	淬硬层为6mm	淬硬层2.6mm
1.33/5101313	引出装置操纵内传动杆	淬硬区为整个平面（超差61mm）	淬硬区为技术要求区域20mm
1.68/4999443	制动泵主油缸活塞	相邻淬火区之间过渡区为14mm	相邻淬火区间过渡区为6~8mm

(2) 装水、浸水保护　另外还有一些该新型拖拉机上零件也是因为"尖角效应"而导致了淬硬层超差。如特异零件提升臂隔套（见图5-159所示），针对该零件专门设计制作了一个圆台下顶尖（见图5-160所示），将提升臂隔套置于圆台上，这样提升臂隔套与圆台一起就形成了一个开口向上的"小盆"，如图5-161所示。在感应加热前先向"小盆"中加满水，在进行感应加热时，利用水壶烧水的原理进行保护，即工件外表面（淬火部位）达到了淬火组织转变温度，而内壁（非淬火区域）则由于与水直接接触，水的吸热使零件内壁得以冷却而无法达到淬火温度。并在随后的冷却中冷却外表面（使外表面的淬火部位得到淬火组织），而内壁则淬不上火，从而起到保护作用。

对有些既不能采用隔套保护，又不能采用装水保护的零件，我们则采用浸水保护，如分离套筒、推力轴承座等。将它们的主淬火区域露出水外，其余的非淬火区域则浸入水中，进行感应加热，同样克服了"尖角效应"而起到了保护作用。装水、浸水保护的零件见表5-74。

图5-159　特异零件提升臂隔套

图5-160　圆台下顶尖

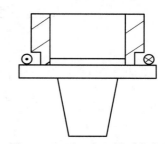
图5-161　开口向上的"小盆"

表5-74　装水、浸水保护的零件

零件号	零件名称	保护方式	保护前	保护后
1.26/5147787	主离合器分离套筒	浸水	全部淬透	淬硬层1.2mm
1.26/5105434	动力输出推力轴承座	浸水	全部淬透	淬硬层1.4mm
1.26/5104881	主离合器分离套筒	浸水	全部淬透	淬硬层1.2mm
1004.21A.102	动力输出推力轴承座	浸水	全部淬透	淬硬层1.4mm
1.82/5117185	提升臂隔套	装水	全部淬透	淬硬层1.6mm

(3) 填充保护　该新型拖拉机产品中的三种主副变速下操纵杆均有一球状淬火部位，其球体两侧对称开了长30mm、宽和深各为5mm的键口。大家都知道，感应淬火最忌尖角，因为尖角处既易烧熔，更易淬裂。一开始生产时，该零件的淬火裂纹率达70%~80%，且该零件从冷加工到成型，在热处理之前需十几道工序，尺寸要求极严，若在热处理时报废实在可惜，且影响装车进度。

为此笔者开展了淬火工艺试验，先后采用了更换淬火介质（如用 AQ-251 取代水）、降低淬火温度、缺口处加铜键等方法，通过比较，只有缺口处加铜键的效果最好，既可隔磁保护，又可减缓该处的冷却速度，从而减少该处的内应力消除淬火裂纹。但铜键尺寸的确定却成了问题，尺寸大了填不进去，硬砸进去既容易使缺口处变形又不好取出，取出后也因变形而无法再用，而尺寸正好或小了也会因零件旋转加热而被甩出失去保护作用，再者缺口处尺寸也有公差而非定值。这时受橡皮泥可随意捏成各种形状的启发，利用石棉绳将缺口处填满后进行感应淬火试验，取得较好效果，无论是取下浸淬还是直接喷射冷却都未在键口处出现裂纹。通过分析认为：淬火裂纹产生的最根本最直接的原因就是冷速快、淬火组织应力过大，而填石棉因减缓冷速而减少了应力，从而消除了淬火裂纹的产生，同时加塞的石棉既易取出，又可重复再用。试验成功后，笔者将此法写入了工艺，已生产了 1000 多件零件，无一产生裂纹，从而彻底解决了这类淬火裂纹问题。

（4）感应器的改进　大多数零件可以通过感应器结构的改进来提高其淬火质量。可以采用高效率的感应器（如蝶型感应器）来取代三条式单匝感应器。

5.7.7　调速叉（696-YB452）零件

5.7.7.1　调速叉（696-YB452）零件技术要求

Ⅱ号喷油泵调速叉零件，零件号为 TⅡ-004-1，结构见图 5-162 所示，属端面类零件，在感应加热淬火生产中要求其感应加热淬火淬硬层连续、无淬火裂纹的产生。其产品图的技术要求见表 5-75。

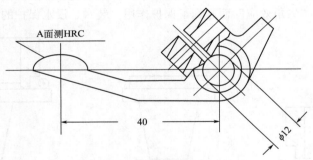

图 5-162　调速叉零件

表 5-75　调速叉（TⅡ-004-1）零件技术要求

零件名称	调速叉
零件号	TⅡ-004-1
产品型号	Ⅱ号喷油泵
材料	ZG55
预先热处理	正火
处理前工序	铣 A 面
处理后工序	氧化
工艺路线	精铸—钢加—热处理—热氧化—装配
技术要求	在 A 面 10mm 范围内进行淬火，硬度≥40HRC
感应器名称	调速叉感应器
感应器类型	端面类
零件加热区域关键尺寸/mm	10×8

5.7.7.2 调速叉（696-YB452）零件感应淬火工艺

淬火采用的设备：GP100，淬火介质采用7%～9%AQ-251。采用圆环形感应器，结构见图5-163所示，工艺数据见表5-76。

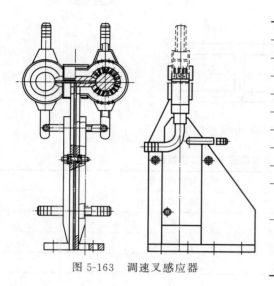

表5-76 调速叉感应加热工艺数据

零件名称		调速叉
零件号		TⅡ-004-1
处理部位及区域		A面10mm范围内
零件放置方法		垂直
阳极空载电压/kV		11.0
阳极负载电压/kV		10.5
阳极电流/A		2.0～3.0
栅极电流/A		0.3～0.5
加热方式		同时
冷却	介质	7%～9%AQ-251
	温度/℃	20～40
时间/s	加热	5～8
	间隙	<2.0
	冷却	>20

图5-163 调速叉感应器

5.7.8 引出装置操纵限位叉零件

5.7.8.1 引出装置操纵限位叉零件技术要求

Fiat 80-90拖拉机引出装置操纵限位叉零件（零件号为1.33.885129032，结构见图5-164所示），属槽口类零件，在感应加热淬火生产中要求其感应加热淬火淬硬层连续、无淬火裂纹的产生。其产品图的技术要求见表5-77。

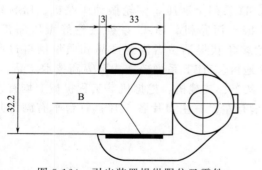

表5-77 引出装置操纵限位叉（1.33.885129032）技术要求

零件名称	引出装置操纵限位叉
零件号	1.33.885129032
产品型号	Fiat 80-90拖拉机
材料	ZG45
技术要求	淬火表面硬度52～57HRC；淬火层深度不小于1.0～2.5mm
感应器名称	引出装置操纵限位叉感应器
感应器类型	加热槽口类
零件加热区域关键尺寸/mm	槽口开档32.3；加热段长度33

图5-164 引出装置操纵限位叉零件

5.7.8.2 引出装置操纵限位叉零件感应淬火工艺

淬火采用的设备：GP100，淬火介质采用水。采用感应器结构见图5-165所示，工艺数据见表5-78。

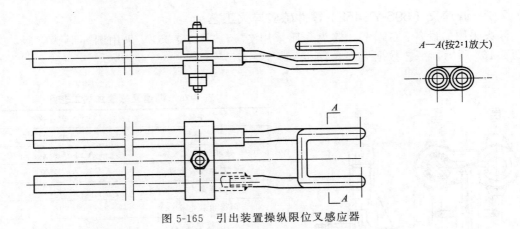

图 5-165 引出装置操纵限位叉感应器

表 5-78 引出装置操纵限位叉感应加热工艺数据

零件名称		引出装置操纵限位叉
零件号		1.33.885129032
处理部位及区域		B 表面
零件放置方法		垂直
加热方式		同时
冷却	介质	水
	温度/℃	15～30

5.8 推土机刀片类零件

笔者公司有雄厚的技术开发能力和生产制造能力,多次率先研制出一代又一代新产品并推向市场。在压实机械技术领域始终走在全国同行业的前列。20 世纪 80 年代末,公司引进了德国宝马公司的 CA141AD、BW217D、BW213D 等振动压路机制造技术,经过消化、吸收和创新,对压路机产品进行了换代,推出了 LSD 系列全液压单钢轮振动压路机、LSS 系列单钢轮振动压路机、LDD 系列全液压双钢轮振动压路机、LGU 系列三轮静碾压路机、LRS 系列轮胎压路机。东方红叉车、推土机连续多年获得消费者满意产品和质量信得过产品称号。2000 年以来,又相继推出了 PY 系列平地机、HBT 系列砼拖式泵等高技术产品。

目前笔者公司产的压路机、东方红推土机、叉车、装载机、挖掘机等工程机械上均有刀片类零件,下面介绍我公司 4125 机型上(每台车有左、右主刀片各 1 片;每台车有副刀片 2 片)几种刀片类零件的热处理工艺。

5.8.1 4125 机型上的左主刀片

推土机刀片是推土机上主要的触地工作件,主要用于推土、平整建筑场地等工作,由刀角螺栓与推土机进行连接。根据使用场合的不同,我们将推土机分成了小型、中型、大型,同时也用三种不同的材料来生产大、中、小三种不同推土机的刀片产品。

推土机刀角是安装在推土机刀片两侧的两块护板,用于与地面的接触,与刀片一起,形成整套的推土机刀片系统。大型推土机的刀角采用了边角压弯的方式,使刀角产生了一个自锐角,在磨损过程中,该刀角始终保持锐角。

推土机适用于推土、平整建筑场地，还可以用于堆积松散材料，清除作业地段内的障碍物等。根据推土机刀片产品特点，推土机刀片有三种不同的材料，其力学性能分别为：高碳钢，硬度为 280HB；锰钢，硬度为 360HB；硼钢，硬度为 480HB。

5.8.1.1　左主刀片所用材料

4125 机型上左主刀片见图 5-166 所示。所用材料为 65Mn。处理前后的工序为铣、铇倒角、入库。

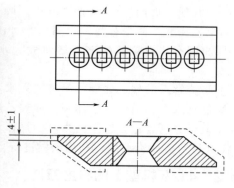

图 5-166　4125 机型上的左主刀片

5.8.1.2　左主刀片技术要求

在标有"------"处感应淬火，硬度 48～58HRC，淬硬层深度 2.0～4.0mm（4mm±1mm 表面向内 30mm 处测深度），淬火宽度两边均不小于 35mm。

5.8.1.3　左主刀片淬火用工装

左主刀片是在 250kW、8000Hz（发电机型号：пBB-100×2-8000）淬火机床上进行中频淬火的。左、右主刀片及副刀片淬火用同一感应器。所用感应器为中频仿形感应器，如图 5-167 所示。

图 5-167　刀片淬火用感应器

5.8.1.4　左主刀片淬火工艺参数

（1）零件的淬硬层深度　与所采用的电源频率的大小、零件的移动速度、加热功率、感应器间隙的大小以及是否预热等有关。由于左主刀片淬火层深度要求为 2.0～4.0mm，故采用中频淬火工艺较为理想。

（2）零件的移动速度　在其他条件不变的情况下，零件的移动速度与淬硬层深度成反比。针对该零件，若采用中频淬火应减慢零件的移动速度，但若零件的移动速度太慢，会导致零件淬火温度过高、零件淬火组织粗大、易淬裂等问题出现，故应通过试验，调试出合适的零件移动速度，以满足其 2～4mm 的淬硬层深度技术要求。

通过试验得知左主刀片淬火时零件的移动速度为 13mm/s。

（3）加热功率　在其他条件不变的情况下，零件的加热功率越大，其淬硬层深度越深；反之其淬硬层深度越浅。通过试验得知左主刀片淬火时零件的加热功率为 (140±5)kW。

(4) 感应器间隙的大小　感应器间隙越大,加热速度就越慢,零件达到相变温度的时间越长,因而其淬硬层深度越深;反之,其淬硬层深度越浅。通过试验得知左主刀片淬火时零件上下面与感应器间隙为 3.5mm 左右,位置居中即可。

(5) 电参数的确定

① 变压比　根据感应器结构及实践实验,经工艺优化试验后取 16∶1。

② 电参数　经工艺优化试验后,励磁电流 $I=4.0\sim6.2A$;发电机空载电压 $U=625V$;发电机负载电压 $U=620V$;发电机电流 $I=200\sim225A$;功率因数:$\cos\varphi=0.98$。

(6) 其他　选用连续式加热淬火,喷液冷却的淬火方式。淬火液选用的是 $0.05\%\sim0.10\%$ 聚乙烯醇［质量分数,水温 $(42\pm1)℃$］。聚乙烯醇的配置方法为:

① 将固态片或粒状的聚乙烯醇放入水中,用间接加热法将水加热,使聚乙烯醇溶解于水;

② 将溶解后的聚乙烯醇水溶液放入水池中;

③ 启动水泵,借助水泵作用,使聚乙烯醇在水池中均匀溶解;

④ 取样分析含量,在平时生产中操作者应注意水溶液的浓度,如有变化,及时调整。

淬火后留有回火温度,利用余温进行自回火。

5.8.2　4125 机型上的右主刀片

5.8.2.1　右主刀片所用材料

4125 机型上右主刀片如图 5-168 所示。所用材料为 65Mn;处理前后的工序为铇倒角、装配。

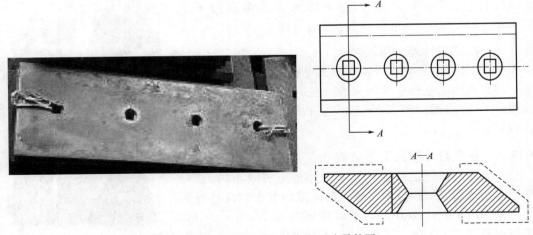

图 5-168　4125 机型上的右主刀片零件图

5.8.2.2　右主刀片技术要求

在标有"------"处感应淬火,硬度 48～58HRC,淬火层深度 2.0～4.0mm(4mm±1mm 表面向内 30mm 处测深度),淬火宽度两边均不小于 35mm。

5.8.2.3　右主刀片淬火工艺参数

(1) 淬火工艺　右主刀片与左主刀片零件淬火均采用中频淬火工艺。

(2) 零件的移动速度　通过试验得知右主刀片淬火时零件的移动速度为 13mm/s。

(3) 加热功率　通过试验得知右主刀片淬火时零件的加热功率为（140±5）kW。

(4) 感应器间隙的大小　通过试验得知右主刀片淬火时零件与感应器间隙同左主刀片淬火时间隙大小。

(5) 电参数的确定

① 变压比　根据感应器结构及实践实验，经工艺优化试验后取 16∶1。

② 电参数　同左主刀片淬火电参数。

(6) 其他　同 5.8.1.4 中（6）的内容。

5.8.3　4125 机型上的副刀片

5.8.3.1　副刀片所用材料

4125 机型上副刀片结构如图 5-169 所示，其长度较左主刀片短 162mm，厚度加厚 4mm。所用材料为 65Mn；处理前后的工序为铇倒角、入库。其预先热处理为：正火。

5.8.3.2　副刀片技术要求

在标有"------"处感应淬火，硬度 48～58HRC，淬火层深度 2.0～6.0mm（4mm±1mm 表面向内 30mm 处测深度），淬火宽度两边均不小于 35mm。

5.8.3.3　副刀片淬火工艺参数

(1) 淬火工艺　副刀片与左、右主刀片零件淬火均采用中频淬火工艺。

(2) 零件的移动速度　通过试验得知副刀片与左、右主刀片淬火时零件的移动速度一样，为 13mm/s。

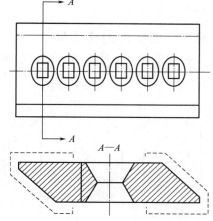

图 5-169　4125 机型上的副刀片

(3) 加热功率　由于副刀片与左、右主刀片相比厚度加厚了 4mm，通过试验得知副刀片淬火时零件的加热功率为（150±5）kW，较左、右主刀片加热功率大 10kW。

(4) 感应器间隙的大小　通过试验得知副刀片淬火时零件与感应器间隙同左主刀片淬火时间隙大小。

(5) 电参数的确定

① 变压比　根据感应器结构及实践实验，经工艺优化试验后取 16∶1。

② 电参数　经工艺优化试验后，励磁电流：$I=4.2～6.8A$；发电机空载电压：$U=660V$；发电机负载电压：$U=650V$；发电机电流：$I=230～240A$；功率因数：$\cos\varphi=+0.96$。

(6) 其他　同 5.8.1.4 中（6）的内容。

5.9　推杆类零件

发动机的气门组上有推杆，发动机通过皮带带动凸轮轴转动，凸轮轴上的凸轮通过推杆来控制气门打开和关闭。在航空器上推杆用于推动驾驶杆（盘）向前偏移，使航空器减小迎角。

根据材料力学的内容，长度远大于截面尺寸的构件称为杆件，杆件的受力有各种情况，相应的变形就有各种形式。杆件变形的基本形式有四种。

① 拉伸或压缩 这类变形是由大小相等、方向相反,力的作用线与杆件轴线重合的一对力引起的。在变形上表现为杆件长度的伸长或缩短。截面上的内力称为轴力。横截面上的应力分布为沿着轴线反向的正应力。整个截面应力近似相等。

② 剪切 这类变形是由大小相等、方向相反、作用线相互平行的力引起的。在变形上表现为受剪切杆件的两部分沿外力作用方向发生相对错动,截面上的内力称为剪力,横截面上的应力分布为沿着杆件截面平面内的切应力,整个截面应力近似相等。

③ 扭转 这类变形是由大小相等、方向相反、作用面都垂直于杆轴的两个力偶引起的。表现为杆件上的任意两个截面发生绕轴线的相对转动。截面上的内力称为转矩。横截面上的应力分布为沿着杆件截面平面内的切应力,越靠近截面边缘,应力越大。

④ 弯曲 这类变形由垂直于杆件轴线的横向力,或由包含杆件轴线在内的纵向平面内的一对大小相等、方向相反的力偶引起,表现为杆件轴线由直线变成曲线。截面上的内力称为弯矩和剪力。在垂直于轴线的横截面上,弯矩产生垂直于截面的正应力,剪力产生平行于截面的切应力。

5.9.1 球头推力杆零件

下面介绍一种球头推力杆(如图 5-170 所示)是如何进行感应淬火的。

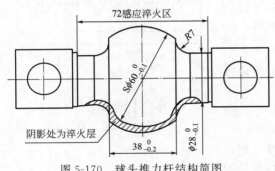

图 5-170 球头推力杆结构简图

球头推力杆形状复杂,是典型的变截面零件,淬火区包括球面、圆角、圆柱面等部分。为得到连续、均匀的淬火硬化层,以提高零件的结构强度,必须实现零件的均匀加热,避免台阶过热和圆角温度不足。

根据感应加热磁场的环形效应、邻近效应和导磁体的驱流作用,设计出较为理想的矩形、环形复合结构感应器,技术方案如下。

5.9.1.1 技术要求

零件所用材料为 40MnB,在如图 5-170 所示区域内感应淬火,淬硬层连续,淬硬层深 2~4mm,表面硬度 58~63HRC。表面感应淬火后较高的表面硬度可以得到很好的耐磨性,得到连续均匀的淬火硬化层(特别是 $R7$ 圆角部分)是高的疲劳强度的重要保障。

5.9.1.2 技术难点

(1) 变截面 球头推力杆是典型的复杂变截面零件,变截面零件感应热处理存在一定的技术难度。

首先,由于截面变化部分——台阶的存在,使感应加热的技术难度加大。对于感应磁场来讲,台阶部分形成磁屏蔽,磁场很难进入台阶根部,必然造成加热温度不均匀。解决根部加热问题是变截面零件感应热处理的关键。

其次,截面的突变位置结构上存在缺口效应,是结构应力集中点,需要热处理工艺在该处形成表面残余压应力以弥补形状上的结构强度不足。如上所述,台阶根部感应加热难度很大,加热不足极易造成淬火硬化区在该处断开,形成很大的热处理应力(拉应力),与结构应力叠加后必然造成零件结构强度急剧下降。所以,要提高零件的结构强度,必须得到零件各部位连续均匀的淬火硬化层,在危险截面形成较大的表面残余压应力。

（2）国内外解决变截面零件淬硬层连续问题的措施和应用情况现状　对于截面变化不太大的零件，在传统一次加热淬火感应器的基础上，设计仿形感应器，感应器有效圈根据零件的外形设计，使有效圈与零件各部位间隙均匀或进一步缩小台阶根部位置的间隙。如带有圆角淬火的各种凸缘、截面变化不大的球头销等零件即采用该技术。

对于截面变化较大的零件，设计矩形感应器，矩形感应器加热的特点是形成横向磁场，在零件的表面形成轴向的感应电流，即横向磁场纵向电流加热。该技术的优点是减弱台阶屏蔽作用，在台阶根部一定深度可以得到感应电流，表面加热区连续，从而使淬硬区连续。适用于各种截面突变不太大的台阶轴、滚珠螺杠、螺杆等零件。

对于截面变化较大的零件，感应器的设计需要进一步改进，在矩形感应器的基础上增加专用于加热台阶根部的圆环形有效圈，并安装导磁体。该技术是横向磁场加热技术的发展，20世纪90年代开始发展起来，并在大台阶轴的热处理上得到应用。

（3）球头推力杆感应淬火技术难点

① 对球头推力杆零件而言，感应淬火工艺要解决的最大技术难点是在复杂的截面变化情况下得到均匀的感应加热层和加热温度，即加热问题是主要技术难点，需考虑以下因素：

a. 零件 $\phi 28mm$ 圆柱面与 $S\phi 60mm$ 球面在几何尺寸上相差较大，要注意加热温度的均匀性。

b. 要避免球面与平面相交的台阶部位由于尖角效应（边缘效应）而产生过热。

c. 圆角过渡区的一边是圆柱面，另一边是台阶，要实现圆角与两边均匀加热就要在感应器结构上加以考虑。

② 另外一个技术难点是淬火冷却问题。技术要求中零件淬火后表面硬度要达到58～63HRC，这样的高硬度除要求加热参数（主要为温度）满足需要外，其淬火冷却过程也非常重要，要有足够的冷却速度。零件加热后淬火冷却需要均匀，否则会由于不同部位冷却速度不同形成过大的表面拉应力，造成零件开裂或疲劳强度降低，对球头推力杆这样的复杂零件这一点尤其重要。

5.9.1.3　感应器设计

除电源、机床等基础设备外，实施感应淬火工艺的核心部件就是感应器，感应器主要由有效圈和淬火冷却喷水器组成。

（1）有效圈　球头类零件（如汽车转向拉杆球头销）已开发成功并投入使用的淬火感应器有两种形式。

① 环形整圈淬火感应器　这种感应器的有效圈通常用紫铜棒加工成与零件需要加热的部位形状相仿的形状，利用仿形有效圈对零件加热。但其技术局限性非常明显，难以得到连续、均匀的淬火硬化层。

② 矩形感应器　用先进的横向磁场理论设计有效圈，有效圈也可仿形设计。由于零件表面有连续的纵向电流，可以在变截面零件表面得到连续的硬化层。球头销淬火即使用这种感应器。但对截面变化大的零件，台阶根部依然会使淬硬层不连续，台阶边缘部位还会出现过热现象。上述两种感应器都不能满足要求，在一些生产厂便在技术要求中只对球面部位要求淬火或只对圆角提出要求。

球头推力杆截面尺寸变化比转向拉杆球头销要大得多，使用旧工艺技术不能满足图纸技术要求，必须用新的思路去设计感应器。

在上述分析的基础上设计感应器有效圈。球面部分利用矩形感应器加热，在设计矩形感应器时要考虑几个问题。首先是截面变化，在矩形感应器加热、零件旋转时，零件各部位旋转的线速度不同，中间部位转动的线速度快，两边转动的线速度慢，即在相同的加热条件下各部位在磁场中的有效加热时间不同，得到的能量也就不同，易引起加热时温度不均匀。其次是在球面的两端台阶处，在磁场中会因为磁场的尖角效应而导致过热。利用磁场的邻近效应和导磁体的驱流作用，我们将有效圈设计成直线段，与零件的间隙为中部小两边大，并在中部安装导磁体，加强中部的加热。

圆角加热是较难的，因台阶和轴颈构成了对圆角的屏蔽，特别是台阶部位在尖角效应下更容易聚集磁场磁力线，造成台阶过热而圆角加热困难。对于零件圆角的加热，近些年研究报道较多，取得了许多成果。如曲轴圆角淬火和半轴等 T 形零件圆角淬火，有效圈按照零件圆角形状设计，间隙尽量小，并在有效圈上安装导磁体以将磁场驱向圆角。这些零件的圆角比较简单（如图 5-171 所示），球头推力杆感应器设计借鉴其部分设计思路，另外还要考虑到圆角和轴颈的尺寸，需要将这两部分加热的有效圈设计成一体，大致为围绕轴颈的环形结构。

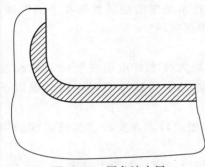

图 5-171　圆角淬火层

根据以上分析，有效圈整体设计成半环形，圆角的加热很巧妙地利用两个环形效应。
① 围绕轴颈的半环形效应。
② 有效圈整体构成一个环形。

圆角正好在这两个环的内侧，磁场强度会比较大。通过试验调试，确定了有较大半径的环形有效圈，有效圈与零件轴颈相靠近的部分弧长小于半圈，达到轴径、圆角和球面加热均匀的效果。有效圈部分结构如图 5-172 所示。

（2）喷水器　在试验的基础上，设计了喷水量较大的喷水器（如图 5-173 所示），并采用大压力和大流量喷水，以得到全马氏体淬硬层和较高的表面硬度。

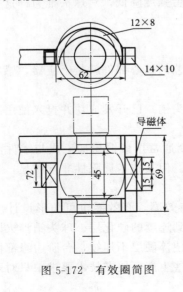

图 5-172　有效圈简图

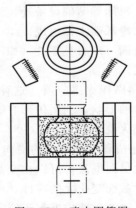

图 5-173　喷水圈简图

5.9.1.4　工艺调试

（1）零件毛坯　球头推力杆毛坯为 40MnB 钢锻造，并经调质预处理，其材料化学成分见表 5-79。

表 5-79 试验用钢的化学成分（质量分数%）

C	Mn	Si	B	S	P
0.40	1.20	0.30	<0.0019	<0.010	0.014

（2）工艺参数 试验选用 BPS250kW/8000Hz 中频电机，DZ-3 中频变压器，立式万能淬火机，球头推力杆感应器，淬火介质为自来水，加热及冷却工艺参数见表 5-80。控制喷液冷却参数，淬火冷却后零件表面保持约 230℃ 余温，实现余热自回火，余热自回火温度用 MCT-100 接触式测温仪测定。

表 5-80 球头推力杆感应淬火工艺参数

中频电压/V	中频电流/A	功率/kW	频率/kHz	匝比	电容/μF	cosφ
550	140～150	90	8	10:1	6.38	+0.96
加热时间/s	间隙时间/s	冷却时间/s	间隙/mm	转速/(r/min)	淬火水压/MPa	
6.5	0	8	2	100～120	0.25	

5.9.1.5 检验

淬火试样经过硬度、金相、裂纹等理化检验，符合图纸技术要求及相关标准的规定。

（1）金相检验 表面硬度、淬硬层深及金相组织检验结果见表 5-81，硬化区范围为 69mm，淬火零件淬硬层分布如图 5-174 所示。

表 5-81 金相检验结果

检验部位	组织	淬硬深度/mm
φ28 圆柱面	马氏体 5 级	3.3
R 角	马氏体 5～6 级	2.4
Sφ60 球面	马氏体 5 级	2.9
心部	索氏体	—

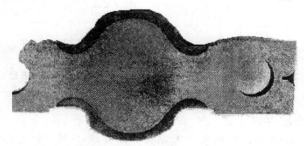

图 5-174 淬硬层分布

（2）探伤 通过对淬火试样荧光磁粉探伤检验，零件淬硬区无裂纹。生产过程中按照检验规程的频次规定进行探伤检验，无裂纹现象发生。

5.9.1.6 生产和装车

球头推力杆感应淬火工艺开发成功并通过理化检验合格后，根据生产计划，进行小批量试生产，顺利通过总成装配和装车生产各工序的试验考核。经过 2 年时间共 10000 余件球头推力杆的生产、装配和车辆运行考核和生产过程中的各项检验，证明工艺稳定可靠后正式投入大批量生产和装车。球头推力杆在 4 年的生产中质量稳定，装车和车辆使用过程中无任何质量事故出现，应用良好，得到用户的好评。

5.9.1.7 结论

通过对感应淬火球头推力杆各项理化检验和生产、装车、使用等考核，可以对开发成功的球头推力杆感应淬火工艺作出如下结论。

① 开发出截面变化较大的复杂球头类零件感应热处理强化技术，解决了球头类零件感应淬火工艺存在的诸多技术问题，大大提高了变截面零件感应热处理技术水平。

② 该工艺将传统的纵向磁场与先进的横向磁场感应加热技术结合，成功解决了复杂变截面零件的加热问题，是感应加热磁场理论的发展，可向其他复杂零件的热处理工艺进行推广应用。

③ 研制出矩形、环形复合结构淬火感应器，结构简单，制造、调试和维修方便。为复杂变截面零件感应器的设计提供了设计范例。

④ 球头推力杆感应淬火工艺参数可靠，生产出的零件质量稳定，满足图纸及相关标准的要求，满足装车及使用的要求。

⑤ 该技术推广应用可以大大提高重型车双后桥系统科技含量，也可以大大提高利用球头类零件的其他汽车总成科技含量。

5.9.2 Fiat80-90 拖拉机 1.89.5138997 推杆零件

5.9.2.1 推杆零件技术要求

Fiat80-90 拖拉机 1.89.5138997 推杆零件（结构见图 5-175 所示），属端面类零件，在感应加热淬火生产中要求其感应加热淬火淬硬层连续、无淬火裂纹的产生。其产品图的技术要求见表 5-82。

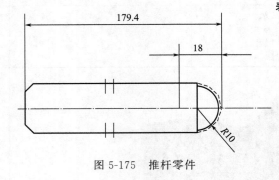

图 5-175 推杆零件

表 5-82 Fiat80-90 拖拉机 1.89.5138997 推杆零件技术要求

零件名称	推杆(零件号:1.89.5138997)
产品型号	Fiat80-90 拖拉机
材料	40CrNiMoA
技术要求	淬火表面硬度 52～57HRC；淬火层深度不小于 1.5～2.5mm
感应器名称	推杆感应器
感应器类型	加热端面类、圆环类
零件加热区域关键尺寸/mm	直径 ϕ10；加热段长度 18

5.9.2.2 推杆零件感应淬火工艺

淬火采用的设备：GP100，采用水作为淬火介质。感应器：方头和圆头分别采用结构见图 5-176 所示，工艺数据见表 5-83。

表 5-83 推杆感应加热工艺数据

零件名称	推杆
零件号	1.89.5138997
处理部位及区域	方头和圆头表面
零件放置方法	垂直
感应器图号	图 5-176(a)方头；图 5-176(b)圆头

续表

零件名称		推杆
感应器名称		推杆感应器
加热方式		同时
冷却	介质	水
	温度/℃	15～30

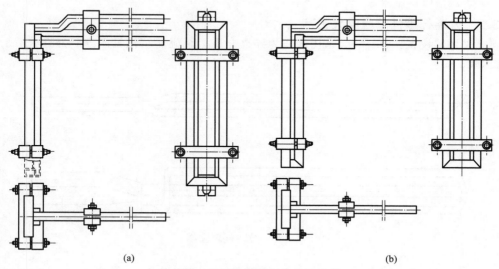

图 5-176　推杆淬火用感应器

5.9.3　分离杆零件

5.9.3.1　分离杆零件技术要求

4125 发动机上的分离杆零件（零件号为 A21-16-1，结构见图 5-177 所示），属圆柱类零件，在感应加热淬火生产中要求其感应加热淬火淬硬层连续、无淬火裂纹的产生。其产品图的技术要求见表 5-84。

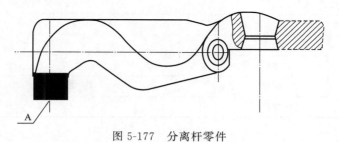

图 5-177　分离杆零件

表 5-84　分离杆技术要求

零件名称	分离杆
零件号	A21-16-1
材料	ZG45
预先热处理	正火

续表

工艺路线	精铸、精热、发一加、发一热高、发一加、发一装
技术要求	A 表面高频淬火,硬度≥45HRC;淬火层深度 2~5mm
感应器名称	分离杆感应器
感应器类型	圆柱类
零件加热区域关键尺寸/mm	直径 ϕ14;加热段长度 8

5.9.3.2 分离杆零件感应淬火工艺

淬火采用的设备:GP100,采用水作为淬火介质。感应器结构见图 5-178 所示,工艺数据见表 5-85。

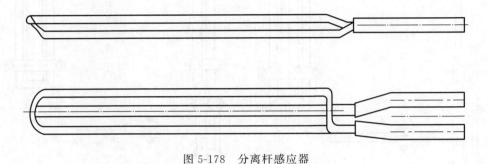

图 5-178 分离杆感应器

表 5-85 分离杆感应加热工艺数据

零件名称		分离杆
零件号		A21-16-1
零件放置方法		水平
阳极空载电压/kV		10.5~12.0
阳极负载电压/kV		10.0~11.0
阳极电流/A		1.75~2.0
栅极电流/A		0.33~0.40
加热方式		同时
冷却	介质	水
时间/s	加热	$T_1=15^{+5}$;$T_2=6.0$
	间隙	$T_1=1.0$;$T_2=1.0$
	冷却	$T_1=15^{+3}$;$T_2=6.0$

5.10 杠杆类零件

5.10.1 1.82/5129396 杠杆

(1) 技术要求 1.82/5129396 杠杆如图 5-179 所示,所用材料及其工艺为:所用材料为 30 钢,图 5-179 中剖面线部位为感应淬火区,要求淬硬层深为 1~2mm(放宽 1~2.5mm),硬度 35~40HRC。

该零件生产工艺路线：机加工—高频表面淬火—机加工—热处理—装配。

1.82/5129396 杠杆零件要求剖面线部位加热淬火，这类淬火属不规则类零件加热淬火。考虑到该零件结构的特殊性，确保淬火工作面受热均匀，设计了单条回线型感应器，如图 5-180 所示。

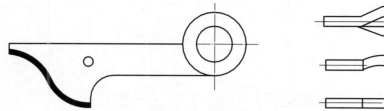

图 5-179 1.82/5129396 杠杆零件结构

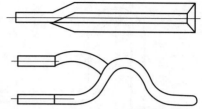

图 5-180 1.82/5129396 杠杆零件高频淬火用感应器

（2）1.82/5129396 杠杆零件高频淬火工艺 1.82/5129396 杠杆零件采用 GP100-C3-100kW 型设备进行淬火。

经过工艺反复调整，得出如表 5-86 所示工艺参数。

表 5-86 淬火工艺参数

阳极空载电压/kV	阳极电流/A	阳极负载电压/kV	栅极电流/A	时间/s			冷却介质
				加热	间隙	冷却	
11.5	1.8~2.3	10.5~11.0	0.40~0.43	4±1	1.5	2.0	水冷

（3）淬火结果检验

① 表面硬度 经检验表面硬度均匀，且在 38~40HRC 之间。

② 淬硬层深度 1.47~1.73mm。

③ 表面质量 表面光亮，无裂纹。

5.10.2 1.89/5123965 力调节长立杆

（1）技术要求 1.89/5123965 力调节长立杆合件为 Fiat80-90 拖拉机中的零件，所用材料及其工艺为：所用材料为 45 钢，图 5-181 中剖面线部位为感应淬火区，要求淬硬层深为 1~2mm（放宽 1~2.5mm），硬度 52~57HRC。零件加热区域关键尺寸：槽口开档 ϕ10mm；加热段长度 10mm。

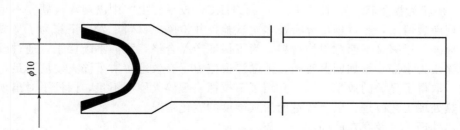

图 5-181 1.89/5123965 力调节长立杆合件零件结构

该零件生产工艺路线：机加工—高频表面淬火—机加工—热处理—装配。

1.89/5123965 力调节长立杆合件零件要求槽口部位加热淬火，这类淬火属平面类零件加热淬火。考虑到该零件结构的特殊性，确保淬火工作面受热均匀，我们设计了如下回线型感应器,见图 5-182 所示。

(2) 1.82/5123965 力调节长立杆零件高频淬火工艺　1.89/5123965 力调节长立杆合件零件是在 GP100-C3-100kW 型设备上进行淬火的。

经过工艺反复调整,得出如表 5-87 所示的工艺参数。

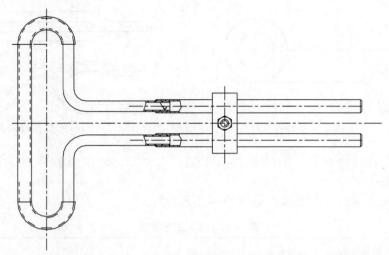

图 5-182　1.89/5123965 力调节长立杆合件零件高频淬火用感应器

表 5-87　淬火工艺参数

阳极空载电压/kV	阳极电流/A	阳极负载电压/kV	栅极电流/A	时间/s			冷却介质
				加热	间隙	冷却	
10.5	2.3～2.7	11.0～11.5	0.42～0.49	5±1	1.2	3.0	水冷

(3) 淬火结果检验

① 表面硬度　经检验表面硬度均匀,且在 53～57HRC 之间。

② 淬硬层深度　1.52～1.84mm。

③ 表面质量　表面光亮,无裂纹。

5.10.3　SZ804 下拉杆热处理

(1) 技术要求　笔者公司生产的大轮拖 SZ804 下拉杆(如图 5-183 所示),材料为 60Si2Mn,形状为板条状,技术要求:37～42HRC,校平。生产中出现淬火硬度不足及校平中多次出现断裂情况,经过理论分析及多次试验,并检验原材料,发现厂家为了降成本采购钢材不合标准,厂家又不愿意更换材料,为了保证产品合格,我们不断探索,通过改进工艺把原来油淬改为水淬,增加回火时间,消除淬火应力。有效地解决了淬火硬度不足、校平断裂等问题,取得了显著的效果。该文介绍了下拉杆出现淬火硬度不足,因校平时出现校断现象而进行热处理工艺改进,以及改进前后其硬度的变化情况。

(2) 热处理工艺及存在的问题

① 热处理工艺　原来由 RJJ-45-9 箱式炉加热,每炉装载 25 件,淬火温度 860～880℃,保温 3h,出炉倒入油槽中冷却,回火工艺温度 420℃,保温 2h,出炉空冷,工艺曲线如图 5-184 所示。淬完后抽查 10 件,淬火硬度,最高达到 36HRC,最低点 28HRC,硬度均达不到技术要求,并且回火后校平时经常出现断裂情况。

② 存在的问题

a. 厂家选购原材料不规范，偏析严重。
b. 大件工件在油中冷却，油槽太小，油冷速又慢，冷却能力不够。
c. 板条状下拉杆倒入油中，造成工件叠压。
d. 长时间在炉内加热，造成工件表面脱碳。

图 5-183 大轮拖 SZ804 下拉杆

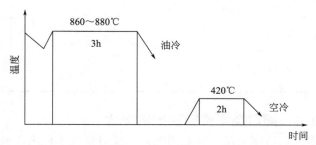

图 5-184 原下拉杆热处理工艺曲线

(3) 改进后热处理工艺及分析 由箱式炉加热改为 RJJ-75-9 井式炉加热，并用专用挂具（如图 5-185 所示）分散叉开，每炉装 35 件，用铁丝扎牢固，把原来油淬改为水淬。淬火温度为 820℃，保温 2.5h，出炉后水冷，为了防止变形，在水中上下晃动，保持 2.5～3min 出水，保持零件余温＞80℃，出炉后及时回火，回火温度 530℃，保温 3h，出炉空冷，工艺曲线如图 5-186 所示。回火后硬度 40～43HRC，彻底消除淬火应力，解决了回火后校平断裂现象。此工艺淬完后抽查 10 件硬度最高达 58HRC，最低达到 54HRC，10 件均符合要求，并且探伤检查，无裂纹产生。

图 5-185 下拉杆专用挂具

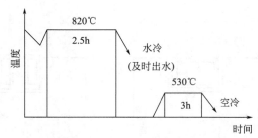

图 5-186 改进后下拉杆热处理工艺曲线

回火后通过拉伸试验，强度、硬度、韧性均符合要求指标。厂家反映良好。
改进前后各抽查 10 件零件检查硬度，检查对比结果见表 5-88。
(4) 结论 通过以上对比试验，发现工艺改进后比改进前硬度效果理想，这样淬火后既能保证硬度要求，又无裂纹产生，各项指标符合要求。而且水淬干净环保，水比油价格低廉,又节约成本,降低能源消耗,改进后工艺大大提高工作效率。

表 5-88 改进前后（油淬和水淬）硬度对比表

序号	油淬（改进前）(HRC)	水淬（改进后）(HRC)
1	36	58
2	28	54
3	30	57
4	32	58
5	31	56
6	28	57
7	31	54
8	34	58
9	34	56
10	30	57

5.10.4 槽口类零件感应加热淬火

感应加热淬火是一种利用电磁感应对钢铁零件表面或局部加热淬火的工艺方法,被广泛地使用于农机、汽车等制造业。拖拉机厂的拨叉类、拨块类等零件的槽口就需要感应加热淬火。

通过对槽口类零件的结构和技术分析,本节主要阐述了感应器的设计、导磁体的作用、硬化层的分布以及加热电源的选择,探讨了该类零件的感应加热淬火技术。通过选择最佳电源频率,能够大幅度提高工件的加热效率,提升淬火质量。

(1) 零件感应淬火部位基本图样、技术要求　槽口部位基本图样、尺寸如图 5-187 所示。其尺寸一般为：$a=13.5$mm；$b=5 \sim 8$mm；$c=6 \sim 12$mm；$d=5 \sim 9$mm。技术要求：材料为 45 钢；图 5-187 所示的槽口两内侧感应淬火,表面硬度 $52 \sim 57$HRC；淬硬层深 $1 \sim 2.5$mm。

(2) 感应器的设计　由于槽口几何尺寸较小,限制了一些绕制较复杂的淬火感应器的使用。感应器如图 5-188 所示。

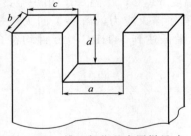

图 5-187　槽口部位基本图样尺寸

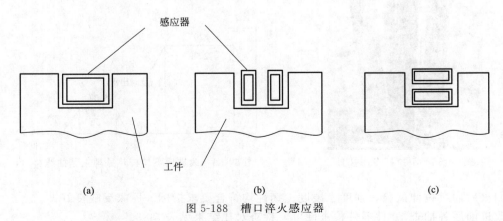

图 5-188　槽口淬火感应器

图 5-188(a) 的设计方法实际上只有单根铜管进行感应加热,假定其回路从离感应器较远处绕过,当以图 5-188(a) 设计方式的感应器通电时,由于感应器有效圈很大一部分对工

件不起加热作用，使感应器加热效率低且槽口两侧硬化层状态差。

图 5-188(b) 的设计方法类似于对工件内孔的加热，虽然感应器有效圈部分得到了较充分的利用，但因高频电流的"邻近效应"，电流趋于铜管的内侧分布，实践证明对槽口两侧的加热效率不高，相反对槽底的加热却很有效。

图 5-188(c) 的设计方法实际上是将图 5-188(b) 的感应器旋转 90°放置。由于"邻近效应"，槽口两侧的磁场强度应该较强，试验结果也同样表明槽口两侧淬火效果好。

（3）导磁体的作用 在槽口类零件的感应加热淬火中，感应器设计中导磁体的使用能起到两方面的作用。

① 导磁体的"集磁"作用。由于导磁材料具有很高的导磁作用，它能起到增大附近的磁场强度、"集聚"外逸磁力线的作用，从而起到增大磁场强度或改善磁场磁力线的分布，提高感应加热效率的作用。

② 由于导磁体的"驱流"作用，改善感应器中交变电流的分布状态，从而起到改善工件的温度分布，提高工件淬火质量的作用。

（4）槽口零件在感应加热淬火过程中的硬化层分布 图 5-189 所示是槽口零件感应加热淬火后硬化层分布形态的示意图。由于"尖角"效应，造成槽口顶部尖角部位温度比槽口下部温度高；这种温度分布情况，会给工件尤其对硬度要求高、硬化区较长的槽口零件淬火带来一定的困难：既要防止槽口顶部尖角部位过热引起淬火开裂，又要保证槽口下部的加热温度和加热深度达到要求。

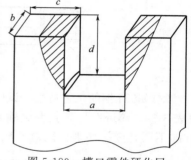

图 5-189 槽口零件硬化层深分布形态的示意

对这类槽口零件的感应加热淬火，除采用合理设计感应器与工件各部位的耦合间隙、制定严密的工艺外，另一有效的方法就是选择合适频率的电源。

（5）感应加热电源的选择 为探讨槽口类零件感应加热时应选择的合适频率，分别选用高频（频率 100kHz）、超音频（频率 30k～50kHz）和中频（频率 8kHz）的电源设备进行感应加热淬火工艺试验。

试验结果表明：超音频工艺效果较好；中频电源由于频率较低，在保证硬度的前提下，易造成硬化层深；而用高频电源加热淬火，整个加热面温差较大，"尖角"过热倾向较大。所以用超音频电源加热，既能提高加热效率，又可有效控制淬火硬化层，工艺效果较好。

（6）结论 对拨叉、拨块等槽口类零件的感应加热淬火：

① 感应器设计以图 5-188(c) 所示方式较好；

② 利用导磁体能够提高感应器的加热淬火性能；

③ 合适的感应加热电源为超音频电源。

5.11 螺杆零件的感应淬火工艺

根据低淬透性钢 60Ti 的工艺特性和汽车循环球转向器燃杆的技术要求，开发了 60Ti 钢螺杆感应淬火工艺，经产品试验考核表明，该项技术是可行的。其所开发的技术用感应热处理替代渗碳热处理可大幅度地降低材料费及制造成本，稳定产品质量、提高生产效率、节能降耗，获得显著的经济效益和社会效益，也为低淬透性钢在汽车制造业中的应用提供了成功的经验。

循环球转向器螺杆在汽车转向时，承受循环式表面压应力、扭转、弯曲等负荷，是重要保安件之一。现生产工艺为 20CrMnTi 钢渗碳热处理,由于渗碳淬火变形较大,导致后序加工出现螺杆滚道渗碳硬化层单边偏移,滚道工作面硬化层较浅(0.7～1.0mm)的现象。此外,还存在磨削烧伤和磨削裂纹,造成螺杆接触疲劳寿命降低,出现早期失效现象。渗碳工艺还存在生产周期长、成本高、物流路线长,极易造成零件运送中的磕碰伤等问题。以下拟采用低淬透性钢 60Ti 感应加热表面淬火工艺,替代现用的渗碳热处理工艺,以达到简化工艺、缩短生产周期,避免渗碳工艺中出现的一系列问题,降低螺杆制造成本等目的。

5.11.1 工艺试验及结果分析

5.11.1.1 试验材料与工艺分析

(1) 现生产螺杆的技术要求 在 EQ1092F 车型中,循环球转向器部件如图 5-190 所示。其技术要求为:材料 20CrMnTi;渗碳层深 1.2～1.6mm;表面硬度 58～63HRC;心部硬度 30～45HRC;花键表面硬度 36～45HRC;毛坯硬度 170～229HB。

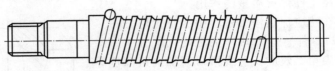

图 5-190 20CrMnTi 转向螺杆技术要求

(2) 60Ti 钢的工艺特性 试验材料为北满特钢公司生产的 60Ti 低淬透性钢,其化学成分见表 5-89,淬透性与晶粒度试验数据见表 5-90,感应淬火后的淬硬层与硬度分布见表 5-91,60Ti 不同硬度的切削性能对比数据见表 5-92。

表 5-89 北满特钢公司 60Ti 钢的材料化学成分(质量分数%)

项目	C	Si	Mn	Cr	Ni	Cu	Ti	S	P
要求	0.57～0.65	0.10～0.30	≤0.23	≤0.20	≤0.20	≤0.20	0.03～0.10	≤0.04	≤0.04
检验结果	0.60	0.12	0.09	0.09	0.05	0.09	0.06	0.021	0.027

表 5-90 60Ti 钢的淬透性与晶粒度试验数据

项目	内容
60Ti 淬透性试验	830℃ J49.5/3　880℃ J51/3　925℃ J56/3
60Ti 晶粒度试验	GB/T 6394—2017 金属平均晶粒度测定方法;奥氏体晶粒度 5～6 级

表 5-91 60Ti 钢试样的感应热处理淬硬层与硬度分布数据

距表面距离/mm	0	0.5	1.0	1.5	2.0	2.5	3.0	3.5
显微硬度/$HV_{0.5}$	770	797	782	752	748	738	638	527
洛氏硬度/HRC	62	63	62.5	61.5	61.5	61	57	51
距表面距离/mm	4.0	4.5	5.0	5.5	6.0	6.5	7.0	7.5
显微硬度/$HV_{0.5}$	322	329	285	250	260	245	210	206
洛氏硬度/HRC	34.5	35	29.5	24	26	23.5	17	—

表 5-92 60Ti 材料的切削性能对比数据

项目	60Ti(205～217HB)	60Ti(173～190HB)	60Ti(163～168HB)
A_p/mm	0.5　1　1.5　2　2.5	0.5　1　1.5　2　2.5	0.5　1　1.5　2　2.5

续表

项目	60Ti(205～217HB)					60Ti(173～190HB)					60Ti(163～168HB)				
F_z/N	340	720	1020	1350	1800	250	650	900	1300	1750	250	725	975	1350	1750
F/(mm/r)	0.07	0.15	0.26	0.34	0.43	0.07	0.15	0.26	0.34	0.43	0.07	0.15	0.26	0.34	0.43
F_z/N	350	650	975	1175	1325	300	600	900	1150	1350	300	650	1000	1200	1450

(3) 60Ti 钢螺杆的技术要求　根据 60Ti 钢的工艺特性及参考俄罗斯有关低淬透性钢和限制淬透性钢感应整体加热表面淬火工艺的技术资料,可初步确定 60Ti 钢的技术要求为: 材料 60Ti;工艺为中频感应淬火;螺杆及滚道部位表面硬度 58～63HRC;淬硬层深 1.5～3.0mm;花键表面硬度 36～45HRC。

5.11.1.2　试验装置

(1) 加热感应器　螺杆表面存在多处变截面部位且滚道为螺旋形,形状复杂,为使加热均匀,采用矩形感应器横向磁场加热方案。感应器结构如图 5-191 所示,两侧施感导体上安装导磁体,有效圈的施感导体与零件的间隙为 6mm,为提高其加热效率,调整零件温度的均匀性,在横向磁场中采用脉冲升温加热,可得到均温加热,且易于实现零件深层加热,其效率较高。

(2) 淬火冷却系统

① 淬火喷水器　60Ti 属于低淬透性材料,在淬火冷却过程中,马氏体临界冷却速度要求很高,达 400～1000℃/s (45 钢仅为 150～400℃/s)。螺杆零件表面的循环球滚道形状相当一凹形槽,在淬火喷射冷却过程中喷出的水柱很难完全均匀地喷射到滚道内,因而滚道内散热困难,表面形成的蒸汽膜不易破碎,热量不易带走,降低了滚道内的冷却速度,造成淬火后表面硬度不均匀,出现有非马氏体的情况。针对这一技术难点,通过反复试验,完善了淬火喷水器的结构,实现了零件加热后的快速均匀冷却。淬火喷水器的结构如图 5-192 所示,圆筒式结构内分三个区:第一区为水流均压区;第二区为花键冷却区,喷水孔尺寸为 ϕ2mm;第三区为滚道喷水区,喷水孔尺寸为 ϕ2.5mm,孔距 5mm,呈棋盘分布。

图 5-191　感应器简图

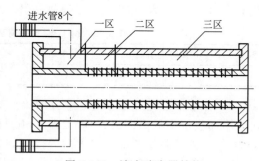

图 5-192　淬火喷水器结构

② 水路分配系统　为保证零件快速淬火冷却,将进水压力提高,加大进水管直径,并设计专用水分配器以调节淬火喷水器各区进水流量。淬火水的通断由水路系统中的执行元件电磁水阀控制。

③ 试验装置　试验装置为自行设计制造的卧式淬火机,其示意图见图 5-193 所示。感应器与淬火喷水器固定在机床淬火变压器的支撑台上,可按工艺要求进行前、后、左、右移动。零件装夹完毕,支撑台向前移动,使零件进入感应器内,加热完成后按规定时间快速左

移，使零件进入淬火喷水器里进行淬火冷却，然后退至原位置。试验装置的机械动作与工艺参数均由 PLC 控制，速度则由调频器调控。因淬火水分配器随支撑架移动，进水采用软管与分配器连接，为减少螺杆淬火变形，装置尾架顶尖选用弹簧顶尖。

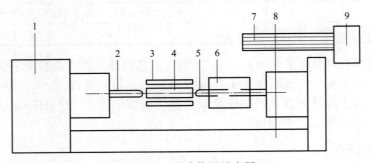

图 5-193　试验装置示意图

1—床尾；2—后顶尖；3—感应器；4—螺杆；5—前顶尖；6—喷水器；
7—水管；8—床身；9—水路分配器

5.11.1.3　工艺试验

（1）60Ti 钢螺杆毛坯预备热处理　毛坯尺寸为 $\phi42mm \times 280mm$ 热轧圆棒料，为了改善材料的切削加工性能，必须进行正火处理，工艺参数见表 5-93。

表 5-93　60Ti 钢螺杆毛坯正火工艺参数

设备	温度/℃	加热时间/h	冷却方式	硬度（HB）	组织
箱式电阻炉	860	1.5	空冷	197～201	P+F
推杆式正火炉	840	3	空冷	170～179	P+F

（2）60Ti 钢螺杆感应淬火　试验设备为 KGPS250/4-8 型中频可控硅电源和自制卧式淬火机，淬火介质为自来水。

采用深层感应加热表面淬火工艺，经试验，选用比功率为 $0.32kW/cm^2$，淬火冷却喷淋度为 $0.07L/(cm^2 \cdot s)$。感应淬火工艺参数见表 5-94。

表 5-94　60Ti 钢螺杆感应淬火工艺参数

项目	频率/kHz	电流/A	直流电压/V	中频电压/V	功率/kW	加热/s	预冷/s	冷却/s	水压/MPa
参数	4	240	320	475	95	27	4	12	0.3

（3）60Ti 钢螺杆低温回火与花键感应回火　为确保螺杆感应淬火后表面组织和硬度的稳定性，采用加热炉中低温回火，150℃×1.5h。根据产品技术要求，螺杆花键部位表面硬度 36～45HRC。为了降低该部位淬火后的硬度，采用局部表面一次感应加热回火工艺，感应器为圆环结构形式。螺杆花键部位表面感应回火工艺参数见表 5-95。

表 5-95　螺杆花键部位表面感应回火工艺参数

项目	频率/kHz	电流/A	直流电压/V	中频电压/V	功率/kW	加热/s
参数	4	38	100	25	5	15

（4）60Ti 钢螺杆感应热处理质量检验

① 硬度检验　零件表面硬度 58～63HRC，花键部位表面硬度 37～44HRC，零件垂直于表面的横截面上的硬度分布见图 5-194。

② 金相组织及淬硬层深检验 60Ti 钢螺杆感应淬火、低温回火后的金相组织及淬硬层深检验结果见表 5-96，淬硬区分布如图 5-195 所示。

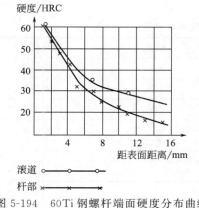

图 5-194 60Ti 钢螺杆端面硬度分布曲线

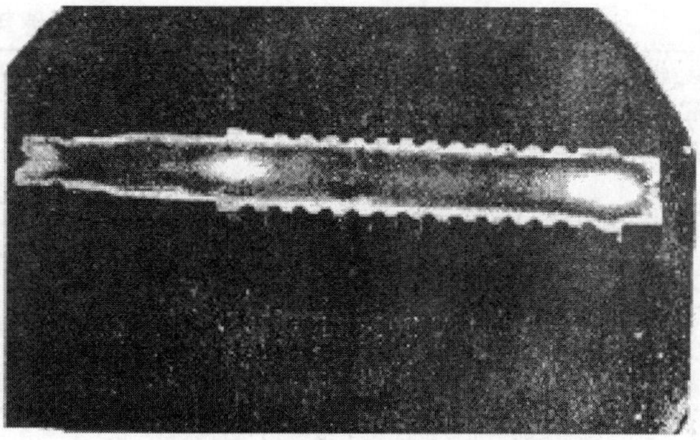

图 5-195 螺杆淬硬区分布图

表 5-96 60Ti 钢螺杆感应淬火、低温回火后金相组织与淬硬层深

部位	淬硬层组织	心部组织	淬硬层深/mm
滚道	马氏体 4～5 级	珠光体＋铁素体	1.9～2.5
杆部	马氏体 5 级	珠光体＋铁素体	2.2～2.4

③ 变形检验 机加工艺要求热处理后的杆部精磨留余量 0.2～0.3mm，热处理变形摆差小于 0.1mm，淬火螺杆经变形检验其摆差均在合格范围内。

④ 裂纹检验 两批 60Ti 钢感应淬火螺杆经荧光磁粉探伤检验，均未发现淬火裂纹。

5.11.1.4 60Ti 钢螺杆的台架试验与使用性试验

为考核 60Ti 钢感应淬火螺杆在汽车服役条件下的使用性能，进行循环球转向器总成台架试验和装车行驶的使用性试验。

(1) 总成台架试验 总成台架试验结果见表 5-97，可得出以下结论：60Ti 钢感应淬火螺杆的性能、静扭强度和疲劳寿命指标分别达到国家汽车行业产品质量一等品和优质品标准。

表 5-97 螺杆循环球转向器总成台架试验结果（试样号：1#～10#）

项目	性能试验结果					静扭强度试验结果			
	传动效率		转动力矩/(N·m)	角传动比	啮合间隙	转动总圈数	转向轴		摇臂轴
	正效率	逆效率					转矩/(N·m)	扭转角/(°)	转矩/(N·m)
技术指标	≥75%	≥60%	<2.0	I=24	—	6.2～6.0	—	—	—
1#	75.9%	71.6%	1.7	I=24.09	—	6.25	350	197	5750
2#	70.0%	74.7%	1.6	I=24.67	—	6.30	350	201	6255
3#	77.2%	71.4%	1.4	I=24.67	—	6.30	350	185	5630
结论	一等品		合格	合格	合格	合格	正常	正常	正常
说明	疲劳寿命试验					4# 5# 6# 使用次数达 50 万次即为优等品			

(2) 使用性试验 装有 60Ti 螺杆的循环球转向器总成分别装在 10 台汽车上，经 3×

10^4km、9×10^4km 行车里程，在不同等级的路面上进行使用性试验，拆检其中的 6 台，检验结果表明 60Ti 钢螺杆质量良好，磨损正常，符合产品使用的各项技术指标。使用性试验结果见表 5-98。

表 5-98 60Ti 螺杆的循环球转向器总成装车试验

总成编号	车号	试验里程/$\times10^4$km	载荷/t	路况	拆检情况
7#	川 T02576	3.4	10～11	山区	正常磨损
9#	川 T02410	3.2	9～10	山区	正常磨损
10#	川 T02367	2.96	7.5	平原	正常磨损
1#	鄂 C15141	9.604	≥8	一级 80%，二级 20%	正常磨损
3#	鄂 C15142	9.671	≥8	一级 80%，二级 20%	正常磨损
4#	鄂 C15146	9.475	≥8	一级 80%，二级 20%	正常磨损

注：2#、5#、6#、8# 自装车至今仍在行驶。

5.11.1.5 小批量试生产情况

根据工艺试验、总成台架试验和使用性试验结果，进行小批量试生产。首批试生产 1000 件，已于 2000 年 6 月全部装机。

5.11.1.6 技术、经济效益分析

（1）技术效益分析 60Ti 钢螺杆感应淬火工艺的开发研究的成功，体现了低淬透性钢在汽车零件的开发应用，充分发挥了感应热处理的技术优势，推进了感应热处理技术的进步。由于工艺和材料系统化的巨大效益，在技术上与渗碳、淬火后低温回火的传统强化方法相比，有着很大的优势，为各种形状中载荷零件开辟了新的设计途径，拓宽了感应加热表面淬火可持续发展的应用范围，同时获得高的零件结构强度和使用寿命，还避免了传统工艺带来的一些弊病。

（2）经济效益分析 60Ti 钢螺杆生产应用与 20CrMnTi 相比每件可节约 7.50 元，如年产量按 7.2 万辆计算，年效益 50 多万元，这是可见效益。而使用寿命提高后，减少备件生产库存，减少环境污染等一系列无形的经济效益和社会效益更引人注目。

5.11.2 结论

① 循环球转向器螺杆采用低淬透性钢 60Ti 深层感应加热表面淬火工艺，替代现用的渗碳热处理工艺是可行的，可获得较好的经济效益和社会效益。

② 所开发的有特色的矩形感应器、淬火喷水器与水路分配系统，以及感应热处理工艺，对推进低淬透性钢在汽车零件的开发应用和感应热处理的技术进步，有一定的参考价值。

5.12 东方红-150 拖拉机的转向机蜗杆零件

低马力段的拖拉机转向机构采用蜗轮蜗杆结构，转向机蜗杆是拖拉机的关重件，如图 5-196 所示，它的作用是通过蜗杆的转动带动蜗轮转动，进而通过转向连杆机构使前轮转向，起到使拖拉机转向的目的，其零件质量直接影响整机性能。

由于拖拉机工作过程工况复杂，蜗杆在工作过程中，由于轮齿的工作面承受较大的压应力和摩擦力造成接触疲劳破坏及深层剥落。另外，由于经常转向齿面受到冲击，致使齿部损坏。因此要求蜗杆具有较高的抗弯强度和接触疲劳强度，表面硬度和耐磨性高，心部有足够

的强度和韧性，以保证较长的使用寿命。蜗杆的失效形式主要是齿部磨损和断齿。

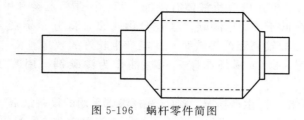

图 5-196　蜗杆零件简图

5.12.1　蜗杆材料选用及技术要求

材料选用应将含碳量控制在一定的范围内，保证心部有足够高的韧性、塑性，经过适当热处理后，表层具有较高的硬度和强度，确保整个零件具有良好的综合力学性能。综合上述结合具体实践，蜗杆的材料选用 20Cr，其材料成分为：$C(0.17\%\sim0.24\%)$、$Cr(0.70\%\sim1.0\%)$、$Si(0.20\%\sim0.40\%)$、$Mn(0.50\%\sim0.80\%)$。含碳量低，满足了对心部韧性高、塑性好的要求，渗碳后进行淬火及低温回火，可以满足零件表面硬度高、耐磨性好的需求；若含碳量过高韧性会变坏，含碳量过低，会造成零件心部硬度不足，强度不能满足要求。

蜗杆生产工艺路线：下料—锻造—正火—粗加—渗碳—精加—淬火—磨轴颈。技术要求：齿面部分渗碳层深 0.8～1.2mm；淬火后，渗碳处 58～64HRC，心部硬度不大于 45HRC，表面不允许有裂纹、烧伤等缺陷。

5.12.2　蜗杆的渗碳工艺

5.12.2.1　渗碳的技术要求

渗碳层达到一定的碳浓度、层深及组织，通过后续相应的热处理工艺可实现所需要的力学性能，满足零件的使用要求。

(1) 渗碳层的表面碳浓度　表面碳浓度对零件的力学性能影响很大，碳浓度的高低对不同的力学性能影响是不同的。随着表面碳浓度的增加，表面的耐磨性提高；随着表面碳浓度的增加，抗弯强度和冲击值反而下降。对于蜗杆，其表层碳浓度选择 0.75%～0.9% 为最优。

(2) 渗碳层深及组织　渗碳层深的确定参照齿轮的经验公式，齿轮渗碳层深经验公式为 $t=(0.15\sim0.20)m$，t 为渗碳层深，m 为齿轮模数。结合生产实际，蜗杆齿面部分渗碳层深确定为 0.8～1.2mm。蜗杆 20Cr 渗碳淬火后，表层向心部组织依次为：马氏体＋少量碳化物＋残余奥氏体、马氏体＋残余奥氏体、马氏体、心部为低碳马氏体。表层硬度 58～64HRC，心部硬度 30～45HRC。

5.12.2.2　渗碳工艺过程

根据实际生产情况，20Cr 蜗杆渗碳采用井式炉滴注式气体渗碳工艺。滴注式气体渗碳是把含碳有机液体，滴入或注入气体渗碳炉炉膛内，使之受热裂解，产生渗碳气氛，对工件进行渗碳。

(1) 渗碳剂的选择　作为滴注式气体渗碳剂的有机液体，应满足下述要求。

① 单位体积液体加热分解后产生的气体体积（标准状态）大。

② 在一定条件下，应选择碳当量小的物质作为渗碳剂。碳当量：产生 1g 原子活性炭 (12g) 所需要的有机液体的质量称为碳当量。

③ 气氛中 CO 和 H_2 的含量稳定。

④ 价格低廉，货源丰富。

我国滴注式气体渗碳使用的有机液体有煤油、苯、丙酮、乙醇和甲醇等，其中采用煤油渗碳最为广泛。煤油在低于 800℃ 渗碳，往往分解不良，低分子烯烃多，易产生炭黑和焦炭。只有在 900～950℃ 的较高温度渗碳时，才能产生较好的效果。

根据实际生产情况，20Cr 蜗杆渗碳采用煤油作为渗碳剂，用改变其滴量的办法调节碳势。

（2）渗碳过程　根据实际生产情况，20Cr 蜗杆渗碳采用的设备是 RJJ-60-9T 型井式气体渗碳炉，煤油为渗碳剂。渗碳过程由排气、强渗、扩散、降温四个阶段组成，见图 5-197 所示。

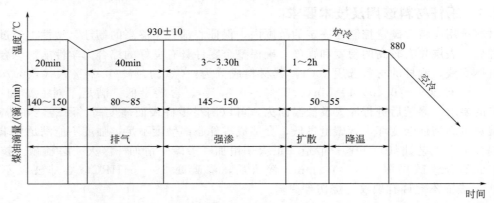

图 5-197　20Cr 蜗杆在井式气体渗碳炉 RJJ-60-9T 中的渗碳工艺

① 排气　排气的目的是尽快排除炉内的氧化性气氛和使炉温升到渗碳所需温度。装炉后，温度降到 780～800℃，如果煤油滴入量过大，会产生大量炭黑，所以此阶段煤油滴入量要少，温度回升时，逐步增加滴油量，以利于排气。当炉温达到渗碳温度时，还要继续排气一段时间。

② 强渗　渗碳的最初过程是零件吸收碳原子的过程，必须保持较高的碳势气氛。使零件表面达到较高的碳势及零件表层存在较大的碳浓度梯度，有利于碳原子由表往里渗透，为加快扩散创造条件。因此，强渗阶段采用较大的煤油滴量。

③ 扩散　零件由吸收碳原子的过程转变为碳原子的扩散过程，将强渗阶段表层的高浓度碳进行扩散，使碳浓度降到合适浓度，使碳浓度梯度平缓，此阶段应降低煤油滴入量，降低炉内碳势，使零件表面碳向炉内或向内层扩散。

④ 降温出炉　当渗碳层达到要求时，即可降温出炉。为防止零件氧化、脱碳及变形，零件随炉降温到 860～880℃ 时，随后出炉立即放入缓冷坑内。

5.12.2.3　蜗杆气体渗碳的操作要点

（1）清理　所有零件入炉前必须清理干净，否则将影响渗碳质量。对于蜗杆主要清理机加工残留的油、切削液、毛刺及铁锈等，零件装箱前必须干燥、干净。

（2）装箱　为提高生产效率，实现最大的装炉量，使工件渗碳和淬火后质量均匀，工件与工件的间隙、工件间的接触面应予以考虑；炉内气流应均匀，渗碳面不得彼此接触；渗碳件的支撑应合适，不能因为渗碳长期加热而产生挠曲变形。蜗杆因其形状及技术要求的特性，装炉时采用零件一上一下摆列装箱，零件松散入箱，不得紧密接触，每箱以 140 件为宜，每炉装两箱。

（3）装炉及渗碳过程监护　在 RJJ-60-9T 井式炉中气体渗碳操作过程为：

① 空炉升温，当炉温达到800℃以上时，按排气阶段要求滴注渗碳剂——煤油（打开放样孔，关闭小排气孔），目的是消除炉内氧化性气氛；应检查炉子是否存在漏气现象（循环作业时，因出、装炉时间短，炉子降温幅度小，炉内没氧化性气氛，出炉后可立即装炉，提高效率）。

② 当炉温升到渗碳温度保温20min，空炉保温阶段的滴注量按略低于强渗阶段的量执行（打开放样孔，关闭小排气孔），应检查炉子是否存在漏气现象。

③ 装炉，装炉后按排气阶段要求滴注渗碳剂——煤油（打开放样孔，关闭小排气孔），应检查炉子是否存在漏气现象。

④ 装炉40min后（此时在渗碳温度保温约20min），关闭放样孔，同时打开小排气孔，并放入试样（3~4个），调整煤油滴量，按强渗阶段要求滴注渗碳剂——煤油。

⑤ 扩散完毕后出炉，试样送检，必要时对零件进行检查。

⑥ 强渗结束前30min，取出一个试样，检查渗碳层深，根据检查结果决定是否增加强渗时间，是否调整操作工艺。

5.12.3 蜗杆渗碳后的热处理

零件渗碳后必须经过淬火、低温回火后，才能实现表面硬度高、心部韧性好的要求。小马力拖拉机转向机蜗杆渗碳淬火后必须实现：渗碳处（蜗杆齿面）58~64HRC，心部硬度不大于45HRC，零件表面不允许有裂纹、烧伤等缺陷。

根据蜗杆的热处理渗碳生产特点及技术要求，零件渗碳后不适宜采用直接淬火，而是采用一次淬火，渗碳后在盐炉加热淬火，淬火介质采用水淬、油冷。根据多年生产情况，蜗杆淬火采用过两种淬火工艺。

(1) 蜗杆渗碳后常规淬火工艺 对于20Cr蜗杆，既要求表面有较高的硬度和耐磨性，又要求心部具有一定的韧性，且要求零件拥有良好的力学性能。热处理淬火工艺为中温盐炉，(840±10)℃，保温14~16min，水淬、油冷；回火，RJJ36-6井式回火炉，(180±20)℃，保温90~120min，出炉空冷。零件热处理质量满足技术要求。零件生产60余万件，质量良好。

(2) 蜗杆渗碳后零保温淬火工艺 为降低生产成本，提高生产效率，开发了蜗杆渗碳后零保温淬火工艺。零保温淬火是零件加热到淬火温度后，立即淬火冷却。传统的热处理奥氏体化理论认为，工件在加热过程中，必须有较长的保温时间，以便完成奥氏体晶粒的形成长大、剩余奥氏体的溶解和奥氏体的均匀化。现行的淬火加热工艺都是按照这一理论制定的。与现行的工艺相比，零保温热处理工艺省去了零件透热和完成组织转变所需的保温时间，不仅节约能源，提高生产效率，而且可以减少或消除工件在保温过程中产生的氧化、脱碳等缺陷，有利于产品质量的提高。

蜗杆渗碳后零保温淬火工艺：设备，中温盐炉，加热温度(880±10)℃，保温0min，水淬、油冷；回火，RJJ36-6井式回火炉，(180±20)℃，保温40~60min，出炉空冷。零件热处理质量满足技术要求。零件生产50余万件，质量良好。

5.13 小型拖拉机前桥转向节主销热处理工艺

小型拖拉机前桥转向节主销是拖拉机的安全件，其产品质量影响整车转向系统的运行效果，转向节主销断裂将使转向系统失灵，造成整车事故。因此，转向节主销必须拥有良好的综合力学性能。笔者公司生产的小型拖拉机（150、170）前桥转向节主销（如图5-198所

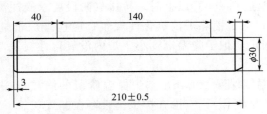

图 5-198 前桥转向节主销零件图

示),材料为 45 钢,规格为 $\phi30mm\times210mm$,其加工路线为:下料—调质—机加工—高频淬火—磨。毛坯供货状态为正火态,热处理技术要求:调质后硬度 26~32HRC;尺寸 140mm 范围内表面高频淬火,硬度 50~58HRC,淬硬层深不小于 2.3mm,表面不得有裂纹、烧伤等缺陷。

5.13.1 前桥转向节主销原调质工艺

前桥转向节主销原来在 RX3-45-9 箱式炉中加热淬火,加热温度为 (860 ± 10)℃,保温 90~120min,每炉 180~200 件,淬火介质为水。回火炉为 RJJ36-6,回火温度为 (540 ± 10)℃,保温 90~120min。利用箱式炉调质存在以下缺点:

① 由于炉温不均匀,故淬火后零件的组织、晶粒度、硬度不均匀,每炉的零件硬度偏差大,产品质量难控制。

② 职工的劳动强度太大,工作环境差。

③ 由于在空气中加热时间长,零件表面氧化层偏厚。

④ 因炉子密封等原因,热量丧失较多,致使成本较高。

5.13.2 前桥转向节主销调质工艺改进

调质是淬火加高温回火。零件调质后的综合力学性能首先取决于零件淬火的质量。零件的淬透层深首先取决于零件材料的淬透性,从组织上讲,钢的淬透性是指钢淬火时全部或部分获得马氏体的难易程度。通常以半马氏体组织为淬硬层分界线。根据实验数据,45 钢在 20~40℃临界直径为 13~16.5mm,由此可知,直径为 $\phi30mm$ 的转向节主销淬火后其淬硬层深度最大为 8mm。

为提高生产效率及降低制造成本,经研究在中频感应加热设备上进行淬火试验,回火仍在 RJJ36-6 回火炉进行。中频感应加热设备为 160kW,2000~4000Hz 可调中频感应加热装置,用 WDH-11 型光电高温计测量温度,淬火机床采用卧式推杆式淬火设备,冷却液为水。根据实践及计算:采用 $12mm\times12mm$,厚 1.5mm 的方铜管绕制了内、中、外三层长 222mm 的感应器,其同层的每匝感应圈间隙为 3mm,每层感应器间距 6mm,内层直径为 $\phi60mm$。

首先探讨感应加热功率、时间、温度与淬火后的硬度、淬硬层的深度之间的关系,确定最佳淬火工艺参数。使用洛氏硬度计和光学显微镜来测量硬度和淬硬层深度。

(1) 加热功率和加热时间与加热温度的关系　图 5-199 所示为试验所得不同加热功率条件下感应加热时间与加热温度的关系。从图可以看出,保持一定的加热功率,当加热一定时间后,温度上升很慢,其主要原因是在特定功率条件下,工件达到某一温度后,工件的热量散失及传导到心部的热量与加热能量接近平衡状态,此时要提高温度,必须增加功率。根据感应淬火的温度要求及试验结果,加热功率取 100kW 为宜。

(2) 加热时间与淬火后硬度的关系　图 5-200 所示列出在加热功率 100kW 条件下,

加热时间与淬火后的硬度关系。由图可以看出，在 10～15s 加热时间范围内，淬火硬度无明显变化，均在 40～60HRC 之间。当加热时间为 10s 时，硬度为 50HRC，组织为马氏体加铁素体；当加热时间延长为 15s 时，其淬火组织为马氏体，硬度为 55HRC。这是由于随着时间的延长，奥氏体更加均匀化，使钢的淬透性和马氏体中的含碳量增加所致。

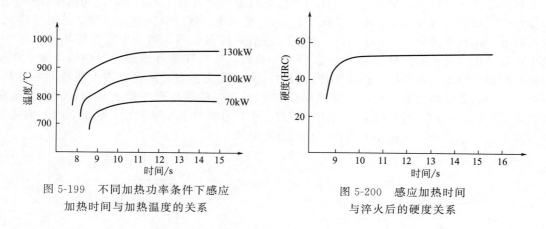

图 5-199　不同加热功率条件下感应加热时间与加热温度的关系

图 5-200　感应加热时间与淬火后的硬度关系

（3）加热时间与淬硬层深度的关系　图 5-201 所示列出了在加热功率 100kW 的条件下，加热时间与淬硬层深度的关系。从图可以看出，在 10～13s 加热时间内，随着时间的延长，层深逐渐增加；其原因是：在一定温度下，随着时间延长，零件表层热量往心部传导，使心部温度升高，奥氏体化更加均匀，淬火后硬化层加深。加热 13s 以后，淬硬层深无明显变化，大都在 7～8mm 之间。这是由 45 钢的淬透性决定的，即使心部全部奥氏体化，心部也不可能淬成马氏体；因此，加热时间以 13s 为宜。

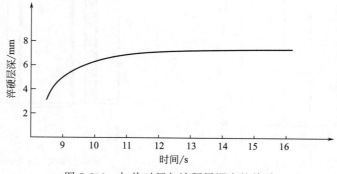

图 5-201　加热时间与淬硬层深度的关系

从以上分析可知，转向节主销中频感应淬火的最佳工艺是：加热功率 100kW，加热时间 13s，水淬。其回火工艺为：回火炉为 RJJ36-6，回火温度为（540±10）℃，保温 90～120min。

（4）经济效益分析　从 2002 年 8 月至今，用新工艺处理转向节主销 20 万余件，效果良好。新工艺淬火与箱式炉淬火相比经济效益明显提高。在箱式炉中处理一件转向节主销需电费 0.36 元，而中频淬火则需电费 0.15 元。感应淬火的电力成本仅为箱式炉的 42%，取得良好经济效益，且降低了工人的劳动强度，工作环境也得到改善。

5.14 转向节主销中频淬火工艺改进

5.14.1 概述

转向节主销（简称主销，零件简图如图 5-202 所示）是汽车前桥转向机构的重要零件之一，系保安件。多年来，笔者一直采用分两段进行中频淬火的工艺方法，应用两个圆环形感应器对两段淬火区（70mm 范围为Ⅱ区、110mm 范围为Ⅰ区）分别进行同时加热表面淬火，自行回火。加热方式如图 5-203 所示，淬完一段后再淬另一段，即一个零件加热淬火两次，造成重复操作，每小时产量仅为 50~70 件。加热时，零件在圆环形感应器中的位置不便于观察和控制，给工艺调整带来许多不便，同时淬火温度无法直接测量，淬火质量不易控制。淬火后，经磁力探伤检查发现，在开槽部位有 15% 左右的零件产生淬火裂纹，两段淬火区的硬化层深也不一致，差异较大。由于中频淬火中存在的这些质量问题，为此，我们对主销中频淬火的工艺进行了改进，并取得了较满意的效果。

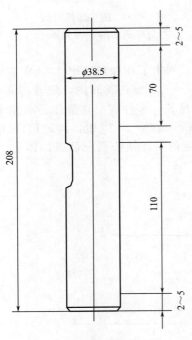

图 5-202 主销零件简图

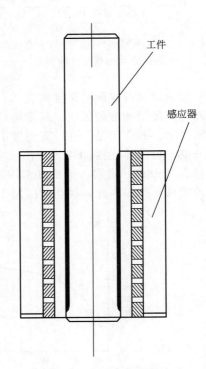

图 5-203 主销零件加热方式

5.14.2 技术要求

主销所用材料为 45 钢，其化学成分见表 5-99，其技术要求为：中频淬火硬化层 2~4mm，硬度 58~63HRC，Ⅰ区、Ⅱ区为淬火部位，同时允许两淬火区连通。

表 5-99 主销材料的化学成分（质量分数%）

C	Si	Mn	S	P	B	Ni
0.447	0.315	0.366	0.002	0.010	0.026	0.018

5.14.3 淬火工艺

5.14.3.1 原工艺

主销淬火原工艺参数见表 5-100，此工艺下的金相检验结果见表 5-101。

表 5-100 主销淬火原工艺参数

部位	电压/V	电流/A	功率/kW	功率因数/$\cos\varphi$	加热时间/s	冷却时间/s	变压器型号	匝比
Ⅰ区	750	250	160	0.9	8.5	12	PR500/2.5-8.0	33∶1
Ⅱ区	750	250	160	0.9	6.5	10	PR500/2.5-8.0	33∶1

表 5-101 主销原工艺淬火后的金相检验结果

部位	淬硬层深度/mm	硬度(HRC)	马氏体组织
Ⅰ区	3.47	57～62	4 级
Ⅱ区	2.3	57～62	4 级

5.14.3.2 工艺改进

（1）在原有淬火机床上的工艺改进　针对上述存在的问题进行了最佳工艺探索，在大量的试验中发现，应用矩形感应器能取得较好的效果。同时采用较大功率的可控硅静变频电源，对节能有着显著的经济效益。

矩形感应器的开发与研制，使得主销分两次进行淬火的旧工艺由整体一次加热淬火的新工艺所取代，淬火时感应器不动，零件定速旋转，实现了两段淬火区及相邻区域的同时加热淬火，自行回火，从而一次完成主销淬火的过程。加热形式如图 5-204 所示。工艺参数见表 5-102，金相检查见表 5-103，经磁力探伤检查，未发现开槽部位产生淬火裂纹。

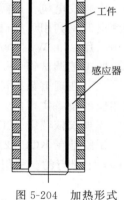

图 5-204　加热形式

表 5-102 矩形感应器一次淬火工艺参数

中频电压/V	工作频率/kHz	电流/A	功率/kW	功率因数/$\cos\varphi$	加热时间/s	冷却时间/s	变压器型号	匝比
750	8.2	340	240	0.94	7	12	DSZ-1	8∶1

表 5-103 矩形感应器一次淬火后的金相检验结果

淬硬层深度/mm	硬度(HRC)	马氏体组织
2.85	58～62	4 级

主销矩形感应器有效导体为完整的矩形结构，如图 5-205 所示。因零件硬度要求较高，故有效导体未安装导磁体，以增强冷却能力。它的有效导体是两根轴向紫铜管和两个小半环及一个半环所组成的回路，在有效导体前后分别装有以夹布胶木材料制成的一个主喷水圈及两个副喷水圈，以便使零件在加热后立即进行喷冷。该感应器具有结构简单，制造容易，维修方便等优点。

通过计算得知，有效导体的表面积为 61cm^2，而要求加热零件的表面积为 234cm^2，在一定的输出功率时，有效导体上的比功率是零件上比功率的 3.8 倍。由于有效导体上集聚了较大的比功率，因此，可以对主销实现快速加热淬火。

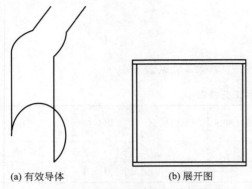

(a) 有效导体　　　　(b) 展开图

图 5-205　主销矩形感应器结构简图

矩形感应器对零件的加热是利用了横向磁场，纵向电流在有效导体上所形成的磁场，较好地控制了电流走向，使得电流强度在有效导体的全长上是相同的。感应器对零件表面的加热带反复加热，即实现脉冲加热，零件上各个部位的加热层也是均匀的并且同时达到淬火所要求的温度。冷却时，零件表面被依次循环喷冷，使得各部位基本上同时冷到马氏体转变温度，有利于马氏体稳定性的提高。因此，淬火质量得到提高。

使用新工艺后，未发现淬火裂纹，这说明主销经矩形感应器加热淬火后，能有效地避免淬火裂纹的产生。改进后工艺加热状态便于观察、控制与调整，温度的直接测量也可方便地进行。零件的加热淬火也由原来的两次变为一次完成，避免了重复操作，每小时的产量也提高到90件，生产效率得到提高，同时减轻了劳动强度。单件加热时间也由原来的15s缩短为7s。

从图5-202可看出，两硬化区相邻距离为18～24mm。据资料介绍，采用8000Hz的中频电源时，两硬化区的最小距离为20mm，否则相邻区拉应力过大，在组织应力和热应力综合作用下，形成在开槽部位具有非常危险的应力状态，当拉应力峰值达到或超过材料的断裂强度时，即可诱发此处形成开裂，降低疲劳强度。这就是主销采用原工艺经淬火后产生裂纹的主要因素。采用整体一次淬火的方法，则可较好地避免这种情况。

中频发电机在国际上已趋淘汰，先进工业国家已广泛采用可控硅静变频电源，可控硅静变频电源是利用可控硅的开关特性把50Hz的工频电流变换成中频电流的一种电源装置。我公司采用250kW/8000kHz的可控硅静变频电源，并结合矩形感应器的应用对主销进行中频淬火的工艺调试得到了较好的效果。

（2）在现有数控淬火机床上进行的工艺改进　在感应热处理生产过程中，不同工艺是通过相应的设备实现的。随着数控淬火机床在实际生产当中越来越多的应用，生产热处理产品，不再仅依赖操作工人的技能，更多的是通过先进的设备来保证的。

试验是在KGPS-250kW中频电源及GCK10150数控淬火机床（最大工件长1.6m、承重75kg）上进行的。利用数控淬火机床的特点，整个试验过程使用的是一个感应器（见图5-206

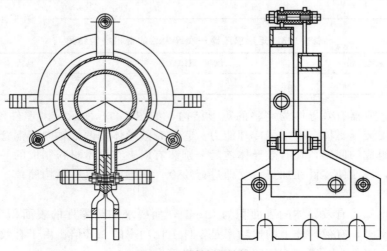

图 5-206　感应器结构

所示），避免了重复将零件搬上搬下、频繁更换工装夹具、校正零位等操作工序，最终使该产品的质量稳定性和高效生产同时获得了成功。

试验所用感应器为普通圆环类感应器，其尺寸为：感应器内径为$\phi 44.5mm$、宽度为$20mm$。其工艺参数见表5-104，其金相检验结果见表5-105。

表5-104 利用数控淬火机床淬火的工艺参数

功率/kW	功率因数（$\cos\varphi$）	淬火介质浓度（聚乙烯醇）	机床配置电容	水压/MPa	匝比
80	1.0	0.10%	全部	0.4	20:1

表5-105 利用数控淬火机床淬火后的金相检验结果

淬硬层深度/mm	硬度（HRC）	马氏体组织
3.28	57～61	5级

其数控编程为：

```
N10    S7
N20    G0   X-233
N30    S2
N40    G4   F2.2
N50    G1   X-152   F350
N60    G1   X-147   F400
N70    S5
N80    G1   X-122   F400
N90    S4
N100   G1   X-104   F350
N110   S2
N120   G4   F0.7
N130   G1   X-34    F350
N140   S4
N150   G1   X-15    F600
N160   G4   F7
N170   S6
N180   S8
N190   G0   X0
```

5.14.4 经济效益

① 采用新工艺，同时应用大功率可控硅静变频电源，生产效率提高1.5倍，两次淬火变为一次淬火，减轻了劳动强度。避免了因分段淬火造成零件15%淬火裂纹的废品损失。

② 经计算，分段淬火时单件耗电0.83kW·h，整体一次淬火为0.47kW·h，每件可节电0.36kW·h，节电43%。每年按12万辆计算，一年可节电8.6万kW·h。

5.14.5 结论

① 矩形感应器的淬火方式可有效地消除淬火裂纹，对提高产品质量有较大的促进作用。

② 应用可控硅静变频电源具有明显的节电效果。

③ 数控淬火机床的应用，具有便于操作、降低劳动强度、节能降耗、改善劳动环境等优点。

5.15 等速万向节类零件

万向节是一种连接两相交轴并传递运动和转矩的通用机械传动部件。其中能保持相连两轴同步转动的等速万向节，实用种类并不太多。而且，如轿车中常用的球笼式万向节，需要在内、外球面上开出球状槽，不便制造。而近年来发明的等速万向节则是把两个轴线不重合的轴连接起来，并使两轴以相同的角速度传递运动的机构。万向节是轿车传动系统中的重要部件，其作用是将发动机的动力从变速器传递到汽车的驱动轮，满足轿车传动轴外端转角的要求；将发动机的动力平稳、可靠的传递给车轮；补偿轿车内端悬架的跳动，驱动轿车高速行驶。

用于轿车的等速万向节类型很多，其中应用最多的是球笼式等速万向节和三脚架式等速万向节，它主要由滑套、三向轴、传动轴、星形套、保持架、钟形壳组成。由于等速万向节传递繁重的驱动力矩，承受负荷重，传动精度高，需求量很大，又是安全件，因此其主要零件均采用精锻件加工而成。

等速万向节简称 CVJ (constant velocity joiat)，是汽车传递转矩到轮胎的重要部件，由变速轴端的滑动万向节、轮胎端的固定万向节及中间的传动轴构成。

等速万向节是主动轴与从动轴的转速（角速度）相等的万向节。在前轮驱动的汽车上，其前桥都装有等速万向节传动轴（驱动兼转向）。

等速万向节的原理和圆锥齿轮啮合的道理相似，由于传力点的位置总是处于两轴夹角的平分面上，因而保证了等速运动。等速万向节的缺点是结构比较复杂，制造工艺精密，成本较高，因此还不能完全代替普通万向节。

等速万向节的出现，大大推动了前轮驱动汽车和全轮驱动汽车的发展。

前轮驱动用的等速万向节，又分车轮端固定型和差速器端滑动型两种，后者在轴向可以滑动伸缩，以补偿轴向长度的变化。

随着汽车前轮驱动技术的发展，等速万向节已得到广泛应用，且品种、普及率不断增加，并形成了多品种、小批量的 CVJ 生产体制。同时，由于高频淬火、冷锻等技术的开发，大大降低了生产成本，提高了可靠性。

下面介绍其常用的高频淬火热处理工艺。

5.15.1 等速万向节钟形壳感应淬火

等速万向节感应淬火件主要是钟形壳与滑套。钟形壳淬火部分是花键部及内球道，滑套淬火部分是花键部分及滑套的三对滚道沟，如图 5-207 所示。这种零件早期使用的材料是 40 钢，随着对硬度要求的提高，现在有采用 55 钢等牌号。

(1) 钟形壳感应淬火用电源　由于花键部分淬硬层深要求，花键部分淬火电源频率范围为 3k～30kHz，较多的采用 8k～10kHz。电源功率根据零件尺寸可选 100k～300kW，选用频率高的，功率相对可以低一些，现在较多采用 160k～200kW 的电源。

(2) 钟形壳花键部分淬火　由于杆部、台阶轴圆角及台阶面均需淬硬，硬化层要求连续，基本上采用一次加热法。感应器要保证各部分均能淬硬，特别是圆角处要达到一定深度。因此，其结构较复杂，台阶面宽的，有效圈常由多段组成。淬火冷却一般由喷液器进行。有的工件加热后下降，用机床两侧平面喷液器进行冷却，或直接在感应器装置的前、后喷液器进行冷却。花键加热与冷却时，工件必须旋转。

(3) 钟形壳内球道的感应加热　一般由内孔加热感应器进行，有效圈镶有导磁体，以提

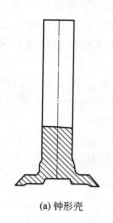 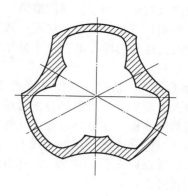

(a) 钟形壳　　　　　　　　　　(b) 滑套

图 5-207　钟形壳与滑套零件简图

高效率，有单匝与多匝两种结构。多匝感应器的制造比单匝的复杂，但因为多匝感应器的电流比单匝的小，导电管不易烧断，因此这种结构仍在发展之中。工件的冷却，由感应器内的、由绝缘材料制成的喷液器进行。喷液先喷到钟形内腔的底面，再流经滚道面而离开工件。为防止钟形壳变形，加热内腔球道时，外表面有辅助喷液器进行冷却。

钟形壳、花键部分与滚道部分的加热时间，一般在 3~6s 之间。特别是内滚道，加热时间不能长，以防淬透；内滚道加热与冷却时，工件必须旋转。

(4) 滑套滚道沟淬火　滑套滚道沟淬硬部位主要是三对滚道沟，滚道沟要求耐磨。图 5-208 所示为 CVJ 三叉感应器。滚道沟淬火加热有以下两种方式：

① 扫描淬火　一般三对滚道沟同时进行扫描，有效圈一般是串联的，并且装有导磁体。由于受滚道沟的结构所限，采用工件垂直移动扫描的方式，封闭端只能处在顶上位置。这种感应器有两个喷液器：一个位于有效圈下面，扫描淬火时喷液；另一个位于有效圈中心，当扫描到近封闭端而停止扫描时，中心喷液器进行喷液，将最后加热段进行淬火。由于滑套局部壁厚极薄，因此扫描加热的同时，外部有辅助喷液器进行冷却。

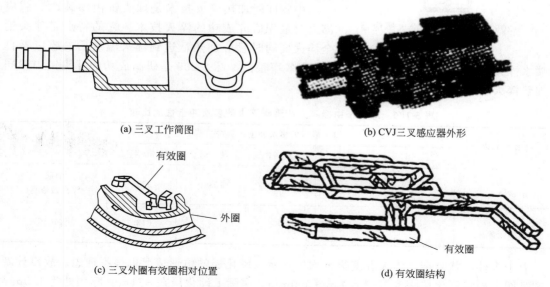

图 5-208　CVJ 三叉感应器

滑套扫描淬火对机床和感应器制造精度也有严格要求，对感应器冷却水流量及淬火液流量也有要求，否则，三对槽的硬化层不一致。滑套进入感应器时，其定位角度必须准确，否则会碰坏感应器。这种感应器的造价十分昂贵，比半环形曲轴感应器的制造精度及复杂度还要高，且拥有专利。

② 一次加热淬火　滑套一次加热淬火已用于现代化生产中，其工艺与扫描淬火所不同的是感应器伸入滑套后，一次加热并进行喷液。加热时，为保护薄壁处不过热及减少变形，滑套外面有辅助喷液器，在加热过程中，外表面处于辅助喷液之中。

(5) 钟形壳与滑套回火　在自动线上，一般采用感应加热回火；专机生产的零件，一般采用炉子回火；低温回火后，达到56～62HRC或≥55HRC的技术要求。内球道硬度的检测，可以用内孔硬度计。

5.15.2　球头销感应淬火

5.15.2.1　前言

转向拉杆球头销或上下臂控制球头销是汽车上最重要的保安件之一，它们采用的材料是20CrMnTi，传统热处理工艺是渗碳淬火。为保证球部局部淬硬使其有很高的耐磨性，保证颈部有良好的塑性和韧性，以增加球头销的安全性，以及M22螺纹在渗碳淬火后具有良好加工性，所以致使热处理工艺十分复杂，先后有8道工序，生产成本很高。我国有关工厂在20世纪60年代中期开始了45钢球头销感应淬火工艺及零件性能研究，在获得良好力学性能的前提下（表5-106），这一工艺方法在20世纪70年代正式用于生产。

球头销用感应淬火替代渗碳淬火，具有巨大的经济效益，解放牌中型载重车的球头销，由于采用感应淬火，仅材料成本和工艺成本，每辆车下降6元左右。

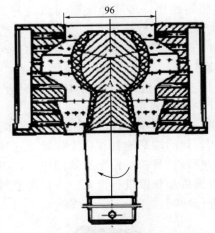

图5-209　球头销中频淬火感应器

5.15.2.2　中频同时加热淬火技术

中频同时加热淬火技术是球头销由渗碳改为感应淬火时最先研究成功的淬火技术。它的特点是球头销全淬火面同时感应加热，达到淬火温度后，感应器自行喷水淬火。零件可以实现自行回火，生产效率很高。图5-209是研制成功的球头销中频同时加热淬火感应器。

表5-106　球头销中频淬火和渗碳淬火的多次冲击性能比较

材料与工艺	在以下能量的多次冲击次数/次					断裂位置
	21.37J	25.3J	27.9J	31.9J	36.4J	
45钢 中频淬火	48619	32575	20962	15360	9365	柄部 淬火过渡区
20CrMnTi 球部渗碳淬火	14701	11842	9683	—	6135	柄部变形

由于零件形状复杂，淬火温度很难均匀，所以硬化层的仿形情况也很不理想。故设计者在产品图上规定硬化层深度范围为1.5～5.0mm，实际上硬化层在φ21mm脖颈处为1.5mm

左右，再想加深也很困难，在球头横截直径最大处，硬化层为 4.5mm 左右，再想减薄也很困难。尽管如此中频淬火（8kHz）的球头销多次冲击寿命仍为渗碳淬火球头销的 1.5～3.3 倍。

这种感应器的缺点很多，一是有效圈形状复杂，加工困难，内表面形状的尺寸重复性差，而且很不好检验，因此感应器的成品率较低。二是这种圆环感应器产生轴向的电磁力，尤其像球头销这样的零件，加热部位大部分包含在感应器里，小部分在感应器外，每次送电都有将其在感应器下面的小部分吸入感应器的趋势，于是出现了零件上跳问题。这种情况在其他零件中频淬火时也出现过，如离合器销在中频同时加热淬火时出现过零件上跳的现象。因此要求感应器的夹具有自夹紧功能，这样则使淬火夹具复杂化，否则就要使用一个小棒按在球头进行加热，操作起来十分不便。

5.15.2.3 轴向导线仿形式感应器淬火技术

自 20 世纪 70 年代在半轴等零件矩形感应器纵向加热（如图 5-210 所示）、整体感应淬火技术的启发下，国内一汽、二汽等几家大厂陆续研究成功轴向导线全仿形、淬火面旋转加热整体淬火技术。

轴向导线全仿形感应器与中频同时加热淬火感应器相比，具有感应器制作简单、调整方便，可以获得完全仿形分布硬化层的良好效果。

对于球头销类零件（如图 5-211 所示）的几个感应淬火（所用感应器见图 5-212 所示）的禁区全部被攻破：即半球面边沿的下方和轴颈圆角两个部位。用图 5-212 所示中频淬火感应器时，在感应加热时极容易过热或过烧；用图 5-210 所示矩形纵向加热感应器在感应加热时加热效率极低，升温速度很慢，而且两部位相距又很近，要使两处在温差不太大的情况下同时达到淬火温度，感应器的结构上必须十分考究。轴向导线全仿形感应器最可贵之处是使球面硬化层的等级深度分布，几乎与渗碳相仿。用轴向导线仿形感应器淬火来实现球头销类零件的硬化层均匀分布，是感应淬火领域中的一大进步。

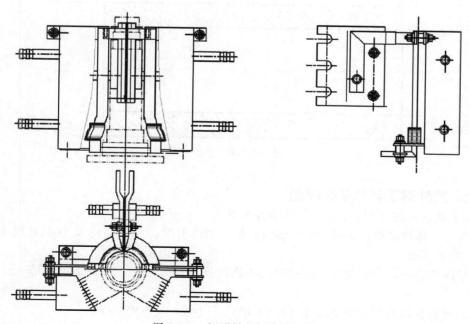

图 5-210　矩形纵向加热感应器

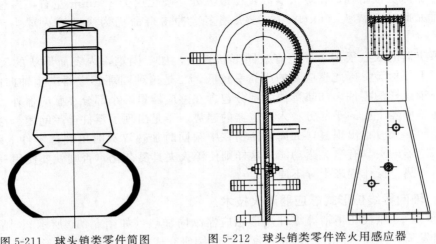

图 5-211 球头销类零件简图　　图 5-212 球头销类零件淬火用感应器

5.16 活塞销渗碳淬火工艺改进

5.16.1 技术要求

笔者公司生产的 54.04.410-1 活塞销是 4125 型发动机上的关键部件，因此活塞销本身必须具有较高的疲劳强度、较高的硬度和良好的耐磨性，材料为 20CrMnMo，零件形状如图 5-213 所示，技术要求为渗碳层深 1.35～1.95mm，硬度 58～63HRC。生产过程中发现硬度不均匀，劳动强度大并浪费能源，严重影响生产。

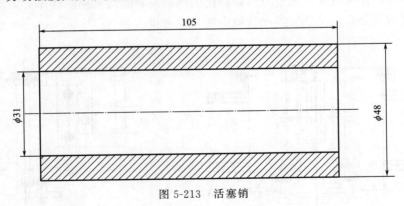

图 5-213 活塞销

5.16.2 热处理工艺及存在问题

原工艺曲线见图 5-214 所示，具体参数如下。

① 井式气体渗碳炉，灌装 360～380 件/炉，加热温度 (920±10)℃，保温时间 10h，试样合格后出炉空冷。

② 采用箱式炉，(12 盘×8) 件/炉，加热温度 (860±10)℃，保温时间 60～70min，油冷。

③ 采用低温回火炉，加热温度 (180±10)℃，保温 2h 出炉空冷。

这样生产周期较长，效率低，又增加了劳动强度，消耗了动能，而且零件在罐内摆放的较密,渗碳淬火后易产生软点。因而摸索渗碳后直接淬火的方法显得很有必要。

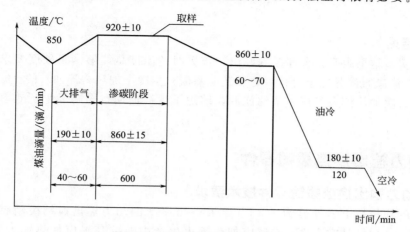

图 5-214　活塞销原热处理工艺曲线

5.16.3　工艺改进

工艺调试:采用井式气体渗碳炉,零件竖立间隔0.2~0.5mm摆放在挂具上,(每层80件×7层)/炉,挂具外围网,炉温达到920℃工件装炉,加热温度(920±10)℃,保温10h,其中保温9.5h时取试样,检查试样渗碳层深,试样合格后,降温至(860±10)℃,均温0.5~1.0h淬油。渗碳淬火工艺曲线如图5-215所示。

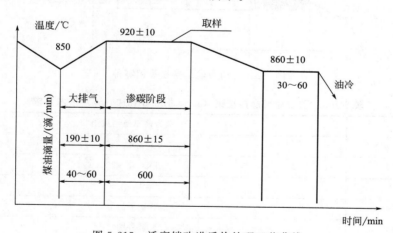

图 5-215　活塞销改进后热处理工艺曲线

由于这种方法零件摆放有间隙透气性好,大大调高了渗碳效果,较大程度上避免了淬火后软点的产生,同时淬火的效果也有所提高。

通过对两炉零件的测试,结果(表5-107)表明20CrMnMo活塞销采用渗碳直接淬火的方法完全能够满足零件的技术要求,因此采用渗碳直接淬火方法替代原工艺是可行的。

表 5-107　渗碳层深和硬度检测表

测量次数	渗层/mm	硬度(HRC)
1	1.50	59
2	1.45	59
3	1.85	61
4	1.65	58
5	1.90	62

试生产合格后,开始批量生产,在每批随机抽查的零件渗碳层深和硬度均符合热处理技术要求。

5.16.4 结论

① 根据实验结果表明,合理控制好出炉淬火时的温度是能够满足硬度要求的,从以上工艺实验看,渗碳直淬是完全可代替原工艺(渗碳—空冷—加热—淬油)的。

② 省去二次加热淬火工序,节约能源,缩短了生产周期,提高了生产效率,降低了劳动强度。

5.17 动力输出换挡拨销零件

5.17.1 动力输出换挡拨销零件技术要求

Fiat80-90拖拉机上零件号为1.80.158.8A5109757的动力输出换挡拨销零件(结构见图5-216所示),属圆柱类零件,在感应加热淬火生产中要求其感应加热淬火淬硬层连续、无淬火裂纹的产生。其产品图的技术要求见表5-108。

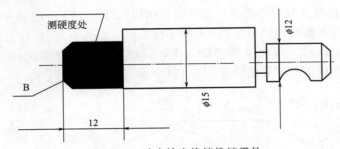

图 5-216 动力输出换挡拨销零件

表 5-108 动力输出换挡拨销(1.80.158.8A5109757)技术要求

零件名称	动力输出换挡拨销
零件号	1.80.158.8A5109757
产品型号	Fiat 80~90
材料	45钢
处理前工序	铣平面
处理后工序	磨外圆
工艺路线	标加、标热(高)、标加、发装
技术要求	在距端面B为12mm的ϕ15mm圆柱面进行高频淬火,硬度50~58HRC;淬硬层深度1~4mm,在距B端面8mm范围内允许淬透
感应器名称	动力输出换挡拨销感应器
感应器类型	圆柱类
零件加热区域关键尺寸/mm	直径ϕ15;加热段长度12

5.17.2 动力输出换挡拨销零件感应淬火工艺

淬火采用的设备:机床为GP100,采用水作为淬火介质。采用高频淬火,所用感应器及夹具结构分别见图5-217及图5-218所示,工艺数据见表5-109。

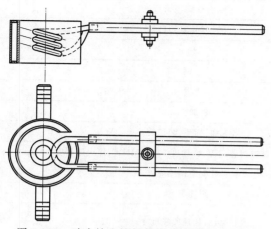

图 5-217 动力输出换挡拨销感应淬火感应器

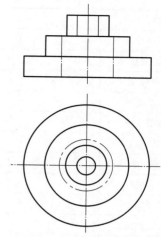

图 5-218 动力输出换挡拨销感应淬火夹具

表 5-109 动力输出换挡拨销（1.80.158.8A5109757）感应加热工艺数据

零件名称		动力输出换挡拨销
零件号		1.80.158.8A5109757
零件放置方法		垂直
感应器名称		动力输出换挡拨销感应器
阳极空载电压/kV		11.5
阳极负载电压/kV		11
阳极电流/A		2.0～2.4
栅极电流/A		0.38～0.40
加热方式		同时
冷却	介质	水
	温度/℃	15～30
时间/s	加热	8～9
	间隙	≤3
	冷却	≥3

5.18 牵引拉杆支座销零件

5.18.1 牵引拉杆支座销零件技术要求

Fiat 80-90 拖拉机上零件号为 1.89.626.5130115 的牵引拉杆支座销零件（结构见图 5-219 所示），属圆柱类零件，在感应加热淬火生产中要求其感应加热淬火淬硬层连续、无淬火裂纹的产生。其产品图的技术要求见表 5-110。

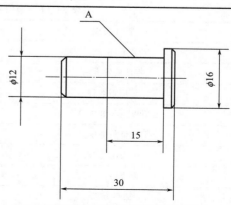

图 5-219 牵引拉杆支座销零件

表 5-110 牵引拉杆支座销 (1.89.626.5130115) 技术要求

零件名称	牵引杆支座销
零件号	1.89.626.5130115
产品型号	Fiat80-90
材料	45 钢
预先热处理	调质
处理前工序	机加工
工艺路线	洛工加、标热、装二装
技术要求	φ12mm 表面 A 段长区域进行感应淬火,硬度 52～57HRC;淬火层深度 1～2mm
感应器名称	牵引杆支座销感应器
感应器类型	圆柱类
零件加热区域关键尺寸/mm	直径 φ12;加热段长度 15

5.18.2 牵引拉杆支座销零件感应淬火工艺

淬火采用的设备:机床为 GP100,采用水作为淬火介质。采用高频淬火,所用感应器结构见图 5-220 所示,工艺数据见表 5-111。

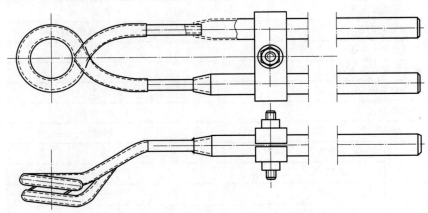

图 5-220 牵引拉杆支座销感应淬火感应器

表 5-111 牵引拉杆支座销感应加热工艺数据

零件名称	牵引杆支座销
零件号	1.89.626.5130115
零件放置方法	垂直
感应器名称	牵引杆支座销感应器
阳极空载电压/V	10000
阳极负载电压/V	9000
阳极电流/A	1.6～1.8
栅极电流/A	0.32～0.34
加热方式	同时

续表

零件名称		牵引杆支座销
冷却	介质	水
	温度/℃	15～30
时间/s	加热	2～3
	间隙	≤1
	冷却	10

5.19 油缸销（5142030）零件

5.19.1 油缸销（5142030）零件技术要求

Fiat 80-90 拖拉机上零件号为 5142030 的油缸销零件（结构见图 5-221 所示），属圆柱类零件，在感应加热淬火生产中要求其感应加热淬火淬硬层连续、无淬火裂纹的产生。其产品图的技术要求见表 5-112。

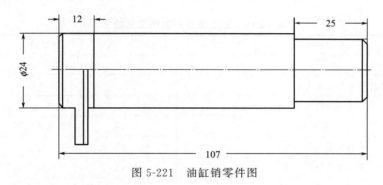

图 5-221 油缸销零件图

表 5-112 油缸销（5142030）技术要求

零件名称	油缸销
零件号	5142030
产品型号	Fiat80-90
材料	35CrMo
预先热处理	调质
余量/mm	0.40
工艺路线	锻造—锻热—机加—机热—机加—机装
技术要求	在 φ24mm 轴颈处进行中频淬火，硬度≥50HRC，淬硬层深度≥1.5mm
感应器名称	油缸销感应器
感应器类型	圆柱类
零件加热区域关键尺寸/mm	内径：φ24；加热段长度：70

5.19.2 油缸销（5142030）零件感应淬火工艺

淬火采用的设备：机床为 GP100，采用水作为淬火介质。油缸销采用高频淬火，所用感应器结构见图 5-222 所示,工艺数据见表 5-113。

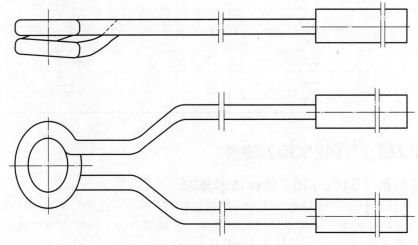

图 5-222　油缸销感应淬火感应器

表 5-113　油缸销感应加热工艺数据

零件名称		油缸销
零件号		5142030
处理部位及区域(mm×mm)		$\phi 24 \times 70$
零件放置方法		垂直
感应器名称		油缸销感应器
阳极空载电压/kV		10
阳极负载电压/kV		9.25
阳极电流/A		1.7～2.4
栅极电流/A		0.2～0.35
加热方式		连续
冷却	介质	水
	温度/℃	15～30
移动速度/(mm/s)		8～10
时间/s	加热	1.5
	间隙	0.5
	冷却	2.0

5.20　气门摇臂零件

5.20.1　气门摇臂零件技术要求

4125 发动机机型中的气门摇臂零件结构见图 5-223 所示,所用材料为 ZG45 钢。其预先热处理为正火,硬度为 156～217HB。处理前、后工序为:铣球面、车端面倒角。处理后量为 0.30mm。其技术要求为:R14mm 圆球面高频淬火,硬度≥50HRC;淬硬层深度 2.3～5.3mm(圆球面横切圆弧中心处测深度);金相组织,M+少量托氏体+少量 F。零件加热区域关键尺寸：$R14mm$ 圆球面。

该零件生产工艺路线：机加工—高频表面淬火—机加工—热处理—装配。

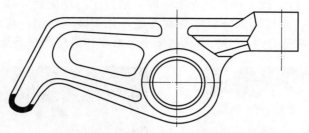

图 5-223　气门摇臂零件结构

气门摇臂零件要求 $R14mm$ 球面加热淬火，这类淬火属平面加热类淬火。考虑到气门摇臂零件结构的特殊性，为了保证淬火工作面受热均匀，并能有一定的淬硬层深度且不淬透，我们采用了三条分支返回型感应器，见图 5-224 所示。这种感应器主要是靠中间条对零件加热的，可以一次加热多个圆柱件工件的端面，提高了加热效率，节约了能源。

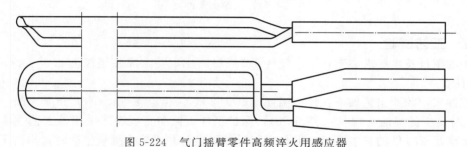

图 5-224　气门摇臂零件高频淬火用感应器

5.20.2　气门摇臂零件高频淬火工艺

气门摇臂零件是在 GP100-C3-100kW 型设备上进行淬火的。

经过工艺反复调整，得出如表 5-114 所示工艺参数。

表 5-114　淬火工艺参数

阳极空载电压/kV	阳极电流/A	阳极负载电压/kV	栅极电流/A	时间/s			冷却介质
				加热	间隙	冷却	
12.0	2.2～2.5	11.0～11.5	0.44～0.46	13±1	1.5	3.0	水冷

5.20.3　淬火结果检验

(1) 表面硬度　经检验表面硬度均匀，且在 50～54HRC 之间。

(2) 淬硬层深度　3.47～4.83mm。

(3) 表面质量　表面光亮，无裂纹。

5.21　犁头零件淬火

5.21.1　简介

笔者公司淬火生产的犁头零件，所用材料为 35CrMnSi，其形状较为复杂，一边厚，一边薄，厚的地方高达 45mm，而薄的地方约为 10mm，如图 5-225 所示。

该零件的工艺路线为：精铸—正火—机加工—清洗—淬火—低温回火—喷丸—机加工。

原工艺采用的是：在设备 RJJ-75-9 井式气体渗碳炉中生产，采用专用工装垂吊装载以防变形，装载量为 13 件。该零件在淬火工序时，出现了一些问题，即大批量生产时薄的区域硬度满足技术要求，而厚的部分硬度有高有低，分布极不均匀，从而致使零件硬度不合格，返修率高。我们欲通过改进工艺来达到减小返修率和提高产品质量的目的。

图 5-225 犁头零件

5.21.2 工艺试验

犁头的图纸技术要求如下：毛坯硬度 165～215HB，要求淬硬层深为 2.6～5.6mm，硬度≥42HRC。

该零件采用的原工艺如下：淬火温度 900～920℃，保温 1.5h，淬火介质为油。炉温达到 850℃时滴少量煤油（40～60 滴/min），保护工件表面防止脱碳。采用该工艺在单独调试时基本上满足了零件的技术要求，但是在同时采用多台井式炉大批量生产时，出现了上述硬度不均匀的现象。通过认真分析零件特点及淬火方式，初步认为有以下几个原因：

① 淬火油存在一定程度的老化。
② 实际生产中操作工的个人技术水平参差不齐。
③ 各批次毛坯的含碳量以及表面脱碳状况的不同。
④ 连续大批量生产造成油温过热。

针对上述分析，我们制定了如下的工艺改进方案：即采用同样的设备，900℃保温 1h（停止供煤油）后随炉降温至 860℃，保温 30min，选择水作为淬火介质。对淬火后的零件进行了 100% 的探伤检验，无裂纹产生，对零件表面硬度进行各部位的检测，淬火后硬度 44～52HRC，无任何热处理缺陷。

此后又试生产了约 1000 件，探伤 10%，硬度检验 10%，全部符合技术要求。

选用不同淬火介质试验结果见表 5-115；金相检验结果见表 5-116。

表 5-115 选用不同淬火介质试验结果

序 号	淬油（HRC）		淬水（HRC）	
1	42	36	45	48
2	43	37	48	46
3	42	36	46	46
4	43	37	49	47
5	43	37	52	49

续表

序 号	淬油（HRC）		淬水（HRC）	
6	42	37	50	48
7	41	36	49	48
8	42	36	51	50
9	43	37	51	49
10	42	38	47	48

表 5-116 金相检验结果

序号	淬油（淬硬层深）/mm	淬水（淬硬层深）/mm
1	3.2～4.2	3.8～5.2
2	2.8～3.8	3.5～4.8
3	3.2～3.8	4.1～4.9
4	3.2～4.4	3.8～5.2
5	3.0～4.5	3.6～4.9
6	2.9～3.8	4.2～5.3
7	3.4～4.2	3.9～5.4

5.21.3 结论

① 试生产合格后，经技术部门进行工艺验证，在每批生产的零件中进行抽查，结果全部合格。确认此工艺有效。

② 新工艺和老工艺相比较，除了操作简单外，产品质量稳定。

③ 减少油淬所带来的油烟污染，减少了清洗油污这道工序，并且节能减排。

5.22 A31-25、A31-26 弹簧零件淬火

5.22.1 简介

长期以来，弹簧零件一直都是淬油处理。弹簧淬油存在两个问题：一是存在严重的安全隐患及环境污染，二是淬油因种种原因造成弹簧的质量不太好。其压簧工序，按照工艺标准锻压三次，达到长度标准，而实际锻压三次，都有 17%～20% 的弯曲变形，有时压一次弹簧就已经短于长度要求，造成大量的不合格品，需重新劈簧处理。这样不仅耗费大量的动能，而且返工后的弹簧会出现较深的脱碳层，达不到弹簧不允许超过 0.2% 的脱碳层的要求。通过两种弹簧淬水溶性介质（ZY-747）试验，制定合理的工艺，改变过去用油冷却的方法，以达到提高弹簧的弹性，提高一次生产合格率的目的。

因此，怎样处理好弹簧淬油问题成为一个很大的难题。为了攻克这一难关，通过理论分析、计算，并经过 7000 件弹簧的实际验证，收到了一定的成效。为取消淬火油、消除安全隐患、优化环境、提高弹簧质量及生产效率提供了可靠的依据。

5.22.2 试验方法

本试验选用弹簧的型号为：A31-25、A31-26，见图 5-226 所示。所用材料为 60Si2Mn，其技术要求：回火硬度≤2.85dB。

2007 年 4 月 26 日二班，笔者分别在 10#炉试验 6 件 A31-25 弹簧，1#炉试验 9 件，

A31-26弹簧

A31-25弹簧

图 5-226　零件简图

（810±10）℃淬火，介质浓度都是 6.8%，在介质内停留 7min，结果 10#炉淬裂 3 件，1#炉未淬裂。5 月 15 日二班又在 1#炉试验 A31-25 弹簧 27 件，A31-26 弹簧 12 件，（810±10）℃淬火，介质浓度都是 6.8%～7%，在介质内停留 7min，结果 A31-25 弹簧裂 14 件，A31-26 弹簧裂 7 件。5 月 16 日白班试验两种弹簧各一盘，（810±10）℃淬火，出炉预冷 30～60s，两种弹簧都没有淬上火；又进行了在介质内停留 0.5min 和 1min 的试验，淬火硬度可以达到要求，但仍有淬裂件。5 月 17 日白班考虑到增加介质浓度与其他零件需要的浓度冲突，并且辅料成本太高，又一次分析冷却曲线及计算冷却时间，最终制定了 820～830℃淬火，A31-25 弹簧在介质内停留 20s，A31-26 弹簧在介质内停留 11s 的工艺（用红外线测温仪测弹簧出介质的温度为 250～260℃，与计算的温度相符），结果两种弹簧都没有出现淬裂，而且淬火硬度非常均匀，都在 2.55～2.6dB（回火后在金相显微镜观看组织为托氏体＋少量的索氏体）。按照此工艺 A31-25 弹簧此批共生产 2245 件，A31-26 弹簧共生产 950 件，没有出现一件淬裂，且经过三次标准锻压，弹性非常好，不合格弯曲件 A31-25 弹簧 10 件，A31-26 弹簧 12 件（不排除卷簧和加热变形原因），没有一件因锻压弯曲的弹簧，热处理质量非常好。6 月 6 日白班，我们再次进行了弹簧试验生产，仍执行了 820～830℃淬火，A31-25 弹簧在介质内停留 20s，A31-26 弹簧在介质内停留 11s 的工艺。共处理 A31-25 弹簧 2000 件，A31-26 弹簧 2000 件，6 月 7 日白班结束。其间，A31-25 弹簧因时间继电器失灵淬裂 1 件，A31-26 弹簧因首班未按工艺执行淬裂 70 件。由于料盘原因造成压簧挑出弯曲件，其中 A31-25 弹簧 28 件，A31-26 弹簧 71 件。试验及调试生产的质量统计为：A31-25 弹簧废品率 0.42%、不合格率 0.89%，A31-26 弹簧废品率 2.61%、不合格率 2.41%。

综上所述，其工艺试验过程总结归纳见表 5-117。

表 5-117　工艺试验过程总结归纳

加热炉	钢型号	试验件数	淬火温度/℃	介质浓度	介质停留时间	淬裂件数
10#	A31-25	6 件	810±10	6.8%	7min	3 件
1#	A31-25	9 件	810±10			0
	A31-26	12 件	810±10			7 件
	A31-25	27 件	810±10	6.8%～7%	0.5～1min	14 件
	A31-26	一盘	810±10			有淬裂件（出炉预冷 30～60s）
	A31-25	一盘	810±10			
	A31-26	950 件	820～830		11s	0（出炉预冷 30～60s，自回火温度 250～260℃）
	A31-25	2245 件			20s	

5.22.3 理论分析

弹簧（60Si2Mn）淬水的临界直径 ϕ38mm，淬 32 号机油的临界直径 ϕ22mm，弹簧要想淬火不裂，淬火临界直径必须远离零件实际尺寸。A31-25 弹簧实际直径 ϕ20mm，A31-26 弹簧实际直径 ϕ14mm。淬水的临界直径虽然离实际直径很大，但是在马氏体转变时冷速太快，急速转变的组织应力非常大，远远超出了弹簧所能承受的表面张应力，结果会导致淬裂。淬油虽然临界直径离弹簧实际直径较近，但是在马氏体转变时冷速缓慢，组织应力小于弹簧所能承受的表面张应力，不会导致淬裂。因此，要想弹簧淬火不裂并保证淬火质量，一是想办法使淬火临界直径远离实际尺寸，二是马氏体转变时冷却速度要缓慢。考虑这两点因素，淬单一的水溶性介质要想弹簧不裂很困难。原因有两个：一是浓度配比要高，即使水溶性介质浓度达到 10%，其马氏体转变冷速还是很快，比淬油快一倍，而临界直径降到 ϕ25mm 左右（10%的介质 300℃ 冷速 65℃/s，32 号机油 300℃ 冷速 35℃/s），还是会造成弹簧淬裂，如果介质浓度过高，达到 20%左右，虽然弹簧可能不会造成淬裂，但其成本太高，且与后续其他零件生产的所需浓度不匹配；二是如果介质浓度很低，临界直径虽然远离零件实际尺寸，但是马氏体转变冷速太快，接近水，一样会造成弹簧淬裂。

考虑以上两种原因，选择了双液淬火（介质+空气），根据弹簧的连续冷却曲线（CCT 曲线），其 A_{r3} 线 770℃，M_s 点 250～300℃，冷却时控制好弹簧降到 M_s 点的时间，然后进行空冷实现马氏体的缓慢转变。通过计算，A31-25 弹簧从 820～830℃ 降到 M_s 点在浓度 6.8%～7%的介质中冷却需要 5～6s（7%浓度的介质从 830℃ 降到 250～300℃，其冷速平均 100℃/s），淬火筐下落过程需要 6s，在介质中蒸汽膜打破开始快冷的时间 8～9s，总时间在时间继电器上设定为 20s。A31-26 弹簧从 820～830℃ 降到 M_s 点在浓度 6.8%～7%的介质中冷却需要 5s，淬火筐下落过程需要 6s，因其直径小，热含量少，形不成蒸汽膜，进入介质就能快速冷却，因此其总时间在时间继电器上设定为 11s。根据计算设定的时间进行弹簧冷却，就能实现高温快冷，低温慢冷的要求。其最终热处理工艺曲线见图 5-227。

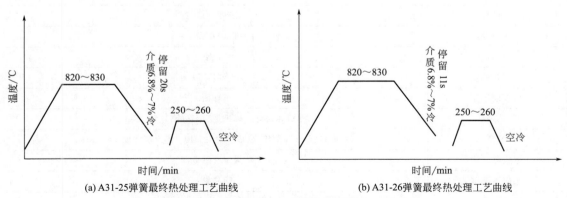

(a) A31-25弹簧最终热处理工艺曲线　　(b) A31-26弹簧最终热处理工艺曲线

图 5-227　A31-25、A31-26 弹簧最终热处理工艺曲线

5.22.4 结论

① 两种弹簧按此工艺生产不会淬裂（材料原因除外）。

② 选用不同的淬火介质对变形的影响很大。水在常温下的冷却能力很强，一般适用于对变形量要求不大的零件的淬火；而选用油作为淬火介质，则要求被淬火零件的淬透性要

高、壁厚差不大、形状复杂、工序长且复杂；选用水溶性介质则要求浓度配比要高，故其成本就高，且与后续其他零件生产的所需浓度不匹配；选择了双液淬火（介质+空气），既满足了零件在临界温度范围内冷速较快，又满足了在马氏点附近冷速要慢以减小淬火应力引起的变形和开裂。故认为采用双液淬火可以提高弹簧质量。

③ 淬火硬度均匀，基本在2.55～2.6dB，回火后经三次标准锻压，弹性非常好，没有出现因淬火问题造成的弯曲变形，整体合格率提高，返工数量大大减少。

④ 产出效能提高，节约大量的动能成本；避免了安全隐患，并使工作环境得以改善。

5.23 球头螺栓零件

5.23.1 球头螺栓零件技术要求

Fiat 80-90拖拉机上零件号为1.82.587.5120282的球头螺栓零件（结构见图5-228所示），属圆柱类零件，在感应加热淬火生产中要求其感应加热淬火淬硬层连续、无淬火裂纹的产生。其产品的技术要求见表5-118。

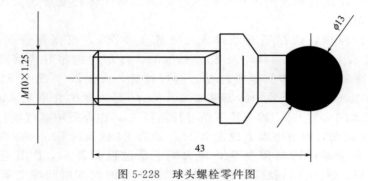

图5-228 球头螺栓零件图

表5-118 球头螺栓技术要求

零件名称	球头螺栓
零件号	1.82.587.5120282
产品型号	Fiat80-90
材料	45钢
预先热处理	调质
处理前工序	车球面
工艺路线	标机加、标热、标机加、标热（高）、装二装
技术要求	球面φ13mm高频淬火，硬度≥52HRC；淬火层深度1～2mm
感应器名称	球头螺栓感应器
感应器类型	圆柱类
零件加热区域关键尺寸/mm	直径φ13

5.23.2 球头螺栓零件感应淬火工艺

淬火采用的设备：机床为GP100，采用水作为淬火介质。球头螺栓采用高频淬火，所用感应器结构见图5-229所示，工艺数据见表5-119。

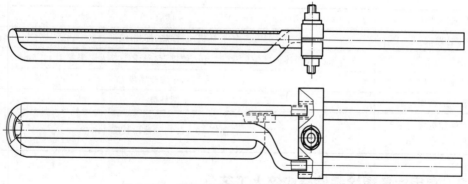

图 5-229 球头螺栓感应加热用高频感应器

表 5-119 球头螺栓感应加热工艺数据

零件名称			球头螺栓
零件号			1.82.587.5120282
零件放置方法			垂直
感应器名称			球头螺栓感应器
阳极空载电压/V			11000
阳极负载电压/V			10000
阳极电流/A			2.0～2.2
栅极电流/A			0.32～0.36
加热方式			同时
冷却		介质	水
		温度/℃	15～30
时间/s		加热	6
		间隙	≤1
		冷却	≥6

5.24 专用六角螺栓零件

5.24.1 专用六角螺栓零件技术要求

Fiat80-90 拖拉机上零件号为 1.67.220.5118107 的专用六角螺栓零件（结构见图 5-230 所示），属圆柱类零件，在感应加热淬火生产中要求其感应加热淬火淬硬层连续、无淬火裂纹的产生。其产品的技术要求见表 5-120。

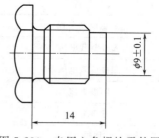

图 5-230 专用六角螺栓零件图

表 5-120 专用六角螺栓技术要求

零件名称	专用六角螺栓
零件号	1.67.220.5118107
产品型号	Fiat80-90
材料	40 钢

		续表
预先热处理		调质
工艺路线		标机加、标热、标热（高）
技术要求		高频淬火区（φ9±0.1）mm，硬度≥45HRC；淬火层深度1~1.5mm
感应器名称		专用六角螺栓感应器
感应器类型		圆柱类
零件加热区域关键尺寸/mm		直径φ9±0.1；加热段长度14

5.24.2 专用六角螺栓零件感应淬火工艺

淬火采用的设备：机床为GP100，采用水作为淬火介质。专用六角螺栓采用高频淬火，所用感应器结构见图5-231所示，工艺数据见表5-121。

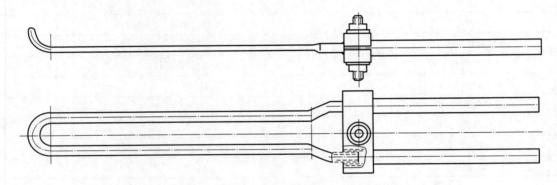

图5-231 专用六角螺栓高频淬火感应器结构

表5-121 专用六角螺栓感应加热工艺数据

零件名称		专用六角螺栓
零件号		1.67.220.5118107
零件放置方法		垂直
感应器名称		专用六角螺栓感应器
阳极空载电压/V		10000
阳极负载电压/V		9500
阳极电流/A		1.8~2.2
栅极电流/A		0.32~0.34
加热方式		同时
冷却	介质	水
	温度/℃	15~30
时间/s	加热	4~5
	间隙	≤1
	冷却	10~12

5.25 曲柄零件

5.25.1 曲柄零件技术要求

4125发动机上零件号为D24097B的曲柄零件（结构见图5-232所示），属端头和端面类零件，在感应加热淬火生产中要求其感应加热淬火淬硬层连续、无淬火裂纹的产生。其产品图的技术要求见表5-122。

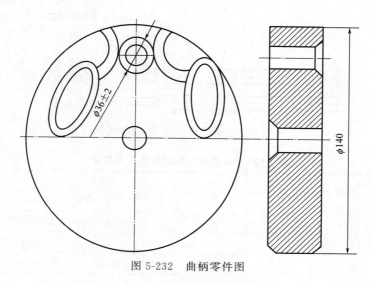

图5-232 曲柄零件图

表5-122 曲柄零件技术要求

零件名称	曲柄
零件号	D24097B
产品型号	4125
材料	45钢
预先热处理	正火156～217HB
处理前工序	铰孔
处理后工序	精镗孔
后量/mm	0.2
工艺路线	锻造、锻热、起加、发一热、起加、起装
技术要求	ϕ25.75mm至ϕ36mm±2mm范围内高频淬火，硬度≥48HRC；淬火层深度1.0～2.0mm
感应器名称	曲柄感应器
感应器类型	端头和端面类
零件加热区域关键尺寸/mm	直径ϕ36±2

5.25.2 曲柄零件感应淬火工艺

淬火采用的设备：机床为GP100，采用水作为淬火介质。曲柄零件采用高频淬火，所用感应器结构见图5-233所示，工艺数据见表5-123。

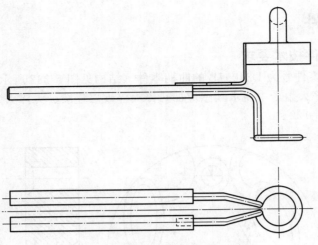

图 5-233　曲柄零件高频淬火用感应器

表 5-123　曲柄零件感应加热工艺数据

零件名称		曲柄
零件号		D24097B
处理部位及区域		$\phi 25.75$mm 至 $\phi 36$mm± 2mm 范围内高频淬火
零件放置方法		水平
感应器名称		曲柄感应器
阳极空载电压/kV		11.5～12.0
阳极负载电压/kV		11.0～11.5
阳极电流/A		1.5～2.4
栅极电流/A		0.28～0.45
加热方式		同时
冷却	介质	水
时间/s	加热	3.0
	冷却	3.0

5.26　纵向旋转加热整体淬火法

纵向旋转加热整体淬火法（single shot）是近年来感应淬火技术的最大突破，又称为横向磁场加热淬火法。日本人称为一发淬火法。它是由德国 Rcmschicd AEG-Elothcrm 公司的 G. W. Sculcn 博士在 1930 年末研制成功的。

纵向旋转加热采用的是纵向加热而非圆周加热，它利用两根或多根沿零件轴线布置的有效导体产生沿零件表面纵向（轴线方向）流动的感应电流进行加热。当零件旋转起来后，使其整体淬火表面得到加热，待达到淬火温度后，再对其整体表面进行喷射淬火或浸液淬火。纵向旋转加热采用环线型感应器，而不采用周向加热时所用的聚焦型感应器。这种感应器对具有阶梯、凸缘、切槽、圆角等零件和细长零件，例如半轴、驱动轮轴等是理想的感应加热装置。它代替了扫描或连续加热淬火，也取代了采用聚焦式感应器的静止加热。

连续感应加热淬火法即通常所说的移动淬火法，它是通过被加热零件与感应器之间的相对移动完成的。它适用于等径轴类零件的高频连续淬火，其感应器一般设计成单匝或多匝的圆环式。用单匝喷水式感应器加热淬火时，零件的变形小，由于其输出功率小（特别是用于小直径轴类淬火的感应器），故而生产效率低；多匝感应器虽能充分利用设备所提供的功率，但由于增大了零件在线圈的加热面积和加热深度，且需要增加环型喷水器，不易保证感应器与喷水器的同心度，因此，零件产生较大的淬火变形。

连续感应加热淬火工艺的优点是可用较小功率的电源设备处理比较长而大的工件，设备占地面积小，生产成本较低。长期以来，中频连续淬火多采用圆环型连续淬火感应器，工件中沿圆周方向产生感应电流。这种工艺本身具有一个难于克服的缺点，即凡工件轴向尺寸变化的部位（如阶梯轴），就出现不均匀的淬硬层，尤其是长阶梯轴 $[(D-d)/2=3\sim 5\mathrm{mm}]$，往往在阶梯处的淬硬层不连续，并且轴肩处很容易过热。这些因素往往限制了连续感应淬火的应用，有时为了强化阶梯处，不得不增加滚压或喷丸工序。采用纵向旋转加热整体淬火法，既解决了上述问题，又扩大了连续感应加热淬火的应用范围，并取得了良好的应用效果。它的最大优点是适用于处理直径相差较大的变截面零件，例如驱动轮轴、阶梯轴、球头销等零件。它能保证零件各段表面温度均匀、硬化层连续，因此提高了零件的强度，特别是疲劳强度。对于半轴类零件，该方法还有大幅度提高生产效率和降低能耗的优点。

用圆环感应器进行连续加热零件时，工件上的感应电流沿圆周方向流动，与感应器上中频电流的方向处处相反，由于"邻近效应"的产生，将会引起感应器上中频电流密度的变化，从而导致零件不同部位的感应电流有强有弱，造成加热温度不均而形成软带。

与圆环感应器加热情形不同，纵向感应器（亦称为矩形感应器）的预热部分电流建立的磁感应线与工件轴向垂直，因此工件轴向几何尺寸和形状的变化不致引起磁感应线偏移和感应器上电流密度不均匀，于是工件的相应部位被均匀地加热到居里点以上的温度。由于这部位已失去磁性，感应器后部分加热该部位时，也不引起磁感应线偏移和感应器上电流密度不均匀。另外，纵向连续加热时，工件上的每一处位于感应器中的时间较长，即加热时间比圆环连续淬火感应器的加热时间长，这也有助于均匀加热，这两个因素的结合，可消除工件轴向尺寸和形状变化的不利影响，实现均匀加热，淬硬层分布合理，由局部加热不足引起的软带和局部过热现象消失。

纵向连续加热时，由于是靠"邻近效应"引起的涡流加热工件，工件表面电流密度最大，向里层电流密度逐渐降低，这就克服了因频率低引起齿顶加热不足所造成的硬度偏低问题。

纵向加热原理接近于平面加热，是利用"邻近效应"加热的，而频率越高，"邻近效应"越强烈，从而提高了加热效率。基于上述原因，国外厂家在轿车曲轴轴颈（$\phi 50\mathrm{mm}$ 左右）感应淬火时，使用纵向加热淬火法，电流频率已选用 20k～30kHz。

纵向感应加热频率的选择，一般与聚焦型感应器加热遵循的原则相同：即零件愈小，频率愈高；或加热层愈深，频率愈低。但是，许多加热层较深的轴类零件要比应用连续淬火时使用的频率要高。其理由是：纵向加热淬火时轴的每个质点在整个加热过程的持续时间内都被加热，在连续淬火时，每个质点只有当通过感应器时才加热一个短时间。

值得注意的是，由于纵向连续淬火所用感应器的跨度大于圆环连续淬火感应器，因此，当轴件淬硬区要求达到端头时，应在轴端加一个奥氏体耐热钢套，以保证轴端的加热和淬火。阶梯轴淬火时，如必须从小直径段开始加热淬火，应另加一个辅助喷水圈，以消除喷射"死角"造成的末端淬火带或回火软带，且此时工件的移动速度要有所降低。对于直径较大的中碳钢件，纵向连续淬火时，工件必须强烈冷却，否则由于深层的热能较多，产生高温自回火，淬不硬。

综上所述，纵向感应加热淬火除有局部加热的优点外，还有如下几个优点：

① 纵向连续感应加热淬火适用于阶梯轴、凸缘、驱动轴等工件，淬火效果良好；

② 纵向连续感应加热淬火扩大了连续淬火的应用范围，能解决花键轴类零件键齿顶部硬度偏低、花键过渡段有软带及淬硬层不连续等问题；

③ 开或环线型感应器可使零件脱离感应器，置于水下或溢流喷水器中淬火；

④ 开或环线型感应器便于零件在加热和冷却操作中排成一行输送，从而便于自动上下料，易于实现准确定位；

⑤ 对发电机来说，纵向加热可提高其设备负荷率，因为只在很短的转位时间内电力是断开的，鉴于加热和淬火的操作是分开的，故加热和淬火能同时进行，这样使一定容量的设备得到高的生产率；

⑥ 纵向感应加热淬火过程的特点是轴类零件在整个加热和冷却时变形受到抑制，因而可取消淬火后的校直工序。

5.27 PC 钢筋热处理

预应力混凝土钢筋（prestressed concrete）用钢，简称为 PC 钢，其主要化学成分如下：0.47%C，1.60%Si，0.72%Mn，0.020%P，0.012%S，0.48%Cr。

高频感应加热热处理，与普通热处理相比，具有加热快速、时间短等特点。因而若用感应加热使材料奥氏体化，那么，即使加热温度高，晶粒长大也小且脱碳减少。将感应加热用于整体加热，淬火后回火，可以处理 PC 钢棒和弹簧丝等钢材。

由于 PC 钢棒通常处于拉应力的状态下，且用于混凝土构件中，因此要求 PC 钢棒在高强度（80～160kgf/mm^2）下，屈服比高（>90%）且具有优良的塑性及韧性。另外，对应力松弛、应力腐蚀和氢脆引起的延迟破坏现象，必须要有强的抵抗力。另一方面有关 PC 钢棒热处理，因两种加热方法（感应加热和炉中加热）的不同，金相组织、晶粒大小以及同一强度下的塑性和韧性也不同。以下就如下两种加热方法进行了探讨，即将 PC 钢棒（Si-Cr 系的低合金）进行感应加热淬火回火处理（以下简称 IQIT）以及一般炉中加热淬火回火（以下简称 FQFT）的热处理，以此制成两组试样，通过光学显微镜、SEM 及 EPMA 观察组织和测定硬度；同时用拉伸实验、扭转实验及冲击实验检测在各种强度下的塑性和韧性，以验证何种热处理方式是 PC 钢棒的最有效的热处理方法。

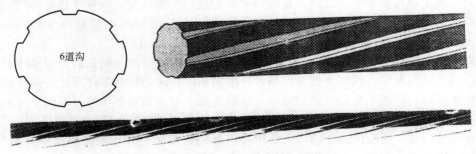

图 5-234 PC 钢筋 ULBON 形状

（1）实验方法

① 实验用的材料 实验用的材料的化学成分见上所述。将直径为 25mm 的上述材料的

热轧线材试样酸洗除锈，然后对直径为 ϕ23mm 的冷拔钢棒（图 5-234）进行 IQIT 和 FQFT 处理，并经机加工制成所需形状。

② 试样的热处理　感应加热热处理采用连续热处理生产线，将直的钢棒在感应加热器中移动，快速加热奥氏体化，喷射冷却水淬火。回火在淬火生产线的延长线上，采用的是感应加热回火。一般炉中加热淬火回火热处理，采用大型井式渗碳炉，将截成一定长度的试样在微还原性气氛中加热，在一定温度下保持一段时间后，浸入水槽，进行淬火和回火。其具体参数见表 5-124。

表 5-124　试样的热处理参数

试样	淬火加热温度/℃	淬火硬度(HRC)	回火温度/℃	加热速度/(℃/s)	淬火时间/s	回火时间/s	测温仪
IQIT	1020	35~55	300~750	50	50	43	辐射温度计
FQFT	920	35~55	250~600	1	7200	10800	CA 热电偶

③ 实验结果

a. 高频感应加热和一般炉子加热对 PC 钢回火特性的影响如下。

通过实验发现，IQIT 和 FQFT 两种加热方法，其硬度都随回火温度的上升呈直线下降。若在相同温度下比较，为了得到相同的硬度，IQIT 回火温度比 FQFT 回火温度高出 100~130℃。这一差别，可以弥补加热时间短所造成的不足。通常的回火参数 $M=(\log t+c)$（c 为温度）也适用于 IQIT 那样的快速、短时加热回火，即对于硬度来说，温度和时间仍有互换性。

b. 另外，用 X 射线分析法测得的 IQIT 和 FQFT 试样的残奥量（r_R）分别为 4.3% 和 3%，且随回火温度上升而逐渐减少，但对于同一回火温度，IQIT 试样比 FQFT 的残奥量要高。在 400℃ 回火温度下，FQFT 中 r_R 量<1%；而 IQIT 为 2.7%。回火温度低于 600℃，r_R 量则不会减少到 1% 以下。这种回火过程因加热方法不同而产生的 r_R 量的差异，也是 IQIT 回火的特性之一。

(2) 热处理方法与力学性能的关系　为比较因加热方法不同的 IQIT 和 FQFT 试样的力学性能，把在各种机械试验中得到的强度、塑性（由拉伸试验得到的 A、Z 及扭转实验得到的 ε_t）及韧性[指的是由扭转试验和摆锤冲击试验得到的 E_{ab}（冲击能量）]与硬度（σ_B、σ_S 及 Γ_B/σ_B 的比值）的关系进行了归纳。具体如下。

① σ_B、σ_S 和 Γ_B 均随硬度的上升而增大（IQIT 和 FQFT 差别不大）。此外，即使载荷应力形态不同，Γ_B/σ_B 几乎在 0.6~0.7 范围内变化，故各种强度变化趋势的差别很小。

② 在任一硬度下，IQIT 试样的塑性值（A、Z 及 ε_t）和硬度值都比 FQFT 试样要高。采用 FQFT 使塑性值提高如下：A 为 10%，Z 及 ε_t 均为 30%，个别高达 70%。若试样硬度为 35HRC 时，则摆锤冲击试验韧性约提高 40%，扭转试验约为 50%。

因此，IQIT 试样与 FQFT 试样相比，由于 IQIT 试样的晶粒细小，因此具有优良的强度与韧性。再者，高温回火后，IQIT 试样中含有较多的 Γ_R（残余奥氏体），而 Γ_R 相可提高钢的塑性和韧性。此外，在相同硬度下回火，因 IQIT 为快速、短时加热，故比 FQFT 的回火温度高。

由以上分析可以看出，IQIT 处理后的试样与 FQFT 试样相比，具有优良的力学性能。因此 IQIT 淬火可作为一种改善 PC 钢棒强韧性的有效热处理法。

5.28 拖拉机减磨板零件的淬火夹具的改进

5.28.1 概述

拖拉机上的减磨板零件，零件号为 T80.32.1.1-6，所用材料 50Mn，零件简图见图 5-235 所示。减磨板因壁薄，淬硬层深较深（技术要求为 3~5mm），按原工装淬火，变形大，一压就断，通过工艺调整和工装夹具的改进，有效地控制减磨板的变形及淬火裂纹，达到批量生产时质量稳定的预期效果。

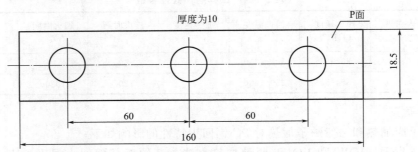

图 5-235 减磨板零件结构简图

减磨板的厚度为 10mm，图纸技术要求为：淬硬层深 3~5mm，硬度 50~55HRC，平面度≤0.40mm。

该零件在 160mm 长的板上有三个均匀的孔。原生产工艺采用中频淬火，电源为 KGPS160kW/8kHz，机床 GCK10135，匝比 10:1，电容 6 个，空载电压 550V，功率 50kW，加热方式为连续加热，光面处 F（移动速度）为 350，空处 F 为 600，冷却延时 15s，淬火介质 AQ251，淬火液浓度 7%~10%，所用感应器为专用方形感应器，内径为 ϕ50mm（见图 5-236）。将零件固定在铜棒上，零件在数控机床上用 F 为 400 [F 为编程语言，零件的移动速度 V 与数控机床编程时 F 值与零件移动速度、感应器间隙大小、加热功率等有关，关系为：$V = F \times 5/6 \div 60$ (mm/s)]，即零件移动速度 $V = F \times 5/6 \div 60 = 5.56$ (mm/s) 的移动速度边加热边移动喷水。生产出的零件，虽然表面硬度合格，但经切检硬化层深达到 8mm 之多，几乎将零件淬透，而且不经校直打表，目视就可以看到零件变形太大，上校直机，一压就断。我们欲通过工艺调整和工装夹具的改进，有效地控制减磨板的变形及淬火裂纹，满足产品的技术要求。零件淬火所用感应器见图 5-236 所示。

图 5-236 减磨板淬火用感应器

5.28.2 工艺试验

(1) 原夹具设计及试验　在工艺试验过程中，我们认为零件的定位是解决问题的关键所在。为解决定位，我们设计了如图5-237所示的淬火夹具，即用一根铜棒，铜棒的两端钻有中心孔，淬火时将减模板固定在铜棒上，用F为400的移动速度边加热边移动边喷液。但在实际的试验中不甚理想。原因是零件整体裸露在感应器中，经淬火后硬度虽达到工艺要求（54～56HRC），但零件变形较大，几乎将零件淬透，部分零件淬硬层甚至达到10mm，一压就断。为了减小变形、控制层深，只有从工艺参数和电参数着手（见表5-125）。但通过对5组零件的调试，无论是减匝比、减电容、增大频率或是提高移动速度，其结果均失败，所以采用原工艺生产，无法满足图纸的技术要求。

图 5-237　减磨板原工装图

表 5-125　原工艺参数

序号	功率/kW	电压/kV	电流/A	匝比	电容	零件移动速度F	硬度(HRC)	变形量/mm	层深/mm	频率/Hz
1	48	470	80	10:1	8	400	50～52	100	8.7	5000
2	50	490	85	10:1	7	430	53～54	85	8.1	5300
3	52	500	90	8:1	6	450	53～55	80	7.9	5700
4	52	500	90	7:1	5	500	53～55	80	7.5	6000
5	54	510	95	6:1	4	600	54～55	70	7	6500

从表中可以看出减少电容、增大频率、加快移动速度，淬硬层和变形量都在减小，但为了确保零件硬度，功率必须增大，但随着功率的增大，中心孔处的热应力集中。淬火后，经磁力探伤发现有裂纹，所以采用以上工艺生产的5组零件均不合格。

(2) 改进后的工装试验　考虑到零件结构的特殊性，为了保证淬硬层深和变形量的减小，只有从工装上想办法。由于过去生产15.38.104（即半轴）时，在ϕ55mm轴颈处有一键槽，为了防止在淬火时此处应力集中产生裂纹，每件在淬火前都用铜键将键槽堵上，等零件冷却后再将铜键取出，在热处理书中应该叫"屏蔽"。所以在与技术人员协商同意后，将原用的铜棒根据减模板的尺寸在铜棒的四周铣出四个凹槽（见图5-238所示），淬火后零件合格率达98%，并从中优选出第四组作为现在的生产工艺，见表5-126。

表 5-126　现工艺参数

序号	功率/kW	电压/kV	电流/A	匝比	电容	零件移动速度F	硬度(HRC)	变形量/mm	层深/mm	频率/Hz
1	48	470	80	10:1	8	400	51～52	0.90	5.1	5000
2	50	490	85	10:1	7	430	53～54	0.87	4.8	5300
3	52	500	90	8:1	6	450	53～54	0.75	3.9	5700
4	54	500	90	6:1	5	520	54～55	0.65	3.6	6000
5	55	510	90	6:1	4	600	53～55	0.62	3.0	6500

图 5-238 减磨板工装改进图

表 5-126 中的 5 组参数，通过分析对比及金相检验，第四组参数的组织、硬度完全达到图纸的技术要求。

5.28.3 工艺试验数据结果分析

① 由于减磨板零件壁薄且在淬火时棱角和薄边部分冷却迅速，外表面比内表面冷却快，由此引起的热处理应力和淬硬层分布不均匀，致使该零件有较大的淬火变形。

② 面对如此薄的零件要想达到理想的层深和变形量，只有提高功率，加快移动速度，但由于减磨板上每隔 60mm 就有一个孔，功率太高，又怕应力集中，导致中心孔处产生裂纹。针对这种情况，将原用的铜棒根据减磨板的形状，在铜棒的四周，铣出四个凹槽，使零件的 1/2 埋于铜棒中，免于将整个零件裸露在感应器中。通过试验，零件的层深只达到 4.3mm，变形量及硬度均达到工艺要求，为车间挽回了损失，又提高了生产效率。

5.28.4 结论

① 采用新工艺及改进中频淬火用夹具，有效控制了减磨板的变形，其淬火质量满足技术要求。

② 利用现有设备，取得了较满意的结果，在提高设备利用率的同时，也节约了设备投资。由于过去使用的铜棒每次只能淬 2 件零件，改进后的铜棒因加厚加宽，四周都有凹槽，一次能淬 4 件零件，提高了生产效率，节约了动能。

③ 提高了产品质量。采用原工艺生产的零件 60%～70% 变形，经校直后 20%～30% 发生校断，而用新工艺生产的零件不但保证了表面硬度达到技术要求，同时解决了变形、校断的问题，增加了零件的耐用性。

5.29 导磁体在环缺面零件高频加热淬火中的应用

5.29.1 感应加热简介

感应加热是利用电磁感应的方法使被加热材料（即工件）的内部产生电流即涡流，依靠这些涡流的能量达到加热的目的。感应加热系统的基本组成包括感应圈、交流电源和工件。根据不同加热对象，可以把感应圈制作成不同的形状。感应圈和电源相连，电源为感应圈提供交变电流，流过感应圈的交变电流产生一个通过工件的交变磁场，该磁场使工件产生涡流来加热。如果热传导的时间足够长，也可以使工件整体均匀加热。所以，电磁感应可用于钢铁的表面加热、透热等。在这些应用中精心地设计感应圈及选择电源功率和频率可严格控制工件的加热速度和温度分布。

感应加热的优点：加热速度快，用电磁感应加热时，温度上升的速度远比用燃油或煤气加热的速度快；氧化损耗少，快速加热能有效地降低材料损耗；启动快，在工业加热炉中，有很多耐火材料，加热启动时要吸收热量，即装置的热惯性大，感应加热不存在这类问题，因而启动快。本节简要介绍了导磁体的作用及其在环缺零件高频加热中的应用。

5.29.2 导磁体的定义及作用

导磁体亦称磁场集中器或铁芯，是由磁性材料制成的叠片或块状元件。根据感应加热设备频率的不同，可相应分为中频导磁体和高频导磁体两类。导磁体的作用如下：提高线圈效率，充分利用加至工件上的加热功率；提高线圈功率因数；防止对工件上不需处理的部位进行加热；精确控制磁场从而达到要求的加热模式；提高高频供电线路的效率；屏蔽靠近线圈的外部磁场。

5.29.3 导磁体在环缺面零件上高频淬火应用

零件号：LA3004.38.107/108。零件名称：差速器左右轴承座。材料：HT250。

高频淬火技术要求：两环缺平面感应淬火，硬度≥40HRC；淬硬层深≥1mm。见图 5-239 所示。

(1) 工艺调试与分析　设备：GP100；阳压：10kV；阳流：6～7A；栅流 1～1.2A；感应器：专用发夹式平面感应器；加热方式：同时加热；加热过程：加热 20s，停顿 2s，加热 20s，停顿 2s，加热 20s，停顿 2s，加热 20s，停顿 2s，再加热 30s，随后冷却，冷却延时 40s；冷却介质：水；左右两个淬火面，淬完一面后，反装感应器，淬另一面。但是发现加热后，目测颜色暗红，淬火后用里氏硬度计检测硬度 20HRC。

图 5-239　差速器左右轴承座零件图

分析：该种平面感应器为发夹式线圈，线圈导体并行，电流方向相反，由于"邻近效应"的作用，电流分布在导体的相对面，载流部分与平面的间隙较大，电效率很低，从而使零件加热达不到预想温度，所以必须加上导磁体。当加置槽口导磁体后，使电流分布转过 90°，挤向邻近加热平面的一侧，间隙减小；同时由于磁阻的减小，电效率明显提高。

(2) 感应器加导磁体效果及验证　感应器加导磁体如图 5-240 所示。

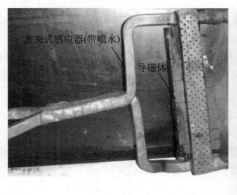 

图 5-240　差速器左右轴承座零件工艺淬火用感应器（加导磁体）

工艺参数仍为阳压：10kV；阳栅流：6～7A/1～1.2A；加热方式：同时加热；加热过程：加热 20s，停顿 2s，加热 20s，停顿 2s，加热 20s，停顿 2s，加热 20s，停顿 2s，再加热 30s，随后冷却，冷却延时 40s；冷却介质：水。淬火后表面检测洛氏硬度为：45HRC、46HRC、45HRC；淬硬层深如图 5-241 所示为 3.0mm。

图 5-241　金相组织

5.29.4　结论

环缺平面零件高频淬火，通过感应器加导磁体才能实现零件技术要求；经验表明，用发夹式感应器加热平面时，导磁体是必不可少的，否则加热十分困难，特别是奥氏体化温度以上的加热。

5.30　一种导轨的超音频淬火工艺

5.30.1　概述

机床导轨是机床得以运动自如的重要部分，机床的不断运动决定了机床导轨要有足够的硬度，不会轻易损坏。所以，机床导轨淬火是必然的，导轨通过淬火来提高自身的硬度，从而保证机床的正常运作。

感应加热表面淬火的应用：与普通加热淬火比较具有加热速度极快、可扩大马氏体转变温度范围、缩短转变时间的优点。淬火后工件表层可得到极细的隐晶马氏体，硬度稍高，脆性较低且有较高的疲劳强度。经该工艺处理的工件不易氧化脱碳，甚至有些工件处理后可直接装配使用。感应加热淬火淬硬层深，易于控制操作，易于实现机械化，自动化。

机床导轨的超音频淬火采用德国原装西门子 IGBT 功率模块；采用富士整流模块；采用环氧树脂浇注功率输出变压器。24h 连续工作。依电磁效应原理，工件放到感应器内，使处于交变磁场中的金属材料即工件内部迅速感应出很大涡流，产生交变磁场在工件中产生出同频率的感应电流。这种感应电流在工件的分布是不均匀的，在表面强，而在内部很弱，到心部接近于零。利用集肤效应原理，可使工件表面迅速加热，在几秒钟内表面温度上升，而心部温度升高很小，其淬火硬度符合要求，导轨淬火不能变形。

导轨淬火用的感应器要求做工精细，若导轨面过宽，感应器做成单边淬火，若导轨面窄，可双边一次淬火，加热速度要快。

超音频淬火具有如下突出特点：高频淬层太浅，中频淬层太深易变形。我公司超音频设备正适合导轨淬火，并且淬层适中、速度快、双导轨一次淬成。感应器用软连接结构，间隙易调，导轮定位，避免打火。控制柜与变压器柜分置安装，操作方便，移动灵活。同时适用于各种机床齿轮、顶尖等机床附件的淬火处理。

本节以安阳机床厂机床导轨为研究对象，对安阳机床厂机床导轨进行超音频淬火，通过对淬火方式全过程的阐述和对淬火工艺参数的确定，说明了感应器移动式淬火方式的适用性和对灰铸铁导轨淬火时应注意的问题，其工艺技术具有独创性。

5.30.2 机床铸铁导轨的技术要求

材料为 HT250，要求淬火的导轨截面为如图 5-242 所示。

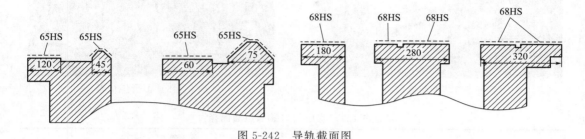

图 5-242 导轨截面图

（1）淬火前技术要求　淬火前应使导轨面的表面粗糙度达到 $Ra \leqslant 3.2\mu m$；尖角处都必须倒 $2\times45°$ 斜角；导轨面硬度，硬度值 $\geqslant 180HBW$；灰铸铁导轨件 $W \leqslant 0.15\%$，化合碳含量应在 $0.6\% \sim 0.8\%$ 之间。

（2）淬火后技术要求　导轨面淬火后经磨削，表面硬度 $\geqslant 68HS$（肖氏硬度），且无烧伤、软带、裂纹等热处理缺陷；如导轨面有个别砂眼、气孔等铸造缺陷，根据设计意见淬后特殊处理。

5.30.3 淬火方式

（1）淬火设备　超音频电源选用 380V、三相、50Hz，输出功率 80kW，输出频率 50～50kHz，输入容量 180kV·A 的移动式淬火机床。淬火机床如图 5-243 所示。

（2）淬火操作　淬火前必须调整机床导轨与变压器，要求感应器与山形导轨和平面导轨同时达到平行，以免因调整不到位而出现爬行现象，从而引起过热、过烧甚至烧化造成废品。

支架感应器与床身山形面和平面吻合恰当，否则支架感应器在床身上滑动时，会左右偏移，致使感应器与淬火面的间隙发生变化甚至烧坏导轨面。

图 5-243 超音频淬火机床

（3）感应器的设计

① 平面感应器的设计　平面感应器使用 $10mm\times10mm$ 方纯铜管制作，要求管壁厚为 1.5mm。感应器的有效长度应比淬火面的宽度长 20～30mm。以淬火面宽度 180mm 为例，感应器如图 5-244 所示。感应器自带喷水孔。淬火变压器可固定在设备旁边，并用支撑架托稳。驱动小车用交流调速电机驱动。控制电箱可对小车速度、喷水、超音频电源功率等参数进行控制。

② 山形感应器的设计　山形导轨淬火时，由于热传导和感应加热的环形效应，山形根部的温度比顶部高，因此感应器在设计时其角度应比导轨面的角度小（如图 5-245 所示）。

在进行超音频淬火时，都要使用导磁体，主要用来强化磁场，减少漏磁，提高加热速度；另外，还可通过调整放置的疏密程度使加热温度均匀。

（4）淬火参数测定　对不同类型的导轨面选用不同的淬火参数。表5-127规定了感应器与被加热面的间隙，表5-128规定了超音频电源参数。

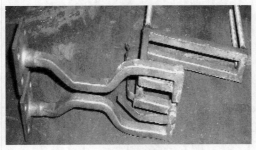

图5-244　平面感应器

图5-245　山形感应器

表5-127　感应器与被加热面间隙

位置		间隙范围/mm
平面		2~2.5
山形	顶部	3~3.5
	根部	2~2.5

表5-128　超音频电源参数

导轨类型	超音频电压/kV	槽极电流/A	栅极电流/A	小车速度/(s/mm)	温度/℃
平面	10	5.7	1.15	15	850
山形	10.5	6	1.2	18	870

对编号为05-2的床身进行超音频淬火（试淬），磨削后测得硬度值如表5-129所示。

表5-129　淬火磨削后硬度值（HS）

位置	1	2	3	4	5	6	7	8	9	10
平面	74	75	70	68	69	72	72	68	70	68
山形	67	69	70	68	68	71	69	70	67	72

依照表5-127、表5-128的参数对床身进行批量淬火，经磨削后抽样检测的结果，如表5-130所示。

表5-130　床身淬火后检测结果

项目		集体编号	05-4	05-9	05-17	05-29	05-36
原始状态		集体硬度(HBW)	176	180	160	223	192
		缺陷	无	无	有疏松	无	无
淬火后硬度(HS)	平面	左段	68	70	65	72	67
		中段	70	65	64	74	72
		右段	72	67	62	72	68
	山形	左段	69	73	60	78	70
		中段	72	70	63	77	73
		右段	71	68	68	68	69

表 5-130 表明，除 05-17 号床身因基体硬度偏低，导轨面存在疏松，淬火磨削后未能达到设计要求外，其余均达到了要求。

5.30.4 结论

① 本书主要阐述了利用现有设备调试生产机床导轨的淬火方式以及工艺参数的确定，取得了较满意的结果。此种淬火方法具有广泛的实用价值。

② 超音频淬火设备是一种可使金属材料升温直到熔化的电感应加热设备，也可穿透非金属材料，对金属材料局部或者全部迅速加热。老式高频感应加热炉，高电压的获得是靠升压变压器对交流 380V 直接升压，其安全性差，体积庞大，且耗电量大，维修费用高；传统的煤炭烘炉加热，箱式电炉加热，氧乙炔加热等设备，进行焊接和热处理时，不仅污染环境、浪费能源，而且速率慢、效率低。超音频淬火解决了上述不足，在我公司属独创。

5.31 拖拉机制动器压盘表面强化技术

5.31.1 概述

（1）项目来源　制动性能是拖拉机非常重要的安全指标，制动性能不合格是拖拉机的重大质量问题。常见的现象有制动距离超差和制动跑偏，个别拖拉机在坡道上不能驻车、失控溜坡。制动性能达不到要求可能危及驾驶员与第三者的生命安全。

为解决拖拉机的制动性能长期以来存在的关键问题，必须对其主要零部件进行基础研究。而大中型轮式拖拉机一般都采用盘式制动器。盘式制动器中的一种重要零件——制动器压盘，其加工质量（压盘的平面度、球槽或锥槽的深度、位置度、表面强化等）直接影响拖拉机的制动性能。

中轮拖的制动器压盘技术要求是：六个锥窝对基准面的位置度 0.10mm，锥窝表面淬火。实际生产过程中，锥窝机加后，锥窝对基准面的位置度大部分都在 0.05～0.10mm 之间；锥窝表面淬火后，锥窝对基准面的位置度大部分在 0.15～0.30mm，锥窝表面淬火使位置度的变化达到 0.10～0.20mm，其质量数据相当离散。

1604 制动器压盘（见图 5-246 所示）产品热处理要求为：六锥窝表面淬火，硬度 45～50HRC，淬硬层深度不小于 1.5mm，六锥窝相对基准位置度 ϕ0.10mm。工艺部对制动器压盘（LA1604.43.101）完成了激光表面淬火工艺试验，从结果来看硬度要求可以满足；淬硬层深度不一致且较浅，锥窝中线达到 1.2mm，边缘位置较浅只有 0.2～0.6mm，淬硬层深不符合技术要求；零件淬火变形较小，变形量在 0.08mm 以内。

图 5-246　1604 制动器压盘

3004 制动器压盘产品要求热处理为：铸件硬度 170～230HB，Sϕ20mm 锥窝表面淬火，硬度 45～50HRC，淬硬层深度不小于 1.5mm。加工实验时，感应淬火加热升温不均，锥窝局部存在淬裂现象；原来其表面淬火工艺是人工火焰加热淬火，零件淬火层深及变形无法控制，后来改用表面高频感应热处理。

制动器压盘的材料是球墨铸铁，其基本制造过程是：铸造—热处理—机加工—锥窝表面淬火。国内目前一般采用车（铣、磨）加工压盘平面，普通铣床、专用铣床以及数控铣床（或加工中心）等加工压盘球槽（或锥槽）。有资料显示，其压盘球槽产品图的位置度要求一般为 $\phi0.10\sim0.20$mm。我公司制动器压盘的产品技术要求因参照菲亚特的技术要求，压盘球槽（或锥槽）的位置度要求为 $\phi0.05\sim0.10$mm，精度要求高于国内一般水平。

虽然我公司制动器压盘的产品技术指标处于国内先进水平，但目前三装厂、四装厂生产的制动器压盘，项次合格率还很低（合格率不足 30%），很大比例的零件均处于超差放宽状态（目前还未因此发生大的质量事故，但一直是一个重大的安全质量隐患，同时在装车过程中增加了调整装配难度，也造成了一定的返工现象）。

国外发达国家工业基础好于国内，但很重视工艺技术的保密。其对制造工艺技术的保密程度远甚于产品技术，暂时未收集到国外制动器压盘相关的制造工艺技术资料。

我们曾拆卸某公司传动系的制动器压盘，据硬度检测与外观情况看，似热后加工。笔者拟从机械加工及材料内部组织入手，研究其零件制造过程变形的原因，制定减少变形的方法，制定质量控制措施，使变形达到适可的范围，以打造我公司的核心竞争力，使我公司保持行业领先地位。

（2）研究目的 公司目前年产大中型轮式拖拉机约 7 万台，制动器压盘约需十四万件。为提高产品质量，保证整机的制动性能，保持公司产品的性能与品质优势，提升公司产品的市场竞争力，极有必要对制动器压盘的制造质量［平面度、球槽（或锥槽）位置度、表面强化等］进行攻关。本项目运用精密加工的思维方法，从微观组织入手，详细分析制造过程零件内应力的变化，从制造全过程（铸造＋热处理＋机加工＋表面淬火）研究零件的变形问题。精密热处理包含：形状尺寸精密、组织性能精密。就制动器压盘而言，铸造后的组织影响其后序的热处理效果，热处理效果影响了机加工的精度及难易程度，锥窝表面淬火产生的变形既有表面淬火本身造成的，也有前期组织及机加工影响的变形。因生产过程的各个工序质量控制不精密，造成质量数据分散、产品质量不稳定。

本项目通过对制动器压盘组织与变形的分析，运用精细化热处理的思想，采用先进表面强化技术减少热处理变形，从而实现组织性能精密、形状尺寸精密，提高拖拉机制动器压盘精度。项目实施后要使压盘球槽（或锥槽）的表面硬度、淬硬层深符合技术要求，球槽（或锥槽）感应淬火位置度变化量在 0.08mm 以内，优于激光表面淬火质量，减少质量参数离散度，最终使压盘的综合项次合格率达 90% 以上。

（3）成果特点及水平 本感应热处理装置和工艺，有效解决了大中轮拖制动器压盘感应淬火质量不合格的问题。对制动器压盘组织与变形进行了周密的分析，通过对感应加热功率、加热时间和冷却时间的精密控制，使压盘球槽（或锥槽）的表面硬度、淬硬层深度和位置度均符合技术要求，大幅提高了零件的质量和合格率，降低了拖拉机在使用过程中的安全隐患。根据对目前国内同行业企业的调研情况，该套感应热处理装置和工艺处于国内领先水平。

5.31.2 项目工艺技术路线及大中轮制动器压盘现状

（1）工艺技术路线 本项目的工艺技术路线流程见图 5-247 所示。

（2）大中轮制动器压盘现状 拖拉机是我国拥有量最大、使用面积最广的农业机械，大中型拖拉机在拖拉机中的运用占据重要地位。我国已开展拖拉机国家强制性产品认证工作，产品的主要安全指标及性能（安全防护、噪声、制动、故障数量等）必须符合国家相关强制标准要求。其产品质量在一定程度上代表着一个国家拖拉机制造业的产品设计、工艺制造等方面的技术水平。

大中型拖拉机是一拖的主导产品，大中型轮式拖拉机一般都采用盘式制动器。

① 中轮拖制动器压盘现状

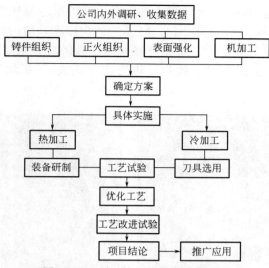

图 5-247 项目的工艺技术路线流程

a. 中轮拖制动器压盘技术要求（见表 5-131）及产品图（如图 5-248 所示）。

表 5-131 中轮拖的制动器压盘技术要求

零件号	零件名称	材料	正火硬度 （HB）	窝型处 淬火后硬度 （HRC）	层深/mm	6 个圆锥窝的 位置度要求/mm
E300.43.103	左制动器压盘	QT500-7	197～269	45～50	1.5～4	0.1 （超差放宽到 0.25）
E300.43.104	右制动器压盘					
M300D.43.102A	左制动器压盘					
M300D.43.108A	右制动器压盘					
M300D.43.102	左制动器压盘					
M300D.43.108	右制动器压盘					
ME700.43.103	左制动器压盘					
ME700.43.104	右制动器压盘					
LA2004.43.101	制动器压盘					

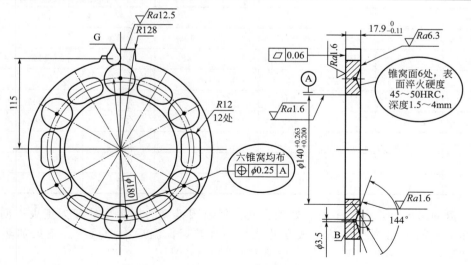

图 5-248 E300.43.103 左制动器压盘

b. 中轮拖制动器压盘的制造过程。目前我公司生产的中轮拖压盘有三个系列六个品种，M系列2种，E系列2种，MG系列2种。M系列的出国车和国内车的球形滴窝锥度不同，出国车的是136°，国内车的是144°。中轮拖制动器压盘的材料是球墨铸铁QT500-7，其结构见图5-249。其基本制造过程是：铸造—热处理（正火）—机加工—锥窝表面淬火—机加工。

图5-249 中轮拖压盘结构

c. 铸造毛坯质量状况。压盘的铸造毛坯基本上有三家外协厂供应。毛坯质量成为2011年度用户关注突出的质量问题，其中小康盼压盘毛坯退回3640件，占退回毛坯总数量的37%，主要是气孔、砂眼及环形槽的拔模角大等质量问题。在磨床和锪锥窝、送热处理后，零件出现较多的表面烧熔的小坑现象，烧伤零件最严重时，出现每批次热处理后有40%～50%的零件锥窝表面有烧伤和烧熔小坑等缺陷。2012年我公司某车间1～8月份左右制动器压盘退回厂家情况见表5-132。经过近两年来的改进，目前毛坯的缺陷大多是气孔，废品率较低。

表5-132 2012年某车间1～8月份左右制动器压盘退回厂家情况

零件名称	E300.43.103/104 左右制动器压盘				M300D.43.102/108A 左右制动器压盘			
月份	5、10序退回/件数	25序退回/件数	35、40序退回/件数	小计/件数	5序退回/件数	10序退回/件数	35、40序退回/件数	小计/件数
1月份	—	—	237	237	—	—	37	37
2月份	113	88	37	238	166	132	228	526
3月份	116	—	107	223	48	422	119	589
4月份	—	—	122	122	—	—	34	34
5月份	—	—	54	54	—	19	158	177
6月份	—	—	179	179	—	30	59	89
7月份	7	—	—	7	—	85	—	85
8月份	65	—	—	65	—	—	45	45
合计	301	88	736	1125	214	722	646	1582

d. 压盘的正火。正火工序由热处理实施。目前圆锥窝的压盘预处理为正火＋回火，压盘采用在零件架上错开叠放的方式在井式炉中加热，保温后出炉风冷。正火加热温度为890～910℃，560～580℃回火，正火后硬度为200～220HB。

e. 压盘的机加工质量。

现行的机加工艺流程如下：毛坯正火—车端面、镗孔—车另一端面，车外圆—铣半圆槽，去毛刺—刀检 6 个环形槽—磨平面—精镗内孔、钻中心孔，粗/精加工圆锥窝—去毛刺—检验—圆锥窝处表面淬火—清洗—检验。

粗加工时以外圆、端面为基准；在立式加工中心上精镗内孔 $\phi 140^{+0.263}_{+0.20}$ mm，后以内孔 $\phi 140^{+0.263}_{+0.20}$ mm 为精基准，自定位找正后夹紧，粗、精铰 $6 \times \phi 18$ mm 锥窝，该工序工艺基准与设计基准重合，减少了基准转换误差，所用工具见图 5-250～图 5-254 所示。

图 5-250　中轮拖手动螺钉压板式夹具

图 5-251　粗铣用 144°非标锥刀片式铣刀　　图 5-252　精铰用 144°非标焊接式锥钻

图 5-253　圆锥窝位置度测量　　图 5-254　平面度测量

项目组收集了 E、小康盼、ME700 系列 3 个月的检测数据，汇总结果见表 5-133。内孔孔径及锥窝深度尺寸较好，接近中值；锥窝的位置度热前可达到 0.01～0.06mm，热后尺寸较离散，E 系列可达到 0.06～0.22mm，个别达到 0.34mm；锥窝面热后平面度抽检了 4 件成品为 0.04～0.07mm。锥窝热后位置度折线图见图 5-255、图 5-256 所示。

表 5-133　M300D.43.108A 检测数据　　　　　　　　单位：mm

时间	对中心	中心距槽口中心高度	锥窝位置度	平面度
2013.11.7	±0.2	101.5±0.15	0.1	0.04
		101.38	0.25	—
		101.65	0.08	—
		101.82	0.11	—
		101.28	0.16	—
2013.11.8	0.04	—	—	—
		—	0.15	—
		—	0.07	—
2013.12.5		—	0.11	—
		—	0.08	—
2013.12.8	0.17	101.15	—	—
	0.14	101.49	—	—
2013.12.11	0.11	101	—	—
2013.12.16	—	—	0.08	—
	—	—	0.1	—
	—	—	0.13	—
2013.12.18	0.07	101.18	—	—
2014.1.2	0.02	101.02	—	—
	0.02	101.52	—	—
2014.1.7	0.09	101.54	—	—
2014.1.15	—	—	0.06~0.12	—
	—	—	0.04~0.1	—
	—	—	0.04~0.07	—
2014.2.11	0.14	101.72	—	—
	0.08	101.81	—	—
2014.2.17	0.19	101.44	0.1	0.07
	—	—	0.1	0.03
	—	—	0.1	0.04
	—	—	0.11	0.07

总项次合格率：50%；锥窝项次合格率：40%

　　f. 压盘的表面感应处理。锥窝的表面淬火工序由热处理厂完成。锥窝经过表面感应淬火后，发生翘曲变形，压盘平面度和锥窝的位置度有不同程度的超差现象。压盘外缘带耳朵的，六个锥窝对基准面的位置度在 0.04~0.15mm 之间。M 系列中，M300D 存在的问题比较严重，一方面壁厚稍薄，另一方面是在压盘外缘直接开槽口，淬火后变形较大，一般锥窝的位置度在 0.08~0.25mm 之间，个别达到 0.40mm。其感应热处理操作情况见图 5-257 所示。

　　表面强化工艺需要进一步探讨和研究。

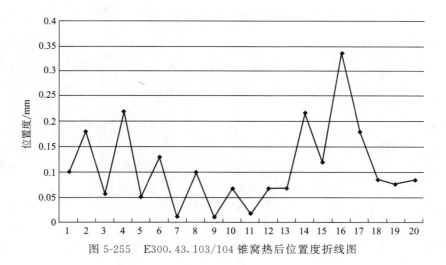

图 5-255　E300.43.103/104 锥窝热后位置度折线图

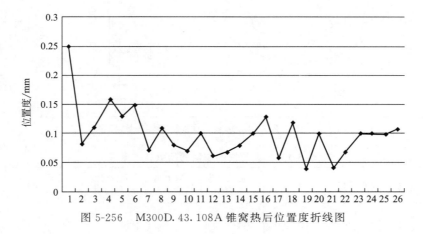

图 5-256　M300D.43.108A 锥窝热后位置度折线图

  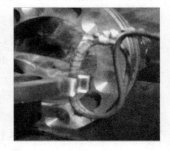

图 5-257　中轮拖感应热处理操作情况

零件感应淬火为依次加热 2 次，每次时间 6s，每次间隔 0.5s，然后喷水冷却。淬火后淬硬层深度 2.2~2.5mm，淬火后硬度如下：M300D.43.108A/103A 淬火硬度 45~50HRC，E300.37.145/146 淬火硬度 55~60HRC，E300.37.149 淬火硬度 56~62HRC，E300.21.103 淬火硬度 48~56HRC，回火后 47~50HRC，E300.38.159 淬火硬度 55~60HRC，回火后 49~52HRC。

② 大轮拖制动器压盘现状

a. 大轮拖的制动器压盘技术要求及产品图见图 5-258 所示。其技术要求见表 5-134。

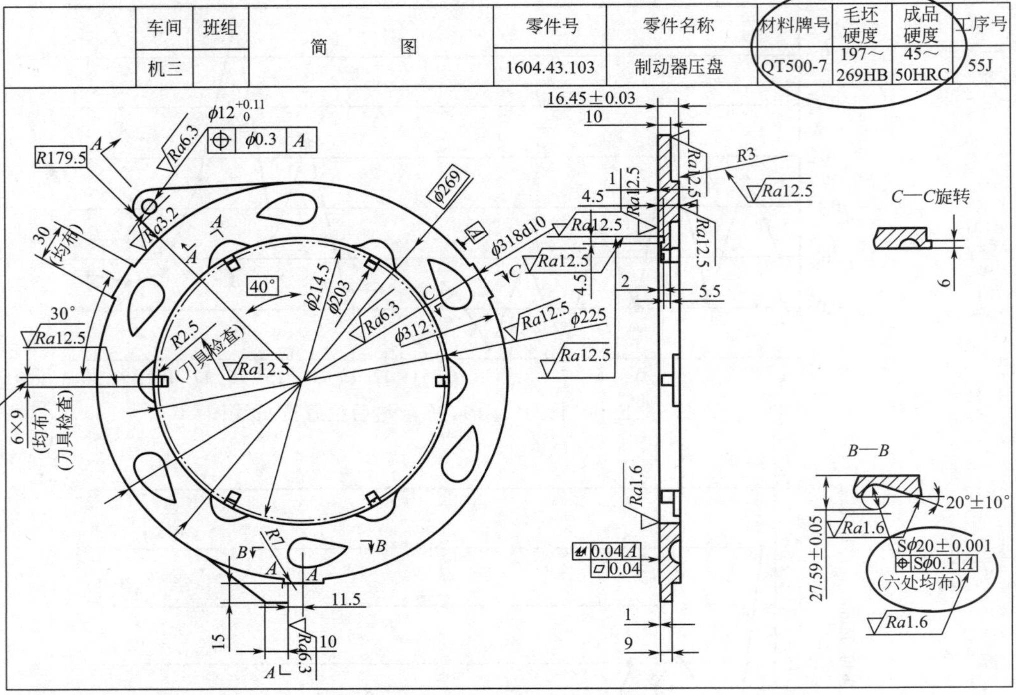

图 5-258 1604.43.103 制动器压盘

表 5-134 大轮拖的制动器压盘技术要求

零件号	零件名称	材料	正火硬度 （HB）	球形窝处淬火后硬度 （HRC）	层深 /mm	淬火变形量 /mm
1604.43.103	制动器压盘	QT500-7	197～269	45～50	不小于 1.5	≤0.08
LA2004.43.101	制动器压盘					

b. 大轮拖制动器压盘的制造过程。目前我公司生产的大轮拖压盘是通用件，有 1 个品种。大轮拖制动器压盘的材料是球墨铸铁 QT500-7，其基本制造过程是：铸造—热处理（时效）—机加工—锥窝表面淬火—机加工。

c. 铸造毛坯质量状况。大轮拖压盘的铸造毛坯基本上由球铁厂供应。毛坯的缺陷大多是气孔，废品率较低。

d. 大轮拖压盘的铸造毛坯的时效。大轮拖压盘的铸造毛坯的时效处理由球铁厂完成。其工艺为 500～550℃ 加热保温 1.5h 后空冷。球化等级≥3，180～200HB。

e. 压盘的机加工质量。现生产的工艺流程如下：车右端面、外圆及内孔—车左端面、内孔及切槽—铣尺寸 $R7mm$—铣尺寸 $\phi318d10mm$ 端面—铣尺寸 $12mm \times R2.5mm$ 及尺寸 $6mm \times 9mm$—粗磨两端面—粗铣水滴窝—水滴窝处表面淬火—精磨一端面—精铣水滴窝及钻孔 $\phi12H11mm$—去毛刺，清理—检验。

粗加工时以外圆、端面为基准；与四装压盘不同的是水滴窝各项尺寸的设计基准为外圆 $\phi318d10mm$ 凸缘而不是内孔 $\phi203mm$，现生产中使用的夹具是以内孔 $\phi203mm$ 定位的，从而使粗、精铣水滴窝工序存在工艺基准与设计基准不重合误差。加工时预留压盘两个平面磨量（0.35mm）和热后水滴窝精铣余量（0.75mm），用于消除水滴窝因感应淬火变形引起的平面翘曲和粗铣时产生的位置度偏差。

笔者收集了 1604.43.103 制动器压盘 3 个月的检测数据（见表 5-135），汇总结果如下：压盘外圆 $\phi318d10$mm、内孔 $\phi203^{+0.20}_{+0.05}$mm、水滴窝深度 (27.59 ± 0.05)mm、总高 (16.45 ± 0.03)mm 尺寸较好；水滴窝的位置度热前可达到 $0.09\sim0.18$mm，水滴窝的位置度热后可达到 $0.13\sim0.18$mm；水滴窝平面度 $\leqslant0.04$mm。水滴窝热前及热后位置度折线图见图 5-259、图 5-260 所示。

表 5-135 1604.43.103 制动器压盘热后检测数据（2013.9～2013.12）

位置度 $S\phi0.1$ /mm	$\phi269\pm0.2$ /mm	30 ± 0.5 /(°)	11.5 ± 0.2 /mm	$R179.5$ /mm	$\phi12$ 孔位置度 $S\phi0.3$/mm	40 ± 0.5 /(°)
0.14	268.91	30	11.58	179.54	0.24	39.96
0.14	268.91	29.92	11.6	179.51	0.26	39.95
0.16	268.94	30.01	11.6	179.48	0.2	39.96
0.13	268.9	29.93	11.6	179.52	0.22	39.97
0.16	268.97	30.01	11.6	179.51	0.2	39.99
0.14	268.91	29.96	11.61	179.49	0.14	39.99
0.15	268.9	29.92	11.64	179.54	0.25	39.96
0.2	268.9	29.92	11.65	179.47	0.04	40
0.14	268.91	29.93	11.61	179.48	0.04	40
0.16	268.88	29.97	11.6	179.56	0.28	39.96
0.16	268.9	29.92	11.62	179.52	0.3	39.94
0.17	269.81	29.92	11.67	179.98	0.03	39.99
0.2	268.91	29.9	11.76	179.48	0.1	40.02
0.15	268.9	29.93	11.67	179.45	0.12	39.99
0.18	268.9	29.93	11.62	179.45	0.1	40.01
0.16	268.91	30.01	11.62	179.49	0.2	39.98

总项次合格率：73%；水滴窝项次合格率：0%

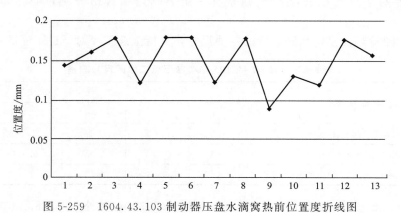

图 5-259 1604.43.103 制动器压盘水滴窝热前位置度折线图

图 5-260　1604.43.103 制动器压盘水滴窝热后位置度折线图

粗、精铣水滴窝都在美国辛辛那提 ARROW-1000 上加工，夹具是以内孔 ϕ203mm 及凸耳一点限转动来定位。该夹具定心后夹紧，先是通过拧紧螺母拉动三棱柱体沿双头螺柱轴向移动，三棱柱体的斜楔面推动 3 个推杆同步径向移动，从而将工件夹紧和松开，3 个推杆径向移动是同步的，故装夹时能实现自动定心；后拧上端螺母压盖 6 爪压板压紧压盘，夹紧方向与切削方向一致，夹紧点落在夹具本体上，有利于减少工件的夹紧变形，夹紧力的作用点靠近切削部位，有利于防止切削时产生振动，见图 5-261。

图 5-261　1604.43.103 制动器压盘夹具工况

加工前需找正零件 ϕ318d10mm 的中心，修正 X、Y 坐标与主轴中心重合。热前，粗铣水滴窝保证尺寸 $28.69_{-0.1}$mm，无热处理变形，一般 X、Y 坐标修正值≤0.02mm；热后，精铣水滴窝保证尺寸 (27.59 ± 0.05)mm，表面淬火后变形，一般 X、Y 坐标修正值≤0.05mm。

f. 位置度测量。粗、精铣水滴窝时存在工艺基准与设计基准不重合误差，同时以下两方面的误差对水滴窝位置度产生偏差有一定影响，项目组分别进行了测量，结果见表 5-136。

一方面，测量热前粗铣水滴窝后的各项尺寸，分析上道工序对下道工序的影响。

表 5-136　1604.43.103 制动器压盘工序间尺寸测量

检测项目	零件编号				
	1	2	3	4	5
内孔 ϕ203 圆柱度/mm	0.01	0.025	0.04	0.06	0.01
外圆 ϕ318 圆柱度/mm	0.04	0.001	0.001	0.001	0.002
内孔 ϕ203 对外圆 ϕ318 的同轴度/mm	0.01	0.02	0.03	0.03	0.02

内孔 ϕ203mm/外圆 ϕ318mm 的圆柱度、内孔 ϕ203mm 对外圆 ϕ318mm 的同轴度都会

对水滴窝的位置度超差产生影响。从测量结果可以看出，内孔 ϕ203mm 圆柱度波动较大，为车削工序造成，精铣锥窝的工序以内孔 ϕ203mm 的三点定位，故对水滴窝位置度有较大影响。图 5-262 为同轴度测量。

图 5-262　1604.43.103 制动器压盘同轴度测量

另一方面，测量热后精铣水滴窝序夹具夹紧变形的大小。

Ⅰ.零件未加工前，见图 5-263（a）所示。

压紧前：水滴窝附近平面度 0.06～0.07mm；压紧后：水滴窝附近平面度 0.05mm。

Ⅱ.零件加工后，没卸下来之前，见图 5-263（b）所示。

水滴窝附近平面度 0.02～0.03mm；夹具松开后，水滴窝附近平面度 0.04mm。从测量结果看，夹具压紧变形：0.01～0.02mm，对水滴窝位置度的影响并不大。由此得出造成水滴窝位置度超差的主要原因如下：

Ⅰ.零件厚度薄 [（16.45±0.03）mm]，水滴窝单面局部淬火，造成热后平面翘曲，平面度波动大；

Ⅱ.由于零件毛坯件 ϕ203mm 处 6 个小凸台是球墨铸造时下的活块，表面凹凸不平，此凸台尺寸较小（9mm×7.5mm），车削时又是断续加工，造成内孔 ϕ203mm 圆柱度误差较大，影响夹具自定心精度；

(a)　　　　　　　　　　(b)

图 5-263　1604.43.103 制动器压盘夹具压紧变形测量

Ⅲ.内孔 ϕ203mm 对外圆 ϕ318mm 的同轴度有误差，而水滴窝位置度的测量基准为 ϕ318mm，因此测出的水滴窝位置度包含基准转换的误差。

g.压盘的感应淬火质量。1604 水滴窝（1604～2004 轮拖）的压盘制动效果更好，但水滴窝的机加工和表面感应强化相对难度大。

水滴窝的特殊结构，造成表面淬火难度较大。不但淬硬层深和硬度很难保证，而且淬火后，有 3% 左右的零件在加热淬火面上出现 ϕ0.3～0.6mm 的缩孔。大轮拖压盘及感应热处理用感应器如图 5-264 所示。目前基本没有合格的成品。

5.31.3　研究思路和技术方案

从整个工艺流程来看，目前我公司生产的中轮拖制动器压盘毛坯进行了正火，硬度 200～220HB。圆锥窝采用精加工后淬火的工艺，因圆锥窝仅在压盘的单面分布，单面局部

 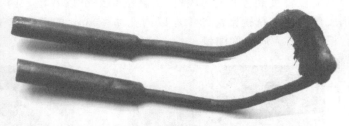

图 5-264 大轮拖压盘及淬火用感应器

淬火,且零件为环形薄板件(厚度 $17.9_{-0.1}$ mm),易造成零件平面翘曲,所生产制动器压盘的平面度、锥窝的位置度难以保证,锥窝位置度项次合格率低。

大轮拖制动器压盘毛坯进行时效,硬度 130~170HB(产品图要求毛坯 197~269HB,因毛坯时效后硬度达不到,造成水滴窝局部淬火后硬度为 20HRC,达不到产品图 45~50HRC,且淬硬层深<1.5mm);水滴窝采用表面淬火后加工的工艺,但由于存在基准不重合误差,前道工序的误差复映,水滴窝仅在压盘的单面分布,单面局部淬火,且零件为环形薄板件[厚度 (16.45 ± 0.03)mm],易造成零件平面翘曲、变形等,使制动器压盘水滴窝的位置度难以保证,项次合格率较低。

综上所述,产生变形较大的窝形表面淬火工序及热后硬加工(因按产品图要求,水滴窝处硬度为 45~50HRC,需用超硬刀具对型面进行精加工)是保证压盘质量的关键。拟采取多种表面强化工艺方案及热后硬加工进行试验,从中找到保证零件质量且经济的工艺方法。

一方面,在这些表面强化方法中,感应淬火的生产效率高成本低,所以首先采用感应淬火的方法;感应淬火的工艺效果跟原始组织、零件结构、表面淬火工艺有关。在现用的表面强化方法中,感应处理的工艺、卡具工装以及感应器设计是本项目的难点。因生产过程的各个工序质量控制不精密,感应热处理工艺不合理,造成产品质量不符合技术要求。

另一方面,热后硬加工加工余量是否能消除热处理的变形,窝形尺寸精度及表面粗糙度是否能达到产品图要求,刀具的耐热性和耐磨性是否匹配,是热后加工工艺关注的重点;工件的硬度、精加工余量、刀具的几何角度、切深、切削参数的最佳组合,是热后加工工艺的难点。整个系统相应的动态刚性,如夹具与转台的连接、刀具结构及长径比、刀具安装、机床主轴、机床床身等也同样重要。只有达到最佳组合,才有可能避免铣削振动,从而保证产品质量要求。

① 中轮拖的压盘(圆锥窝)感应淬火方案 对于圆锥窝,其表面淬火的难点在于:淬火面大,加热过程控制不良时,容易造成热影响区大,从而增加压盘变形,使平面度和锥窝位置度超差。

淬火方案:在工艺设计方面,采用快速大能量输出的加热,选用大功率短时加热,通过控制加热工艺参数来控制加热过程,使加热更均匀,实现微变形感应淬火。

② 大轮拖的压盘(水滴窝)感应淬火方案 对于 1604 水滴窝,其表面淬火的难点在于:淬火面小而复杂,尖角效应明显,导致加热不均匀,感应器制作困难,加热过程难于控制。

淬火方案 1:选用薄壁细铜管制作仿形感应器,通过控制加热工艺参数来控制加热过程,实现均匀加热和淬火。

淬火方案 2:选用薄壁细铜管和粗铜管结合,再加上其他辅助手段制作感应器,通过控制加热工艺参数来控制加热过程,实现快速均匀加热和淬火。

我们可以通过设计感应器结构和控制工艺参数等方法,减小变形。

在表面感应热处理的试验基础上，探索其他表面强化方法，使拖拉机压盘的热处理满足技术要求，达到国内领先水平。

5.31.4 工装设计

(1) 中轮拖圆锥窝压盘

① 工装夹具设计　为满足工艺方案，需要对压盘淬火时的工装进行设计。拟采用压盘中心定位、感应淬火时用分度盘精确控制位置的方式。

② 感应器设计　拟采用仿形感应器加导磁体。

(2) 大轮拖水滴窝压盘

① 工装夹具设计　为满足工艺方案，需要对压盘淬火时的工装进行设计。拟采用压盘中心定位、感应淬火时用分度盘精确控制位置的方式，使压盘在感应淬火过程中旋转加热。

② 感应器设计　拟采用仿形感应器加导磁体。

5.31.5 工艺试验

(1) 感应加热表面淬火技术原理　感应加热表面淬火工艺的选择包括设备的选择、加热方法和冷却方法的选择、工艺参数的选择和回火工艺的选择。

感应热处理工艺调整是在淬火机床、工艺装备完成后进行的，根据淬火零件的技术条件，其工艺调整包括电规范调整和热处理规范调整。

电规范调整主要是调出淬火所需功率，并使高、中频电源设备不过载，处在良好的工作状态下；热处理规范调整主要包括：零件移动速度、加热温度、淬火温度、加热预冷时间、淬火介质选取及其浓度、温度、流量或压力、零件与感应器相对位置的调整等。参数的选用原理参照 2.6.1 "动力输出从动轴"中（4）"从动轴零件工艺方案确定的理论依据。"

(2) 中轮拖圆锥窝压盘工艺试验

① 试验 1——火焰淬火试验

a. 试验手段：火焰热处理。

b. 试验参数：采用氧气、乙炔火焰加热，一个锥窝加热时间 4min，淬火温度 850～880℃，水冷时间 5s，逐窝加热和冷却。

c. 试验过程：如图 5-265 所示。

图 5-265　火焰淬火过程

d. 试验情况及分析。

Ⅰ. 加热过程：加热时间长，效率低；

Ⅱ. 检测结果：翘曲变形 0.15～0.20mm，硬度 25～30HRC；

Ⅲ. 总结：翘曲变形大，需要后续修整窝形及磨削加工；生产效率低，加热温度不易控制，随机性大，质量不稳定，难以形成批量生产。

② 试验2——涂覆试验

a.试验手段：涂覆。

b.试验参数：采用氧气、乙炔火焰加热，一个锥窝预热时间2min，预热温度650℃；采用镍粉和碳化物作为涂覆材料，涂覆温度650℃，涂覆时间2min。

c.试验过程：预热，如图5-266所示；涂覆，如图5-267所示。

图 5-266　预热　　　　　　　　　　　图 5-267　涂覆

d.试验情况及分析。

Ⅰ.加热过程：加热时间长，效率低；

Ⅱ.检测结果：翘曲变形0.15～0.30mm，硬度25～30HRC；

Ⅲ.总结：翘曲变形大，需要机加工前预留涂覆层尺寸，后续修整窝形及平面磨削加工；生产效率低，不易控制，随机性大，质量不稳定，难以形成批量生产。

③ 高频淬火试验1　试验采用的设备：GP100-C3高频淬火设备，如图5-268所示。感应器，如图5-269所示。试验参数：槽路电压10.8kV，栅极电流1.8A，阳极电流4.0A，阳极电压10.2kV，灯丝电压32V。两次加热，间隔0.5s，每次加热时间5s，加热到淬火温度后喷水冷却6.5s；淬火过程，如图5-270所示，试验结果，见图5-271所示。

图 5-268　高频淬火设备

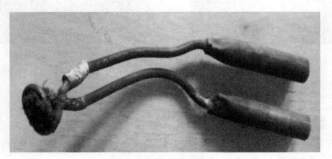

图 5-269　感应器

图 5-270 淬火过程

图 5-271 试验结果

试验结果分析：加热过程，锥窝底部加热温度低，加热不均匀；试样表面质量，表面局部熔化，表面质量不合格，未进行切样检测；检测硬度，球窝底部无硬度，其他部位38～42HRC；存在的问题及改进措施，圆锥窝底部区域加热不足，局部烧熔，需要进一步改进感应器和感应热处理工艺参数。

④ 高频淬火试验2

a. 试验手段：高频淬火。

b. 试验设备：GP100-C3 高频淬火设备；感应器，如图 5-272 所示。

图 5-272 感应器

c. 试验参数：槽路电压10kV，栅极电流1.8A，阳极电流4.2A，阳极电压10.8kV，灯丝电压32V；两次加热，间隔0.5s，每次加热时间5s，加热到淬火温度后喷水冷却6.5s；淬火过程，如图5-273所示。

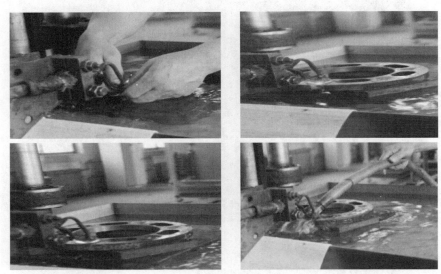

图 5-273　淬火过程

d.试验结果，见图5-274所示。

图 5-274　试验结果

e.试验情况及分析。

Ⅰ.加热过程：锥窝底部及边缘加热温度低，加热不均匀。

Ⅱ.试样表面质量：表面局部熔化，表面质量不合格，未进行切样检测。

Ⅲ.检测：球窝底部、边缘无硬度，其他部位38~42HRC。

Ⅳ.存在的问题及改进措施：圆锥窝底部及边缘区域加热不足，局部烧熔，需要进一步改进感应器和感应热处理工艺参数。

⑤ 高频淬火试验3

a.试验手段：高频淬火。

b.试验设备：GP100-C3高频淬火设备；感应器如图5-275所示。

图 5-275　感应器

c.试验参数：槽路电压10.2kV，栅极电流1.8A，阳极电流4.2A，阳极电压10.8kV，灯丝电压32V；两次加热，间隔0.5s，每次加热时间5s，加热到淬火温度后喷水冷却 6.5s；淬火过程，如图 5-276 所示。

图 5-276　淬火过程

d. 试验结果，见图 5-277 所示。

e. 试验情况及分析。

Ⅰ. 加热过程：锥窝底部加热温度稍低，加热欠均匀。

Ⅱ. 试样表面质量：表面未见质量异常，进行切样检测。

Ⅲ. 检测：基体硬度，180、205、219（HB）；翘曲变形，0.06～0.08mm；表面硬度，球窝底部、边缘无硬度，其他部位 38～42HRC。

图 5-277　试验结果

Ⅳ. 存在的问题及改进措施：淬火感应基本能满足使用要求，但圆锥窝底部小区域淬硬层深不足，且靠近底部、边缘无硬度，需要进一步改进感应器和感应热处理工艺参数。

⑥ 高频淬火试验 4

a. 试验手段：高频淬火。

b. 试验设备：GP100-C3 高频淬火设备；感应器，如图 5-269 所示。

c. 试验参数：槽路电压 10kV，栅极电流 1.8A，阳极电流 4.5A，阳极电压 12kV，灯丝电压 32V；两次加热，间隔 0.5s，每次加热时间 5.5s，加热到淬火温度后喷水冷却 7.5s。

d. 试验结果，见图 5-278 所示。

图 5-278　试验结果

e. 试验情况及分析。

Ⅰ. 加热过程：锥窝底部加热温度稍低，加热欠均匀。

Ⅱ.试样表面质量：表面未见质量异常，进行切样检测。

Ⅲ.检测：基体硬度，173、231、230（HB）；翘曲变形，0.03～0.04mm；表面硬度，球窝底部、边缘无硬度，其他部位38～42HRC。

Ⅳ.存在的问题及改进措施：淬火感应基本能满足使用要求，但圆锥窝底部小区域淬硬层深不足，需要进一步改进感应器和感应热处理工艺参数。

⑦ 高频淬火试验5

a.试验采用高频淬火，所用设备：GP100-C3高频淬火设备。感应器，如图5-279所示。

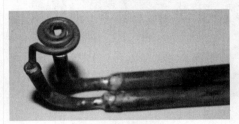

图5-279 感应器

b.试验参数：电参数，槽路电压10kV，栅极电流1.6A，阳极电流4.3A，阳极电压10.5kV，灯丝电压33V，如图5-280所示；工艺参数，两次加热，间隔0.5s，每次加热时间6s，加热到淬火温后喷水冷却7.5s。

图5-280 电参数

c.试验结果，见图5-281所示。

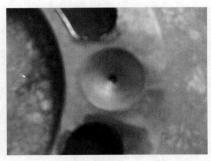

图5-281 试验结果

d.试验情况及分析。

Ⅰ.加热过程：锥窝底部加热温度基本均匀，但周边加热不到。

Ⅱ.试样表面质量：表面未见质量异常，进行切样检测。

Ⅲ.检测：基体硬度，173、231、230（HB）；感应淬火硬度，圆锥窝底部3mm处，

48、46.3、49、46、44（HRC），圆锥窝底部 2mm 处，44.3、44.7、43.6（HRC）。
　　Ⅳ.存在的问题及改进措施：感应器偏小，边缘加热不到，待进一步改进感应器。
　　⑧ 高频淬火试验 6
　　a.试验手段：高频淬火。
　　b.试验设备：GP100-C3 高频淬火设备，感应器，如图 5-282 所示。

图 5-282　感应器

　　c.试验参数：电参数，槽路电压 10kV，栅极电流 1.6A，阳极电流 4.3A，阳极电压 10.5kV，灯丝电压 33V，如图 5-283 所示；工艺参数：两次加热，间隔 0.5s，每次加热时间 5.5s，加热到淬火温度后喷水冷却 7.5s。

图 5-283　电参数

　　d.试验情况及分析。
　　Ⅰ.加热过程：锥窝底部加热温度基本均匀。
　　Ⅱ.试样表面质量：表面未见质量异常，进行切样检测。
　　Ⅲ.检测：淬硬层深度，1 处 3.56mm，2 处 2.86mm，见图 5-284 所示。

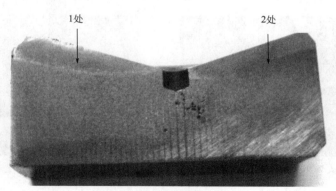

图 5-284　淬硬层深度

　　Ⅳ.存在问题及改进措施：感应器放偏，边缘局部温度过高。感应器能满足淬火技术要求。
　　(3) 大轮拖圆水滴窝压盘工艺试验

① 高频淬火试验1

a. 试验手段：高频淬火。

b. 试验设备：GP100-C3 高频淬火设备；感应器，如图 5-285 所示。

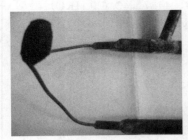

图 5-285　感应器

c. 试验参数：电参数，槽路电压 6.5kV，栅极电流 1.5A，阳极电流 4A，阳极电压 9.5kV，灯丝电压 33V；工艺参数，两次加热，间隔 0.5s，每次加热时间 5.5s，加热到淬火温度后喷水冷却 5s，试验过程如图 5-286 所示。

d. 试验情况及分析。

图 5-286　试验过程

Ⅰ. 加热过程：球窝部位加热温度低，而加热面边缘棱角温度高，加热不均匀。

Ⅱ. 试样表面质量：试样局部烧熔，见图 5-287 所示，严重不合格（没有进行切样检测）。

Ⅲ. 检测：球窝底部无硬度，其他部位 25～30HRC。

Ⅳ. 存在的问题及改进措施：淬火感应器和感应热处理的区域（水滴窝）仿形性不好，需要改进感应器。

② 高频淬火试验2

a. 试验手段：高频淬火。

b. 试验设备：GP100-C3 高频淬火设备；感应器，如图 5-288 所示。

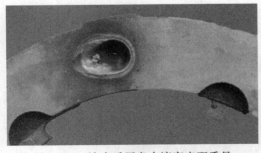 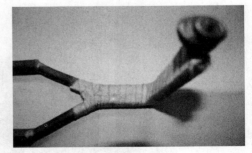

图 5-287　淬火后压盘水滴窝表面质量　　　　图 5-288　感应器

c. 试验参数：电参数，槽路电压 6.5kV，栅极电流 1.5A，阳极电流 4A，阳极电压 9.5kV，灯丝电压 33V；工艺参数，两次加热，间隔 0.5s，每次加热时间 5.5s，加热到淬火温度后喷水冷却 5s，试验过程如图 5-289 所示。

d. 试验情况及分析。

Ⅰ. 加热过程：球窝部位、球窝尾部没有能够加热，而加热面边缘棱角温度高，加热严

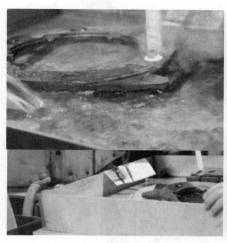

图 5-289 试验过程

重不均匀。

Ⅱ.试样表面质量：试样局部烧熔，见图 5-290 所示，而最深的球窝部位和水滴窝尾部不能加热，严重不合格（没有进行切样检测）。

Ⅲ.检测：球窝底部、水滴窝尾部无硬度，其他部位 28～30HRC。

Ⅳ.存在的问题及改进措施：淬火感应器和感应热处理的区域（水滴窝）仿形性不好，感应器的最高点和零件最低的窝底不在一个位置，无法和零件加热相匹配，需要改进感应器。

③ 高频淬火试验 3

a.试验手段：高频淬火。

b.试验设备：GP100-C3 高频淬火设备；感应器，如图 5-291 所示。

图 5-290 淬火后压盘水滴窝表面质量

图 5-291 感应器

c.试验参数：电参数，槽路电压 10kV，栅极电流 1.8A，阳极电流 4A，阳极电压 10kV，灯丝电压 33V；工艺参数，两次加热，间隔 0.5s，每次加热时间 6s，加热到淬火温度后喷水冷却 5s，试验过程如图 5-292 所示。

d.试验情况及分析。

Ⅰ.加热过程：整体加热均匀。

Ⅱ.试样表面质量：试样表面未见质量缺陷，如图 5-293 所示。

图 5-292 试验过程

Ⅲ. 检测：加热淬火区部位硬度 26~30HRC。

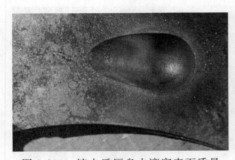

图 5-293 淬火后压盘水滴窝表面质量

Ⅳ. 存在的问题及改进措施：加热淬火区部位硬度 26~30HRC，硬度低，不符合技术要求。可能原因是原材料没有进行正火处理，球化率太低，仅有 10%。前期正火处理的压盘还没有加工出来，没有进行对比试验。另外淬火感应器的最高点和窝底匹配性不太好，需要进一步改进感应器结构；由于设备的限制，零件加热定位困难，容易局部烧熔；淬火感应器和感应热处理的区域（水滴窝）仿形性不好，感应器的最高点和零件最低的窝底不在一个位置，无法和零件加热相匹配，需要改进感应器。

④ 高频淬火试验 4

a. 试验手段：高频淬火。

b. 试验设备：GP100-C3 高频淬火设备；感应器，如图 5-294 所示。

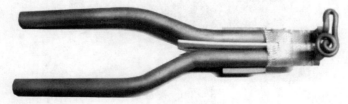

图 5-294 感应器

c. 试验参数：电参数，槽路电压 6.5kV，栅极电流 1.5A，阳极电流 4A，阳极电压 9.5kV，灯丝电压 33V；工艺参数，两次加热，间隔 0.5s，每次加热时间 5.5s，加热到淬火温度后喷水冷却 5s，试验过程如图 5-295 所示。

d. 试验情况及分析.

Ⅰ. 加热过程：整体加热均匀，窝底温度低。

图 5-295 试验过程

Ⅱ.试样表面质量：经过对切样的探伤检验，试样表面未见质量缺陷，如图 5-296 所示。

Ⅲ.存在的问题及改进措施：其他部位硬度 57HRC、57.5HRC、58HRC，硬化层深 1.6mm，符合技术要求，但窝底没有硬化层。淬火感应器和感应热处理的区域（水滴窝）仿形性不好，感应器的最高点和零件最低的窝底不在一个位置，无法和零件加热相匹配，需要改进感应器。

图 5-296 淬火后压盘水滴窝表面无损探伤

⑤ 高频淬火试验 5

a.试验手段：高频淬火。

b.试验设备：GP100-C3 高频淬火设备；感应器，如图 5-297 所示。

c.试验参数：电参数，槽路电压 8.6kV，栅极电流 1.6A，阳极电流 3.8A，阳极电压 9.9kV，灯丝电压 33.3V，如图 5-298 所示；工艺参数，两次加热，间隔 0.5s，每次加热时间 5.5s，加热到淬火温度后喷水冷却 5s，试验过程如图 5-299 所示。

d.试验情况及分析。

图 5-297 感应器

图 5-298 电参数

图 5-299 试验过程

Ⅰ.加热过程：整体加热均匀。

Ⅱ.试样表面质量：经探伤检验，试样表面未见质量缺陷，如图 5-300 所示。

Ⅲ.检测：基体硬度 214HB，珠光体含量 45%，加热淬火区硬度 53～56HRC，淬硬层深 2.6mm，如图 5-301、表 5-137 所示。

Ⅳ.存在的问题及改进措施：淬硬层轮廓、淬硬层深、表面硬度指标，完全符合技术要求。

图 5-300 淬火后压盘水滴窝表面无损检测

表 5-137 金相检验结果

淬硬层深/mm	珠光体含量	基体硬度（HB）	淬硬层硬度（HRC）
2.6[图 5-301(a)]	45%[图 5-301(b)]	214、214	54.0、53.5、56.0

⑥ QPQ 表面强化试验　由于大轮拖压盘表面淬火区域小，形状复杂，感应器精密细小，一方面加工难度大，另一方面使用中容易损坏，势必会影响批量生产的生产效率和产品质量，所以项目组探索新的表面强化方法——QPQ 表面强化。

QPQ 是一种复合处理技术，是黑色金属基于在渗氮盐上和氧化盐浴上进行处理的工艺，可同时实现渗氮和氧化的复合处理，渗层组织是复合的氮化物和氧化物。经 QPQ 处理，可大幅提高金属表面的耐磨性和抗蚀性，同时 QPQ 技术操作简便、工件畸变小、无公害、节能。其主要工作过程为：清洗—预热—渗氮—氧化—去盐清洗—抛光—氧化—清洗—干燥上

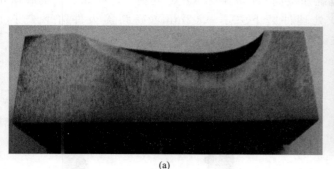
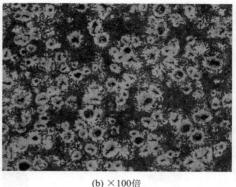

(a)   (b) ×100倍

图 5-301　检验结果

油。渗氮工序是 QPQ 盐浴复合处理技术中最重要、最核心的工序，其目的是在工件表面形成足够厚度的致密化合物层和扩散层。经 QPQ 处理后工件渗层组织依次为氧化膜层、化合物层、扩散层。氧化膜层与化合物层一起构成双重的抗蚀能力，其中化合物层最为重要的主要成分为 $Fe_{2-3}N$，它对提高硬度、耐磨性、抗蚀性起着十分重要的作用。据资料介绍，40Cr 钢经 QPQ 处理后，其耐磨性是硬镀铬的 2.1 倍，离子氮化的 2.8 倍，渗碳淬火的 14 倍，是高频淬火的 23.5 倍。QPQ 技术几乎适合所有的黑色金属及其合金，但具体效果会有所差异，因此，本项目组对大轮拖制动器压盘进行了 QPQ 处理，处理前后的零件如图 5-302 所示。

(a) QPQ 处理前零件   (b) QPQ 处理后零件

图 5-302　QPQ 处理前后零件

a. 试验手段：QPQ 处理。

b. 试验设备：QPQ 盐浴炉。

c. 试验参数：300℃预热 30min，570℃渗氮处理 2h，370℃氧化处理 30min。

d. 试验结果及分析：

Ⅰ. 加热过程：零件整体加热，加热均匀。

Ⅱ. 试样表面质量：试样表面未见质量缺陷，见图 5-303 所示。

Ⅲ. 检测：经常规金相检验，QPQ 处理后零件表面硬度（$HV_{0.2}$）为 417、410、412，白亮层（化合物层）深度为 0.01mm，氮化层深

图 5-303　QPQ 处理后压盘水滴窝表面无损检测

度为 0.15mm。

Ⅳ. 耐磨性：图 5-304 为大轮拖制动器压盘高频淬火件和 QPQ 处理件，在 3.5kg 的载荷下，持续摩擦 24h，其结果显示 QPQ 处理件磨下去了 0.02mm，高频淬火件磨下去了 0.15mm，因此，QPQ 处理件的耐磨性比高频淬火件提高了 7 倍。

(a) 感应淬火　　　　　　　　　　　(b) QPQ处理件

图 5-304　大轮拖制动器压盘高频淬火件和 QPQ 处理件

由于大轮拖制动器压盘水滴窝形状复杂、淬火区域尺寸较小，另外，感应淬火对感应器的仿形性有很高的要求，因此，对大轮拖制动器压盘来说，高频淬火存在以下缺点：

① 感应器制作周期长——需要根据试验一次次微调；

② 感应器制作难度大——外径 $\phi 3mm$ 的紫铜管内径只有 1mm，并且纯手工制作，在弯折的过程中容易出现死弯，使内孔堵死；

③ 感应淬火对零件基体组织有较高的要求，要求基体珠光体含量至少为 45%，否则，淬火后零件表面硬度很低，只有 30HRC 左右，因此，必须要对压盘毛坯件先进行正火处理；

④ 由于压盘水滴窝的尺寸和感应器大小极为相近，在加热过程中零件距离感应器 1～2mm，间隙尺寸难以准确控制，因此，加热过程中极易发生零件局部烧熔或欠烧的现象，甚至打火，烧坏感应器；

⑤ 由于研发资金原因，本项目设计的工装卡具的精度较低，且为纯手工操作，因此，只适合实验室小批量加工，难以满足大批量连续生产的要求。

(4) 热后硬切削加工方面　通过对试验数据的比较，得出如下结论：

① 压盘类零件水滴窝的加工推荐使用数控转台水平回转插补并分度，刀具只做 Z 方向移动加工的工艺；

② 水滴窝的窝形属于半封闭型腔，用 CBN 刀加工水滴窝需要工艺系统的动态刚性好配以高速加工中心才能最大限度地发挥 CBN 刀具的优势，提高表面光洁度。

5.31.6　项目所达到的目标

本项目按照项目任务书的要求，从冷、热两方面入手，通过对零件热处理变形、热处理后零件内部金相组织、冷热工序的衔接、机械加工误差等各方面分析，分别制定了各项质量控制措施，从而为提高制动器压盘的产品质量提供了技术支撑。热处理方面，研发出了成套的高频感应淬火工艺，设计研制出了用于大、中轮拖制动器压盘高频感应淬火的感应器和工装夹具，并借助 GP100-C3 高频淬火设备，有效解决了大、中轮拖制动器压盘表面淬火质量不合格的问题，使淬火后的大、中轮拖制动器压盘的淬硬层轮廓、淬硬层深度和表面硬度均达到了设计要求；并针对形状复杂、尺寸较小的大轮拖制动器压盘水滴窝研发出了成套的QPQ处理工艺，有效解决了其在现有设备条件下难以实现大规模批量生产的问题。机加工方面，通过使用数控转台水平回转插补并分度及数控转台倾斜25°回转插补并分度，刀具只做Z方向移动加工水滴窝的新工艺进行探索尝试，同时将CBN刀具及涂层硬质合金刀具应用于大轮拖制动器压盘热后硬态铣削加工，减少了加工误差，提高了制造精度，提升了产品质量，使其达到了国内领先水平。

5.31.7 经济效益及其他效益分析

（1）经济效益　本项目涉及大、中轮拖多种机型的制动器压盘，其研究成果解决了这类零件表面淬硬层质量不合格及水滴窝位置度项次合格率低的问题，排除了拖拉机在使用过程中制动器压盘存在的安全隐患。该项目完成后，在中国一拖形成年产大、中轮拖7万台的生产规模的前提下，可实现制动器压盘生产14万件/年，年销售收入可达到1400万元，具有良好的经济效益。

（2）社会效益　利用本项目研发的感应器、工装卡具、成套热处理和QPQ处理工艺，解决了大、中型轮式拖拉机制动器压盘表面强化的技术难题，降低了零件次品率和成本，提高了零件质量，保证了整机的可靠性和耐用性，有助于提升产品竞争力和公司形象；对用户来说，排除了拖拉机在使用过程中制动器压盘存在的安全隐患，保障了用户的财产和人身安全。

5.31.8 结果分析

（1）火焰加热表面淬火　火焰加热表面淬火是一种用乙炔-氧火焰将工件表面快速加热，随后喷液冷却的一种表面淬火方法。目前此方法为主流方法，但火焰加热时间、加热距离、移动速度及距离凭操作者的经验手工操作，加热温度、加热速度、加热精确位置难以控制，不能保证锥窝表面的淬火硬度、淬硬层深度、淬火均匀性等淬火质量的稳定性，操作不当甚至会引起锥窝表面局部烧熔，造成制动器压盘的报废；并且此方法难以实现机械化流水生产，淬火后零件变形量大，不利于后期加工、装配。

（2）激光表面淬火　为解决火焰加热表面淬火变形大的问题，国内学者拟采用激光表面淬火的方法对制动器压盘锥窝进行表面强化，以期获得所需的淬火硬度和淬硬层深度。

激光表面淬火是利用激光将材料表面加热至相变点以上，随着材料自身冷却，奥氏体转变为马氏体，从而使材料表面硬化的淬火技术。此技术具有功率密度高、冷速快，不需要水或油等冷却介质；表面硬度高；工件变形小等优点。

但这种方法的不足之处是淬硬层深度较浅且不均匀，球窝中线处达1.2mm，边缘位置只有0.2~0.6mm，达不到技术要求；另外，激光表面淬火设备昂贵，成本较高，不利于推广应用。

（3）QPQ盐浴复合处理　QPQ盐浴复合处理是基于在渗氮盐浴和氧化盐浴中进行处理的工艺，可同时实现渗氮和氧化的复合处理，渗层组织是具有高强度和高耐蚀性的复合的氮化物和氧化物。

利用此技术可以大幅提高零件表面的耐磨性和抗蚀性，可以很好地解决具有复杂结构零件难以强化的问题，同时该项技术还具有工件畸变小、节能等优点。

但其渗层组织深度极浅，起关键作用的化合物层，其深度只有0.03mm，在大载荷冲击作用下极易损坏。

（4）压盘感应淬火　表面感应淬火是利用电磁感应在工件内产生涡流而将工件进行加热，继而进行表面淬火的技术。由于制动器压盘锥窝形状小而不规则，给感应器（仿形性差）的制作带来很大困难，目前的感应器多为一字型，窝头一侧涂覆导磁粉，这种感应器仿形性差，加热效率低，淬硬层分布不均匀；另外，感应间距难以控制。由于加热时感应器置于锥窝中，从上往下看难以看到感应器底部离窝底的距离，如果距离太近窝底易局部烧熔，甚至发生打火烧坏感应器；如果距离太远，加热效果就不理想，不仅淬硬层深度偏浅，而且影响其淬火的均匀性。

（5）结论

① 通过在装置中采用圆形紫铜管制作单匝仿形感应器，避免了锥窝尖角处的电流密集及过热、过烧等现象产生，甚至淬火裂纹的产生。

② 装置中设置可调方向、间距的升降回转工装组件，使得压盘锥窝感应淬火的淬硬层深度得到有效的控制，且淬硬层连续，分布均匀，继而提升了淬火质量。

③ 以压盘中心定位、感应淬火时用高度标尺、分度盘精确控制位置的方式，使压盘在感应淬火过程中旋转定位加热，进一步确保了淬火质量的控制，且操作方法简单可靠，易于实施，质量稳定，效率高，具有很好的应用价值。

④ 程序编制合理，配合优化的工艺参数，满足了制动器压盘锥窝所需的淬火硬度、淬硬层深度以及淬火均匀性，且热后变形小，达到了产品设计要求，提高了产品质量，保证了轮式拖拉机的可靠性，可推广应用到其他类似的零件。

第6章

车辆零件热处理缺陷分析实例

机械产品失效事故,轻者造成经济损失,重者导致人员伤亡,并产生严重的社会影响。通过失效分析,可以准确地判定失效模式,查明失效原因,并提出相应的改进措施,避免类似事故的再次发生,从而提高机械产品的可靠性和市场竞争能力。因此,机械零件失效分析是机械产品生产过程中质量控制与质量管理工作不可缺少的重要环节和必要手段。

机械零件失效分析,是一门研究机械产品丧失规定功能的现象、规律与机理的思维方法和综合性技术,涉及的知识面也比较广,这对于从事失效分析的工作者来讲,不但要有扎实的理论功底,而且要有丰富的实践经验,尤其对于一些大的系统失效,工况条件极为复杂,疑点众多,技术难度更大。这就要求失效分析人员既要具备失效分析的基本知识,掌握常见失效形式的规律、失效判据及诊断技术,又要掌握正确的失效分析思路和处理问题的程序、方法;既要掌握各种常见裂纹、断口的宏观与微观形貌特征及分析方法,又要具备因材料冶金因素、设计与选材失误引起的失效的辨识能力,还要熟悉各种加工工艺缺陷的产生与鉴别方法,以及这些缺陷引起的失效和失效分析技术。总之,机械零件失效分析是各种失效形式、失效原因及失效分析的思维方法和技术,需要不断地学习、探索和积累经验。

6.1 发动机连杆失效分析案例

6.1.1 简介

连杆是发动机的关键零件,连杆断裂往往造成捣缸,损坏整台发动机,造成严重后果。一般发动机为多缸机,在通常的情况下,若某一缸连杆断裂,曲轴还在旋转,曲轴将带着断裂的连杆把发动机缸体及相关零件损坏,因此,连杆断口的原始形貌难以收集。由于连杆的断口对事故(失效)分析来说,有时比金子还要重要,所以对已保存下来的失效断口进行研究分析是非常重要的。

连杆由小头、杆身和大头(包括盖)三部分组成,其功用是将活塞承受汽缸内的气体爆发的压力传递给曲轴,并使活塞的往复运动转变为曲轴的旋转运动而输出动力。连杆小头通过活塞销(两者之间有铜套)与活塞体相连,连杆大头与曲轴连杆颈相连(两者之间有连杆瓦),其机构如图6-1所示。

在发动机运动的过程中,连杆小头中心与活塞一起做往复运动,承受活塞组产生的往复惯性力;连杆大头中心与曲轴的连杆轴颈一起做旋转运动,承受活塞连杆组往复惯性力和不

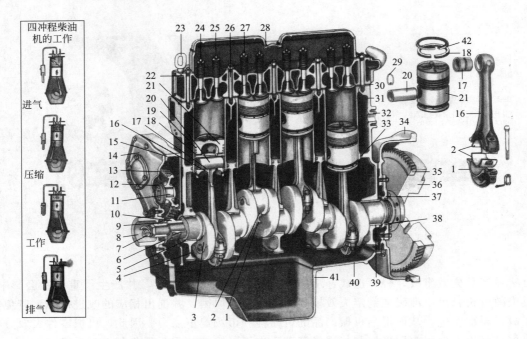

图 6-1　连杆在发动机中位置及与相关件配合情况

1—连杆盖；2—连杆轴瓦；3—曲轴；4—主轴承盖；5—主轴瓦；6—挡油盘；7—启动爪；8—前支梁；9—油封；10—曲轴正时齿轮；11—正时惰齿轮轴；12—正时惰齿轮挡圈；13—惰齿轮；14—正时齿轮室盖；15—正时齿轮室；16—连杆；17—连杆衬套；18—油环；19—气环；20—活塞销；21—活塞；22—汽缸盖；23—吊环；24—排气门；25—进气门；26—汽缸盖螺栓；27—气门室盖；28—气门盖罩；29—活塞销挡圈；30—汽缸盖衬垫；31—汽缸套；32—气缸体；33—汽缸套封水圈；34—飞轮壳；35—飞轮齿圈；36—飞轮；37—曲轴油封壳体；38—曲轴油封；39—曲轴止推轴瓦；40—油层壳框架；41—油底壳；42—气环

包括连杆大头盖在内的连杆组旋转质量惯性力；杆身做复合平面运动，承受气体压力和往复惯性力所产生的拉伸、压缩交变应力，以及压缩载荷和本身摆动惯性力矩所产生的附加弯曲应力；另外，上述往复惯性力、拉伸（压缩）交变应力及附加弯曲应力，均以高周循环形式作用于连杆上。因此，连杆的运动情况和受力状态十分复杂，其应力分布，如图 6-2 所示。

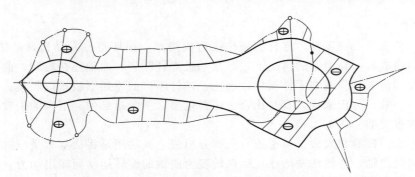

图 6-2　连杆光弹应力分布测定结果示意图

连杆的失效形式，主要以疲劳断裂为主。疲劳断裂是一种脆性断裂，断裂前无塑性变形，无任何征兆且发生突然，因此，疲劳断裂是一种危险极大的失效形式。另外，连杆断裂

6.1.2 连杆用材和生产过程

汽缸直径小于或等于 200mm 的往复活塞式发动机连杆的材料,一般采用优质碳素结构钢、合金结构钢或非调质钢。现在,已研制出用于胀断连杆的新材料 C70S6,并已通过实际运行试验。

连杆的生产过程:热轧棒料→热切下料→模锻→切边→调质(淬火+高温回火)→冷校正→喷丸→冷精压→磁粉探伤→冷加工(有 50 多道加工工序)→成品探伤→装配使用。

6.1.3 脱碳、热处理缺陷对连杆失效的影响

6.1.3.1 连杆表面脱碳引起的连杆疲劳断裂

案例说明【例1】: 1994 年 6 月,一台发动机连杆使用中发生早期断裂并造成捣缸。经观察分析为疲劳断裂,疲劳源位于杆部工字梁凸缘圆弧处。在疲劳源同侧凸缘处有多条疲劳裂纹,裂纹扩展方向与疲劳断口平行。

原因分析: 金相观察疲劳源处零件表面脱碳严重。杆部工字梁凸缘处应为中碳钢调质组织——回火索氏体,而断裂连杆疲劳源处组织已成为低碳钢亚稳调质组织——铁素体+少量索氏体,这将降低连杆的疲劳强度。分析连杆疲劳断裂原因为连杆杆部凸缘严重脱碳。

防范措施: 对原材料表面进行去皮处理、电加热锻造、保护气氛加热淬火调质,可防止和减少连杆表面脱碳发生。

案例图号: 图 6-3~图 6-6。

图 6-3 连杆断裂实物

图 6-4 疲劳断口及疲劳源

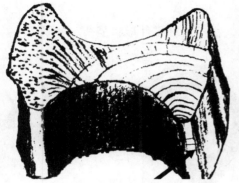

图 6-5 连杆杆部凸缘处与疲劳
断口平行的疲劳裂纹示意图

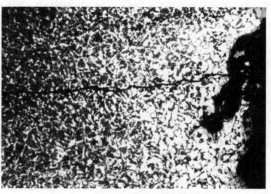

图 6-6 与疲劳断口平行的疲劳
裂纹处的脱碳情况(×100 倍)

图 6-7 疲劳断口（箭头处为疲劳源）

案例说明【例2】：2002年，有一发动机连杆在使用中发生断裂，造成捣缸。连杆断裂处位于距小头端面100mm处的杆部，疲劳源位于工字梁侧面$R2$圆弧处。在同侧面距疲劳源5mm处有一条疲劳裂纹，裂纹扩展方向与疲劳断口平行。

原因分析：显微观察疲劳源处有严重脱碳和喷丸引起的轻微折叠，由此分析判断连杆断裂是由脱碳严重引起喷丸损伤所致的。

防范措施：同6.1.3.1【例1】。

案例图号：图6-7～图6-9。

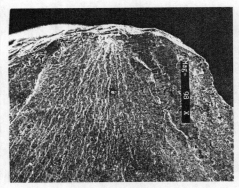

图 6-8 断口疲劳源处的扩展形貌

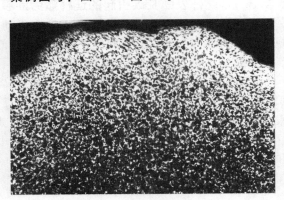

图 6-9 $R2$圆弧处的脱碳和喷丸塑性流变（×100倍）

6.1.3.2 连杆热处理缺陷——淬火裂纹引起连杆疲劳断裂

案例说明【例1】：1986年6月，一台发动机做台架试验，当试验进行到35h时连杆突然断裂，断件穿过缸体飞出，并打坏实验室防护玻璃，险些造成试验人员伤亡。

原因分析：经分析连杆断裂为淬火裂纹所致。淬火裂纹产生原因：该发动机连杆材料为精选45碳钢，其碳含量为0.42%～0.47%，若考虑分析误差，为0.41%～0.48%，碳含量的上限和下限对连杆的淬透性有很大影响。连杆材料中还含有其他微量合金元素Cr、Mo、Cu、Ni等，这些微量元素对连杆的淬透性也有很大的影响。由于使用不同钢厂、不同批次、不同炉号的原材料，因而淬透性差别很大。如采用同一热处理工艺，有的组织性能达不到要求，有的却因热处理应力过大产生淬火裂纹。

热处理应力与零件形状、壁厚有着直接的关系。由于连杆零件形状复杂、壁厚不一，产生的淬火裂纹比较细小，分布部位不确定，另外由于人眼的疲劳及探伤人员的责任心等原因，45钢连杆的淬火裂纹问题一直未得到很好的解决。近20年试验室遇到的由淬火裂纹引起的连杆疲劳断裂就有数十起。

防范措施：用非调质钢或合金钢采取油介质淬火可避免淬火裂纹。45钢连杆的淬火裂纹只有靠探伤来控制。

案例图号：图6-10～图6-12。

图 6-10 断裂的连杆实物

图 6-11　连杆小头的淬火裂纹断口　　　　　图 6-12　连杆小头内孔的淬火裂纹

案例说明【例 2】：1991 年 6 月出厂的一台发动机装在一汽 CA141K10 汽车上（河南平舆县第二汽车运输公司使用），汽车运行至 11000km 时发生发动机捣缸事故，拆卸后发现连杆断裂。

原因分析：在断口开裂源处发现有颜色发黑的原始缺陷区，原始缺陷区表面有高温氧化特征，分析判断连杆断裂原因为靠近小头杆部淬火裂纹引起断裂。

防范措施：同 6.1.3.2【例 1】。

案例图号：图 6-13、图 6-14。

图 6-13　连杆断裂实物　　　　　图 6-14　淬火裂纹引起的疲劳
　　　　　　　　　　　　　　　　　　　断口及黑色疲劳源区

案例说明【例 3】：1993 年 7 月返修的一台发动机装在装载机上，发往太原机电公司，用户在提货返回途中发生捣缸事故，连杆断为三节（其中一节未找到），缸套和活塞被打成碎块，撞坏缸体，造成整台发动机失效（作废）。

原因分析：断口经宏观观察和裂纹处显微观察分析，确定连杆断裂由淬火裂纹引起。

防范措施：同 6.1.3.2【例 1】。

案例图号：图 6-15～图 6-17。

图 6-15　连杆断裂实物

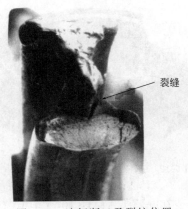 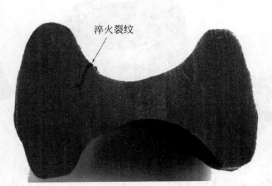

图 6-16　连杆断口及裂纹位置　　　　图 6-17　从连杆断口延伸下来的淬火裂纹

案例说明【例 4】：2007 年，越南的一台履带拖拉机在使用过程中，发动机连杆突然断裂造成捣缸。

原因分析：连杆断口观察、开裂源处显微分析，确定连杆断裂为淬火裂纹所致。

防范措施：同 6.1.3.2【例 1】。

案例图号：图 6-18～图 6-20。

图 6-18　断裂连杆实物

图 6-19　连杆断口及疲劳源　　　　图 6-20　淬火裂纹表面的氧化特征（×400 倍）

6.1.4　材料、加工缺陷对连杆失效的影响

6.1.4.1　原材料缺陷的影响

案例说明：1996 年 7 月，一批精选 45 钢连杆在冷加工过程中发现连杆大头内孔出现周向 x 裂纹。

原因分析：经显微分析，确定裂纹产生原因是原材料残余缩孔碳偏析缺陷造成连杆大头内孔在调质淬火时开裂。残余缩孔处积聚大量氧化物，碳偏析处碳含量已接近共析（0.77%碳含量），精选45钢碳含量为0.42%～0.47%。

防范措施：采购部门严把原材料质量关，可避免类似情况发生。

案例图号：图6-21～图6-25。

图6-21 连杆实物

图6-22 连杆大头内孔裂纹特征

图6-23 裂纹中的灰色氧化物夹杂（×100倍）

图6-24 退火后残余缩孔碳偏析处的金相组织珠光体＋微量铁素体（×400倍）

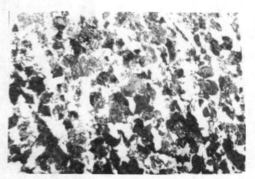

图6-25 退火后正常精选45钢金相组织珠光体＋铁素体（×400倍）

6.1.4.2 连杆锻造分模面切边裂纹的影响

案例说明：1993年3月，一批发动机连杆锻造调质后，在分模面上发现有平行于分模面的裂纹。

原因分析：显微观察发现裂纹两侧全脱碳层中铁素体成柱状晶特征。由裂纹位置和显微特征分析确定裂纹为分模面切边裂纹。这可能与切边温度过低、切边应力过大有关。

防范措施：改进分模面切边工艺。

案例图号：图 6-26～图 6-29。

图 6-26　发动机连杆毛坯实物

图 6-27　分模面裂纹特征

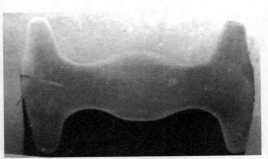

图 6-28　连杆分模面裂纹在横截面上的扩展情况

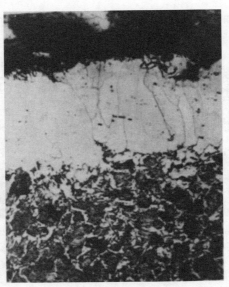

图 6-29　分模面裂纹表面的脱碳层情况（×400 倍）

6.1.4.3　连杆锻造分模面切边折叠的影响

案例说明：在 1997 年的某一时间段内，某型号发动机发生多起捣缸事故，故障原因大部分为连杆断裂。销售部门拉回 13 台捣缸的发动机进行拆卸分析，并将其中 6 根断裂的连杆送检分析。

原因分析：经分析，6根连杆有5根为分模面切边折叠造成连杆疲劳断裂，另外一根为锻造折叠造成连杆疲劳断裂。原因为切边模刃口变钝和锻模桥部磨损。

防范措施：更换和修复切边模具。

案例图号：图6-30～图6-36。

图6-30　起源于分模面的疲劳断口

图6-31　分模面切边折叠裂纹处的氧化脱碳情况（×160倍）

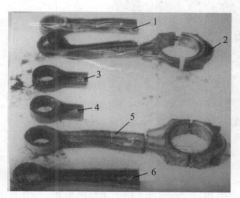

图6-32　断裂的发动机连杆实物

1号连杆的疲劳源形态

1号连杆的切边毛刺

3号连杆的疲劳源形态

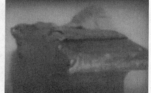
3号连杆的切边毛刺

图6-33　1号、3号连杆疲劳源及分模面切边折叠情况

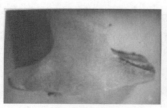
4号连杆的疲劳源形态

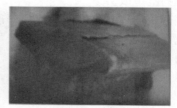
4号连杆的切边毛刺

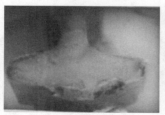
9号连杆的疲劳源形态

9号连杆的切边毛刺

图6-34　4号、9号连杆疲劳源及分模面切边折叠情况

图 6-35　连杆分模面断口疲劳源处的切边折叠（×60 倍）

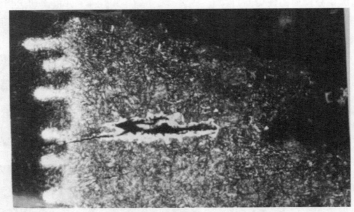

图 6-36　分模面切边折叠处的裂纹（×400 倍）

6.1.4.4　连杆杆部校正凹痕的影响

案例说明：1994 年 7 月，一台装在压路机上的发动机（发往澳门），使用不到一个月，发生连杆断裂引起捣缸事故。

原因分析：经分析连杆断裂原因为连杆杆部校正凹痕损伤。

防范措施：改进校正工艺。经改进后，未再发生此类事故。

案例图号：图 6-37～图 6-39。

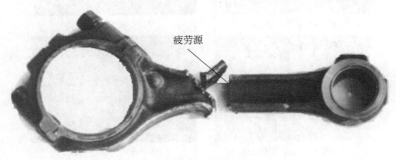

图 6-37　连杆断裂实物

图 6-38 连杆杆部的校正凹痕

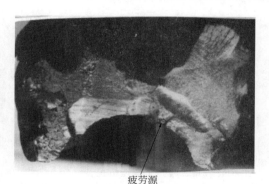
图 6-39 连杆疲劳断口及疲劳源

6.1.4.5 连杆锻造折叠的影响

案例说明【例1】：1991年6月治淮工地，一台推土机在工作60h后，由于发动机连杆断裂，发动机内部许多零件被打坏，造成较大的经济损失和不良的社会影响。

原因分析：对断口宏观观察发现连杆断裂起源处有一裂纹，显微观察分析裂纹为锻造折叠裂纹。由此确定连杆疲劳断裂为锻造折叠裂纹所致。锻造折叠裂纹产生原因为锻打工艺不当。

防范措施：改进模具和锻造工艺。经改进后，未再发生此类事故。

案例图号：图 6-40、图 6-41。

图 6-40 连杆断裂情况

图 6-41 连杆断口及疲劳源位置

案例说明【例2】：1993年10月，安徽省长丰县陶湖砖瓦厂一台推土机，使用160h后，发生连杆断裂打坏缸体事故。

原因分析：经观察、检测、分析，连杆断裂是锻造折叠裂纹引起的疲劳断裂。

防范措施：同 6.1.4.5【例1】。

案例图号：图 6-42～图 6-45。

图 6-42 连杆断裂实物

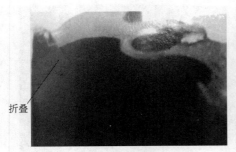

图 6-43　断裂起源于锻造折叠裂纹处

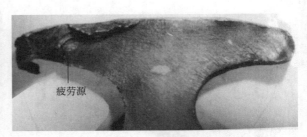

图 6-44　连杆断口及疲劳源位置

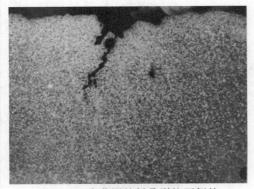

图 6-45　疲劳源处折叠裂纹两侧的氧化脱碳情况（×80 倍）

6.1.4.6　连杆螺栓头支撑面机加工形成的"V"形尖角应力的影响

案例说明【例 1】：用户购买一台装有某型号发动机的汽车，使用不到一年发生两起连杆断裂事故。在一般的情况下，连杆断裂都要造成捣缸。该案例，第一次连杆断裂未造成捣缸（仅见此一例），第二次连杆断裂造成捣缸。销售部门把整台发动机拉回，拆开后发现有一缸连杆盖和连杆螺栓均已发生断裂。

原因分析：分析连杆盖断裂是因为在冷加工时形成的"V"形尖角应力集中造成的。为了更进一步分析尖角应力集中对其他缸连杆盖的影响，试验人员把这台发动机上未断裂的其他连杆盖全部拆卸下来进行探伤检查。结果发现，在连杆盖冷加工尖角应力集中处都已产生了疲劳裂纹（第一次断裂后换上去的除外）。一台六缸发动机 6 根连杆，断裂 2 根，其余 4 根都已产生了疲劳裂纹。这说明此种加工缺陷可造成连杆 100% 断裂。

连杆大头部分光弹应力分析表明（由天津大学、天津动力机械厂分析），使用中连杆盖外侧连杆螺栓头支撑面是一个受力较大的部位，机加工时在该部位形成的"V"形尖角应力集中，可引起发动机连杆大批断裂，造成了巨大的经济损失和不良的社会影响。

案例说明【例 2】：1994 年 4 月，一台发动机做 1000h 耐久试验，当试验进行到 230h 时，发动机第三缸发生捣缸事故。拆卸后发现第三缸连杆盖断裂。

原因分析：经分析连杆盖断裂为加工螺栓头支撑面时形成的"V"形尖角应力集中所致。其余未断的 5 根连杆盖经探伤，发现其中 4 根在有"V"形冷加工的缺陷处已经产生了疲劳裂纹。

防范措施：把尖角应力集中处改为圆弧过渡。改进后，此类缺陷未再发生。

案例图号：图 6-46～图 6-53。

6.1.4.7　连杆螺栓孔钻孔过深的影响

案例说明：1986 年 4 月，一台六缸发动机在试验过程中连杆断裂。该台发动机配

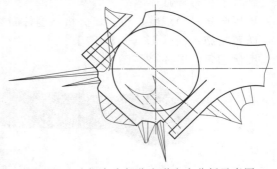

图 6-46　连杆大头部分光弹应力分析示意图

80样机，连杆的使用寿命规定为8000h，用于推土试验1000h之后在进行田间试验时发生断裂，整个连杆断为三节，前后仅工作了1400h。

原因分析：发动机连杆螺栓孔有一侧为盲孔。经观察分析确定疲劳断裂是从盲孔一侧螺栓孔底孔壁最薄处开始的。由于钻孔过深，盲孔一侧几乎钻透，连杆局部强度降低，使用中产生疲劳断裂。对其余5根未断连杆进行磁力探伤，发现5根连杆在盲孔一侧螺栓孔底鼓包处均有裂纹存在。

图6-47 连杆盖断裂位置

图6-48 连杆盖疲劳断口及疲劳源

图6-49 连杆盖与图6-48匹配疲劳断口

图6-50 未断连杆盖螺栓头支撑面与断口同部位的冷加工尖角

图6-51 与连杆盖断裂同部位的未断连杆盖已产生疲劳裂纹

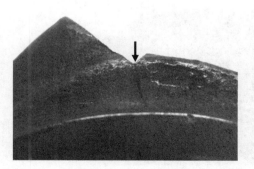

图6-52 疲劳裂纹沿"V"形槽底扩展情况

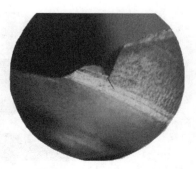

图6-53 疲劳裂纹沿"V"形槽起源情况（×3倍）

防范措施： 把螺栓孔底鼓包处尺寸加厚。改进后，此类故障未再出现。
案例图号： 图6-54、图6-55。

图6-54　连杆断裂实物

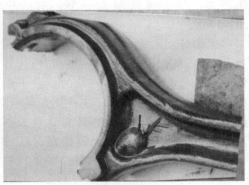
图6-55　连杆螺栓孔底部鼓包边沿的裂纹

6.1.4.8　螺栓孔钻头损伤的影响

案例说明： 1997年6月出厂的一台发动机，在江苏宜兴公路管理处桥梁工程队施工作业时，发生连杆早期断裂造成捣缸。

原因分析： 经观察发现连杆疲劳断裂源位于连杆螺栓孔盲孔一侧的孔底锥面与柱面相交的尖角处。螺栓孔底锥面上有鱼鳞状的金属突起，整个锥面加工粗糙。疲劳源处显微观察发现，有冷加工时形成的磨损白亮层和显微裂纹，白亮层下面是塑性流变层。分析连杆断裂是由于钻头磨损所致的。钻孔时，不是切削而是变成了挤削并形成挤压白亮层和裂纹，从而引发作业时连杆疲劳断裂。

防范措施： 及时修磨或更换钻头，可避免此类缺陷产生。
案例图号： 图6-56～图6-59。

图6-56　连杆断裂实物

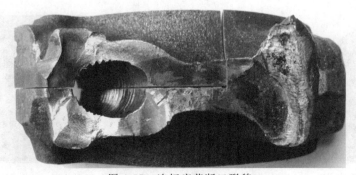
图6-57　连杆疲劳断口形貌

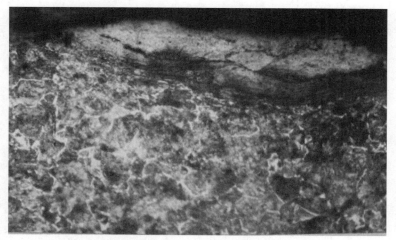

图 6-58　连杆疲劳源处的磨损白亮层和显微裂纹（×320 倍）

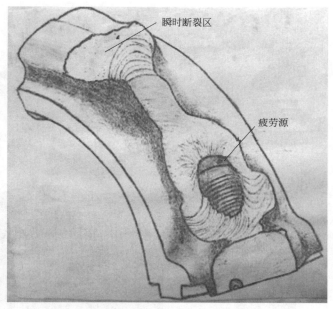

图 6-59　断口疲劳扩展示意图

6.1.4.9　连杆油孔加工尖角应力集中的影响

案例说明【例1】：辽宁省绥中县沙河乡三台子村 1986 年 12 月 30 日购买的一台推土机，使用 2000h 连杆断裂，并打坏缸体、油底壳等零件。

原因分析：该型号发动机连杆杆部有一长油孔，油孔与连杆大小头孔壁相通处为一直角。该连杆断裂是由于连杆小头油孔留有未完全钻通的毛刺而形成尖角应力集中以及分模面切边折叠共同作用所致的。

防范措施：取消长油孔。取消后，该类隐患已不复存在。

案例图号：图 6-60。

案例说明【例2】：黑龙江省虎林市忠诚乡忠诚村 1991 年 5 月购买的一台拖拉机，工作 650h 后，发动机第三缸连杆断裂，造成发动机捣缸。

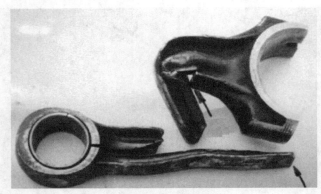

图 6-60　连杆断裂实物

原因分析：经断口观察分析，连杆断裂为疲劳断裂。断裂原因为连杆小头油孔留有未完全钻通的毛刺形成尖角应力集中。

防范措施：同 6.1.4.9【例 1】。

案例图号：图 6-61～图 6-64。

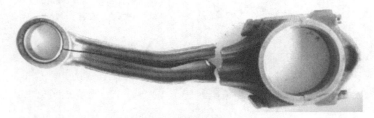

图 6-61　连杆断裂实物

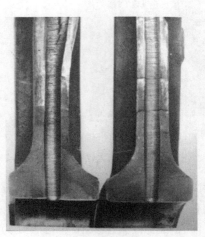

图 6-62　连杆小头油孔尖角应力集中处的断口

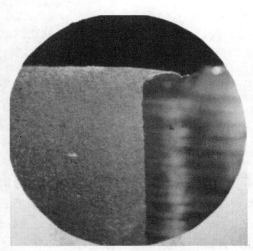

图 6-63　连杆小头油孔处未钻透形成的毛刺

案例说明【例 3】：装有非调质钢发动机连杆的汽车行驶 4 万多公里后发生断裂，造成发动机捣缸。

原因分析：经断口观察分析，连杆断裂为疲劳断裂。断裂原因为连杆小头油孔加工尖角应力集中。

防范措施：同 6.1.4.9【例 1】。
案例图号：图 6-65～图 6-67。

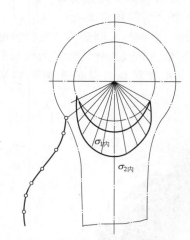

图 6-64　连杆小头受压时应力分布图

图 6-65　连杆断裂实物

图 6-66　断口

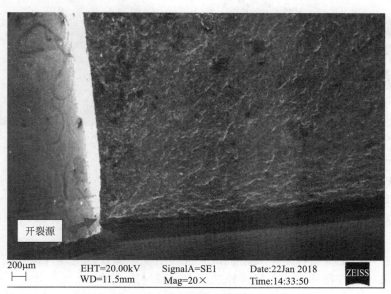

图 6-67　开裂源位于油孔尖角处

6.1.4.10 连杆螺栓孔偏小及螺纹乱牙的影响

案例说明： 2000年11月，一台发动机在使用中，连杆及螺栓断裂造成捣缸。

原因分析： 宏观观察断裂螺栓外圆表面有相对运动磨痕。解剖连杆盲孔一侧连杆螺栓孔，发现连杆螺栓螺纹牙尖已卡死在连杆螺栓孔内螺纹根部。由此分析判断连杆及螺栓断裂是由于连杆螺栓孔内径偏小，造成连杆螺栓预紧力不足引起松动导致连杆异常受力所致的。

防范措施： 及时更换丝锥、严格执行钻孔工艺可消除此类隐患，避免此类断裂事故发生。

案例图号： 图6-68～图6-70。

图6-68　连杆断裂实物

图6-69　连杆螺栓断裂情况

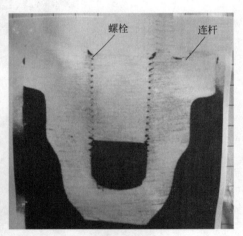

图6-70　连杆螺栓在螺栓孔中的挤压情况

6.1.4.11 连杆螺栓孔清洁度差有异物的影响

案例说明： 2004年5月，一台发动机整机进行台架试验，试验进行了2个多小时，突然发生捣缸事故，发动机缸体被打出一个洞。将发动机拆卸后发现，第一缸连杆、连杆螺栓、活塞、缸套等零件均已损坏。

原因分析： 经检测分析确定，发动机试验过程中发生捣缸是由连杆螺栓松动引起的，连杆螺栓松动是由于连杆螺栓孔与连杆螺栓之间夹有异物造成的。

防范措施： 加强连杆螺栓孔清洁度的控制，可杜绝此类事故发生。

案例图号： 图 6-71～图 6-75。

图 6-71 连杆及螺栓断裂实物

图 6-72 连杆螺栓杆部断裂情况

图 6-73 连杆螺栓螺纹牙被异物挤压损伤情况

图 6-74 连杆螺栓及螺栓孔螺纹牙被损坏情况

图 6-75 连杆螺栓断口及连杆盖挤压情况

6.1.4.12 连杆螺栓松动的影响

案例说明【例 1】： 1986 年 7 月，河南煤田地质二队发电机组的一台柴油发动机工作

600h 时，连杆螺栓断裂，连杆盖飞出打坏发动机。

原因分析：经分析连杆螺栓断裂是螺栓松动造成的。连杆螺栓的作用是把连杆盖与连杆体紧紧地连接在一起。发动机运转时，连杆螺栓承受带有一定程度脉动的负荷的作用，处于疲劳应力状态。应力主要为变动的拉伸力，是往复运动产生的惯性力。此外，还承受连杆旋转质量的离心力，其应力平均值和幅值的大小分别取决于螺栓的预紧力和动载荷，因此如果连杆螺栓预紧力不足，将严重影响连杆的受力。正常情况下，连杆螺栓工作时螺栓和连杆盖及连杆体之间不应有相对运动。一旦螺栓松动，螺栓和连杆盖及连杆体之间发生相对运动，则会产生冲击磨损，并使螺栓又承受一个附加的弯曲应力，引起连杆断裂并造成捣缸。

防范措施：加强连杆螺栓预紧力的控制，可有效防止连杆螺栓松动。

案例图号：图 6-76～图 6-78。

图 6-76　连杆断裂实物

图 6-77　连杆盖的损坏情况

案例说明【例 2】：1990 年 11 月，一台装在 6t 叉车上的发动机，作业时发生连杆螺栓断裂，引起发动机捣缸事故。

原因分析：经观察发现连杆螺栓头支撑面已被连杆螺栓头拍打出一个台阶，连杆螺栓表面有相互运动产生的磨损痕迹。分析确定连杆螺栓断裂为螺栓松动造成。

防范措施：同 6.1.4.12【例 1】。

案例图号：图 6-79、图 6-80。

案例说明【例 3】：1993 年 6 月一辆解放牌汽车行驶了近 5 万公里时，发动机第六缸连杆螺栓断裂、连杆撕裂，造成整台发动机损坏。

原因分析：经分析连杆螺栓断裂为螺栓松动所致，一侧螺栓松动断裂后，造成连杆在另一侧连杆螺栓孔处撕裂。

图 6-78　连杆螺栓断裂情况

图 6-79　连杆及螺栓断裂实物　　　　　图 6-80　连杆螺栓头支撑面上的磨损小台阶

防范措施：同 6.1.4.12【例 1】。
案例图号：图 6-81～图 6-83。

图 6-81　连杆及螺栓断裂实物

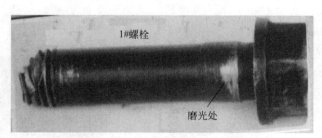

图 6-82　断裂连杆螺栓杆部被磨光痕迹

6.1.4.13　螺栓头与螺栓支撑面中间有钻孔毛刺的影响

案例说明：1996 年 4 月，一台发动机在磨合试验时，突然发生捣缸事故。拆卸后发现两个连杆螺栓断裂，一个为疲劳断裂，一个为拉伸断裂。

原因分析：观察发现疲劳断裂的螺栓头与连杆盖接合面有明显的相对磨损痕迹，同时这一侧的连杆盖和连杆体接合面也有明显的相对磨损痕迹。因此说明这根螺栓在工作过程中发生了松动，造成螺栓断裂。通过进一步观察发现，疲劳断裂螺栓那一侧的螺栓孔边缘有凸起的毛刺，在发动机工作时凸起的毛刺被挤压变形，从而引起螺栓松动。

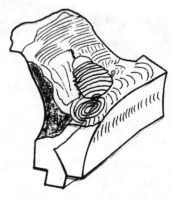

图 6-83　连杆疲劳断口示意图

防范措施：增加一道去毛刺工序，消除该类隐患。改进后未再发生此类连杆螺栓断裂事故。

案例图号：图 6-84、图 6-85。

图 6-84　连杆及螺栓断裂实物

图 6-85　连杆螺栓支撑面螺栓孔边缘凸起的毛刺

6.1.4.14　连杆盖和连杆体接合面有钻孔毛刺的影响

案例说明【例1】：2006 年 7 月，一台发动机在试验时第一缸连杆及螺栓断裂，造成捣缸事故。

原因分析：经观察分析确定捣缸原因为连杆螺栓松动，进一步观察发现引起连杆螺栓松动的原因为连杆体与连杆盖接合面上的螺栓孔边缘有钻孔毛刺，影响了螺栓的预紧，造成工作中连杆螺栓松动。

防范措施：增加一道去毛刺工序。改进后，未再发生此类断裂事故。

案例图号：图 6-86、图 6-87。

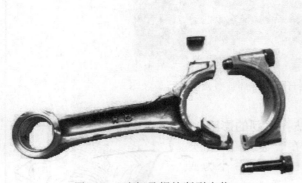

图 6-86　连杆及螺栓断裂实物

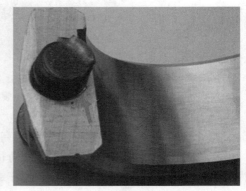

图 6-87　连杆盖螺栓孔钻孔毛刺

案例说明【例2】：2008 年 5 月，装在收割机上的一台发动机，在厂内试车时发生连杆螺栓断裂事故，并损坏整台发动机。

原因分析：经观察分析判断，螺栓断裂是由螺栓松动造成的。引起连杆螺栓松动的原因为连杆体与连杆盖接合面上的螺栓孔边缘有钻孔毛刺。钻孔毛刺是由钻头磨损形成的。

防范措施：增加一道去毛刺工序，及时更换钻头。改进后，未再发生此类连杆断裂事故。

案例图号：图 6-88～图 6-90。

图 6-88　连杆及螺栓断裂实物

图 6-89　连杆体与连杆盖接合面的磨损情况

6.1.4.15　连杆螺栓错装的影响

案例说明：1993 年 3 月，一辆 665 汽车仅行驶 400 多公里，便发生发动机连杆螺栓断裂事故，并打坏活塞、缸套和油底壳。

原因分析：两个连杆螺栓应为一侧长，一侧短，而该台发动机上的两根连杆螺栓都装成了长螺栓。由于一侧连杆螺栓错装而造成发动机捣缸。

防范措施：增强装配人员的责任心。

案例图号：图 6-91、图 6-92。

6.1.4.16　连杆螺栓定位凸缘与螺栓孔间隙过小的影响

案例说明【例 1】：2003 年 8 月，一台发动机在磨合

图 6-90　螺栓孔处的钻孔毛刺

试验中，发生拉缸现象，在拆卸过程中发现第三缸连杆螺栓断裂。

原因分析：该型号发动机连杆螺栓杆部有一"定位凸缘"。经观察发现连杆螺栓的"定位凸缘"与连杆螺栓孔发生了黏着磨损，导致连杆螺栓拆卸时扭转断裂。发生黏着磨损的原因为螺栓定位凸缘与连杆螺栓孔之间间隙过小。

图 6-91　连杆及相关零件损坏情况

防范措施：加强连杆螺栓孔尺寸控制，可避免此类事故发生。

案例图号：图 6-93、图 6-94。

案例说明【例 2】：2004 年 12 月，一台发动机在使用近一年时，发生连杆螺栓断裂，连杆盖飞出打坏缸体事故，并损坏活塞、缸套等相关部件。

图 6-92　连杆螺栓断裂情况　　　　图 6-93　连杆螺栓定位凸缘处的黏着磨损情况

原因分析：经观察分析螺栓断裂原因为螺栓定位凸缘与连杆螺栓孔之间间隙过小，造成螺栓与孔之间黏着使螺栓的预紧力不足，工作中发生松动。其中有一个连杆螺栓有三圈螺纹牙未进入螺栓孔的螺纹中。

防范措施：同 6.1.4.16【例 1】。

案例图号：图 6-95～图 6-97。

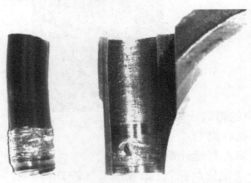

图 6-94　连杆螺栓定位凸缘及螺栓孔配合处的磨损情况　　　　图 6-95　连杆及螺栓损坏情况

图 6-96　连杆螺栓定位凸缘处的黏着磨损情况　　　　图 6-97　连杆螺栓孔内的黏着磨损情况

6.1.4.17　连杆螺栓漏装开口销的影响

案例说明：1992 年 9 月，一台拖拉机工作仅 30h，第三缸连杆螺栓断裂，造成发动机捣缸。

原因分析：经观察分析为连杆螺栓未装开口销造成连杆螺栓松动所致。

防范措施：增强装配人员的责任心。

案例图号：图 6-98。

6.1.4.18 材料用错的影响

案例说明：某化工有限公司一台 650kW 的 512 空气压缩机连杆在工作中断裂，并引起相关件损坏和火灾事故，造成较大的经济损失。连杆技术要求：材料 45 钢、锻造、正火、调质处理。

原因分析：经检测分析，连杆材料为球墨铸铁，相当于 QT700-5，在连杆断口开裂源处存在多肉铸造缺陷。

防范措施：加强质量控制。

案例图号：图 6-99～图 6-103。

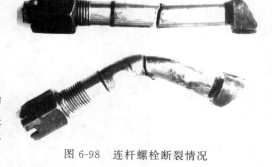

图 6-98　连杆螺栓断裂情况

图 6-99　连杆断裂实物

图 6-100　连杆原始断口情况（经过火烧和水淋）

图 6-101　酸洗后的连杆断口形貌

6.1.5　维护及使用不当对连杆失效的影响

6.1.5.1　连杆焊接的影响

案例说明：2000 年 4 月，一用户购买的发动机连杆备件，使用一个多月发生连杆断裂事故，并打坏缸体。

原因分析：发动机连杆在生产中是严禁焊接的。观察发现该连杆疲劳断裂源处有一焊点，断口

图 6-102　连杆断口开裂源处的多肉铸造缺陷

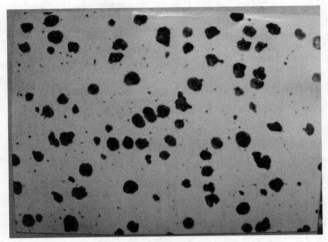

图 6-103　连杆组织中的球状石墨（×100 倍）

上有焊接裂纹，金相组织已从调质组织变为正火组织，由此判断连杆断裂为焊接裂纹所致。

防范措施：严格遵守发动机连杆严禁焊接的规定。

案例图号：图 6-104。

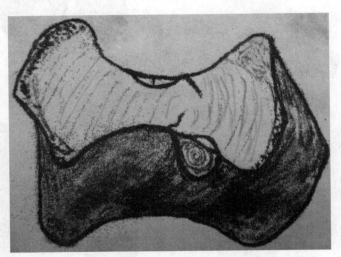

图 6-104　连杆疲劳断口上的焊接裂纹及疲劳源处的焊点

6.1.5.2　连杆盖和连杆体错装的影响

案例说明：2000 年 6 月，某用户委托某运输公司维修厂为其修理汽车，修理后使用了 15 天，发动机连杆断裂，造成发动机捣缸。双方因维修质量问题而产生纠纷，由市中级人民法院委托工材所分析连杆断裂原因。

原因分析：连杆盖和连杆体是一体锻造，冷加工时截开，但装配和维修时必须保证按配对号进行安装。观察发现连杆大头连杆盖和连杆体加工刀痕不一致，且配对号也不对。分析其原因为维修时连杆盖和连杆体未按配对号装配。

防范措施：严格按配对号装配，保证连杆盖和连杆体为一体。

案例图号：图 6-105、图 6-106。

图 6-105　连杆及活塞损坏情况

6.1.5.3　连杆螺栓有效长度不够的影响

案例说明：宇通客车使用的某型号发动机，已运营三年。2001 年 10 月 3 日送某运输公司维修厂进行维修，更换了部分零件（其中包括由客户提供的两个新的连杆螺栓，换掉了发动机第四缸中两个旧的连杆螺栓）。2001 年 10 月 8 日，该客车开始重新运营。2001 年 10 月 28 日在客车运营途中发生发动机捣缸事故。拆开后发现第四缸的一个连杆螺栓断裂。

原因分析：断裂螺栓经电镜观察分析为疲劳断裂，且发现另一个未断螺栓螺纹有效长度只有 18mm（原装螺栓螺纹有效长度为 20mm）。观察螺栓光杆与螺纹交界处有明显的挤压痕迹，由此说明由于客户提供的两个连杆螺栓螺纹有效长度不够，使连杆和连杆盖之间产生松动造成螺栓断裂引起捣缸。

防范措施：购买安装合格的连杆螺栓。

案例图号：图 6-107～图 6-110。

图 6-106　连杆疲劳断口形貌

图 6-107　连杆及螺栓断裂情况

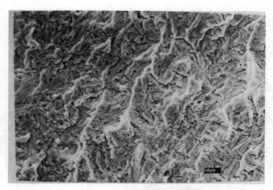

图 6-108　连杆螺栓断口疲劳扩展区微观形态

6.1.5.4　连杆小头铜套磨损的影响

案例说明：1996 年 6 月，一辆已行驶 6.044 万公里的 5t 汽车，在行驶中发生连杆断裂事故，并引起捣缸。连杆小头断为多块，小头铜套已磨损成碎片。

455

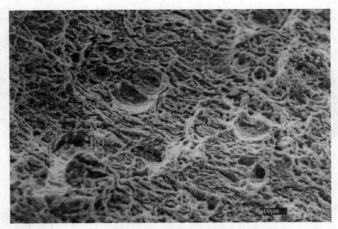

图 6-109　连杆螺栓断口最终断裂区微观形貌

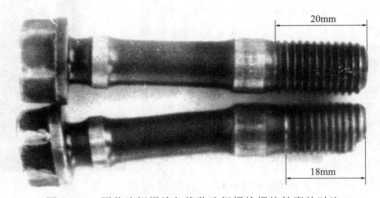

图 6-110　原装连杆螺栓与换装连杆螺栓螺纹长度的对比

原因分析： 显微观察活塞销表面已产生磨损白亮层。经分析连杆断裂是由连杆小头铜套磨损造成的。

防范措施： 调整连杆小头铜套与活塞销之间的间隙，控制铜套质量。

案例图号： 图 6-111～图 6-113。

图 6-111　连杆及相关件损坏情况

图 6-112　连杆小头断裂及铜套磨损情况

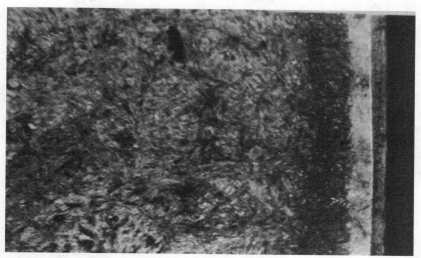

图 6-113 活塞销表面的磨损白亮层（×400 倍）

6.1.6 连杆瓦磨损抱轴的影响

案例说明【例 1】：2000 年 10 月，一台装在江西五十铃汽车上的某型号发动机，使用一个月后连杆断裂，损坏发动机。

原因分析：连杆大头与曲轴连杆颈之间有连杆瓦与之相配，连杆瓦面有一合金层与曲轴表面做相对运动，且两者之间有油膜润滑。连杆大头与连杆瓦背之间不应有相对运动。如果连杆瓦磨损使连杆瓦紧紧抱死在曲轴上，将严重增加连杆受力而引起连杆断裂。经观察连杆大头内孔已和连杆瓦发生了严重的黏着磨损，连杆瓦金属已黏着在连杆大头内孔壁上，说明连杆大头与连杆瓦背产生了相对运动。由此分析判断连杆大头断裂为连杆瓦抱轴磨损所致。

防范措施：控制轴瓦和润滑油质量，调整好轴瓦间隙防止抱瓦。

案例图号：图 6-114、图 6-115。

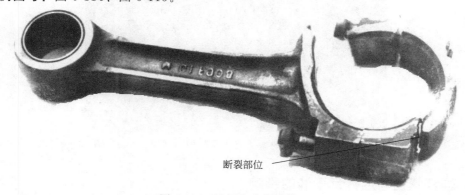

图 6-114 连杆大头断裂情况

案例说明【例 2】：2004 年 2 月，南方某厂生产的一台发动机连杆盖在使用中断裂并损坏发动机。

原因分析：观察断口并经显微观察分析，连杆盖断裂为连杆瓦磨损造成的。

防范措施：同 6.1.6【例 1】。

案例图号：图 6-116～图 6-118。

图 6-115　连杆大头内孔黏着的连杆瓦金属

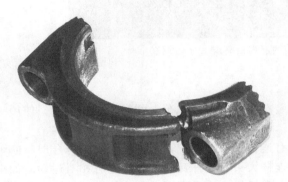

图 6-116　发动机连杆盖断裂情况

图 6-117　连杆盖疲劳断口及疲劳源

图 6-118　疲劳源处的塑性流变及磨损白亮层（×200 倍）

6.1.7　连杆螺栓与连杆瓦干涉的影响

案例说明【例 1】：1989 年 7 月，一台履带拖拉机工作 300h 后，连杆螺栓断裂，造成发动机机体破碎（事故）。

原因分析：经观察连杆螺栓疲劳断裂源处有划伤磨损痕迹，由此判断连杆螺栓断裂为螺栓与连杆瓦摩擦损伤所致。

防范措施：严格执行螺栓孔加工要求，防止抱瓦磨损及螺栓与轴瓦干涉现象发生。

案例图号：图 6-119、图 6-120。

图 6-119　连杆螺栓断裂情况　　　　图 6-120　连杆螺栓疲劳断裂源处的划伤磨损痕迹

案例说明【例 2】：1997 年 3 月，一台发动机连杆螺栓工作 1300h 后断裂，造成捣缸。

原因分析：观察发现连杆螺栓杆部表面疲劳源处有磨损痕迹。经断口及电镜能谱分析，螺栓疲劳源处有轴瓦金属。这表明轴瓦和螺栓之间已发生了相对运动且产生了黏着磨损。因此，连杆螺栓断裂是由轴瓦损伤造成的。

防范措施：同 6.1.7【例 1】。

案例图号：图 6-121、图 6-122。

图 6-121　连杆螺栓断裂位置

图 6-122　连杆螺栓杆部表面疲劳源处黏着有轴瓦金属

6.1.8　连杆油孔裂纹造成的疲劳失效

案例说明：某发动机连杆工作时，在大小头处出现多起油孔裂纹现象。

原因分析：经检测分析，油孔裂纹为疲劳裂纹，连杆大小头内孔表面有与轴瓦发生相对运动产生的磨损痕迹，由此判断油孔裂纹产生是抱瓦引起的。

防范措施：防止抱瓦。

案例图号：图 6-123。

图 6-123　连杆大头内孔处的裂纹

6.1.9　相关件损坏（如拉缸）引起的影响

案例说明：装在某型号装载机上的发动机，使用三个月发生捣缸事故，并打坏缸体。拆卸后发现连杆已断裂，活塞、气缸套均已损坏。

原因分析：观察断口为弯曲撕裂状断口，无疲劳特征。经分析判断连杆断裂是由于活塞严重拉缸造成的。

防范措施：防止拉缸。

案例图号：图 6-124、图 6-125。

图 6-124　连杆断裂实物

图 6-125　活塞严重拉缸

6.2　齿轮零件失效分析案例

齿轮是机械产品上的重要传动部件。拖拉机、工程机械的变速箱、传动箱、差速器、后桥、末端传动等都是靠齿轮发挥作用的。由于拖拉机、工程机械的工作条件恶劣，受力复杂、苛刻，所以齿轮的热处理质量都有严格的规定。上述部位的齿轮大多采用低碳合金钢制造，并经渗碳淬火强化，以达到设计规定和满足使用要求。

齿轮工作时，通过齿面的接触传递动力，所以齿轮承受的主要负荷作用于齿轮的轮齿上，齿根受到弯曲应力的作用，其值可达 700～800MPa。这种应力是周期性的，它将造成轮齿产生疲劳断裂或者脆断。轮齿表面受到接触应力和摩擦应力作用。接触应力是由于两个齿面相互接触而产生的，其值可达 2500～3000MPa。摩擦应力是由齿面之间的相对滑动造成的。这两种应力的存在，将导致齿面产生接触疲劳损坏和磨损。除此之外，齿轮的冷加工误差、热处理质量差及装配不良等，都可造成齿轮轮齿的不均匀啮合从而引起局部偏载或者附加的冲击负荷。再者，在换挡过程中，变速箱齿轮齿端部将受到强烈的冲击和磨损。

下面列举几起由于热处理质量不佳引起的齿轮失效例子。通过对不同种类的齿轮、不同断裂方式所进行的断口分析、材料检验，找出引起齿轮断裂、失效的主要原因。

案例说明【例1】：因无硬化层造成的齿轮失效。

2008 年 1 月，销往泰国的大轮拖，仅工作了 4h 就发生了中央传动小锥齿轮严重磨损失效的现象。

小锥齿轮的技术要求：材料 20CrMnTi，表面渗碳淬火，齿表面硬度为 57～63HRC，齿心硬度为 31～34HRC，渗碳有效硬化层深为 0.6～0.8mm。

送检小锥齿轮共 2 件，分别编号 1#、2#，见图 6-126 及图 6-127。对小锥齿轮的金相、硬度、淬硬层深进行检验，由于小锥齿轮的齿部已严重磨损（见图 6-128、图 6-129）无法检测，只能在齿轮的根部及轴颈处进行检测。其心部金相组织见图 6-130。

图 6-126　1#小锥齿轮（锥齿轮齿部严重磨损）

图 6-127　2#小锥齿轮（锥齿轮齿部全部磨损）

图 6-128　2#小锥齿轮齿部
（锥齿轮齿根部的渗碳层）

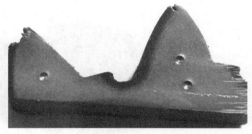

图 6-129　1#小锥齿轮齿部（锥齿轮齿根部及未磨损齿面的渗碳层）

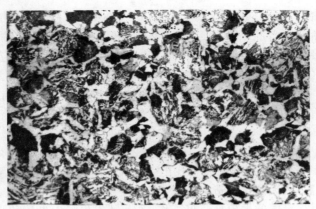

图 6-130　心部金相组织（×400 倍）

通过化学分析，其成分符合标准要求，而其各项技术指标检测结果如表 6-1 所示。

原因分析：齿部已严重磨损无法检测，只有齿轮根部和轴颈可进行检测，检测结果为齿轮表面只有渗碳层，而无有效硬化层即淬火层，严重降低了齿轮的耐磨损性能。

防范措施：严格执行热处理渗碳淬火工艺程序，加强工艺过程控制和质量检测。

案例图号：图 6-126～图 6-130。

表 6-1　各项技术指标检测结果

试样编号	齿心硬度/HRC	心部组织	齿根渗碳淬火层组织	齿根有效硬化层/mm
1#	＜20	F＋B＋P(如图 6-130)	屈氏体	无
2#	＜20	F＋B＋P(如图 6-130)	屈氏体	无
技术要求	31～34	低碳 M＋少量 F	高碳 M＋残余 A	0.6～0.8

注：F—表示铁素体，B—表示贝氏体，P—表示珠光体，M—表示马氏体，A—表示奥氏体。

案例说明【例 2】：因相关件引起的齿轮失效。

大轮拖小锥齿轮在使用中发生断裂。技术要求为：材料 20CrMnTi，表面渗碳淬火，齿表面硬度为 58～64HRC，齿心硬度为 31～34HRC，渗碳有效硬化层深为 1.0～1.2mm。

宏观检验：小锥齿轮的断裂部位位于花键上的挡圈槽根部（见图 6-131）；断口为旋转弯曲疲劳断口（见图 6-132），经仔细观察断口附近的花键侧面有与相关件的偏斜挤压磨光的痕迹（如图 6-133 所示）；化学成分经分析符合标准要求；硬度、金相组织、有效硬化层等经检验均符合技术要求。故该小锥齿轮的断裂主要是由于相关件与锥齿轮花键不同轴，使小锥齿轮轴异常受力造成的。

图 6-131　断裂的锥齿轮

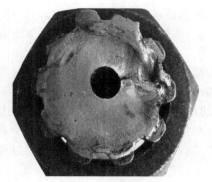

图 6-132 断口形貌

图 6-133 花键上偏斜挤压磨光痕迹

案例说明【例3】：工艺不当造成齿轮断裂。

某拖拉机变速箱中的倒挡齿轮焊合件由倒一挡主动齿轮、连接隔套、倒二挡主动齿轮三部分焊接而成。焊合后发生断裂。倒一挡主动齿轮、倒二挡主动齿轮材料为20CrMnTi，表面渗碳淬火处理；连接隔套材料为20钢，正火处理。合件的图纸要求：倒一挡主动齿轮焊接区10.5mm范围内不允许渗碳。

宏观检查：倒挡齿轮合件断裂发生在连接隔套与倒一挡主动齿轮焊接接头处（见图6-134），断口呈银白色，呈焊接冷裂纹断口特征（如图6-135所示）；垂直断口截面观察，开裂位于焊缝与倒一挡主动齿轮焊接的热影响区（如图6-136所示）。

图 6-134 断裂的齿轮合件

图 6-135 断口形貌

图 6-136 断裂位置

显微观察：倒一挡主动齿轮一侧（即开裂区）的热影响区组织为马氏体，这一区域的硬度为509～707HV，相当于50～60.5HRC，经退火后该区域组织为中、高碳合金钢退火组织，表明这一区域已经渗碳处理。

由以上观察、检验结果可以看出，倒一挡主动齿轮焊接热影响区已经过渗碳处理，高的含碳量严重影响焊接性能，增加了开裂倾向。热影响区的组织为马氏体，增加了零件的脆性，并产生了较大的组织应力，增加了焊接氢脆的敏感性。马氏体是焊接不希望出现的组织，故倒挡齿轮合件的断裂与焊接热影响区渗碳并产生中、高碳马氏体组织从而引起较大焊接应力有关。其齿轮断裂的主要原因有：技术要求焊接区不允许渗碳但实际已经过渗碳，工艺不当等。在工作中应给予足够的重视。

案例说明【例4】：一种拖拉机变速箱二轴，工作过程中发生齿轮部位严重疲劳剥落、磨损及齿根疲劳断裂现象。

原因分析：齿部已严重磨损无法检测，只有齿轮根部和轴颈可进行检测。检测结果为齿根有效硬化层偏浅、表层非马氏体、心部硬度偏低。

防范措施：

① 严格执行热处理渗碳淬火工艺程序，加强工艺过程控制和质量检测。

② 更换淬透性高的材料，以提高齿轮的心部硬度。

案例图号：图6-137～图6-143。

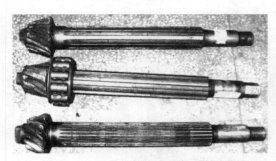

图6-137　履带拖拉机变速箱二轴实物

图6-138　表层非马氏体层、心部硬度偏低造成齿面疲劳剥落

图6-139　表层非马氏体层（×400倍）

图6-140　齿根有效硬化层浅造成起源于齿根的疲劳断裂

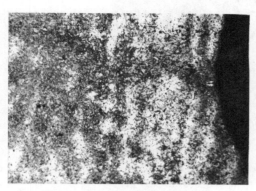
图 6-141 齿根硬化层组织中有非马氏体组织及疲劳裂纹（×100 倍）

图 6-142 齿根过深的非马氏体层造成齿根疲劳断裂

案例说明【例 5】：一种拖拉机最终传动主动齿轮，工作过程中发生轮齿部位严重疲劳剥落现象。

原因分析：检测结果为表层碳化物级别和非马氏体层超标，造成齿面剥落失效。

防范措施：严格执行热处理渗碳淬火工艺程序，防止网状碳化物的产生，加强工艺过程控制和质量检测。

案例图号：图 6-144～图 6-146。

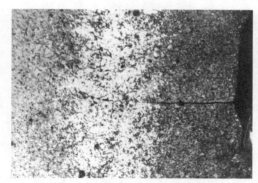
图 6-143 齿根非马氏体组织及疲劳裂纹（×100 倍）

图 6-144 1202 最终传动主动齿轮实物

图 6-145 主动齿轮齿面严重剥落

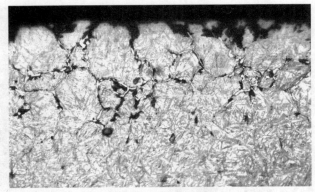

图 6-146　主动齿轮表层碳化物和非马氏体（×400 倍）

案例说明【例 6】：T140 推土机末端传动齿轮，工作过程中发生轮齿部位严重疲劳剥落现象。

原因分析：检测结果为有效层偏浅造成 T140 推土机末端传动齿轮副中间轴齿面疲劳剥落。

防范措施：严格执行热处理渗碳淬火工艺程序，提高渗碳淬火有效硬化层深度，加强工艺过程控制和质量检测。

案例图号：图 6-147、图 6-148。

图 6-147　T140 推土机末端传动齿轮副

图 6-148　有效层偏浅造成齿轮副中间轴齿面疲劳剥落

案例说明【例7】：一种大轮拖末端传动太阳轮轴，工作过程中发生轮齿部位严重疲劳剥落现象。

原因分析：检测结果为表层非马氏体和铁素体造成齿面磨损打齿。

防范措施：严格执行热处理渗碳淬火工艺程序，防止表面铁素体的产生，加强工艺过程控制和质量检测。

案例图号：图6-149～图6-151。

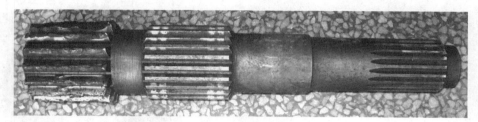

图6-149　1604大轮拖太阳轮轴

图6-150　齿面磨损剥落

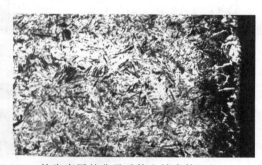

图6-151　轮齿表层的非马氏体和铁素体组织（×400倍）

案例说明【例8】：中轮拖末端传动行星齿轮，在使用过程中发生严重断齿现象。技术要求为节圆有效硬化层0.8～1.2mm，齿根有效硬化层为节圆的70%（0.56～0.84mm）。齿轮模数3mm。

原因分析：检测结果为有效硬化层深过深。节圆淬透，齿根硬化层深2.1mm。

防范措施：严格执行热处理渗碳淬火工艺程序，减薄有效硬化层深度，加强工艺过程控制和质量检测。

案例图号：图6-152～图6-154。

图6-152　中轮拖末端传动行星齿轮断齿情况

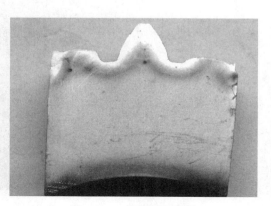

图6-153　齿部硬化层深

案例说明【例9】：大轮拖中央传动大锥齿轮，在使用过程中发生齿顶接触疲劳断裂和齿根弯曲疲劳断裂现象。

原因分析：检测结果为表面脱碳和心部硬度过低（心部硬度22～23HRC）。

防范措施：严格执行热处理渗碳淬火工艺程序，减少表面脱碳，提高心部硬度。

案例图号：图6-155～图6-160。

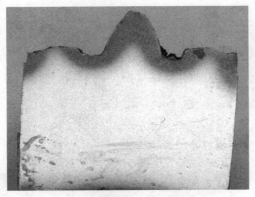

图6-154 齿部渗碳层深

图6-155 大轮拖中央传动大锥齿轮

图6-156 齿面接触疲劳剥落

图6-157 齿根弯曲疲劳断裂

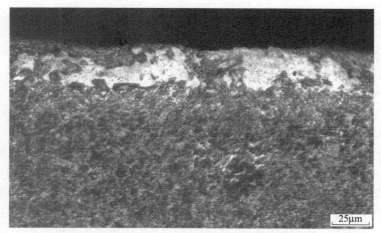

图 6-158 表层有标准不允许出现的块状铁素体组织

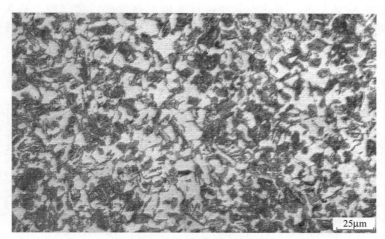

图 6-159 心部铁素体大于 6 级

图 6-160 心部铁素体 6 级标准图片

6.3 发动机曲轴断裂分析

6.3.1 曲轴的受力

曲轴由曲轴小头（与曲轴齿轮配合给发动机齿轮系的其他齿轮提供动力）、主轴颈（与主轴瓦和缸体配合在发动机缸体的主轴道上）、连杆颈（与连杆瓦和连杆大头配合）、法兰（通过飞轮螺栓与飞轮配合）组成。其主要功用是通过连杆把活塞承受汽缸内的气体爆发压力传递给曲轴，使活塞的往复运动转变为曲轴的旋转运动而输出动力。

发动机工作时，曲轴受气体压力、往复惯性力、旋转惯性力及其力矩的共同作用，处于弯曲和扭转复合的交变应力状态；扭振和不平衡质量引起的振动还会使曲轴产生附加应力。此外，曲轴本身结构复杂，在曲柄臂至轴颈的过渡区圆角处及润滑油孔附近等部位存在相当严重的应力集中现象。主轴颈和连杆颈在高速转动中还会受到强烈的磨损。

在上述工作条件下，曲轴的失效现象时有发生，其失效基本形式有弯曲疲劳失效和扭转疲劳破坏（见图6-161），其疲劳裂纹几乎都源于应力集中部位。统计分析表明，弯曲疲劳失效占曲轴失效的80%左右。因此我们要进行曲轴单拐弯曲疲劳试验。疲劳断裂是一种脆性断裂，断裂前无塑性变形，无任何征兆且发生突然。因此，疲劳断裂是一种危险极大的失效形式。

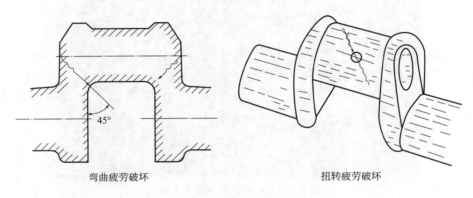

图 6-161 曲轴的失效形式

因此，对曲轴的基本要求是有足够的疲劳强度、弯曲刚度和扭转刚度，有良好的工作均匀性和平衡性。缓解应力集中、减轻质量、提高轴颈表面的耐磨性并改善其润滑条件是减少曲轴断裂的措施。

曲轴是发动机的重要零件之一，曲轴断裂可造成整台发动机失效。曲轴断裂除了与本身质量有关外，还与相关件的配合及相关件的损坏有很大的关系。通过对45钢断裂曲轴及相关件的观察、检测、分析可以得出相关件与曲轴的配合也是引起曲轴断裂的重要因素，应引起我们的重视。

6.3.2 曲轴的失效形式案例

案例说明【例1】：曲轴的失效。

曲轴的失效情况：发动机曲轴在使用过程中发生断裂。我们将曲轴和与之相关的零件，5个主轴承盖和9个主轴承螺栓及4个主轴承螺栓垫片共同进行分析，以探寻曲轴的断裂原因。

曲轴材料为精选45钢，生产工序为锻造→调质→冷加工→轴颈感应淬火。

经宏观观察，曲轴断裂发生在第二曲柄处（如图 6-162 所示），为双向弯扭疲劳断口，贝壳状疲劳条纹特征明显，疲劳源位于第一连杆颈下止点圆角和第二主轴颈圆角处（如图 6-163 所示）。

图 6-162　断裂曲轴及相关件

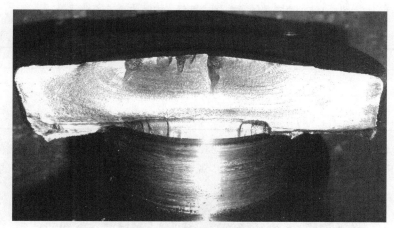

图 6-163　曲轴疲劳断口

第一主轴承盖侧面与第一主轴颈一侧的轴肩产生干涉，主轴承盖侧面被曲轴轴肩磨出一个 0.5mm 高的台阶（如图 6-164 所示）。

第二主轴承盖与主轴瓦因抱瓦发生相对运动现象（正常运行情况下，主轴承盖与主轴瓦之间是没有相对运动的）。主轴承盖内孔径向被轴瓦磨出 1.0mm 的台阶（如图 6-165 所示），并且摩擦热已经把第二主轴承盖烧成黑色（如图 6-166 中间主轴承盖所示），其余主轴承盖表面的红漆颜色正常。

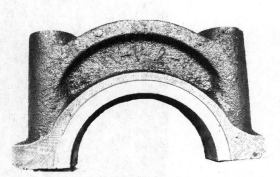

图 6-164　主轴承盖侧面被曲轴轴肩磨出的台阶

检测结果如下。

① 轴颈表面硬度值如表 6-2 所示。

图 6-165 主轴承盖内孔径向被轴瓦磨出的台阶

图 6-166 第二主轴承盖烧成黑色（中间为第二主轴承盖）

表 6-2 轴颈表面硬度值　　　　　　　　　　　　　　单位：HRC

项目	1	2	3	4	5	6
第一主轴颈	56.5	58.5	59.5	60.5	57	60
第二主轴颈	35.5	44	47.5	37.5	38	38
第一连杆颈	46.5	46	44	45	44	45
第二连杆颈	40.5	43	41	39	41.5	40

② 第一连杆颈疲劳源处硬度经测量为 24.5～25HRC，经抛光腐蚀后观察其金相组织，由索氏体和铁素体组成（如图 6-167 所示）。观察第二主轴颈表面有 0.05mm 的磨削白亮层。

图 6-167 疲劳源处的金相组织

③ 螺栓和垫片的冷加工尺寸经测量，结果如表 6-3 所示。

表 6-3　螺栓和垫片的冷加工尺寸

零件编号	垫片内孔倒角尺寸/mm		螺栓头支撑面外径/mm	
第一主轴颈	φ18.6		φ21.98	φ21.9
第二主轴颈	φ18.6		φ21.8	φ21.9
第三主轴颈	φ18.3	φ17.6	φ21.9	φ22.1
第四主轴颈	—		φ22	φ21.9
第五主轴颈				φ21.9
图纸要求	φ17.1～17.37		φ21.72～22	

从表 6-3 看出，虽然 9 个螺栓尺寸都合格，但是 4 个垫片均不合格。

断裂原因分析如下：

① 第二主轴颈表面硬度检测值及轴颈表面磨损白亮层说明第二主轴颈在运行中已经产生了严重的抱瓦现象。而抱瓦过程中产生的摩擦热量升高了曲轴表面的温度，造成高温回火，降低了轴颈表面的硬度。第二主轴承盖内孔径向被轴瓦磨出一个 1.0mm 的台阶说明轴瓦已经抱死在曲轴轴颈上，曲轴带着轴瓦在运动。

② 连杆轴颈表面硬度检测表明，第一和第二连杆轴颈也已经产生了抱瓦现象。

③ 严重的抱瓦使曲轴产生热应力，同时发生高温回火降低了曲轴材料的疲劳强度。严重的抱瓦使曲轴所受的弯扭应力急剧增加。当曲轴所受的异常弯扭应力与热应力叠加超过曲轴圆角处材料疲劳强度时发生疲劳开裂。

发动机曲轴疲劳断裂原因为曲轴抱瓦。

案例说明【例2】：曲轴小头疲劳断裂。

① 玉米收割机发动机曲轴小头断裂　用于青储机、玉米收割机的发动机，发生曲轴小头弯曲和扭转疲劳断裂。断裂原因与键槽尖角应力集中、相关件压配合边缘应力集中、相关件（曲轴齿轮，减振器法兰）损坏、相关件微动磨损、设计强度不足等因素有关（如图 6-168、图 6-169 所示）。

图 6-168　玉米收割机发动机曲轴小头断裂

② 重卡发动机曲轴小头断裂　曲轴为不完整件（和皮带轮与减振器固定法兰相配合部位断件未拿来）。断裂位于曲轴小头曲轴齿轮端面，断口为棘轮状扭转疲劳断口，疲劳源位于整个圆周表面。曲轴齿轮严重磨损（如图 6-170～图 6-172 所示）。

案例说明【例3】：曲轴曲柄臂处疲劳断裂。

发动机曲轴在工作时轴颈主要受扭转负荷，曲柄臂主要受弯曲负荷。这些负荷是周期性变化的，近似地可看作是脉动循环负荷。当曲拐处于上止点附近承受最大爆发压

图 6-169　扭转疲劳断口

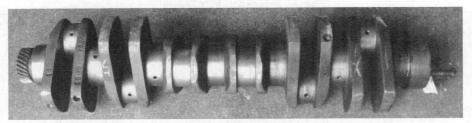

图 6-170　曲轴断件

图 6-171　扭转疲劳断口

图 6-172　曲轴齿轮严重磨损

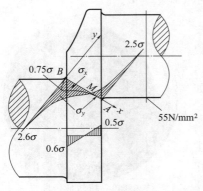

图 6-173　曲轴曲柄受力及应力分布示意图

力时，曲柄臂处承受最大弯矩，使曲柄臂与轴颈过渡圆角处产生很大的应力。当此应力超过曲轴的疲劳极限时，会导致弯曲疲劳裂纹的出现。因此疲劳源几乎全部产生于曲拐平面内的主轴颈和连杆轴颈与曲柄臂连接的过渡圆角处。这是因为在这个位置抵抗弯矩的断面面积最小，而该处恰恰又承受了最大弯矩形成的应力峰（见图 6-173）。一般情况下曲轴连杆轴颈尺寸要比主轴颈尺寸小，曲轴连杆轴颈下止点圆角过渡处相对刚度较差，疲劳源更易在连杆轴颈下止点圆角过渡处产生。六缸曲轴扭振较严重，扭振也会造成曲轴疲劳断裂。在异常情况下，如曲轴变形量超差、主轴承螺栓松动、主轴承盖断裂、缸体硬度低变形、主轴承螺栓垫片孔加工尺寸不合格变形、飞轮动平衡不好等，曲轴弯曲应力会异常增大，可引起曲轴在曲柄处疲劳断裂。

① 曲轴断裂　某发动机配豪沃重卡，使用 48387 公里，曲轴发生断裂（见图 6-174）。原因为装配在曲轴小头的皮带轮与减振器法兰一侧严重磨损（见图 6-175），造成靠近小头的第一连杆颈圆角产生疲劳断裂。疲劳源位于第一连杆颈圆角表面，见图 6-176、图 6-177。

图 6-174　断裂的曲轴

图 6-175　曲轴小头减振器法兰严重磨损

图 6-176　单向弯曲疲劳断口

② 发动机曲轴疲劳断裂　某发动机装在大轮拖上，在使用中（使用三个月）发生失效断裂。分析主要原因为螺栓松动，见图 6-178～图 6-185。

观察主轴承盖与缸体接合情况，第一到第四主轴承盖与缸体接合正常。第五到第七主轴承盖与缸体接合面已磨光发亮，两者之间已发生黏着。

案例说明【例 4】：抱瓦使曲轴弯曲扭转疲劳断裂。

若曲轴本身变形超差、曲轴轴瓦磨损、油脏、缺油等因素造成曲轴抱瓦卡死，使扭转弯曲应力急剧增加，则会造成曲轴扭转弯曲疲劳断裂。

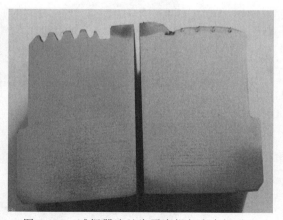

图 6-177　减振器法兰齿牙磨损与未磨损对比

某重卡使用某型号发动机行驶 6 万公里，曲轴发生断裂，见图 6-186～图 6-188。分析为抱瓦所致。

图 6-178　曲轴在第五连杆颈与第五主轴颈之间的曲柄处断裂

图 6-179　连杆颈下止点起源的单向弯曲疲劳断口

图 6-180　第五连杆颈下止点另一圆角 R 处已经开裂

图 6-181　第六连杆颈下止点圆角 R 处也已经产生裂纹（绕半个圆周）

图 6-182　第六主轴承盖断裂

图 6-183　发动机缸体

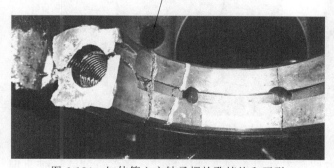

图 6-184　缸体第六主轴承螺栓孔掉块和开裂

图 6-185　主轴承盖与缸体接合情况

案例说明【例5】：发动机试验台架试验连接轴与曲轴不同轴疲劳断裂。

发动机出厂前要在试验台架上进行磨合试验，定期进行 500h 和 750h 可靠性试验，如果试验台架连接轴与曲轴不同轴，在短时间内可造成曲轴疲劳断裂。台架试验造成的曲轴疲劳断裂一般在靠法兰一侧的连杆颈或主轴颈（最后一个曲柄）圆角处。

① 某发动机曲轴断裂　某型号六缸发动机在进行磨合试验 5h 时，有 2 根曲轴发生断裂，见图 6-189。

图 6-186　曲轴断裂位于第六连杆

图 6-187　断口为弯扭疲劳断口

图 6-188　第六连杆颈断口处有抱瓦现象

② 四缸发动机球铁曲轴断裂　一台四缸发动机，在发到用户时，装车路试试验时曲轴发生断裂，见图 6-190～图 6-192。

案例说明【例 6】： 球墨铸铁曲轴材料强度低、热处理质量不佳导致疲劳断裂。

球墨铸铁曲轴若球化不良、珠光体含量少、氮化质量不佳等使曲轴强度不足，会造成使用中疲劳断裂。

① QT 曲轴断裂分析　QT 曲轴在使用中发生断裂，见图 6-193、图 6-194。曲轴断裂原因为组织中珠光体含量少，强度低。

② QT800-2 球墨铸铁曲轴断裂　三根断裂曲轴六个断裂部位，断裂均为单向弯曲疲劳断裂，疲劳源均位于连杆颈下止点靠近曲轴小头一侧圆角处，疲劳扩展方向朝向曲轴小头方

图 6-189 两个断口均为双向弯曲疲劳特征（使用中很少有起源于主轴颈的疲劳断裂）

图 6-190 曲轴断裂位于第四连杆颈与第五主轴颈之间的曲柄处

图 6-191 起源于主轴颈的单向弯曲疲劳断口（不多见），球墨铸铁曲轴疲劳条纹没有钢轴明显

向，见图 6-195～图 6-201。1♯曲轴断裂原因为材料强度低和断裂源处无氮化层深。2♯、3♯曲轴断裂原因为断裂源处无氮化层深和冷加工圆角小于技术要求。

图 6-192　断裂起源于第五主轴颈圆角处

图 6-193　曲轴断裂为四节

图 6-194　断口为弯曲疲劳断裂

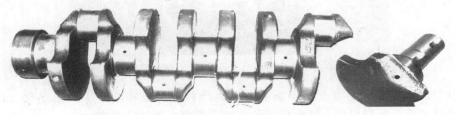

图 6-195　1#曲轴，断裂为2节

图 6-196　1#曲轴第一连杆轴颈下止点起源的单向弯曲疲劳断口

图 6-197　2#曲轴断裂为 3 节

图 6-198　2#曲轴第一连杆轴颈下止点起源的断口　　图 6-199　2#曲轴第二连杆轴颈下止点起源的断口

图 6-200　3#曲轴断裂为 4 节

3 根曲轴 12 个连杆轴颈，6 个连杆轴颈下止点圆角处发生疲劳断裂。还有 6 个未断裂的

图 6-201　3♯曲轴连杆轴颈下止点起源的疲劳断裂

连杆轴颈下止点圆角经探伤，1♯曲轴（见图 6-202）未断裂的第二、第三、第四连杆轴颈下止点圆角处均产生了疲劳裂纹；2♯曲轴（见图 6-203）未断裂的第三连杆轴颈下止点圆角处已产生了疲劳裂纹，裂纹起源于圆角与轴肩相交处，未断裂的第四连杆轴颈下止点圆角未发现疲劳裂纹；3♯曲轴未断裂的第四连杆轴颈下止点圆角处未发现疲劳裂纹。12 个连杆轴颈只有 2 个连杆轴颈圆角无裂纹。

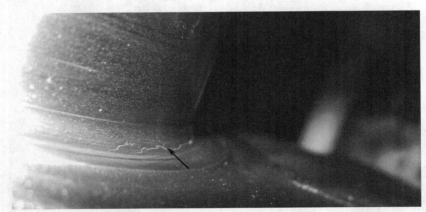

图 6-202　1♯曲轴第二连杆轴颈下止点圆角疲劳裂纹

图 6-203　2♯曲轴第三连杆轴颈下止点圆角与轴肩相交处疲劳裂纹

3根断裂曲轴理化检测结果见表6-4。

表6-4 3根断轴性能、氮化层深、探伤检测结果

编号	性能（曲柄处）			氮化层深/mm		断裂情况
	抗拉强度 R_m/MPa	屈服强度 $R_{p0.2}$/MPa	伸长率 A/%	轴颈	圆角断口处	
断2节1#	456	385	2.5	0.35	无	一连圆角断。二、三、四连圆角裂
断3节2#	828	459	6.1	0.2	无	一、二连圆角断。三连圆角裂
断4节3#	814	496	5.5	0.17	无	一、二、三连圆角断
QT800-2（附铸试样壁厚≤30mm）要求	≥800	≥480	≥2	≥0.3mm	≥0.3mm	—

注：1#曲轴氮化层深测量部位为第一连杆颈下止点。2#曲轴氮化层深测量部位为第二连杆颈下止点。3#曲轴氮化层深测量部位为第三连杆颈下止点。

金相组织见图6-204～图6-207。

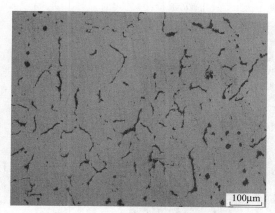

图6-204 1#曲轴石墨（×100倍）

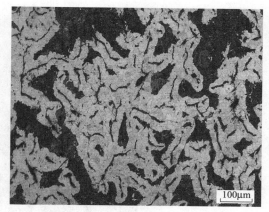

图6-205 1#曲轴组织（×100倍）

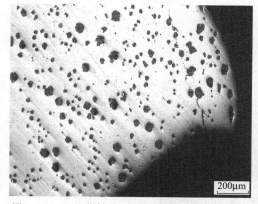

图6-206 2#曲轴石墨及尖角裂纹（×50倍）

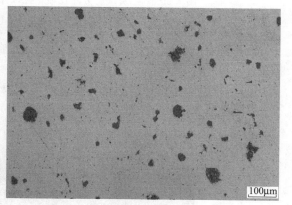

图6-207 3#曲轴石墨（×100倍）

2#、3#曲轴连杆颈断裂处圆角R小于3mm，R规测量结果为圆角R1.75mm，圆角与轴肩相交处为一割线，另一侧即朝向大头一侧圆角R大于3mm。1#曲轴断裂处圆角大

于 3mm 符合技术要求［技术要求为轴颈圆角（3.5±0.25)mm］。

案例说明【例 7】：曲轴圆角无硬化层深，使用中发生疲劳断裂。

断口为弯曲疲劳断口，疲劳源位于曲轴连杆颈 R 圆角表面处，疲劳源处未发现原始缺陷，见图 6-208 及图 6-209。

图 6-208　断口为弯曲疲劳断口，疲劳源位于曲轴连杆颈 R 圆角表面处

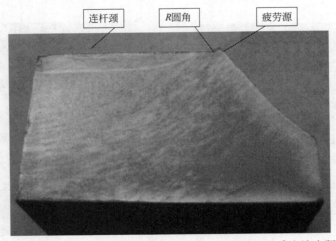

图 6-209　在断口疲劳源及轴颈处取样观察，疲劳源处无感应淬火硬化层

案例说明【例 8】：冷加工尖角应力集中导致疲劳断裂。

曲轴圆角与轴肩处的冷加工尖角，在曲轴使用过程中产生应力集中，引起曲轴疲劳断裂。

① 某型号发动机曲轴断裂　某发动机在使用 3 个月后，发现球墨铸铁曲轴（QT800-2）发生断裂，见图 6-210～图 6-212。

图 6-210　曲轴断裂为 3 节。断裂发生在第一连杆颈和第二连杆颈下止点圆角处

图 6-211　第一连杆颈和第二连杆颈的断口均为单向弯曲疲劳断口

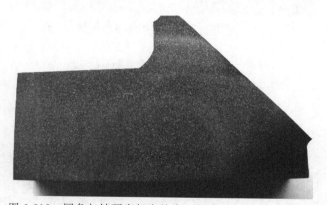

图 6-212　圆角与轴颈肩相交处为一割线，断裂位于割线处

② 曲轴断裂分析　某型号曲轴毛坯共 62 件，经用户加工成成品销售后，约 10 余件在客户装车使用 2～3 天后即发生批量性非正常断裂，通常断为 2～3 段，从客户退回的断轴没有发现抱瓦、烧瓦现象，且油路畅通。分析原因为冷加工尖角，由此说明尖角应力集中对曲轴疲劳强度的影响要大于圆角无硬化层深的影响。详见图 6-213～图 6-216。

图 6-213　断裂曲轴　　　　图 6-214　断口为单向弯曲疲劳断口

案例说明【例 9】：曲轴法兰微动磨损导致疲劳开裂。

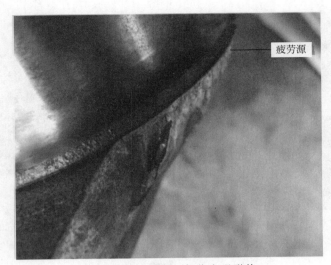

图 6-215　曲轴断口部位宏观形貌

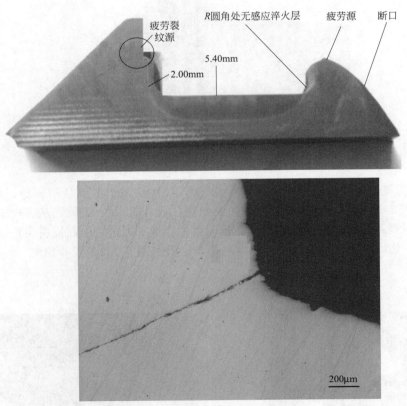

图 6-216　连杆颈下止点 R 圆角与轴肩过渡处疲劳裂纹（×50 倍）

发动机的飞轮用多个 12.9 级的高强度飞轮螺栓固定在曲轴法兰上。飞轮螺栓松动、曲轴动平衡不良、曲轴法兰端面与飞轮贴合面配合不良、曲轴负荷过大等因素可造成曲轴法兰微动磨损疲劳开裂。材料微动磨损疲劳强度要低于一般的疲劳强度。

① 某型号曲轴法兰开裂分析　某六缸发动机，曲轴材料为 42CrMo，该型号发动机进行

500h 台架可靠性试验。试验已进行了 367h，在曲轴法兰处出现裂纹。根据照片分析曲轴开裂原因为飞轮螺栓松动，松动原因为反复拆卸，在反复拆卸过程中螺栓上黏着有异物，造成螺栓预紧力不足以致引起螺栓松动造成曲轴法兰疲劳开裂。见图 6-217～图 6-220。

图 6-217　曲轴法兰裂纹

图 6-218　裂纹扩展到第七主轴颈

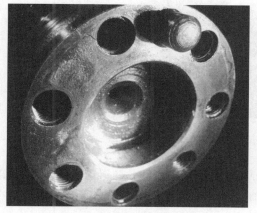

图 6-219　裂纹扩展到法兰端面

图 6-220　飞轮螺栓也产生了疲劳断裂

② 某型号曲轴法兰裂纹分析　曲轴备件使用 20 多天发生曲轴法兰开裂现象。曲轴为 42CrMo 材料，轴颈及圆角处感应淬火强化。曲轴备件装在拖拉机上用于牵引挂拖斗，主要用于运输，超载较严重。曲轴备件断裂、特别是法兰开裂比例较大，主要是使用负荷过大。见图 6-221～图 6-223。

图 6-221　失效曲轴

案例说明【例 10】：曲轴感应淬火裂纹分析。

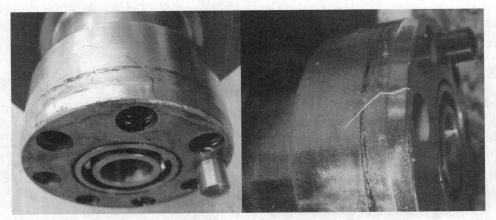

图 6-222　法兰开裂

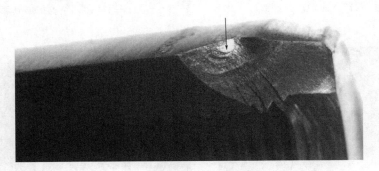

图 6-223　疲劳源在微动磨损处

3608833-DP1-15 曲轴为毛坯轴，材料为 42CrMoA，生产工序为下料→锻造→正火→调质。经感应淬火后在连杆颈上止点表面出现一条轴向裂纹，裂纹位于轴颈中部，见图 6-224 及图 6-225。

图 6-224　轴向裂纹位置 1

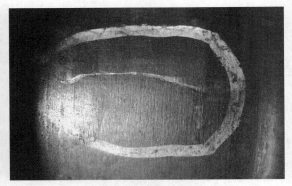

图 6-225　轴向裂纹位置 2

垂直裂纹取样，观察裂纹宏观分布，裂纹呈弧形分布在淬硬层内，裂纹弧长约为连杆颈周长的 1/3，裂纹最深处距表面 6mm，见图 6-226；弧形裂纹并非是整条贯通的，有局部断开现象，见图 6-227。

图 6-226 裂纹宏观分布

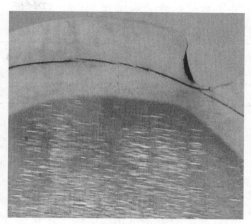

图 6-227 弧形裂纹

经热酸蚀后未发现超标的材料冶金缺陷，见图 6-228。

图 6-228 热酸蚀后裂纹

显微观察，结果见表 6-5。经检验未发现超标的非金属夹杂物。

表 6-5 显微观察结果

检测项目	轴颈淬硬层深/mm	淬火组织	调质组织
检测结果	9.74	4 级	回火索氏体（2 级）
技术要求	≥3.8	JB/T 9204—2008 规定 3～9 级合格	GB/T 13320—2007 规定 1～4 级合格

注：裂纹两侧无氧化、脱碳现象。

硬度检查结果见表 6-6。

表 6-6 硬度检查结果

检测项目	淬火硬度（HRC）	基体硬度（HB）
检测结果	49.5、50.0、49.0、49.5	262、262
技术要求	45～51	255～306

化学成分检查结果见表6-7。

表6-7 化学成分（质量分数%）

元素	C	S	P	Si	Mn	Cr	Mo
曲轴	0.44	0.011	0.015	0.29	0.76	1.10	0.21
42CrMoA 标准	0.38/0.45	≤0.035	≤0.035	0.17～0.37	0.50～0.80	0.90～1.20	0.15～0.25

结论：
① 曲轴材料符合标准要求，基体组织为合金结构钢调质组织特征。
② 裂纹分布在感应淬火硬化层深内。显微观察裂纹两侧无氧化、脱碳现象；裂纹周围无严重的冶金缺陷。连杆颈表面裂纹特征为感应淬火裂纹特征。
③ 从裂纹特征、分布分析判断3608833-DP1-15曲轴连杆颈表面轴向裂纹为感应淬火裂纹，感应淬火裂纹是由于感应淬火硬化层过深，冷却工艺（冷却速度或冷却介质）选择不当导致应力过大而造成的。

6.4 轴类零件失效分析案例

轴类零件常用来支承旋转的部件或者通过旋转或轴向运动传递动力或运动。轴类零件承受各种类型的载荷，如拉伸、压缩、弯曲、扭转或各种复合载荷。此外，轴类零件有时还承受振动应力。承受扭转和弯曲应力的轴类零件，最大应力在零件的表面。

变形、磨损、腐蚀、断裂是机械零件和工程构件四种主要的破坏形式，也是这些零件和构件失效的主要原因。但变形是逐渐发生的，磨损和腐蚀的进程很慢，一般可以通过定期更换零件或修理来解决。而断裂事故常突然发生，往往导致灾难性的设备和人身事故。据国内外资料统计，疲劳断裂约占断裂事故的80%以上。凡是应力较高并循环变化的机械零件和工程构件，都可能发生疲劳断裂。轴类零件即属于这一类零件。

一般疲劳断裂，起始于一个动态应力区域中最薄弱的一点，一般是在零件的表面、缺陷处或应力集中区域。轴类零件的失效主要起始于应力集中的部位。产生应力集中的设计结构有键槽的端部、压配合的边缘、轴肩处的圆角、加油孔的边缘处、直径变化处的台阶、齿条根部、键槽根部、花键根部、花键尾部、挡环沟槽、挡环凸缘根部、退刀槽、法兰盘根部、微动磨损处等，是轴类零件使用时的应力集中部位，也是危险薄弱部位，疲劳断裂往往起源于这些部位。因此这些部位的热处理质量是决定轴类零件的可靠性和使用寿命的主要因素。

由于疲劳断裂首先在局部区域发生，所以只要将局部的材料强度提高（如感应淬火、渗碳、氮化、滚压等），或将危险区的峰值应力降下来（如增加圆角等），就能提高疲劳强度和使用寿命。

下面列举几起由于热处理质量不佳引起的轴类零件失效例子。

案例说明【例1】：一种大轮拖驱动轮轴在使用中发生疲劳断裂。

原因分析：检测结果为疲劳源处存在应力集中和无感应淬火硬化层。

防范措施：把受力较大的疲劳源处进行感应淬火强化，使台阶处硬化层连续并使齿条根部硬化层深达2.0mm以上，可满足使用要求。加强工艺过程控制和质量检测。

案例图号：图6-229～图6-234。

案例说明【例2】：中轮拖驱动轮轴在使用中发生疲劳断裂。

原因分析：检测结果为疲劳源位于截面变化处，感应淬火硬化层不连续。

图 6-229　1604 驱动轮轴齿条根部和键槽底部疲劳断裂

图 6-230　双向弯曲疲劳断口

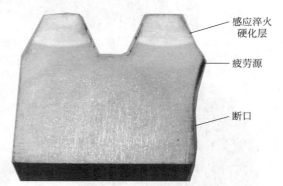

图 6-231　断口处硬化层情况

图 6-232　凸缘台阶处疲劳断裂

图 6-233　旋转弯曲疲劳断口

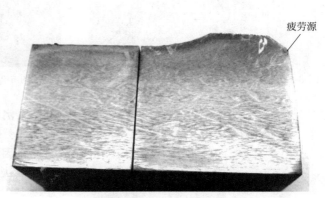

图 6-234　疲劳源处无硬化层

防范措施：使截面变化处硬化层连续并使花键根部硬化层深达 2.0mm 以上，可满足使用要求。加强工艺过程控制和质量检测。

案例图号：图 6-235～图 6-240。

图 6-235 中轮拖驱动轮轴花键部位断裂

图 6-236 扭转疲劳断口

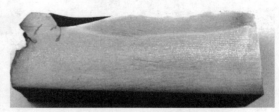

图 6-237 断裂处感应淬火硬化层不连续

图 6-238 在台阶处断裂的中轮拖驱动轮轴

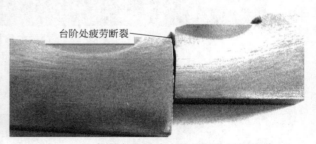

图 6-239 断裂台阶处感应淬火硬化层不连续

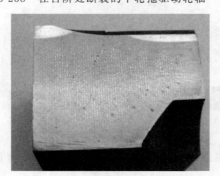

图 6-240 解剖未使用零件花键尾部硬化层不连续

案例说明【例3】：大轮拖主动轴在使用中发生疲劳断裂。

原因分析：检测结果为疲劳源位于挡环槽根部尖角应力集中处，感应淬火硬化层不连续。

防范措施：使挡环槽根部硬化层深达 2.0mm 以上，可满足使用要求。加强工艺过程控制和质量检测。

案例图号：图 6-241～图 6-243。

图 6-241　大轮拖主动轴疲劳断裂

图 6-242　疲劳断口

图 6-243　断口处硬化层情况

案例说明【例 4】： 大轮拖动力输出离合器前轴在使用中发生疲劳断裂。

原因分析： 检测结果为疲劳源在花键截面变化处，感应淬火硬化层偏浅。

防范措施： 使截面变化处硬化层连续并使花键根部硬化层深达 2.0mm 以上，可满足使用要求。加强工艺过程控制和质量检测。

案例图号： 图 6-244～图 6-247。

案例说明【例 5】： 一种履带拖拉机在进行磨合试验过程中传动轴发生断裂。

原因分析： 检测结果为应力集中和产生感应淬火裂纹。

防范措施： 加强工艺过程控制和探伤检查，避免感应淬火裂纹产生。

案例图号： 图 6-248～图 6-250。

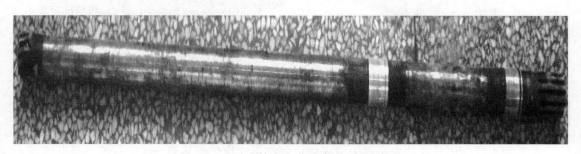

图 6-244　动力输出离合器前轴花键处断裂

图 6-245　已磨损的疲劳断口

图 6-246　断裂处感应淬火硬化层偏浅

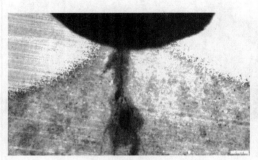

图 6-247　挡环槽底部无感应
淬火硬化层且产生了疲劳裂纹

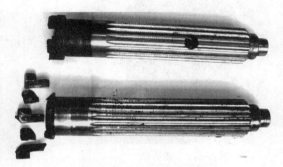

图 6-248　C1302 型履带拖拉机
传动轴磨合时断裂

图 6-249　淬火裂纹断口

图 6-250　淬火裂纹在爪根部和感应淬火过渡区扩展

6.5　拨叉类零件失效分析案例

拨叉的主要作用是拨动变速箱中的齿轮，使汽车、拖拉机达到变速的目的。滑动齿轮上有一个环槽，拨叉就卡在这个环槽里，当驾驶员推动变速杆时变速杆带动拨叉轴，拨叉轴带动拨叉，拨叉又推动齿轮从而达到变速的目的。拨叉类零件是汽车、拖拉机变速箱中挂挡的重要零件，拨叉的质量和装配是汽车、拖拉机零件开发中的重要环节，装配品质的好坏、对错直接反映在整车的性能和品质上。拨叉最容易磨损的地方就是拨叉和齿轮环槽接触的部位，因为齿轮在高速旋转而拨叉不转，拨叉磨损或强度不够，可能导致齿轮挂不到位而掉挡，或拨叉断掉。

拨叉一般采用优质碳素结构钢 45 钢材料，也有用铸造碳钢的（经精密铸造成型）。

优质碳素结构钢生产过程：热轧棒料—热切下料—模锻—切边—调质（淬火＋高温回火）—冷校正—叉口部位感应淬火—磨削—成品探伤—装配使用。

下面列举几起由于热处理质量不佳引起的拨叉失效例子。

案例说明【例 1】：一种变速箱二、三挡拨叉在使用中发生断裂。
原因分析：主要原因为表面脱碳及热处理变形。
防范措施：防止和减少表面脱碳及热处理变形。
案例图号：图 6-251、图 6-252。

图 6-251 疲劳断口

图 6-252 二、三挡拨叉

案例说明【例 2】：一种变速箱四、五挡拨叉在使用中发生断裂。
原因分析：主要原因为热处理变形及和相关件干涉所致。
防范措施：减少热处理变形。
案例图号：图 6-253～图 6-256。

图 6-253 表面脱碳层

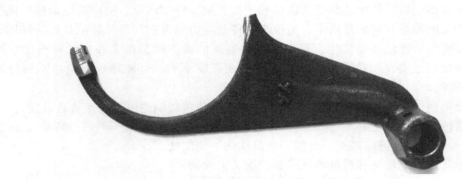

图 6-254 四、五挡拨叉

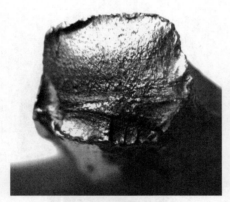

图 6-255 双向弯曲疲劳断口

图 6-256 拨叉与相关件干涉痕迹

案例说明【例 3】：一种中轮拖拨叉成品探伤时，在叉口面上发现有裂纹。
原因分析：原因为磨削。
防范措施：改进磨削工艺防止磨削裂纹。
案例图号：图 6-257、图 6-258。

图 6-257 中轮拖拨叉

图 6-258 叉口上的磨削裂纹（经热酸蚀）

案例说明【例 4】：大轮拖拨叉在加工探伤时，发现有裂纹存在。
原因分析：原因为调质淬火。
防范措施：改进热处理工艺防止调质淬火裂纹的产生。
案例图号：图 6-259、图 6-260。

图 6-259 大轮拖拨叉

图 6-260 叉臂上的裂纹

案例说明【例 5】：一种变速拨叉（材料 ZG310-570）在使用中发生断裂。
原因分析：原因为铸造缩孔。
防范措施：改进铸造工艺防止铸造缩孔的产生。
案例图号：图 6-261～图 6-263。

图 6-261 断裂的拨叉

图 6-262 拨叉断口

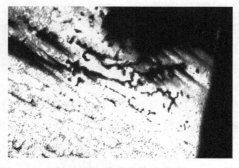
图 6-263 断口处的脱碳及铸造枝晶（×40 倍）

第7章

车辆零件热处理电源、机床及工装夹具

7.1 感应加热电路的调节及负载匹配

依据感应加热的原理，感应线圈的形状、工件特性及电源频率对加热效率影响很大。如果线圈设计合理，感应线圈和工件间的能量转化效率可达90%以上。然而，感应加热系统的总功率，即工件上得到的功率和电源输入的总功率之比与以下四个因素有关：电源的转换效率；感应加热电路的调谐状态；加热负载和线圈对电源的匹配状态；线圈与工件间的耦合状态。以上四个相关因素中，电源的转换效率与电流变换器的类型密切相关。一般来说，固态振荡器的转换效率最高，而真空管式射频振荡器的转换效率最低，这些内容将在7.2中作进一步详细的讨论。

本节着重讨论感应加热线圈和电源之间的能量转换。只有当加热负载和加热线圈都与电源相匹配，同时含有这种元件的电路也调谐适当，才能得到最高的转换效率。负载的匹配可以使感应发生器产生满额定功率；而电路调谐可以保证此功率都用于实际加热。实际应用中最好是先把电路调谐好，使功率因数等于1，然后再使线圈和工件的阻抗及电源阻抗相匹配。这些过程将在下面作详细讨论。

7.1.1 感应加热电路的调节

绝大多数感应加热装置都使用一种称为"槽路"的交流电路。这种槽路包括一个电容和一个电感。后者可以是感应线圈本身，也可以是一个单独的槽路线圈。因为电感和电容器都能储存能量——就像能储存东西的槽子一样，因而得名"槽路"。在这里，电容器储存电能，电感储存磁能。振荡槽路可以由并联电路组成，见图7-1所示，也可以由串联电路组成，见图7-2所示。

感应加热电路的调谐通常是指调节包括感应线圈和工件的振荡槽路中的电容和电感，使电路的谐振频率等于或接近感应加热供电电源的频率。谐振频率定义为：

$$f_0 = \frac{1}{2\pi\sqrt{LC}} \tag{7-1}$$

式中　f_0——谐振频率，Hz；

L——电感，H；
C——电容，F。

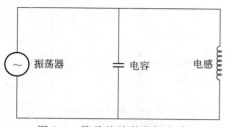

图 7-1 简单的并联谐振电路

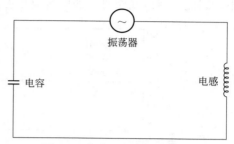

图 7-2 简单的串联谐振电路

7.1.1.1 串联谐振电路

要搞清楚振荡槽路中的各个元件怎样储藏能量和耗散能量，最重要的是搞清楚回路元件上的电流和电压的实际情况。当把交流电压加在一个电阻 R 上的时候，电压和电流的相位相同，并且电压等于电阻和电流的乘积，$V_R = IR$。相反，电感和电容都形成不同类型的"阻抗"去阻止电流的流动，我们把电感阻抗称为"感抗"（X_L），电容阻抗称为"容抗"（X_C）。把它们定义为：$X_L = 2\pi f L$ 和 $X_C = \dfrac{1}{2\pi f C}$，其中 f 为频率。

与纯电阻上的电流和电压关系不同，电感上交变电流的相位比电压相位"滞后"90°。当交变电流流过一个由电感、电容和电阻串联组成的电路时，电路的阻抗可以由电压矢量和求得，$V_L = IX_L$，$V_C = IX_C$，$V_R = IR$（V_L 为电感上的电压，V_C 为电容上的电压，V_R 为电阻上的电压），见图 7-3 所示。

$$E = \sqrt{(|V_L| - |V_C|)^2 + V_R^2} = I\sqrt{(X_L - X_C)^2 + R^2} \tag{7-2}$$

式中，E 为电动势；I 为电路电流。

电路阻抗 Z 定义为 $\sqrt{(X_L - X_C)^2 + R^2}$，故有 $E = IZ$，这就是交流等效电路中电动势的表达式，这个表达式和直流电路中的欧姆定律表达式完全相同。

在电感、电容和电阻组成的串联谐振电路中，若感抗和容抗相等，则电路的总阻抗 Z 相当于一个纯电阻。串联谐振回路中的电阻成分减少时，回路电流就要升高，见图 7-4 所示。而且，当工作频率和谐振频率不相同时，电阻成分越小电流变化就越快。

通常把电路中的感抗与电阻之比称为品质因数，记作 Q（$Q = X_L/R = 2\pi fL/R$）。电路中的品质因数越高，则表明该系统中的电流越大。谐振电路的 Q 值通常在 20~100 之间。Q 值还能表征谐振电路中的总能量与消耗在电阻上的能量之比。因为在

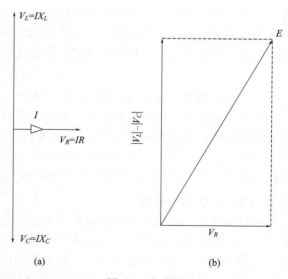

图 7-3 矢量图

(a) 表示 RLC 串联交流电路中各元件上电流和电压的关系；
(b) 表示以上电路中电动势 E、电阻上的电压（V_R）、电感上的电压（V_L）及电容上的电压（V_C）之间的关系

L、C、R 串联谐振电路中，纯电感或电容上并无能量消耗，而只有电阻 R 上才有能量消耗，因此电阻越小，则损耗越少。感应加热系统中，谐振回路中的电阻几乎都存在于感应线圈中，因此，感应线圈自身的电阻应尽可能小，这样才可以获得最高效率。

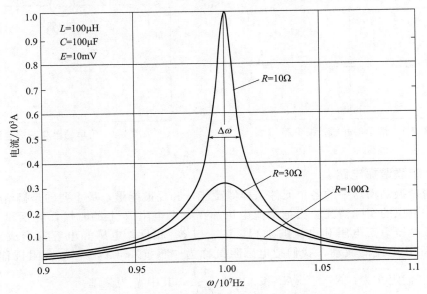

图 7-4　LC 交流电路中电流与频率的关系

7.1.1.2　有功功率、无功功率和视在功率

电抗和阻抗的概念导出了感应加热中另外几个重要概念，它们是有功功率、无功功率和视在功率。有功功率 P_T，即消耗在线圈和工件上用于实际加热的功率，可通过公式 $P_T = I^2 R$ 计算，单位为千瓦（kW）。视在功率 P_A，等于 $I^2 Z$ 或者用总电压乘以总电流。为了与有功功率区别，视在功率的单位为千伏·安（kV·A）。无功功率 $P_R = I^2(X_L - X_C)$ 是一个因为有相位差而产生的功率，它不产生热，单位为千乏（kvar），由 Z、R 和 $(X_L - X_C)$ 之间的关系可得出以上三种功率之间的关系式：

$$P_A = \sqrt{P_R^2 + P_I^2}$$

感应加热的功率因数为有功功率与视在功率之比，即 P_T/P_A。功率因数越接近1越好。

功率因数也可以用电流和电压之间相位角的余弦来表示。由电感、电容和电阻组成的串联谐振电路中，其总阻抗相当于一个纯电阻，电流和电压相位相同，则无功功率 $P_R = 0$，功率因数等于1。纯电感和电容电路中，由于电压和电流的相位角为 90°，$P_T = 0$，则功率因数等于0。还应当注意低功率因数对应高品质因数的情况。

7.1.1.3　并联谐振电路

感应加热中，使用最普遍的是并联谐振电路，如前所述，最简单的并联谐振电路由一个电容和一个电感并联组成。并联谐振电路的阻抗为 $(2\pi fL)^2/R$ 或 $2\pi fLQ$。谐振时，Q 值高（Q 为电路中的感抗与电阻之比，称为品质因数），阻抗也高。

并联谐振电路中（见图 7-5 所示），通过改变感抗和容抗将电路调到振荡或谐振频率。

如前所述，当感抗和容抗相等时，流过电感和电容的电流相等而相位相反，因此电流互相抵消。实际上线电流 I_1 很小但并不为 0，这是因为电感本身还有一个小电阻，正是这个电阻的存在，使得流过电感和电容的电流之间并不完全反相，所以电流不会完全抵消。另一方面，环流 I_2 却很大，环流的大小与施加的电压及谐振频率下的容抗有关（并联谐振电路的频率计算公式与串联 LCR 谐振回路的计算公式相同，等于 $\frac{1}{2\pi\sqrt{LC}}$）。因此，在并联谐振回路中，L-C 两端的阻抗最大，线电流很小，功率因数接近于 1。

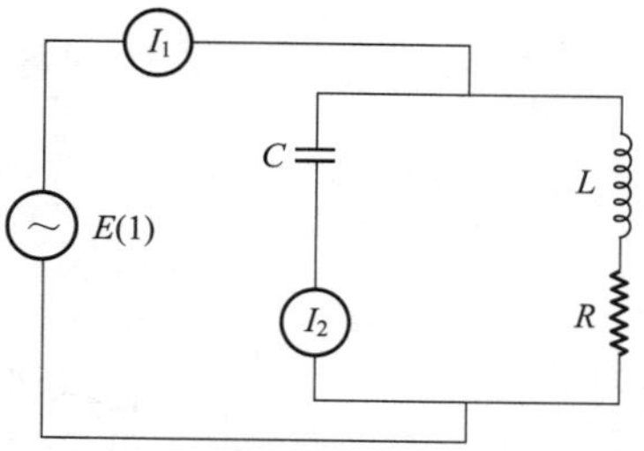

图 7-5 简单的并联谐振电路

7.1.1.4 调节电容器

实际应用中，经常采用电容器组来调节感应加热电路，以使并联回路的谐振频率接近电源频率。通常使用的电容器组有两类：一类是充油式多接头电容器，这类电容器主要用在频率低于或等于 10000Hz 的场合，见图 7-6 所示；另一类是陶瓷电容器或绝缘固体电容器，见图 7-7 所示，这种电容器常常用在频率高于 50000Hz 的新装置中。

图 7-6 调节低频中频感应加热电路的水冷电容器

图 7-7 调节感应加热电路的陶瓷电容器

在感应加热电路中，电容器的作用是储存能量。因此，应当考虑它的无功功率（P_R）。在低频或中频的感应加热电路中，常常是调节分接头，逐级选择使用或连接成复合电容器组，以达到某个预定的 P_R 值，见图 7-8 所示。在高频感应加热电路中，一般固定有相当数量的额定电容，使用时可以通过电容的连接或拆除来调节容量以达到预定值。

增加谐振回路的电容值将导致谐振频率降低，回路的容抗及电路总阻抗减少，电路的电流增大。因此，当调整电路、降低频率时必须考虑电容载流能力。在 1000Hz 频率下使用的电容器，其无功功率应高达 2000kvar，对于特定的系统一定要选用适当的无功功率额定值。无功功率可由下式求出：

$$P_R = \frac{V_C^2}{X_C} = 2\pi f C V_C^2 \tag{7-3}$$

从上式可以看出，对于给定的电容器，在低频下使用时，P_R 值随电压的平方或频率成正比减少。由于谐振回路中电容器承受的无功功率很大，所以电容器的效率必须很高，大部分电容的功率因数小于 0.0003。

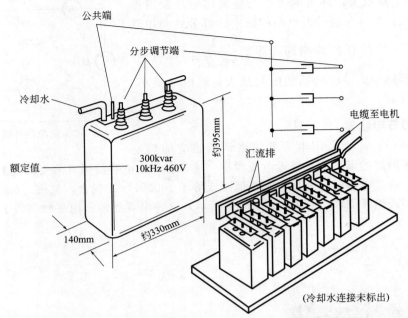

图 7-8 低频、中频感应加热电路的调节电容器示意图

线圈的功率因数一般都很低，而且电流相位滞后。因此电路中电容的作用就是为了调节功率因数使之接近于 1，为了达到这个目的，电容器必须能使电流相位超前，而且超前的相位恰好等于电感引起的电流滞后量。在额定输出电压以下工作时，电容器总无功功率通常必须是电源额定功率的几倍。

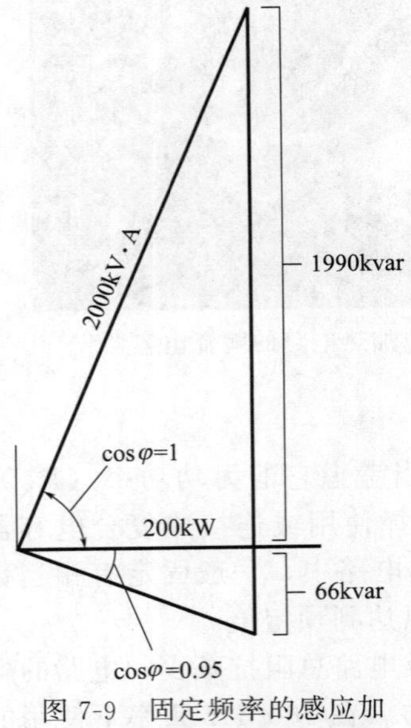

图 7-9 所示的例子说明了在电路中如何调配电容器。假定线圈加热所需功率（有效功率）为 200kW，电源提供的视在功率为 2000kV·A，则功率因数只有 0.1（这是因为电流相位滞后所致）。

要计算使功率因数为 1 时所需的电容，首先要算出无功功率，即 $\sqrt{2000^2 - 200^2} \approx 1990 (\mathrm{kvar})$。

根据这个结果，必须在谐振电路中增加一个能提供 1990kvar 超前无功功率的电容器，才能使电流和电压的相位相同，电源功率因数为 1。

使用发电机之类的电源时，功率因数应考虑稍微超前一点——即容抗稍微大于感抗，这样是有好处的。仍以上面的例子为例，只要多加一个电容，其容量为 66kvar 就可以得到大约为 0.95 的超前功率因数。这样一来，总共加在电路中的无功功率为 1990+66=2056(kvar)。

图 7-9 固定频率的感应加热电源的功率因数图解

7.1.2 变压器和阻抗匹配

感应加热电源有额定电压和额定电流极限，当电压和电流超过额定值时就有可能损坏电源。额定电压和额定电流之比称为电源的有效阻抗。要使电源的能量最大限度地转化到负载上，电源和负载两者的阻抗应尽可能相等。如果两者之间不匹配，就需要使用变压器。

变压器由两个互感线圈组成，见图 7-10 所示，线圈中有的含铁芯，有的不含铁芯。初级线圈与电源相连时，次级线圈中就会有电压产生。变压器可以使电压升高，也可以使电压降低。

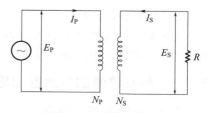

图 7-10　变压器原理电路图

E_P 为初级电压，I_P 为初级电流（A），N_P 为初级线圈的匝数。I_S 为次级线圈电流（A），N_S 为次级线圈匝数，E_S 为次级电压，R 为负载阻抗（Ω）。

变压器初级线圈的电压 E_P 和次级线圈电压 E_S 之间的关系可用两线圈的匝数比来表示：

$$\frac{E_P}{E_S}=\frac{N_P}{N_S} \tag{7-4}$$

两个线圈中的磁通量相等。因为磁通量大小与线圈匝数和电流乘积成正比。所以，初级线圈电流 I_P 和次级线圈的电流 I_S 有下列的关系：

$$N_P I_P = N_S I_S \text{ 或 } \frac{I_S}{I_P}=\frac{N_P}{N_S} \tag{7-5}$$

这个公式表明，电压升高时，电流变小；反过来，电压降低时，电流增大。以上公式应当牢记，但这两个公式只适用于理想的变压器。实际上，这两个线圈之间的耦合并不能达到理想状况，线圈之间的电压和电流比略小于匝数比。

应当注意，使用变压器调节负载匹配时，次级线圈的阻抗应与负载匹配，初级线圈的阻抗应与电源匹配。总的说来，感应加热电路中使用变压器调节电路的目的就是把高电压的电源转换成低电压、大电流的电源。因为电路的阻抗等于 E/I，初级线圈和次级线圈电抗之比可用下式表示：

$$\frac{Z_P}{Z_S}=\frac{N_P^2}{N_S^2} \tag{7-6}$$

即电抗之比等于匝数比的平方。

如果线圈的阻抗很高，可以把它直接和电源相连（一般电源的阻抗都很高）。但是，一般情况下还是使用变压器。低频和中频变压器的铁芯常常是叠片式铁芯。感应加热设备的工作线圈有时匝数很多，呈高阻抗，这时工作线圈的电压较高，这种情况可以用带有接头的自耦变压器调节［如图 7-11(a) 所示］。这种变压器的次级线圈由抽头取得，用它来耦合调配，可以使电源阻抗与工作线圈阻抗相匹配。

(a) 自耦变压器

(b) 带可调抽头的隔离变压器

图 7-11　变压器

假使工作线圈的阻抗较低，常常使用隔离变压器［如图7-11(b)所示］。这种变压器可以通过调节初级线圈中的抽头即调节初次级的匝数比来达到匹配的目的。变压器的次级线圈采用水冷以降低铜损，提高效率。

7.1.3 特殊电源的负载匹配与调节

7.1.3.1 固定频率的电源

工频电源、倍频装置和发电机的输出功率都有固定的频率。要想在工作线圈上获得最大功率，一定要提供在规定频率下谐振的振荡回路，其阻抗与电源阻抗相匹配。

图7-12给出了在高阻抗输出装置中使用自耦变压器和在低阻抗输出装置中使用隔离变压器的调节电路。两种电路中变压器线圈都有分接头可供调节用，以使工作线圈的阻抗与电源阻抗相匹配。电容器可以逐个并联使用，以使电路谐振在电源频率附近。因为电容随电容连器接多少发生变化，总要受到条件的限制，因此，调配电容的方法不一定能保证工作线圈的阻抗与电源阻抗相匹配。如果需要改变匹配状况，可以使用开关来调节抽头以实现新的匹配条件，见图7-13所示。

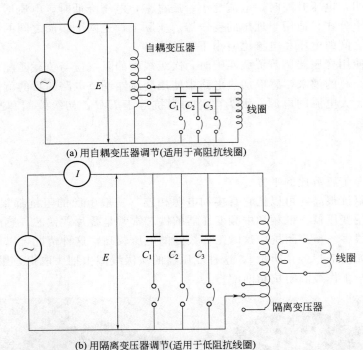

图7-12 低频、中频加热装置中调节电容器和变压器的方法

将电路调到和电源频率相匹配，也就是说不一定能达到满输出功率。

电容器的连接方法是把各个电容器的接线端子接到总线上。如果像熔化系统那样，需要经常切换电容，通常提供一个远距离开关系统，操纵连接接线柱和总线的接触器。

在所有的固定频率感应加热装置中，工件都放在线中间，如果不放在中间，阻抗就会发生显著的变化。阻抗的变化程度可以用短时间低功率的加热实验来检验。时间短、功率低的情况下，工件上发热很少，因而可以认为检测过程的初始条件没有改变。

固定频率的感应加热装置常用的测量仪器有千瓦表、安培表、伏特表、kvar 表和功率因数表。有时为了调整时直观方便，测量仪表中显示的数值是最大量程的百分率。当系统调节合适时，输出功率增加，必然会导致电流和电压同时增加。若电流和电压两个参数一个增加，另一个反而降低，则说明装置系统调节得不合理。

实际调节中，比如发电机组的调节，缓慢增加感应磁场，使仪表开始有显示。如果此时功率因数滞后，则应增大振荡电路中的电容，如果功率因数超前，则减少电容。注意调节电容器组时，必须关闭电源。

当功率因数调节到尽可能接近1时，再逐步增大功率，直到电压或电流达到最大值。读取各仪表的读数。假如随着功率的增加，电压比电流先期达到最大值，则说明变压器初级线圈与次级线圈匝数比太大。这时，可以按以下公式修正工作线圈的匝数：

图7-13 工频感应加热装置中的变压器初级分接开关

实际需要匝数＝目前匝数×额定电压得到的电流值/额定电流值。

反之，如果额定电流先期达到最大额定值，则表明初次级线圈的匝数比太小。此时，可以按以下公式增加工作线圈匝数：

实际需要匝数＝目前匝数×额定电压/额定电流下得到的电压。

工作线圈修改后，首先要重新调节功率因数（即必须重新对含有线圈的电路进行调整），这是因为振荡电路中的电感成分已经变化了。功率因数调节得当以后再读表比较，对线圈进行新的修正。

如果加热程序启动之后仪表没有指示或指示值很小，则说明电路中的电容太大了，这时应当把所有电容器都摘下，重新逐个地加入电路，直到仪表的指示值正常为止。

在电动机装置系统中，通常把振荡电路的功率因数调节得略微超前。功率因数超前有利于随时提供补偿，补偿系统中电动机电枢绕组造成的阻抗。同时，功率因数略微超前时，也可以防止在额定电压和额定功率下工作时超过额定电流值。

加热温度超过居里点时，由于磁性材料磁导率降低（线圈电感减小），功率因数可能要发生显著变化，回路电流的相位将显著落后。这种情况可能需要投切电容。如果在整个过程中，需要反复切换电容，则可以用计时器来定时控制投切。

对固定频率系统的调节，应在部件以正常速度通过线圈时进行读数和调节。

7.1.3.2 固态变频电源

固态电源的振荡频率可随谐振电路元件的电气参数变化而变化。因此，由于部件的加热或温度超过居里点时磁导率的下降，会造成谐振回路线圈的电感发生变化，电源频率也随之变化。不同类型的装置，电路调节和负载匹配的方法也不相同。固态电源装置主要分为两大类：恒流（负载谐振）变流器和恒压（扫描频率）变流器。

（1）恒流（负载谐振）变流器 在变频电源里，负载谐振变流器是必不可少的。这种电路是通过闭环反馈的方式，使固态电源在槽路的固有频率下工作。正因为如此，当线圈阻抗变化时，电源频率也随之变化。只要振荡槽路的频率在变流器输出电源允许的频率范围之内，变流器电源的频率就可以在闭环反馈下实现频率跟踪。因此，这种调节方式称为"负载谐振"。

采用负载谐振变流器方式的谐振电路，通常使用并联调谐回路，由于它是依靠负载电压的增加而截止 SCR（晶闸管），实现换流，启动振荡，因而这种振荡与发电机不同，不是自身产生振荡电源。正因为如此，设计电源的启动振荡电路常常包含一个背负式电路或者小的换流电路。为了保证系统能安全可靠地启动，常用的方法是：在开始把所有电容都并联在一起，把频率降到最低，以利于启动。

只要不超出电源允许的频率范围，负载回路就可以从电源获得一定的有效功率。例如，在表面淬火工艺过程中，可以根据预定的淬火层厚度来调节回路电容数量，达到适当的频率。这样，电源频率就会自动跟踪，与之相匹配，输出有效功率。应当注意的是：使用的电容器组必须有足够的无功功率（kvar）值，以便在给定的振荡频率下满足足够大的输出功率的要求。工作频率可由电源设备上的频率表读出，也可以由控制台上的频率表读出。

频率的大小与谐振回路的各种参量有关，因而线圈电感量的改变必然会引起工作频率的变化。当磁性材料的温度上升到居里点之上时，振荡电源系统就会处于谐振曲线的峰值条件下工作，但输出的功率不变。如果在实际应用上需要在此时变换成某种特定的频率，也可以通过调节电容器来满足要求。

从负载谐振电路的原理可以看出，这种谐振电路总是在槽路的谐振频率下工作，其功率因数接近于1。因此，在这种电路中，一般总是通过变压器抽头来调节负载阻抗的匹配，以便获得最佳输出功率。整个调节过程与发电机系统调节匹配的方法类似，这里不再叙述。

（2）恒压（扫描频率）变流器　恒压变流器可以通过对比回路的谐振频率来改变自身频率。这种变流器先由本机振荡启动。本机振荡取固定频率，其值取在谐振槽路的范围之内。一旦槽路的谐振频率调整到本机振荡的频率范围内，无论是振荡电路的谐振频率发生变化，还是磁性钢的温度超过居里点而引起的频率变化，恒压变流器依旧能提供恒定输出。不过，有一点十分重要，那就是首先要调整振荡系统，以便回路频率在设定的本机振荡频率的范围之内。具体的调节方法和恒流变流器调节方法类似，全部电容并联起来以得到所需频率。调节过程中可用频率表来观察振荡频率是否恰好在预想的范围内，然后再进行其他的调整步骤。

假若回路的振荡频率超出了本机振荡频率的范围，电路的调节就比较困难了。如果遇到这种情况，首先必须通过计算或检测，确定回路实际工作频率，然后利用增减电容的方法使回路工作频率与本机振荡频率接近。

7.1.3.3　真空管射频电源

真空管式高频电源也是使用一个振荡槽路来实现电源到工件之间的能量转换，见图7-14所示，这种电路除了有一个感应加热线圈以外，还有一个槽路线圈。当工件受热后

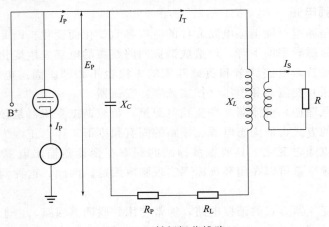

图7-14　射频振荡槽路

其电阻增大，槽路电流 I_T 减小，但真空管不断地补充电流 I_P 从而使槽路电流不变。射频（RF）电源的阳极电流表显示 I_P 的安培值。

空载时，即工作线圈内无工件时，阳极电流值最小，为 I_{P1}，这个电流仅仅是补偿槽路中等效电阻 R_P 引起的回路损耗。带载时，带负载的阳极电流 I_{P2} 包含 R_P 上的回路损耗和负载等效阻抗 R_L 上的损耗。显而易见，负载上损耗的电流为 I_{P2} 与 I_{P1} 之差，即 $I_L = I_{P2} - I_{P1}$。I_L 是在工件上产生热量的负载电流。由此而得知，带载电流 I_{P2} 和回路损耗电流 I_{P1} 两者之间的差值越大，则表明工作线圈、工作线圈部件与振荡槽路之间的匹配状况越好。

实际应用中，对槽路中电容和电感不同的连接方式都要测量一下空载和满载时的阳极电流，其中差额最大的连接方式是最佳的匹配连接。连接方式一旦确定，一般不再变动。用于连接振荡电源和工件之间的射频输出变压器，其初次级匝比也可以用这种方法选择，以达到电源和工件之间的最佳匹配。

装置系统的有效功率与空载阳流 I_{P1} 和满载电流 I_{P2} 的差额成正比，所以应尽可能降低空载阳流 I_{P1}。通常，空载阳流最大值为阳流最大允许值的 30%～40%，其具体值由槽路线圈的物理性质和参数所决定。假使空载阳流较大，可以增加线圈匝数或者减少 RF 变压器匝比进行调节。

在调节过程中，最好是先降低功率来调节。但是，一旦降低后的功率确定下来，在调节过程中就不能再改变了。还有要根据各种机器的特点进行栅极调节。以上这些调节完成以后，让振荡系统在满载功率下运行，以确定实际加热效率和阳极电流值。

有些负载（如铜件）加热时空载阳流和满载阳流相差很小，这是由于这些材料电阻率很低，有时加热线圈匝数太多，也会产生这种现象。在这种情况下，为了提高负载电阻，有时不得不利用较差的阻抗匹配关系。这样一来，空载电流就特别高了，空载电流的增高会造成输电导线和振荡槽路中消耗的能量加大。但是，只要能量的消耗值不超过供电电源的极限，与工件上有效功率的增加和加热效率的提高相比，还是可以忽略不计的。

对于具体工件而言，如果空载和满载电流相差很小，在工件几何尺寸允许的情况下，可以增加加热线圈的匝数来提高加热效率。例如，如果感应加热设备的阳流最大允许值为 4A，当使用三匝加热线圈时，空载电流和满载电流分别为 1A 和 2A。显然，负载电流为 1A。现在，把线圈匝数增加到 6 匝而加热功率不变。假若工件加热表面积不变，则由于功率密度增大，加热效率提高，工件表面和内部温度差增大。有时，也可以用增加的加热线圈来加热更多的工件。在这种情况下，功率密度保持不变，单位时间内加热的工件增多了，也就是提高了效率。但是，也有这种情况，线圈增多以后，其阻抗特别高，无法与电流的输出阻抗相匹配，这时加热效率很低。而且，这种情况必须用输出变压器匹配。否则，线圈阻抗增加，线圈两端的电压也随之增加，这种情况给操作带来危险，而且线圈与工件之间也容易打弧放电。

装置系统在满功率工作时，机器很容易出现超负荷或出现阳流超过了极限等异常情况。这表明工件所需的功率超过了电源极限。遇到这种情况，可以增大线圈与工件的间距，也可以减少工作线圈的匝数，除此之外，还可以对回路结构做一些调整，改变这种状况。

应当注意，磁性材料加热到居里点以上时，射频电源的功率会大幅度下降，因为此时线圈和工件的阻抗匹配关系发生了根本的变化。它和发电机装置系统一样，要想使变化后的非磁性负载上得到较高的功率，必须对装置重新进行调整。其中一项必不可少的工作是重新配置一系列负载线圈，如图 7-15 所示。如果线圈配置得好，又可以使装置加热系统得到满功率。被加热材料的温度低于 760℃（1400F）时，负载线圈与工作线圈相串联。这时线圈阻抗很大，与电源相匹配，可得到满功率。当温度超过居里点时，用一个短路棒短路去掉负载线圈。特别应当注意的是，使用这种螺旋管短路器使负载线圈短路时，首先必须关闭电源。

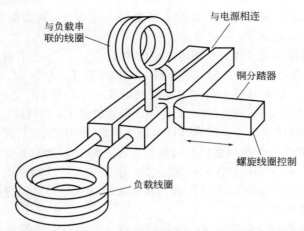

图 7-15　利用辅助电感（与负载线圈串联）调节居里点上下的加热状态

7.2　感应加热电源

除了感应线圈和工件之外，感应发电机或振荡器是感应加热系统中最重要的组成部分。感应发电机或振荡器的衡量标准是频率和最大输出功率（用千瓦表示）。本节从这两方面入手，讨论电源的选择。感应加热的辅助设备，如冷却系统等将在 7.3 讨论。

感应加热的电源，大致可以分为六种，这六种电源是：工频电源、倍频电源、变频电机、固态静止变流器、火花隙发生器和射频电源（RF）。目前，火花隙发生器已不再使用，变频电机逐步被固态静止变频电源所代替。图 7-16 表明目前使用的感应加热设备的频段和

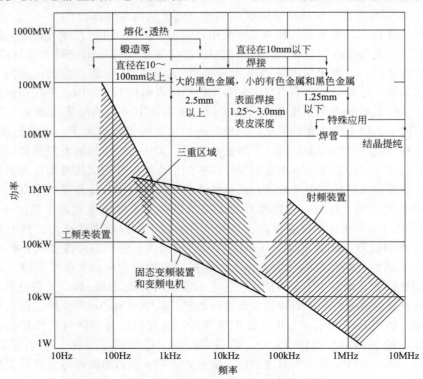

图 7-16　感应加热装置额定功率和频率范围

功率范围。

7.2.1 频率和功率的选择方法

在感应加热工艺上，频率由材料特征（即材料的电阻率和相对磁导率）、工件横截面积和形状所决定。有时加热频率还要考虑到加工的要求。例如钢的表面淬火，就要根据不同的要求选择不同的频率。但无论怎样，频率高的电源装置价格也贵，故从经济观点看，只要能满足工艺上的要求，选择频率相对低的电源装置才是最经济的。

感应加热中所需要的功率也与具体应用有关。在整体加热应用中，功率由单位时间加工量、最高温度及该温度下材料的热容所决定。在其他应用上，确定功率的等级就显得比较困难，例如钢的表面淬火，需要考虑材料性质及里面不淬火的钢芯的影响等。

应该指出，这里所讨论的功率，都是指工件上的功率，而不是电源的功率，感应加热过程中功率损耗也是应当考虑的重要因素。功率损耗主要包括以下三方面。

① 加热线圈和工件之间的转化损失：从加热线圈到工件之间的功率转化率是工件材料电阻率、导流率、线圈几何形状以及线圈和工件间距离的函数。

② 电源输出端和加热线圈之间的传递损失：这和电路调节正确与否、电路中的 I^2R 能量消耗大小、电源与工件和线圈的匹配状况以及电源和线圈间的功率转化性能等因素相关。

③ 装置中，工频交流电转化为高频交流电时的功率损失。

应当强调，不同电源额定功率的计算方法不尽相同。例如，变频发电机把发电机输出端的功率作为额定功率（即额定电流×额定电压×功率因数），单位为千瓦。因为固态电源最初就是为了取代变频电机而设计的，因而沿用了发电机的计算方法。所以固态中频电源的输出功率和效率都是指电源输出功率。在计算效率时，把输电线损耗、电路损耗（如电路调节不正确时带来的损耗）以及线圈到工件的转化损耗忽略不计。因此通常所说的额定固态电源效率为90%~95%指的是电源转化效率。

工频装置不采用上述功率计算方法，电气和电子工程师协会（IEEE）第54次会议规定了计算输出功率的方法，即使用一种量热器方法计算负载上的功率，见图7-17所示。具体来说，把一个水冷钢管放在加热线圈内，直到仪表显示的电流值和电压值都达到额定值。记下加热前后流过钢管的水的温度（即进出水温度），则工件上的功率就可以计算出来了：$P_{KW} = 0.24N\Delta t$，这里 N 表示水的流量（kg/s），Δt 表示水的温差（℃）。工频（RF）装置的输出功

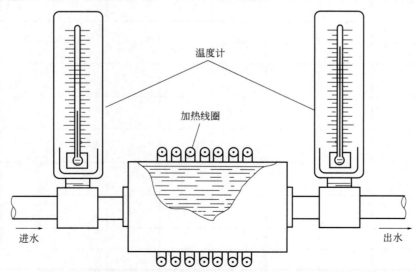

图 7-17　使用热量计测量水流量和温差以确定工频电源输出功率

率就是用以上方法计算出来的。其效率是指到负载的功率转化率。表 7-1 及表 7-2 给出了工频电流测定数据表。不同类型的振荡器额定功率计算方法不相同。有的用输出端的额定电压和电流值的乘积 $P=IV$ 表示，如中频；有的则是由工件上的实际功率表示，如工频 RF。一般来说，前一种计算方法乘参数 $0.65 \sim 0.70$ 就可以和后一种测定方法的结果相当。当然由于参量变化的因素很多，很难精确地确定不同类型电源的效率。但毋庸置疑的是低频、中频固态电源装置的效率大约在 $60\% \sim 65\%$ 之间，而真空管射频装置效率大约在 $50\% \sim 55\%$。

以上作为一个总的介绍，下面将以各种电源的特点和设计分别进行讨论。

表 7-1 振荡器空载数据表

阳压								kV DC
阳流								AMPS DC
栅流								AMPS DC
频率								Hz
线电压								V AC
线电流								AMPS AC

检验员　　　　　　　　　　　　　　　时间

表 7-2 用热量计法测得的工频电源数据表（振荡器加热时满负数据）

项目	状态 1				状态 2				单位
	HR1	HR2	HR3	HR4	HR1	HR2	HR3	HR4	
阳压									kV DC
阳流									AMPS DC
栅流									AMPS DC
灯丝电压									V AC
负载初始时进水温度									°F
负载终始时进水温度									°F
水流量									GPM
输出功率									kW
频率									Hz
环境温度									°F
振荡管水冷流量									GPM
振荡管进水温度									°F
振荡管出水温度									°F
振荡管出水温差									°F
负荷状态参考指标									kW
线电压									V AC
线电流									AMPS AC

注：也可用国内常用单位。

7.2.2 感应加热电源的几种类型

7.2.2.1 工频感应加热

横截面积很大的工件需要整体加热时，使用工频加热装置效率比较高，价格也比较便宜，对大吨位工件加热的应用更是如此。

工频感应加热装置既可以采用单相供电也可以采用三相供电。一般来说，都用隔离变压器把供电电压降低。根据所需的功率大小，装置可以采用 220V 交流电或 440V 的交流电。所需功率很大时，变压器初级线圈匝数可以减小。若线圈阻抗较大，也可以直接和电源相连。

工频装置包括一个多接头变压器，见图 7-18 所示。变压器的次级线圈提供电路所需要的电压。初级线圈有分接头，可用手动转换开关进行切换操作。这种方法能够根据具体负载的需要调节工作线圈的电压。功率因数补偿电容和变压器初级线圈连接在一起。由于加热系统的电流很大，所以变压器和电容器组距离工作线圈越近越好，一般都放在线圈附近。

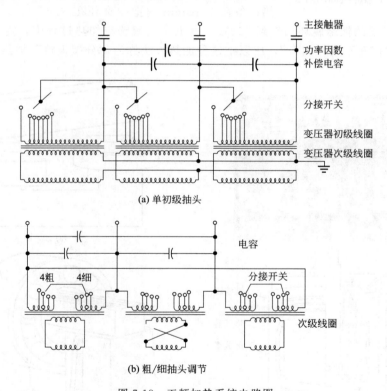

图 7-18 工频加热系统电路图

有些加热装置的电容器很多很大，为了节省面积，功率因数补偿电容器就放在工作区域的后面，见图 7-19 所示。

工频加热装置可以通过热电偶或红外高温计进行加热温度的控制。实质上是利用热电偶或红外高温计从加热工件部分取得温度信号，然后控制回路主接触器的开或关。因为这种情况下加热的工件很大，加热时间相当长，所以这种简单的控制技术足以满足要求。如果输入电压超过 3kV，可以使用真空接触器，见图 7-20 所示，或采用 SCR 等开关元件实现连续控制或开-关控制。

许多实际应用的例子表明工频感应加热技术用途广泛。列举一个单相小功率工频感应加热设备用于红套工艺中胀大轴承的例子。这种作业处于高阻抗输入条件下，直接用 110V 或 220V 的工频交流电，也不需要调节功率因数。设备除了初级线圈和选片式铁芯外，见图 7-21 所示，还把轴承作为短路的次级线圈。加热系统中，用铁芯叠片的多少与长短来控制经过铁芯和轴承中心的磁路，见图 7-22 所示。另外，为了适用于不同规格的轴承，还使用一些可移动的叠片。如果轴承大小和变压器铁芯立柱的大小相当，也可以用轴承当作铁芯的间隙。

工频感应加热技术还可用于大功率下铁金属环和有色金属环的加热，例如机车轮毂，见图 7-23 所示。典型的例子是在加热拉伸应用中，使用 75kV·A、440V 的工频加热设备在 1～5min 内把一直径在 31～52cm 之间，横截面直径在 10cm 以下的钛金属环加热到 760℃。由于在工频感应加热过程中，需要把变压器轭铁（或铁芯）"打开"或"闭合"，所以把这种加热方法称为"分裂轭铁"加热工艺。

图 7-19　3MW 工频电源电容器组，该电容器组位于感应线圈的后面

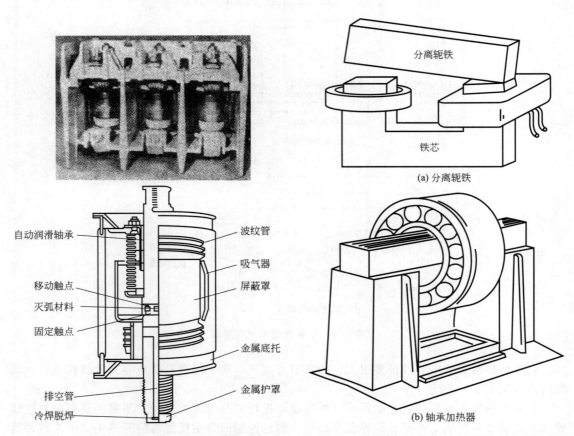

图 7-20　工频加热装置中的真空断路器结构图

图 7-21　用于胀大轴承时的铁芯和初级线圈示意图

在有色金属的感应加热上，工频设备还可以用于挤压成型前的铝环、铜坯和黄铜坯的感

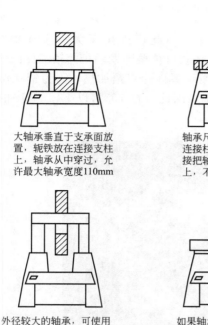
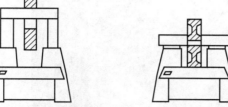
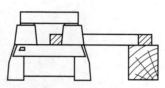

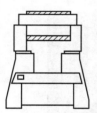
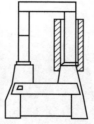
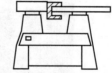

大轴承垂直于支承面放置，轭铁放在连接支柱上，轴承从中穿过，允许最大轴承宽度110mm

轴承尺寸等于或大于连接柱间距，则可直接把轴承放在连接柱上，不再使用轭铁

有孔或无孔小轴承可放在连接柱上加热，如果只加热一只轴承，另一连接柱上放一尺寸相当的小轭铁，上面再放轭铁

外径较大的轴承，可使用轭铁将立柱垫高

如果轴承孔很小或无孔可以把轭铁分开结合用

大环形轴承也可在平面位置加热

对于长轴承，可以用一对轭铁扩展垂直方面的空间

对于连接，滑轮类轴承，可以使用多种轭铁连接方法

图 7-22 加热不同大小轴承时用铁芯叠片调整磁路（注意磁路必须是闭合）

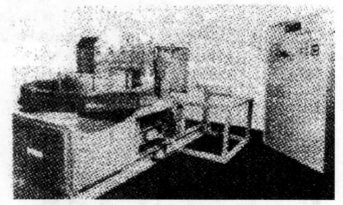

图 7-23 膨大机车轮毂的红套工艺中应用"分裂轭铁"方法加热工件

应加热。这种加热工艺中，坯子放在用电动机带动的滚筒内，每相一个线圈，用三个感应线圈加热。加热后，再进行挤压工艺，图 7-24 所示的是把长 102～229cm、直径 28～48cm 的铝坯加热到 155～480℃之间进行挤压的例子。三个线圈各自加热一个铝坯，每小时的产量约为 38t。

由于工频感应加热设备的效率高、结构简单，因此可以用于大型金属锻件加热。图 7-25 所示的是加热长 114cm、宽和高均为 15cm 的长方体柴油发动机曲轴锻件的例子。产量为每小时 18t，耗电为 6000kW。工频设备还可用于锻件的双频加热，因为钢在温度低于居里点时的穿透深度比高于居里点时的穿透深度小，因此，在 705℃ 以下、60Hz 的工频设备加热钢件的最小直径为 6cm。

图 7-24　6.6MW 的工频感应加热设备每小时能将 38t 铝坯加热到 480℃

图 7-25　工频感应加热设备，可用于柴油机曲轴的钢坯（114cm×15cm×15cm）锻造加热

无论是采用工频还是别的感应加热设备，最大的感应加热设备或许是钢板感应加热设备，见图 7-26 所示。它的总功率为 210MW。钢源源不断从存储站或直接从铸造工艺流程上

图 7-26　钢板感应加热装置，额定功率 210MW，用于将 30cm×152cm×8000cm 的钢板加热到 1260℃

送来。该设备带六条生产线,每条线有三个加热站,一小时能预热 600t 钢。长 8000cm、宽 152cm、厚 30cm 的钢板在轧制前要加热到 1260℃。每块钢板重 30t,在线圈内加热。线圈绕制时平行于钢板的长度而不是平行于它的宽度。因为这样绕制的线圈匝数少,磁能损耗少,见图 7-27 所示。

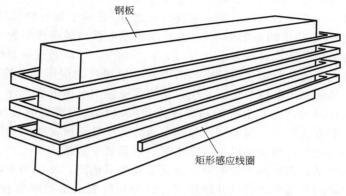

图 7-27 钢板加热线圈

7.2.2.2 倍频加热装置

倍频器可以用来获得复合的工频频率,通常有 180Hz 和 540Hz 的倍频频率。与工频电源设备相同,倍频加热设备可用于大功率的加热和熔化。

180Hz 的电源,也称为三倍频电源(因为它是直接从 60Hz 的工频电源得来的),由三个饱和电抗器组成,每一个饱和电抗器都和单相负载的支路相连,三个单相负载连成 Y 型电路。负载上的电压相位差 120°。负载末端,三个 60Hz 的波形相叠加,频率因此加倍形成了 180Hz 的电源。180Hz 的电源在使用时同 60Hz 电源类似。负载必须同电源频率调节得相匹配。

180Hz 电源还可以通过逐级联结形成其他多倍频电源,如 540Hz 电源。

7.2.2.3 变频电机

变频电机是由一台电动机和一台发电机连接而成的旋转驱动装置。电动机和发电机既可以是两个同机械联结的各自独立的单元,也可以共用一根轴而成为合二为一的统一体。变频电机按外部形状可分为卧式(见图 7-28 所示)和立式(见图 7-29 所示)两种,电流在线圈上产生的热量以及机芯片上产生的热量都由制冷系统带走。早期的变频电机使用空气制冷,目前普遍采用安装在电机内部的水冷型热交换器。

图 7-28 全封闭式卧式水冷变频电机

变频电机产生的频率由转速和发电机内电极的数目决定。一般标称额定频率为1kHz、3kHz、10kHz，但实际上是960Hz、2880Hz和9600Hz。

发电机的定子里有一旋转的齿状转子，定子的线槽里有两个绕组，其中一个叫作励磁绕组，励磁绕组通直流电，它在转子周围形成磁场。当转子转动时，线槽中的磁通量发生变化，第二个绕组（或称输出绕组）上就产生交变电流。

发电机的频率f（单位Hz），由转子电极的对数p_2及转子每分钟旋转数n所决定。即$f=p_2n/60$（这里60是指工频电的频率），这种变频发电机的最高频率为10kHz。

变频电机输出单相电压，通常为200V、400V、800V。可以通过控制励磁电压来调节输出电压。由于输出电压随负载增加而减小，所以常常使用自动调压器来控制励磁绕组电压。自动调压使励磁电压随输出电压变化而变化，从而保证输出电压的稳定性。

变频电机的惯性很大，需要很大的功率才能使发电机达到规定的旋转速度，电机启动时，采用降压启动器降压启动，以便降低浪涌电流。转子转动所需要的功率是恒定的，它不受负载大小的影响。因此，当发电机负载很小时，装置效率很低。

变频电机的发电机是固定频率的电源，因此需要调节槽路，使它和发电机的输出频率相匹配。只有频率相同的发电机才可以并联输出，以提高装置输出功率总容量。一般情况下，并联发电机的电压、电极数都相同，以防止一台发电机过载，甚至对其他发电机充电。

变频电机的发电机是一个固定频率装置，可以把它看成选定为这种固定频率的生产线供电电压源。正因为如此，实际生产中可以把许多互不相关的感应加热工作站接在同一个变频电机电源上同时工作，也可以根据需要把工作站接上或撤掉。但是应当注意，必须把输出电路调节到尽可能接近电源频率，并且避免超载，严禁超过发电机的功率极限。

典型的变频电机加热站见图7-29所示。加热站包括用于调节功率因数的电容器和用于调整阻抗匹配的自耦变压器或隔离变压器，见图7-30所示。使用隔离变压器时，电容器与变压器初级并联，变压器初级有分接头，可在一定的范围内调节电压，若使用自耦变压器（工作线圈在高阻抗时），电容与工作线圈并联。假如工作线圈阻抗非常大，则可以不用匹配变压器，这时工作线圈直接与输出电源相连，也可以实现阻抗匹配。无论哪一种情况，都能调节电容器实现频率匹配。但应当注意的是，功率因数调节电容不能连续调节，所以不能做到与发电机频率完全匹配一致。实际操作时，在加热之前总是把工作状况调整在滞后或超前状态，这样在加热过程中电感的减少或增加量正好可以得以补偿。然而，如果在滞后状态下进行加热工作，则可能导致电磁场电流过大，使继电器跳闸。

图7-29　立式变频电机

图7-30　带匹配变压器的低频中频加热站

7.2.2.4 固态变频器

随着可控整流元件的发展,大功率晶闸管(SCR)开关时间逐步缩短,从而使固态中频电源代替发电机式中频电源成为可能。固态中频电源克服了发电机中频电源的一些缺点,具备了新的独特的工作特性。

首先发展起来的固态电源是扫描变频器,或称可变频率固态振荡器,见图7-31(a)所示。

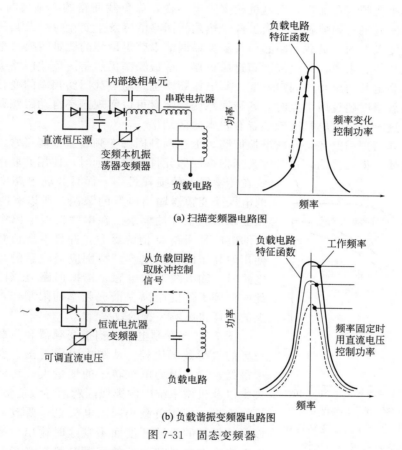

图 7-31 固态变频器

在这种扫描变频器系统中,首先将线频交流电变成稳定的直流电,然后通过内部换相器完成晶闸管的开关过程,把直流电转换成交流电。内部换相器由变频本机振荡器的输出信号控制,包括谐振电路的反馈信号、功率控制信号和电压控制信号。变频系统在特征函数曲线上比较平直的那一部分所对应的频率下工作,而不是在谐振频率下工作。如果能够解决变频器的启动或功率问题,那么,变频器可以在曲线上任意一点所对应的频率下工作。从曲线上可以看到,频率的微小变化可以导致输出功率的很大变化。所以在这种电路中,在小范围内控制频率可以得到在大范围内控制功率的效果。应当注意,电路的 Q 值变化时,振荡频率的特征曲线的形状也要发生变化。对于 Q 值很高的电路,曲线的斜率很大,频率变化时对功率的影响尤其显著,对 Q 值较小的电路,频率变化对功率的影响小得多,因此有时不能达到理想的调频调功的效果。

另一种固态变频器是常用变频电路,即负载谐振变频器,也称为电流谐振变频器,见图7-31(b)所示。这种变频器也使用直流电源,不同的是,这种直流电源是由晶闸管组成的晶闸管整流电路。同时，由晶闸管组成的固态变频电路不采用本机振荡，而是直接从谐振回路获得自励信号实现逆变转换，因此称作负载谐振。实际上，根据 SCR 的工作性能，变频器工作时，功率因数稍微超前，变频频率比负载回路谐振频率略高。因为负载谐振变频器的输出功率由可控整流器输出的直流电压决定而与负载回路的 Q 值无关，因此，工作频率略高于回路频率时，系统照常工作。

无论是哪一类型的固态变频器，变频装置的工作频率主要由负载回路的固有频率决定，而不是像发电机变频装置那样，发电机频率固定不变，而负载回路的频率要与之跟踪匹配。显而易见，在发电机变频装置中，当工件受热致使回路电感发生变化时，尤其是铁磁性材料加热到居里温度以上的，负载回路必须重新加以调节以获得最佳的能量转换效率。而对于负载谐振固态变频装置来说，即使温度超过居里点，谐振频率仍然是由负载回路决定的，对于扫描变频器，假定其输出功率固定不变，其谐振频率也是随负载回路频率的变化而变化，总而言之，当负载温度超过居里点时，各种固态变频装置可以实现频率自动跟踪调节，以适应负载的变化，这一点与发电机变频装置有根本的区别。

无论是串联谐振回路还是并联谐振回路，上述两种固态变频装置都能正常工作。一般来说，并联电路使用得较普遍，这是因为当谐振回路元件相隔较远时，使用并联谐振回路的方式在传输线上的损耗最小。而且并联电路中输送到工件的电压受变频器输出电压的限制，所以有时需要使用变压器以适应工件的要求。在串联谐振电路中，谐振线圈上的电压是回路 Q 值的函数，并且电压值相当高，必须使用耐高压的调谐电容。特别应当注意的是，采用串联电路时，输电线上的电感是谐振回路电感的一部分，因此电源到工件的距离受谐振频率的限制，否则，输电线上的损耗将影响装置的效率。

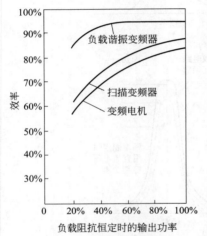

图 7-32　变频电机、扫描变频器和负载谐振变频器效率的比较

图 7-32 把变频电机、扫描变频器和负载谐振变频器三者的效率做了比较。从图中可以看出，变频电机的效率最低，这是因为电机转子的惯量大，转动时的风阻损失大以及机械系统中的类似问题而导致能量损失的结果。可想而知，即使负载很轻，电机也需要较大的输入功率以保持额定的旋转速度而不管这时输出功率的多少。所以解决变频电机效率低的问题是势在必行的。在轻负荷状态，扫描变频器的效率也不太高，这是因为此时装置工作在图 7-31(a) 所示的特征曲线较低点所对应的频率之下。

起初设计固态变频装置的目的就是为了代替变频电机，从变频输出末端计算功率，而不考虑加热站和工作线圈等的功率损耗。为了避免混乱，固态变频电源的频率选得和变频电机电源一致。但是，如上所述，固态变频电源的频率由负载回路谐振频率或本机振荡频率决定，所以其频率实际上并没有严格地限制，可以针对其应用选择最佳频率。固态变频电源实际上是频率变换器。对具体装置而言，输出功率随频率变化而变化，在额定功率下，电源总是在固定的频段内工作，正因为如此，必须有足够大的电容调节量，还必须对磁性元件（例如变压器、电抗器）严格要求，做到与频率相匹配。

7.2.2.5　火花隙变频器

现在看来，火花隙变频器已经过时了。但它是最早的高频交流电源之一，可以说是工频电源的鼻祖。火花隙变频装置主要用于金属熔化，特别是贵金属的熔化。火花隙变频器简单原理见图 7-33 所示。它包括升压变压器 T_1、输出变压器 T_2、电容器 C_1 和一个火花隙组件。电源电压经 T_1 升压后加在火花隙上。火花隙与 C_1 和 T_2 的初级并联。工作原理如下：通电后，先考虑正半周的情况，电压从零开始逐渐升高经过 T_1 升压，加在电容器 C_1 和 T_2 的初级上的电压也将升高，电流对 C_1 充电。当电容器上的充电电压超过了火花隙的击穿电压值时，火花隙被击穿而产生电弧短路，电容器通过火花隙对 T_2 的初级放电，形成放电回路，随着电容器放电量的增加，电容器上的电压降低，即火花隙上的电压降低，火花隙弧光逐渐熄灭，正半周时，重复上述过程，但电流方向相反。从上述讨论可以看出，输出变压器 T_2 的初级得到正反两个方向的电压和电流，电流频率取决于火花隙放电频率。

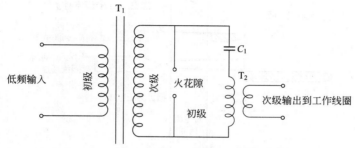

图 7-33 火花隙变频器原理简图

后来，火花隙变频装置不断得以完善，最主要的是把火花隙放在充满氢气的真空管中，以增强稳定性和可靠性。

火花隙装置频率一般为 80k～200kHz，但是会同时产生许多种频率，所以输出波形不是正弦曲线。这种装置效率一般都不高，负载上得到的功率仅为 15%～50%。

7.2.2.6 真空管式射频电源

（1）工作特征 工频电源的工作原理可用图 7-34 所示的并联谐振回路来说明。图中 C 为谐振电容，L 为谐振电感，R 为回路电阻。当开关 S 瞬时接通时，电容器充电，电容器上的电压等于电源电压 E_{DC}（不计电感和负载损耗）。开关断开后，电容器通过 RLC 回路放电；电容器上的电压逐步降低而电感 L 上的电压逐渐升高，直至电感上的电压上升到最大值 E_{DC} 为止，这时电容器上的电压为零，于是就过渡到另一个周期——电容被电感充电。但是在这个过程中，由于回路有损耗，所以电感对电容充电电压低于 E_{DC}。但是，如果这时又把开关瞬时接通，则电容器上的电压又被充到

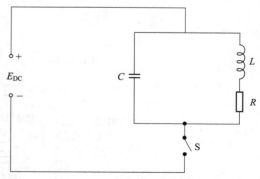

图 7-34 工频振荡器原理简图

E_{DC}。由此可见，利用电源开关 S，就可以把每次循环中的电路损耗抵消，从而得到等幅振荡电源。当然，假若电路中没有电阻，振荡就可以无休止地进行下去。但实际上是不可能的，首先负载便是电阻，因此，维持振荡必须想方设法补偿能量损耗。

在工频电源装置中，图 7-34 中的开关功能是由真空三极管完成的。三极管的栅极可以控制从灯丝阴极流向阳极的电子以实现三极管的开关作用。三极管工作在丙类状态，见图 7-35 所示，即阳极电流从短脉冲流过三极管，这样可以提高功率和效率。

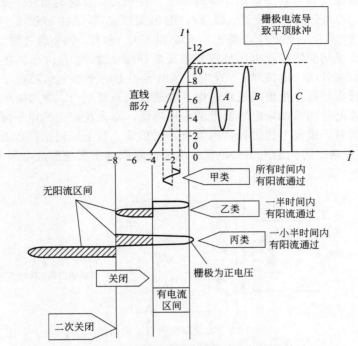

图 7-35　丙类状态下的振荡器阳流和栅流的关系

工频交流电经升压变压器升压后再经过整流得到高压直流电,这就是 RF 变频器的直流高压电源。直流电源的负极端接阴极,正极端接阳极。真空三极管相当于一个开关,它的开关节拍必须与电路的振荡频率同步,这个频率就是槽路的固有频率。直流电源不断地为槽路补充能量,维持振荡。同时,三极管的栅极还需要反馈电压来激励它,这个电压值相当于槽路总电压的一部分,但两者相位相反。RF 自励振荡器的反馈电压就是直接从槽路取得的。

实际真空管 RF 振荡器如图 7-36 所示。图中直流电源与三极管并联。电源正极与扼流

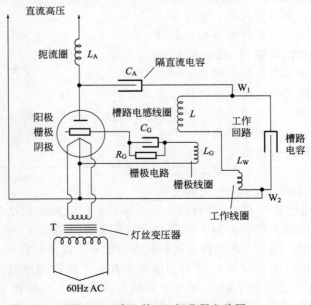

图 7-36　真空管 RF 振荡器电路图

圈 L_A 相连，负极与三极管阴极相连。槽路与三极管并联。RF 振荡器的高频电流可以流过隔直流电容器 C_A，形成通路。阳极扼流圈却阻隔了高频电流，形成断路。整个槽路由槽路电容 C、槽路电感线圈 L 和工作线圈 L_W、振荡器栅极回路反馈线圈 L_G、栅极电容 C_G 和栅极电阻 R_G 组成。栅极反馈线圈通过与槽路电磁耦合得到能量，并能通过栅极电容和电阻，把能量传递给振荡三极管的栅极和阴极作为振荡电路的激励功率。工作时栅极电阻产生一个负偏压，用以保证振荡器工作在丙类状态。

高频振荡器的栅极反馈信号形成方法主要有三种，一种是通过感应耦合的方法从槽路获取反馈信号，见图 7-37(a)；另一种是哈脱莱式振荡器，即电感三点式反馈电路，见图 7-37(b)；还有一种是考毕子振荡器，即电容三点式反馈电路，见图 7-37(c)。后两种电路中，直接按比例从槽路电压中取出反馈电压，哈脱莱电路采用电感线圈抽头匝数比，考毕子电路采用栅极电容与槽路电容的容量比调节反馈电压。在感应耦合调节反馈电压的方式中，可以采用机械方式均匀地调节反馈。因此，在大多场合都可以使用这种方式，以获得最佳输出功率。

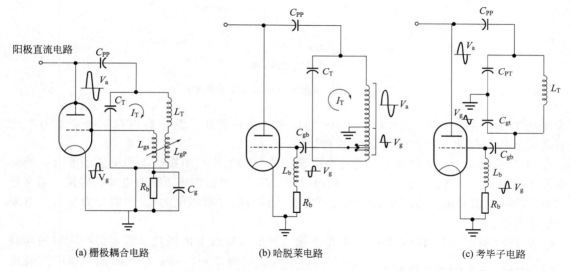

图 7-37 高频感应加热装置的振荡电路

实际应用中的工频槽路电感部分通常由工作线圈和槽路线圈串联而成，见图 7-38(a)；或由工作线圈与输出变压器组成，见图 7-38(b)；如图 7-38(a) 所示的槽路线圈串联系统，也称为直槽负载系统，工作线圈是槽路线圈的一部分。对于使用变压器的电路，工作线圈与槽路相隔离。但是应注意工作线圈与地面之间发生电弧放电。

(2) 设计中应考虑的几个因素

① 工作频率　射频（RF）电源的工作频率一般为 200k～450kHz。显而易见，当线圈电感改变时，电路的振荡频率也随之改变，因此，工作过程中频率将会在 200k～450kHz 之间变动。射频电源也不像变频电机那样输出电压恒定不变，而是维持稳定的槽路周期电流不变。

② 额定功率　额定功率实质上是指一个独立电源所能提供给负载的最大功率，而不反映电源提供负载的最大功率，也不反映电源提供这个功率的难易程度。下面举一个典型的例子加以说明：一台电源能为距离 2.5cm 的负载提供 10kW 功率，另一台电源只能

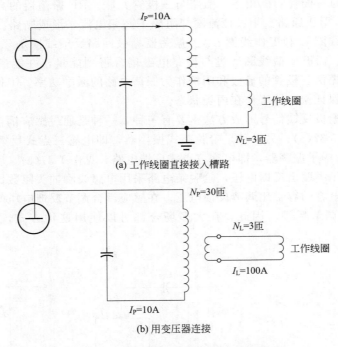

(a) 工作线圈直接接入槽路

(b) 用变压器连接

图 7-38　常用高频感应加热设备输出槽路

为距离 1.3cm 的负载提供同样为 10kW 的功率。两种相比，前一种电源"带载能力"比后者强一些，但两者都称为额定功率 10kW。

③ 带载能力　"带载能力"指的是电源为槽路和工作线圈提供工作电流的能力，槽路电流 $I_T = 0.75 E_P / X_C$，这里，E_P 为槽路电压，X_C 为谐振频率下槽路电容的容抗，通常把槽路无功功率值和振荡器输出功率的比值定义为设备的"带载能力"。带载能力反映了电源的输出性能。

④ 传输损耗　下面讨论槽路和工作线圈之间的传输线上的损耗。假定射频装置的高频输出变压器安装在电源之外，或者是低阻加热线圈与直槽电源系统 DTL 有一定的距离，则传输线上的损耗便不容忽视了。一般来说，工作线圈或高频变压器远离高频电源时，其阻抗至少比输电线的阻抗大 10 倍。在 DTL 振荡系统中，输电线上电压过高不仅带来危险还会发生射频干扰问题。因此，应当尽量采用铝或其他低电阻率材料作输电线。

为减小传输损失，还可以像安装低中频加热站那样，将整个槽路安装在较远的工作场所。在这种情况下，槽路（DTL 或输出变压器）可通过半软同轴电缆与电源相连。这样，在需要移动的时候，移动整个槽路，见图 7-39 所示，比单独移动工作线圈的输出效率高。该系统中栅极反馈是从多抽头反馈变压器（见图 7-40 所示）得到的。该变压器的初级线圈与振荡管阳极和阴极相连，以获得预期的频率信号，次级线圈为振荡管栅级提供反相的栅极驱动电压。

图 7-39　射频电源的槽路（包括工作线圈、输出变压器和槽路电容器）

7.2.2.7 固态高频装置

工作频率在 50k~450kHz 的固态高频装置已经问世,见图 7-41 所示,与 50kHz 以下的变频器不同,该装置不采用 SCR,而是采用场效应晶体管 MOSFET 递变器件。

固态高频电源和 SCR 变频器类似,都采用隔离变压器供电,被隔离的工频交流电输入到变频电路系统,首先通过 SCR 组成的交流调压电路把交流电变为直流电,再经过滤波形成平直的直流电压作为固态高频逆变回路输入电源,变频器的核心器件 MOSFET 安装在配电板上。从槽路反馈一个谐振频率信号,经过读出电路,从电

图 7-40 槽路远离振荡电源时可提供合适栅极驱动的多抽头反馈变压器

缆传送给微处理机。微处理机根据这个频率信号发出驱动信号,使 MOSFET 工作。当磁性负载温度超过居里点时,可根据振荡槽路谐振频率的改变由微机根据程序自动调整系统工作频率。与负载谐振变频器相同,固态高频装置也是工作在谐振频率曲线的最大值下,两者的效率相接近。

图 7-41 50k~450kHz 150kW 固态高频电源装置内部结构图
(左边是微处理机和控制系统,右边是插入式功率板)

驱动系统的微处理机程序控制可以根据具体需要进行修改,例如是恒压还是恒流或是恒定功率等。微处理机程序还允许通过键盘询问系统工作情况。

7.2.3 中频感应加热电源的常见故障

中频电源广泛应用于熔炼、透热、淬火、焊接等领域,不同的应用领域对中频电源有不同的要求,因此中频电源的控制电路和主电路有不同的结构形式,只有在熟练掌握这些电路的基本工作原理和功率器件的基本特性的基础上,才能快速准确地分析判断故障原因并采取有效的措施排除故障。在此仅对典型电路和常见故障进行探讨。

7.2.3.1 开机设备不能正常启动

（1）故障现象　启动时直流电流大，直流电压和中频电压低，设备声音沉闷，过流保护。

分析处理：逆变桥有一桥臂的晶闸管可能短路或开路造成逆变桥三臂桥运行。用示波器分别观察逆变桥的四个桥臂上的晶闸管管压降波形，若有一桥臂上的晶闸管的管压降波形为一线，该晶闸管已穿通；若为正弦波，该晶闸管未导通。更换已穿晶闸管，并查找晶闸管未导通的原因。

（2）故障现象　启动时直流电流大，直流电压低，中频电压不能正常建立。

分析处理：补偿电容短路。断开电容，查找短路电容，更换短路电容。

（3）故障现象　重载冷炉启动时，各电参数和声音都正常，但功率升不上去，过流保护。

分析处理：
① 逆变换流角太小，用示波器观看逆变晶闸管的换流角，把换流角调到合适值；
② 炉体绝缘阻值低或短路，用兆欧表检测炉体阻值，排除炉体的短路点；
③ 炉料钢铁相对感应圈阻值低，用兆欧表检测炉料相对感应圈的阻值，若阻值低重新筑炉。

（4）故障现象　零电压扫频启动电路不好启动。

分析处理：
① 电流负反馈量调整得不合适，检查电流互感器同名端；
② 信号线是否过长过细；
③ 中频变压器和隔离变压器是否损坏，特别要注意变压器匝间短路，重新调整电流负反馈量，更换已损坏的部件。

（5）故障现象　零电压他励扫频启动电路不好启动。

分析处理：
① 扫频起始频率选择不合适，重新选择起始频率；
② 扫频电路有故障，用示波器观察扫频电路的波形和频率，排除扫频电路故障。

（6）故障现象　启动时各电参数和声音都正常，升功率时电流突然没有，电压到额定值过压，过流保护。

分析处理：负载开路，检查负载铜排接头和水冷电缆。

7.2.3.2 设备能启动但工作状态不对

（1）故障现象　设备空载能启动，但直流电压达不到额定值，直流平波电抗器有冲击声并伴随抖动。

分析处理：关掉逆变控制电源，在整流桥输出端上接上假负载，用示波器观察整流桥的输出波形，可看到整流桥输出缺相波形。缺相的原因可能是：
① 整流触发脉冲丢失；
② 触发脉冲的幅值不够、宽度太窄，导致触发功率不够，造成晶闸管时通时不通；
③ 双脉冲触发电路的脉冲时序不对或脉冲丢失；
④ 晶闸管的控制极开路、短路或接触不良。

（2）故障现象　设备能正常顺利启动，当功率升到某一值时过压或过流保护。

分析处理：分两步查找故障原因。
① 先将设备空载运行，观察电压能否升到额定值；若电压不能升到额定值并且多次在

电压某一值附近过流保护,这可能是补偿电容或晶闸管的耐压不够造成的,但也不排除是电路某部分打火造成的。

② 电压能升到额定值,可将设备转入重载运行,观察电流值是否能达到额定值;若电流不能升到额定值,并且多次在电流某一值附近过流保护,这可能是大电流干扰,要特别注意中频大电流的电磁场对控制部分和信号线的干扰。

7.2.3.3 设备正常运行时易出现的故障

(1) 故障现象　设备运行正常,但在正常过流保护动作时烧毁多只 KP 晶闸管和快熔。

分析处理: 过流保护时为了向电网释放平波电抗器的能量,整流桥由整流状态转到逆变状态,这时如果 $\alpha>120°$,就有可能造成有源逆变颠覆,烧毁多只晶闸管和快熔,开关跳闸,并伴随有巨大的电流短路爆炸声,对变压器产生较大的电流和电磁力冲击,严重时会损坏变压器。

(2) 故障现象　设备运行正常,但在高电压区内某点附近设备工作不稳定,直流电压表晃动,设备伴随有吱吱的声音,这种情况极容易造成逆变桥颠覆烧毁晶闸管。

分析处理: 这种故障较难排除,多发生于设备的某部件高压打火。

① 连接铜排接头螺栓松动造成打火;

② 断路器主接头氧化导致打火;

③ 补偿电容接线桩螺栓松动,引起打火,补偿电容内部放电,阻容吸收电打火;

④ 水冷散热器绝缘部分太脏或炭化对地打火;

⑤ 炉体感应线圈对炉壳、炉底板打火,炉体感应线圈匝间距离太近,匝间打火或起弧,固定炉体感应线圈的绝缘柱因高温炭化放电打火;

⑥ 晶闸管内部打火。

(3) 故障现象　设备运行正常但不时地可听到尖锐的嘀嘀声,同时直流电压表有轻微摆动。

分析处理: 用示波器观察逆变桥直流两端的电压波形,一个周波失败或不定周期短暂失败、并联谐振逆变电路短暂失败或可自恢复周期性短暂失败一般是由逆变控制部分受到整流脉冲的干扰产生的,非周期性短暂失败一般是由中频变压器匝间绝缘不良产生的。

(4) 故障现象　设备正常运行一段时间后出现异常声音,电表读数晃动,设备工作不稳定。

分析处理: 设备工作一段时间后出现异常声,工作不稳定,主要是设备的电气部件的热特性不好,可把设备的电气部分分为弱电和强电两部分,分别检测。先检测控制部分,为防止损坏主电路功率器件,在不闭合主电源开关的情况下,只接通控制部分的电源,待控制部分工作一段时间后,用示波器检测控制板的触发脉冲,看触发脉冲是否正常。

在确认控制部分没有问题的前提下,把设备开起来,待不正常现象出现后,用示波器观察每只晶闸管的管压降波形,找出热特性不好的晶闸管;若晶闸管的管压降波形都正常,这时就要注意其他电气部件是否有问题,要特别注意断路器、电容器、电抗器、铜排接点和主变压器。

(5) 故障现象　设备工作正常但功率上不去。

分析处理: 设备工作正常只能说明设备各部件完好,功率上不去,说明设备各参数调整不合适。影响设备功率上不去的主要原因有:

① 整流部分没调好,整流管未完全导通,直流电压没达到额定值影响功率输出;

② 中频电压值调得过高、过低影响功率输出；
③ 截流截压值调节得不当使得功率输出低；
④ 炉体与电源不配套严重影响功率输出；
⑤ 补偿电容器配置得过多或过少都得不到电效率和热效率最佳的功率输出，即得不到最佳的经济功率输出；
⑥ 输出回路的分布电感和谐振回路的附加电感过大，也影响最大功率输出。

(6) **故障现象**　设备运行正常但在某功率段升降功率时，设备出现异常声音并抖动，电气仪表指示摆动。

分析处理：这种故障一般发生在功率给定的电位器上，功率给定电位器某段不平滑跳动，造成设备工作不稳定，严重时造成逆变颠覆烧毁晶闸管。

(7) **故障现象**　设备运行正常但旁路电抗器发热烧毁。

分析处理：造成旁路电抗器发热烧毁的主要原因有以下两点。
① 旁路电抗器自身质量不好；
② 逆变电路存在不对称运行，造成逆变电路不对称运行的主要原因为信号回路。

(8) **故障现象**　设备运行正常，但击穿补偿电容。

分析处理：故障原因为以下几点。
① 中频电压和工作频率过高；
② 电容配置不够；
③ 在电容升压电路中，串联电容与并联电容的容量相差太大，造成电压不均击穿电容；
④ 冷却不好击穿电容。

(9) **故障现象**　设备运行正常但频繁过流。

分析处理：设备运行时各电参数波形声音都正常，就是频繁过流。当出现这样的故障时要注意，是否是由于布线不当产生电磁干扰和线间寄生参数耦合干扰造成的，如强电线与弱电线布在一起，工频线与中频线布在一起，信号线与强电线、中频线汇流排交织在一起等。

7.2.3.4　直流平波电抗器故障

故障现象：设备工作不稳定，电参数波动，设备有异常声音，频繁出现过流保护和烧毁快速晶闸管现象。

分析处理：在中频电源维修中，直流平波电抗器故障属较难判断和处理的故障。直流平波电抗器易出现的故障有：

① 用户随意调整电抗器的气隙和线圈匝数，改变了电抗器的电感量，影响了电抗器的滤波功能，使输出的直流电流出现断续现象，导致逆变桥工作不稳定，逆变失败烧毁逆变晶闸管。随意调整电抗器的气隙和线圈匝数，在逆变桥直通短路时，会降低电抗器阻挡电流上升的能力，烧毁晶闸管。随意改变电抗器的电感量还会影响设备的启动性能。

② 电抗器线圈松动。电抗器的线圈若有松动，在设备工作时电磁力使线圈抖动，电感量突变，在轻载启动和小电流运行时易造成逆变失败。

③ 电抗器线圈绝缘不好。对地短路或匝间短路，打火放电造成电抗器的电感量突跳和强电磁干扰，使设备工作不稳定，产生异常声音频繁，过流烧毁晶闸管，造成线圈绝缘层绝缘不好。短路的原因有：

a. 冷却不好，温度过高导致绝缘层绝缘变差打火炭化；

b. 电抗器线圈松动, 线圈绝缘层与线圈绝缘层之间、线圈绝缘层与铁芯之间, 相对运动摩擦造成绝缘层损坏;

c. 在处理电抗器线圈水垢时, 把酸液渗透到线圈内, 酸液腐蚀铜管并生成铜盐破坏绝缘层。

7.2.3.5 晶闸管故障

(1) 故障现象 更换晶闸管后一开机就烧毁晶闸管。

分析处理: 设备出故障烧毁晶闸管, 在更换新晶闸管后不要马上开机, 首先应对设备进行系统检查排除故障, 在确认设备无故障的情况下再开机, 否则就会出现一开机就烧毁晶闸管的现象。在压装新晶闸管时一定要注意压力均衡, 否则就会造成晶闸管内部芯片机械损伤, 导致晶闸管的耐压值大幅下降, 出现一开机就烧毁晶闸管的现象。

(2) 故障现象 更换新晶闸管后开机正常, 但工作一段时间又烧毁晶闸管。

分析处理: 发生此类故障的原因有以下几点。

① 控制部分的电气元件热特性不好;

② 晶闸管与散热器安装错位;

③ 散热器经多次使用或压装过小台面晶闸管, 造成散热器台面中心下凹, 导致散热器台面与晶闸管台面接触不良而烧毁晶闸管;

④ 散热器水腔内水垢太厚导热不好造成元件过热烧掉;

⑤ 快速晶闸管因散热不好温度升高, 同时晶闸管的关断时间随着温度升高而增大, 最终导致元件不能关断造成逆变颠覆, 烧掉晶闸管;

⑥ 晶闸管工作温度过高, 门极参数降低, 抗干扰能力下降, 易产生误触发损坏晶闸管和设备;

⑦ 检查阻容吸收电路是否完好 (注意: 逆变吸收电容应用 2500V 绝缘摇表充电, 然后用导线对比放电状况, 找出容量失效的换掉, 用万用表测可能找不出坏的)。

以上只是中频电源系统常用的检测方法和常见故障, 供大家参考。中频电源系统在电路上看并不复杂, 但实际上是比较复杂的, 大家不要小看了它。检测维修中频电源的人员必须要具备相当的电路理论基础知识和丰富的实践经验。其故障现象是多种多样、千奇百怪的, 对具体故障要做具体分析。必要时, 须请专业人员现场检测维修中频电源。

最后要切记在更换晶闸管后一定要仔细检测设备做好笔记, 即使在故障排除后也要对设备进行系统检查。

7.3 感应加热的辅助设备

在大多数感应加热设备中, 除了电源, 还需要其他辅助设备。其中包括电源和感应线圈的冷却系统、功率定时系统、温度控制和材料处理系统。前两类装置在本节讨论, 具体如下。

7.3.1 设备的冷却系统

所有的感应加热装置都需要冷却剂 (主要是水), 因为任何载流元件都要耗散废热。显然, 电路阻抗越高或电流越大, 系统损耗越大, 产生的废热越多。实际上, 感应加热线圈、电容器和输出变压器是主要的功率耗损部件。在真空管式射频系统中, 真空管的阳极损耗量达输入功率的 50%。

选择感应加热冷却系统时, 应当注意以下问题:

① 元件可以承受的最高温度是多少；
② 需要多少水；
③ 需要多大水压。

每一个问题都要根据设备的需要加以考虑。但是，这些主要是机械方面的考虑。另外，水的化学成分对冷却效果影响很大，设计和操作时须加以考虑。而且，需要水冷的部件具有不同的对地电压。例如，在射频系统中，振荡管阳极对地电压有几千伏，它也需要水冷。在这种情况下，必须使用绝缘软管，使水流入振荡管的冷却通道，再从绝缘软管中流出。实际上，软管就是隔离高电压和水的高电阻层。电压若为10kV，则软管的长度应为5m，以防止水带电，造成热损耗。这里假设水的电阻率是足够大的。

水冷系统中应注意的另一点是设备的使用地点必须保证水温高于露点。温度低于露点时会造成冷却部件上产生冷凝水珠，尤其是在高电压下，冷凝水珠会导致不同电压的部件之间发生弧光放电，从而使部件损坏。任何降低水冷凝温度的技术都有经济价值。

最简单的冷却装置如图7-42所示。水经过水泵，从水槽流入感应加热炉，再流回水槽。水进入系统之前，经过一个温度控制阀，其传感器设在发生器的输出水管路中，系统补充冷水时，多余的水从溢流管排出。

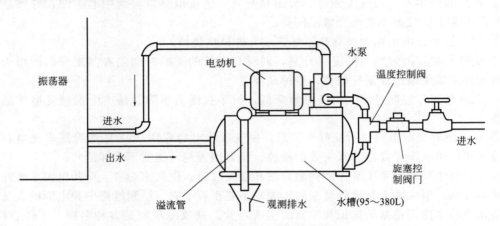

图7-42 耗水最少的水冷装置

在实际工作中，当出口水的温度超过限度时，向系统补充冷却水。因此只有在降温时需要注入新水，这样就减少了水的需求量，同时也能保证使发生器周围温度高于露点。但是，注入新水不能保证水质要求，即水的电阻率或含杂质量的要求。

7.3.1.1 水冷装置

感应加热设备冷却系统中使用蒸馏水、自来水和去离子水做冷却剂。去离子水能够浸蚀黄铜部件中的锌，使之使用一段时间后变成多孔海绵状。相反，蒸馏水对铜没有危害。另一方面，如果自来水的电阻率较高而且比较洁净的话，流经设备几次后就相当于蒸馏水了。

假若自来水中有固态杂质，这些杂质逐渐附着在冷却的部件壁上，渐渐地在壁上形成一层隔热层，类似于锅炉水垢，会降低水冷系统的热交换能力。因此，即使压力、流量和进水温度都保持不变，还是会因不能及时散热而发生设备过热现象。感应加热振荡器的冷却水的要求见表7-3。关于固态杂质，通常指在恒定的水流量下，带入供水系统杂质的质量百分率。但是，如果供水系统是封闭的，即没有更多的固态杂质进入冷却水，自然水就会渐渐地变得和蒸馏水差不多了。

表 7-3 感应加热振荡器冷却水的技术要求

- 最小压力：207kPa
- 进口最高温度：35℃
- pH 值在 7.0～9.0 之间（即略显碱性）
- 氯化物含量＜20×10^{-6}mg/L
- 硝酸盐含量＜10×10^{-6}mg/L
- $CaCO_3$ 含量＜250×10^{-6}mg/L
- 总溶解固体杂质含量＜250×10^{-6}mg/L
- 无固体杂质析出的温度 $T\leqslant57℃(135°F)$
- 25℃下的电阻率≥2500Ω·cm
- 必须含有消磁剂和防腐剂
- 抗凝剂（最多 50%）：乙二醇

在温度可能低于冷凝点的系统内使用冷却设备时，应使用水和乙二醇混合物冷却剂，以降低冷凝点。一般情况下，乙二醇的含量占 40% 就足够了。但是应当注意，尽管大多数抗凝剂的主要成分是乙二醇，但在感应加热设备的冷却系统中不宜使用。因为这种添加剂降低了冷却剂的电阻率，因而会带来麻烦。

许多水冷系统，尤其是使用蒸馏水做冷却剂的水冷系统，常使用热交换器。在蒸馏水水冷系统中，用自来水来冷却蒸馏水，但两者不混合，这是通过一种"水-水"交换器进行的热交换。在自来水管道上有温度控制阀门。7.5kW 以下的小型感应加热设备有时也使用类似于自冷散热器的"水-空气"热交换器。

7.3.1.2 蒸发冷却装置

冷却剂的需要量超过 45L/min 时（2700L/h），许多设备使用蒸发冷却系统。蒸发冷却系统是尺寸很小的空气与水的热交换器。蒸发冷却装置按结构分成两类：一类是把热交换单元与水泵站安装在一起，另一类则是把两者分开。但无论是哪种类别，都能减少水的消耗。

蒸发冷却系统见图 7-43 所示，是利用喷射在"空气-水"热交换器散热片上的水雾吸热制冷。水以蒸汽的形式消耗掉了，但是，由于单位质量的水变成蒸汽时所吸热量大大增加，所以蒸发冷却系统的用水量只相当于水冷系统的 1%。系统中的冷却剂与用于喷雾的水相隔

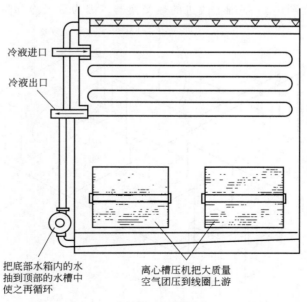

图 7-43 蒸发冷却系统操作图解

离。但经过一段使用时间后,水蒸气中的固体杂质会附着到散热器表面,降低热交换能力。因此,必须时常清洗冷却系统以去掉这些固体杂质。另外,由于水雾里不含乙二醇,用于喷射的水槽在冬天必须加热。

图 7-44 为典型蒸发冷却装置简图。图中,热交换器放置在外面,水泵和感应加热设备相邻。如果安装位置选择得合适,这个系统还可以同时为好几个加热设备服务。许多时候,它还可以充当其他用途的冷却装置。

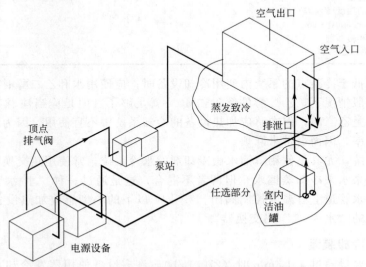

图 7-44 水泵放在电源附近的蒸发冷却装置简图

蒸发冷却系统与水冷系统相比较,最大的优点在于它是一个封闭循环系统,只是利用水塔散热时才暴露在空气当中。在暴露冷却过程中,除了吸收一些杂质外,冷却剂中还必须加入一些化学物质,如杂藻剂。因为这些杂质和化学物质对冷却系统有害,因此常常采用泄放的方法减少工作期间杂质的累积。

图 7-45 所示是在图 7-44 基础上改进的热交换器。因为夏天冷却量需求最大,故在这段

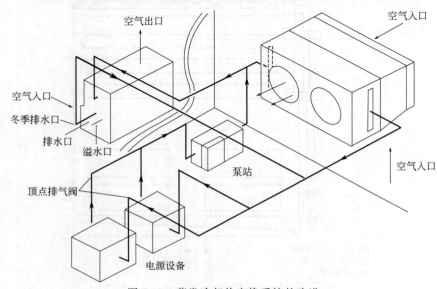

图 7-45 蒸发冷却热交换系统的改进

时间内可把蒸发冷却部分放在整个冷却系统之外。由热交换器带出的热量随蒸汽一起散失到空气中。冬天则希望能收回并利用这部分热量，这时，可以在冷却系统中加一个自动"空气-水"热交换器。天冷时关闭通向外部空气的阀门，打开与"空气-水"热交换器相连的阀门，可以通过空气管道中返回的调节空气来调节热量。这样，这部分热能可以回收并用于加热冷却系统空间的空气。使用这种方法可以使大约95%的余热回收。

7.3.2 计时器

感应加热设备有开环和闭环两种控制方法。闭环系统使用反馈信号（最常见的是温度信号）来调节感应加热电源的工作状况。反馈信号与一个预定值相比较，差值输入到反馈控制电路。开环系统没有闭环系统那样复杂，它主要依靠加热时间来推测加热结果。如果没有特别重要的用途，使用时间控制方法完全能满足要求。

利用时间控制加热的技术，实际上是控制主电路接触器。这种方法广泛使用于工频和射频感应加热设备中。使用计时控制方法需要注意：负载越大则电源功率越大，故接触器也越大。由于在这种情况下，接触器衔铁和励磁电流都很大，断开接触器时需要启动许多附加的中间继电器。而启动小型的中间继电器，需要一定的时间才能完成。这一点对于加热时间长的工艺场合，其影响可以忽略不计。但是，当总体加热时间很短时，比如用高频设备加热小工件时，特别是加热时间不超过 3s 时，上述因素就会影响最终加热温度。

绝大多数感应加热装置使用两类计时器：电机计时器和电子计时器。电机计时器，实质上是计时器内电机转动给计时离合器加电和断电。对于小于 10s 的加热过程，最好选用电子计时器。使用 SCR 控制功率的电路中，主要用断路器或主接触器（或者两者都用）把负载与电源断开。它主要用于维修设备时隔开电源以及出现故障和紧急停工时中断电源。也可以控制 SCR 的门触发电路达到接通和关闭电源的目的。这种控制方法是一种高速控制技术，它消除了接触器开关时的时间延误，更重要的是这种方法避免了重复的机械动作，从而延长了接触器的寿命。

加热时间很短时，饱合电抗器的磁滞现象使设备不宜用于开关频繁的操作。因为与加热时间相比，电抗器的充电时间是不容忽视的。当加热时间非常短（2~3s 或更短）时，SCR 控制器启动回路上的延误时间，虽然远没有电抗器延误时间长，但也不容忽视。由此可见，操作时间与射频加热装置密切相关。

如果需要加热的时间很短，通常总是保持 SCR 或电抗器的通电状态。这时，计时器控制栅极触发装置，见图 7-46 所示，这种装置的原理是通过一个反向偏压控制三极管（振荡管）的栅极使得栅极电压高速反向，阻止电流从阴极流向阳极。控制系统中触点闭合时间越

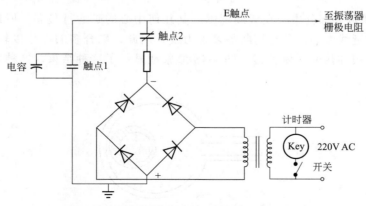

图 7-46 可实现高速操作的射频电源栅控电路

短越好。整机装置的控制速度只受栅控系统触点闭合时间限制。

7.4 感应线圈的设计与制作

在某种程度上，感应加热线圈设计是建立在大量的经验数据之上的。它是从几种简单的感应器（比如传统的螺旋管线圈）的几何形状的理论分析上发展起来的。因此，线圈设计基础建立在经验之上。本节的目的是论述在感应器设计中的基本电路思想和描述最常见线圈的应用实例，实际的线圈结构和电源输出端头的选择也在本节加以叙述。

7.4.1 感应线圈设计的基本原理

变压器耦合和感应器、工件之间耦合的相似性是线圈设计的基本原理。感应器相当于变压器初级绕组，工件相当于次级绕组，见图 7-47 所示。因此，变压器的一些特征可作为线圈设计的准则。

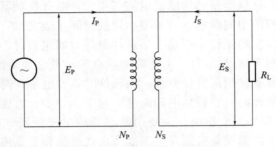

E_P=初级电压（V）；I_P=初级电流（A）；N_P=初级匝数；I_S=次级电流（A）；
N_S=次级匝数；E_S=次级电压（V）；R_L=负载电阻（Ω）

图 7-47　感应加热和变压器原理的相似性

变压器最重要的特点之一是绕组间的耦合效率同它们之间的距离的平方成反比。另外，变压器初级绕组中的电流乘以初级绕组的匝数等于次级绕组的电流乘以次级绕组的匝数。由于这种关系，设计任何一种感应加热线圈都应记住以下几点：

① 为了获得最大的能量转换，线圈和工件耦合距离应尽可能接近，以使尽可能多的磁力线穿过工件，因为磁道越密集，工件中产生的电流越高。

② 螺旋管线圈中磁力线最密集的部分是线圈内部，因此，线圈中间的工件产生最大的加热速度。

③ 因为磁通量大部分集中在线圈周围，其几何中心的磁通量最弱。所以，如果物体放到线圈中，其靠近线圈的部分将切断很多磁力线。因此，耦合多的部分以较高速度被加热，而耦合少的部分被加热的速度就慢。图 7-48 形象地显示了这种结果，这种效果在高频感应加热中尤为明显。

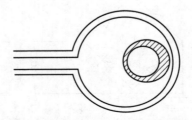

图 7-48　偏离感应线圈中心的圆棒中的感应加热示意图

④ 在导线和线圈的连接处，磁场很弱，所以感应器的磁力中心（沿轴向）不一定是几何中心，这种效果在单匝线圈中尤为明显。随着线圈匝数的增加，每一圈的磁通量都被加到原有磁通量上，这种情况就不明显了。由于这种现象，加上不可能总是将物体放到工作线圈的中心，所以物体应放在稍稍偏离这个区域的地方。此外可能的话，应该旋转物体，以便加热均匀一致。

⑤ 设计感应线圈时必须防止电磁感应相互抵消的情况。图 7-49 左边的线圈中没有感应现象发生，因为感应器电流方向相反的两条边靠得太近了。在感应器中将导线做成环状（中间的线圈），就会产生感应现象。该线圈可将插入其中的导体加热。图 7-49 右边的设计结构产生很多感应热。这是一种有代表性的设计方法。

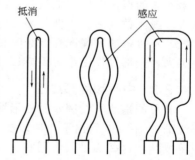

图 7-49　线圈结构对感应加热的影响

由于以上原理，有些线圈可以很快地把电功率传给负载，因为它们可以把磁通量集中在需要加热的区域。例如，可以形成加热压的三种线圈如下：

① 螺线管线圈：被加热部分或加热区处于线圈内部，因此处于磁通量最大的区域。
② 薄饼形线圈：磁通量仅从表面切割工件。
③ 用来加热镗孔的内部线圈：这类线圈只有线圈外部的磁通量被利用。

表 7-4　典型的感应线圈耦合效率

线圈类型	在一定频率下的耦合效率			
	10Hz		450kHz	
	电磁铁	其他金属	电磁铁	其他金属
螺线管	0.75	0.50	0.80	0.60
薄饼形	0.35	0.25	0.50	0.30
U形铁	0.45	0.30	0.60	0.40
一匝线圈	0.60	0.40	0.70	0.50
凹形铁	0.65	0.45	0.70	0.50
内部线圈	0.40	0.20	0.50	0.25

一般说来，用来加热圆形工件的螺线管线圈的耦合效率最高，内部线圈的耦合效率最低，见表 7-4。耦合效率是指提供给线圈的能量中传给工件的一部分，不应与整个系统的效率相混淆。

除了线圈效率，加热模型设计、物体相对于线圈的运动及生产速度也很重要。因为加热模型反映线圈的几何形状，因此，感应器的形状可能是这些因素中最重要的。通常，物体移进和移出线圈的方法会迫使设计做很大改动。如果一个部件每 30s 需要加热一个，但需要的加热时间是 50s，那么，就必须一次加热多个部件才能满足生产要求。注意到这些需要，就要从广泛的线圈技术中找到一个最合适的加热线圈。

7.4.2　基本线圈的设计

7.4.2.1　低频加热线圈

低频感应加热一般适用于金属透热，尤其是那些横截面大而且比较简单的金属，典型的应用是用在圆的或带圆角的方形坯料锻造或挤压和扁坯料热轧上。在这些情况下，线圈设计一般很简单，通常是由一个螺线管或与基本工件截面形状匹配的变形螺线管组成，如方形、矩形、不规则四边形等。

低频加热线圈常常有很多匝，因此，通常形成桶形电感应器，可用一个自耦变压器使高的线圈阻抗与感应发生器相匹配。在任何情况下，为了减少用来将共振电路频率调谐到工作频率所需的振荡电容器的数目，线圈或变压器电感必须很高。一般情况下，频率越低，线圈越大，或匝数越多。当偶尔需要低电感线圈时，可用隔离变压器使线圈阻抗与感应发生器相匹配。不过，这种情况在低频时相当少见。实际情况中，这种线圈常常作为整个系统的一部分买来，全部操作由系统供应厂负责。

7.4.2.2 中频和高频线圈

简单的螺线管线圈及其变形线圈，常见于中频到高频热处理应用中。其中包括单匝和多匝线圈。图 7-50 给出了几种以螺线管结构为基础的一般类型感应器结构。图 7-50(a) 是多匝单线圈，这么叫是因为用它一次只能加热一个部件。图 7-50(b) 是单匝单线圈。图 7-50(c) 是单匝多线圈，这种设计中单匝线圈和工件在每个加热部位互相影响。图 7-50(d) 是多匝多线圈。

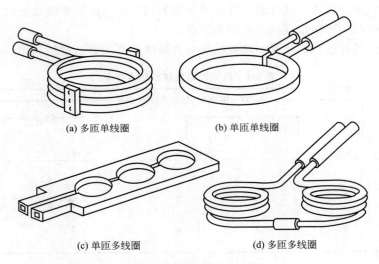

图 7-50　典型感应线圈的结构

可用计算机程序计算所需线圈匝数、振荡电路电容、用于负载匹配和电路调制的变压器比率。

通常，应用中频到高频加热时，尤其要求线圈具有特殊外形，以保证耦合效果，使加热均匀。最简单的情况，线圈按部件的轮廓弯曲或成型，见图 7-51 所示，可以是圆的，见图 7-51(a)，也可以是矩形的，见图 7-51(b)，或适应特殊情况，如凸轮线圈，见图 7-51(c)。薄饼形线圈见图 7-51(d)，通常在需要只从一面加热或无法环绕部件时使用。螺旋形线圈见图 7-51(e)，一般用来加热斜齿轮或锥形冲头。内孔在有些情况下可用多线圈感应器加热，见图 7-51(f)。一定要注意，除了薄饼形线圈和内部线圈之外，加热部件都在磁场中心。

不考虑部件外形，效率最高的线圈实际上是改进的标准圆形线圈。转接或通道线圈，可以看作是一个尾部弯曲形成一个"桥"状的矩形线圈，以便让部件连续通过。不管怎样，工件都在磁通量集中的通道内部。图 7-52 所示的情况，需淬火区域在线圈中心旁边，因此使其保持在最大磁通区域。

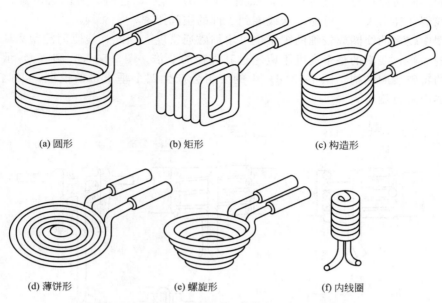

图 7-51 用来加热各种形状部件的多匝线圈结构

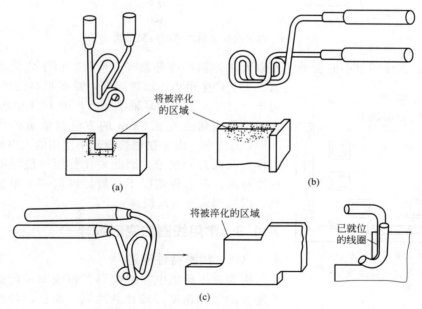

图 7-52 用于局部加热的线圈改型

7.4.2.3 内表面加热线圈

无论是为了淬火、回火，热装配内孔加热是最常遇到的一个问题。根据实际可知内径 1.1cm 的内孔是 450kHz 电源能加热的最小内孔。使用 10kHz 时，实际最小内径是 2.5cm。

用于内线圈的管应尽量薄，内孔应放在尽可能靠近线圈表面。因为线圈内的电流在感应器内流动，真正的最大电磁通耦合是从线圈内径到部件孔，所以导线横截面应最小，线圈外径到部件（在 450kHz 时）的距离应接近 0.16cm。例如，在图 7-53(a) 中，耦合距离太大了，改型的线圈对此进行了改进的设计如图 7-53（b）所示，这时把线圈管压扁，以缩小耦合距离，线圈外径增大了，可缩小从线圈到工件的空间距离。

内线圈中较多的线圈或较细的螺距也可增加磁通密度。因此，线匝间的距离应不超过线圈内直径的一半，线圈的整个高度不应超过其直径的 2 倍。图 7-53（c）和（d）示出了用于加热内孔的特殊线圈结构。图 7-53（d）中的绕组会产生四个垂直带的模型，因此，为使工件均匀受热应进行旋转。

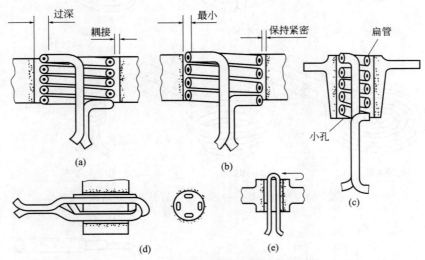

图 7-53　用于内孔加热的感应线圈结构

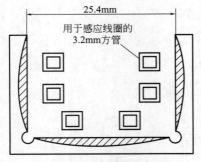

图 7-54　用于耳轴状杯凸表面淬火的感应线圈结构

内线圈必然使用很小的套管，所以要求严格的冷却路径。而且，由于它们的效率比较低。为了产生很小的加热深度，需要很高的发生器功率。对于万向接头上用的耳轴状杯凸，图 7-54 中所示的模型，在一个孔内需三匝 3.2mm 的方管材制成的线圈，并用 60kW 的功率。由于在加热循环中使用的大电流，以及从工件表面辐射的热量，因此要比使用一般线圈需要更多的冷却水。在这种情况下，最好提供一个单独的高压水泵，以达到满意的水流速。

7.4.3　常用线圈的变形设计

7.4.3.1　线圈特性描述

因为磁通量集中在螺线形工作线圈长度的中间，这个地方的加热速度一般比两边高。而且，若被加热的部件很长，传导和辐射使热量很快从两头散出。为了使部件均匀加热，必须修改线圈。调整绕组线圈匝数、间距或与工件的耦合，以使其达到均匀加热的技术，有时称作"特性化"线圈。

有几种方法可改变磁场分布：第一种方法是在线圈中心处退耦，增加与部件的间距和缩减此区域内的磁通量。第二种方法是减少中心处的线圈匝数（线圈密度），会产生同样效果。第三种方法是通过增加其中心处内径修改单匝感应器，也可以达到这种效果。这些方法在本节中分别叙述。

在图 7-55（a）中，对线圈进行了修改，以便在锥形轴上产生均匀的加热。靠近尾端线圈间距较近,补偿了由于其锥形形状引起的耦合减少。这种技术也允许穿过线圈来加载或卸载,便于使用夹具。图 7-55(b) 示出在热处理伞齿轮时的类似要求。这里,由于工件有较大的锥度,用了一个螺线管。对于薄饼形线圈,可采用中心线圈退耦方法达到均匀加热。

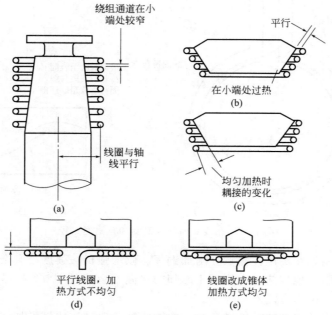

图 7-55 通过改变耦合距离或螺距来进行感应加热模型的调整

(1) 多匝线圈和单匝线圈的选择　在进行线圈选择时,加热均匀性和工件长度应是两个主要考虑的因素。一螺距相当小,与工件进行紧耦合的多匝线圈可形成一个很好的均匀加热模型。通过放松部件和线圈间的耦合,使切割加热区的磁通量更均匀,也可达到加热均匀效果。但这也会减少能量传递。在需要低加热速度的地方,如在透热锻件时,这种做法是可行的。不过,在需要高加热速度时,有时就必须保持近耦合。线圈的螺距必须放开,以防止变频器过载。

因为加热区域是线圈的一个镜像。线圈的大磁场可在部件上产生一个螺旋形加热区结构。这种缺陷可通过在加热过程中旋转部件来消除,对于大多数淬火工艺,周期很短,在一个加热周期中旋转速度应不小于 10 转。

如果部件不能旋转,可通过压延管材来增加加热均匀性,对线圈进行一下变形,或放一个衬套附在线圈的内侧,这样,它可以较大限度接近工件形状。线圈的变形方法甚至可以提供一个水平加热模型,见图 7-56 所示。通过把缠完的绕组压在一个老虎钳的两个操作台间然后退火来实现。绕组衬套是焊在绕组内表面的铜片,这种衬套扩大了电流流域。因此,每个线圈能产生一个较宽的电流区域,可通过控制衬套的宽度来改变此区域的大小。当使用衬套时,电源电流通过连接管材的衬套流动,见图 7-57 所示,管材只是为了对衬套导体进行冷却。

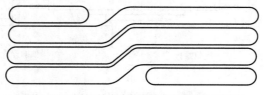

图 7-56 用于均匀加热的感应线圈的变形

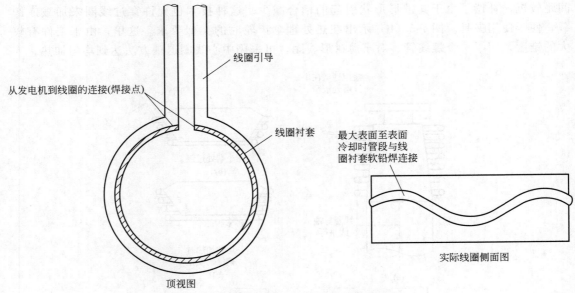

图 7-57 在线圈内加入衬套加宽磁通路径

衬套结构的线圈,在头尾连接点处附加铜焊,以增强机械强度。剩余部分可用低温焊料填充。这样可最大限度地传热,由于用于冷却的水温不会超过 100℃,焊料熔点最好超过这一温度,因为绕组内散热可能不会很快。

在多线圈绕组中,当加热长度增加时,线圈匝数一般应按比例增加,图 7-58(a) 中,绕

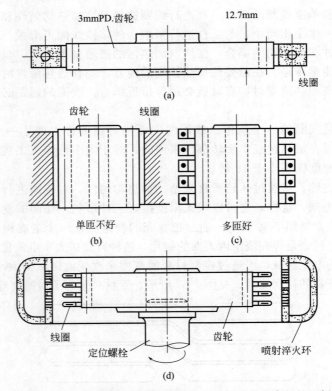

图 7-58 单线圈或多线圈选择依赖于工件的长度和直径的比例

组的表面宽度与其直径成比例。图 7-58（b）中，比例不合适。图 7-58（c）中，多线圈绕组是可接受的加热模式，这类多线圈绕组一般用于大直径、金属圆柱体加热。这种绕组，淬火物质在绕组线圈间喷射，见图 7-58（d）。

当线圈长度超过其直径的 4～8 倍时，大功率下均匀加热工件就困难了。此时采用移动扫描工件长度的单匝或多匝线圈更合适些。电源给定时，多匝线圈因其扫描率高故能提高效率。单匝线圈绕组对于直径小的圆柱体，尤其是含铁物质，加热效率很高。

单匝线圈直径和其高度之间的最佳关系，在某种程度上随其大小而变化。大直径线圈，其高度不应超过直径的一半。随着绕组直径增加，这种比例应减小。如一个直径 51mm 线圈最大高度为 19.1mm，而直径 102mm 的线圈最大高度是 25mm。图 7-59 给出了一些典型比例。

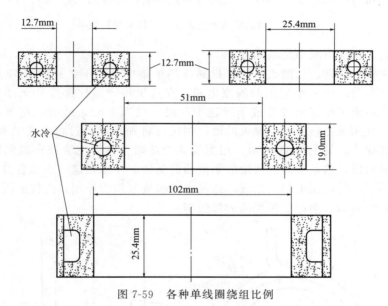

图 7-59　各种单线圈绕组比例

（2）耦合距离　耦合距离的选择依赖于加热的类型（一次加热或连续加热）和材料类型（含铁、不含铁）。在静态表面加热时，部件可旋转，但不能在穿过绕组方向上移动。从部件到线圈的耦合距离通常采用 1.5mm，对于连续加热或变换线圈，常需 1.9mm 的耦合距离来适应工件垂直方向的移动。导磁材料穿透加热，常使用多匝线圈感应器，并采用低功率慢加热，此时耦合距离限度可放宽。通常为 1.6～3.2mm。必须记住操作条件和淬火工艺影响耦合间隙，如果部件不是直的，耦合强度就要下降。对于高频来说，电流较小时，可以增加耦合强度；对于低、中频，电流相对较大时，则降低耦合强度对零件热处理有利。一般在使用自动控制系统的地方，线圈耦合限制应放松。

以上给出的耦合距离主要为了热处理的应用，此时对耦合的要求不高。用于穿透毛坯加热的耦合的要求必须加强。因为厚的耐火材料和绝缘体一样，在感应器设计时必须一并考虑。在大多数情况下，耦合距离随部件直径增大而增长。毛坯直径分别是 38mm、102mm、152mm，耦合距离相应为 19mm、32mm 和 44mm。

（3）加热模型中部件不规则产生的效果　对于所有线圈，磁通量随部件体积和质量的变化而变化。如图 7-60 所示，当线圈放在轴状部件末端时，末端产生一个较深的加热模型。为了减少这种情况，必须把线圈放到比轴末端较低的位置。给盘状或齿轮加热时也有同样问题。绕组和部件叠加的地方，尖端要比中心部分受热充分。这时可将线圈变窄，或将两端直

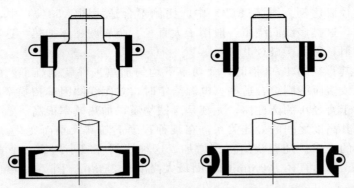

当绕组与左边缘交叠时，表面末端会过热，绕组应放在稍低于边缘(右)处，以便均匀受热

图 7-60　加热模型中绕组放在工件末端的效果

径做得比中间大，这样可减小尾端耦合。

和轴状物一样，对管、长槽或凸块，磁通将热量集中于尖端，见图 7-61 所示，若部件包括一个圆孔，就会产生一个附加的涡流电路。在这里将产生比部件其他部分高得多的热量。在孔中放一块铜可很好地改进或消除这个问题，见图 7-62，是铜块在不同位置控制加热区的示意图。且如果加热后必须淬火的话，铜块可将加热淬火过程中孔的畸变减到最小。对于带有狭缝的部件，见图 7-63 所示，用螺线管加热时，持续电流被狭缝隔断，电流必然在工件边缘形成回路，这是下面要讨论的集流器的基础。注意到这一点很有益，随着狭缝关闭，加在工作线圈上的电压引起高电流。这是由于阻抗电路的作用，工件的周长相当小。对于同样的线圈，电流加大会产生相当高的加热率。

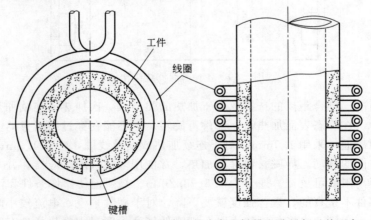

图 7-61　在高频感应加热中最常见的尖角、键槽和孔局部过热现象

7.4.3.2　磁通分流器

当对一个工件的两个不同部位加热时，如果两个部位离得很近，见图 7-64 所示，相邻线圈的磁场可能交叠引起整个工件被加热。为避免这种情况发生，一个线圈可采用两个相反方向缠绕两段的加热线圈，通过这种绕法，中间磁场就被抵消了。没有完全抵消的剩余磁场被限制得很小，应注意到，图 7-64 中，导线的走向放置是很重要的，两个反向感应器中间部分的两根平行导线相距太远会给系统增加不必要的损耗。另一个反向绕组的例子见图 7-65，图 7-65(b) 中的绕组是 (a) 中的反向缠绕方法的一种模式，这种绕组可用于对容器的边缘加热，而容器中心保持凉态。

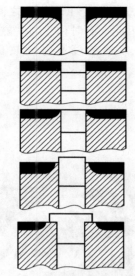

图 7-62 通过在孔内加小铜块来控制加热效果模拟图

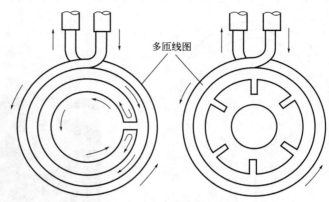

图 7-63 由于沿部件外缘感生电流的作用引起部件狭缝处局部过热

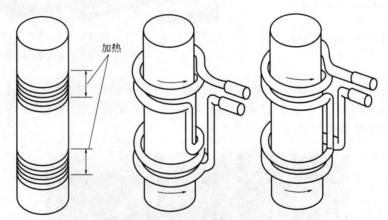

图 7-64 通过在两个区域缠绕方向相反的线圈达到对加热模型的控制

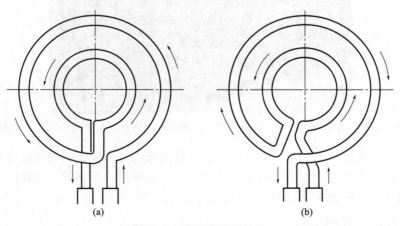

图 7-65 薄饼状绕组设计
(a) 均匀、全部加热；(b) 边缘加热

应用于边缘加热的另一种方法是把一个短路线圈或"截流器"放在两个工作绕组之间，这时，这个短路线圈很容易汇集剩余磁通量，吸收那些杂散磁场，因此，有时称它为"磁通分流器"。如同工作线圈一样，这个"截流器"必须是水冷的，以便散发本身的热量，图 7-66 给出了一个防止凸轮淬火过程中局部过热的截流器。实物照片见图 7-67 所示。

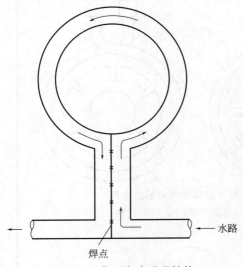

图 7-66　典型水冷磁通结构

图 7-67　在多段式凸轮轴淬火机器中，水冷磁通"截流器"插在相邻绕组间

吸收杂散磁场的短路线圈也可用在大型线圈上。图 7-68 是一个把碳进行石墨化的线圈绕组，它的直径大约为 96.5cm，有效加热段长 12.2cm。另外，加热线圈的末端有 4 个短路圈截流器用来防止杂散磁场产生。

图 7-68　碳素石墨化采用的短路感应线圈（末端有四个用来防止杂散磁场产生的截流器）

当想通过实验决定线圈的最佳匝数时，磁通分流器也可用于线圈结构设计的测试，此时可附加一些线圈，需要时这些线圈可加上或拿下。可以采用一个铜带短接或临时焊接进行短路，实现加热实验时随时拿下线圈的目的。

7.4.3.3　多绕组之间的平衡

绕组间互相影响是设计多绕组时应考虑的一个因素。无论是单线圈绕阻还是多线圈绕组，相邻绕组磁通路径总要相互影响。除非两绕组中心距大于或等于其直径的 1.5 倍。用来解决此问题的设计技术称为绕组"平衡"。如图 7-69(a) 所示是一个六工位单线圈绕组，由于绕组间距离不适应而互相影响。图 7-69(b) 中，其距离适当增加了，因为绕组间有一个阻抗电路且电路往往在绕组内表面流动，工件应能均匀受热。然而，因为电流往往选最短路径，没必要流入线圈之间的地方，所以磁通和热量仍不均匀。迫使电流流入这些地方的一个方法是通过使用锯状缺口来引导电流，如图 7-69(c) 所示，也应注意，为了在尾端均匀加热，线圈绕组内、外部两个相对位置都应有锯状缺口。

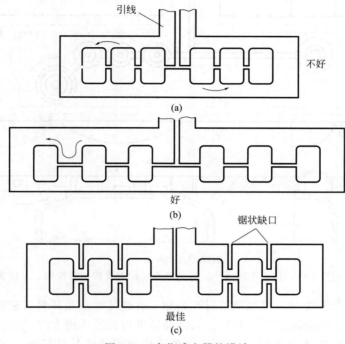

图 7-69 多位感应器的设计

一旦达到了绕组平衡，可通过在盘状绕组上焊接管材来实现水冷。如图 7-70 所示。

盘状绕组并非只在加热同样直径和体积的部件时才使用，在同时加热不同大小和形状的

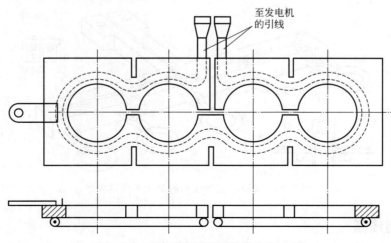

图 7-70 多个盘状感应器加热和制冷图

部件时也可使用。问题是如何达到平衡加热，以使所有部件同时达到相同温度。图 7-71 是一个实现不同工件平衡加热的例子。一旦绕组构成，这种平衡可如此达到：在加热最快的地方耦合松一些，降低这些地区的热量直到工件均匀加热。

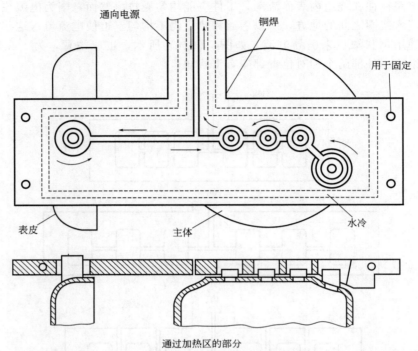

图 7-71　在单一操作中，用于不同大小工件的耦合，同时焊接的单线圈、多位置感应器设计

多绕组可为盘状和管状。盘状绕组对产品加工有破坏性。尤其对高速处理的部件，如焊接，磁通的破坏性作用会损害绕组材料。当部件高度与直径比很大时，在安装多线圈时，必须使用同一根馈线相连接，如图 7-72 所示，各个绕组可很容易被替换，另外，还必须保证绕组中心距至少是其直径的 1.5 倍。

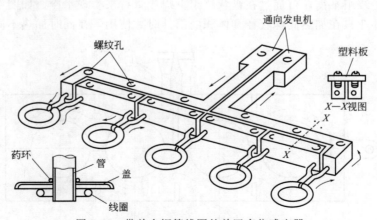

图 7-72　带单个铜管线圈的单匝多位感应器

7.4.4　专用线圈

正如上文提到的，线圈设计基于实际应用中频率和功率密度的需要。另外，工业生产中

材料处理技术决定了线圈的用途。如果工件被传送带放进移动式线圈里,或者把工件一个接一个地放入线圈,设计线圈时就必须对此加以考虑。因此,多种多样的专用线圈设计因专用工艺而得到发展。

7.4.4.1 主线圈和线圈镶嵌体

当生产需要加工小批量和用一个单匝线圈的时候,可以向主工作线圈提供一个简单迅速地改变线圈的直径或形状以匹配各种各样的部件的方法,那就是插入镶嵌体。它的基本形式是:主工作线圈由铜管组成,它与供电电源相连接,同时也是插入物的水冷却体。典型形状如图 7-73 所示,铜管弯成单匝线圈,它和线圈插入物的坡度一致的铜带相焊接。

镶嵌插入物上的小孔和主线圈匹配的小孔使它们互相夹紧,提供良好的电接触,以便传热。插入物是有一定厚度的铜块,经过机床加工而成,用以匹配加热物件。为了便于移动,铜块应该比凹进处稍微高一些,专用线圈容易成型。值得注意的是,由于达不到最理想的冷却技术,线圈插入物特别适合于加热时间短或用淬水介质冷却插入物的情况。

用机床加工线圈插入物时,必须小心避免出现锋利的边角,除非它在这些位置上需要加热层深一些。与部件耦合过近时存在尖角,会使磁通量从感应器的两侧耦合到尖角,导致试件部分过热。从这些提供的试件去找实际理想的耦合,避免出现转角,但是这种方法趋向于减少耦合效率,降低加热速度,或只在尖角处去放松耦合,这是一个较好的方式,特别是用实心感应器时,更应这样(图 7-74)。

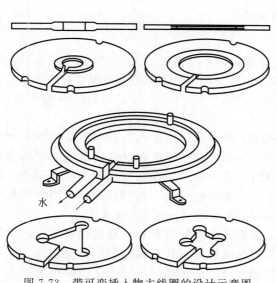

图 7-73 带可变插入物主线圈的设计示意图

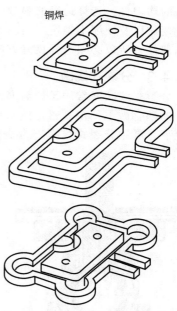

图 7-74 配有避免锋利转角设计,用于样板横表面淬火的感应器

7.4.4.2 扫描式感应线圈

用于渐进淬火的加热线圈有两种结构。简单的一种是配有装到加热线圈上的独立的淬火环的单匝或多匝线圈,见图 7-75(a)。另外,大量生产时,常用冷却和淬火合并在一起的双室线圈。图 7-75(b) 所示的淬火感应器是典型的第二种形式。冷却水从上面的感应器或双室感应器的外层流过以保持铜管的低电阻率。淬火剂从倾斜面上的小孔喷出,倾斜面一般与

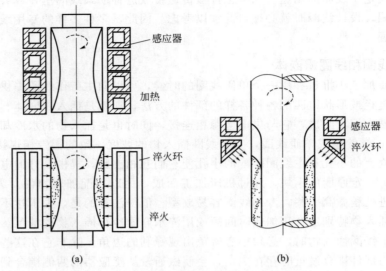

图 7-75 用于感应淬火的感应器/淬火设计
(a) 单一线圈和淬火；(b) 双室、完全线圈以及淬火

垂直面成 30°角，以使从感应加热结束到淬火开始有一个浸淋时间，这个延时时间帮助提高淬火的均匀性。选择适宜的喷液方向也可以减少大量冷却液从轴上反射回来，从而引起工件温度变化以及硬度不稳定。由于不稳定的方向、不对的喷液，可能在主淬火剂流喷射之前先冷却部件，所以必须选择良好方向的淬火剂喷射孔。

7.4.4.3 分裂式线圈

分裂式线圈通常用于加热那些很难提供足够高的功率密度的区域，在这个区域感应器与工件的耦合做不到很紧密，插入物也无法施放。典型例子是曲轴的轴颈和轴肩淬火。在这种情况下，需用分裂式线圈进行表面感应淬火，如图 7-76 所示。铰链结合的分裂式感应器，如图 7-77 所示。

应该提出，分裂式感应器的铰链和线圈的固定部分必须有良好的面对面连接。通常在这种表面覆盖银或特殊合金来提供良好的表面连接。在加热期间为确保安全，两者必须夹紧。高功率强电流经常流经此接口，因为损耗和弧光放电，连接部分的寿命通常是很有限的。

分裂式感应器线圈的冷却剂，通过绕过铰链的软管传输。为了使过多的热量不在来回运动的部分发生，由一个独立管道供淬火液。加热期间，淬火线圈的内表面离工件很近，因此传送大电流，相应地，它必须足够厚，以防止在加热过程中熔化或变形。

对于分裂式线圈，经常需要在线圈中安置部件以保持适宜的耦合距离。陶瓷的销钉或插扣常用来确保感应器表面安全距离。在加热过程中，这些销钉和部件连在一起，而且在部件与线圈之间建立不变的相对位置。但是，它们在加热和淬火过程中易受由热引起的振动，而且也承受机械力，因此应该设计成能够按要求进行简单的更换。

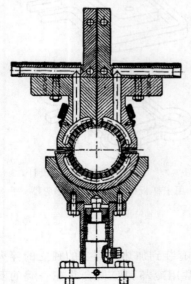

图 7-76 用于感应淬火的双室线圈；
小孔用于从淬火室喷散淬火剂

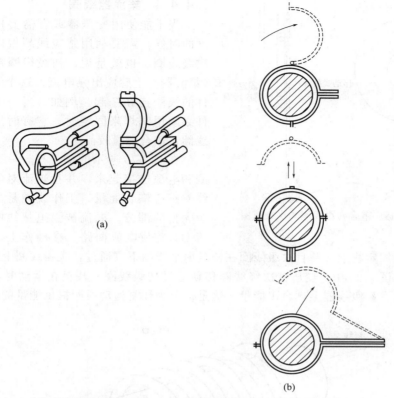

图 7-77　分裂式感应器示意图(a) 和用于加热曲柄转轴的轴颈分裂式感应器（b）

图 7-78 描绘出用陶瓷或金属的销钉来补偿这些问题的一种装置。在图 7-78(a)，陶瓷销钉直径大约为 0.64cm（内径 0.25cm），长 1.3cm（内径 0.5cm），带一个直径 0.69cm（内径 0.27cm）的头，橡皮填料挤得紧紧的，纤维管通过腔体，拧紧螺栓顶住轴。在图 7-78(b)，用一个 0.32cm（内径 0.125cm）的耐热镍铬合金销，并以陶瓷管作为绝缘体，因为处在压紧状态，这个管需经受相当高的负荷不能断，在这种条件下，金属销寿命比陶瓷长。

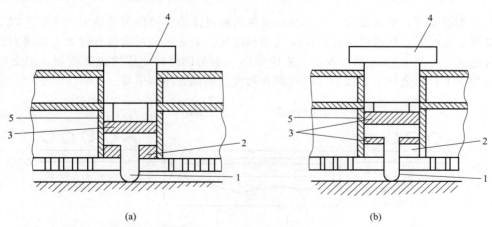

图 7-78　金属或陶瓷销用于固定分裂式线圈在曲柄转轴的轴颈上位置
(a) 1—陶瓷销钉；2,3—橡胶填料；4—螺钉；5—螺纹管；
(b) 1—铬合金销；2—陶瓷管；3—橡胶填料；4—螺钉；5—螺纹管

7.4.4.4 集流器线圈

当不能使用变压器或者需要极高的功率密度的时候,需要利用感应线圈做电流变压器的次级线圈。也就是说,初级线圈在一个铜次级(集流器)上感应出强电流。这个线圈和加热工件的线圈连在一起。例如,当一个复杂的装配件必须用铜焊来固定时,它有时用这种形式的线圈,耦合能量较简单。

在图 7-79 所示的例子里,一个多圈扁平线圈和电源连接起来,并且轮流对集流器或次级线圈感应耦合能量。工作线圈是次级线圈的一个完整的部分。电流被强迫从线圈的有效部分流动,完成电流回路。在操作上,次级线圈组

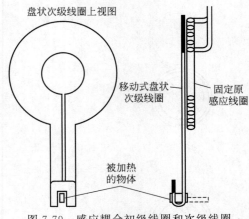

图 7-79 感应耦合初级线圈和次级线圈

合体装到一个固定物上,并且次级线圈在初级扁平线圈下方通过,次级线圈上面的工件就会产生热量。在图 7-80 中,变压器次级线圈移动通过初级线圈,甚至在运动时,在初级线圈内的主磁通也在次级线圈上耦合出能量。这是一个为往复运动线圈提供能量的理想方法。

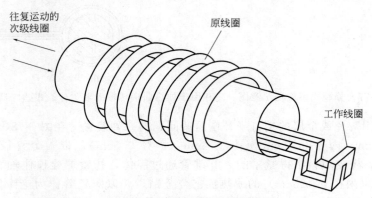

图 7-80 可移动次级集流感应器

在某些情况下,集流器或变压器次级线圈内的电流通路被限制在最大功率密度以下。扁平感应器通常和实心的盘状或片状次级线圈相连接。那么电流被强迫在成为工作线圈的次级线圈内通过,见图 7-81 所示。偶尔,感应器第一圈用铜焊接而连接成集流器,那么这实质上就成为一个自耦变压器,接的次级线圈和初级线圈都有冷却措施。

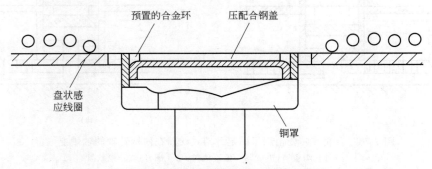

图 7-81 感应焊接用集流器型的感应线圈

另一种集流器的形式如图 7-82 所示，缠绕在浓缩器外部的线圈迫使全部电流都集中在内部小孔或缝隙，因此将低热密度体系改变成一个在"动态范围"内的高热密度体系。图 7-83 所示为典型的浓缩器线圈实物图，它用于在真空中融化高温合金，使其成为专用的粉末。

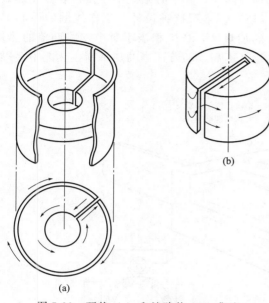

图 7-82 环状（a）和缝隙状（b）集流线圈；管头所示为电流方向

图 7-83 熔化金属粉末生产中使用的超金属柄尾的集流器线圈

7.4.4.5 蝶形线圈

在柄或轴的尾部的加热是最困难的。利用扁平感应器加热时，由于在这区域内的磁场消失而产生一死点。

蝶形线圈见图 7-84 所示，因其外表而得名。它是利用两个专门造型的扁平线圈制成。相邻边的电流通路同向，因而是相加的。蝶形线圈的翅膀被弯曲，是为了减少耦合。如果在

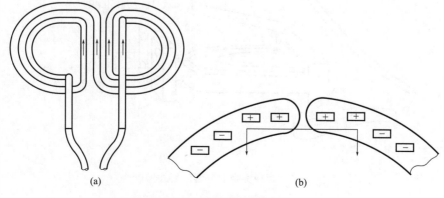

图 7-84 蝶形线圈示意图
（a）线圈构成（管头指示线圈内加强型电流）；
（b）在线圈和柄的尾部耦合来生产一个均匀性加热模型

这个位置上需要热量，也可以加强耦合。绕这种线圈时，对所有中心来说，线匝要以相同方向缠绕，以使它们磁场是相加的，这一点是很重要的。进一步讲，这些线匝直接与生产所需样件的部位耦合，需要部件尾部均匀加热时，可以旋转部件。

7.4.4.6 分裂回复式感应器

如果需要一个狭窄的带状加热区域，比如焊缝回火，热量必须集中在接口表面，那么分裂回复式感应器就具有明显的优势，见图 7-85 所示。依照这种设计，工作线圈的中心"流道"流过回复分支两倍的电流。而在工件试样的加热区，产生相当于每个支路四倍的热量。由于高热通路很狭窄，每个回复分支产生的热量又不高，随着适当的热平衡，热能不会影响其余部分。

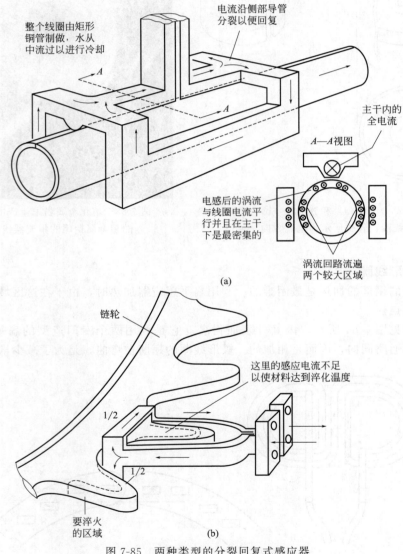

图 7-85 两种类型的分裂回复式感应器

7.4.4.7 配有分接头的线圈

加热长度不同时，可用带抽头的感应线圈来解决。一个典型应用例子就是长柄的尾部的锻造加热线圈，这种线圈可用来调节工件的加热长度，见图 7-86 所示。抽头铜焊到工作线圈上，水冷输出母线，可以从一个抽头到另一个抽头调换位置。但是冷却水应流经线圈的所有部分，包括移动与不移动两部分。

7.4.4.8 横向磁场加热线圈

有些工件的加热区，纵向轴线很长而横向很薄，可以用环形线夹着工件进行加热，见图 7-87 所示。这时，由于耦合间距的原因，只对刃口有效地加热。但是在横向磁场加热中，线圈产生的磁场方向和这些薄片或小工件垂直。在这种情况下，涡流的通路被改变，使得它和工件主轴线平行。例如，在锯刃加工中，钢在线圈的匝间和涡流通路之间移动。为了加热这种片状材料，几年前就专门设计了横向磁场感应器。

图 7-86 用来加热尾部的带抽头的锻造加热线圈

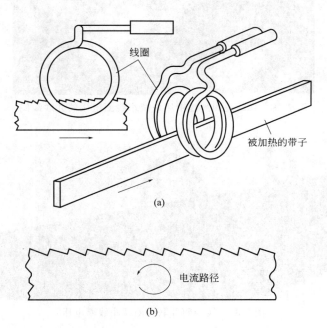

图 7-87 用于加热薄部件的横向线圈（a）和工件部件中电流路径（b）

这些感应器通常包括薄片状铁芯和绕组，用它来感应穿过长条片宽度并且沿着边缘返回的环形电流。在这种加热方式中，线圈部分放在条板的两侧，使磁力线横向穿过条板。它和用线圈环绕长条片的典型的纵向磁通加热模式相反。

7.4.4.9 串联、并联线圈

通常总是期望工作线圈很长或串联许多线圈，通过每一串联线圈的电流是相同的，这样加热模式很简单。但是，如果电流不平衡发生在任一线圈（例如突然过载），其他线圈也同样会受到影响。所以，如果某一局部传输功率下降，全线功率就要相应地改变。然而有时由于圈数增加，最终线圈长度也要增加。这时必须增加电压，但通过线圈的电流也会增大，这就意味着在长线圈上工件和线圈之间的电压会相当高，电弧就有可能产生。例如在条板连续加热时，速度很快，线圈很长，在这种情况下，用平行线圈是很有利的，它可降低所用电压。

使用并联线圈时，某一单个电感线圈上的电压是很有限的。然而，并联感应器中的阻抗和感抗却很强，因此必须注意避免全部电流在紧连供电电源的感应线圈中流动。

并联线圈最好的结构方式是用宽大的汇流排母线配置，见图 7-88 所示。把相同的线圈安置在母线上，这种方式可以快速简单替换某一部分。另一个好处是，它可以保证电流均匀分布。如图 7-89 所示，由于每个线圈从母线的同一点接收电流从而保证了电流均匀分布。

图 7-88　移动线圈加热中用来减小线圈电压的并联线圈

图 7-89　线圈间并联线圈减小线圈电压

7.4.4.10　调谐短截线

线圈并联时，由于每个线圈的电阻不一定相同，想要每一个线圈加热率做到平衡，通常很难办到，而且热能还可能被耦合到不同物体的不同负载上。这样用一个调谐短截线或"U形波导"来调节各部线圈就有必要了。它可以使各不同区域在同一时间达到相同温度。电子工业中加热圆盘形石墨感应器时的低电压多层并联线圈是一个典型的应用例子，见图 7-90 所示。它和在内线圈耦合中应用薄饼感应器来控制加热是相似的。由于这种加热在充满氢气的钟罩中进行，所以选用并联方式来保持低的线圈电压。由于每一个线圈实质上就是一个感应器，所以在每一并联支路中安置了一串联电感（如调谐短截线），这个电感带一短棒，由于串联感应器比较长，短棒在上面可以移动，这就提供了一个可调的电感。串联电感用在每一个线圈上来降低实际使用电压。因而，可以改变每一组线圈的加热方式而达到平衡加热。

可调电感应"U形波导"也用于线圈过耦合的情况。在这种情况下，线圈给部件耦合了超过机器供应能力的能量，而使装置过载。把"U形波导"插在输出端和线圈之间，用这个"U形波导"就可以调节线圈电压，把功率限制在机器的容量之内。用于此目的的商用"U形波导"如图7-91所示。

图7-90 用于外延积淀中并行线圈"U形波导"调节示意图

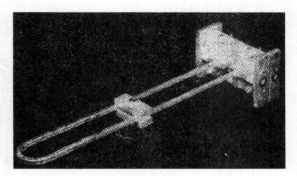

图7-91 典型调谐短截线或"U形波导"图

用平板车削的线圈，如一个多工位单圈感应器，在其中钻孔，然后逐渐增大其直径，也和"U形波导"有同样的效果。

7.4.4.11 变换线圈或槽路线圈

当加热能量密度要求不高而且加热时间不是特别短时，通常可以利用一个旋转台或转换机构来加工工件。设计这种线圈时，必须考虑工件容易进入，也容易退出加热线圈。这种应用中最简单的变换线圈或槽路线圈是一种改进的马蹄形感应器，见图7-92所示。如果采用分度技术，在加热时间内，工件部分在线圈中处于静止状态，马蹄形线圈的端部应距离工件远一些，以免使对应于端部的工件部分过热，同时加大距离，也有利于工件通过。如果工件加热面积比较大，需要加大线圈与工件的耦合面积，这时可以在线圈上加一个衬垫来解决，见图7-93所示。或者用多圈感应器形成更多的电流回路来解决，见图7-94所示。线圈衬垫

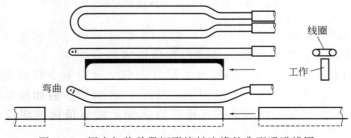

图7-92 用来加热单段矩形棒材边缘的典型通道线圈

可以制成特殊的形状，从而产生专用的加热模型，这种模式可以对需要大能量密度的局部区域进行重点加热，见图 7-95 所示。

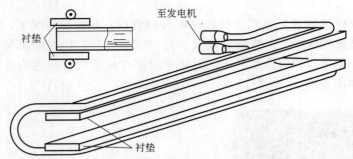

图 7-93 在单匝通道线圈上加衬垫以便提供较宽的加热区域

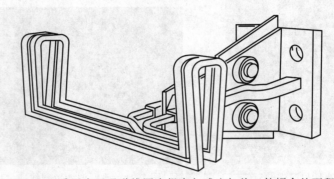

图 7-94 采用多匝通道线圈来提高与感应加热工件耦合的面积

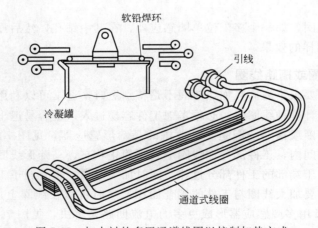

图 7-95 加内衬的多匝通道线圈以控制加热方式

设计装置的加热线圈时，要考虑所谓"填充因素"，因为这个因素与加热效率紧密相关。工作线圈有些部分是没有用的，但它们却能造成传导损失，因而，各部分之间应尽可能短，充分利用感应器的容量。加热线圈设计中有一种现象应特别重视，即线圈与工件最近的区域接受的磁通量最大、发热最快，见图 7-96 所示。假如被加热工件的热传导较慢，工件应当旋转。加热时间和旋转速度应确实保证距离最远的那部分区域加热效果的均匀性。

第7章 车辆零件热处理电源、机床及工装夹具

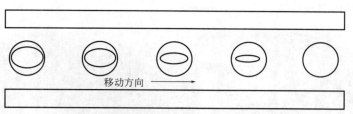

图 7-96 穿过通道式线圈部件的加热模型

7.4.4.12 常用线圈示例

（1）凹口内侧面加热感应器　零件凹口内侧面加热，特别是当两内侧面间距较小时，设计感应器比较困难。图 7-97 所示感应器利用邻近效应原理，用于加热内侧面，并具有较高效率。感应器的有效部分是中间的两根导电管。由于两管电流方向在任何时候均同向，因此导电管上的电流被挤向外侧。此两根导电管上虽未加导磁体，但却有相当高的加热效率。此感应器的缺点是外边两根导电管导致的损耗，并使零件外侧加热。

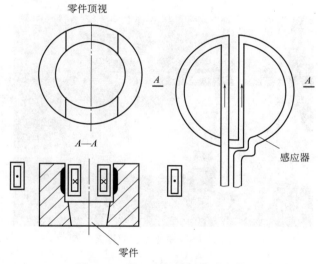

图 7-97　凹口内侧面加热感应器

（2）模具表面加热空冷淬火工艺　模具表面加热空冷淬火感应器见图 7-98 所示。

图 7-98　模具表面加热空冷淬火感应器

(3) 轮毂轴整体感应淬火　见图 7-99 所示。

图 7-99　轮毂轴整体感应淬火

(4) 差速器感应淬火　见图 7-100 所示。

图 7-100　差速器感应淬火

(5) 贯通轴感应淬火　见图 7-101 所示。

图 7-101　贯通轴感应淬火

(6) 凸轮整体仿形感应淬火　见图 7-102 所示。

图 7-102　凸轮整体仿形感应淬火

(7) 三凸轮轴及八凸轮轴同时感应淬火　见图 7-103 所示。

图 7-103　三凸轮及八凸轮轴同时感应淬火

(8) 转向球头销感应淬火　见图 7-104 所示。

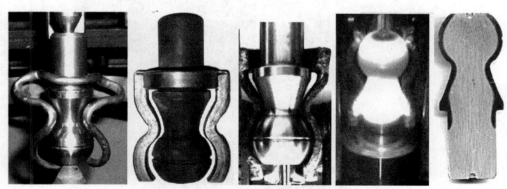

图 7-104　转向球头销感应淬火

(9) 转向节轴双台阶双圆角感应淬火　见图 7-105 所示。

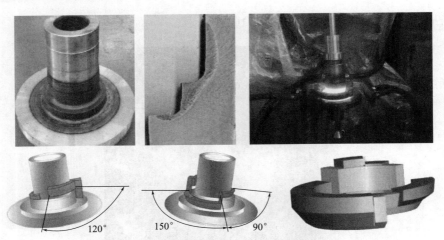

图 7-105 转向节轴双台阶双圆角感应淬火

(10) 球头支撑感应淬火 见图 7-106 所示。

图 7-106 球头支撑感应淬火

(11) 钢板弹簧感应淬火 见图 7-107 所示。

图 7-107 钢板弹簧感应淬火

（12）制动钳支架感应淬火　见图 7-108 所示。

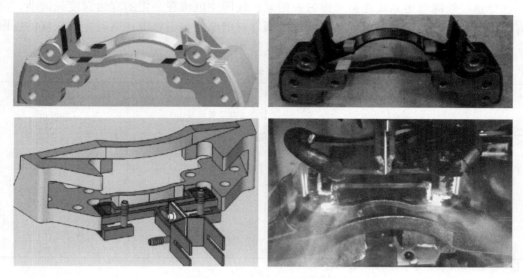

图 7-108　制动钳支架感应淬火

（13）三线式感应器　见图 7-109 所示。

图 7-109　三线式感应器

7.4.5　线圈制作

经过退火处理的铜，由于它的电阻率低、导电性能好，通常用来制作感应加热线圈，一般呈管状（最小外径 0.32cm 或最小内径 0.125cm）以易于水冷，这种材料很容易做成各种截面形状（圆形、方形和矩形）和尺寸。

7.4.5.1　管材的选择

除了线圈本身电阻的功率损耗外，由于加热线圈包围被加热物体，所以它从受热体表面吸收辐射热和传导热。因而，选择管材使工作线圈具有完善的冷却通道来散热是十分重要的。否则，铜电阻随温度升高而增大，造成更大的线圈损耗。在一些情况下，例如大线圈，为了阻止过热及可能引起的线圈烧坏，已不再采用单个水通道，图 7-110

图 7-110　带集流水塞子、冷却池的低频感应线圈图

表示一个在工频应用中的线圈,它有多重水通道以防产生蒸汽。

选择感应线圈管道系统还需考虑另一因素。线圈中电流在一定的穿透深度处流动,该深度取决于电源频率和铜的电阻率。因此,线圈管材壁厚应与铜感应加热时穿透深度的极限相同。表 7-5 所示为不同频率条件下推荐使用的壁厚。

表 7-5 不同频率条件下推荐使用的壁厚

频率	理论壁厚 (=2×参考深度) /mm(in)	可以获得的 典型壁厚/mm(in)	最小管径 /mm(in)
60Hz	16.8(0.662)	14.0(0.550)	42.0(1.655)
180Hz	9.70(0.382)	8.13(0.320)	24.3(0.955)
540Hz	5.59(0.220)	4.67(0.184)	14.0(0.550)
1kHz	4.11(0.162)	3.43(0.135)	10.3(0.405)
3kHz	2.39(0.094)	1.98(0.078)	5.97(0.235)
10kHz	1.32(0.052)	1.07(0.042)	3.30(0.130)
450kHz	0.15(0.006)	0.89(0.035)	0.38(0.015)
1MHz	0.08(0.003)	0.89(0.035)	0.19(0.0075)

注:1. 铜的电阻假设为 $1.67×10^{-6}\Omega \cdot m$。
2. 为进行充分的冷却,管的内径要求也应考虑在内。

对铜必须考虑上述可行性。通常小于两倍穿透深度的壁厚对整个线圈的效率仅有微不足道的损耗。在低频,尤其是 60Hz 时,线圈中的电流的穿透深度大,要求管材有相当大的壁厚。由于电流在线圈的表面(即靠近工件的表面)流动,这些线圈通常用厚的圆形铜件制成,其外缘焊有黄铜,以降低成本。亦可使用如图 7-111 所示冷却通道位于一侧的管材。

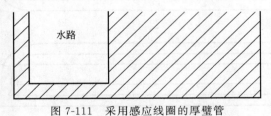

图 7-111 采用感应线圈的厚壁管

方形铜管道在经济上也是可取的,且经常用于制作线圈。与圆形线圈(图 7-112)相

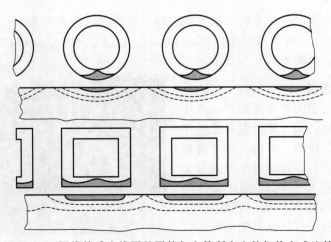

图 7-112 螺线管感应线圈的圆管与方管所产生的加热方式比较

比，它具有明显的优势，每匝能耦合更多的磁通量到加工零件上。另外，方形铜管由于弯曲时不易破裂而更容易制造，根据需要它还更容易斜接成硬弯（图 7-113）。如果只有圆形管道，可用老虎钳或其他简单设备将其压成所需要的尺寸（图 7-114）。这种压制可使通道的水流量减少为最小。

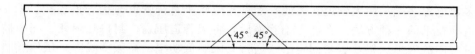

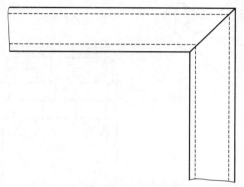

图 7-113　斜接方铜以便使感应线圈成直角弯头

图 7-114　生产感应线圈过程中用来夹平管子的装置

7.4.5.2　线圈成型

制作铜线圈时，应注意铜件随着变形程度增大会变得越坚硬。因此，大多数制造者每弯几下就退一次火，来缓解这种情况。先加热到通红，然后迅速入水冷却，这些中间退火过程可防止制作中管道破裂。

在一些制造过程中，将线圈中注入沙子或盐以防止管道破裂也会取得满意效果。另外，还常用几种低温合金（熔点低于 100℃ 或 212℉）来完成同样的作用。线圈制成后，被浸入沸水中，合金熔化流出，以后可继续使用。采用上述任何一项技术，管道被充满后，在成型过程中就像一个实心棒一样，成型后充填物很容易被清除。

7.4.5.3 线圈与电源端头的连接

感应线圈与电源连接通常需要进行铜焊或将大小不同的直径管道进行连接。铜焊时，一般更倾向于采用低银合金，因为这种合金在铜与铜焊连时不需要焊剂且易于熔融。因此可用于微孔堵漏，而对小口径管线焊接时却不会堵住水通道。

大多数电源终端采用大管道。因此，经常需要将小直径管道与大管道连接，图 7-115 表示完成这项技术的一种方法。在插入小管道后，将大管道压扁，封口处焊死。图中描述了线圈连接时常用的闪烁焊接及压紧固定法。通常只限于低功率。高频率线圈，虽然线圈经常变化时上述固定方法亦可用，但会产生漏水。另外，连接时线圈的扭曲易破坏线圈结构。

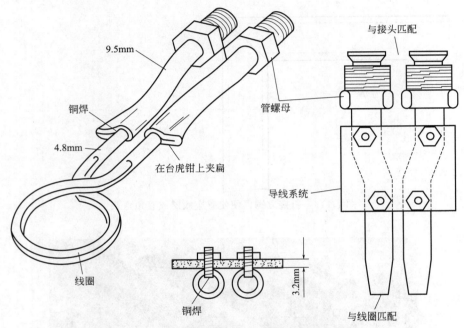

图 7-115 感应线圈大、小铜管接合方法示意图

大多数低损耗鱼尾状导线采用固体连接器，其上交插打孔以利水流，并用反锥度孔和 O 形垫圈组装。线圈用黄铜或紫铜螺钉固定在输出端。这种结构允许线圈变化，安装时不会造成线圈弯曲（见图 7-116）。

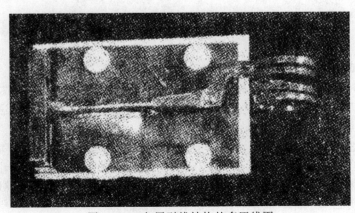

图 7-116 鱼尾引线结构的多匝线圈

7.4.5.4 线圈的固定

由于电流同时流过工件和线圈，因此它们相互间的磁驱动力就增强了。磁驱动力的大小取决于电流的大小。如果力足够大，工件将在线圈中移动。若工件质量很大，则线圈就要相对工件移动了，且线圈间也要相互移动。因此必须采用适当的方法使线圈紧固定位，以防止移动和可能发生的线圈间的短路，同时防止线圈移动也可避免不必要的加热模型的变化。

由于线圈振动，低频操作中会产生很多噪声，就像扬声器线圈和音频系统中的磁结构工件一样，线圈紧固定位能减少噪声产生。线圈中通过大电流时，磁驱动力也极大，如果线圈没有适当的固定好，线圈工作会越来越困难，最后不能工作。对于这种线圈，必须注意将其在端板上夹紧固定，从而可使不良作用降到最低。

图 7-117 所示为通常采用的方法。图 7-117(a) 中，线圈每隔一匝焊接一黄螺钉，将其固定在绝缘杆上，使相邻线圈间保持一定的距离，固定螺母可根据加热模型的特点不同进行调整。图 7-117(b) 中，将线圈卡入绝缘杆上与其轮廓相符的固定槽中，以保证线圈间相对位置，并将最外边两匝线圈用螺钉紧固。图 7-118 所示为铸造业中 3kHz 线圈的结构，绝缘板上开槽将线圈紧固。

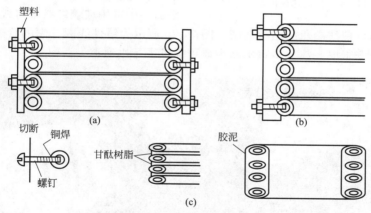

图 7-117 感应线圈匝支撑的典型技术

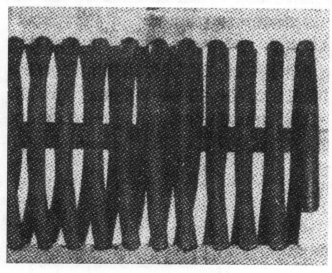

图 7-118 钢坯加热感应线圈图

固定用的绝缘体必须遵守线圈设计中的原则，它除了必须经受得住工件产生的热辐射外，还要对固定螺栓间电压、线圈间的电压有足够的耐压性。尤其在使用高压 RF 线圈时，整个线圈压降可达 12000V，上述特性一定要注意。在这种情况下，可能需要在螺栓间的绝缘板上开缝且必须加漏电保护，也可能需要在绝缘板朝受热体的面上加一层高温绝缘物以增强抗热性能。

为了稳固、干净、保护的目的，有时将工作线圈用塑料或耐火材料包裹起来。与绝缘板一样，这些材料必须有耐压耐火特性。在低温感应加热中，常用环氧囊，在加热铁材时，线圈外常铸有耐火水泥层以防止铁屑从线圈间落下，见图 7-119。对这种耐火层，必须使它的 pH 值与被加热物体匹配，例如，高温加热铁时，对于铁屑脱落必须采用酸性耐火材料。在较大的低压装置中，如在低频率加热中常用玻璃纤维带将线圈每圈缠起来，

图 7-119　铁材加热线圈图

然后上漆，这样可使线圈匝间结构紧密。图 7-120 所示为锻件线圈，它的管道系统偏置，而朝向加热件的侧壁很厚，注意多重水路出口可提供平行水通道。

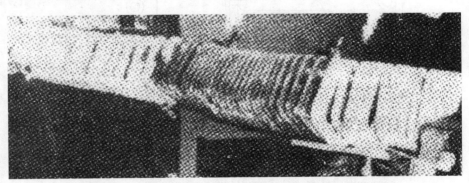

图 7-120　已被缠上一圈的 60Hz 线圈的包缘偏置线圈图

7.4.6　输出电源线

7.4.6.1　设计考虑

所有线圈都是槽路中的电感。然而实际上，线圈工作部分只占整个电感的很小一部分，发电机或加热站输出端距加热工作部分，可能需要相当长的一段输出导线，这个距离可通过使用遥控加热站缩至最小。然而不论怎样，加热站终点与实际线圈间总存在一定的距离。在决定工作可行性时，工作线圈导线的结构设计，是一个主要的影响因素。

通过分析导线结构在槽路中的位置（图 7-121）可以很好地理解它对系统性能的影响。L_2 表示线圈或负载电感，连接槽路电容与 L_2 的导线均有自身的电感（L_1、L_3），如槽路电压为 E_T，将其跨接在整个电感上，每个电感均有压降，所以工作线圈也有压降，永远不会是 100% 电源电压，但如果线圈电感大于或等于 10 倍的导线总电感 $L(L_1+L_3)$，则总电压最后损失 10%。任何小于该值的损失都可忽略。

低频应用中的线圈一般匝数多、截面积大，因此电感就相当大，这样导线电感就相对变

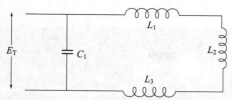

图 7-121 显示线圈引线电感和感应线圈本身的电路草图

L_1,L_3—引线电感;L_2—感应线圈电感;C_1—罐容量;E_T—罐电压

小。随着频率增大,线圈尺寸减小,线圈电感和电抗减小。当加热电源和线圈距离增大时,导线电感作用就不可忽视了。

图 7-122 和图 7-123 所示的几种线圈设计说明了导线不同设计所产生的不同结果。

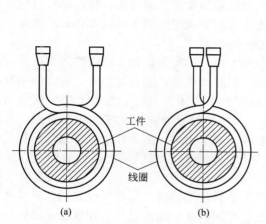

图 7-122 线圈引线间距对引线电感的影响
(a) 导线间距大;(b) 导线间距小

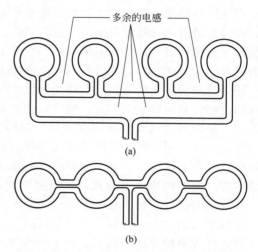

图 7-123 多位置感应器走线结构［由于有较低的走线电感,因而(b)优先选用］

图 7-122(a) 中导线间距大,导线间产生的电感几乎和线圈中电感相同。工作线圈只能得到总电压的小部分。另一个较好的设计［图 7-122(b)］中导线间距小,产生电感小,提高了加热效率。图 7-123 中所示为单匝多工位线圈,图(a) 效果极差,图(b) 为改进设计。

另一个要考虑的因素是导线与附近金属结构的相互作用。因为所有导线都存在电感,其作用相当于工作线圈,因此在其范围内的导线将被加热。除此之外,负载所能获得的能量也被减少。因此必须使导线间距减至最小,同时还得考虑与金属结构的距离。只要有可能,导线壳、发射柜管道一定要尽量采用低阻或绝缘材料,如铝或塑料等。

7.4.6.2 典型输出端板设计

设计感应加热输出端头时,一般采用水冷铜板或铜管。

线圈电压低时(≤800V),常采用鱼尾感抗结构,鱼尾形结构(图 7-124)含有一对水冷铜板以保证低电阻。将其母线宽边平行放置,用空气作绝缘体将其隔开。或用尼龙螺栓、螺母将它们连接起来,并用聚四氟乙烯或相似材料做隔离物。从加热电源到离线圈工作部分最近点,它们自身电感最小,能为线圈提供最大功率。根据情况和结构,导线有效部分铜板厚度应与频率一致,见表 7-5,水冷通道大小必须与传输功率一致。铜板宽度应随着发电机功率和传输距离的增加而增加。此外,必须将它们卡的足够紧,以至于其间只能放入防止电弧发生的绝缘体。

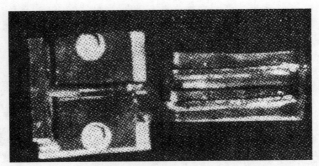

图 7-124　无线电频段双回路，带衬套线圈的照片显示出鱼尾走线结构

当线圈电感增加时（例如当线圈匝数和直径增加时），导线输出端的长度变得不那么重要，而铜管的形状显得很重要了。尽管如此，大的线圈需要更高的电压。输出导线也应尽可能接近并且保持足够的防止电弧间隙。实际工作中，应要求线圈输出导线保持最小长度。铜管的尺寸如前所述一样，考虑频率、电流大小和水冷的要求。

硬导线端头，无论是汇流条或是铜管，从根本上说，用起来比软水冷电缆效果更好。当然有的时候，非用软电缆不可。软线有许多规格，但必须注意，感应加热时，软线的损耗比硬线大。最常用的软电缆是"可倾斜"的感应熔炼炉中的输出电缆。这种电缆装置包括水冷、螺旋导线（同 BX 电缆相同），但用铜制成。外面是绝缘外皮，电缆线成对使用，每根电缆线连接一个输出端。不仅电缆线的截面与电流、频率相关，绝缘性能也必须与装置的电压值匹配。为了使导线电感最小，有可能时，使用四根导线，相同输出极性的两根连在一起，软线应与绝缘线捆绑在一起。

同轴线输出也是可行的，可以是硬的、也可以是软的同轴线。这种导线是用芯管导线和外皮导体作为两极导体组成的。外皮一般与地电位相同。这种输出电线，除电感小以外，它的外皮还有防止强电磁场与邻近装置耦合干扰的作用。

同轴电缆价格比较贵，主要用在高能量、高频率、远距离的装置上，最近出现一种半软的同轴电缆线。图 7-125 所示是用它来连接中、低频电源和远处的加热站。这种半软电缆的外部是许多根导线，内部是许多小导线，它可以像一般电缆那样架设而不需要导管。

(a)

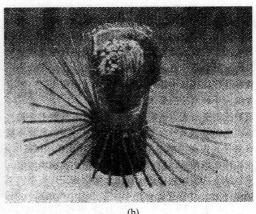
(b)

图 7-125　半软轴线电缆用来在中频或低频电源和加热部分间传送能量
(a) 电缆横截面；(b) 装配时电缆"被取出"

还有一种形式的同轴电缆是水冷型电缆，它用于无线电波频段（图 7-126）。电缆内外电线都是低电感，由编成辫状的通水导线组成。这种结构常用在中、高频电感线圈上。因为这种结构虽然不能最大地减小自身电感，但都有可弯曲性。所以这种导线最为常用，尤其是操作者必须用人力将线圈移动的时候更是如此。

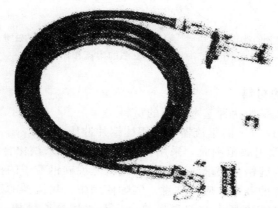

图 7-126　水冷软轴线电缆用来在无线电频段感应加热时连接感应器和电源

7.5　磁通集流器、屏蔽器和磁化器

为了扩大感应加热的应用范围，必须改进感应线圈和工件直接耦合的单一刻板的加热模式。比如，有时希望加热过程中能产生特殊要求的热分布或者能提高热效率；在非导体感应热处理过程中，还需要尽可能地提高加热速率。在这种情况下，上述单一的加热模式就难以满足工艺要求，必须采取新的加热方法和措施。本节介绍的磁通集流器、屏蔽器和磁化器就是解决上述问题的三种比较显著的方法。磁通集流器和屏蔽器分别用于（根据工件的形状）改变电磁场和防止辅助设备及工件某些部分因感应而发热。磁化器是一种易于感应加热的材料，首先把它感应加热，然后通过热辐射和热传导作用来加热绝缘材料。

7.5.1　磁通集流器

当磁性材料置于磁场中时，它可以把磁场中的磁力线集中起来。磁性材料具有较高的磁导率。与此相反，非磁性材料（例如铜、铝等）放置在磁场中则没有这种收集磁力线的特征。非磁性材料的磁导率与空气的磁导率相等。在感应加热的应用设计中，相对磁导率（或相对于空气的磁导率）是一个重要的参数。空气的相对磁导率为 1；磁性材料的相对磁导率大致在 100~1000 之间，但是假若在居里温度以上，磁性材料将失去铁磁特性，其相对磁导率下降为 1。

磁通集流器为磁性材料，在感应加热中，用于聚集磁通的分布及改善加热状态，其作用原理可参看图 7-127。图中，磁通集流器是一个磁芯，工作线圈内放置磁芯可以引起工作线圈周围磁场发生变化。导磁体为磁力线提供通路，因而磁力线集中地通过导磁体，以增加这一部分的磁场强度用来改善感应加热状态。感应器中工件上产生的感生电压正比于 $\Delta\phi/\Delta t$，即正比于通过工件的磁通量变化量与时间变化量之比。由此可见，磁力线数量越多，工件上的感生电压越高，工作的涡流越大。

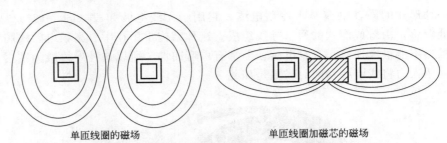

图 7-127 磁场中磁芯的集流作用

7.5.1.1 磁通集流器的材料

制作磁通集流器可以采用两种基本类型的材料：

① 工作频率在 10kHz 以下的集流器可采用硅钢片冲压叠片。

② 工作频率在高频及射频范围时，采用铁氧体磁铁或粉末铁化合物。

中低频集流器所用的硅钢片要求纹向相同，也就是说硅钢粒子的排列方向相同，这样可以提高变压器及变频电源的效率。应当注意，实际使用中，集流器的磁芯都是片状叠加而成的，这是因为硅钢片磁芯在磁场中会明显发热，只有采用叠层结构，涡流的路径才可能最短，损耗最小。单片硅钢片的厚度应尽可能小。一般来说，3kHz 以下硅钢片的厚度应小于 0.38mm；10kHz 时，厚度应为 0.20mm。硅钢片表面必须有高度氧化层或高度磷酸化层以使片与片之间高度的绝缘。

在射频频率下，一般采用粉末冶金材料和陶瓷作集流器。因为在高频率下，要求磁性材料的粒子非常小——比如，要求每个粒子小到 $40\mu m$。粒子间必须要绝缘，因此，集流器通常用铁氧体或类似成分组成的磁性粉末烧结在一起而组成。通过这样的设计制作，集流器就具有很窄的磁滞回线、很低的磁滞损耗、很低的内聚力以及在低场强下的高磁通密度。这些材料大多易碎，但是，实际使用时又常常要求它易磨或进行特殊的机械处理。不过，一些既柔软又可进行机加工的新型材料已设计制造出来（见图 7-128）。

图 7-128 感应加热中可进行机加工的铁氧体集流器

所有的磁通集流器的材料都要通过高密度的磁力线并且在其内部产生热损耗。一般来说，线圈间的硅钢片实际上通过紧贴在一起的线圈来冷却。在高能密度情况下，工作线圈冷却系统的设计以及集流器的散热设计都是十分重要的。

在射频下应用的铁氧体则有所不同。这种铁氧体是由磁性颗粒经陶瓷黏合剂粘连而成。

磁性粒子在射频下发热升温,虽然集流器表面能充分冷却,但其内部粒子依然发热升温。这样一来,在高磁通密度和重负载回路下应用时,集流器材料内部的温度有可能超过其允许的极限温度,从而使其失去作用。因此在工艺设计时,应考虑使之易于更换。

7.5.1.2 磁通集流器的应用

无论是硅钢片还是铁氧体磁通集流器,都直接装在线圈内或线圈上。例如放置在扁平线圈的中央,利用它把分散的磁力线集中起来,致使线圈表面产生一个高密度的磁场,见图 7-129。同样,把集流器插入螺旋线圈中,能把线圈外部的磁力线集中起来,致使线圈表面附近产生一个高密度的磁场。

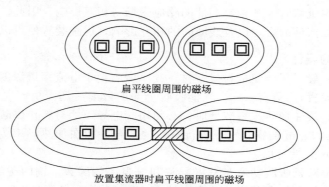

图 7-129 利用磁通集流器增强磁场和加热效果

集流器的大小形状及位置能有效地控制加热模式,图 7-130 给出了不同宽度的硅钢集流

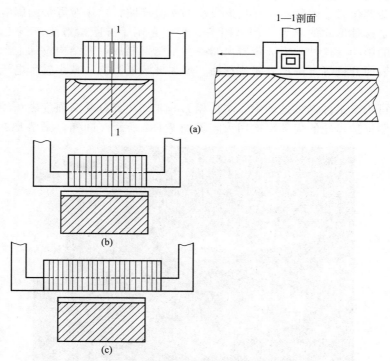

图 7-130 硅钢集流器对加热区长度的影响
(a) 利用硅钢片磁通集流器加热工件;(b) 增加硅钢片叠片宽度可以增加加热区长度;
(c) 硅钢片叠片在增加到超过工件边缘时加热区不再增加

器对加热区长度的影响。应用于射频加热系统中的铁氧体磁通集流器也有类似的控制作用。而且，铁氧体材料有时还能用来作输出阻抗匹配变压器的铁芯以提高输出效率。然而，在如此密度的磁场中工作，变压器铁芯的冷却相当困难，除非负载很小，否则铁氧体的使用寿命要严格限定。

7.5.2 屏蔽器

有许多场合，并不希望磁场中的导体发热，例如，线圈末端的磁场能造成机器内部邻近部件发热（它影响的范围为线圈直径的 1.5 倍）。另外，当对齿轮进行淬火处理时，齿轮坯件中央孔的凸边也被漏磁通加热。同样的道理，在一个很长的锻造生产线上，两个独立电源相互分开的加热线圈毗邻时，其相邻端部的感应磁场将相互影响。因此，有必要采取措施消除磁场对周围部分或部件的影响以及线圈间的相互影响，屏蔽装置便可以满足这种要求。

7.5.2.1 屏蔽器的设计

屏蔽器的材料一般采用金属板材或型材，其厚度应大于电流穿透深度的 4 倍（在加热频率下，对屏蔽材料而言）。只有这样，才能吸收全部的散射磁场。由于电流穿透深度与电阻率的平方根成正比，故在加热频率较低时，必须用高电导率的材料作屏蔽装置。加热频率在 10kHz 时，厚度为 2.5mm 的铜板可以进行有效的屏蔽；而在加热频率为 450kHz 时，用较薄的铜板，如 0.61mm 就可以。

在电磁场中，屏蔽器吸收功率是其磁导率和电阻率的函数。铜的磁导率 $\mu=1$。在相同的磁场中，铜与低碳钢相比，其吸收功率大约少 30~50 倍，尽管如此，它仍然要吸收部分功率，因此，有些场合屏蔽器仍然需要水冷。

7.5.2.2 屏蔽的典型应用

大多数屏蔽器像磁通限制器一样只形成小的涡流环路，磁场对屏蔽的影响小。加热线圈两端加屏蔽板是这种形式的典型应用（图 7-131），它用于屏蔽锻造生产线上的相邻感应器以消除相互间的影响。这种端板屏蔽器由非磁性不锈钢制成，在结构设计上考虑破坏涡流回路，例如在其表面开槽等方法加大涡流环路、增大屏蔽器阻抗、减小感生电流，这样使得屏蔽器发热最小。

屏蔽器也可用于工件淬火处理中，防止相邻的非加热部分受高强度磁场的影响。例如通常用铜制屏蔽器保护齿轮的齿部不被回火，见图 7-132 所示。同样，图 7-133 中的套环状屏

图 7-131 感应加热线圈端部放置屏蔽板以消除相邻线圈之间的影响

蔽器用来保护轴的凸缘部分不被淬火。

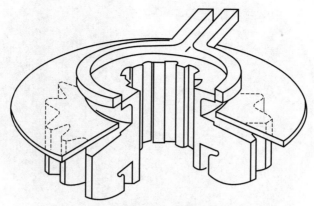

图 7-132 屏蔽器用于防止齿轮齿部回火

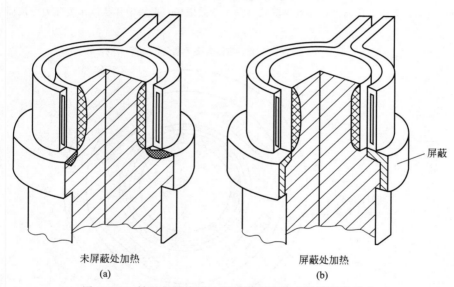

未屏蔽处加热
(a)

屏蔽处加热
(b)

图 7-133 轴进行淬火时，用屏蔽方法防止凸缘部分淬火

在大直径感应线圈中，还可以采用分割涡流环路的方法来设计屏蔽器，以减小线圈端部的热效应。实际应用中，放置在感应线圈端部的圆筒状屏蔽器并非短接成环状来消除磁场，而是分隔开安装的（图 7-134）。这种形式的线圈和屏蔽器通常装在大型钢腔内，用于真空烧结或空气中的烧结处理工艺。在这种情况下，钢腔也可能被周围磁场加热。高磁导率的硅钢片磁通集流器也可用在此处，以减小磁场对腔体的影响。在线圈与腔体内部空间装有与线圈高度相等的薄片层叠体（图 7-135）这种片状体在此作为磁通导向器，使磁通由腔壁反射回去。

射频应用中的屏蔽器在要求上有些不同，因为射频电波以直线传输，因此屏蔽器不能有间隙，而必须完全包围着载流导体。铜或铝制的屏蔽器应该完全包围着载流导体、传输线或高阻抗线圈，而不能有间隙。图 7-136 屏蔽器的表面连接既要掌握好连接的角度又要在连接处加上导电用垫片并加上若干个连接螺钉，只有这样，才能保证屏蔽器的导电性能良好。

图 7-134　大型感应器的端部利用屏蔽器减小杂散磁场，夹层中片状体作为磁力分流器

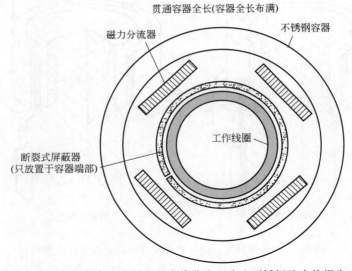

图 7-135　高磁导率叠片用于磁力线分流（防止不锈钢腔内热损失）

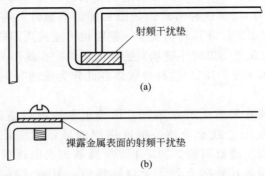

图 7-136　射频加热中用屏蔽器防止射频干扰，结合面或接缝方式（a）比（b）好一些

7.5.3 磁化器

磁化器是一种在磁场中易于加热的材料。在加热过程中，由它通过热传导、热交换或热辐射来加热工件。这种材料，主要用于那些不能用感应加热方法直接加热的工艺。由于它只是一个热源而不是要加热的工件，因而必须具备如下特征：

① 它必须易于感应加热到所需温度。
② 它不能对工艺过程造成影响和污染。
③ 它必须易于成型和加工。

半导体和光纤工业中硅、锗、砷化镓、氧化锆的高温加热是磁化器应用的典型例子。这些材料的电阻率很高，在 8MHz 以下是绝缘体。只有在很高的温度和很高的频率下，它们才能被感应加热，所以最好是间接感应加热。

7.5.3.1 磁化器材料

感应加热中最常用的磁化器材料是石墨，这种材料能在 3000℃ 以下有效的使用。石墨的电阻率比较适中，是电源理想的负载，石墨又易于机加工，各种用途的管状、筒状或其他形状的磁化器石墨材料已经成为商品（图 7-137）。石墨材料可分成几类，根据不同的用途可以选用不同类型的石墨材料。此外，有一种叫热解石墨的材料，用这种材料加工的平面作绝缘体而不是作磁化器。由于它也是石墨的一种，因而也能承受与其他磁化器所要求达到的同样温度。在某些半导体制造中，碳-石墨磁化器中含有的热解石墨材料作为感受器或涂复剂。这种感受器在其中绝缘，用以减小磁化器的空间散射损耗。

图 7-137　感应加热应用的各种磁化器

石墨易于氧化，如果工作在氧环境，其性能就会变化。因此，它一般应用在无氧环境。比如真空环境或者在磁化器及工件周围充保护氧体。在半导体制作中使用的磁化器应当经常用酸洗处理以除去辅生物，石墨有碳化硅外皮保护。

在某些应用中，比如铁质粉末冶金产品的烧结，由于碳能污染被烧结工件，因此不用碳材料而选用钼作磁化材料。虽然钼的价格高，但它具有良好的导电特征和机加工特征，且不易受工艺过程影响，因而适于作感应加热磁化材料。钼常用在氢环境中，用于钨钼等高温材料的烧结。

7.5.3.2 磁化器的典型应用

如上所述，磁化器能将自身感应产生的热量通过热传导和辐射传给热处理工件。采用热传导加热时，磁化器和工件都可以作为最终成品的一部分。例如，以钢箱体外加装玻璃膜层为例，箱体首先被电磁感应加热，再把热量传给玻璃材料，玻璃熔化后的流体便形成最后的膜层。

在化学处理中，磁化器可以用来对输送管中的流体进行直接加热处理。通常用低频装置加热，它是用缠绕着低温绝缘材料的线频加热线圈来加热管子。在这类加热方式中，感应器可以采用风冷。还有些例子需要对管道中流动的非导电材料，如玻璃或陶瓷进行加热，相应的磁化材料悬浮在流体上，并且由涂层保护而不受工艺过程的影响（图 7-138），这些磁化材料受管外电磁感应而发热，再把热量传导给被处理材料。

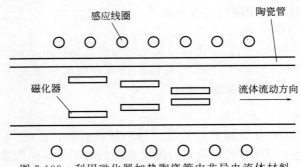

图 7-138　利用磁化器加热陶瓷管中非导电流体材料

为满足其他工艺过程的要求，磁化器的电阻率也可以不必太高。比如铝箔也可以作为磁化器用在封装加工中，由它来加热塑料（如聚乙烯）形成具有塑料涂层的复合材料。

上面列举的都是磁化器直接向工件传导热能的例子。在一些特殊的应用中，需要用辐射的方法实现非直接加热。碳纤维连续生产中的高温加工就是这方面的一个例子。因为碳纤维直径很小，不能直接用感应加热，但可以让纤维丝通过石墨管道，石墨被感应加热而使管道壁获得高温，再通过热辐射加热纤维丝。

最后一个应用例子是石英光学纤维制作中的氧化锆磁化器。氧化锆有独特的电阻特征，低于 870℃ 时，氧化锆不能被感应加热。因此，必须先由一个辅助的石墨磁化器加热到 870℃，然后再用 3MHz 的射频感应加热电源继续加热。

7.6　感应加热用机床案例

感应淬火机床按所配电源设备区分，可分为高频淬火机床和中频淬火机床；按机床功能区分，可分为通用淬火机床和专用淬火机床。

7.6.1　淬火机床的主要组成部分

7.6.1.1　通用淬火机床

一般由机械系统与动力系统两部分所组成。高频淬火机床与中频淬火机床在机械系统上，没有什么差别。但在动力系统上两者不相同，中频淬火机床包括中频变压器、电容器柜。

（1）机械系统　主要包括淬火零件的定位机构、托架升降传动机构、淬火零件转动机构及床身等。

（2）动力系统　主要包括电气部分、水路部分、气动部分与监控仪表等。

① 电气部分

a. 高频淬火机床的电气部分：机床本身的控制电路及电路、与高频电源设备相连部分的连接板与控制按钮等。

b. 中频淬火机床的电气部分：除机床控制电路、电器外，还包括中频变压器、中频电容器、中频接触器等。

② 水路部分　分淬火水部分与冷却水部分。

a. 淬火水部分：淬火水路径为自水泵经球形阀—电磁阀—调节阀—配水器—感应器或喷水圈。在配水器上接有水压表，这个表只在电磁阀接通时才指示，调节阀按工艺需要可随时进行水压的调节。

b. 冷却水部分：冷却水路径为自水泵经球形阀—配水器—支管调节阀—受冷部件。

③ 气动部分

a. 推力气缸：通过手动阀或电磁阀，操纵一个或多个气缸，利用活塞的推力以夹紧零件，夹紧开合式感应器或操纵定位插销使托架快速下降。

b. 气液压缸：利用压缩空气压油，油再推动油缸中的活塞，这样活塞杆的动作会更加平稳。气液压缸主要用在动作平稳而无严格进给速度要求的机构上。

④ 监控仪表　包括电压、电流、功率、水压、流量表（淬火介质）、时间继电器等。这些监控仪表能保证工艺参数的正确执行。

7.6.1.2　专用淬火机床

其组成部分与通用淬火机床相同，但机械系统中增加了零件进出机构及各种专用的定位机构。

感应淬火机床的托架升降、零件旋转机构与一般金属切削机床的设计相似，所不同的是感应淬火机床上的加热件不承受刀具的切削力，而淬火水会使无锈保护的导轨或部件生锈。另外，感应器会产生电磁场，使邻近的金属结构感应产生损耗和发热。因此，感应器周围只能安排非金属零件，这就是感应淬火机床的特殊性。淬火机床的基本参数如下：

① 淬火工作台（或顶尖）转速的选取　圆柱零件同时加热时，转速越快，加热越均匀。一般按 $1 \sim 6 \text{r/s}$ 考虑。圆柱零件连续加热时，应使零件转速与托架移动速度成正比。实践证明，当零件每移动 1mm 并同时回转一次时，能避免在零件淬硬表面产生螺旋状的托氏体带。

② 托架移动速度的选取　零件连续加热时，需要托架移动，中、小型淬火机的托架是装夹淬火零件的，而大型淬火机的托架则用于固定变压器。

托架移动速度 v （mm/s）取决于式：

$$v = \frac{H}{t} \tag{7-7}$$

式中　H——感应器轴向宽度，mm；

t——零件加热表面每个质点位于感应器内的时间，即每个质点的加热时间，s。

托架返回行程速度越快越好，因为这样可减少发电机空载时间及机动时间，此值目前大多数淬火机床采用 $50 \sim 100 \text{mm/s}$。

7.6.1.3　中频变压器容量型号选择

中频变压器的容量一般为发电机容量的 $3 \sim 5$ 倍。由于淬火变压器为通水冷却的，当水压提高后，中频变压器的实际容量也增加，短时负载时，它允许过载。

7.6.1.4　中频电力电容器的配置

$$P_{容} = P_{发} \left(\frac{1}{\cos \varphi} + 0.5 \right) \tag{7-8}$$

式中　$P_{容}$——电容器功率，kVAR；

$P_{发}$——发电机功率，kW。

7.6.1.5 中频接触器的配置

中频接触器根据承载电流的大小及频率来选择,中频接触器有两类:一类带有消弧线圈及罩的,用于中频主电路的开关;另一种没有消弧线圈及罩的,只能在没有负载情况时开断用。它主要用于附加电容或作为中频主电路分接的中间接触器。

淬火机床的性能评价有:通用性广、功能齐全、机床动作准确可靠、调整方便、操作简单、有监控仪表、安全保护故障显示、机构耐用并便于维修。

7.6.2 GCK 系列通用立式淬火机床

该系列机床用于各种轴类零件表面淬火,根据需要增加配套附件,可实现盘类、环类内外齿轮等中型零件表面淬火。具有手动及全自动操作功能,适用于单件及批量零件生产需要,安装调试方便,生产效率高,淬火质量可靠。

机床采用立式双主轴型结构,工件垂直移动,旋转速度可无级调整,工件为喷液淬火。该机床集淬火介质循环系统为一体,可直接与高中频电源配套安装使用,根据用户要求可配置气动打标。其技术指标见表 7-6。

表 7-6 技术指标

型号	单位	GCK10100	GCK10120	GCK10150
最大夹持零件长度	mm	1000	1200	1500
最大淬火零件长度	mm	1000	1200	1500
最大淬火零件直径	mm	500		
最大淬火零件质量	kg	35×2(双工位)		
主轴旋转速度	r/min	0～150		
工件移动速度	mm/s	1.5～30		
快速移动速度	mm/s	50		
主轴数	个	12		
移动定位精度	mm	±0.1		
机床外形尺寸(长×宽×高)	mm	1200×750×2700	1200×750×3100	1200×750×3700

7.6.3 数控曲轴旋转感应淬火成套设备

此设备是我所自行研制开发的新型曲轴旋转感应淬火成套设备,由淬火机床、中频电源、数控系统、冷却水和淬火介质循环系统组成,结构合理,功能齐全,实用性强,安全保护系统完善。

该设备适用于各种类型曲轴的感应淬火。曲轴表面硬度和硬化层深均匀,变形小、感应器更换快捷,适用单件及批量生产,工件可采取喷液或浸液淬火。

淬火工艺过程采用数控系统,实现自动控制,CRT 屏幕显示工作状态及报警信息,控制程序合理可靠,调试方便,并可根据需要调整淬火工艺参数和工作程序。

其主要技术指标如下。

工件最大质量:90kg。

工件最大长度:1040mm。

工件最大回转直径:360mm。

工作台最大移动速度:4m/min。

主轴转速：30r/min、60r/min。

7.7 感应加热的费用计算与分析

感应加热在很大的范围内提供快速、有效的技术，产生局部或全部的加热。成本方面与感应加热技术的可行性同样重要，在投资这样一个装置之前必须加以充分的考虑。下面的分析中包括几项不同的费用：有设备与能源的费用，生产场地和自动化的费用，物质、劳力和保养的费用。下面分别讨论每一因素。

在下面的论述中，对感应加热的费用组成部分与其他热处理的费用（例如燃气高炉）进行了对比分析。

7.7.1 感应加热的费用组成部分

(1) 设备费用 感应加热的能源费用是感应系统中主要的费用，比同等能力的燃气高炉的费用多 2.5～3 倍。具有回流换热器的燃气高炉（用来对燃气预热），比普通的高炉具有更高的效率，但却是同等能力感应设备费用的一半。感应能源与燃气高炉都有长的使用寿命，两种设备的折旧都可延长至五到十年或更长。因此，虽然感应加热设备费用高，但这种费用可用提高生产率和节省能源物质的方式抵消。

感应发生器的费用随频率和功率改变。随频率的提高，费用呈线性变化。以 1983 年的美元价，对于 60～1000MHz 的发生器费用从每千瓦 100 美元到 200 美元，对于到 10kHz 的发生器费用从每千瓦 200 美元到 300 美元，对射频发生器费用从每千瓦 300 美元到 400 美元。典型的燃气高炉的费用大约为每千瓦 25 美元。高炉效率通常只有感应加热器效率的四分之一，因此，高炉与感应系统相比，就应用在部件上的有用能量而言，费用约为每千瓦 100 美元。

(2) 能源费用 能源的费用用基础燃料费用和系统的全部加热效率衡量。近几年电力的平均费用为天然气的 3.5 倍，见图 7-139 所示。然而这种在燃料费用上的差别可通过加热系

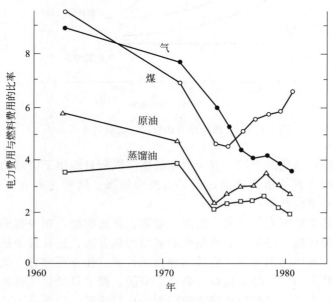

图 7-139　电力价格与燃料价格的比率

统效率的提高而缩小。效率指的是真正用来加热的能量与供给系统的能量的比率。感应加热系统效率为5%～85%。燃气高炉从门、壁等处的漏热是常见的，一般效率在15%～25%。当然，应用特殊的绝热手段会提高高炉的费用，但效率也许可提到40%～50%。明显地，在任何情况下，高的感应器件的效率可抵消高的电气的费用。

除去真正处理物质（淬火）时所用的能量，在空闲时间所需的能量也需计算在内。在感应系统中，启动是瞬时的，且在生产间隙所需的能量（附加量）很小，频率和固体设备加起来不超过1kVA，而RF管式能源、灯丝能源在间隙超过30min时就会关掉。与感应设备相比，高炉在工作间隙即使不用也必须保持高温，因此，在间隙段大量的能量被浪费了。锻造前的几种加热手段对能源的应用效果如图7-140所示。这个图中的数据是从典型的电动机启动感应系统与直接电阻加热法处测得的。空白处是固体感应能源的位置，介于"全件"感应加热和直接电阻设备之间。

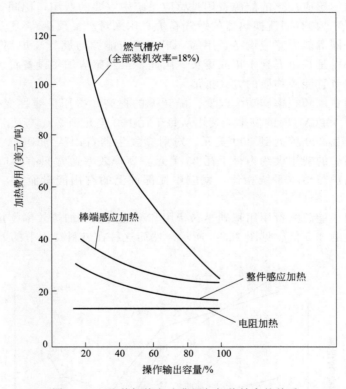

图7-140 几种加热方法费用与加热效率的关系

（3）生产场地和自动化的费用 因为给定的感应线圈只能用于给定的部位加热，所以感应加热通常用来生产大批的指定产品，而不需改变线圈。这种过程在自动线基础上容易实现，且达到可观的经济效益。

影响感应加热的主要因素如时间、温度、能源、匝比等综合在一起形成连续的均匀的过程。感应加热是一种快速、稳定、非接触式的表面加热方法，它具有加热温度高、加热效率高、温度容易控制、可以局部加热、容易实现自动控制、作业环境好、能加热形状复杂的工件以及工件容易加热均匀、产品质量好、高效、节能、便于自动化、有良好的劳动环境和适于在线生产等一系列优点。对感应加热影响因素的良好选取，使得其工艺过程参数化，重现性、可靠性及稳定性提高，使得淬火后的产品的一致性和质量得以提高。显然，时间、温度和输出功率在任何操作中都可被监视，并且被控制在小的范围内。因此，当每匝所占的位置被精确计算出来后，设备可被简单地安装成自动处理系统。处理时间通常可用控制能源或设计线圈的方法调整，以便实现在允许限度内的操作。因为没有对环境的额外加热，可将装置直接简化成一条不需额外加热的生产线，从而大大减少了操作的费用。此外，质量控制和监控技术可直接与感应过程联合，以监督结果和保证过程。

（4）锈皮和刮削的损失　锈皮和刮削在经济分析中具有特别的重要性，因为全部费用一大部分是与工作物质本身有关的。通常，物质的费用是完成产品的净费用的一半或更多。因此，物质的损坏，像生锈或刮削是经济分析的主要因素。

锈皮发生在成型前对钢的加热或加热处理过程中，在用燃气高炉将钢坯加热到工作温度时，锈皮通常占总质量的百分之二到四。在凝固温度时，锈皮的总量多少有减少，对高炉来说在百分之一到二。相比，感应加热的特性是加热时间短，导致的锈皮相当少，通常不超过高炉加热过程形成总量的四分之一。在锻造装置中，如考虑冲模的磨损，锈皮也是严重的考虑因素。感应过程中产生较少的锈皮，从而提高了冲模的寿命，且与高炉加热相比减少了费用。

由于加热不适当而引起的裂缝损失在燃气高炉系统中通常很高。在以高炉为加热基础的过程中，热裂和变形是局部变薄的通常原因。这些缺点对钢的裂缝损耗为 $1\%\sim2\%$。感应加热的裂缝损耗为 $0.25\%\sim0.5\%$。因此，若考虑到锈皮和裂缝的损耗，感应加热可节省物质 $3\%\sim4\%$。

（5）人工费用　感应加热系统比相应的高炉加热处理系统在操作和保养上都节省人工。一方面感应加热的快速反应和可控性，使得系统适合于自动化。另一方面，高炉加热处理通常需大量的劳力用来装填和管理要处理的钢材。除了需要更少的操作外，自动化还允许使用只需少量的训练的非熟练工人。感应加热中用自动化代替手工操作，可使人工需求下降 $50\%\sim80\%$。考虑到所有的因素，以费用分析为原则，感应加热处理通常只需高炉处理人工的 50%，却具有相同的生产率。

（6）保养费用　感应加热系统和燃气高炉相比，通常只需很少量的保养。对感应设备来说，重建全部系统不是经常的，但对燃气高炉却可能。修理线圈和其他保养的全年费用预算大约为装置费用的 $2\%\sim3\%$。因机械操作不良而使线圈寿命减少时，这个数字可达到 4%。相比之下，燃气高炉的耐火内衬在恶劣工作情况下损耗很大，尤其是在高炉温度循环时，衬垫的费用是不可不考虑的，且在修理过程中停产造成的损失也成为一个重要因素。

（7）其他费用因素　其他的可能的费用分析因素与最后产品的质量有关。例如，在感应冷却过程中，钢表面的除碳比在高炉的长冷周期中少得多。少的除碳可减少最后加工的费用（用来擦除碳层）和最后加工的物质丢失。此外，因为在感应为基础的加热过程中，变形通常是小的，感应加热部位的位置和最后加工通常比典型的高炉加热或高炉加热处理来得少。

7.7.2　与其他热处理费用的比较

上述因素可用来对候选的感应加热过程的经济可行性进行分析，下面介绍几个典型的例子用来说明其方法。

（1）在锻造前对钢坯加热　在对钢坯锻造前先加热的费用分析的例子见表 7-7 及表 7-8。

表 7-7　热锻造操作费用（感应与天然气）

项目		费用 1[1977 年（美元/t）]	费用 2[1980 年（美元/t）]
感应	能量	8.34	12.70
	人工	0.93	1.25
	保养	0.33	0.44
	锈皮	1.75	2.33
	裂缝	1.75	2.33
	合计	13.10	19.05
天然气	能量	5.93	9.20
	人工	1.87	2.49
	保养	0.67	0.89
	锈皮	7.00	9.34
	裂缝	7.00	9.34
	合计	22.47	31.26

注：加热用锻钢 30000t/年；工时：4000h/年；原材料费：500 美元/t；锈皮：100 美元/t；人工：12 美元/h；能源：0.06 美元/(kW·h)；气：4 美元/MBtu。

表 7-8　感应与燃气炉对锻坯加热费用比较

项目	感应加热	燃气炉
设备费用	600000	200000
加热效率	60	15
能源费/年	720000	540000
锈皮	0.5	2
裂缝	0.25	1
（锈皮+裂缝）/年	150000	600000
人工	1 个，0.25	2 个，0.5
保养人工/年	60000	120000
保养人工操作费/年	930000	123000

（2）锻造、挤压前对非铁坯的加热　对于非铁金属的锻造、挤压的费用数据分析不如对钢的充分。在一种分析中，估计了在挤压铅坯之前用感应和燃气高炉预热的费用比较。当燃料的费用、热效率和资本设备被计算在内时，分析表明前一种方法的费用是后一种的两倍。因为铅不产生锈皮，在铅的压制过程中不包括这种费用。如果每件产品每道工序节约 5min 的话，就可抵消。实际上用感应加热可节约 30min。此外，分析表明感应与燃气高炉的设备费用的差别可用感应设备随后所需要的小的场地空间抵消。

（3）对钢的加热处理　为了比较感应与高炉加热处理钢的过程，可做类似于锻造前预热的分析。对整个热处理过程，分析表明，感应为基础的过程很有竞争力。

在表面凝固的应用中，感应比其他基础的方法有很大的费用优势。这些其他的方法包括盐浸氮化、气体氮化和浸碳。对表面淬火的感应法、盐浸法氮化、气氮化和浸碳法费用之比为 0.11∶1.75∶8∶2.5。因此，如果产品的几何形状和体积允许的话，从费用的观点看用表面凝固法比较合适。

（4）试管焊接　从费用观点来看应用高频感应加热和电阻加热法焊接管子是很有吸引力的。用这些方法每单位产品的费用低于用埋弧焊接（SAW）和药芯焊丝电弧焊（FCAW），而且生产率大幅提高，人工费用也大大降低。

附录 1

中频淬火机床感应加热淬火时有效热的形成与测算

一、加热设备：DGF-C-208 中频发电机

二、感应加热淬火工艺过程

工件为直齿圆柱齿轮，材料 38CrSi 齿面淬火，每件重 14kg，共 19 件。工件在常温下，放入淬火机床旋转加热，当到淬火温度及深度后，迅速将工件放入油槽中进行淬火冷却至一定温度后工件出槽空冷，完成淬火操作。本批 19 件依次按上述工艺进行淬火，此工件淬火加热吸收的有效热（$Q_{效}$），一部分留在工件内部（q_1），一部分被淬火油吸收（q_2）、一部分被油箱表面散发（q_3）、一部分被油箱本身吸收（q_4）。$Q_{效} = q_1 + q_2 + q_3 + q_4$。

三、列表计算

1. 中频淬火后工件残留热量 q_1，见附表 1-1。
2. 中频淬火后淬火油吸收热量 q_2，见附表 1-2。
3. 中频淬火后油箱表面散热 q_3，见附表 1-3。
4. 中频淬火后油箱本身吸收热量 q_4，见附表 1-4。
5. 中频淬火后有效热 $Q_{效} = q_1 + q_2 + q_3 + q_4 = 9922.575$ kcal，1kcal $= 4.18$ kJ，下同。

附表 1-1　中频淬火后工件残留热量

项目	符号	数值	单位	数据来源
工件个数	n	19	个	测算
工件单重	$G_{件}$	14	kg	测算
工件总重	$G_{总}$	266		测算
工件加热前温度	t_1	20		测算
工件出油温度	t_2	121	℃	测算（指淬火部分）
工件出油温度	t_3	50		测算（指未淬火部分）
工件加热部分质量	$G_{淬}$	66.5	kg	$G_{淬} = \dfrac{1}{4} G_{总}$
未加热部分质量	$G_{未}$	199.5		$G_{未} = G_{总} - G_{淬}$

续表

项目	符号	数值	单位	数据来源
工件在20℃比热容	C_{20}	0.115	kcal/(kg·℃)	查表
工件在50℃比热容	C_{50}	0.115		查表
工件在121℃比热容	C_{121}	0.118		查表
工件淬火后残留热	q_1	1484.812	kcal	$q_1=G_{淬}(t_2C_{121}-t_1C_{20})+G_{未}(t_3C_{50}-t_1C_{20})$

附表1-2　中频淬火后淬火油吸收热量测算

项目	符号	数值	单位	数据来源
油的体积	$V_{油}$	0.193	m^3	测算
油的密度	$\gamma_{油}$	940	kg/m^3	查表
油的质量	$G_{油}$	181.4	kg	$G_{油}=V_{油}\gamma_{油}$
淬火前油温	$t_{油1}$	18	℃	测算
淬火后油温	$t_{油2}$	94	℃	测算
18℃油比热	C_{18}	0.45	kcal/(kg·℃)	查表
94℃油比热	C_{94}	0.5		查表
淬火吸热	q_2	7057.24	kcal	$q_2=G_{油}(t_{油2}C_{94}-t_{油1}C_{18})$

附表1-3　中频淬火后油箱表面散热测算

项目	符号	数值	单位	数据来源
油箱表面积	$F_{箱}$	2.64	m^2	测算
淬火前油箱表面温度	$t_{箱1}$	18	℃	测算
淬火后油箱表面温度	$t_{箱2}$	94	℃	测算
油箱表面散热系数	$\eta_{箱}$	360	kcal/(h·m^2)	查表(按$t_{箱1}$、$t_{箱2}$平均值)
散热时间	τ	0.75	h	测算
油箱表面散热	q_3	712.8	kcal	$q_3=\eta_{箱}F_{箱}\tau$

附表1-4　中频淬火后油箱本身吸收热量测算

项目	符号	数值	单位	数据来源
油箱质量	$G_{箱}$	76.75	kg	测算
淬火前油箱表面温度	$t_{箱1}$	18	℃	测算
淬火后油箱表面温度	$t_{箱2}$	94	℃	测算
在$t_{箱1}$时油箱比热	$C_{箱1}$	0.112	kcal/(kg·℃)	查表(按$t_{箱1}$、$t_{箱2}$平均值)
在$t_{箱2}$时油箱比热	$C_{箱2}$	0.114		测算
油箱吸热	q_4	667.724	kcal	$q_4=G_{箱}(t_{箱2}C_{箱2}-t_{箱1}C_{箱1})$

附录2

高频淬火有效热的形成及测算

一、淬火加热设备型号：GP-100-C3

二、淬火工艺过程及有效热的形成

淬火工件，圆柱齿轮、材料38CrSi，共39件，每件重1kg。工件在感应加热前，在箱式电炉中290℃预热，逐个取出放在淬火机床上旋转进行感应加热。当工件达到淬火温度及深度后，将工件迅速投入油箱中淬火冷却直至冷透。工件在感应加热时吸收的热量即有效热，在淬火冷却后，一部分热量留在工件内部（q_1），一部分热量被淬火油吸收（q_2），一部分热量被油箱表面散发（q_3），一部分热量被油箱本身吸收（q_4），有效热$Q_效 = q_1 + q_2 + q_3 + q_4$。由于工件有预热，当淬火后工件温度低于预热温度时，q_1为负值，当淬火后工件温度高于预热温度时q_1为正值。

三、列表计算

1. 高频淬火后工件吸收热量见附表2-1。

附表2-1 高频淬火后工件吸收热量

项目	符号	数值	单位	数据来源
工件个数	n	39	个	测算
工件单重	$G_件$	1	kg	测算
工件总重	$G_总$	39	kg	测算
预热温度	$t_预$	290	℃	测算
淬火后工件温度	$t_淬$	88	℃	测算
工件在$t_预$时比热容	$C_预$	0.125	kcal/(kg·℃)	查表
工件在$t_淬$时比热容	$C_淬$	0.118	kcal/(kg·℃)	查表
工件由于预热在淬火后放入油中热量	q_1	-1008.774	kcal	$q_1 = G_总(t_淬 C_淬 - t_预 C_预)$

2. 高频淬火后淬火油吸收热量q_2，见附表2-2。

附表2-2 高频淬火后淬火油吸收热量测算

项目	符号	数值	单位	数据来源
淬火油的体积	$V_油$	0.182	m³	测算

续表

项目	符号	数值	单位	数据来源
淬火油的密度	$\gamma_{油}$	940	kg/m³	查表
淬火油的质量	$G_{油}$	171.08	kg	$G_{油}=V_{油}\gamma_{油}$
淬火前油温	$t_{油1}$	24	℃	测算
淬火后油温	$t_{油2}$	88	℃	测算
在 $t_{油1}$ 时油的比热容	$C_{油1}$	0.24	kcal/(kg·℃)	查表
在 $t_{油2}$ 时油的比热容	$C_{油2}$	0.25		查表
淬火后淬火油吸热	q_2	2778.34	kcal	$q_2=G_{油}(t_{油2}C_{油2}-t_{油1}C_{油1})$

3. 高频淬火后油箱表面散热，见附表 2-3。

附表 2-3　高频淬火后油箱表面散热测算

项目	符号	数值	单位	数据来源
油箱表面积	$F_{箱}$	2.64	m²	测算
油箱表面散热系数	$\eta_{箱}$	360	kcal/(h·m²)	按油箱淬火始末温度平均值查选
散热时间	τ	0.67	h	测算
油箱表面散热	q_3	636.768	kcal	$q_3=\eta_{箱}F_{箱}\tau$

4. 高频淬火后油箱本身吸收热量 q_4，见附表 2-4。

附表 2-4　高频淬火后油箱本身吸收热量测算

项目	符号	数值	单位	数据来源
油箱质量	$G_{箱}$	76.75	kg	测算
淬火前油箱表面温度	$t_{箱1}$	24	℃	测算
淬火后油箱表面温度	$t_{箱2}$	88	℃	测算
在 $t_{箱1}$ 时油箱比热容	$C_{箱1}$	0.112	kcal/(kg·℃)	查表（按 $t_{箱1}$、$t_{箱2}$ 平均值）
在 $t_{箱2}$ 时油箱比热容	$C_{箱2}$	0.114		测算
油箱吸热	q_4	563.652	kcal	$q_4=G_{箱}(t_{箱2}C_{箱2}-t_{箱1}C_{箱1})$

5. 高频淬火后有效热 $Q_{效}=q_1+q_2+q_3+q_4=2969.986\text{kcal}$（$q_1$ 有时会出现负值）。

参 考 文 献

[1] 刘志儒.金属感应热处理[M].北京：机械工业出版社，1990.
[2] 安运铮.热处理工艺学[M].北京：机械工业出版社，1982.
[3] 林信智.汽车零部件感应热处理工艺与装备[M].北京：北京理工大学出版社，1998.
[4] 朱会文.导磁体在汽车零件感应加热中的应用技术[J].热处理，2003，18（3）：36-42.
[5] 《热处理手册》编委会.热处理手册[M].北京：机械工业出版社，1994.
[6] 陈再良，阎承沛.先进热处理制造技术[M].北京：机械工业出版社，2002.
[7] 沈庆通.感应热处理问答[M].北京：机械工业出版社，1990.
[8] 陈锐，罗新民.钢件的淬火热处理畸变与控制[J].热处理技术与装备，2006，27，1：1-3.
[9] 潘一凡，李建华，赵茂程.齿轮热处理畸变控制[J].机械设计与制造工程，2002，2：3-4.
[10] 曹芬，黄根良.齿轮的热处理畸变与控制.金属热处理，2002，1：51.
[11] 陆志明.花键轴和台阶轴感应淬火工艺[J].一拖科技，1985，4：3-4.
[12] 王笑天.金属材料学[M].北京：机械工业出版社，1987.
[13] 安运铮.热处理工艺学[M].北京：机械工业出版社，1988.
[14] 徐祖耀.马氏体相变与马氏体[M].北京：科学出版社，1980.
[15] 傅璞.40Cr热处理工艺及其组织与性能[J].机械工程与自动化，2005（5）：110-114.
[16] 王广生.金属热处理缺陷分析及案例[M].北京：机械工业出版社，1997.
[17] 内藤武志.渗碳淬火实用技术[M].北京：机械工业出版社，1985.
[18] 刘云旭.金属热处理原理[M].北京：机械工业出版社，1981.
[19] 宋涛，顾军.热处理技术[M].北京：化学工业出版社，2003.
[20] 李慧芳，萧振荣，沈济万.合金钢及热处理工艺学[M].北京：机械工业出版社，1986.
[21] 浙江大学，上海机械学院，合肥工业大学.钢铁材料及其热处理工艺[M].上海：上海科学技术出版社，1978.
[22] 李泉华.热处理技术400问解析[M].北京：机械工业出版社，2002.
[23] 胡宗逊.热加工工艺学原理[M].广州：华南理工大学出版社：1993.
[24] 樊东黎.热处理技术手册[M].北京：机械工业出版社，2003.
[25] 孔春花，马春庆，张沈洁，等.拖拉机动力输出从动轴的感应淬火[J].金属热处理，2010，35（6）：117-119.
[26] 冯端.金属物理（上册）[M].北京：科学出版社，1964.
[27] 徐芝龙.铸态球墨铸铁曲轴中频半圈淬火[Z].二汽发动机厂，1978.
[28] 北京钢厂.冶炼过程对20CrMnTi钢淬透性的控制[J].金属材料研究，1976：169.
[29] 张海.20CrMnTi钢齿轮变形与裂纹的研究[J].金属热处理，2000（12）.
[30] 颜志强.XF-125初级传动齿轮花键孔的畸变探讨[J].金属处理学报（增刊），1999：279.
[31] 鲁绪芝.齿轮渗碳淬火的补赏处理[M].机械工艺师，2001（5）.
[32] 热处理手册编委会.热处理手册[M].北京：机械工业出版社，1978.
[33] 谢浪.渗碳淬火齿轮齿向变形规律初探[J].机械制造，1996，10：11-12.
[34] Parrish G, Ingham, Chancy M. The Sub-merged Lnduction Hardening of Gears [J]. Heat Treatment of Metal, 1998. 25 (1): 1-8.
[35] 洛斯金 PA.机床改装及其寿命的提高[M].北京：机械工业出版社，1982.
[36] 朱敦伦，朱法义，徐家达，等.齿轮接触疲劳破坏机理的探讨[C]//黑龙江、哈尔滨机械工程学会热处理专业委员会.热处理论文集.1976：36-44.
[37] Pedeson R, Rice S L. Proper Case Depth for Carburized and Handened Gears [J]. SAE journal, 1960: 34-38.
[38] Fujita K, Yoshida A. The surface durability of the case hardened nickel chromium stecl and its optimum case depth [J]. Bull. JSME, l997, 20 (140): 232-239.
[39] Fujitan K, Yoshida A, Akama T, et al. A study on strength and failure of induction hardened chromium-molybdenum steel spur gears [J]. Bull. JSME, 1979, 22 (164): 242-248.
[40] Yoshida A, Fujida K, Miyanish K, et al. Estimation of fatigue for surface failure of surface hardened steel rollers and gears [C]. Proceeding of International Conference on Gearing, Vol II. Zhengzhou, China, November, 1988: 515-518.
[41] 陈国民.重载高速齿轮热处理技术的发展[J].金属热处理，1993（增刊）：75-82.

[42] 康大滔,叶国斌.大锻件材料热处理[M].北京:龙门书局,1998.

[43] 王树青,周振国,詹新伟.车轴感应淬火技术研究[J].金属热处理.2001(8):31-34.

[44] GuoM C, ManG Y, WanB N. The effect of residual stress on bending fatigue strength of induction hardened gears [C]. First Internationnal Conference Induction Hardened Gears and Critical Components. Indianapolis, Indiana, May, 1995: 161-167.

[45] Hornbach D J, Mason P W, Prevey P S. X-ray Diffraction Characterization of Residual Stress and Hardness Distribution in Induction Hardened Gears Temperature Process [C]. 车轴感应淬火技术研究[J].金属热处理,2001(8):69-76.

[46] А.Д.Д СММИЕВ.中模数齿轮淬火[M].常光甲,译.上海:上海市科学技术编译馆,1965.

[47] 唐新成.淬火过程热应力的光弹模拟技术的初步研究[D].郑州:郑州机械研究所,1986.

[48] 孙程武,石家国,张忠光,等.大模数齿轮全齿感应淬火的研究与应用[Z].第七届全国齿轮材料、强度及热处理技术研讨会论文集,烟台,1997:64-76.

[49] Medlin D J, Kraass G, ThOmpson S W. Induction Hardening Response of 1550 Steels wish Similar Prior Microstructures [C]. 车轴感应淬火技术研究[J].金属热处理,2001(8):57-65.

[50] Han Z, JinH L. Constructing Principle and Features of tooth Profiles wish Micro-segments [J]. Mechanical Engineering, 1997, 33(5): 7-11.

[51] 赵玮,黄康.微线段齿廓齿轮的弯曲强度分析[J].机械强度,2001(3):347-349.

[52] 代作元.强化汽车齿轮的有效途径[Z]//中国汽车工程学会齿轮加工委员会.中国齿轮专业协会.现代汽车手换挡变速器新工艺新技术汇编.2001:52-63.

[53] 黄志,汪朝霞.主动轴断裂分析及强化[Z].第一届全国农机感应热处理学术交流会论文集,洛阳,1989:120-128.

[54] Kern R. Prior Structure Determines Induction Results [J]. Heat Treating, 1991, 12: 20-24.

[55] 《热处理手册》编委会.热处理手册:第二版第1卷[M].北京:机械工业出版社,1991.

[56] 李其耀,甄润身.低淬透性钢和限制淬透性钢感应整体加热表面淬火工艺在俄罗斯汽车工业中的应用[J].国外金属热处理,1996,(1/2):27-31.

[57] 甄润身,胡炳明.我国汽车工业感应热处理现状与展望[A].中国机械工程学会热处理分会.第六届全国热处理大会论文集[C].北京:兵器工业出版社,1995:21-31.

[58] 岑军健.非标准机械设计手册[M].北京:国防工业出版社,2008.

[59] 曹芬,黄根良.齿轮的热处理畸变与控制[J].金属热处理,2002,1:51.

[60] 孔春花,张沈洁,李瑞卿,等.铸造缺陷对压盘类零件之感应热处理工艺的影响[J].金属加工(热加工),2015(s2):103-106.

[61] 李瑞卿,张沈洁,孔春花,等.不同结构驱动轮轴零件的感应淬火工艺研究[J].金属加工(热加工),2015(s2):126-129.

[62] 张沈洁,李瑞卿,孔春花,等.42CrMo钢驱动轮轴的感应热处理工艺[J].金属热处理,2016,41(1):43-47.

[63] 沈庆通,梁文林.现代感应热处理技术[M].北京:机械工业出版社,2015.

[64] 孔春花,曹淑芬.车辆零件热处理技术及应用实例[M].北京:化学工业出版社,2013.

[65] 中国机械工程协会热处理专业协会.《热处理手册》编委会.热处理手册[M].北京:机械工业出版社,1994.